AF856856

Studies of the Max Planck Institute Luxembourg for International, European and Regulatory Procedural Law

edited by
Prof. Dr. Dres. h.c. Burkhard Hess
Prof. Dr. Hélène Ruiz Fabri

Volume 15

Hélène Ruiz Fabri (ed.)

International Law and Litigation

A Look into Procedure

Nomos

Max Planck Institute
LUXEMBOURG
for Procedural Law

© Cover picture: Pont Adolphe Luxembourg, by Silk & Burg

The Deutsche Nationalbibliothek lists this publication in the Deutsche Nationalbibliografie; detailed bibliographic data are available on the Internet at http://dnb.d-nb.de

ISBN 978-3-8487-5742-8 (Print)
978-3-8452-9905-1 (ePDF)

British Library Cataloguing-in-Publication Data
A catalogue record for this book is available from the British Library.

ISBN 978-3-8487-5742-8 (Print)
978-3-8452-9905-1 (ePDF)

Library of Congress Cataloging-in-Publication Data
Ruiz Fabri, Hélène
International Law and Litigation
A Look into Procedure
Hélène Ruiz Fabri (ed.)
724 p.
Includes bibliographic references and index.

ISBN 978-3-8487-5742-8 (Print)
978-3-8452-9905-1 (ePDF)

Published by Nomos Verlagsgesellschaft, Baden-Baden, Germany 2019.
Printed and bound in Germany.

This publication is licensed under the Creative Commons Attribution-NonCommercial-NoDerivatives 4.0 International License (CC BY-NC-ND). Usage and distribution for commercial purposes as well as any distribution of modified material requires written permission.

1st Edition 2019
© 2019 The Authors.
No responsibility for loss caused to any individual or organization acting on or refraining from action as a result of the material in this publication can be accepted by Nomos or the editor.

Introduction

Hélène Ruiz Fabri and Edoardo Stoppioni[*]

This book is aimed at celebrating the beginning of the works of the Department of International Law and Dispute Resolution of the Max Planck Institute (MPI) Luxembourg for Procedural Law and takes its title from an eponymous conference held in Luxembourg in 2015 for the launch of its activities.

This volume offers a fresh, integrated, and interdisciplinary approach to this new field of International Law – International Procedural Law – that the Department of International Law and Dispute Resolution is striving to construct epistemically. With contributions from twenty-five scholars, among renowned experts in the field as well as younger researchers working at the MPI, it sets out a research agenda on the topic of the specialty of the Department. The fundamental aim of the volume is to examine the increasingly notable theme of international dispute settlement from an innovative procedural perspective. Indeed, with the jurisdictionalization of international law that has taken place during the last thirty years, scholars, as well as practitioners, have shown an important and growing interest for international law litigation.[1] Yet, little attention has been paid to the procedural aspects thereof.[2]

In building upon scholarship analysing sub-fields of international litigation (general international law analysis, international economic law procedures, human rights or European law mechanisms), it will attempt at providing an up-to-date seminal picture of the evolution of the role of procedure across these domains as well as an overall illustration of the field.

---

* Prof. Hélène Ruiz Fabri is Director of the Max Planck Institute Luxembourg for Procedural Law where she leads the Department of International Law and Dispute Resolution. Edoardo Stoppioni is a Research Fellow at the Max Planck Institute Luxembourg for Procedural Law.

1 L. Boisson de Chazournes, Plurality in the Fabric of International Courts and Tribunals: The Threads of a Managerial Approach, 28(1) European Journal of International Law (2017), 13-72.

2 H. Ruiz Fabri, The WTO Appellate Body or Judicial Power Unleashed: Sketches from the Procedural Side of the Story, 27(4) European Journal of International Law (2016), 1075-1081.

I. Towards a history of international procedural law: six authors in search of a field

This preamble sets out to introduce the topic of international procedural law, focusing on the intellectual history of international dispute settlement. The leading idea is to take a picture of the major contributions to the reflection on international procedural law, starting from some milestone works which developed the basic ideas, the epistemic grounds of an international procedural law. It will particularly focus, chronologically, on six fundamental authors: B. Windscheid, M. Huber, N. Politis, G. Morelli, S. Rosenne and E. Lauterpacht.

Why six authors? First, the idea draws of course on the novel and play by Luigi Pirandello (*Sei personaggi in cerca di autore*[3]), where the novelist changed the perspective and tried to shed light on a different perspective (being the relationship between not only the characters, but also their link to the author and the different actors at play in a theatre). This shift of perspective suits perfectly the project of conceiving and identifying international procedural law: looking at practices, documents, postures that may be well known to international lawyers while unveiling a new perspective, focusing on what procedure actually is and means.

Second, as far as the identity of these characters goes, a disclaimer is needed. The first of these authors belongs to a different category from the others, not being an international lawyer. He was nevertheless the first to theorize the distinction between substance and procedure in depth. This differentiation took more time to find its place in international law. As far as this field is concerned, we need to look at those authors who have worked on international dispute settlement to find some reflection on procedure, sociological conflation that gave birth to an assimilation between international procedural law and international dispute settlement that is still largely ongoing but that should be deconstructed.

1. Bernhard Windscheid (1817-1892)

Our first author is not an international lawyer. Nevertheless, he is a fundamental mind in the reflection on what procedure is and what its logics are. Indeed, for a long time, reflection on procedure has been focusing on the

---

3 L. Pirandello, 'Six Characters in Search of an Author' (1921), available at https://www.ibiblio.org/eldritch/lp/six.htm. (last visited 22 November 2018).

idea of action, the instrument that Roman law has conceived in order to give a procedural body to a substantial right. However, substance and procedure have long been tied together intellectually. This was the result of the monist conception of Savigny, deeply rooted in the Roman theory of the *actio*: the procedural action would be simply the substantial right in motion.[4]

Windscheid distinguished the two ideas one from the other.[5] His dualist position strongly advocated for the autonomy of procedural law, as opposed to the substantial right at stake in the merits. He theorised a *Klagerecht*, a procedural right that had to be thought in clinical isolation from the substance.[6] Starting from the simple idea that there are rights without action (as in the case of natural obligations) and from the opposite assumption that there are actions not ontologically linked to subjective rights (as in criminal law), he started elaborating the self-standing dignity of procedural law.

It is rather abrupt to step from Windscheid to international lawyers having contributed to the construction of what we could call the branch of international procedural law. Indeed, procedure and procedural law have been intensively worked upon by legal theory scholars such as Hart,[7] Fuller[8] and Luhmann.[9] Nevertheless, their works have been scarcely used by international lawyers to think their use of procedure. This is one of the main reasons why to date there is no serious theorisation of international procedural law.

2. *Max Huber (1874-1960)*

If we now move to international law, the first lawyer who became actively engaged with procedural issues was almost certainly Max Huber.[10] After

4 F. C. Von Savigny, System des heutigen römischen Rechts (1841), vol. V, § 204.

5 B. Windscheid, Zur Lehre von der römischen Actio, dem heutigen Klagerecht, der Litiscontestation und der Singularsuccession in Obligationen (1969).

6 B. Windscheid, Die Actio des römischen Civilrechts, vom Standpunkte des heutigen Rechts (1856), § 23.

7 H. Hart, The Concept of Law (1994), 2nd ed., p. 96.

8 L. Fuller, The Morality of Law (1969), p. 162.

9 N. Luhmann, Legitimation durch Verfahren (1983).

10 O. Diggelmann, 'Max Huber', in B. Fassbender and A. Peters (eds.), The Oxford Handbook of the History of International Law (2012), p. 1156-1161; E. Stoppioni, 'Max Huber', Galerie des internationalistes, available at http://www.sfdi.org/internationalistes/huber/ (last visited 22 November 2018).

having been an important academic and worked on sociological perspectives on international law, he dedicated himself – starting from 1920 – to international dispute settlement. An arbitrator before the Permanent Court of Arbitration (PCA) in several landmark cases, he was judge then president of the Permanent Court of International Justice (PCIJ) between 1922 and 1930.

One cannot forget his milestone contribution to the development of international law in the cases he settled as an arbitrator: be it the clarification of the contours of the right of self-determination in the *Aaland* case of 1920,[11] the theory of international responsibility in the 1925 *British Claims in Morocco* award[12] or the idea of sovereignty put forward in the 1928 *Island of Palmas* case.[13] Similarly, his intellectual power profoundly influenced the first years of work of the PCIJ, as shown most notably by his dissenting opinion signed with Judge Anzilotti in the *Wimbledon* case.[14] Simply put, Max Huber showed how international dispute settlement could be used to foster the interests and the identity of international law.

3. *Nicholas Politis (1872-1942)*

Nicholas Politis was one of the first academics to theorise the functioning of international justice.[15] After having worked to the construction of the *Recueil des arbitrages internationaux* with A. de La Pradelle,[16] in 1924 Politis published a milestone contribution to the very concept of international justice: *La justice internationale.*[17]

---

11 Aaland Islands Case, Advisory Opinion, International Committee of Jurists, Spec. Supplement 3 League of Nations Official Journal (1920).

12 British Claims in the Spanish Zone of Morocco, 2 RIAA 615 (1925).

13 Island of Palmas Case, Scott, Hague Court Reports 2d 83 (1932) (Perm. Ct. Arb. 1928), 2 U.N. Rep. Intl. Arb. Awards 829.

14 SS Wimbledon Case, Dissenting opinion of Judges Anzilotti and Huber, Publications of the Court, Series A, No. 1, pp. 35-36.

15 M. Papadaki, The 'Government Intellectuals': Nicolas Politis – An Intellectual Portrait, 23(1) EJIL (2012), pp. 221-231; R. Kolb, Politis and Sociological Jurisprudence of Inter-War International Law, 23(1) EJIL (2012), pp. 233-241; U. Özsu, Politis and the Limits of Legal Form, 23(1) EJIL (2012), pp. 243-253.

16 A. De la Pradelle and N. Politis, Affaire du canal de Suez et note doctrinale, in A. De la Pradelle and N. Politis, Recueil des Arbitrages Internationaux II, (1856-1872) (1924), 344-386.

17 N. Politis, La justice internationale (1924).

The central idea of the author is simple: there is a particularism of a sovereign subject being held responsible before a court, ie there is a particularism to such an application of the principle of legality at the international level. In order to encourage the international rule of law, the international legal order had to strictly regulate the use of force and to move towards the multiplication of non-judicial and judicial remedies for the application of international law. This would include facilitating the construction of direct means of the individual's access to international courts and tribunal. One cannot help but see here the prophecy of the evolution of international dispute settlement: based on the principle of consensual justice, transforming its framework with the prohibition of the use of force set out in the Charter and progressively developing towards the flourishing of not only inter-state but also of mixed instruments opposing directly individual to Sovereign States.

4. Gaetano Morelli (1900-1990)

The beginning of a reflection on the theory of international litigation from a technical perspective, and therefore of a systematic study of the procedural aspects of international justice is undeniably linked to the name of the Italian Gaetano Morelli.[18] Having studied in Rome both with the great international lawyer Dionisio Anzilotti and with the father of Italian civil procedure, Giuseppe Chiovenda, in his works Morelli kept faith with the intellectual influence of these two masters.

His career in practice started with a landmark case of international procedural law when he pleaded for Italy in the *Monetary Gold* case, which still has an enormous impact on the theory of consent and of intervention. Judge at the International Court of Justice (ICJ) between 1961 and 1970, he reflected in his dissenting opinions on fundamental concepts of international dispute settlement such as the notion of dispute in the *Northern Ca-*

18 E. Cannizzaro, "Morelli, Gaetano", in Dizionario biografico degli italiani (Treccani) (2012), vol. 76; G. Gaja, "Gaetano Morelli", Rivista di diritto internazionale (1990), p. 114; E. Stoppioni, 'Gaetano Morelli', Galerie des internationalistes, available at http://www.sfdi.org/internationalistes/morelli/ (last visited 22 November 2018).

meroon case,[19] the regime of preliminary exceptions and of *locus standi* in his two opinions in the *Barcelona Traction* case.[20]

As an academic he profoundly shaped reflection on the law of international procedure. His principal contribution in this sense, his Hague Course *La théorie générale du procès international* on the concept of international decision[21] – seen as a legal fact and not as a legal act –remains a ground-breaking piece of scholarship.

5. *Shabtai Rosenne (1917-2010)*

Another founding father of the reflection on international dispute settlement is Shabtai Rosenne. A statesman who cooperated in the construction of the State of Israel, a diplomat serving at the International Law Commission (ILC) and at the *Institut du droit international*, he was also a passionate professor and dedicated much of his work to the functioning of the ICJ and of the International Tribunal of the Law of the Sea (ITLOS).

The 1997 *The Law and Practice of the International Court*,[22] as well as his 2005 *Provisional Measures in International Law: the International Court of Justice and the International Tribunal for the Law of the Sea*[23] and *Essays on International Law and Practice* of 2007 remain classics that are still used today to teach international dispute settlement and constantly quoted by international courts and tribunals.[24]

The work of Rosenne was not merely descriptive but aimed at theorising international dispute settlement, as demonstrated by his reflection on the function of the international judge.[25] Indeed, his production is really representative of the state of the art in international procedural law. Despite having intensively contributed to the refining and understanding of the categories of international dispute settlement and to the systematisa-

19 Northern Cameroons (Cameroon v. United Kingdom), Judgment, ICJ Reports 1963, Separate Opinion.

20 Barcelona Traction, Light and Power Company, Limited (Belgium v. Spain), Preliminary Objections, Judgment, ICJ Reports 1964, Separate Opinion.

21 G. Morelli, La théorie générale du procès international, RCADI (1937), t. 61, pp. 253-373.

22 S. Rosenne, The law and practice of the International Court 1920-1996 (1997).

23 S. Rosenne, Provisional measures in international law: the International Court of Justice and the International Tribunal for the Law of the Sea (2005).

24 S. Rosenne, Essays on international law and practice (2007).

25 S. Rosenne, Sir Hersch Lauterpacht's Concept of the Task of the International Judge, 55(4) AJIL (1961), pp. 825-862.

tion of international case law, this impressive work was conducted without stressing directly the idea of dealing with "procedure". Moreover, at that time the panorama of international courts and tribunals was quite different from the one we know today: the principal international jurisdictions that are considered as being the milestones and references are mainly inter-State courts, be it the ICJ or ITLOS. International procedural law has today gained a much more diversified ontology, its fabric having been considerably shaped by fragmentation. These changes brought about the need to find common trends, to frame the cross-fertilization between these different actors, the reasons for the diversity of solutions but, above all, to understand the functioning of this polymorphism of decision-making.

6. *Elihu Lauterpacht (1928-2017)*

Last in time, but not least, one cannot but mention the contribution of Elihu Lauterpacht to the field. Son of Hersch Lauterpacht and founder of the Lauterpacht Centre at Cambridge University, he was one of the leading figures of litigation before international courts and tribunals. Having begun with the 1953 *Nottebohm* case (ICJ) and having most notably defended the claim of New Zealand against the French nuclear testing, he was part of the small pool of lawyers appearing regularly before the ICJ and in inter-state arbitration.[26] As a judge, he strived for a paradigm change in our conception of the system, convinced that we had to recognise that individuals and not States are the "ultimate beneficiaries of the legal system".

As an academic he worked hard to disseminate knowledge on international dispute settlement. Editor of the *International Law Reports* since 1960, he started the *Iran-United States Claims Tribunal Reports* in 1983 and the *ICSID Reports* in 1993.

An emblematic figure for international procedural law, by focusing on the nature of decision-making in dispute settlement and international institutional law, he contributed to making international procedural law a field in itself. This is shown most notably in his 1976 book *The Development of the Law of International Organizations by the Decisions of International Tribunals*[27] and in his 1991 *Aspects of the Administration of International*

---

26 See 'Sir Elihu Lauterpacht Obituary', available at https://www.theguardian.com/law/2017/feb/10/sir-elihu-lauterpacht-obituary (last visited 22 November 2018).

27 E. Lauterpacht, The development of the law of international organization by the decisions of international tribunals (1976).

Justice.[28] Of course, one must mention his Hague Course, delivering one of the first comprehensive conceptualisation of the role of procedure in international law.

The present work remains within the more traditional area of international procedural law, questioning mainly the functioning of international dispute settlement. Nevertheless, as it is shown most notably in the works of Elihu Lauterphacht, international procedural law has a wider spectrum: it requires consideration of the phenomenology of decision-making, not only within international courts and tribunals but also in international institutions. It also involves understanding what Luhmann called the duality of procedural law (*Verfahrensrecht*) and procedure (*Verfahren*).

II. International Procedural Law: between Unity and Diversity

After this journey, one cannot but be puzzled by an oscillation inhabiting the field. Generally, procedure is presented as having the capacity to level the playing field and being stimulated by strong fundamental ideas that are universal. Indeed, on the one hand and from the perspective of sources, it is the domain of election of general principles. On the other hand, from the point of view of the content of procedure, international procedural law is presented as being animated by general and universal ideas (such as *due process of law* or *equality of parties*) that seem to rely on a widely-accepted idea of moral symmetry, conceptualized by Kant.

This vision certainly needs to be challenged. Indeed, with the anxieties raised by the fragmentation of international law and the proliferation of international courts and tribunals, one may wonder if there is still so much unity in international dispute settlement. Moreover, the way in which the procedural system functions in no way reflects the idea of neutrality and universality that is generally put forward. As well as the general principles, there are indeed different ways of conducting proceedings and those who master these ways have an important advantage within the system. Some today talk of the Americanization of international procedural law, an idea that takes us far away from the concept of universality.

This volume has therefore decided to take this schizophrenic attitude of international procedural law seriously. It is divided into two substantive sections, each of which consists of a thematically focused set of essays. As

---

28 E. Lauterpacht, Aspects of the administration of international justice (1991).

the two titles suggest, the aim of the book is to show the diversity that is consubstantially linked to international procedural law.

The first part of the volume, entitled "*Diverse tools for conceiving international procedural law*", theorizes the very notion of international procedural law in tandem with a host of conceptual tools necessary to construct this epistemic field: the substance vs procedure divide, the decisional outcome, the comparative methodology and history. The diversity here reflects the need for a multiperspective approach towards the topic.

The second part, entitled "*Diverse fields for international procedural law*", examines at close quarters some of the most significant contexts in which international procedural law has developed. This part is structured thematically. It begins with an analysis of some topical evolutions in international economic law dispute settlement, deals with procedures in international organizations and then finishes with some hot procedural topics concerning justice in Europe (be they relevant for the law of the European Union or the law of the European Convention of Human Rights).

Content

Procéduralisation et transformation de l'idée de justice

*Jean-Marc Sorel**

> *« Certains pensent que l'honnêteté est toujours la meilleure attitude. C'est une superstition. A certains moments, l'apparence de l'honnêteté surpasse grandement l'honnêteté elle-même. »*
>
> Mark Twain – Aphorismes

I. Introduction

« Justice must not only be done, but it must also be seen to be done. » Cet adage bien connu sous plusieurs versions (et plusieurs traductions) serait en quelque sorte le creuset de la procéduralisation, ou un de ses aspects. Si la justice est rendue, elle doit l'être dans une apparence de justice, la question centrale étant sans doute lorsque l'apparence supplante le rendu de la justice elle-même, autrement dit lorsque le respect de la forme permet d'oublier l'éventuelle vacuité ou la pauvreté du fond. Il est néanmoins évident que la grande majorité des décisions rendues aujourd'hui par les juridictions internationales allient l'apparence et le rendu d'une décision justifiée au fond. Notre propos n'est donc pas de remettre en cause cette évidence, mais de s'interroger sur une balance qui tend de plus en plus à privilégier le respect de la forme, sans forcément amoindrir le fond, mais, pour le moins, à créer des contraintes qui satisfont l'apparence sans forcément satisfaire toujours la justice.

L'arme de la procédure est devenue un enjeu à part entière (et, de plus en plus, un objet d'étude[1]), gagner un procès sur des arguments de procédure n'est plus une victoire à la Pyrrhus. A cet égard, et pour reprendre l'interrogation centrale de ce panel, on est en droit de s'interroger sur l'importance prise par la procédure – et jusqu'où – dans le règlement des diffé-

---

* Professeur à l'Ecole de Droit de la Sorbonne (Université Paris 1).

1 Pour un exemple récent : N. Le Bonniec, La procéduralisation des droits substantiels par la Cour européenne des droits de l'homme, Réflexion sur le contrôle juridictionnel du respect des droits garantis par la Convention européenne des droits de l'homme (2015) [Thèse Montpellier 1, sous la direction de F. Sudre].

rends internationaux. Par procéduralisation, il faut entendre la progression des éléments formels de procédure à l'intérieur d'un procès ou d'une juridiction en général, progression qui permet le constat d'une forme de domination de l'utilisation du cadre procédural au regard du traitement du fond de l'affaire. Il doit être clair que cette progression n'est pas *a priori* négative car elle participe de l'évolution, de la maturation, d'une juridiction et des éléments qui permettent de la faire entrer dans le cadre d'un *état de droit*. Ceci doit être précisé puisqu'il s'agira ici, *a contrario*, plutôt de voir les effets négatifs de cette procéduralisation. En soulignant ces aspects cela ne doit pas signifier qu'ils sont uniques, ni même prédominants.

Ceci étant, il ne s'agira nullement, dans ce bref papier, d'une étude de la « procédure » au sens strict, ni de la jurisprudence afférente à la procédure, mais plus d'une modeste réflexion sur ce phénomène.[2] En effet, traditionnellement, on prend en compte les règles substantielles dans le règlement des différends et on *néglige* les normes procédurales considérées comme secondaires ou formelles dans la décision finale. En bref, le fond l'emportait sur la forme. Qu'en est-il désormais ?

Plusieurs brèves – et modestes – remarques permettent d'essayer de circonscrire ce phénomène de procéduralisation du contentieux qui ne semble pas toucher uniquement les juridictions internationales, mais qui serait le marqueur d'une certaine idée de la justice aujourd'hui très répandue. A cet égard, les juridictions internationales semblent plus s'inscrire

2 Pour cette raison, nous omettrons les notes techniques ou les références à de multiples études sur le sujet. Et nous renvoyons à différentes études qui ont émaillé notre réflexion, et dans lesquels nous piocherons si nécessaire pour les remarques qui suivent. Voir notamment : J. M. Sorel, International Courts and Tribunals, Procedure, Max Planck Encyclopedia of International Law (2007), disponible à l'adresse : http://opil.ouplaw.com/view/10.1093/law:epil/9780199231690/law-9780199231690-e40?rskey=Q6Tzrl&result=1&prd=EPIL (dernière visite le 23 octobre 2018), et version papier (2008), 11; J. M. Sorel, Les premiers pas des juridictions internationales : maladresse, péché de jeunesse ou affirmation ?, in Liber Amicorum Jean-Pierre Cot : Le procès international (2009), 283-308; J. M. Sorel, Le paradigme de la constitutionnalisation vu du droit international : le côté obscur de la force, in S. Hennette-Vauchez & J. M. Sorel (dir.), Les droits de l'homme ont-ils constitutionnalisé le monde ? – Collection de la Convention européenne des droits de l'homme (2011), 217-238; J. M. Sorel, Chapitre 63 : Les tribunaux mixtes ou hybrides, in H. Ascensio et al. (dir.) Droit international pénal (deuxième édition révisée) (2012), 825-843; J. M. Sorel, Les juridictions internationales, in P. Hassner, Les relations internationales, 2ème éd. (2012), 58-63; J. M. Sorel, La justice pénale : un modèle ou une illusion ? in S. Guinchard & J. Buisson (dir.), Les transformations de la justice pénale, cycle de conférences 2013 à la Cour de cassation (2014), 297-309.

dans l'air du temps que provoquer ce phénomène. Sans épuiser un vaste sujet qui fait l'objet de l'axe directeur de l'Institut Max Planck du Luxembourg sous la houlette d'Hélène Ruiz Fabri, il convient de remarquer l'importance et la généralisation du mouvement de procéduralisation (I), les mille visages de la procédure selon les acteurs du procès (II), la confusion qui en résulte entre procéduralisation et légitimation (de la juridiction et du procès) (III), avant de conclure sur la transformation progressive de l'idée de justice à travers la procéduralisation (IV).

II. La lame de fond du mouvement de procéduralisation

Les causes de ce mouvement de procéduralisation sont multiples et, pour la plupart, bien connues. On pourrait, par simplification excessive, se contenter de remarquer la propagation souvent remarquée de la sphère anglo-saxonne sur les autres systèmes juridiques, et sur les juridictions internationales en particulier. En effet, la procédure y tient une place depuis longtemps importante, pour ne pas dire démesurée. Les juridictions internationales pénales en ont été, à cet égard, des révélateurs par la prédominance du système accusatoire de la *common law*. Mais sans doute faut-il plus pointer du doigt la progression de ce qu'il est convenu de qualifier de théorie des apparences procédurales. Ce mouvement s'appuie sur une soif de légalisation, de juridisme, qui fait passer la forme avant le fond, et qui modifie souvent le sens du procès. L'espoir ne sera pas de gagner le juge à la cause défendue, mais de le faire trébucher sur des arguments formels. On souhaite que la forme soit respectée, et on s'arcboute sur celle-ci, sans se soucier de savoir si le fond en devient – ou en sera – plus *impartialement* jugé.

A. Un exemple récent et topique en droit interne français

On peut en juger dans bien d'autres domaines que les juridictions internationales. Ainsi la bataille des critères d'impartialité devant les autorités administratives indépendantes en France qui fait rage depuis quelques années nous semble un parfait exemple qui a récemment rebondi. En effet, une jurisprudence récente du Conseil d'Etat français peut à cet égard illustrer cette dérive procédurale.[3]

En effet, le Conseil d'État vient d'accepter d'être saisi de recours en annulation contre des actes de droit souple, tels que des communiqués de presse ou des prises de position d'autorités publiques, alors que de tels actes n'étaient jusqu'alors pas susceptibles de recours juridictionnels dès lors qu'ils n'avaient aucun effet juridique (nous préférerions préciser « aucun effet obligatoire »). Petite révolution donc dans le droit français. Mais quelle révolution ?

Les deux affaires jugées par l'assemblée du contentieux montraient l'importance du droit souple dans les nouveaux modes d'action des personnes publiques, comme l'avait souligné l'étude annuelle du Conseil d'État de l'année 2013 consacré au « Droit souple ». Sans véritablement créer d'obligation juridique ni accorder de nouveaux droits aux usagers, l'administration peut utiliser des instruments de communication pour influencer ou dissuader les acteurs, et peut émettre des prises de position ou des recommandations qui n'ont pas de valeur obligatoire mais vont, dans les faits, être écoutées et suivies d'effets. A ce propos, le Conseil d'Etat juge tout d'abord, conformément à une jurisprudence antérieure, qu'il peut être saisi lorsqu'il s'agit d'avis, de recommandations, de mises en garde et de prises de position qui pourraient ensuite justifier des sanctions de la part des autorités. Ensuite, et sur ce point de manière novatrice, il se reconnait compétent lorsque l'acte contesté est de nature à produire des effets notables, notamment de nature économique, ou lorsqu'il a pour objet d'influer de manière significative sur les comportements des personnes auxquelles il s'adresse. Pour examiner la légalité de ces actes, le juge contrôle, en l'espèce, la compétence des personnes publiques pour les édicter, le respect des droits de la défense et, avec une intensité variable selon les actes en cause, l'appréciation portée par l'autorité. Mais c'est bien le respect du cadre procédural qui semble l'épicentre de cette petite révolution en droit français.

> 9. […] qu'il ressort ainsi des pièces du dossier que la société NC Numericable a pu présenter ses observations préalablement à l'adoption de l'acte attaqué; que, par suite, le moyen tiré de ce que l'Autorité aurait méconnu le principe général des droits de la défense, au motif

---

3 Société Fairvesta International GMBH et autres, décisions n° 368082, 368083, 368084 : CE, 21 mars 2016; Société NC Numericable,décision n° 390023 : CE, 21 mars 2016.

qu'elle n'aurait pas consulté la société NC Numericable préalablement à l'adoption de sa délibération, doit être écarté;

10. Considérant, d'autre part, que l'acte attaqué a été, comme il a été dit ci-dessus, délibéré par la commission permanente de l'Autorité de la concurrence; que la lettre du président adressée à la société requérante a pour objet de lui notifier cet acte et de lui en donner les motifs; que, par suite, les moyens tirés de l'incompétence du président de l'Autorité pour prendre un tel acte, de ce qu'il ne procéderait pas d'une délibération collégiale et qu'il serait entaché d'irrégularité en ce qu'il méconnaîtrait le principe de parallélisme des formes et des procédures, ainsi que le principe de parallélisme des compétences, doivent être écartés.[4]

On observe dans ce domaine, comme dans d'autres, un glissement entre le contrôle substantiel et le contrôle procédural en matière économique, ce qui conduit finalement à préserver une marge de manœuvre aux autorités administratives chargées de réguler des secteurs économiques quant au contenu des choix effectués, tant que ceux-ci sont effectués et régulés conformément à la loi. En réalité, la validité axiologique des choix effectués par le juge, c'est-à-dire la conformité du produit de l'interprétation à des valeurs exogènes, n'a que guère d'importance car il est probable, sauf « erreur manifeste d'appréciation » (elle-même peu probable), que l'interprétation au fond sera conforme à celle édictée par l'autorité *professionnelle* régulatrice. On peut par ailleurs s'en féliciter pour l'essence même de la régulation économique. Tout au plus, cela peut être un signal vers l'attention qui doit être portée aux avis ou textes souples en cause. La prudence sera de mise dans leur rédaction. L'essentiel résidait bien dans l'apparence du contrôle juridictionnel effectué sur des textes *souples*, et dans le contrôle avant tout du respect d'une procédure permettant de les invoquer.

Mais il en va de même, plus prosaïquement, pour certaines procédures non juridictionnelles. L'universitaire français ne peut que remarquer – et souvent regretter – que les procédures de recrutement au sein de l'université, notamment pour les professeurs, s'assimilent à une véritable parodie procédurale : l'administration va se soucier de vérifier le nombre de jours entre deux réunions, le quorum, la parité au sein des comités, etc, sans se soucier par ailleurs de savoir si le candidat (bien souvent préprogrammé et unique) a vraiment été choisi sur des critères d'excellence. Peu importe

---

4 Société NC Numericable, supra note 3.

donc si la procédure ne sert qu'à avaliser un candidat pressenti d'une manière absolument pas démocratique. L'apparition du *rapprochement de conjoints* dans ce cadre permet même désormais de se passer de toute appréciation sur le fond du dossier. Les Universités, effrayées par une menace de recours n'osent plus bouger le petit doigt. C'est dire.

Tout est contestable et souvent contesté formellement. Dès lors, on expose tout, sans pour autant que le « rendre compte » (*accountabilty*) modifie le fond de la question. Ce qui compte, c'est le respect de la forme, et peu importe si le fond est toujours aussi subjectif, voire totalement partial.

B. La procéduralisation devant les juridictions internationales

Si nous revenons aux juridictions internationales, partant du constat bien connu que le fondement de la juridiction internationale serait le consentement de l'Etat sur la base de la matrice de la Cour internationale de Justice, on incline rapidement à penser que la procédure est le rempart derrière lequel l'Etat va s'abriter pour que sa volonté soit scrupuleusement respectée. Ce qui revient à admettre que cette procédure est avant tout une forme de droits de la défense – et non d'expression de droits positifs – pour empêcher la frontière bien gardée du consentement d'être contournée. Certes, ceci est logique pour le défendeur devant toute juridiction, mais elle prend ici une dimension particulière puisqu'il faut *prima facie* constater que le justiciable a bien accepté son juge. Cette posture reste fondamentalement vraie en dépit de la progression de formes de juridiction obligatoire en droit international. Certes, le « monolithe s'effrite »[5] mais la place de la Cour internationale de Justice reste centrale, voire supérieure par son ancienneté et son aura, à défaut de posséder une position suprême. A bien des égards donc, la CIJ peut servir de matrice à une réflexion sur le mouvement de procéduralisation.

Pour les Etats, la juridiction consentie est une protection et l'on a vu la CIJ s'épuiser dans de longs procès intermédiaires pour prouver ou rejeter sa compétence, ou la recevabilité de la requête. Parfois avec suspicion lorsque ce refus aurait pu être indiqué dès le stade des exceptions préliminaires

5 H. Ruiz Fabri & J. M. Sorel, Juridiction obligatoire ? Procédure contraignante ? Et si l'amoindrissement de la liberté des Etats face à leurs juges ne venait pas d'où l'on pense ?, in Justices et droit du procès, du légalisme procédural à l'humanisme processuel, Mélanges en l'honneur de Serge Guinchard (2010), 479-490.

(*Sud-Ouest africain*[6] ou *Barcelona Traction*[7]) mais, quoi qu'il en soit, les arrêts sur la compétence ou la recevabilité ont toujours été considérés comme au moins aussi importants que ceux sur le fond parce qu'ils révèlent des possibilités ou limites de la juridiction internationale.

On le sait, la CIJ fonctionne sur la base d'un statut ancien et peu renouvelé, auquel s'adjoint un Règlement de procédure qui est lui évolutif, ne serait-ce que parce que le juge en a cette fois-ci la maîtrise. Les instructions de procédure venant compléter cet ensemble. Il n'empêche qu'une disproportion entre le Statut et le Règlement s'est faite jour rapidement. Les traces de dispositions procédurales sont souvent ténues dans le Statut, alors que le Règlement peut lui accorder toute leur importance. Quoi qu'il en soit, l'équilibre n'est plus respecté entre les quelques allusions statutaires à certaines procédures, et leur utilisation par les Etats. La liaison entre le Statut et le Règlement pourrait être largement améliorée si toutes les procédures y trouvaient une place, et si l'équilibre entre les procédures était respecté dans la rédaction des articles.[8] Mais un autre constat peut être opéré. La progression de la juridiction obligatoire entraîne aussi ses effets pervers dont la montée en puissance de la procéduralisation pourrait être un signe. Ce serait, en quelque sorte, le prix à payer pour amoindrir le passage du consentement à l'obligatoire pour les Etats.

Une distinction historique est nécessaire entre la CIJ qui a toujours privilégié la procédure en raison de la sensibilité historique des Etats souverains dans le cadre d'une *bonne administration de la justice* et d'une justice consentie (mais sans l'obsession de l'administration de la preuve qu'elle laisse venir), alors que les nouvelles juridictions privilégient la procédure pour d'autres raisons : prouver que l'on est sérieux, assurer les premiers pas d'une juridiction, s'affirmer face à l'Etat, etc. Le syndrome du débutant en quelque sorte. Mais, en général, pour des raisons différentes, toutes les juridictions sont touchées par ce mouvement qui semble venir d'une forme de

---

6 Affaires du Sud-Ouest africain (Éthiopie c. Afrique du Sud; Libéria c. Afrique du Sud), Exceptions préliminaires, Arrêt, CIJ Recueil 1962, 319; Affaires du Sud-Ouest africain (Éthiopie c. Afrique du Sud; Libéria c. Afrique du Sud), Deuxième phase, Arrêt, CIJ Recueil 1966, 6.

7 Affaire de la Barcelona Traction, Light and Power Company, Limited (Belgique c. Espagne), Mémoires, Plaidoiries et Documents, CIJ Recueil 1962, 2; Affaire de la Barcelona Traction, Light and Power Company, Limited (Belgique c. Espagne), Arrêt, CIJ Recueil 1970, 3.

8 J. M. Sorel & F. Poirat, Rapport introductif : Les procédures incidentes devant la Cour internationale de Justice : exercice ou abus de droits ?, Université de Rennes 1 – Journée d'études du 18 mai 2000 : Collection contentieux international (2001), 7, 7-57.

principe général *de* droit. Et, à cet égard, le principe général *du* droit selon lequel la juridiction en droit international est consentie parce que, justement, il ne peut être tiré d'un principe général *de* droit en sens inverse, semble dangereusement vaciller. Le principe se dilue, oscille entre le « commun » et le « général », entre le « de » et le « du », sans que l'on sache désormais dans quel sens la balance penche.

Le progrès de la juridiction obligatoire – donc de la juridictionnalisation du droit international – est, on le sait, à la fois quantitatif et qualitatif. Or, dans ce *qualitatif*, la procédure a un rôle important dont la justice internationale pénale a montré à bien des égards la richesse et les effets pervers. L'arrivée de la procédure pénale en droit international a clairement entraîné une sensibilité accrue aux exigences du procès équitable, même si la propension au contradictoire et à l'égalité des armes était déjà dans les gênes du procès interétatique, confronté à la susceptibilité des *clients* étatiques. Mais, surtout, ceci a créé une sorte de mouvement de propagation de la sensibilité aux aspects procéduraux, d'autant qu'il existe une claire tendance des juridictions à s'inspirer de ce qui se fait ailleurs pour résoudre les questions procédurales qui pourraient surgir devant elles. Le phénomène fut particulièrement prégnant pour la justice pénale qui, privée de modèle original en droit international, s'est moulée dans les modèles nationaux, parfois à l'excès comme le TPIY pour le modèle anglo-saxon. Mais ce phénomène qui, à l'origine, partait de l'interne vers l'externe, semble désormais subir une influence horizontale entre les juridictions internationales. « Ce fut tout aussi prégnant pour un mécanisme jeune comme le règlement des différends de l'OMC, qui s'est explicitement référé à la jurisprudence d'autres cours et tribunaux pour fonder, et en même temps, légitimer ses solutions, alors même que la procédure était déjà, de façon générale, le domaine où l'on rencontrait les exemples les plus évidents de principes généraux du droit international. De fait, c'est bien ce phénomène qu'on observe, de généralisation de principes de procédure. La convergence ou l'entrelacement de ces deux facteurs favorise une homogénéisation, qui est aussi un facteur de contrainte pour les justiciables mais qui est en même temps, et cela peut rencontrer leur revendication, un facteur de sécurité ».[9]

On le conçoit aisément, le débat n'est pas simple et le miroir de la procéduralisation est à multiples facettes. On constate ainsi que la progression de la juridiction obligatoire en droit international doit sans doute plus à une procéduralisation contraignante qu'à la progression proprement dite

9 Ruiz Fabri & Sorel, supra note 5, 488.

du consentement des Etats. Le tout s'ajuste dans un système de vases communicants : la procédure s'affirme par banalisation mais aussi comme bouclier contre l'effritement du facultatif. La procéduralisation apparaît ainsi comme une cause de la progression du caractère obligatoire de la juridiction internationale, mais aussi comme une conséquence de celle-ci. Etant de plus en plus exposé, on se protège de plus en plus.

De leur côté, les juridictions internationales, faute d'un ancrage matriciel dans la sphère internationale, faute d'être le point d'équilibre initial entre des pouvoirs *constitués*, faute d'un pouvoir judiciaire unifié, doivent trouver en elles-mêmes la source de leur autorité et de leur légitimité.

III. Les mille visages de la procédure selon les acteurs du procès

La procédure peut être envisagée différemment selon les acteurs d'un procès international : C'est un Janus aux mille visages. Mais, finalement, tout le monde peut y trouver un intérêt, sauf peut-être la justice elle-même.

Il existe une différence essentielle entre le *client* qui, lorsqu'il s'agit d'un Etat, comprend souvent mal les règles de procédure et les estime superfétatoires, et les Conseils dont la mission est notamment de rappeler au *client* toute l'importance des arguties de procédure. Quant au juge, on pourrait résumer sa philosophie par une forme d'aphorisme : l'utilisation des règles procédurales n'est pas forcément souhaitée (sous-entendue, lorsqu'elles le sont avec excès), mais c'est permis, et donc encore moins interdit.

Si la volonté des Etats est encore effective au stade de l'acceptation de la juridiction, elle s'amoindrit dès lors qu'un procès se déroule dans lequel ils sont impliqués. Une fois dans la nasse, on est cerné par la procédure. Alors que la *cause* paraissait claire pour l'Etat, il s'inquiète souvent des détours de la procédure qui sont, pour lui, autant d'obstacles inutiles vers l'affirmation de sa thèse. A l'inverse, il peut s'en trouver réconforter si, en tant que défendeur, il est conscient que le jugement au fond lui sera probablement défavorable. C'est alors au Conseil d'utiliser au mieux cette procédure, que ce soit dans un sens ou dans l'autre.

Qu'on nous permette l'évocation d'une expérience personnelle comme Conseil et avocat du Cambodge dans l'affaire de la *Demande en interprétation de l'arrêt du 15 juin 1962 en l'affaire du Temple de Préah Vihéar (Cambodge c. Thaïlande)*, devant la Cour internationale de Justice (arrêt du 11 novembre 2013).[10] Il y avait alors remise en cause de la procédure de 1962 et utilisation de l'actuelle, mais surtout cette procédure s'est révélée un piège pour la Thaïlande 50 ans après l'arrêt initial. En l'espèce, le juge a joué l'application à la lettre de la procédure en répondant à une situation inédite : une demande en interprétation d'un arrêt rendu 50 ans plus tôt. Estimant que la Thaïlande avait donné son consentement à l'affaire initiale (en l'espèce, elle avait alors fait la déclaration facultative de juridiction obligatoire), la Cour, se basant sur la seule interprétation de l'arrêt initial, a estimé que ce consentement était toujours valable, alors même que la Thaïlande n'avait plus de déclaration de l'article 36 para. 2. Au surplus, des mesures conservatoires ont été demandées par le Cambodge (et acceptées par la Cour) après l'introduction de la demande en interprétation. Certes, il ne s'agissait pas d'une *première* puisque le Mexique avait fait de même en 2009 mais, alors que le Mexique avait introduit une affaire en interprétation au principal pour demander des mesures conservatoires (car il s'agissait alors de l'unique possibilité), son objectif étant uniquement l'obtention de ces dernières,[11] le Cambodge avait bien comme finalité l'interprétation de l'arrêt de 1962, ce à quoi la Cour a fait droit en interprétant réellement pour la première fois un de ses arrêts avec des conséquences bien concrètes pour les parties.

Si, dans le cas du Mexique, la procédure lui a permis d'atteindre son but (obtenir des mesures conservatoires), tout en voyant logiquement rejeté sa demande au fond, pour le Cambodge, l'utilisation de la procédure n'avait pour objectif que de *passer l'obstacle* de manière à parvenir au fond. Quoi qu'il en soit, le maniement des possibilités ouvertes par la procédure fut remarquable, ouvrant des perspectives et une souplesse qui n'étaient pas évidentes à la simple lecture du Statut ou même du Règlement. Dans ce cadre, le Conseil de l'Etat se doit d'envisager les possibilités, tout en expliquant à l'Etat les risques de l'utilisation de certaines procédures. Ceci fonctionne comme indiqué *supra* par défaut : si ce n'est pas interdit, c'est que c'est possible. Encore faut-il bien utiliser cette procédure et envisager toutes les situations où la Cour pourrait, par une ouverture insoupçonnée, rejeter la demande. A l'inverse, lorsque l'affaire est amenée par compromis, le juge se concentre directement sur le fond, ce qui se révèle plus efficace et ren-

10 Affaire du temple de Préah Vihéar (Cambodge c. Thaïlande), Arrêt, CIJ Recueil 1962, 6.

11 Demande en interprétation de l'arrêt du 31 mars 2004 en l'affaire Avena et autres ressortissants mexicains (Mexique c. Etats-Unis d'Amérique) (Mexique c. Etats-Unis d'Amérique), Arrêt, CIJ Recueil 2009, 3.

voie la procédure à ce qu'elle est : une arme aux mains des parties pour empêcher ou retarder le dénouement sur le fond.

Cette évolution ne joue pas seulement dans le domaine du contentieux puisque l'on constate également une forme de *contentieurisation* (on nous pardonnera ce barbarisme) de la procédure consultative. Entre autres exemples, l'affaire dite du *Mur* en Cisjordanie en 2004 en a été l'illustration.[12] La Cour, avant de répondre à la question d'une manière ferme, a été dans l'obligation de se débarrasser de nombreuses *exceptions* opposées à sa compétence ou à la recevabilité de la question. Est-ce la raison pour laquelle, elle a elle-même dépassé le cadre de l'avis consultatif en posant des injonctions en termes de responsabilité aux Etats qui favoriseraient la perpétuation de ce mur ?

Alors même que les Etats ont (re)découvert les biais de procédure qui s'ouvrent à eux, ce décalage pose problème. On songe par exemple au Nigéria qui, dans l'*Affaire de la frontière terrestre et maritime*[13] qui l'opposait au Cameroun a utilisé toute la gamme des procédures incidentes (mesures conservatoires, exceptions préliminaires, interprétation de l'arrêt sur les exceptions préliminaires, intervention, demande reconventionnelle) pour retarder l'inéluctable échéance. Si l'attitude dilatoire ne trompait personne, la Cour a joué le jeu, tout en signifiant dans ses réponses (parfois très courtes) le caractère inapproprié de la demande (par exemple, en répondant par quelques lignes sibyllines à la demande reconventionnelle dans l'arrêt au fond). La Cour n'est donc pas démunie devant l'abus de procédure mais elle ne peut que « signifier » son irritation d'une manière indirecte, à défaut de l'exprimer en la contrecarrant ouvertement.

L'attitude des juges vis-à-vis de ces tendances est donc ambivalente. Ils la provoquent parfois par leur attitude, parfois ils en sont le réceptacle obligé. Finalement, ils ont peu de marge de manœuvre en eux-mêmes même s'ils peuvent apprécier différemment les procédures. Et, comme souvent, ils s'en serviront en fonction de ce qu'ils souhaitent répondre sur le fond. A cet égard, on ne peut oublier que la procédure peut être une arme utile au juge qui ne souhaite pas s'encombrer d'une affaire délicate à trancher au fond.

Pour le juge international, il existe donc une claire hésitation concernant la question de l'abus de procédure. Non que la procédure ne soit par-

---

12 Conséquences juridiques de l'édification d'un mur dans le territoire palestinien occupé, Avis Consultatif, CIJ Recueil 2004, 136.

13 Affaire de la Frontière terrestre et maritime entre le Cameroun et le Nigéria (Cameroun c. Nigéria; Guinée équatoriale (intervenant)), Arrêt, CIJ Recueil 2002, 303.

fois prévue. Ainsi, il est possible de se référer à l'article 294 para. 1 de la Convention de Montego Bay sur le droit de la mer (Partie XV, Règlement des différends) qui indique, concernant les procédures préliminaires, que la Cour ou le Tribunal peut décider si une demande est un « abus des voies de droit », à l'image des juridictions internes. Si la réponse est positive, il cesse d'examiner la demande. La solution est sans doute radicale et peut-être guère praticable, mais elle a le mérite de mettre l'accent sur une question trop souvent tabou, et peut-être d'éviter de *subir* ces abus comme l'exemple de l'affaire entre le Cameroun et le Nigéria l'a prouvé.

Mais le juge n'est pas qu'un spectateur impuissant face à la procédure initiée par les parties. En effet, il n'est que de rappeler que plus on donne à un juge l'occasion de se prononcer, plus on lui donne la possibilité de consolider la procédure et de s'affranchir de la volonté des parties. Au surplus, sa compétence d'auto-règlementation lui ouvre toujours la possibilité d'infléchir certaines procédures, de les développer ou de les freiner selon ce qu'il souhaite en faire, et que les parties en fassent.

Finalement, la procéduralisation est la rencontre entre le souhait des parties et ceux du juge. Même là où la contrainte procédurale n'existe pas en principe, on a de plus en plus tendance à vouloir l'instaurer, car elle est ressentie comme facteur de sécurité. Ceci signifie que le juge se protège par la procédure autant qu'il pense protéger les parties en s'inscrivant dans la durée par une procédure établie et, si possible, stable. Et ceci joue dans toutes les sphères des juridictions internationales, y compris dans l'arbitrage. Incontestablement, il y a une procéduralisation du processus arbitral, tout comme il y a une forme d'arbitralisation de la procédure juridictionnelle (notamment, mais pas seulement, à travers le phénomène des chambres restreintes ouvertes dans de nombreuses juridictions internationales).

La procédure est donc envisagée différemment selon les acteurs d'un procès international. Elle représente une arme (défensive et offensive) pour les parties, elle représente une affirmation et une légitimation pour le juge, mais aussi une défense selon qu'il adopte l'attitude d'un juge spectateur, d'un juge utilisateur de cette procédure comme moyen de défense contre des parties trop entreprenantes, ou d'un simple juge « sécurisant ». Dès lors, on le conçoit aisément, l'arme procédurale est à multiples tranchants pour les acteurs du procès, et aucune simplification excessive de sa vision ne peut convenir.

IV. La confusion entre la procéduralisation et la légitimation

La question la plus délicate, et celle pour laquelle aucune réponse péremptoire n'existe, est celle de la liaison entre la procéduralisation et la légitimation des juridictions. En simplifiant, l'impression est que tout renforcement procédural peut être assimilé à un renforcement de la juridiction, et à sa légitimation, entendu comme un processus qui permet à cette juridiction de s'affirmer en tant qu'organe tiers au regard de ses propres justiciables.

Quoiqu'on en dise, les juridictions internationales sont à la recherche d'une affirmation et d'une légitimation. Elles sont souvent fragiles et doivent se consolider pour affronter des justiciables pas tout à fait comme les autres, que ce soient les Etats, les organisations internationales ou les personnes privées alors dans une situation bien particulière. Dès lors, la liaison entre la procéduralisation et la légitimation s'impose. Elle s'impose à la justice internationale permanente, elle s'est imposée au début de la justice internationale pénale construite sur des soubassements fragiles, et elle s'impose de plus en plus – certes dans une moindre mesure – à la justice commerciale de l'OMC.

En effet, la procédure est le ciment qui reste quand il y a – comme ce fut le cas au tournant des XXe et XXIe siècles – des juridictions qui apparaissent d'une manière difficile à appréhender : justice pénale (sous trois formes différentes : *ad hoc*, permanente (CPI) ou internationalisée), commerciale (OMC), en matière de droit de la mer (TIDM plus proche du modèle de la CIJ), arbitrages (CIRDI ou de nouveau le droit de la mer). Consécutivement, l'interétatique se noient dans un ensemble plus vaste avec une variété de justiciables, de types de procès (civil – *mutatis mutandis* – pénal, commercial, etc.). Y accoler une procédure rigide devient la garantie de son sérieux, mais surtout la source de sa légitimité dans un univers qui ne connait pas de code de procédure unifié, où tout reste à construire, à imposer. Contrairement à la justice interne, le temps de maturation ne peut qu'être court et est soumis à une perpétuelle médiatisation.

Même si le débat peut paraître galvaudé, la liaison entre procéduralisation et légitimation est essentielle car, dans ce domaine, les *produits* du droit international veulent ressembler aux Etats. On connait le danger de l'étato-morphisme, mais il faut reconnaître que le modèle interne imprègne encore largement des juridictions qui, faute d'un pouvoir judiciaire unifié, doivent trouver en elles-mêmes la source de leur autorité et de leur légitimité qui ne leur est pas *donnée* de l'extérieur.

C'est en effet la procédure qui rend légitime et qui va renforcer la juridiction. A défaut, elle paraîtra rendre une justice expéditive et sans fondements. Ce *hiatus* est parfois présent quand une juridiction se saisit d'une question dont elle ne peut que difficilement traiter pour des raisons avant tout procédurales. Ainsi dans l'affaire dite du *génocide* entre la Bosnie et la Serbie devant la CIJ en 2007, ce fut bien la délicate frontière entre le modèle procédural pénal et le modèle procédural pour la responsabilité internationale qui s'avérait fondamentale dans cet arrêt.[14]

Le ballet procédural de la charge de la preuve en fut le symptôme. Ici, le défendeur niait et n'apportait pas de preuves contraires, et le demandeur était (quasiment) laissé à sa solitude. En ce sens, la Cour internationale de Justice a prouvé qu'elle n'était pas adaptée au procès pénal que contraint l'étude du génocide.[15] *In fine*, c'est la remise en cause d'un modèle juridictionnel au regard d'un certain type de procès qui doit retenir l'attention. L'inadaptation de la Cour à un procès de type pénal surgit alors qu'on lui demande de ne pas juger pénalement parce que ce n'est pas son rôle, et que l'Etat ne peut être pénalement responsable, tout en la priant de prendre position sur une incrimination qui ressort clairement du domaine pénal. Difficile d'affirmer sans doute que la Cour internationale de Justice n'était pas légitime parce qu'inadaptée à ce type de procès, mais le sentiment qu'elle n'était guère à sa place au cœur de cette procédure a été dans beaucoup d'esprits.

Quoi qu'il en soit, la procédure participe à la juridictionnalisation car, avec un « processus procédural de plus en plus contraignant et stéréotypé, on aboutit à un filet dont les mailles sont de plus en plus resserrées ».[16] D'autant qu'une forte pression sociale joue en faveur d'un règlement juridictionnel des différends auprès des États qui, tout en mesurant les contraintes afférentes à un tel mode de règlement des différends, voient cette contrainte contrebalancée par les avantages qu'ils retirent de leur participation à un ensemble conventionnel leur procurant des avantages supérieurs à ces contraintes. Le cadre de l'OMC est notamment particulièrement représentatif de cette progression Dès lors, la procéduralisation amène non seulement la garantie que des limites ne seront pas dépassées,

---

14 Voir notre étude : J. M. Sorel, Les multiples lectures d'un arrêt : entre sentiment d'impunité et sentiment de cohérence, une décision à relativiser, 2 RGDIP (2007), 259, 259 – 272 à propos de l'arrêt de la CIJ du 26 février 2007 dans l'affaire dite du Génocide entre la Bosnie-Herzégovine et l'ex-Yougoslavie.

15 Ce que les juges Tomka ou Stotnikov pointaient, tout comme le juge ad hoc Mahiou le suggéraient, en remarquant que la Cour n'aurait pas pu juger sans l'appui des preuves du TPIY.

16 Ruiz Fabri & Sorel, supra note 5.

mais apparaît surtout comme un moindre mal dans le bilan coût-avantages qu'ils peuvent opérer.

Mais surtout, cette liaison procéduralisation-légitimation ressort d'une tendance lourde de la société internationale, comme des ordres internes : celle de la légitimation par le droit, ou ce qui semble en être la représentation, alors que cette légitimation devrait être avant tout politique ou sociale, c'est-à-dire « extra-juridique ». On confond ainsi le *lieu* (le droit) où s'exprime cette légitimation comme résultat avec ses fondements ou son vecteur. Le droit devient légitimation via la procédure alors qu'il ne devrait en être que le réceptacle ou le vecteur. On inverse ainsi l'évolution naturelle du cadre juridique : créer un carcan donne l'illusion d'un *bon* droit, alors que le *bon* droit devrait être la résultante de ce carcan. Comme, au surplus, la procédure est technique, la propension à la scientificité (ou du moins à la technicité) est aux portes de cette procéduralisation.

Celui qui *consent* – que ce soit dans un processus facultatif ou dans un processus obligatoire résultant d'un cadre conventionnel – paraît dépassé par le consentement, surtout à partir du moment où il n'est plus le seul justiciable. Il lui faut donc une bouée, et la procédure représente pour lui cette bouée. Il en ressort cette impression que la légitimation passe par le respect des formes, alors qu'elle devrait passer par la *confiance* faite en la juridiction, ce qui ne veut pas dire pour autant qu'il faut négliger la procédure. Cela nous amène pour conclure à la question de l'idée de justice qui émerge de ce processus.

V. La transformation progressive de l'idée de justice à travers la procéduralisation

La procéduralisation semble être une tendance qui n'est pas isolée et qui gagne tout le droit international en dehors des juridictions. Ce caractère *correctif* ou *invasif* des règles de procédure apparait comme une tendance générale du droit international. Paradoxalement, on peut s'interroger sur la perte de confiance dans le droit à son origine, et sur la perte de confiance dans la justice pour le domaine qui nous intéresse. On ressent en effet une forme de transformation progressive de l'idée de justice à travers la procéduralisation.

La transparence, les audiences publiques, l'*amicus curiae*, la place de l'indépendance et l'impartialité, le rôle des experts, le rôle de la preuve, etc., sont autant d'exemples de l'importance de la procéduralisation en droit international. Si les progrès sont indéniables (et loin de nous l'idée de ne voir ce phénomène que négativement), cela semble aussi révéler un malaise plus profond. En effet, paradoxalement, cette procéduralisation marque aussi une perte de confiance dans la justice.

La procéduralisation est la marque d'un droit international qui se modifie et quelque part se banalise et remet en cause son identité qui ne s'assimile ni à son statut, ni à son exorbitance *publique*, mais surtout à sa nécessité. Bien sûr, il y a un droit statutaire, bien sûr il existe un droit institutionnel, bien sûr il y a des exorbitances, mais comme dans cette matière on privilégie les relations horizontales, rien n'est évident, tout doit être construit et il y a peu de *donné*. C'est un droit fondamentalement fonctionnel, au-delà de l'institutionnel ou du matériel.[17] En simplifiant et en généralisant, on part d'une situation et on essaie de lui trouver une solution, mais on ne part pas d'un *état* statutaire auquel s'adapterait la solution *hiérarchisée*, d'où découlerait une solution qui *ruissellerait* ensuite sur la pyramide.

Dès lors, si modèle procédural il y a, celui-ci doit être original et ne pas se fier à ce qui existe dans un État. Mais surtout, il faut remarquer que la justice est apparue d'une certaine manière dans l'histoire de l'État : elle a émané d'une démarche de séparation des pouvoirs et pour en garantir la stabilité. A l'inverse, en droit international, la justice est apparue comme un élément tiers qu'on mettait à côté, une sorte d'excroissance, que les États ont progressivement acceptée. La transposition de la traditionnelle séparation des pouvoirs ne sert donc pas à grand-chose dans ce cadre,[18] même si l'idée qu'il doit exister des juridictions internationales auxquelles les Etats et les individus se soumettent est entrée dans les mœurs.[19]

Mais, alors même que la greffe est difficile, les juridictions internationales, sous l'effet de la consolidation de la justice internationale pénale, reflètent une tendance qui s'accentue en droit interne : la quête éperdue de la responsabilisation qui inhibe les sociétés modernes. Dans le domaine pénal, la chasse aux responsables a tendance à remplacer la quête des faits ou la quête de la vérité. En un mot : il arrive que le juste prime le vrai parce que le discours politique impose logiquement un devoir de mémoire, mais qu'il double ce devoir d'exigences en termes de responsabilité et de réparations, exigences pas toujours compatibles avec la complexe réalité du

---

17 Voir nos remarques dans : J. M. Sorel, L'identité du droit international ou la posture du sans papiers heureux, in X. Bioy (dir.), L'identité du droit public (2011), 147 -158.

18 Voir nos remarques dans : J. M. Sorel, Les Tribunaux pénaux internationaux : ombre et lumière d'une récente grande ambition, 1(205) Revue Tiers Monde (2011), 29.

19 Voir nos remarques dans : J. M. Sorel, Les juridictions internationales : un ensemble hétérogène et partiel, 49 Questions internationales (2011), 77.

conflit.[20] Dans ce cadre, la procédure tient une place centrale pour *isoler* la responsabilité, sans qu'il soit certain que cette même procédure permette d'embrasser la complexité de la vérité des faits.

Le procès international semble ainsi, via la procéduralisation, subir une forme d'auto-poïèse. Il s'auto-entretient et renforcer l'échafaudage de la procédure devient une forme d'architecture finale en elle-même. En un mot, le respect de la procédure s'impose parfois plus rapidement que l'idée de justice elle-même et, en droit international, plus rapidement que les juridictions elles-mêmes. Or, sans la jeter en pâture aux tenants d'une justice expéditive et dépourvue de toute garantie, on est en droit de se demander si cette forme de procéduralisation n'est pas une atteinte au caractère fondamentalement fonctionnaliste du droit international. Simple interrogation. Toute réponse péremptoire est à bannir.

20 Ruiz Fabri & Sorel, supra note 5.

Substantive and Procedural Rules in International Adjudication: Exploring their Interaction in Intervention before the International Court of Justice

Matina Papadaki[*]

I. Introduction

In this chapter we will follow the thread of the separation of substantive and procedural rules in international adjudication and its importance in international law, using as our example intervention before the International Court of Justice (ICJ).

As succinctly put by Judge Weeramantry "intervention affords an example *par excellence* of the celebrated observation *that substantive law is often secreted in the interstices of procedure.* The subject is therefore one of special importance, not merely in the sphere of procedure but in the sphere of substantive law as well."[1]

We begin our analysis by briefly sketching the origins of this separation, to demonstrate its importance, while noting that boundaries are not only blurred but also permeable. We then turn to examining the history and practice of intervention before the ICJ. More specifically, a typology of interactions shows how procedure can uphold and reflect the values carried by substantive rules and how substantive rules can in turn shape the interpretation of procedural rules.

Our goal is to draw an impressionistic picture of the role of intervention through a different and largely under-explored angle of the interaction between substance and procedure.

---

* Research Fellow at the Max Planck Institute Luxembourg for Procedural Law.

1 Sovereignty over Pulau Ligitan and Pulau Sipadan (Indonesia/Malaysia), Application for Permission to Intervene, Judgment, ICJ Reports 2001, 575, Separate Opinion of Judge Weeramantry, para. 12, emphasis added.

II. *Distinguishing Substantive and Procedural Rules in International Adjudication*

Our analysis will assume a clear-cut distinction between the two sets of rules of procedure on the one hand and of substance on the other so as to pinpoint their interactions. Consequently, in this chapter procedural rules will refer to the rules and principles regulating the conduct of proceedings of the ICJ and the rights of the States stemming from these, while substantive rules will refer to rights and obligations that exist irrespective of the procedure of adjudication in the ICJ.

However, prior to analysing intervention before the ICJ we consider it important to highlight some aspects of the fluidity of this distinction. As per most theoretical distinctions, the relationship between the two components of the binaries is often challenged in theory and practice and is mostly considered as a spectrum with a permeable boundary. This is certainly the case of the differentiation between substantive and procedural rules in international adjudication.

What is more, the history of codifying international rules of adjudicative procedure is short. A very rough sketch would go back to 19th century arbitration and the codification efforts of the *Institut de Droit International*, Project for the Regulation of the International Arbitral Procedure (1875 *IDI* Project),[2] as well as the Hague Conventions for the Pacific Settlement of International Disputes.[3] The International Court of Justice, inspired by the 1907 Convention, slowly progresses to develop its own autonomous procedure and in turn influence other international jurisdictions[4] while more recently it has been argued that we can talk of a "common law of international adjudication".[5] Thus, previously valid exhortations that interna-

2 Projet de règlement pour la procédure arbitrale internationale, 1 Annuaire de l'Institut de Droit International (1877), 126.

3 Convention for the Pacific Settlement of International Disputes, 29 July 1899,187 CTS 410; Convention for the Pacific Settlement of International Disputes, 18 October 1907, 205 CTS 233.

4 S. Rosenne, The Law and Practice of the International Court of Justice 1920-2005, 4th ed. (2006) vol. III, 1021-1022 [Rosenne, The Law and Practice], who argues that international procedural law in the International Court of Justice drew from the 19th century arbitral practice, which in turn used analogies stemming from domestic procedures.

5 C. Brown, A Common Law of International Adjudication (2007), where the proliferation of international courts and tribunals prompted the author to comparatively examine the procedure and remedies of a wide variety of international judicial fo-

tional procedural law is the "Antarctica of international law",[6] and that most international law scholars prefer to deal with the decisions and not the procedural "anfractuosities of the route",[7] are no longer true, as proven by the monographs on the issue,[8] and the growing interest in this field.[9] However, many angles of the topic remain under-explored.

Despite this recent increase in interest, a clear distinction between substantive and procedural rules remains elusive and has been diachronically difficult. Indeed, Shabtai Rosenne noted that "a procedural incident which in the conception of internal legal systems is likely to be regarded as procedural, will appear in international law *indifferently as one of substance or of procedure*" and since, in contrast to the domestic legal systems, judicial dispute settlement is volitional, procedural norms "are indistinguishable, in *their creation as in their effect*, from those substantive norms through the application of which that dispute will be settled".[10]

---

ra, leading him to the conclusion that their convergences give rise to a common law of adjudication.

6 A. H. Feller, The Mexican Claims Commissions: 1923–34 (1935), vii.

7 H. W. A Thirlway, Procedural law and the International Court of Justice, in V. Lowe and M. Fitzmaurice (eds.), Fifty Years of the International Court of Justice: Essays in honour of Sir Robert Jennings (1996), 389.

8 For general works on international procedure, see for example, inter alia, J. Ralston, The law and procedure of international tribunals: being a résumé of the views of arbitrators upon questions arising under the law of nations and of the procedure and practice of international courts (1926); J.C. Witenberg, L'Organisation Judiciaire: La Procédure et la Sentence Internationales (1937); M. Hudson, Manley Hudson, International Tribunals: Past and Future (1944); M. Bos, Les conditions du procès en droit international public (1957); V. S. Mani, International Adjudication: Procedural Aspects (1980); Brown, supra note 5; G. Biehler, Procedures in International Law, (2008); E. Lauterpacht, Principles of Procedure in International Litigation, 345 Collected Courses of the Hague Academy of International Law (2011); C. T. Kotuby and L. A. Sobota, General Principles of Law and International Due Process: Principles and Norms Applicable in Transnational Disputes (2017).

9 The so called "proliferation" of international courts and tribunals generally boosted academic interest in many aspects of international adjudication. It is also noteworthy that the present volume and the very launch of the Department of International Law and Dispute Resolution within the Max Planck Institute Luxembourg which is dedicated to the study of International and European procedural law further attests to emergence of this interest.

10 Rosenne, The Law and Practice, supra note 4, 1024.

In our view however, even if the creation of substantive and procedural rules could be considered indistinguishable,[11] the difference as to their effects can be extremely important.

The local remedies rule offers a good example challenging the absolute character of the distinction while showing the important implications of the categorization. The local remedies rule can either be considered as a substantive prerequisite of 'perfecting' an internationally wrongful act, or as a procedural bar to international adjudication. In the first situation there will be no internationally wrongful act until local remedies are exhausted, while in the second, where it is classified as procedural, exhaustion will be a matter of admissibility of the claim.

There is however a third situation which makes the distinction more nuanced: the nature of the exhaustion of local remedies will be dependent on the rule breached. If the injury to the alien stems from a breach of domestic law, then the internationally wrongful act will arise out of the act or omission constituting denial of justice, in which case the local remedies rule will be substantive. Where the injury instead stems from a breach of international law, international responsibility arises at the moment of the breach and exhaustion of local remedies is procedural in nature, a precondition to bringing the claim before an international court. However, if the rule breached is solely of international law with no counterpart in domestic law, there cannot be a requirement of exhaustion of local remedies.[12]

---

11 Even this aspect can be considered contentious since substantive rules are created by States but international adjudicative procedural rules are largely created by the international courts themselves, which are generally masters of their own procedure. This is often explicitly provided for in their Statutes (see for example Article 30 of the ICJ Statute, Article 16 of the ITLOS Statute and Article 17(9) of the WTO Dispute Settlement Understanding) which tend to draw from the practice of other tribunals rather than of States to establish customary procedural law. Consequently, doubts have been expressed as to whether sources of international law accurately reflect the sources of international procedural law. As H. Thirlway has noted "[i]t may be supposed that in principle the enumeration in article 38 of the ICJ Statute is broadly valid for international procedural law as part of international law; but is that sufficient?", supra note 7, 389 (emphasis added); for a recent summary of the debate, see C. Brown, Inherent Powers in International Adjudication, in C. Romano et al. (eds.), Oxford Handbook of International Adjudication (2014), 829, 830-832. The reason however that we maintain that the creation of such rules could still be considered indistinguishable is that court rules are derivatively and secondarily a product of State consent, since the very norms referred to above are laid down by States.

12 See International Law Commission, "Second Report on Diplomatic Protection by Mr. J. Dugard, Special Rapporteur", UN Doc. A/CN.4/514, 28 February 2001,

This distinction also becomes readily apparent in cases regarding State immunity and violation of *jus cogens* rules. In such cases, it is the characterisation of the rules on immunity that determines the outcome. If State immunity is not viewed as a procedural bar to jurisdiction this would mean that the rules on immunity could be displaceable by *jus cogens* norms if deemed in conflict with them.[13] The stance of the Court has been clear; the rules of activation of its jurisdiction are procedural and do not interact with the rules deciding legal rights on the merits of the case. Literature however is not unanimous on the validity of this view or on the value of the substance procedure divide itself.[14]

While the rules on intervention of third parties in the ICJ are easier to classify as procedural than those of the examples above, the distinction between substantive and procedural rules produces equally outcome-determinative results albeit in a different way. In third party intervention in the ICJ we can trace how the procedural rules embed choices about which inter-

---

106-114, paras. 32-66, especially para. 33 on the relevance and importance of the distinction; Also J. R. Crawford and T. D. Grant, Local Remedies, Exhaustion of, in R. Wolfrum (ed.), The Max Planck Encyclopedia of Public International Law, (last updated 2007), available at http://opil.ouplaw.com/view/10.1093/law:epil/978 0199231690/law-9780199231690-e59 (last visited 30 October 2018), paras. 35-41.

13 See Arrest Warrant Case (Democratic Republic of the Congo v. Belgium), Judgment, ICJ Reports 2002, 3, 25, para. 60, and Jurisdictional Immunities of the State (Germany v. Italy, Greece intervening), Judgment, ICJ Reports 2012, 99, 124, para. 58.

14 For an overview of the two sides of the debate and focusing on the procedural-substantive divide, see S. Talmon, Jus cogens after Germany v. Italy: Substantive and Procedural Rules Distinguished, 25 LJIL (2012), 979, who agrees with the approach of the ICJ and argues that the substance and procedure divide is both well-established in international law despite the absence of predetermined criteria and differences with respect to the classification of some rules, noting that the formalistic and technical nature of the distinction is needed for clarity and predictability of law. He adds that criticisms focus on the undesirability of the outcome in this specific case rather than on the logic of the categories of substance and procedure. Cf., A. Orakhelashvili, The Classification of International Legal Rules: A Reply to Stefan Talmon (2013), 26 LJIL 89, who argues that the distinction between substance and procedural is artificial, that there is no cognizable category of procedural rules in international law and it is used to support political and ideological preferences so as to prevent adjudication of certain classes of actors and claims. In our view however, the category of procedural rules and principles in international adjudication exists and its unqualified denial is at least factually inaccurate. The fact that it expresses political and ideological choices is an important aspect which needs to be researched but which does not negate the existence of a distinction between procedural and substantive rules.

ests are viewed as warranting participation. What is and is not deemed as an admissible request for intervention provides links between the procedural device and the substance of the right vindicated. Consequently, the separation is more nuanced than in cases of norm conflict as in the example of State immunities. It is nonetheless important to note the fluidity of this definition and the importance of categorisation.

Having the above definitions and caveats in mind, we will explore whether providing, on a limited scale, a typology of the substance-procedure interaction brings to light useful linkages.

III. Points of Entry to the Interaction Between Substance and Procedure

The fact that the boundary between substance and procedure is hazy and movable, as already demonstrated, makes the effort to capture their interaction inherently challenging.

However, two entry points into the examination of this interaction can be discerned. The first is to start from the substantive end, choosing a substantive right, or a category of substantive rights, and examine how they are obtained through procedures in international adjudication and the relation between substance and procedure. The second is to start from the procedural part, choosing a procedural institution or rule and trying to uncover the substantive rights it seeks to vindicate and on which levels it interacts with them.

The first approach is potentially more 'measurable' and less elusive, in that we look for the end result of the judicial protection of a right or a category of rights, the attainment of substantive rights. On the other hand, the second approach may appear counter-intuitive, in that procedural rules are supposed to be mere vehicles through which substance is carried to its end point. The first approach has received attention in international law in the context of the protection of public goods, or common interests.[15] This

---

15 On the emergence of community interest and its expression in international law, see generally B. Simma, From Bilateralism to Community Interest in International Law, 250 Collected Courses of the Hague Academy of International Law (1994), 217; S. Villalpando, The Legal Dimension of the International Community: How Community Interests Are Protected in International Law, 21 EJIL (2010), 387. On the particular issue of interface between substance and procedure with relation to common interests, see M. Benzing, Community Interests in the Procedure of International Courts and Tribunals, 5 The Law & Practice of Int'l Court and Tribunals (2006), 369; A. Nollkaemper, International Adjudication

theoretical engagement can be explained from the fact that in international law, substantive rules do not necessarily grow *in tandem* with procedural law and remedies.[16] There seems to be an asynchronous development that creates tension between new substantive rights or interests, which transcend bilateralism, and adjudicative procedures, designed to cater for bilateral disputes.[17] Using this example as an entry to the interplay between substance and procedure in the protection of common interests and public goods, we can trace a clear link between the procedure and remedies. This is so because in order to examine whether protection can be accorded and attained through adjudicative procedures in international law, the issue will necessarily turn to jurisdiction and standing. Though the latter concepts are procedural, they depend on primary norms catering for multilateral or collective interests and their counterpart secondary norms of state responsibility, relating mainly to the conditions of its invocation.[18] This relation, even briefly examined, can reveal a feedback loop between the evolution of the law and that of procedure.

Conversely, any effort to assess the interrelationship from the procedural end cannot but start from broader, abstract, and goal-oriented underpin-

of Global Public Goods: The Intersection of Substance and Procedure, 23 EJIL (2012), 269; W. Wolfrum, Interventions in Proceedings before International Courts and Tribunals: to what Extent may Interventions serve the Pursuance of the Community Interests, in N. Boschiero et al. (eds.), International Courts and the Development of International Law: Essays in Honour of Tullio Treves (2013), 219.

16 E. Cannizzaro and B. Bonafé, Of Rights and Remedies: Sovereign Immunity and Fundamental Human Rights, in Ulrich Fastenreth et al. (eds.), From Bilateralism to Community Interest: Essays in Honour of Bruno Simma (2011), 825, arguing that the development of primary rules in the field of human rights is growing faster than and with not corresponding norms of secondary rules of responsibility and especially remedies. See also Benzing, supra note 15, 372-373, and Nollkaemper, supra note 15, 770-771, noting the tension between structurally bilateralist procedures and remedies.

17 Emphasizing the bilateral nature of disputes in the ICJ through an a contrario argument, see L. Fisler Damrosch, Multilateral Disputes in The International Court of Justice, in L. Fisler Damrosch (ed.), The International Court of Justice at a Crossroads (1987), 376.

18 Following the thread of the evolution of the concept of collective legal interests in the law of treaties and its implication for the law of state responsibility in terms of standing, see J. R. Crawford, Multilateral Rights and Obligations in International Law, 319 Collected Courses of the Hague Academy of International Law (2006), 421–451.

nings.[19] In this vein, we will start from the premise that the procedural law of any court or tribunal is created and developed with the view to carry out the functions entrusted to it. But it also follows from the above that any observation of the interaction is very context-sensitive, that is, related to the examined tribunal, and content-dependent, related to the procedural rule under examination. For this reason, it would be easier and perhaps more instructive to not examine connections *in abstracto*, especially in the international plane where the goals of the Court are very different. Thus, by way of experiment to trace this interrelationship from a different angle, we will try to use as an entry point the institution of intervention in contentious proceedings of the ICJ.

The choice of the ICJ is for two main reasons.[20] First, it is the oldest existing permanent international court, and as the successor of the Permanent Court of International Justice, its procedure[21] is a prototype of international adjudicatory procedure while also providing a link to the earliest efforts of regulating international dispute settlement. Second, it is "the only international court of a universal character with general jurisdiction",[22] making it ideal for testing a variety of substantive issues.

The choice of the procedural 'device' of intervention is made because it challenges the structural underpinnings of this court and the primarily bilateral structure of ICJ litigation.[23] The Court has a delicate balance to keep. On the one hand, it cannot unduly emphasise bilateralism. This would be a necessary implication if the Court were overtly reluctant to al-

19 The approach to assess procedural 'devices' and rules via the spectrum of attainment of the Court's goals and mandate draws from the logic but not the specific parameters of: Y. Shany, Assessing the Effectiveness of International Courts (2014).

20 It has to be noted that the two criteria are expressed as objective characteristics of the ICJ rather than as axiologically important.

21 An Informal Inter-Allied Committee (1943–1944), the mandate of which was to examine "the Future of the PCIJ", posited that: "little change is required in the procedure of the Court, which has worked satisfactorily in practice", United Nation: Report of the Informal Inter-Allied Committee on the Future of the Permanent Court of International Justice, 39(1) Supp. AJIL (1945), 1, 24, para 77.

22 UNGA, Report of the International Court of Justice for 1 August 2014 until 31 July 2015, UN Doc. A/70/4, 12 November 2015, 12 para. 40.

23 Highlighting the essentially bilateral architecture of the procedures of the Court, see T. D. Gill, Litigation strategy at the International Court: a case study of the Nicaragua v. United States dispute (1989), 91, arguing that such bilateralism is 'understandable' given the tradition and history of interstate arbitration which is tied to the formation of the rules of procedure and that litigation strategy is complex enough in the bilateral disputes and thus occurrences of multiparty disputes will remain low.

low intervention, thus signaling reticence to hear third party rights or interests. Arguably, this would go against its broader role as the "principal judicial organ of the United Nations",[24] which in turn implies supporting the purposes of the UN in the administration of international justice and the pacific settlement of disputes. On the other hand, it has to safeguard party autonomy so as not to deter States from bringing their disputes to the Court.[25]

IV. Examples of Modes of Interaction

Having set the general context and angle, we will try to provide a framework of interaction between substance and procedure in intervention before the ICJ.

First, it has to be noted that the narrative chosen in this paper does not focus on the classical perplexities surrounding intervention. The intricacies and importance of many issues are intertwined with this procedural device. This could result in a misrepresentation of a complex image. As a result, the exercise might appear as a very neat picture to those uninitiated in the technicalities of intervention in the ICJ, and in contrast, a very minimalist approach to those that have studied it. Thus, we feel obliged to signal these complexities.[26]

---

24 United Nations, Charter of the United Nations, 24 October 1945, 1 UNTS XVI, Article 92.

25 Arguing for the need to keep a balance between these conflicting interests, see C. Chinkin, Third Parties in International Law (1993), 149.

26 As R. Bilder pertinently noted in his book review of the work of S. Rosenne on the subject: "[T]he procedural question of intervention in interstate proceedings before the ICJ encapsulates many larger leitmotifs of public international law. It goes right to the heart of the matter of the nature of the consent of states to jurisdiction [...] the "equality of arms"; the nature of res judicata under Article 59 of the Statute; the role of the ad hoc or national judge; the effect of travaux préparatoires in the interpretation of the Statute of the Court; the role of and powers of chambers of the Court; the nature and effect of the Rules of Court; the relationship between jurisdictional and substantive parts of the proceedings; and the sufficiency of the Court's practice concerning confidentiality of written proceedings... it could be used by an imaginative law professor as the outline and textbook for a general seminar on international procedure, so important and far-reaching are many aspects of this subject", R. Bilder, Book Reviews and Notes: Intervention in the International Court of Justice, 89 AJIL (1995), 650 (emphasis added).

This alternative and experimental narrative uses a tentative taxonomy of the different types of interaction between substance and procedure.[27] The first interaction, examined through the prism of the goals of intervention, is procedure as house-keeping meaning that procedure serves to protect foundational and structural rights and general principles of procedural law, which are however, trans-substantive. By trans-substantive, we mean that regardless of the subject matter of the procedure, or the rights claimed, there are some default procedural rules that the Court must apply. These are essentially, the equality of arms and the good administration of justice.[28]

The second interaction is procedure as transmission of substance meaning how procedure could or could not influence the application of substantive rights and how changes either in the procedural or in the substantive law affect one-another.

A. *Intervention in the ICJ – Procedure as House-Keeping*

The history of this procedural device and how it made its way into the Statute of the Permanent Court of International Justice can help show how

27 The categories are inspired from: J. S. Martinez, Process and Substance in the "War on Terror", 108 Columbia Law Review (2008), 1013. Martinez identifies five categories that are applicable in US "war on terror cases": "process as avoidance", where courts use process to avoid answering substantive questions; "process as signaling", where the court uses procedure to signal a substantive issue without settling it; "process as substance", when the court's choice of the applicable procedure is made with explicit reference to substantive rights; "substance disguised as process", when substantive questions are settled under the guise of application of procedural rules; and finally "procedure as housekeeping" where procedure is used to express more general values like the efficiency of adjudication.

28 Naming these two principles as "structural and constitutional general principles of procedure", see R. Kolb, General Principles of Procedural Law, in A. Zimmermann et al. (eds.), The Statute of the International Court of Justice: A Commentary, 2nd ed. (2012), 48, 871, paras. 9-28. It is very important to note however that herein these concepts or general principles are not used as referring to sources of international law. Rather, we conceive them as scientific generalizations flowing from the Rules of Procedure and the Statute of the Court; as underpinnings of the positive rules (for a similar argument, see J. Kammerhoffer and A. de Hoogh, All Things to All People? The International Court of Justice and its Commentators, 18 EJIL (2007), 971, 979.

intervention fulfils the purposes for which it was established and how that leads to different modes of interaction with substance.[29]

The first attempt at codification of this practice is found in article 16 of the 1875 *IDI* Project:

> Ni les parties, ni les arbitres ne peuvent d'office mettre en cause d'autres Etats ou des tierces personnes quelconques, sauf autorisation spéciale exprimée dans le compromis et consentement préalable du tiers.
> L'intervention spontanée d'un tiers n'est admissible qu'avec le consentement des parties qui ont conclu le compromis. [30] (Original in French)

The wording of this article of the Project and the order of its paragraphs makes clear that the main objective was to not prejudice third party rights without their consent. Intervention seems to have been added as the opposite side of the coin, protecting in turn the parties to the dispute from an intervention to which they have not consented.

The underlying rationale of the formulation of this article seems to be that decisions would be *res inter alios acta* for third parties, while parties to the dispute enjoy full autonomy and their consent is necessary for any potential 'intrusion'. It has to be noted here that there was no qualification regarding the nature of the rights or interests which could constitute a valid ground for intervention.

The institution of intervention was addressed in more specific and narrow terms in The Hague Conventions Pacific Settlement of International Disputes of 1899 and 1907[31] in Articles 56[32] and 84 respectively. The latest formulation of 1907 which is, in substance, the same as the previous one, is:

> The Award is not binding except on the parties in dispute.

29 This analysis is cursory and functional, aiming to lay the groundwork for an understanding of how intervention was introduced. However, the drafting history of intervention abounds with complexities, so a disclaimer is applicable in that this is a rudimentary, but hopefully sufficient account of the evolution of this procedural device.

30 Projet de règlement pour la procédure arbitrale internationale, supra note 2.

31 Convention for the Pacific Settlement of International Disputes, supra note 3.

32 For a detailed analysis of the introduction and underlying rationale of this Article in 1899, proposed by the Dutch Representative to the Peace Conference, T.M.C Asser, see S. Rosenne, Intervention in the International Court of Justice (1993), 14-18 [Rosenne, Intervention].

> When it concerns the interpretation of a Convention to which Powers other than those in dispute are parties, they shall inform all the Signatory Powers in good time. Each of these Powers is entitled to intervene in the case. If one or more avail themselves of this right, the interpretation contained in the Award is equally binding on them.

In these conventions, intervention could be viewed as being added again as an exception, this time relating to the effect of the judgment.

The first paragraph of Article 84 embodied the general rule concerning the limited nature of *res judicata,* as relevant only between the parties. In this context, intervention was not only possible, but a matter of right. This right however applied only in the very specific cases where the dispute concerned the interpretation of a convention to which the third State to the dispute was also a party. Thus, if a State Party to a convention in question chose to exercise this right, then the strict relativity of the binding nature of the judgment would be amplified, since the part of the decision turning on the interpretation of the convention will be equally binding upon it.

Two conclusions can be drawn from the above: firstly, that intervention through implicitly recognising the existence of third party interests was only conceptualized as an exceptional means of protecting non-parties against prejudicial effect and of safeguarding party autonomy; secondly, the only goal that was thought of as necessitating protection was the readily identifiable interest a State had in the interpretation of a convention to which it was a party.[33]

We come now to the Statute of the Permanent Court of International Justice, prepared by the Advisory Committee of Jurists, established by the Council of the League of Nations based on the function entrusted to it under Article 14 of the Covenant of the League of Nations.[34] The Advisory Committee kept intervention as of right in relation to multilateral treaties with little discussion and virtually no disagreement.[35]

---

33 These conclusions derive from the grammatical meaning of the Articles. The travaux do not shed light as to the actual intentions of their drafters, and as to the intended results of intervention, as Rosenne notes "[i]t is clear from the record that little if any thought was given by the participants in the Conference to the implications of introducing the concept of third-party intervention into inter-State arbitral proceedings, even in the limited form accepted by the Conference.", ibid., 18.

34 Covenant of the League of Nations, 28 June 1919, 108 LNTS 188.

35 It was acknowledged by the Advisory Committee that this mode of intervention "was borrowed from Mr. Asser and based on Article 84 of the Convention of 1907" Permanent Court of International Justice, Advisory Committee of Jurists,

The text of Article 63, unsurprisingly not deviating from the previous discussions, reads:

> 1. Whenever the construction of a convention to which states other than those concerned in the case are parties is in question, the Registrar shall notify all such states forthwith.
> 2. Every state so notified has the right to intervene in the proceedings; but if it uses this right, the construction given by the judgment will be equally binding upon it.

However, another form of intervention was added to the Statute. This form of intervention had no known precedent in international arbitration,[36] and was largely based on the proposal by the Five Neutral Powers (Denmark, Netherlands Norway, Sweden, and Switzerland).[37]

Having no international antecedents,[38] the motivation behind the adoption of this article could be traced in the discussions of the Advisory Committee, where it was felt that intervention would be "useless if this right were not conceded to wider extent".[39] But the discussions do not shed adequate, if any, light on the specificities of intervention, namely, *inter alia*, for what purposes it would be permissible, what the requirements are and which procedural rights follow for the intervener.

Summing up the debate, Lord Phillimore proposed that a third State could request to intervene "if it consider[ed] that a dispute submitted to the Court affect[ed] its interests". While agreeing in principle, Mr. Fernandes, wanted the right of intervention to be subject to some condition, for example that it should concern "legitimate interests". The President of the Committee, Baron Descamps, proposed that a State could request intervention if it "consider[ed] that its rights may be affected by a dispute". To that, Mr. Adatci proposed changing the word "rights" to "interests", without however any documented exchange of views on the issue, or any rea-

---

Procès-verbaux of the proceedings of the Committee June 16th-July 24th 1920 (1929), 594 [Procès Verbaux].

36 Rosenne, Intervention, supra note 32, 20.

37 C. Chinkin, Article 62, in A. Zimmermann et al. (eds.), The Statute of the International Court of Justice, supra note 28, 1529, 1531 para. 3.

38 The broader notion of intervention was of course known to the members of the Advisory Committee through their national systems. The British member, Lord Phillimore and the Dutch M. Loder also brought examples of their domestic system's intervention procedures (Procès Verbaux, supra note 35, 592).

39 Procès Verbaux, supra note 35, 587, comment by Lord Phillimore 587.

soning.[40] Synthesizing the above views, President Descamps proposed the following wording that introduced a new form of discretionary and general intervention:

> Should a State consider that it has an interest of a legal nature which may be affected by the decision in the case, it may submit a request to the Court to be permitted to intervene. It will be for the Court to decide upon this request.[41]

The articles were upheld with no substantive changes,[42] making their way into the ICJ Statute.

Thus, the more general form of intervention encapsulated in Article 62 was loosely inspired by the domestic systems of the members of the Advisory Committee and followed as a logical counterpart of the more specific and narrow right of intervention, embodied in Article 63. However, the precise substantive underpinnings of Article 62 were left to be judged in practice, leaving a wide window open for substance to interact with procedure, since the general and abstract terms provided "a blank cheque" to the judges.[43]

Despite the relative opacity of the underlying reasons which led to the adoption of the articles on intervention, their inclusion inspired hope for the beginning of a new era in international dispute settlement, different from the ad hoc nature of international arbitration.

In an, in hindsight, idealistic tone John Basset Moore noted:

> Perhaps it may be hoped that the right of intervention given by the Statute may prove to be a means of inducing governments, be they great or small, to come before the Court, thus showing their confi-

---

40 Ibid., 593; Rosenne aptly noted that the record of the discussion on the issue is "inconclusive and apparently garbled", Rosenne, Intervention, supra note 32, 23.

41 Procès Verbaux, supra note 35, 594. Note however, that this is the text of the Procés Verbaux. In the English language version of the PCIJ Statute, the phrase "as a third party" was inserted after "to intervene" in the first sentence. This phrase was however not maintained in the ICJ Statute, and this change was not considered as changing the substance of the article, see Documents of the United Nations Conference on International Organization, San Francisco, (1945), Vol. XIV, 676 UNCIO.

42 Ibid., UNCIO.

43 H. Thirlway, The Law and Procedure of the International Court of Justice 1960-1989, Part Thirteen, 74 British Yearbook of International Law (2003), 23, 31.

> dence in it and enlarging its opportunities to perform a service for the world.[44]

Despite those hopes, the practice has been meagre. In the PCIJ, only one intervention was made by Poland in the Wimbledon case under Article 63.[45] In the ICJ there have been 9 cases where requests were made under Article 62 of which only 3 have been granted.[46] Under Article 63 there have been 4 declarations of which two were found admissible.

Thus, with the role and procedural effects of intervention unclear in the minds of drafters, and with a text having ambiguities and a traditional bi-

---

44 J. B. Moore, The Organization of the Permanent Court of International Justice, 22 Columbia Law Review (1922), 497, 507.

45 SS 'Wimbledon' (United Kingdom and ors v. Germany), Judgment, PCIJ Series A No 1, Judgment of 28 June 1923 (initially submitted as a request under Article 62).

46 The rejected requests to intervene were the following: Nuclear Tests (Australia v. France), Application to Intervene, Order of 12 July 1973, ICJ Reports 1973, 320; Nuclear Tests Application to Intervene, Order of 12 July 1973, ICJ Reports 1973, 324, in which orders it was decided that the permission to intervene should be addressed in the decision of jurisdiction of the Court and Nuclear Tests (Australia v. France), Application to Intervene, Order of 20 December 1974, ICJ Reports 1974, 530; Nuclear Tests (New Zealand v. France), Application to Intervene, Order of 20 December 1974, ICJ Reports 1974, 535, where after finding the cases moot, the need to address questions on intervention ceased to exist; Continental Shelf (Tunisia/Libyan Arab Jamahiriya), Application to Intervene, Judgment, ICJ Reports 1981, 3, where Malta's legal interest was found not to be in conformity with the objectives of Article 62 in that it was an interest in legal principles and rules and their development, not specific enough to justify intervention; Continental Shelf (Libyan Arab Jamahiriya/Malta), Application to Intervene, ICJ Reports 1984, 3, where Italy's intervention was found to assert its rights vis-à-vis the parties to the dispute, which would not be compatible with the purposes of intervention, as it would in fact introduce a new dispute between her and the parties; Request for an Examination of the Situation in Accordance with Paragraph 63 of the Court's Judgment of 20 December 1974 in the Nuclear Tests (New Zealand v. France) Case, ICJ Reports 1995, 288, where the main case being removed from the General List, the requests by Samoa, Solomon Islands, the Marshall Islands and the Federated States of Micronesia became moot (these states also filed interventions under Article 63); Sovereignty over Pulau Ligitan and Pulau Sipadan (Indonesia v. Malaysia), Application for Permission to Intervene, Judgment, ICJ Reports 2001, 575, where the interest of Philippines was found to be too remote from the object of the case, in essence trying to forestall the interpretations of the Court; Territorial and Maritime Dispute (Nicaragua v. Colombia), Application for Permission to Intervene, Judgment, ICJ Reports 2011, 348, 420, where Costa Rica and Honduras respectively failed to show that they had an interest of legal nature

lateralism outlook, the ICJ veered towards securing the classical house-keeping[47] values in the first cases regarding intervention.[48]

In this vein, the limited recourse to intervention that came as a mismatch to the initial hopes for its potential importance can be explained through the house-keeping values applicable to all proceedings before the ICJ.

It is more logical than it is novel to argue that courts will uphold the constitutional and structural rules and principles of the system of which they form part. These foundational underpinnings will necessarily be embedded in all rules guiding their proceedings. In the international plane where state sovereignty and state equality leading to the principle of state

---

that might be affected. On the other hand, the cases admitted were the following: Land, Island and Maritime Frontier Dispute (El Salvador/Honduras), Application to Intervene, Judgment, ICJ Reports 1990, 92, where Nicaragua proved its interest of a legal nature since it was along with the main parties one of the riparian States in the Gulf of Fonseca where it was admitted by the parties that there was a "community of interests"; Land and Maritime Boundary between Cameroon and Nigeria, Application to Intervene, Order of 21 October 1999, ICJ Reports 1999, 1029, where the goal of protecting and informing the Court of its legal interests in the Gulf of Guinea was deemed in accordance with the requirements of discretionary intervention; Jurisdictional Immunities of the State (Germany v. Italy), Application for Permission to Intervene, Order of 4 July 2011, ICJ Reports 2011, 494 where the request of Greece was accepted on the grounds that the Court might find it necessary to consider its domestic decisions that were enforced (exequatur) by Italian courts and which were at issue between the parties.

47 The two inadmissible cases were Military and Paramilitary Activities in and against Nicaragua (Nicaragua v. United States of America), Declaration of Intervention, Order of 4 October 1984, ICJ Reports 1984, 215, where the request of El Salvador was deemed inadmissible since it related to the merits and not to the jurisdictional phase of the dispute, and the moot interventions by Australia, Samoa, Solomon Islands, the Marshall Islands and the Federated States of Micronesia in the Request for an Examination, supra note 46. The two admissible requests were: Cuba's intervention in Haya de la Torre Case, Judgment of 13 June 1951, ICJ Reports 1951, which was found admissible since and to the extent that it concerned the construction of the Havana Convention to which it was a party; New Zealand's intervention in the Whaling in the Antarctic (Australia v. Japan), Declaration of Intervention of New Zealand, Order of 6 February 2013, ICJ Reports 2013, 3, relating to the International Convention for the Regulation of Whaling.

48 Kolb, supra note 28, 698, (arguing that the Court emphasized the privacy of the parties and good administration of justice, in the sense of avoiding delays in the process instead of choosing to play a broader role ratione personae solving disputes.).

consent to jurisdiction are still cardinal,[49] procedure and its interpretation will necessarily mirror and uphold these values.

From these cardinal principles flows the procedural equality[50] which is inherent in all judicial proceedings and has to be upheld in all cases. The difference between ad hoc / arbitral dispute settlement and the permanent jurisdictions is in the larger goal that the permanent jurisdictions have to play, that is, in the good administration of justice. The aim of each institution is different, with non-institutionalised arbitration serving the parties, and the ICJ serving the community of the States.[51] And this is where the tension arises. Equality and classical house-keeping principles can collide with the necessary awareness of the systemic effects of a judgment and of multiparty interests at play within most disputes.[52] Intervention stands at the crossroads of these two opposing tendencies and underlying values.

One characteristic example of the shift in stance of the Court comes with the recognition of the role of State consent to discretionary intervention under Article 62. Intervention, being an incidental procedure of which the Court is master and which is not directly dependent on the will of the parties,[53] can be seen as a challenge to the procedural house-keeping

---

49 For a different view than ours, see A. Cançado Trindade, International law for humankind: towards a new jus gentium (I): general course on public international law, 316 Collected Courses of the Hague Academy of International Law (2005), 91, arguing that principles are not dependent on the consent of the subjects of law; see also Alleged Violations of Sovereign Rights and Maritime Spaces in the Caribbean Sea (Nicaragua v. Colombia), Preliminary Objections, Judgment of 17 March 2016 (unreported), Separate Opinion of Judge Cançado Trindade "state consent… is at most a rule (embodying a prerogative or concession to States) to be observed as the initial act of undertaking an international obligation", para. 27.

50 For procedural equality as stemming from the structure of the international legal system as opposed to the foundational principles stemming from national jurisdictions (specifically its counterpart audiatur et altera pars), see Mani, supra note 8, 20.

51 See also Kolb, supra note 28, "[T]he ad hoc arbitrator exclusively pursues a utilitas singulorum of the parties electing him as their agent, whereas the ICJ also, and sometimes mainly, pursues a utilitas publica pertaining to the whole community of parties to the Statute.", 876, para. 7.

52 See on this point S. Forlati, The International Court of Justice: an arbitral tribunal or a judicial body? (2014), 11 (more generally), 13, 173-186 (on intervention).

53 On the compulsory nature of incidental procedures, see H. W. Briggs, The Incidental Jurisdiction of the International Court of Justice as Compulsory Jurisdiction, in F. A. von der Heydte et al. (eds.), Völkerrecht und rechtliches Weltbild (Festschrift für Alfred Verdross) (1960), 87, 93-94; on intervention in particular, see:

principles of state consent, equality of parties and protection of their autonomy, as well as a delay of the proceedings.[54]

However, the above interpretation given to incidental proceedings as being compulsory, flowing directly from their nature as incidental proceedings was not readily embraced.[55] This seems to have changed, along with a more restrictive approach regarding the object of intervention with the first decision where Article 62 intervention was allowed. In the *Land, island and maritime frontier dispute* the Court rejected the necessity of jurisdictional link when the intervener was not seeking to become a party to the case,

---

"If it were necessary to find a consensual element in such proceedings, it could be found in the fact that by becoming a party to the Statute of the Court a State accepts the institutional or incidental jurisdiction conferred on the Court by that Statute in cases in which the Court has been seized of a dispute involving that State. Even, where the Court's original title to jurisdiction over the merits rests on terms of a special agreement [...] the proceedings can take on the characteristics of compulsory jurisdiction where the Court finds it necessary to invoke its incidental jurisdiction in relation to matters falling outside the scope of the special agreement".

54 The related Rules of the Court (Articles 81-86) are very instructive if seen from the house-keeping perspective. For example, the filing of the request of intervention 'as soon as possible or and not later than the closure of the written proceedings', (Article 81(1)) for the request under Article 62 and a slightly laxer limit for Article 63, namely 'as soon as possible, and not later than the date fixed for the opening of the oral proceedings' (Article 82(1)), show that there is care not to delay the procedure whereas the time-limits are different for intervention as of right and for discretionary intervention. Additionally, another facet of the house-keeping interface can be detected in relation to the modalities of written comments submission by the interveners on the pleadings of the parties. While in the case of intervention under Article 62, a further time-limit is fixed for parties to respond, if they so wish, to the written observations of the intervener (Article 85), in the case of intervention under Article 63, this option is not given to the parties (Article 86). This further highlights how in discretionary intervention, where the interest is not presumed, the parties are structurally allowed to play a more active role in safeguarding their autonomy.

55 In fact, interestingly enough this issue was regurgitated by the 1978 amendment of the Rules of the Court. As the then Vice President Sette-Camara in his Dissenting Opinion in the Continental Shelf case (Tunisia/Libyan Arab Jamahiriya), supra note 46, remarked "[w]e see that the more than 60 years of controversy on the problem of whether the intervening State has, or has not, to prove the existence of a jurisdictional link with the principal parties, was resurrected by the revision of the Rule" para 29, emphasis added.

arguing that intervening and introducing a new case as a party is a "difference in kind".[56]

The case law on intervention can be seen from this perspective as a gradual shift of the Court from over-emphasizing the will of the parties, reciprocity, equality and party autonomy embedded in its rules, to then becoming laxer with its approach and trying to strike a better balance between house-keeping of traditional values[57] and stepping timidly towards a broader perspective of its role.[58] However, inconsistencies remain, and further case law is needed to test the position of the Court.

B. Procedure as Transmission of Substance – The Case of the 'Legal Interest'

As discussed, despite the general framework of permissible motivations of intervention and their procedural effects not being predefined in their entirety, what is certain is that States attempting to intervene must establish a connection with the main case. This connection, and the admissible motivations, uncovers the transmission of what is herein defined as substance through procedure. In Article 63 this connection is explicitly provided, since being party to a Convention the construction of which is in question

---

56 Land, Island and Maritime Frontier Dispute (El Salvador/Honduras), supra note 46, para 97.

57 It seems that especially in relation to maritime delimitations, which would appear to be within the scope of intervention, the Court has followed a very strict approach, arguing for a very high threshold of proof of the interest that might be affected. The Court stressed that in its settled jurisprudence regarding delimitation, it takes care not to prejudice or decide on third party rights. The latter will remain protected by Article 59 of the Statute. See the latest decisions on the issue, Territorial and Maritime Dispute (Nicaragua v. Colombia), supra note 46, in particular Application by Costa Rica for Permission to Intervene, paras. 87-89. For a criticism of this approach, see B. Bonafé, Interests of a Legal Nature Justifying Intervention Before the ICJ, 25 LJIL (2012), 739, 745-750.

58 In this regard, Judge Cançado Trindade notices a change in the role of the Court, after allowing intervention in the Jurisdictional Immunities case, supra note 46, and the Whaling in the Antarctic case, supra note 47. In his Separate Opinion in the latter case he argues that the institution of intervention has been "resurrected" in a "revitalized way" in that in both cases wider issues and interests of third parties were at stake, so the Court assumed a more important role under Article 92 of the United Nations Charter (paras. 66-67). What does not seem to have been taken into account however is, that in both cases neither party formally objected to intervention. So we respectfully submit that optimistic conclusions remain tentative.

in the main case, suffices to create a right to intervene. In the case of Article 62, however, the ground on which the potential interveners might be permitted to intervene is the "interest of a legal nature" that might be affected by the main case. However, both modes of intervention are based on the existence of an interest.[59] The difference between them is that in the case of Article 63, the interest is less general, easily identifiable and, in essence, automatically acknowledged.

Viewed from the perspective of transmission of substance through procedure, it is telling that Article 63 is the oldest conceived form of intervention, and second that it is couched in terms of rights. These choices can be instructive in that they demonstrate which substantive rights are transmitted through this article, and are thus deemed sufficient to intrude in the bilateralism of the case.

Arguably, drawing from the principle of State sovereignty and equality, States that are Parties to a Convention should be able to be heard in cases concerning its interpretation; their interests in the interpretation of the treaty are equal to those of all State parties to the treaty.

This, however, entails two further assumptions. First, that the relativity of *res judicata* is not enough to protect State Parties to a Convention from an interpretation of the Court that would be considered authoritative; and second, that there is value in the coherent interpretation of treaty rules and in the avoidance of repetitive litigation.[60]

The question then again turns on the substantive third party interests that can find their way into the consideration of the Court *via* the device of intervention. If the above assumptions concerning Article 63 are correct, then there has to be a difference in the nature of the interests affected by the interpretation of a treaty rule and that of another rule not embodied in a treaty, which might be interpreted by the decision and affect the intervener.

---

59 See Rosenne, Intervention, supra note 32, 72-23, arguing that the reason of the "virtually complete unification" of the Rules of Procedure regarding both modes of interventions, flows exactly from the commonality of the basis of both interventions, jurisprudential differences aside. Rosenne posits that, as hinted in the travaux of the PCIJ Rules of Procedure, "intervention under Article 63 is a form of intervention to protect an interest of a legal nature, not which may be affected by the decision in the case but in the more limited sense that it may be affected by the interpretation given by the Court to the multilateral treaty in question".

60 C. Chinkin, Article 63, in Zimmerman et al. (eds.), The Statute of the International Court of Justice, supra note 28, 1573, 1575 para. 4 (arguing that this is the underlying rationale of the article).

As aptly put by Judge Oda:

> If an interpretation of a convention given by the Court is necessarily of concern to a State which is a party to that instrument, though not a party to the case, there seems to be no convincing reason why the Court's interpretation of the principles and rules of international law should be of less concern to a State... therefore, ... it may be asked why the interpretation of the principles and rules of international law should exclude a third State from intervening in a case. [61]

The difference between the two modes of intervention is that the generally formulated interest poses a challenge to the system, potentially opening up the bilateral dispute to "more diffused and less tangible third party legal interests".[62] Thus, the interpretation of interests of a legal nature offers an entry point to the evolution of substantive rights that can be protected through intervention. On that level, the definitions of interests and the progressive development of substantive law which relates to the interpretation of interests of a legal nature[63] becomes a direct connector between substance and procedure.

On a second level however, there are inherent limits where intervention as an incidental procedure cannot be affected by changes in the substantive law. In these cases, if a mismatch of the evolution of the substantive interests and the functions of the procedure is created, then interpretation can reach its limits and the procedure might have to be changed to accommodate qualitative changes in interests.

The interest of a legal nature has long been discussed as being very difficult to define,[64] particularly due to the marriage of two words that did not, at least when coined, correspond to any *terminus technicus.*[65] A consistent thread of what is a legal interest begins to appear through the decided cas-

---

61 Continental Shelf (Libyan Arab Jamahiriya/Malta), supra note 46, Dissenting Opinion of Judge Oda, para. 15.

62 Kolb, supra note 28, 696.

63 See also supra note 58 and the accompanying text.

64 Focusing specifically on the interest of a legal nature, see E. Doussis, Intérêt juridique et intervention devant la Cour internationale de justice (2001), 105 RGDIP, 55; S. Forlati, 'Interesse di natura giuridica' ed effetti per gli stati terzi delle sentenze della Corte internazionale di giustizia, 85 Rivista di diritto internazionale (2002), 99; Bonafé, supra note 57; Wolfrum, supra note 15.

65 It is noteworthy that the first authors writing on the intervention before the PCIJ characterised the interest of a legal nature as a "monstre presque indéfinissable", W. M. Farag, L'intervention devant la Cour permanente de Justice internationale (articles 62 et 63 du Statut de la Cour) (1927), 59, while Bastid notes "on sait ce

es, despite the fact that the judges have to interpret this requirement on an *ad hoc* basis.

One way to examine the connection between the definitions in substantive law and their interaction with the procedure is to approach the definition of the term 'interest of a legal nature' in relation to two other contiguous concepts. The first is whether interests of a legal nature are different than rights. The second is whether legal interests in the sense of Article 62 are influenced by the progressively changing requirements of standing before the Court. Both approaches serve to show how interpretation of substance limits or broadens the ambit of permissible intervention.

In the first approach, if legal interests are equated with rights,[66] then the requirement of showing a legal interest would be clearer in terms of what the intervener should prove. But, rights, when defined as entitlements flowing from positive international law, are more narrow and specific than interests. So, the interpretative equation of rights with interests of legal nature would have as a result to limit the acceptable ambit of intervention and would require a greater burden of proof on the part of the intervener.[67] In this case, a two-part approach was used, based on the nature of the interest on the one hand, and on the connection with the main case, on the other. First that the *interest* should be *real, concrete and based on law*, as

qu'est un droit, on sait ce qu'est un intérêt, mais on ne sait pas ce que peut être un intérêt-droit ou un droit-intérêt", P. Bastid, L'intervention devant les juridictions internationales, 36 Revue politique et parlementaire (1929), 100, 103.

66 Defending this minority opinion, see Dissenting Opinion of Judge Ago, Continental Shelf (Libyan Arab Jamahiriya/Malta), supra note 46, 124, para 16 ("an interest of a legal nature being nothing other than a right"); Declarations of Judges Al-Khasawneh, Territorial and Maritime Dispute (Nicaragua v. Colombia), Application by Costa Rica for Permission to Intervene, supra note 46 (paras. 18-29); Ibid., Declaration of Judge Keith, devoting the entirety of his opinion to examine the differences between rights and interests of a legal nature and all the related case law, concluding that the concepts are in practice used interchangeably, so that even if there is a difference in the meaning of terms, the distinction is not useful. In the same case, cf. Dissenting Opinion of Judge Abraham "It is well known and well recognized, both in doctrine and in jurisprudence, that an "interest" should not be confused with a "right"; while it is not always easy to define the dividing line between the two categories, it is certainly not permissible to confuse them" para. 6. See also Kolb, supra note 28, 706-707, who argues that the difference is well known in municipal law, but that international law has not yet reached a point where it can differentiate between these legal facets.

67 The Court supported this view in the first case where it defined the interest of a legal nature Territorial and Maritime Dispute (Nicaragua v. Colombia), Application by Honduras for Permission to Intervene supra note 43, para 26.

opposed to interests of another nature, such as political, economic or strategic. Second that it should be potentially affected by the decision.[68]

More generally, it seems that a permissible interest of a legal nature for the purposes of intervention has slowly started to consolidate and could be defined as part of a more general spectrum of rights and interests related to the Court's mainline and incidental jurisdiction.[69] On one end of the spectrum stand the rights which form the very essence of the case. Without the participation of the States whose rights form the very subject matter of the case, the case cannot continue even with the consent of other states that also have claims related to the dispute.[70] On the other end stand either general, non-individuated[71] legal interests,[72] or interests which are not connected to the dispute.[73]

Going back to the evolution of *interests based on law,* and the impact they can have on procedure, Judge Weeramantry's Opinion in *the Pulau Li-*

68 Ibid. (emphasis added).

69 See Bonafé, supra note 57. This author identified four types of interests which justify intervention: Interests that are the very subject matter of the decision, directly affected interests, interests affected by implication and generalized interests. It is worth noting that the category of interests affected by implication relates only to the interests claimed by Greece in its intervention in the Jurisdictional Immunities case, supra note 43. This being the latest decision of the Court on a request for intervention, it can be seen as a further loosening of the criteria of legal interest. On the other hand, in accordance with the above identified house-keeping goals the fact that none of the parties formally objected to the intervention, should be taken into account.

70 The principle, that where a third party is indispensable the dispute cannot be adjudicated without its presence, was established in the Monetary Gold Removed from Rome in 1943 (Italy v. France, United Kingdom of Great Britain and Northern Ireland and United States of America), Preliminary Question, Judgment, ICJ Reports 1954, 19. The principle was applied again in the case of East Timor (Portugal v. Australia), Judgment, ICJ Reports 1995, 90, (see in particular paras. 28, 35).

71 The interest should be "personnel et concret" and not "impersonnel et théorique", K. Mbaye, L'intérêt pour agir devant la Cour Internationale de Justice, 209 Collected Courses of the Hague Academy of International Law (1988/II), 223, 292.

72 Continental Shelf (Tunisia/Libyan Arab Jamahiriya), supra note 46, para. 19 ("[t]he interest of a legal nature invoked by Malta does not relate to any legal interest of its own directly in issue as between Tunisia and Libya in the present proceedings [...] [i]t concerns rather the potential implications of reasons"); Island and Maritime Frontier Dispute (El Salvador/Honduras), supra note 46, para. 76, where the Court explicitly ruled out interests "in the general legal rules and principles likely to be applied by the decision".

73 Sovereignty over Pulau Ligitan and Pulau Sipadan, supra note 1, para. 82.

tigan and Pulua Sipadan case[74] is very relevant in this regard, and his approach merits citing at length:

> It enhances the importance of this subject to note that although it may on first impression appear to relate to a merely procedural and incidental matter, it is closely intertwined with substantive law and its development. This was well illustrated in the first case to come before the Court under Article 62, the case of Fiji's attempted intervention in the case between Australia and France relating to nuclear testing. Doubts were expressed at that time on the question whether atmospheric damage through nuclear testing constituted an interest of a legal nature. *International environmental law has progressed so far since then as to render incontestable that this is an interest of a legal nature,* thus effecting a change in procedural consequences through a change in substantive law.

This observation clearly raises the question of obligations *erga omnes*.[75] The shift in defining what is a legal interest stems from the famous *obiter dictum* in the *Barcelona Traction case,* where it was recognized for the first time that there are obligations which, due to their importance, are owed "to the international community as a whole" and thus "all States can be held to have a legal interest in their protection".[76] This is in turn related to recognition of secondary norms of State responsibility to protect these interests.[77]

---

74 Ibid., Separate Opinion of Judge Weeramantry, para. 11.

75 It should be noted that collective interests stemming from a Convention, creating obligations erga omnes partes, are clearly within the ambit of intervention under Article 63, which does not differentiate between the nature of obligations created by treaties. This is exemplified in the Whaling case, supra note 47, where despite New Zealand's claims that the "[c]ontracting governments have a collective interest" in the performance of rights established by the Whaling Convention, the Order of the Court did not mention the nature of the rights established under the treaty (Declaration of Intervention of New Zealand, para. 23 available at http://www.icj-cij.org/docket/files/148/17256.pdf, last visited 10 August 2017). Thus, in this respect, a clear distinction should be drawn between the importance of interests erga omnes partes for reasons of intervention and for reasons of admissibility as in the case of Questions relating to the Obligation to Prosecute or Extradite (Belgium v. Senegal), Judgment, ICJ Reports 2012, 422, para 68.

76 Barcelona Traction Light and Power Company Limited (Belgium v. Spain), Judgment, ICJ Reports 1970, 3, para 33.

77 See ILC, Commentary to the Articles on the Responsibility of States for Internationally Wrongful Acts (ASR), YbILC, 2001, A/CN.4/SER.A/2001/Add.1 (Part 2), 20, establishing that both specially affected and non-injured states have a legal interest and can invoke the breach of an obligation owed to the international

However, changes in the primary and secondary norms do not automatically translate into changes in the interpretation of procedural norms. The requirements of invocation of responsibility, standing and admissibility of a claim are different in kind than those of intervention.[78] Nonetheless, it would be paradoxical to claim that if the requirements for invocation of responsibility and standing are fulfilled then, the less stringent requirements under article 62 will not be,[79] and it has been argued that these interests are sufficient and not "improper" for the purposes of intervention.[80] Moreover, as a matter of legal policy, a consistent interpretation of these different interests will be beneficial.[81]

A further question arises then, linking back to the house-keeping values identified above. When interpreting interests of a legal nature, we should consider whether generalised interests and interests owed to the international community as a whole, will be considered as an *actio popularis* through the backdoor of intervention[82] or will water down the procedure of intervention, transforming it into a kind of *amicus curiae* participation,[83] intruding upon party autonomy and thus potentially eroding the confidence of States in the Court.

In our opinion, the Court should strive to strike a balance between discouraging State consent to its jurisdiction and fulfilling its role in the ad-

---

community as a whole (see Article 42(b) 118-119, paras. 11-12 and Article 48(1)(b), 127, paras. 8-9).

78 Chinkin, supra note 25, 160.

79 G. Gaja, The Protection of General Interests in the International Community, 364 Collected Courses of the Hague Academy of International Law (2013), 119.

80 Arguing that obligations erga omnes can create interests of a legal nature in the sense of Article 62, see R. Bernhardt (Rapporteur), Report – Final Version. Judicial and Arbitral Settlement of International Disputes Involving More than Two States", 68-I Annuaire de l'Institut de droit international (1999), 60,120; S. Forlati, Azioni dinanzi alla Corte internazionale di giustizia rispetto a violazioni di obblighi erga omnes, 84 Rivista di Diritto Internazionale (2001), 69,108; Bonafé supra note 57, 755-756 (but limiting it in the case of a specially affected third state, in the sense of Article 42 of the ASR).

81 Benzing, supra note 15, 399.

82 For the impermissibility of introducing an actio popularis through intervention, see E. Jimenez de Arechaga, Intervention under Article 62 of the Statute of the International Court of Justice, in R. Bernhardt et al. (eds.), Völkerrecht Als Rechtsordnung, Internationale Gerichtsbarkeit, Menschenrechte: Festschrift für Hermann Mosler (1983), 453, 461.

83 Suggesting the introduction of a new procedure for more generalised interests, see Chinkin, supra note 25, 286, 287; P. Palchetti, Opening the International Court of Justice to Third States: Intervention and Beyond, 6 Max Planck Yearbook of United Nations Law (2002), 139, 174-179.

ministration of justice in the international community. But the latter cannot happen through either narrow or expansive interpretations of its procedural law. The permeability of the substance-procedure boundary has its limits. To facilitate and reflect changes in the substantive law, but also, and perhaps more importantly, to accommodate shifts towards systemic values, the text of Rules of the Court should be changed.
As put by Jenks half a century ago:

> In every legal system law and procedure constantly react upon each other. Changes in the substantive law call for new procedures and remedies; new procedures and remedies make possible changes in the substantive law. So it is in international law; if we wish so to develop the law as to respond to the challenge of our times our procedures and remedies must be sufficiently varied and flexible for the purpose. *We cannot be content to inherit; we must also create*.[84]

V. Conclusions

The division between substance and procedure is one of the binaries which make sense both from a normative and an analytical perspective. Despite theoretical complexities, having a working definition, specific to a legal system or a Court, is not a matter of theoretical enquiry but of practical importance, as demonstrated above with the examples of local remedies rules and immunities. However, the categorization of norms will not be clear-cut and legal concepts will often straddle the line. The underpinnings of norms and institutions that stand behind the categories of substance and procedure, work *in tandem* to produce decisions.

In this contribution we tried to show how this interaction between fluid categories can help gain a different perspective of the application of law.

On the one hand, we have shown that the Court has to perform a housekeeping function, upholding the values of the system, good administration of justice and state consent. On the other, as the only international court with general jurisdiction, it should take into account the systemic effects of its judgments and try to transmit the changes in substantive law through a harmonious interpretation of its procedure, taking into consideration, at the same time, the inherent limits to intervention as an incidental procedure.

---

84 C. W. Jenks, The Prospects of International Adjudication (1964), 184 (emphasis added).

To conclude, the dividing line between substance and procedure continues to carry explanatory force, uncovering important implicit assumptions which play out in the context of intervention before the ICJ as evinced in our analysis. The examination of third party intervention before the International Court of Justice showed how a procedure with uncertain goals in a bilateralist system can provide an entry point to the accommodation of third party interests as well as emerging community interests. However, to do so, the Court has to use intervention and its procedure in the manner of a balancing act. Moreover, whether it intends to accommodate such interests remains to be seen, as further case law is needed to reach more definite conclusions.

On a more general note, theoretical explorations and taxonomies of the interface between substantive and procedural rules can prove to be a very fertile ground for international legal research due to their potential to deepen our awareness of the connection between institutional design of procedures and underlying choices regarding substantive protection of rights.

The Dual Role of Procedure in International Water Law

*Tamar Meshel**

I. Introduction

Of the total amount of water on Earth, only 2.5% is fresh water and only around 30% of this water is available for human use.[1] The rising demand for this finite resource, fuelled by population growth, industrial development, and increasing scarcity, may well result in a global water crisis. Moreover, competing transboundary fresh water demands may lead to interstate disputes over ownership, allocation, and quality of fresh water.[2] This is particularly so because transboundary fresh water has "[c]haracteristics that make [its] conservation and management particularly challenging, the most notable of which is the tendency for regional politics to regularly exacerbate the already difficult task of understanding and managing complex natural systems."[3]

---

* Assistant Professor, University of Alberta Faculty of Law. This chapter is current to July 2017.

1 E. B. Weiss, The Coming Water Crisis: A Common Concern of Humankind, 1(1) Transnational Environmental Law (2012), 153-154.

2 L. Boisson de Chazournes, C. Leb & M. Tignino, Introduction, in L. Boisson de Chazournes et al. (eds.), International Law and Freshwater: The Multiple Challenges (2013), 1-2.

3 A. Grzybowski et al, Beyond International Water Law: Successfully Negotiating Mutual Gains Agreements for International Watercourses, 22 Pac. McGeorge Global Bus & Dev. L. J. (2010), 1, 139-140, cited in R. K. Paisley & T. W. Henshaw, 'If You Can't Measure it, You Can't Manage it': Transboundary Waters, Good Governance and Data & Information Sharing & Exchange, 24 Ind. Int'l & Comp. L. Rev. (2014), 1, 203-206.

It is generally agreed, therefore, that cooperation among states sharing fresh water resources[4] is required both to manage these resources effectively and to prevent and resolve disputes.[5]

However, such cooperation may prove difficult to elicit as most shared fresh water resources are not governed by either a bilateral or a multilateral treaty that addresses issues of water quantity, quality, or use,[6] while "the concern to maximize individual benefits provides a powerful incentive to exploit resources unilaterally".[7] "Even under favourable circumstance", therefore, "states may shy away from cooperating, when they can afford to" and "the challenge in international river basins remains the achievement of cooperative solutions to the provision of a common property resource".[8]

International water law,[9] which has developed since the beginning of the 20th century to govern non-navigational uses of fresh water resources, aims to achieve precisely this goal of interstate cooperation in the management of such resources by providing states with 'substantive' and 'procedural' principles to guide their behaviour and interaction. While a distinction between the substantive principles, namely equitable and reasonable utilization and no significant harm, and the procedural principles of international water law has been widely accepted, the distinction is not clear-cut and should not be strictly applied.[10] This is so since "substance typically frames the circumstances in which procedure operates, and the purposes that it is to serve. In turn, procedure has the potential to reinforce and de-

4 The term 'shared fresh water resources' used herein is intended to encompass 'international drainage basins', used in the Helsinki Rules on the Uses of Waters of international Rivers, and 'international watercourses', used in the UN Convention on the Law of the Non-navigational Uses of International Watercourses, G.A. Res. 51/229 of 21 May 1997.

5 P. Wouters, 'Dynamic cooperation' – The evolution of transboundary water cooperation, in M. Kidd et al. (eds.), Water and the Law: Towards Sustainability (2014), 14.

6 S. M. A. Salman, Mediation of international water disputes – the Indus, the Jordan, and the Nile Basins interventions, in L. Boisson de Chazournes, et al. (eds.), International Law and Freshwater: The Multiple Challenges (2013), 360-361.

7 M. R. Lowi, Water and Power: The Politics of a Scarce Resource in the Jordan River Basin (1995), 1.

8 Ibid., 1-2.

9 To be distinguished from the body of international law governing navigation, maritime issues, and the High Seas.

10 C. Leb, Cooperation in the Law of Transboundary Water Resources (2013), 107.

velop, and to give concrete meaning and effect to, substance".[11] Thus, "procedural obligations are interlaced with substantive content"[12] and have become increasingly significant both as a tool for the implementation of states' related substantive obligations and for the cooperative management of shared fresh water resources.

This chapter will discuss this dual role of states' procedural obligations under international water law: first, to facilitate compliance with their substantive obligations and, second, to elicit interstate cooperation in the management of shared fresh water resources. The chapter will first describe the content and status of the main procedural principles of international water law, both under customary international law and as treaty obligations in regional and global legal instruments. It will then address the dual role of these procedural obligations in the implementation and execution of international water law by states sharing fresh water resources. In this regard, the chapter will first provide an overview of international water law's substantive principles of equitable and reasonable utilization and no significant harm and examine the way in which procedural obligations facilitate state compliance with these principles. It will then turn to states' duty of cooperation under general international law, how the procedural principles of international water law interact with this duty, and how this interaction has facilitated the cooperative management of shared fresh water resources as reflected in treaty practice and in the prevention of water-related disputes.

II. The Procedural Principles of International Water Law

Procedural obligations under international water law can be found in numerous multilateral and bilateral water-sharing agreements, some of which are also said to have gained customary international law status. These include, *inter alia*, the duty to protect and develop shared fresh water resources[13] through the conclusion of "watercourse agreements"[14] and "joint

---

11 J. Brunnée, International Environmental Law and Community Interests: Procedural Aspects, in E. Benvenisti and G. Nolte (eds.), Community Obligations in International Law (2017), 5, available at http://papers.ssrn.com/sol3/papers.cfm?abstract_id=2784701 (last visited 6 December 2018).

12 Leb, supra note 10,109.

13 E.g. United Nations Convention on the Law of the Non-navigational Uses of International Watercourses (UNWC), GA Res. 51/229 of 21 May 1997, Article 5(2).

14 E.g. ibid., Article 3.

mechanisms or commissions";[15] the duty to exchange information, consult, and notify of the possible adverse effects of planned measures;[16] the duty to cooperate on the regulation of the flow of the waters of an international watercourse;[17] the duty to develop harmonized policies, programmes and strategies aimed at the prevention of transboundary impact;[18] the duty to conduct research on transboundary impact;[19] and the duty to establish joint programmes for monitoring the conditions of transboundary waters.[20] The International Court of Justice (ICJ) has highlighted the "cascading nature" of some of these procedural obligations, from the general duty of states to cooperate, through the duty of prior notification of planned projects likely to adversely impact co-riparian states, to the requirement to conduct some form of environmental impact assessment that takes account of such impact. Moreover, these procedural duties are said to create legally binding obligations on states in their own right, even though the ICJ has suggested that breach of such obligations might not be considered very serious in the absence of actual transboundary harm.[21]

A fundamental procedural principle of international water law is the obligation to notify, which has been codified in the 1997 *United Nations Convention on the Law of the Non-navigational Uses of International Watercourses* (*UNWC*)[22] and also recognized as part of customary international law.[23] Its objective is to give affected states the opportunity to assess the risk of harm with respect to their own interests and rights. Therefore, announc-

15 E.g. ibid., Articles 8(2), 24. Although the Convention has been criticized for leaving "the determination of details, particularly the functions of a joint institution, to the parties to any future watercourse agreement", J. Brunnée & S. J. Toope, Environmental Security and Freshwater Resources: Ecosystem Regime Building, 91(1) American Journal of International Law (1997), 26, 54.
16 E.g. UNWC, supra note 13, Articles 11-19.
17 E.g. ibid., Article 25.
18 E.g. Convention on the Protection and Use of Transboundary Watercourses and International Lakes (UNECE), of 17 March 1992, Article 2(6).
19 E.g. ibid., Article 5.
20 E.g. ibid., Article 11.
21 Case Concerning the Pulp Mills on the River Uruguay, Judgment, ICJ Reports 2010, available at http://www.icj-cij.org/docket/files/135/15877.pdf (last visited 6 December 2018). O. McIntyre, The contribution of procedural rules to the environmental protection of transboundary rivers in light of recent ICJ case law, in L. Boisson de Chazournes et al. (eds.), International Law and Freshwater: The Multiple Challenges (2013), 240.
22 UNWC, supra note 13, Part III.
23 Leb, supra note 10, 118, 130; S. C. McCaffrey, The Law of International Watercourses: Non-navigational Uses (2007), 473.

ing to potentially affected states that a project is planned on a shared water system must be "timely"[24] and accompanied by adequate technical data that will allow affected states to carry out their own assessments regarding the impact of the planned measure.[25] The related obligation to conduct an environmental impact assessment when there is a risk of significant adverse transboundary impact of planned measures has similarly developed into an essential procedural principle of international water law and a general requirement under customary international law.[26] It entails "a national procedure for evaluating the likely impact of proposed activity on the environment",[27] although the scope and content of such an assessment has not been specifically defined by the ICJ and is left to be determined by each state individually on a case-by-case basis. Nonetheless, it has been considered the criterion for achieving "a balance between the use of the waters and the protection of the river",[28] and plays a "pivotal role in facilitating realization of many of the procedural rights and duties arising under the rubric of the duty to cooperate in good faith, including the duty to notify, consult and, if necessary, enter into negotiations with states likely to be affected".[29] In addition, the ICJ has recently clarified and consolidated the specific requirements, minimum standards, and best practices of transboundary environmental impact assessments.[30] This duty has been considered by some as purely procedural in nature[31] and the ICJ in the *Pulp Mills on the River Uruguay* case acknowledged its close link to the obligation to notify of planned measures, which it also considered to be procedural.[32]

---

24 UNWC, supra note 13, Article 12.

25 Leb, supra note 10, 110.

26 McIntyre, supra note 21, 240. The requirement to undertake a transboundary environmental impact assessment is also provided in international instruments such as the UNCLOS, the 1992 Espoo Convention, and the International Law Commission's 2001 Draft Articles on Transboundary Harm, and has been said to form part of customary international law, U. Beyerlin & T. Marauhn, International Environmental Law (2011), 231.

27 Beyerlin & Marauhn, ibid., 230.

28 Pulp Mills, supra note 21, para. 177.

29 McIntyre, supra note 21, 260-261.

30 Certain Activities carried out by Nicaragua in the Border Area (Costa Rica v. Nicaragua), Proceedings joined with Construction of a Road in Costa Rica along the San Juan River (Nicaragua v. Costa Rica), Judgment, ICJ Reports 2015, paras. 104, 153-155, 159, 161, 168; Separate Opinion of Judge Bhandari, paras. 41-46.

31 E.g. P. N. Okowa, Procedural Obligations in International Environmental Agreements, 67(1) British Yearbook of International Law (1996), 291, cited in Leb, supra note 10, 110.

32 Pulp Mills, supra note 21, para. 119.

However, the Court discussed the duty to undertake an environmental impact assessment primarily in the section addressing substantive obligations in light of its relationship with the obligation to prevent transboundary environmental harm.[33] Moreover, in the more recent dispute between Nicaragua and Costa Rica some of the ICJ judges have treated the obligation to undertake an environmental impact assessment as an independent obligation, finding that the threshold for triggering it "is not the high standard for determining whether significant transboundary harm has been caused but the lower standard of *risk* assessment".[34]

Another aspect of the duty to notify of planned measures is the duty to consult. Consultation is "the process that ensues in case of a response by the notified State claiming significant adverse effect".[35] This corollary duty aims to achieve the underlying objective of notification, namely to ensure that the interests of the notified state are considered. The consultation process is one of information exchange that carries with it a legal consequence, namely the duty to take into account the information obtained throughout this process.[36] Whereas the obligation of consultation resulting from notification of planned measures that might cause significant harm has emerged as a norm of customary law, other consultation obligations may be constituted by treaty instruments, for instance with respect to coordination in managing shared water resources,[37] and thus the obligation to consult is also considered one of general applicability.[38] The *UNWC*, for instance, refers to states' obligation to consult in connection with many of its provisions, including the conclusion of watercourse agreements, the application of equitable utilization, the elimination or mitigation of harm, and the prevention of pollution.[39] Such consultations are said to be "practically essential" to ensuring that a fair balance between states' respective uses of a shared fresh water resource is maintained.[40]

A related procedural duty is states' duty to exchange data and information regularly, which has been said to "maximize securitization by building trust, which translates to unified and adaptive governance of transbound-

33 Ibid., paras. 203-219, cited in Leb, supra note 10, 111.
34 Costa Rica v. Nicaragua, supra note 30, Separate Opinion of Judge Dugard, para. 10 (emphasis in original).
35 Leb, supra note 10, 139.
36 Ibid., 140.
37 Ibid.
38 McCaffrey, supra note 23, 476.
39 Ibid., 476-477.
40 Ibid., 477.

ary waters".[41] Although this duty does not constitute universal practice or customary law,[42] it clearly exemplifies the dual role of procedure in this context since it is essential for the cooperative administration and sustainable development of rivers as well as for the achievement of equitable and reasonable utilization and the avoidance of significant harm.[43] This is so since "without data and information from co-riparian states concerning the condition of the watercourse, it will be very difficult, if not impossible, for a state not only to regulate uses and provide protection [...] within its territory, but also to ensure that its utilization is equitable and reasonable vis-à-vis other states sharing the watercourse".[44] Regular data exchange generally takes place on the basis of international agreements or other arrangements,[45] and states have frequently acknowledged the necessity of such exchange in international water treaties,[46] ministerial declarations from international waters conferences,[47] and international resolutions.[48] Furthermore, inherent in the obligation of regular data and information exchange are the obligations to collect data and to monitor water quality and system conditions.[49]

These procedural obligations under international water law have also been supplemented with a requirement that state parties develop cooperative machinery for their execution. Such machinery entails institutional arrangements such as joint river basin commissions and other joint bodies. The proper functioning of these cooperative institutions not only enables

---

41 Paisley & Henshaw, supra note 3, 203.

42 Leb, supra note 10, 118.

43 Ibid., 115.

44 McCaffrey, supra note 23, 478.

45 Leb, supra note 10, 118.

46 E.g. UNWC, supra note 13, Article 9. An analysis of water treaties since 1900 showed that about 39% of the agreements evaluated include a clause on regular information sharing. While the content of these provisions varies, the basic obligation common to all of them is the mutual and regular exchange of data with the objective of informing the process of state interaction on shared water resources. Leb, ibid., 117.

47 E.g. The Declaration of the United Nations Conference on the Human Environment; the Dublin Statement of the International Conference on Water and the Environment; and the Kyoto Ministerial Declaration of the 3rd World Water Forum; Paisley & Henshaw, supra note 3, 208.

48 E.g. The Institut de Droit International Resolution on the Pollution of Rivers and Lakes and International Law, article VII; the International Law Association New York Resolution, article 3; and the International Law Association, Helsinki Rules, article XXIX; Paisley & Henshaw, ibid., 208-209.

49 Leb, supra note 10, 121.

states to carry out their procedural obligations, but has been linked to the effective fulfilment of their substantive obligations.[50] The significant role of institutional arrangements in ensuring effective procedural cooperation between states has also been emphasized by the ICJ.[51] The Court has recognized the authority of river basin organizations as:

> [g]overned by the 'principle of speciality,' that is to say, they are invested by the States which create them with powers, the limits of which are a function of the common interests whose promotion those States entrust to them.[52]

While early institutions were often limited in focus or scope, since the 1950s the tendency has been toward the creation of cross-sectoral basin institutions with authority over multiple issues, and the number of such institutions has increased dramatically.[53] The functions carried out by these institutions vary, and may include problem identification and assessment; information collection, monitoring, dissemination and exchange; coordination of activities; norms and rule-making; supervision and enforcement; operational activities; and dispute resolution.[54]

Procedures for the resolution of fresh water disputes have also been addressed in some international instruments such as the 1966 *Helsinki Rules,* which provided for bilateral negotiations by way of permanent joint commissions, as well as mediation, good offices, and conciliation.[55] The *UNWC* provides that where negotiations fail, the parties "may jointly seek the good offices of, or request mediation or conciliation by, a third party, or make use, as appropriate, of any joint watercourse institutions that may have been established by them or agree to submit the dispute to arbitration or to the International Court of Justice."[56]

The *UNWC* further provides that if after six months the parties have not been able to settle their dispute through such means, it "shall be submitted, at the request of any of the parties to the dispute, to impartial fact-finding [...] unless the parties otherwise agree."[57]

50 Pulp Mills, supra note 21, paras. 173, 176; McIntyre, supra note 21, 246-247.
51 McIntyre, ibid., 254.
52 Pulp Mills, supra note 21, para. 89.
53 E. B. Weiss, International Law for a Water-Scarce World (2013), 166.
54 Ibid., 170-171.
55 Helsinki Rules on the Uses of the Waters of International Rivers, supra note 4, 486, 488.
56 UNWC, supra note 13, Article 33(2).
57 Ibid., Article 33(3).

Therefore, the *UNWC* includes a so-called "compulsory system"[58] of dispute resolution through a default option of "impartial fact-finding" that is intended to provide disputing parties with "recommendations [...] for an equitable solution of the dispute, which the parties concerned shall consider in good faith".[59] Given the heavy reliance in transboundary fresh water disputes on "expert recommendations concerning technical matters and the fact that all international water disputes are inevitably very fact-sensitive",[60] inquiry and fact-finding may be particularly useful in eliciting cooperation among disputing states. Many water-related international instruments[61] also provide for the resolution of disputes by way of international adjudication, which has traditionally encompassed both judicial settlement and arbitration. The *UNWC*, however, puts priority on the non-binding dispute resolution means detailed above rather than adjudication, does not require the submission of disputes to the ICJ, and does not allow for this option to be used unilaterally.[62]

III. The Dual Role of Procedural Obligations under International Water Law

A. Facilitation of compliance with the substantive principles of equitable and reasonable utilization and no significant harm

The first role of the procedural principles of international water law is to facilitate state compliance with its core substantive principles of equitable and reasonable utilization and no significant harm. These principles constitute the foundation of the prevailing legal theory governing the use of shared fresh water resources, namely 'limited territorial sovereignty'. This theory lies midway between the more extreme theories of 'absolute territorial sovereignty' (the 'Harmon Doctrine'), according to which a state is enti-

58 L. Caflisch, "Judicial Means for Settling Water Disputes," in International Bureau of the Permanent Court of Arbitration (ed.), Resolution of international water disputes: papers emanating from the Sixth PCA International Law Seminar (2003), 236.
59 UNWC, supra note 13, Article 33(8).
60 E. Kristjánsdóttir, Resolution of Water Disputes: Lessons from the Middle East, in PCA (ed.), Resolution of International Water Disputes (2003), 357.
61 See, e.g. 1961 Salzburg Resolution, Article 8; 1966 Helsinki Rules, Article XXXIV.
62 UNWC, supra note 13, Article. 33; A. S. Al-Khasawneh, Do judicial decisions settle water-related disputes?, in L. Boisson de Chazournes et al. (eds.), International Law and Freshwater: The Multiple Challenges (2013), 344.

tled to do as it pleases with waters within its boundaries without regard to the interests of other states sharing those waters, and 'absolute territorial integrity', according to which no state sharing a water resource may make any changes to it that restrict the supply of water to another state.

'Limited territorial sovereignty' is intended to serve as a "mutual limitation of sovereign rights"[63] and facilitate cooperation between states sharing water resources through the two core principles of equitable and reasonable utilization and no significant harm. These principles have been codified in the *UNWC* and other international instruments and are also considered to have customary status. They have been said to pivot around the concept of cooperation, which is seen as a "necessary catalyst for the[ir] concrete case-by-case operation".[64] Moreover, these principles have been said to promote cooperation among riparian states both in the negotiation of water agreements and in the resolution of water disputes[65] by providing "a broad framework for identifying the shared values of States that underpin and give direction" to such efforts.[66] At the same time, the equitable and reasonable utilization and no significant harm principles have also been criticized for being "nebulous"[67] and too general, while shared fresh water resources and their management are specific.[68] Since "no two rivers present the same economic, social, political or hydrological facts"[69] and in light of the "bewildering complexity and uncertainty inherent" in these general legal principles,[70] their use by states may prove to be a tall order absent facilitative procedural principles.

The equitable and reasonable utilization principle, considered by some as the overarching principle governing the use of shared fresh water re-

---

63 J. Brunnée & S. J. Toope, The Nile Basin Regime: A Role For Law?, in A. S. Alsharhan & W. W. Wood (eds.), Water Resources Perspectives: Evaluation, Management and Policy (2003), 106.

64 A. Tanzi, Regional contributions to international water cooperation: the UNECE contribution, in M. Kidd et al. (eds.), Water and the Law: Towards Sustainability (2014), 159-160.

65 S. C. McCaffrey, The Codification of universal norms: a means to promote cooperation and equity?, in M. Kidd et al., ibid.,133.

66 McIntyre, supra note 21, 239.

67 Ibid.

68 H. Alebachew, International legal perspectives on the utilization of trans-boundary rivers: the case of the Ethiopian Renaissance (Nile) Dam, in M. Kidd et al, supra note 64, 84.

69 M. S. Helal, Sharing Blue Gold: The 1997 UN Convention on the Law of the Non-Navigational Uses of International Watercourses Ten Years On, 18(2) Colo. J. Int'l Envtl. L. & Poly (2007), 337,347.

70 McIntyre, supra note 21, 239.

sources, is rooted in the sovereign equality of states[71] and entitles each basin state to a reasonable and equitable share of water resources for beneficial uses within its own territory.[72] Accordingly, each state sharing a fresh water resource has "an equal right to an equitable share of the uses and benefits" of that resource[73] and is under an obligation to "use the watercourse in a manner that is equitable and reasonable vis-à-vis"[74] other states sharing the resource. The ICJ has also endorsed the equitable and reasonable utilization principle as a governing principle of international water law.[75] It was incorporated into Article 5 of the *UNWC* as follows:

> Equitable and reasonable utilization and participation
> 1. Watercourse States shall in their respective territories utilize an international watercourse in an equitable and reasonable manner. In particular, an international watercourse shall be used and developed by watercourse States with a view to attaining optimal and sustainable utilization thereof and benefits therefrom, taking into account the interests of the watercourse States concerned, consistent with adequate protection of the watercourse.
> 2. Watercourse States shall participate in the use, development and protection of an international watercourse in an equitable and reasonable manner. Such participation includes both the right to utilize the watercourse and the duty to cooperate in the protection and development thereof, as provided in the present Convention.

As the equitable and reasonable utilization principle is designed to promote cooperation between states sharing fresh water resources,[76] Article 6 of the *UNWC* sets out a list of factors to be taken into account by states in the application of the principle in order to facilitate such cooperation, including social, economic, cultural, and historic considerations. However, this article does not prioritize among these factors, and the practical challenge of determining what constitutes each state's "fair share" and what

---

71 Helal, supra note 69, 342.

72 M. M. Rahaman, Principles of international water law: creating effective transboundary water resources management, 1(3) International Journal of sustainable Society (2009), 207,210.

73 McCaffrey, supra note 23, 391-392.

74 McCaffrey, The Law of International Watercourses: Present Problems, Future Trends, in W. E. Burhenne et al. (eds.), A Law for the Environment (1994), 114.

75 Case Concerning the Gabčikovo-Nagymaros Project (Hungary/Slovakia), Judgment, ICJ Reports 1997, para. 85.

76 I. Kaya, Equitable Utilization: The Law of Non-Navigational Uses of International Watercourses (2003), 7.

conduct or use should be considered "equitable and reasonable" has yet to be overcome.[77] Furthermore, since the equitable and reasonable utilization principle is "normatively vague, flexible and commonly misunderstood", it has been suggested that it should be perceived as an "inter-State process" of cooperation rather than "a clear normative rule that dictates a particular outcome".[78] Viewed this way, the equitable and reasonable utilization principle "offers insufficient guidance to States on how they may proceed to give effect to these norms", but its shortcomings "may be offset to some extent by a body of procedural law".[79]

The no significant harm principle has its roots in states' general obligation under international law not to use their territory in such a way as to cause harm to another state,[80] and has also been linked to the principle of good neighbourliness[81] and the cooperation rationale which underlies it.[82] The no significant harm principle prohibits a state sharing a fresh water resource from using the waters in its territory in a way that would cause significant harm to other basin states or to their environment.[83] In the context of international environmental law the obligation not to cause significant transboundary harm is considered to constitute customary international law.[84] It was articulated in the following terms in the 1992 *Rio Declaration on Environment and Development*:

> States have [...] the sovereign right to exploit their own resources pursuant to their own environmental and developmental policies, and the responsibility to ensure that activities within their jurisdiction or con-

77 H. Elver, Peaceful Uses of International Rivers: The Euphrates and Tigers Rivers Dispute (2002), 136-137.

78 McIntyre, supra note 21, 247.

79 Leb, supra note 10, 108, citing Bourne.

80 Also known as the maxim sic utere tuo ut alienum no laedas.

81 This principle is an expression of the idea that sovereignty over a territory comes not only with rights but also with duties, including the duty not to prejudice the rights of others. Some view these two concepts as identical, while others distinguish their origins and argue that the good neighbourliness principle is rooted in sovereignty whereas the no significant harm concept has its source in the principle of good faith, Leb, supra note 10, 97.

82 Tanzi, supra note 64, 160.

83 Ibid., 211.

84 As confirmed by the ICJ in its 1996 on The Legality of the Threat or Use of Nuclear Weapons, Advisory Opinion, ICJ Reports 1996, 226, 241-242.

trol do not cause damage to the environment of other states or of areas beyond the limits of national jurisdiction.[85]

The no significant harm principle has also been prominent in state practice in the international water law field. Particularly in the sense of protecting prior uses, it has been frequently included in water agreements[86] in order to protect the "legitimate expectations of [first users to] security" since "subsequent users cannot claim surprise when prior uses are protected".[87] It was articulated into Article 7 of the *UNWC* in the following terms:

> Obligation not to cause significant harm
> 1. Watercourse States shall, in utilizing an international watercourse in their territories, take all appropriate measures to prevent the causing of significant harm to other watercourse States.
> 2. Where significant harm nevertheless is caused to another watercourse State, the States whose use causes such harm shall, in the absence of agreement to such use, take all appropriate measures, having due regard for the provisions of articles 5 and 6, in consultation with the affected State, to eliminate or mitigate such harm and, where appropriate, to discuss the question of compensation.

Both in international water law and in general international law, the no significant harm principle is founded on a due diligence obligation.[88] The International Tribunal for the Law of the Sea (ITLOS) Seabed Disputes Chamber[89] has defined states' due diligence obligation as "an obligation to deploy adequate means, to exercise best possible efforts, to do the utmost, to obtain [a] result". In other words, "this obligation may be characterized as an obligation 'of conduct' and not 'of result'".[90] The ITLOS Chamber further linked this obligation to the precautionary principle, finding that

---

85 Rio Declaration on Environment and Development (1992), Principle 2, available at http://www.unesco.org/education/pdf/RIO_E.PDF (last visited 13 December 2018); see also Trail smelter Arbitration (USA v.Canada), 3 UN Rep. Int'l Arb. Awards, 1911.

86 M. A. Giordano & A. T. Wolf, Transboundary Freshwater Treaties, in M. Nakayama (ed.), International Waters in southern Africa (2003), 76-77.

87 D. Tarlock, The Law of Equitable Apportionment Revisited, Updated, and Restated, 56 U. Colo. L. Rev (1985), 381, 396.

88 Ibid., 443-445.

89 Responsibilities and Obligations of states sponsoring Person and Entities with Respect to Activities in the Area (Advisory Opinion), ITLOS Case No. 17 (1 February 2011), para. 135.

90 Ibid., para. 110.

"the precautionary approach is also an integral part of the general obligation of due diligence" of states, which requires them "to take all appropriate measures to prevent damage [… and] applies in situations where scientific evidence concerning the scope and potential negative impact of the activity in question is insufficient but where there are plausible indications of potential risks".[91] Therefore, a state "would not meet its obligation of due diligence if it disregarded those risks".[92] In the fresh water context, this precautionary principle was incorporated in the 1992 *UNECE Convention on the Protection and Use of Transboundary Watercourses and International Lakes (UNECE)*, the 2008 *Draft Articles on the Law of Transboundary Aquifers*,[93] and the 2004 *Berlin Rules on Water Resources*,[94] and was referenced in the *Pulp Mills* case, in which the ICJ noted that "a precautionary approach may be relevant in the interpretation and application of the provisions of the statute".[95] Moreover, the ICJ in this case found that the due diligence requirement underlying the no significant harm principle, and the duty of vigilance and prevention that it implies, includes the obligation to carry out an environmental impact assessment prior to the implementation of a project that might cause transboundary harm,[96] and "once operations have started and, where necessary, throughout the life of the project, continuous monitoring of its effects on the environment shall be undertaken".[97] Therefore, it is becoming increasingly clear when and how harmful activities

---

91 Ibid., para.131.

92 Ibid.

93 Report of the International Law Commission on the Work of its 60th session, UN Doc. A/63/ 10, (5 May–6 June and 7 July–8 August 2008), Article 12.

94 Berlin Rules on Water Resources International Law Association, Report of the 71st Conference, 71 ILA 337, 385 (2004), Article 2, (Berlin Rules).

95 Pulp Mills, supra note 21, para. 164.

96 Ibid., paras. 204-205; Costa Rica v. Nicaragua, supra note 30, para. 104. However, Judge Donoghue, for instance, expressed doubt that state practice and opinio juris support the existence of a specific obligation to undertake an environmental impact assessment where there is a risk of significant transboundary environmental harm. Nonetheless, she acknowledged that "[i]f a proposed activity poses a risk of significant transboundary environmental harm, a State of origin would be hard pressed to explain a decision to undertake that activity without prior assessment of the risk of transboundary environmental harm", Separate Opinion of Judge Donoghue, para. 13.

97 Ibid.

will be allowed under the no significant harm principle and the due diligence obligations of states in this regard.[98]

The substantive principles of equitable and reasonable utilization and no significant harm are crucial since, where such standards exist, "the contours of the procedural framework will likely be better defined and any process more goal-oriented".[99] However, their generality, *i.e.*, the concept of 'equity' underlying the equitable and reasonable utilization principle and the 'due diligence' requirement underlying the no significant harm principle, requires them to "be made normatively operational" by means of procedural requirements.[100] In other words, since "...agreement on substantive obligations, however desirable, cannot be pulled out of thin air but must be cultivated, procedural requirements play important facilitating and bridging roles".[101] Therefore, states' implementation of these substantive principles should be viewed as interlinked with their observance of the procedural obligations of international water law.

This link is crucial for implementing the equitable and reasonable utilization principle and for facilitating the no significant harm principle. The flexibility and non-specificity of the equitable and reasonable utilization principle as formulated in the *UNWC* makes its implementation dependent on a particular state's judgment of what 'equitable' and 'reasonable' use entails, which it may be unable to exercise in an objective way without cooperating with other co-riparian states through information exchange and consultation.[102] Therefore:

> Procedural requirements should be regarded as essential to the equitable sharing of water resources. They have particular importance because of the breadth and flexibility of the formulae for equitable use and appropriation. In the absence of hard and precise rules for allocation, there is a relatively greater need for specifying requirements for advance notice, consultation, and decision procedures. Such requirements are, in fact, commonly found in agreements by neighbouring States concerning common lakes and rivers.[103]

---

98 The obligation to conduct an environmental impact assessment has also been said to exist as a separate legal obligation from due diligence, Costa Rica v. Nicaragua, supra note 30, Separate Opinion of Judge Dugard, para. 11.
99 Brunnée & Toope, supra note 15, 57-58.
100 McIntyre, supra note 21, 245-246.
101 Brunnée, supra note 11, 34.
102 Leb, supra note 10, 151-152.
103 O. Schachter, Sharing the World's Resources (1977), 69, cited in McCaffrey, supra note 23, 465.

While the no significant harm principle can be implemented by states unilaterally, cooperation achieved through compliance with procedural obligations can nonetheless facilitate states' ability to avoid significant transboundary harm through the obligation to notify potentially affected states of planned measures that may have significant adverse impact, and to consult or negotiate concerning such measures. Under the *UNWC*, this obligation is triggered not where the state planning the measure believes it may result in significant *harm* to other riparian states but rather when the planning state has reason to believe that the measure may have a "significant *adverse effect*" upon other states. This lower threshold is designed to advance the goal of prevention of harm by requiring notification even before there is an indication that legally significant harm may result.[104]

The ICJ has also recognised the impact of procedure on the achievement of the substantive requirements of international water law, namely the achievement of an equitable balancing of states' interests and their due diligence duty to prevent significant transboundary environmental harm.[105] In the *Pulp Mills* case the Court stated that the parties' obligation to inform the joint body responsible for management of their shared river "allows for the initiation of cooperation between the Parties which is necessary in order to fulfil the obligation of prevention";[106] and that utilizations which might affect water quality and/or the regime of a watercourse "could not be considered to be equitable and reasonable if the interests of the other riparian State in the shared resource and the environmental protection of the latter were not taken into account".[107] Accordingly, consultation and information exchange also form part of the implementation process of the equitable and reasonable utilization and no significant harm principles. Ultimately, the Court found that states must comply with these procedural obligations both independently and as part of their compliance with the substantive duties of international water law.[108] The procedural obligations of international water law are therefore designed to facilitate observance of its substantive principles, as well as establish independent

104 McCaffrey, supra note 23, 473.

105 Pulp Mills, supra note 21, paras. 75-77. The Court reiterated this position in Costa Rica v. Nicaragua, Judgment, supra note 30, paras. 104, 106; McIntyre, supra note 21, 241, 244.

106 Pulp Mills, supra note 21, para. 102.

107 Ibid., para. 177.

108 McIntyre, supra note 21, 249.

obligations in and of themselves.[109] The ICJ's treatment of these procedural and substantive obligations also suggests that:

> States must ensure compliance with procedural obligations *per se* even where no actual harm occurs but, where harm does occur, breach of procedural rules will constitute a key element in establishing a failure to meet the due diligence standards required under the customary duty to prevent significant transboundary harm.[110]

B. *Eliciting cooperation between states in the management of shared fresh water resources*

The second role of the procedural principles of international water law is to elicit cooperation between states in the management of shared fresh water resources. This section will discuss states' duty of cooperation under general international law; how the procedural principles of international water law interact with this duty; and how this interaction has facilitated the cooperative management of shared fresh water resources as reflected in treaty practice and in the prevention of water-related disputes.
Interstate cooperation has been defined as:

> [t]he process by which states take coordination to a level where they work together to achieve a common purpose that produces mutual benefits that would not be available to them with unilateral action alone.[111]

"International law evolved, and continues to evolve, around the elastic concept of cooperation",[112] and in the past century a 'paradigm shift' in international law has been observed from a 'law of co-existence' to a 'law of cooperation',[113] evidenced by an increasing imposition of obligations to cooperate on states.[114]

109 Leb, supra note 10, 109; McIntyre, ibid., 240.
110 McIntyre, ibid., 249.
111 C. Leb, One step at a time: international law and the duty to cooperate in the management of shared water resources, 40(1) Water International (2014), 21, 22.
112 Wouters, supra note 5, 63.
113 W. G. Friedmann, The Changing Structure of International Law (1964), cited in E. Franckx & M. Benatar, The 'Duty' to Co-Operate for States Bordering Enclosed or Semi-Enclosed Seas, in Y-J Ma (ed.), Chinese (Taiwan) Yearbook of International Law and Affairs (2013), 67.
114 Franckx & Benatar, ibid.

The law of co-existence was composed of rules of abstention aimed at identifying limits to state sovereignty, and was linked to the obligation to omit interference in the sphere of sovereignty of others. The law of cooperation, on the other hand, is composed of positive obligations of assistance reflected, *inter alia*, in the establishment of the League of Nations and its successor the United Nations.[115] Indeed, one objective of the United Nations Charter is to "achieve international cooperation in solving international problems of an economic, social, cultural, or humanitarian character...".[116] Furthermore, Articles 2, 55, and 56 of the Charter are commonly considered to be the primary treaty source from which the general principles of cooperation can be derived, and have solidified it as a customary principle of international law.[117] Article 56 imposes on Member States two sets of obligations in relation to the principle: to cooperate with each other for the achievement of the purposes of international cooperation, and to cooperate with the United Nations itself for the attainment of these purposes.[118] Many post-Charter instruments also reflect states' general duty to cooperate,[119] further contributing to its development. Cooperation among states has therefore constituted the lynchpin of international law since its inception as well as the foundation for the resolution of interstate disputes,[120] and states' general duty to cooperate with one another has become "one of the most significant norms of contemporary international law, and also one of the fundamental rules of peaceful coexistence".[121]

A large body of norms of cooperation has also developed in the context of international environmental law as a result of "the common interest of states in the protection of the natural environment and the realization that a number of related issues can be resolved only at the universal level".[122]

115 Leb, supra note 10, 33.

116 UN Charter, Article 1(3).

117 Leb, supra note 10, 34.

118 The UN Special Committee on Principles of International Law Concerning Friendly Relations and Cooperation among States, Official Records of the General Assembly, Twenty-First Session, Annexes, agenda item 87, document A/6230, para. 435.

119 E.g. the Charter of the Organization of American States, the Charter of the Organization of African Unity, the Declaration of Principles of International Law Concerning Friendly Relations and Cooperation among States, and the 1974 Declaration on the Establishment of a New International Economic Order.

120 Wouters, supra note 5, 17.

121 Official Records of the General Assembly, supra note 118, para. 420.

122 Leb, supra note 10, 34.

This body of norms is reflected in many international instruments[123] and has been reinforced by international judicial and arbitral decisions such as the *Trail Smelter* arbitration, the *North Sea Continental Shelf* ICJ cases, the *Fisheries Jurisdiction* ICJ case, and the *Mox Plant* (Provisional Measures) ITLOS case.[124] In the context of rights over shared or common resources, the 1974 Charter of Economic Rights and Duties of States provided that "[i]n the exploitation of natural resources shared by two or more countries, each State must co-operate on the basis of a system of information and prior consultations in order to achieve optimum use of such resources without causing damage to the legitimate interest of others".[125] In the specific context of managing shared fresh water resources, moreover, cooperation among states has also become "progressively more formalized" as a result of hydrologic interdependence, culminating in a "general duty to cooperate"[126] universally recognized as one of the "cornerstone principles of international water law"[127] that has even been viewed by some as an obligation *erga omnes* imposable on all states.[128]

The evolution of this duty to cooperate in international water law began with the 1911 Madrid Declaration,[129] which recommended the establishment of permanent joint commissions for the purpose of interstate cooperation on transboundary water issues. The 1961 *Salzburg Resolution on the Utilization of Non-Maritime International Waters*[130] and the 1966 *Helsinki Rules* set out further norms of cooperation among basin states, including procedural rules for notification, consultation, and negotiation for states that want to utilise shared waters in a manner that seriously affects the pos-

---

123 E.g. the Stockholm Declaration, Principle 24; the Rio Declaration, Principle 27; UNCLOS, Articles. 123 and 197; 1992 Biodiversity Convention, Article 5, Philippe Sands et al, Principles of International Environmental Law, 3rd (ed.), (2012), 203-204.

124 Kaya, supra note 76, 125; Sands et al, ibid., 204-205.

125 Charter of Economic Rights and Duties of States, GA Res 3281 (XXIX), UN GAOR, 29th Sess, Supp No 30, UN Doc. A/9030 (1974), 50, Article 3.

126 Leb, supra note 10, 42, 68-69.

127 C. Leb, The UN Watercourses Convention: the éminence grise behind cooperation on transboundary water resources [The UN], 38(2) Water International (2013), 146-147.

128 P. Wouters & D. Tarlock, The Third Wavy of Normativity in Global Water Law, 23 Water law (2013), 51.

129 Declaration of Madrid, 20 April 1911, available at http://www.fao.org/docrep/005/W9549E/w9549e08.htm#bm08.1.2 (last visisted 6 December 2018).

130 Resolution on the Use of International Non-Maritime Waters, Salzburg, 11 September 1961, available at http://www.fao.org/docrep/005/w9549e/w9549e08.htm (last visisted 6 December 2018).

sibility of use by other states.[131] A general duty to cooperate was first introduced in the 1972 International Law Association *Supplementary Rules Applicable to Flood Control*, stipulating that:

> [b]asin States shall cooperate in measures of flood control in a spirit of good neighbourliness, having due regard to their interests and well-being as co-basin States.[132]

Such a general duty was then recognized with respect to pollution of rivers and lakes in the 1979 *Athens Resolution*. This resolution identified specific measures for the implementation of this general duty, including regular exchange of data, coordination of research and monitoring programs, and provision of technical and financial aid to developing countries.[133] Similarly, the 1982 *Montreal Rules on Water Pollution in an International Drainage Basin* further confirmed the existence of a general duty to cooperate with regard to pollution of transboundary fresh water. Article 4 of the *Montreal Rules* provided that "[i]n order to give full effect to the provisions of these Articles, States shall cooperate with the other States concerned". In the commentary to this article, the ILA justified the inclusion of this general duty to cooperate by arguing that it was considered "generally accepted as a fundamental principle".[134]

The 1992 *UNECE*, the 1997 *UNWC*, and the 2004 *Berlin Rules* also include a general duty to cooperate that applies to all aspects of the management of fresh waters and these instruments thus solidify its status as a guiding norm of international water law.[135] Furthermore, arbitral and judicial decisions such as those in the *Lake Lanoux*,[136] *Gabčikovo-Nagimaros*,[137] and *Pulp Mills*[138] disputes have also confirmed the existence of an obligation to cooperate in the transboundary fresh water context. State practice similarly indicates an overall increase in the inclusion of obligations to cooperate in international water treaties from 1900-2010.[139] This trend has been viewed

131 Leb, supra note 10, 75-76; Leb, The UN, supra note 127, 148-149.

132 1972 International Law Association Supplementary Rules Applicable to Flood Control, Article 2; Leb, The UN, supra note 127, 149.

133 Leb, supra note 10, 76.

134 International Law Association, Report of the Sixtieth Conference, Montreal 1982 (London: ILA, 1982), 535–548, cited in Leb, ibid., 77.

135 UNECE, supra note 18, Article 9; UNWC, supra note 13,Article 8; Berlin Rules, supra note 94, Article 11; Leb, The UN, supra note 127, 146-147, 149.

136 Lake Lanoux (France v. Spain), Final Award, (1974) Y.B. Int'l L. Comm'n, vol. 2.

137 Case Concerning the Gabčikovo-Nagymaros Project, supra note 75.

138 Pulp Mills, supra note 21.

139 Leb, The UN, supra note 127, 146-147.

as evidence that states increasingly regard cooperation on shared water resources as a general duty.[140]

The evolution of the International Law Commission's work on the *Draft Articles Concerning the Law of Non-Navigational Uses of International Watercourses* (*Draft Articles*),[141] which formed the basis for the *UNWC*, particularly illustrates the progressive recognition of cooperation as a general principle of international water law.[142] In 1981, the second Special Rapporteur working on this topic, Stephen Schwebel, proposed the concept of 'equitable participation' to reflect that:

> [c]onditions and expectations have tended to move the international community to a position of affirmative promotion of cooperation and collaboration with respect to shared water resources.[143]

According to this view, as a corollary to the duty to participate, basin states have a right to the cooperation of other states sharing a transboundary water system.[144] In contrast to the 1966 *Helsinki Rules*, which included no particular procedural provisions, Schwebel thus introduced procedural components of cooperation by stipulating a duty to participate.

Jens Evensen, the following Special Rapporteur, was the first to include an article explicitly defining the general principle of cooperation in this context.[145] He introduced a new Chapter on 'Cooperation and Management in Regard to International Watercourse Systems,' which stipulated specific cooperation obligations and rights, including consultation, negotiation and prior notification of planned measures, and provided two reasons for this. First, he argued that it follows from the nature of watercourses as "indivisible units" that cooperation among states is essential for effect-

---

140 Ibid., 146, 148.

141 1994 Draft Articles on the Law of the Non-Navigational Uses of International Watercourses and Commentaries thereto and Resolution on Transboundary Confined Groundwater, available at http://www.internationalwaterlaw.org/documents/intldocs/UNILC_Commentaries_on_Draft_UNWC.pdf (last visited 6 December 2018).

142 Leb, supra note 10, 77-78.

143 International Law Commission, "Third Report on the Law of the Non-navigational Uses of International Watercourses, by S. M. Schwebel, Special Rapporteur" (1982) II(1) YBILC 85, para. 85, cited in Leb, ibid., 78.

144 Leb, ibid.

145 Article 10, General Principles of Cooperation and Management, International Law Commission, "Second Report on the Law of Non-navigational Uses of International Watercourses, J. Evensen, Special Rapporteur" (1982) II(1) YBILC 113, para. 64, cited in Leb, ibid.

ive management and optimal utilisation, as well as for reasonable and equitable sharing in this utilization. Second, this inclusion would echo the conclusions of the 1977 *United Nations Mar del Plata Conference on Water* and the 1981 *Interregional Meeting of International River Organizations of Dakar*, both of which stressed the importance of state cooperation in this context.[146]

This political commitment to cooperation on shared fresh water was further reaffirmed in 1992 with the adoption of *Agenda 21* at the United Nations Conference on Environment and Development, in which states committed to the implementation of integrated approaches and protection of the quality and supply of the world's fresh water resources through both national and international cooperation.[147] The *Draft Articles* therefore reflected the increasing acceptance of cooperation not only as a "necessary political paradigm" but also as a "principle of international water law".[148]

Nonetheless, a debate persists on whether the general duty to cooperate "is a principle of international law that gives rise to more specific obligations but is not in itself an independent obligation or whether it represents an autonomous legal obligation and, if so, of what nature".[149] It seems reasonable to conclude in this regard that this principle constitutes both an autonomous obligation and one that gives rise to more specific obligations, and that "cooperation duties can be used to facilitate observance of other rights as well as the creation of new rights; however, they also comprise a substantive obligation in and of itself".[150] In any event, for present purposes suffice it to say that the legal nature of the general duty to cooperate "[r]esides somewhere in the grey zone between definitions of the concepts of 'specific obligation' and 'legal principle'; it is neither one nor the other but rather includes elements of both. The general duty to cooperate is a general obligation with a legal nature of its own: it has all of the attributes of a legal principle and yet is an obligation of general nature."[151]

---

146 International Law Commission, "First Report on the Law of the Non-navigational Uses of International Watercourses, by. J. Evensen, Special Rapporteur" (1983) II(1) YBILC 173f., paras. 103–106, cited in Leb, ibid.

147 Report of the United Nations Conference on Environment and Development, 12 August 1992, UN Doc. A/CONF.151/26/REV.1, cited in Leb, ibid, 78-79.

148 Leb, ibid. 79.

149 Ibid., 80.

150 Ibid., 109.

151 Ibid., 81.

This "general obligation" to cooperate in the use of shared fresh water resources is most notably set out in Article 8(1) of the *UNWC*:[152]

> General obligation to cooperate
> 1. Watercourse States shall cooperate on the basis of sovereign equality, territorial integrity, mutual benefit and good faith in order to attain optimal utilization and adequate protection of an international watercourse...

This general duty to cooperate has been viewed as "a bridge between substantive and procedural rules" since specific cooperation obligations include both substantive and procedural content.[153] Several procedural obligations under international water law, discussed in section I above, also aim to facilitate and enhance cooperation among states sharing freshwater resources. One such obligation, for instance, is for states to exchange and share information. This obligation is said to serve several purposes:

> [t]o inform about the general status of a water system; to improve development and management planning capacity; and to prevent harm by notifying other States of imminent danger or of planned activities that might negatively impact the water system or another State's territory.

Specific procedural obligations concerning information include "regular exchange of data and information, notification of natural emergencies and those caused by human activity, and notification of planned measures".[154]

The detailed procedural requirements linked to states' obligation to cooperate with respect to shared fresh water resources can no doubt lead to successful management of such resources and to the avoidance of disputes since they function to "formalize and to give specific meaning to the general duty to cooperate"[155] in order to attain "optimal utilization and adequate protection of the watercourse".[156] Where cooperation on fresh water is achieved it is said to produce four types of benefits: ecological benefits to a river if riparian states join together to maintain a healthy aquatic environ-

152 A similar provision was also included in the 2008 International Law Commission Draft Articles on the Law of Transboundary Aquifers, Article 7(1), GA Rep A/63/10; and the Berlin Rules, supra note 94, Article 11; as well as in regional water agreements such as the Nile Cooperative Framework Agreement, Article 3.

153 Leb, supra note 10, 110.

154 Ibid., 114.

155 McIntyre, supra note 21, 243-244.

156 Ibid., 245.

ment in the river basin; increase economic benefits that can be reaped from the river; the reduction of costs that arise because of the river, such as political conflict; and benefits beyond the river that occur as a follow-on effect of cooperation in the transboundary water system.[157] Such benefits, moreover, may reduce the likelihood, frequency, and intensity of water-related disputes since through the "procedural law of cooperation" "[c]onflict can better be *avoided* by talking and sharing information".[158] Despite the potential for such benefits, however, states do not always interact cooperatively with one another on shared fresh water issues and state relations are more frequently in a state of "cooperative coexistence" than in a state of cooperation, as sovereignty remains a primordial concept.[159]

This is partially because states' decision to cooperate, on any matter, is driven by a variety of considerations including historical, political, economic, and social factors.[160] In the case of the Nile River, for instance, each riparian's political interest in the shared resource differs greatly and therefore "national water plans tend to be designed in isolation, and there is significant political distrust and a lack of information".[161] On the other hand, in the Mekong River Basin there has been cooperation on the establishment of coordination mechanisms as a result of basin development studies carried out in the early 1950s by both the United States Bureau of Reclamation and the UN Economic Commission for Asia and the Far East.[162] Hydrological considerations also play a role in states' decision to cooperate on transboundary fresh water issues. These include, for instance, the "multitude of possible water uses, the complexity of interrelationships among these uses, as well as among uses and their transboundary and/or environmental impact, and the inevitable interdependence established by shared hydrologic systems".[163]

Despite this multitude of considerations and the fact that states do not always succeed, or even attempt, to cooperate in the management of shared fresh water resources, the procedural principles of international wa-

157 Leb, supra note 10, 25-26.

158 R. Higgins, Problems and Process: International Law and How We Use It (1994), 136, cited in McIntyre, supra note 21, 243 (emphasis in original).

159 Leb, supra note 10, 35.

160 Ibid., 19.

161 C. Spiegel, International Water Law: The Contribution of Western United States Water Law to the United Nations Convention on the Law of the Non-Navigable Uses of International Watercourses, 15 Duke Journal of Comparative & International Law (2005), 333, 356.

162 Leb, supra note 10, 23-24.

163 Ibid., 195.

ter law still provide a useful framework for the facilitation of such cooperation and, where observed, make interstate cooperation both more likely to occur and more likely to yield benefits for the states involved.

IV. Conclusion

The procedural principles of international water law have gained considerable international traction in relation to shared fresh water resources through international conventions and instruments, decisions of international courts and tribunals, bilateral water agreements.[164] The cooperative practices they facilitate serve important trust-building and conflict-prevention functions.[165] Moreover, understanding the dual role of international water law's procedural obligations, namely to facilitate the implementation of their related substantive obligations and the cooperative management of shared water resources, is vital for the effective joint management of such resources as well as for the protection of the environment. As has been noted in the more general context of international environmental law:

> [p]rocedure can promote the protection of community interests in concrete ways [… such as] when substantive requirements lack specificity or when states are reluctant to invoke them [… and] procedural elements play crucial roles when participants hold divergent positions, work towards shared understandings of community interests and collective action, or work to develop, apply, or revise, substantive requirements. But the procedural aspects of international environmental law also are important in their own right. In all of its guises, procedure serves to enable, guide and at times even compel interaction between states and other international actors, including non-state actors.[166]

The same applies to the procedural obligations of international water law. These obligations may be somewhat easier for states to comply with since they are often perceived as less intrusive to traditional conceptions of state sovereignty than the substantive principles of international water law. They

164 M. J. Gander, International water law and supporting water management principles in the development of a model transboundary agreement between riparians in international river basins, 39(3) Water International (2014), 315; McCaffrey, supra note 23, 464-480; McIntyre, supra note 21, 239-265.

165 Brunnée & Toope, supra note 5, 57.

166 Brunnée, supra note 11, 7.

are devoid of the values inherent in the latter, such as environmental priorities and distributive equity, but at the same time they can impact more directly and immediately sovereign discretion since they embody obligations that are unambiguous and unconditional.[167] Ultimately, "the sophistication of [the procedural rules of International water law] can be measured in terms of their internal coherence and comprehensiveness, as well as their functional integration with the key substantive rules of [international water law]", which together "operate to provide value direction and balance to the environmental, social and economic objectives" of states.[168]

167 McIntyre, supra note 21, 241.
168 Ibid., 263.

Brief Remarks on the Effect of Judgments on International Law

Prof. Yves Daudet[*]

Strictly speaking and also commonly well-understood, the function of the International Court of Justice is to "decide such disputes as are submitted to it" and to give decisions that, according to Article 59 of its Statute, are binding only upon the parties to the dispute. On several occasions, the Court has recalled that its role must be strictly limited to this purpose and, in this respect, it has declined to exercise any law-making power. For example, in the *Advisory Opinion on the Legality of the Threat or Use of Nuclear Weapons*, the Court said that:

> [...] it states the existing law and does not legislate. This is so even if, in stating and applying the law, the Court necessarily has to specify its scope and sometimes note its general trend.[1]

In the case *Armed Activities on the Territory of the Congo (Democratic Republic of the Congo v. Uganda)*, the Court stated that its:

> [...] task must be to respond, on the basis of international law, to the particular legal dispute brought before it. As it interprets and applies the law, it will be mindful of context, but its task cannot go beyond that.[2]

If one takes into account the requirement to decide "in accordance with international law", it is clear that there is a concern to actually identify and define the rule of international law applicable within a system that has long been marked by uncertainty and occasionally by a vacuum, with the aim of presenting a coherent system allowing the establishment of an international society under the rule of law. In this respect, I think that out of

---

* President of the Curatorium of The Hague Academy of International Law.

1 Legality of the Threat or Use of Nuclear Weapons, Advisory Opinion, ICJ Reports 1996, 237.

2 Armed Activities on the Territory of the Congo (Democratic Republic of the Congo v. Uganda), Judgment, ICJ Reports 2005, 190.

necessity, one could expect that the Court may crucially contribute to fill this vacuum.

One must also take into account that a Permanent International Court of Justice existed for over 90 years, thus a significant number of judgments has been delivered dealing with numerous questions of international law. However, in addition, a vast collection of conventions and regulations has been adopted which has played a vital role in removing the question of vacuum as it was once known. Thus, the question on whether the judge has to fulfil the role of filling the gaps in international law might be far less crucial in the present day.

Regarding the ways in which a judge may intervene, without explicitly considering whether or not he is a law maker at the end of the day, it must be stressed that the judge is an authority acting "under constraint", being subject to requirements of consistency, continuity and legal security so as to guarantee the confidence of States. The rules of precedent and *stare decisis* do not apply since these have not been transposed into international law. The Court guarantees its continuity in a way which gives States the benefit of what one might call a "principle of foreseeability". This is understood as foreseeability not with respect to the solution that will be given, but with respect to the content and application of the law and therefore a foreseeability of jurisprudence.

The requirement that jurisprudence should be foreseeable is particularly important in this often-uncertain branch of the law, and is particularly necessary in maintaining the confidence of States. For this purpose, the Court has used wording such as, among many others, those in *Land and Maritime Boundary between Cameroon and Nigeria*:

> The real question is whether, in this case, there is cause not to follow the reasoning and conclusions of earlier cases.[3]

Or, in the *Aegean Sea Continental Shelf* case of 1978, where it held that:

> Although under Article 59 of the Statute the decision of the Court has no binding force except between the parties and in respect of that particular case, it is evident that any pronouncement of the Court as to the status of the 1928 Act, whether it were found to be a convention in force or to be no longer in force, may have implications in the relations between States other than Greece and Turkey.[4]

---

3 Land and Maritime Boundary between Cameroon and Nigeria (Cameroon v. Nigeria: Equatorial Guinea intervening), Judgment, ICJ Reports 1998, 292.

4 Aegean Sea Continental Shelf (Greece v. Turkey), Judgment, ICJ Reports 1978, 17.

In the 2004 *Avena* case, the Court was even more clear and forceful, where it went so far as to hold that:

> [...] the fact that in this case the Court's ruling has concerned only Mexican nationals cannot be taken to imply that the conclusions reached by it in the present Judgment do not apply to other foreign nationals finding themselves in similar situations in the United States.[5]

Through this continuity, which not only references what has been previously judged, but also projects into a possible future, the Court is, to some extent, constructing the law. Nevertheless, the Court again acts under the constraint that it can only do so through, and in respect of, cases submitted to it, which it cannot control, and within the limits of the dispute that has been submitted. Even if the Court considers, as it did in the recent case of *Obligation to Negotiate an Access to the Pacific Ocean*, that:

> It is for the Court to determine on an objective basis the subject-matter of the dispute, [...] while giving particular attention to the formulation of the dispute chosen by the applicant.[6]

And while it is true that the Court can always raise legal issues *proprio motu*, nevertheless, the exercise of this jurisdiction does have limits. These were recalled by Judge Rosalyn Higgins in her opinion in the *Land and Maritime Boundary between Cameroon and Nigeria* case:

> Although the Court always may raise points of law *proprio motu*, it is in principle for a respondent State to decide what points of jurisdiction and inadmissibility it wishes to advance. If a State is willing to accept the Court's jurisdiction in regard to a matter, it is generally not for the Court – its entitlement to raise point's *proprio motu* notwithstanding – to raise further jurisdictional objections.[7]

One has also to consider the principle of judicial economy. In this respect, in the *Jurisdictional Immunities of the State (Germany v. Italy)* 2012 judgement, the Court said that:

---

5 Avena and Other Mexican Nationals (Mexico v. United States of America), Judgment, ICJ Reports 2004 (I), 70.

6 Obligation to Negotiate Access to the Pacific Ocean (Bolivia v. Chile), Preliminary Objections, ICJ Reports 2.15 (II), 602.

7 Land and Maritime Boundary between Cameroon and Nigeria (Cameroon v. Nigeria: Equatorial Guinea intervening), supra note 3, 347. Nevertheless, it must be stressed that Judge Higgins "thinks that an exception to this principle exists where the matter relates to the requirements of Article 38 of the Statute." (ibid.).

> It is, therefore, unnecessary for the Court to consider a number of questions which were discussed at some length by the Parties. [...] That is not to say, of course, that these are unimportant questions, only that they are not ones which fall for decision within the limits of the present case.[8]

Similarly, in the *Gabcikovo* case it was stated that:

> The Court does not find it necessary for the purposes of the present case to enter into a discussion of whether or not Article 34 of the 1978 Convention on succession of States in respect of Treaties reflects the state of customary international law.[9]

Within those limits, the room for manoeuvre may nevertheless be broad, but the resulting responsibility is very heavy for a Court that gives its judgments in the last resort. Some decisions are good illustrations of this responsibility exercised by the Court in a measured and balanced way so that the law has evolved in order to take into account the way in which the world itself has evolved, without sacrificing foreseeability. One example is the *Case concerning Navigational and Related Rights (Costa-Rica v. Nicaragua)* in 2009, where the Court found with respect to the meaning of the word "commerce" that:

> [...] where the parties have used generic terms in a treaty, the parties necessarily having been aware that the meaning of the terms was likely to evolve over time, and where the treaty has been entered into for a very long period or is "of continuing duration", the parties must be presumed, as a general rule, to have intended those terms to have an evolving meaning.[10]

In doing so, the Court took a position that was not unprecedented. Another example of the Court evolving the law without sacrificing foreseeability is the decision in the *Pulp Mills* case (*Argentina v. Uruguay* 2010):

> The Court considers that the attainment of optimum and rational utilization requires a balance between the Parties' rights and needs to use the river for economic and commercial activities on the one hand, and

8 Jurisdictional Immunities of the State (Germany v. Italy, Greece intervening), Judgment, ICJ Reports 2012, 145.

9 Gabčíkovo-Nagymaros Project (Hungary/Slovakia), Judgment, ICJ Reports 1997, 71.

10 Dispute regarding Navigational and Related Rights (Costa Rica v. Nicaragua), Judgment, ICJ Reports 2009, 243.

the obligation to protect it from any damage to the environment that may be caused by such activities, on the other.[11]

One may decide for oneself how to view this, believing either that the Court is seeking a compromise in the wording as it often does for obvious reasons (that it cannot officially recognize), or that, in this way, it is facilitating "a gentle evolution" of international law, or both, as appropriate.

Finally, one could consider that there perhaps still remains a kind of ambiguity between the limits arising out of the fact that the *res judicata* effect is limited to the parties in contentious matters and the indisputable function of the Court as a "law developer" if not a "law maker". Nevertheless, Christian Tams is probably right in saying that this distinction is "too clear-cut", when he ponders, quoting Alvarez "where the development of laws ends and when the creation begins". Both of them give evidence of an "external effect" of the Judgments of the Court, added to the "internal effect" (adhering to Hélène Ruiz Fabri's wording for this seminar) which lie in the settlement of the dispute itself that is the major purpose of the Judgement. Of course, this external effect is perfectly clear not only when the Court delivers *obiter dicta*, which does not happen very often, but also in cases where the Judgments can be regarded as cornerstones of International law because of the huge number of important questions that are raised. Of course the *Military and Para-Military Activities* judgements in 1984 and 1986 or the *Advisory Opinion on the Expenses or Reservations to the Genocide* convention, as well as many others, comprise these cornerstones.

In contrast, there is obviously much more freedom and much less constraint in the doctrine. Even the most restrained and cautious professors are always tempted to construct a system and to seek overall consistency. Professors are allowed to reflect upon *lex ferenda* and to discourse upon what the law should or could be; they can anticipate evolutions and, occasionally, contribute to them; for example, by acting as consultants, the only condition being, of course, that a clear distinction must always be made between this and *lex lata*. In other words, they must not take their desires for realities, and should make their standpoint clear. Their fields of investigation are without limits other than those that are dictated by reason.

Is it correct to say that, by means of the opinions or declarations that they may append to a Judgment, Judges acting individually (and thus, to a greater or lesser extent, marking their distance from the majority of the Court), are fulfilling a function that is closer to the doctrinal function?

11 Pulp Mills Case (Argentina v. Uruguay), Judgment, ICJ Reports 2010, 74.

Some opinions are of considerable value. They can sometimes cast doubt upon a judgment. We have all had the experience of being convinced by a judgment and then being made unsure and, in the end, being convinced by a contrary opinion. Speaking only of those who are no longer with us, and of distant times, mention might be made of the opinions of Anzilotti and the general and almost theoretical views that they propounded with regard to the problems that were submitted to the Permanent Court. Those opinions are certainly much more than simple doctrinal opinions, not only because of their relevance, but also because of their legal effects under certain conditions. In that respect, certain opinions have taken on a significance which goes well beyond what was accepted when the system was put in place. We all remember the declaration of Sir Percy Spender following the judgment that was given by his regrettable casting vote in 1966:

> It is only through their relationship to the judgment that a judicial character is imparted to individual opinions.[12]

In this regard, I personally do not subscribe to the idea put forward by Judge *ad hoc* Serge Sur who, in his individual opinion in the order of 2009, *Questions Related to the Obligation to Prosecute or Extradite*,[13] considered that an *ad hoc* Judge, who is a Judge for the occasion, "may even be freer in the general opinions he expresses than a permanent judge, as he is less constrained by the settled jurisprudence and freer to explore alternative paths"[14].

In other words, the Judges – and *ad hoc* Judges – are invited to remain Judges and to resist the temptation to convey messages which they were at liberty to do when, for some of them, they were professors in front of their students! If they cross these boundaries, their opinion is no longer something that is attached to a Court decision, but in the end, becomes nothing more than a doctrinal opinion.

To conclude, convergent and divergent characteristics cross and crisscross in a pattern that naturally leads to complementarity between judicial decisions and the teaching of publicists in order to promote the development of International Law and its external effects.

Complementarities are to be found at several levels. I will just mention one, which looks particularly emblematic. It relates to the establishment of

---

12 South West Africa (Liberia v. South Africa), Judgment, ICJ Reports 1966,, 57, 32.

13 Questions Relating to the Obligation to Prosecute or Extradite (Belgium v. Senegal), Order, ICJ Reports 2009, 139.

14 *Ibid.*, Separate Opinion of ad hoc Judge Sur, 204.

legal rules. As professors, we have all been faced with questions from our students along the lines of: "Is it a rule of international law?", "Is it an international custom?", "Is *jus cogens* really the only Rolls Royce in the garage?", etc. In a number of cases, the answers have been marked by a great deal of caution, hesitation and uncertainty. On the other hand, it is clear that the Court's jurisprudence gives firm directions and guidance. The Court states the existence of a custom, without going into further unnecessary detail as to the components of the custom, and the discussion can then take place on a sound footing. The question of *jus cogens* leads to conclusions along the same lines. It has given rise to impassioned theoretical debate, and the concept has been used by several judicial or para-judicial bodies, but I believe that its existence was not really established until the Court formally referred to it, using the term expressly, even with cautions in the *Congo v. Rwanda* case[15] (2006) and the *Genocide* case[16] (2007), and this has radically changed the way in which it is presented in the teaching of international law.

15 Case Concerning Armed Activities on the Territory of the Congo (New Application 2002) (Democratic Republic of the Congo v. Rwanda), Judgment, ICJ Reports 2006, 6.

16 Case Concerning Application of the Convention on the Prevention and Punishment of the Crime of Genocide (Bosnia and Herzegovina v. Serbia and Montenegro), Judgment, ICJ Reports 2007, 43.

Advisory Opinions: An Alternative Means to Avoid the Development of Legal Conflicts?

Rüdiger Wolfrum[*]

I. Introduction

The objective of this brief presentation is to establish whether and under which conditions advisory opinions may play a positive role in avoiding disputes between States. According to a dictum of the International Court of Justice, advisory opinions are not a means "to settle" – at least not directly – disputes between States, but to offer legal advice to the organs or institutions requesting the opinion.[1]

Every legal dispute contains two elements which the parties to that dispute may discuss controversially. First, in most cases parties disagree about the relevant facts. It is true that often more time and effort is spent on the identification of the relevant facts and their interpretation than on the relevant legal issues. Second, parties disagree on which legal rules are relevant and how to interpret them.

It is the hypothesis of this presentation that separating these two elements by means of an advisory opinion, which only deals with the second element of applicability of the relevant rules and their interpretation, may prevent the development of a contentious case. This hypothesis is encouraged by the fact that the international rules concerning the settlement of disputes provide for the possibility of an enquiry into the first element which means the establishment of facts. It is expected that after the factual situation has been established the parties will more easily reach an agreement.[2] Some national legal procedures also provide for such a possibility.

---

* Professor of International Law at the University of Heidelberg, former Judge of the International Tribunal for the Law of the Sea.

1 Legality of the Threat or Use of Nuclear Weapons, Advisory Opinion, ICJ Reports 1996, 226, para. 15.

2 Inquiries belong to the traditional means of settling international disputes. They were already provided in the Hague Convention for the Pacific Settlement of International Disputes of 1899; for further details, see C. Tomuschat, Article 33, in B. Simma et al. (eds.), The Charter of the United Nations: A Commentary, vol. I, 3rd ed., (2012), para. 27.

Advisory opinions deal, as indicated above, with the other side of a legal controversy namely the relevant law and its interpretation and application. Therefore, the separation of facts and the relevant legal rules is not uncommon under the international rules on dispute settlement. It should also be taken into consideration that such a way of preventing the development of a contentious case may reflect more adequately the legal culture in several regions of the world.

Several standing international courts have the competence to deliver advisory opinions. In that respect they follow the example of the Permanent Court of International Justice which, on the basis of Article 14 of the Covenant of the League of Nations, had such a competence and had developed this mechanism through its jurisprudence. The powers conferred on the International Court of Justice (Article 96 UN Charter; Article 65 ICJ Statute) are similar, and in rendering advisory opinions, the International Court of Justice frequently refers to the jurisprudence of the Permanent Court of International Justice.[3] Protocol No. 2 to the European Convention for the Protection of Human Rights and Fundamental Freedoms confers power on the European Court of Human Rights to give advisory opinions. No such advisory opinion has been delivered so far; similarly, the American Convention on Human Rights confers a broad competence upon the Inter-American Court of Human Rights to give advisory opinions. Equally, the African Court of Human and People's Rights may give an advisory opinion upon any legal matter relating to the Charter or any other relevant human rights instruments, provided that the subject matter of the opinion is not related to a matter being examined by the Commission. Finally, the Court of Justice of the European Union may be requested to render an advisory opinion on particular issues.

The following presentation will not deal with such competences. It is sufficient to point out that – for different reasons – standing international courts have been empowered to render advisory opinions. In that respect the international scenery is different from national law. Only few national Supreme Courts or Constitutional Courts have the power to give advisory opinions. On the national level it is commonly felt that adjudication and advisory functions exclude each other. Certainly it would be problematic if a court would render an advisory opinion and then be called upon to adjudicate a case concerning the same issue. Such constellation has never happened so far on the international level. One should rest assured that the

3 See K. Oellers-Frahm, Article 96, in B. Simma et al. (eds.), The Charter of the United Nations: A Commentary, vol. II, 3rd ed., (2012), paras. 14-25.

court in question would be able to handle such a situation in a responsible manner and would not admit such a case.

II. Advisory Opinions by the International Court of Justice

According to Article 96 (1) of the UN Charter, the General Assembly and the Security Council may request an advisory opinion from the International Court of Justice. This competence extends to legal questions of any kind and it is *de facto* not restricted in scope.[4] On the basis of Article 96 (2) of the UN Charter, other organs of the United Nations and specialized agencies as authorized by the General Assembly may request an advisory opinion on legal questions having arisen within the scope of the activities of that organ or agency. When the Statute of the International Court of Justice was prepared, proposals were made also to authorize individual States to submit requests for advisory opinions. However, these proposals were not accepted.[5] The main argument against the proposals was that such a possibility would discourage States from submitting cases to the International Court of Justice.[6] In fact, Article 96 of the UN Charter should be considered in connection with the jurisdiction of the International Court of Justice *ratione personae,* which only allows States to submit cases to the Court; advisory opinions are the way out for particular international organizations to engage the International Court of Justice on a controversial legal question.

According to Article 65 (1) of the ICJ Statute, the International Court of Justice has discretionary powers as to whether or not to render an advisory opinion. The Court has underlined this character of its obligation although it has never declined to render an advisory opinion for this reason but has emphasized that there must be "compelling reasons" to deny such a request.[7]

---

4 Ibid.

5 The International Court of Justice has had the authority to review judgments of the ILO Administrative Tribunal as well as the UN Administrative Tribunal by way of an advisory opinion. The provisions on the review system were abolished as unsatisfactory by GA Res. 50/54 of 11 December 1995. Since this authority of the International Court of Justice is rather alien to the system of advisory opinions it will not be dealt with in this context.

6 Oellers-Frahm, supra note 3, para. 12.

7 E.g. Western Sahara, Advisory Opinion, ICJ Reports 1975, 12 at 21, para. 23; comprehensively on the ICJ jurisprudence so far, Legality of the Threat or Use of Nuclear Weapons, Advisory Opinion, supra note 1, para. 14.

One of the major preconditions for a valid request of an advisory opinion must be that the question raised is of a legal and an abstract nature. The International Court of Justice does not consider it as harmful if the question raised has political implications or such a background as long as the question is couched in legal terms.

The restricted role that the International Court of Justice may play in respect of advisory opinions has been criticized. In consequence of resolution 2723 of the General Assembly of 15 December 1970, some suggestions have been made by States concerning the role of the International Court of Justice.[8] Some governments have put forward suggestions to strengthen the advisory authority of the International Court of Justice by entrusting it to render advisory opinions upon the initiative of regional organizations and individual States. It was also suggested that arbitral tribunals or international tribunals established under particular treaties might be enabled to consult with the International Court of Justice by these means and that national courts faced with a question of public international law should have the right (or even might be obliged) to use the advisory opinion procedure in order to obtain a ruling on a point of international law arising in a current case before them. This proposal was made to fence in any fragmentation which may have originated from the rulings of specialized international courts or national courts. It was further suggested so as to reduce the difficulties arising in cases where a request for an advisory opinion was related to a pending, or at least potentially pending, dispute by empowering the International Court of Justice to decline an advisory opinion unless the parties to the dispute agreed in advance to accept it as binding. Finally, the suggestion that has regularly been put forward was that the Secretary-General of the United Nations should be authorized to request advisory opinions on his own responsibility.[9] None of these are suggestions that were discussed in depth and there seems to be no possibility that any might be implemented.

These elements briefly sketched out above were of relevance when the issue of advisory opinions was to be considered under the dispute settlement regime under the UN Convention on the Law of the Sea.

---

8 See United Nations General Assembly Report: Report of the Secretary-General: Review of the Role of the International Court of Justice, UN doc. A/8382, 15 September 1971, paras. 263-305.

9 H. Thirlway, Advisory Opinions, in R. Wolfrum (ed.), MPEPIL, (2012), 97, 105.

III. *Advisory Opinions in the Context of the Dispute Settlement Regime under the UN Convention on the Law of the Sea*

According to Article 191 of the Convention, the Seabed Disputes Chamber[10] shall give advisory opinions at the request of the Assembly of the International Seabed Authority or the Council of the International Seabed Authority on legal questions arising within the scope of their activities. It is evident that this provision is very much tailored along the lines of Article 96 of the UN Charter; however, there are several differences to be noted. According to the terminology of Article 191 of the Convention, the Seabed Disputes Chamber is under an obligation to render the advisory opinion requested. Nevertheless, in the first and only Advisory Opinion of the Seabed Disputes Chamber, it was considered whether the Chamber had discretionary powers to deny such a request.[11] The competences of the Assembly and the Council of the International Seabed Authority to request an advisory opinion are not unlimited. The advisory opinions requested shall deal with legal questions only, and only those which fall within the scope of the activities of the organ requesting the advisory opinion.

From the wording of the relevant provisions it is evident that advisory opinions decided by the Seabed Disputes Chamber serve the same purpose as those which may be requested by organs of the United Nations or specialized agencies. They are meant to solve disputes between organs but, more prominently, they are meant to guarantee that the organs concerned, in this case the Assembly and the Council of the International Seabed Authority, are carrying out their functions to act within the framework of the Convention and its supplementary rules. The purpose of such advisory opinions is upholding the rule of law. Apart from that, such advisory opinions can indirectly avoid international disputes between the International Seabed Authority and States as well as between the International Seabed Authority and entities engaged in deep seabed activities.

ITLOS may also give an advisory opinion on a legal question on the basis of its Rules "if an international agreement related to the purposes of the Convention" specifically provides for its submission to ITLOS, and the re-

10 The Seabed Disputes Chamber is part of ITLOS composed of 11 of the judges of the latter elected by the full Tribunal. Judgments, Orders or Advisory Opinions of the Seabed Disputes Chamber are considered as those of the full Tribunal.

11 Responsibilities and obligations of States with respect to activities in the Area, Advisory Opinion, 1 February 2011, ITLOS Reports 2011, 10.

quest is transmitted to ITLOS by whichever body is authorized by, or in accordance with, the agreement to make the request to ITLOS.[12]

In its Advisory Opinion[13] submitted by the Sub-Regional Fisheries Commission, ITLOS has reconfirmed that its Plenary also has an advisory function, which is separate from the advisory competence of the Seabed Disputes Chamber of the Tribunal referred to above. ITLOS, referring to the competences bestowed upon it in Article 21 of its Statute, stated that the words "all matters specifically provided for in any other agreement which confers jurisdiction on the Tribunal" indicated that it had competences besides deciding on contentious cases. In clarifying this position, it emphasized that Article 21 and the agreement in question are interconnected and as such constitute the legal basis of the advisory function of the Tribunal.[14]

According to the broad wording of Article 21 of the ITLOS Statute and Article 138 of the ITLOS Rules, advisory jurisdiction of the Tribunal is not restricted to international organizations. Article 138 of the Rules is clear in this respect. A request for an advisory opinion before the Tribunal has to be transmitted to the Tribunal "by whatever body" is authorized pursuant to an international agreement related to the purposes of the Convention. On this basis, States could consider submitting a request for an advisory opinion to the Tribunal through an international "body" identified in the agreement.

In practical terms, States faced with a particular issue may conclude an international agreement providing for recourse to advisory proceedings before the Tribunal, for instance, where negotiations fail to produce a positive result within a certain time-limit. In accordance with the international agreement, the designated "body" – for example a mixed commission constituted by the agreement – could subsequently decide to request an advisory opinion from the Tribunal on a specific legal question. One may consider whether theoretically the Meeting of States Parties to the Convention might also constitute a "body" authorized to request an advisory opinion if the necessary agreement has been established.

The advisory opinion would be restricted to answering the specific legal question as stated in the request. It may be noted that the Tribunal would not be competent to answer a question which would not be drafted as a

12 Article 138 of the Rules of the Tribunal, International Tribunal for the Law of the Sea (ITLOS Rules).

13 Request for an Advisory Opinion submitted by the Sub-Regional Fisheries Commission, Advisory Opinion, 2 April 2015, ITLOS Reports 2015, 4.

14 Ibid., para 58.

legal question (or which would address a situation that falls outside the competence of the requesting body). In addition, the Tribunal could not answer a question if the result would be to decide on the merits of a pending dispute. Indeed, as in the practice of the ICJ, it may happen that a legal question submitted to the Tribunal would address some aspects of a dispute or of a "legal question pending" between two or more States. However, the question should be drafted in such a way as to avoid having a direct bearing on the merits of a dispute between States.

In accordance with Article 138, paragraph 3, the Tribunal, in dealing with a request for an advisory opinion, would apply *mutatis mutandis* the rules applicable to advisory proceedings before the Seabed Disputes Chamber. This means that whenever the request for an advisory opinion relates to a legal question pending between two or more parties, the provisions concerning *ad hoc* judges (Article 17 ITLOS Statute) would apply. Therefore, if the Tribunal confirms that this is the case, the "parties" concerned could designate a judge *ad hoc.*

In advisory proceedings, States would be invited to submit written statements on the legal question within a certain time-limit and a hearing would be held if the Tribunal so decides. This element constitutes the most significant advantage of advisory proceedings. In an advisory opinion, the Tribunal could base its advice upon written observations of 22 States and 7 international organizations. This means that the impact which interested or affected States and international organizations may have upon the advice is by far more intensive than States may have on a contentious case.

I should add that advisory proceedings are normally conducted more rapidly than contentious proceedings and that the Tribunal would be guided by any indication in the request regarding the urgent character of the question submitted to it.

As previously indicated, advisory proceedings offer a potential alternative to contentious proceedings and could be an interesting option for those seeking a non-binding opinion on a legal question or an indication as to how a particular dispute may be solved through direct negotiations. To illustrate the useful role that the Tribunal could play in this respect, I would like to give two examples.

As in the advisory opinion referred to already, parties to a fisheries organization may make use of the Tribunal's advisory function if they wish to seek guidance as to how a particular situation should be seen from a legal point of view. Questions may concern the compliance of the conservation and management measures taken by a coastal State with the provisions of the Convention or the legality of its enforcement measures including the penalties imposable under national law or the rights and obligations of

States fishing in the exclusive economic zones of particular coastal States. States might also ask the Tribunal for legal guidance about contemporary issues such as illegal, unreported, and unregulated (IUU) fishing, including trans-shipment, supply or refuelling of fishing vessels. Likewise, States Parties to a particular fisheries agreement such as the Straddling Fish Stocks Agreement may take advantage of the advisory proceedings before the Tribunal in the event of disagreement about the implementation of the agreement.

The second example concerns delimitation matters. The parties to a delimitation dispute could ask the Tribunal to determine the principles and rules of international law applicable to the situation and undertake thereafter to establish the boundary on that basis. In particular they could inquire about how to treat low tide elevations and request guidance concerning the interpretation of Article 121 of the Convention; in particular what qualifies a high tide maritime feature as an island generating an EEZ and a continental shelf.

A particular advantage of such an approach is that the Tribunal would be forced to decide the questions put to it in general, detached from a particular situation. This is more appropriate than dealing with such an issue in a contentious case between two States. Such a contentious case artificially polarizes the question although it is of interest to a wider community, maybe even the global community. The counterargument thereto, that a decision in a contentious case is only binding upon the parties concerned and therefore no wider community is affected, is not convincing. Certainly, judgments in contentious cases are only binding upon the parties concerned but this only means the dispositive. The reasoning in the judgment, in particular the interpretation of a particular norm, has further reaching consequences. Following judicial decisions will rely, and will have to rely, on previous jurisprudence to avoid fragmentation of international law. The sum of the existing jurisprudence is the corpus for subsequent decisions; although speaking of the "law-making powers of judges" does not cover this phenomenon adequately.

To conclude, advisory proceedings before ITLOS may constitute a viable mechanism to prevent international disputes and thus may, used with caution, supplement the dispute settlement mechanisms established in the Convention.

The Use of Ex Curia Experts in International Litigation: Why the WTO Dispute Settlement Cannot Serve to Improve ICJ Practice

Andrea Hamann[*]

I. Introduction

The practice of international courts and tribunals regarding the establishment of the facts has drawn increasing attention, in particular in complex cases requiring expert consultation.[1] The spotlight focused on the Interna-

---

* Professor of Public Law at the University of Strasbourg.

1 One of the first studies of the recourse to expertise in international adjudication is G. White, The Use of Experts by International Courts (1965). More recently, see J. G. Devaney, Fact-Finding before the International Court of Justice (2016); M. M. Mbengue, R. Das, The ICJ's Engagement with Science: To Interpret or Not to Interpret?, 6 J. Int. Disp. Settlement (2015), 1, 568; J. D' Aspremont, M. M. Mbengue, Strategies of Engagement with Scientific Fact-finding in International Adjudication, 5 J. Int. Disp. Settlement (2014), 1, 240; D. Peat, The Use of Court-Appointed Experts by the International Court of Justice, BYBIL (2014), 1, 271; C. E. Foster, New Clothes for the Emperor? Consultation of Experts by the International Court of Justice, 5 J. Int. Disp. Settlement (2014), 1, 139 [New Clothes]; C. E. Foster, Science and the Precautionary Principle in International Courts and Tribunals – Expert Evidence, Burden of Proof and Finality, Cambridge Studies in Int. and Comp. Law (2011); J. G. Sandoval et al., Adjudicating Conflicts Over Resources: The ICJ's Treatment of Technical Evidence in the Pulp Mills Case, 3 Goettingen J. Int. L. (2011), 1, 447; F. R. Jacur, Remarks on the Role of Ex Curia Scientific Experts in International Environmental Disputes, in N. Boschiero et al., International Courts and the Development of International Law – Essays in Honour of Tullio Treves (2013), 441; Y. Fukunaga, Experts in WTO and Investment Litigation, in J. A. Huerta-Goldman et al., WTO Litigation, Investment Arbitration, and Commercial Arbitration (2013); Standard of Review and 'Scientific Truths' in the WTO Dispute Settlement System and Investment Arbitration, 3 J. Int. Disp. Settlement (2012), 1, 559; S. El Boudouhi, L'élément factuel dans le contentieux international (2013); M. M. Mbengue, International Courts and Tribunals as Fact-Finders: The Case of Scientific Fact-Finding in International Adjudication, 53 Loy. L.A. Int'l & Comp. L. Rev. (2011), 53 [International Courts]; J. Ngambi, La preuve dans le règlement des différends de l'Organisation mondiale du commerce (2010), 326; M. T. Grando, Evidence, Proof, and Fact-Finding in WTO Dispute Settlement (2009); J. Rios Rodrigues, L'expert en droit international (2009); H. Ruiz Fabri, J. M. Sorel (eds.), La

tional Court of Justice after its judgment in the *Pulp Mills* case,[2] which triggered abundant commentary and criticism from scholars, in the wake of the strong joint dissenting opinion of Judges Al-Khasawneh and Simma. While previous cases had already raised concern about the ICJ's fact-finding methods, this particular dispute evidently constitutes a landmark in the reflexion on how international courts and tribunals ascertain the facts, more specifically on the use of experts in international litigation. The more recent *Whaling in the Antarctic* case only brought this issue to the forestage once more.[3] Judges Al-Khasawneh and Simma wrote that:

> [T]he task of a court of justice is not to give a scientific assessment of what has happened, but to evaluate the claims of parties before it and whether such claims are sufficiently well-founded so as to constitute evidence of a breach of a legal obligation. In so doing, however, the Court is called upon 'to assess the relevance and the weight of the evidence produced in so far as is necessary for the determination of the issues which it finds it essential to resolve.[4]

This pinpoints the crux of the problem: the function of any court or tribunal, whether judicial or arbitral, domestic or international, is to settle disputes by applying the relevant legal rules to the relevant facts. Unquestionably this is, on the whole, a legal operation, and yet it contains an inherently and irreducible extra-legal aspect, *i.e.*, the establishment of the facts. It is this challenging task of establishing and assessing the facts that has increasingly drawn attention, because of the daunting difficulty it raises in disputes that present great factual complexity, all the more so when they touch on scientific or technical issues. It is self-evident that a compe-

---

preuve devant les juridictions internationales (2007); E. Truilhe-Marengo, L'expertise scientifique dans les contentieux internationaux: l'exemple de l'OMC, in SFDI, Le droit international face aux enjeux environnementaux (2010), 207; Sh. Rosenne, Fact-Finding before the International Court of Justice, in Sh. Rosenne, Essays on International Law and Practice (2007), 235; L. Savadogo, Le recours des juridictions internationales à des experts, Annuaire français de droit international (2004), 231.

2 Pulp Mills on the River Uruguay (Argentina v. Uruguay), Judgment, ICJ Reports 2010, 14.

3 Whaling in the Antarctic (Australia v. Japan), Judgment, ICJ Reports 2014, 226.

4 Pulp Mills on the River Uruguay, supra note 2, 108, paras. 4,5, Joint dissenting opinion of Judges Al-Khasawneh and Simma, quoting Sh. Rosenne, The Law and Practice of the International Court of Justice, 1920-2005, vol. III, 4th ed. (2012), 1039. But, see also Pulp Mills on the River Uruguay, supra note 2, Opinion and declarations of Judges Yusuf and Cançado Trindade, and of Judge ad hoc Vinuesa.

tent legal ruling can only be passed if the facts in dispute are established and thereby known;[5] knowledge, however, implies comprehension and the difficulty therefore lies beforehand: bluntly phrased, in order to correctly establish the facts, a court must first and foremost understand them. This essential task was framed by the ICJ in the following words:

> It is the responsibility of the Court, after having given careful consideration to all the evidence placed before it by the Parties, to determine which facts must be considered relevant, to assess their probative value, and to draw conclusions from them as appropriate.[6]

While one cannot but agree, it is nevertheless surprising that this seemingly obvious statement was made in one of the most factually complicated cases the ICJ has yet had to decide. And indeed, as Judges Al-Khasawneh and Simma pointed out, the fact is that "the Court of its own is not in a position adequately to assess and weigh the complex scientific evidence presented by the Parties", while Judge *ad hoc* Vinuesa emphasized the "lack of specialized expert knowledge" of the Court.[7] The *Pulp Mills* case thus shed a crude light on the Court's traditional fact-finding methods, questioning their suitability given the increasing complexity of certain cases.

The issue indeed cannot be reduced to disputes involving scientific data alone, although they present the most immediately perceptible challenge for a court of law, whether they are boundary or environmental disputes. But the process of establishing the facts can certainly be daunting in any factually complex case, as was made apparent in the *Genocide* cases:[8] not only were the facts abundant and excessively complex, but they were also at a great distance from the Court, both in space and time, as the ICJ ruled on the merits of both cases 16 and 25 years after the events, and after a specialized tribunal had already examined the same events under the light of individual criminal responsibility. Although the question put before the ICJ was the distinct one of State responsibility, these circumstances seem to have placed the Court in an awkward position, and it chose to heavily rely

---

5 Rosenne, supra note 1, 235.

6 Pulp Mills on the River Uruguay, supra note 2, para. 168.

7 Pulp Mills on the River Uruguay, Joint dissenting opinion of Judges Al-Khasawneh and Simma, supra note 4, para. 4; Pulp Mills on the River Uruguay, supra note 2, 266, para. 71, Dissenting opinion of Judge ad hoc Vinuesa.

8 Application of the Convention on the Prevention and Punishment of the Crime of Genocide (Bosnia and Herzegovina v. Serbia and Montenegro), Judgment, ICJ Reports 2007, 43; Application of the Convention on the Prevention and Punishment of the Crime of Genocide (Croatia v. Serbia), Judgment, ICJ Reports 2015.

on the facts as established by the ICTY, to the extent that it seemed to systematically extract its own determinations from those previously made.[9] Thus, the difficulty to unequivocally *know* the facts can arise in any complex dispute, although the challenge is particularly obvious in cases which call for knowledge in areas outside the law, in which judges are not trained – and, admittedly, should not be expected to be.

What can and should be expected, though, is that individuals with the necessary qualifications fill this gap and assist judges in attaining the required knowledge, and it is for this purpose precisely that experts can be called upon, as acknowledged by the ICJ itself: "the purpose of the expert opinion must be to *assist* the Court in giving judgment upon the issues submitted to it for decision".[10] The operative word "assist" clarifies from the onset that the autonomy of the adjudicating body remains intact, and in particular that calling upon experts does not imply a delegation of the decision-making power, but on the contrary that the expert's report or opinion can or should serve only as a basis to clarify the court's own evaluation of the facts.[11] Such assistance may indeed seem inevitable in certain circumstances, to the extent that settling a dispute is intrinsically a matter of translation from one "language" into another: by applying the relevant rules to the facts, a factual situation will be declared by the judge to consti-

9 A. Hamann, L'arrêt de la CIJ du 3 février 2015 dans l'affaire du Génocide (Croatia v. Serbia), Annuaire français de droit international (2015), 201; A. Gattini, Evidentiary Issues in the ICJ's Genocide Judgment, 5 J. Int. Criminal Justice (2007), 889. While C. Tams analyses this as an "elegant way for the Court to arrive at a satisfactory assessment of evidence in cases involving complex questions of fact", J. E. Alvarez has a harsher appreciation of this practice, which he calls an "out-sourcing" of the fact-finding process. See Ch. J. Tams, Article 50, in A. Zimmermann et al. (eds.), The Statute of the International Court of Justice – A Commentary (2012), 1290-1291; and J. E. Alvarez, Are International Judges Afraid of Science?: A Comment on Mbengue, 34 Loy. L.A. Int'l & Comp. L. Rev. (2012), 83.

10 Application for Revision and Interpretation of the Judgment of 24 February 1982 in the Case concerning the Continental Shelf (Tunisia/Libyan Arab Jamahiriya), Judgment, ICJ Reports 1985, 228 (emphasis added). The same appears in the WTO dispute settlement system, where the panel explained that it would "undertake [its] examination by assessing the parties' arguments and evidence" in a recent dispute; "We will also support our analysis, as relevant, with the guidance we received through the responses from the experts" (Panel Report, Russia – Pigs (EU), Doc. WT/DS475/R (adopted 19 August 2016), para. 7.416, [emphasis added].

11 While most authors see no breach of the distinction between the function of the adjudicating body and the function of experts, others argue that an increased use of experts would amount to a delegation of the judicial function. See for instance Peat, supra note 1, 289; Rodrigues, supra note 1, 15-19.

tute a legal situation, and the translation thus takes place when the facts brought before the judge are coined into legal terms (qualification) and when, consequently, they are subjected to the identified relevant legal rule (interpretation and application). Although often it is mainly the latter that draws attention, the essential crux of the translation process lies beforehand, in the legally unseizable operation by which the facts are ascertained. On this ascertainment depends the accuracy of the entire translation, but the complexity of the facts or their remoteness from the judge's knowledge can require in itself a preliminary translation, providing a basis for the legal operation. In other words, in certain circumstances experts appear to be the indispensable tools that allow for a correct translation into law.[12] As the WTO panel in the *US/Canada – Continued Suspension* phrased it, "the role of the experts [is] to act as an 'interface' between the scientific evidence and the Panel, so as to allow it to perform its task as the trier of fact".[13] This assistance to the primary "translator" is in substance also the role that the ICJ recognised for experts in the *Corfu Channel* case, when it explained its decision to seek expert advice "on account of the technical nature of the questions involved".[14]

But the complexity of a case, while it might be self-evident, is not an objective state. As Gabrielle Marceau and Jennifer Hawkins have acutely pointed out, whether or not judges call upon experts ultimately depends on whether they "recogniz[e] the limits of their own expertise".[15] And the fact remains that the ICJ has traditionally been reluctant to request experts

---

12 L. Gradoni even identifies a two-tiered translation process, namely the "encoding" of the parties' claims into scientific language, and the subsequent "decoding" of the scientific language by the experts: L. Gradoni, La science judiciaire à l'OMC ou les opinions du juge Faustroll autour des OGM et de la viande de bovins traités aux hormones, in M. Deguergue, C. Moiroud (eds.), Les OGM en questions – Sciences, politique et droit (2013), 313.

13 Panel Report, United States – Continued Suspension, Doc. WT/DS320/R (adopted 31 March 2008), para. 6.72; Panel Report, Canada – Continued Suspension, Doc. WT/DS321/R (adopted 31 March 2008), para. 6.67.

14 Corfu Channel (Compensation), Judgment, ICJ Reports 1949, 248. See also Corfu Channel, Order, ICJ Reports 1948, 126, 127, where the Court asked the experts to "give the reasons for [their] findings in order to make their true significance apparent to the Court". The WTO Appellate Body has similarly emphasized that experts are to "help [the Panel] to understand and evaluate the evidence submitted and the arguments made [by the parties]", see Appellate Body Report, Japan – Agricultural Products II, Doc. WT/DS76/AB/R (adopted 22 February 1999), para. 130.

15 G.Z. Marceau, J.K. Hawkins, Experts in WTO Dispute Settlement, 3 J. Int. Disp. Settlement (2012), 504.

to assist them in understanding the evidence, an attitude that has been widely commented on and criticized. This criticism has repeatedly been backed by a comparison with the practice in the dispute settlement system of the World Trade Organization (WTO), where expert consultation is a common feature in the proceedings. It is a tempting comparison indeed, considering that both are world courts, that both settle interstate disputes, and that both are permanently instituted (although WTO panels are appointed on an *ad hoc* basis).

It is this comparison that the present contribution proposes to address and to question. Judges Al-Khasawneh and Simma in particular observed that other international courts and tribunals have "accepted the reality of the challenge posed by scientific uncertainty in the judicial process", and felt that the WTO dispute settlement system has "most contributed to the development of a best practice of readily consulting outside sources in order to better evaluate the evidence submitted to it".[16] Many authors since the *Pulp Mills* case have followed in the reference to the WTO dispute settlement system when expressing criticism of the ICJ practice.[17] It therefore seemed useful to explore whether such comparison can be validly sustained and, if so, whether WTO practice could serve as a "model" for the ICJ regarding the use of experts *ex curia*.

However, the aim of this paper is not to nourish the criticism of the practice of the ICJ by inversely praising the WTO dispute settlement system, nor to defend the first by inversely understating the practice of the latter. It is undeniable that the ICJ displays an increasingly objectionable reluctance to call upon experts, whereas expert consultation has become almost commonplace in the WTO dispute settlement system. But this alone does not provide grounds for a valid comparison. The purpose of this paper is much more to demonstrate that a relevant comparison is impossible, or at least of limited value. There are indeed two fundamental differences between both judicial systems, which bias any attempted comparison be-

---

16 Pulp Mills on the River Uruguay, Joint dissenting opinion of Judges Al-Khasawneh and Simma, supra note 4, paras. 15, 16.

17 See for instance M. M. Mbengue, Between Law and Science: A Commentary on the Whaling in the Antarctic Case, Questions of International Law (2015), 11; and Mbengue, International Courts, supra note 1; Peat,, supra note 1, 289; Devaney, supra note 1, 130; Sandoval et al., supra note 1, 462-463; R. Moncel, Dangerous Experiments: Scientific Integrity in International Environmental Adjudications after the ICJ's Decision in Whaling in the Antarctic, 42 Ecology Law Quarterly (2015), 317.

tween the practice of both courts, and which flaw the conclusions one might be tempted to draw.

The first difference is that both courts do not operate in the same settings, and it is argued here that these settings heavily weigh on how they can exercise their powers. While the ICJ has jurisdiction for any dispute regarding the application and/or interpretation of international law in the broadest sense, provided that the parties have given their consent, the WTO dispute settlement system has been tailored as the ultimate tool for safeguarding the rule of law in the international trade regime. As such, it is part of a complex institutional and normative construction, whose main force is provided by its exclusive and compulsory character.[18] By virtue of the "single undertaking" all WTO Members are equally bound by all multilateral treaties, with limited and heavily-regulated possibilities of opting out. One of these multilateral treaties, the Dispute Settlement Understanding (DSU), does not provide any opting out provision at all, so that all Members are subject to the compulsory jurisdiction of the WTO adjudicative bodies. This remarkable trait of the international trade regime provides its dispute settlement system with a power that the ICJ does not and cannot possess. To the extent that it is essentially dependant on State consent, in many a dispute the politics of the adjudicative process play a role at least as determining as the strictly legal aspect of the judicial function. Bluntly phrased, while WTO decisions might raise concern, criticism, and even open disapproval, the adjudicating bodies nevertheless run little risk of upsetting Members so much that they decide to quit the system; the ICJ on the other hand must constantly be cautious of the delicate balance between what is legally correct and what is politically acceptable. This touches on the different dimensions of the function of settling disputes: the WTO system, due to its compulsory character, can afford to be exclusively legality-oriented and therefore, when establishing the facts, strive to ascertain the truth understood as an objective and therefore irrefutable absolute; the ICJ has to remain more cognizant of State acceptance in order to encourage compliance with the decision, and many a case indeed, especially in boundary disputes, has demonstrated a clear tendency of "transactional" justice. This state of affairs necessarily reflects on the manner in which the judicial bodies approach their task and exercise the powers conferred by their respective statutes.

---

18 For a succinct presentation of this feature, see R. Yerxa, The Power of the WTO Dispute Settlement System, in R. Yerxa, B. Wilson (eds.), Key Issues in WTO Dispute Settlement (2005), 3-6.

The second fundamental difference is that the WTO system is two-tiered, with panels acting as first instance tribunals and an Appellate Body as appeals court. The ICJ is unburdened by such hierarchy and, consequently, as former US Supreme Court Justice Robert H. Jackson famously wrote:

> We are not final because we are infallible, but we are infallible only because we are final.[19]

This doesn't intend to suggest that the ICJ is flippant or less careful in the exercise of its function whereas WTO panels are not. It is meant, however, to emphasize the crucial fact that the exercise of its powers by a panel, including with respect to the determination of the facts, can be contested by the parties on appeal and can thus be subject to "censorship". This puts a considerable strain on panels of which the ICJ is free, and, as will be demonstrated later, the discipline imposed by the appellate review plays a crucial role as far as expert consultation is concerned.

These differences evidently do not prevent the identification of common features and issues, which allow for an examination of the recourse to experts in ICJ and WTO proceedings. The following developments will thus focus on both courts' powers to call upon experts (I), on the actual exercise of these powers (II), and finally on the utilisation of expert evidence (III). Two conclusions derive from this confrontation: first, the divide between both courts regarding the use of experts is not as clear-cut as it may seem on first sight, as some of the objectionable practices at the ICJ also thrive at the WTO. Second, when there is a divide, it can mainly be attributed to the fact that WTO panels operate in a more framed and constrained setting, where any deflection from their statutory obligations can be blamed and addressed by the Appellate Body. Ultimately, it appears that the aforementioned differences between both judicial systems fundamentally shape the exercise of their function, and that they invalidate any comparison that might be drawn between the ICJ and the WTO dispute settlement regarding the use of experts. While it would certainly be a welcome improvement if the ICJ departed from its traditional methods of establishing the facts and didn't shy away from seeking expert advice, such improvement is unlikely to be usefully inspired by WTO practice.

---

19 Brown v. Allen, 344 U.S. 443 (1953), concurrent opinion of Justice Jackson, p. 540.

II. The power to seek expert advice

Both the ICJ and WTO panels are enabled, in broad terms, to establish the facts of a case.[20] Their statutes vest them with explicit and specific powers to call upon experts, whose proper identification as such (A) is crucial in order to protect the parties' due process rights (B).

A. Identification and status of experts

In practice a large variety of experts have been identified by scholars – court-appointed, party-appointed, expert counsel, "ghost" experts, and assessors[21] – but only court-appointed and party-appointed experts are recognized by the ICJ Statute and, to a lesser extent, by the WTO agreements,[22] notwithstanding the variety of names given to experts and expert bodies in the WTO treaties. Regarding the ICJ, the only provision making room for *ex curia* experts is the broadly termed Article 50 of the Statute, according to which "the Court may, at any time, entrust any individual, body, bureau, commission, or other organization that it may select, with the task of carrying out an enquiry or giving an expert opinion";[23] court-appointed experts being crucially considered to be independent.[24]

---

20 It can certainly be argued that even if specific provisions are absent, any court or tribunal has inherent fact-finding powers, as an intrinsic and implied element of its judicial function. See White, supra note 1, 73.

21 On these five categories, see for instance Foster, New Clothes, supra note 1, 139; L. C. Lima, The Evidential Weight of Experts before the ICJ: Reflections on the Whaling in the Antarctic Case, 6 J. Int. Disp. Settlement (2015), 628-630; Savadogo, supra note 1, 231.

22 Ex parte experts are recognized by Article 43 para. 5 of the ICJ Statute, according to which "[t]he oral proceedings shall consist of the hearing by the Court of witnesses, experts, agents, counsel, and advocates", and this provision is complemented by Articles 57 and 64 of the Rules (see S. Talmon, Article 43, in A Zimmermann et al. (eds.), The Statute of the International Court of Justice – A Commentary (2012), 977). They are not recognized or even mentioned as such in the DSU or the panels' Working Procedures, which may seem curious – but then again neither is there any provision concerning the composition of parties' delegation or the types of evidence submitted.

23 Article 50 of the Statute is complemented by Article 62 para. 2 of the Rules of Court. On the practical irrelevance of the distinction between enquiries and expert opinion, see Tams, supra note 9, 1289.

24 In addition the ICJ is empowered by Articles 9 and 21 of the Rules of Court to appoint assessors, who take part in the deliberations but do not vote (Article 9

WTO provisions, on the other hand, contain great variety regarding *ex curia* experts, making room for individual expertise, groups of experts and even institutional expertise. The general provision, however, is similar to Article 50 of the ICJ Statute, and arguably even wider. Article 13 DSU indeed confers vast investigative powers to panels, by providing that:

> Each panel shall have the right to seek information and technical advice from *any individual or body* which it deems appropriate. […] 2. Panels may seek information from *any relevant source* and may consult experts to obtain their opinion on certain aspects of the matter. With respect to a factual issue concerning a scientific or other technical matter raised by a party to a dispute, a panel may request an advisory report in writing from an expert review group […] (emphasis added).

The distinction between individual and group expertise by "expert review groups" (ERGs) is an important one, in principle at least, as ERGs are specifically dealt with in Appendix 4 of the DSU; according to the Appellate Body its provisions are only applicable to ERGs and do not bind the panel if it chooses to appoint individual experts instead of an ERG.[25] The decision to use individual experts or to establish a group is left "to the sound discretion of a panel",[26] and, in fact, no ERG has been appointed in over twenty years of practice.[27]

---

para. 1 and 21 para. 2 of the Rules of Court); however, assessors do not provide an expert opinion and are therefore to be distinguished from ex curia experts. It should also be noted that, by virtue of Article 26 para. 1 of its Statute, the ICJ created a permanent Chamber for Environmental Matters in 1993, but it has been inactive so far as no parties in any environmental dispute have ever referred their case to this Chamber. Consequently, whereas its composition was periodically renewed until 2006, the ICJ decided not to hold elections in 2006.

25 Appellate Body Report, EC – Hormones, Docs. WT/DS26/AB/R, WT/DS48/AB/R (adopted 16 January 1998), para. 148. For a comparative analysis of individual expertise and ERGs, see M. Cossy, Panels' Consultation with Scientific Experts: The Right to Seek Information under Article 13 of the DSU, in R. Yerxa, B. Wilson (eds.), Key Issues in WTO Dispute Settlement (2005), 209-212; T. Christoforou, Settlement of Science-Based Trade Disputes in the WTO: A Critical Review of the Developing Case Law in the Face of Scientific Uncertainty, 8 N.Y.U. Environmental Law Journal (2000), 637-641.

26 Appellate Body Report, EC – Hormones, supra note 25, para. 147.

27 See for instance the US/Canada – Continued Suspension cases, where the EU had explicitly suggested the establishment of an ERG but the panel instead decided to consult individual experts, Panel Reports, US – Continued Suspension, supra

Notably, other WTO treaties also specifically provide for expert consultation: According to Article 11 para. 2 of the Agreement on Sanitary and Phytosanitary Measures (SPS Agreement), a panel should seek expert opinion in disputes that involve "scientific or technical issues", and may establish an "advisory technical expert group"; Article 14 para. 2 of the Agreement on Technical Barriers to Trade (TBT Agreement) provides that a panel can establish a "technical expert group to assist in questions of a technical nature, requiring detailed consideration by experts"; and the Agreement on Subsidies and Countervailing Duties (SCM Agreement) enables panels in subsidy disputes to "request the assistance of the Permanent Group of Experts" (Article 4.5).[28] Whether there is a distinct difference between this Permanent Group of Experts (PGE) and the ERGs under Article 13 DSU is uncertain; the only perceptible difference is that a PGE is permanent and has a predetermined specialized competence while an ERG will be established *ad hoc*, with varying technical competence. However, like the ERGs, a PGE has not once been called to serve.

Finally, several treaties also provide for institutional expertise. While every WTO agreement is flanked by a committee in charge of administering it,[29] the Agreement on Customs Valuation has the particular feature of providing for the establishment of an additional committee, the Technical Committee on Customs Valuation, which exists and operates under the auspices not of the WTO but of the World Customs Organization (Article 18 para. 2). The Technical Committee can serve in itself as an expert in judicial proceedings, as a panel may request it to "carry out an examination of any questions requiring technical consideration" (Article 19 para. 4). Finally, outside institutional consultation is specifically provided for in the

---

note 13, para. 7.71; and Canada – Continued Suspension, supra note 13, para. 7.69.

28 This PGE, pursuant to Article 24.3, was established by the SCM Committee and is composed of five "independent persons, highly qualified in the fields of subsidies and trade relations".

29 To a certain extent it can even be argued that these committees in themselves constitute expert bodies, all the more so since the Appellate Body has held that their deliberations and conclusions, when relevant, should be taken into account by panels. See Appellate Body Report, India – Quantitative Restrictions, Doc. WT/DS90/AB/R (adopted 23 August 1999), para. 103: "We are cognisant of the competence of the BOP Committee and the General Council with respect to balance-of-payments restrictions under Article XVIII para. 12 of the GATT 1994 and the BOP Understanding. [...] Moreover, we are convinced that, in considering the justification of balance-of-payments restrictions, panels should take into account the deliberations and conclusions of the BOP Committee" [emphasis added].

SPS Agreement, according to which panels may "consult the relevant international organizations" (Article 11 para. 2),[30] and in GATT Article XV para. 2, according to which the IMF shall be consulted in all cases concerning "monetary reserves, balances of payments or foreign exchange arrangements".[31]

This succinct overview shows that although WTO provisions are more numerous and detailed than those regarding the ICJ, they provide the same possibilities for expert consultation, and evidently neither statute makes room for experts who are not appointed either by the court or the parties. This, in turn, has important consequences since guarantees of good administration of justice are attached to the recognized categories of experts.

B. *Due process rights*

These guarantees, indeed, have been tailored for the only two categories of experts recognized by the ICJ Statute and the WTO agreements. ICJ provisions present few details, with no requirement regarding the specific technical or scientific issue calling for expertise, nor the expert selection process itself.[32] Significantly, the selection process is much more constrained by the WTO agreements. While only the SPS Agreement obliges the panel to consult with the parties,[33] the general practice is nevertheless for such

30 Those expressly mentioned in the Agreement are the Codex Alimentarius Commission, the International Office of Epizootics and the Secretariat of the International Plant Protection Convention in cooperation with regional organizations operating within the framework of the International Plant Protection Convention.

31 However, it must be noted that Article XV para. 2 of the GATT addresses WTO Members and not panels as such. But when the circumstances referred to in Article XV arise in judicial proceedings, arguably the panel will have a similar duty to request such expert consultation, under the general provision of Article 13 DSU.

32 But see Article 51 of the Statute: "If the Court considers it necessary to arrange for an enquiry or an expert opinion, it shall, after hearing the parties, issue an order to this effect, defining the subject of the enquiry or expert opinion, stating the number and mode of appointment of the persons to hold the enquiry or of the experts, and laying down the procedure to be followed. Where appropriate, the Court shall require persons appointed to carry out an enquiry, or to give an expert opinion, to make a solemn declaration".

33 Except when the panel wishes to establish an ERG and to appoint citizens of parties to the dispute, in which case all parties must consent (DSU Appendix 4, para. 3).

consultation to take place (which extends to the drafting of the questions submitted to the experts).[34] Specific rules for ERGs under Article 13 para. 2 DSU are set out in Appendix 4 (the rules for TBT experts are tailored identically), and a particularly noteworthy feature is the existence of overarching Rules of Conduct for the dispute settlement.[35] These apply to all experts appointed under the DSU, and the SCM, SPS, and TBT Agreements.[36] Only the Agreement on Customs Valuation is carved out, which is consistent with the fact that its Technical Committee on Customs Valuation is established under the auspices of the World Customs Organization and not the WTO. All covered experts are subject to the governing principle that they shall be "independent and impartial, shall avoid direct or indirect conflicts of interest and shall respect the confidentiality of proceedings of bodies pursuant to the dispute settlement mechanism", and they have corresponding disclosure and confidentiality obligations.[37] These requirements equally oblige panels, considering that the experts' independence and impartiality directly pertain to the due process rights of the parties to the dispute. The Appellate Body has indeed held that the "[...] due process protection applies to the process for selecting experts and to the panel's consultations with the experts, and continues throughout the proceedings", and it does not hesitate to review the panel's selection process in order to determine whether the panel has adequately assessed the disclosed information in order to evaluate the "likelihood that the expert's independence and impartiality may be affected, or if justifiable doubts arise as to the expert's independent or impartiality."[38]

---

34 See for instance one of the most recent disputes to date, Russia – Pigs (EU), where the panel requested the assistance of the Food and Agriculture Organization (FAO) and the World Organization for Animal Health (OIE) to suggest possible experts who could assist the panel, but also asked the EU to comment on the experts spontaneously suggested by Russia; the panel also received a list from both parties of their suggested questions to the panel. See Panel Report, Russia – Pigs (EU), supra note 10, paras. 1.18-1.37. See also the Australia – Apples dispute, where the expert selection process was complicated by the repeated objections of the parties to some of the suggested experts: Panel Report, Australia – Apples, Doc. WT/DS367/R (adopted 09 August 2010), paras. 1.21-1.39.

35 Rules of Conduct for the Understanding on Rules and Procedures Governing the Settlement of Disputes, Working Procedures for Appellate Review, Doc. WT/AB/WP/6, (adopted 16 August 2010), Annex II.

36 Ibid., Annex 1B of the Rules of Conduct.

37 Ibid., Section II and III.

38 Appellate Body Report, US/Canada – Continued Suspension, Docs. WT/320/AB/R, WT/DS321/AB/R (adopted 16 October 2008), para. 446. The Appellate Body went on to consider that "[w]here a panel's ability to act as an inde-

In contrast, the DSU is much more elliptical regarding the examination of experts: apart from the general organization of written submissions, panels' meetings with the parties and rebuttal, it contains no requirements regarding the examination of experts. The only general provision concerns ERGs and specifies that their report shall be submitted to the parties "with a view to obtaining their comments", whereas the panel can put questions to the parties at any time.[39] In ICJ proceedings the relevant provision is Article 51 of the Statute, which refers to the Rules of the Court and covers both court- and party-appointed experts.[40] It is quite parsimoniously laid out, since it merely provides that any relevant questions during the hearings "are to be put to the witnesses and experts under the conditions laid down by the Court" in its Rules of procedure. Concerning *ex curia* experts specifically, the parties are to receive communication of every report and record of an enquiry and of every expert opinion, and "be given the opportunity of commenting upon it" (Article 67 para. 2 of the Rules). This provision is essential in terms of good administration of justice, as it guarantees the transparency of expert consultation and safeguards the parties' due process rights to make observations on the conclusions presented by the experts. In comparison, Article 65 secures these rights much more strongly regarding *ex parte* experts: not being treated as independent sources of information, they are subject not to mere comments *a posteriori* but to proper examination by the agents, counsel or advocates of the parties, while the President and the judges can ask questions.[41] Information presented by party-appointed experts is thus treated much more thoroughly than experts appointed by the Court, which has little to do with securing the parties' equal rights and much more with the fact that information provided by *ex parte* experts by definition calls for caution.

---

pendent adjudicator has been compromised, as we have found in this case, this raises serious issues as to whether the panel's findings may be sustained" (para. 484).

39 DSU Appendix 4, para. 6 and 8.

40 Articles 57, 58, 63, 65, 70 and 71 apply to ex parte experts, Articles 67 and 68 to ex curia experts.

41 The provision leaves the concrete process of such examination quite unclear, but practice has at least confirmed that the parties take the lead and that it unfolds in three stages: examination by the party presenting the expert, cross-examination by the other party, and re-examination by the first. See C. Tams, Article 51, in A. Zimmermann et al. (eds.), The Statute of the International Court of Justice – A Commentary (2012), 1306.

Evidently these procedural guarantees can be upheld only as long as experts are identified as such,[42] and are bypassed when the court unofficially uses experts who never appear on record, and when the parties disguise expert opinion in the formal pleading of counsel.[43] It is for this reason precisely that the practice of using "expert counsel" was finally frowned upon in the *Pulp Mills* case, when the Court stated that it would have preferred to have them presented by the Parties as expert witnesses, "so that they may be submitted to questioning by the other party as well as by the Court".[44] This is undoubtedly a valid point, yet a court has little power to censor such a tactical practice, except by giving little evidential weight to the conclusions of such expert counsel (which the ICJ seems to have done in the case at hand). Paradoxically, while neither party used expert counsel in the *Whaling* case but rather presented properly appointed experts, the ICJ discarded their opinion as well – an attitude whose outcome will probably not encourage parties to use the suitable route. The same phenomenon thrives at the WTO but has drawn less attention and reprobation since there are no requirements regarding parties' delegations. The issue of their composition was indeed raised very early in the functioning of the dispute settlement system, via the specific question of whether independent private legal counsel could serve as a party's representative in addition to government officials. The Appellate Body held that Members are free to determine the composition of their delegation in the proceedings,[45] and it is therefore not uncommon to have experts included in parties' delegations, as well as in the delegations of third parties who can also submit expert evidence to the panel. However, it must be noted that all the submitted reports are communicated to the parties, who (in principle) can comment on

42 And even such proper appointment might not always guarantee due process: in the Gulf of Maine case for instance, the parties were not invited to exercise their right to comment on the report of the court-appointed experts, see Rosenne, supra note 4, 1329.

43 See for instance Kasikili/Sedudu Island (Botswana/Namibia), Judgment, ICJ Reports (1999), 1045; Gabčikovo-Nagymaros Project (Hungary/Slovakia), Judgment, ICJ Reports (1997), 7.

44 Pulp Mills on the River Uruguay, supra note 2, para. 167.

45 Appellate Body Report, EC – Bananas III, Doc. WT/DS27/AB/R (adopted 09 September 1997), para. 10: "we can find nothing in the Marrakesh Agreement Establishing the World Trade Organization [...], the DSU or the Working Procedures, nor in customary international law or the prevailing practice of international tribunals, which prevents a WTO Member from determining the composition of its delegation in Appellate Body proceedings".

them and address any issues during the substantive meetings with the panel.

However, the issue of due process rights in WTO proceedings has appeared from a different and unprecedented angle in the *Clove Cigarettes* dispute. The decision indeed showed that the panel had strongly relied on a report made to the US Food and Drug Administration which it had not requested, nor which had been submitted by the parties as evidence (as it had not been made public at the time of submission). In other words, the panel had extended its fact-finding mission autonomously – although not spontaneously, since the report was mentioned in both parties' submissions. While this is not objectionable as such, given the extensive investigative powers of panels under Article 13, the panel in this specific case must nevertheless have been aware of its unusual initiative: it had indeed taken the precaution to address questions to the parties, inviting them to comment on specific substantial aspects of the report, on its relevance to the dispute, and on its utilisation by the panel.[46] Interestingly, it steered clear of directly asking the parties whether they agreed or objected to its using the report, but rather asked whether they thought the panel "could conduct an 'objective assessment' of the matter before it under Article 11 of the DSU without" using it. The formulation in itself is curious, as it is the responsibility of the panel to apply the proper standard of review, which should not be dictated or even guided by the parties; one can assume, therefore, that the phrasing of the question was not left to chance and that it constituted an elegant way for the panel of avoiding to unequivocally ask the parties whether they agreed to its using the report. Even more interestingly, while both the defendant and the complainant declared that the panel could properly carry out its task *without* using it,[47] the panel nevertheless considered that it "may rely on the [report] for the purpose of corroborating [its] findings, as this would be consistent with Articles 11 and 13 of the

46 The panel asked the following questions: "(i) whether the above mentioned recommendation contained in the March 2011 TPSAC Report was relevant to the dispute; (ii) what was the relevance of the March 2011 TPSAC Report to the question of whether menthol- flavoured cigarettes are 'like' clove cigarettes; (iii) to comment on the significance of the evidence presented by the March 2011 TPSAC Report concerning the rate of menthol cigarettes smoked by youth, in relation to the dispute; and (iv) whether the Panel could conduct an 'objective assessment' of the matter before it under Article 11 of the DSU without taking into consideration the March 2011 TPSAC Report", see Panel Report, Clove Cigarettes, Doc. WT/DS406/R (adopted 02 September 2011), para. 7.223 note 449.

47 The complainant even stated that it was "not particularly relevant", ibid., para. 7.223 note 449.

DSU".[48] The reference to Article 13 indicates that the panel considered the report to fall into the category either of "information from any relevant source" or of expert opinion – and yet its content was not and could not be discussed by the parties as regular evidence would have been: the second and last meeting with the parties was held on 15 February 2011, but the report was delivered to the FDA and made public only in March 2011.

III. The exercise of the power to seek expert advice

The previous section has established that the ICJ and WTO panels are similarly empowered to appoint experts, but most revealing is how both actually use these powers – or don't. Unsurprisingly, the exercise of their investigative powers remains in principle at their utter discretion (A). It is therefore all the more striking that WTO panels, in certain circumstances, are legally bound to seek expert advice (B). Furthermore, the standard of review imposed on panels strongly suggests that seeking expert advice, in certain circumstances, constitutes an integral requirement of the judicial function (C).

A. Discretionary recourse to experts

Both the ICJ and WTO panels enjoy a wide margin of appreciation regarding the request for expert assistance. This discretion seems widest for the ICJ, given that Article 50 doesn't require that a case raise particular scientific or technical issues, as does Article 13 para. 2 DSU for the establishment of an Expert Review Group.[49] This slight restriction set aside, and while it is true that the proceedings are mainly driven by an adversarial dynamic in which the parties have the primary responsibility to adduce the evidence and to bring a *prima facie* case, both the ICJ and WTO panels enjoy extensive authority to carry out and to control the process of establishing the relevant facts.[50] As established in the previous section, their respective statute clearly "enables [them] to seek information and advice *as they deem appro-*

---

48 Ibid., para. 7.228.

49 This possibility is made available only "with respect to a factual issue concerning a scientific or other technical matter raised by a party to a dispute".

50 See for instance Appellate Body Report, US – Shrimp, Doc. WT/DS58/AB/R (adopted 12 October 1998), para. 106.

priate in a particular case";[51] regardless of whether the parties feel that expert consultation is not necessary or even disagree with the panel's decision to seek advice.[52] However, a discretionary power can be exercised positively or negatively, and what is "deem[ed] appropriate" can be greatly at odds with what is necessary or even required. Regarding positive exercise of this discretion, the divide between ICJ and panel practice is gaping (1). But this factual observation alone does not allow for conclusions to be hastily drawn: when one also looks at the negative exercise of their discretionary power, *i.e.*, at the absence of expert consultation, the difference between ICJ and WTO panels' practice becomes less clear-cut (2). Both courts indeed seem to have developed similar if not identical avoidance strategies, by which they bypass official expert appointment, which sheds a different light on the harsh criticism the ICJ is under, and on the comparative appraisal of the WTO dispute settlement.

1. *Positive exercise of discretionary power: addressing the need for expert advice*

The positive practice of WTO panels requires no lengthy demonstration, since the case law obviously demonstrates frequent expert consultation, to the point even that it may seem trivialized. The essential assistance provided by experts to the task of the judicial body was in fact acknowledged very early in the functioning of the dispute settlement mechanism,[53] and panels have repeatedly stressed the "valuable" input provided by experts in order

---

51 Appellate Body Report, EC – Hormones, supra note 25, para. 147 [emphasis added].

52 See for instance the Panel Reports in US – Continued Suspension, supra note 13, para. 7.56; Canada – Continued Suspension, supra note 13, para. 7.54; US – Animals, Doc. WT/DS447/R (adopted 24 July 2015), para. 1.13; and Russia – Pigs (EU), supra note 10, para. 1.18. In all instances at least one party stressed that it did not see the need for the panel to request expert advice (although in the US/Canada – Continued Suspension cases the EU than changed its stance and requested the establishment of an ERG, but failed to obtain it from the panel).

53 See for instance Appellate Body Report, India – Quantitative Restrictions, supra note 29, para. 142: expert opinion can be "useful in order to determine whether a prima facie case has been made" by the plaintiff. However, a panel oversteps its duty when it seeks expert advice to help it understand the evidence submitted by the parties, but then uses this evidence to find an inconsistency although the complainant has not established a prima facie case (see Appellate Body Report, Argentina – Textiles, Doc. WT/DS56/AB/R (adopted 27 March 1998), paras. 124-131). In other words, expert opinion can in no way be used as a substitute for a party's failure to meet the burden of proof.

to understand the factual situation.[54] Although it is difficult to give precise statistics of the cases in which panels have used experts,[55] the nature of experts themselves being variable, it is nevertheless unquestionable that panels often seek expert opinion in disputes involving complex facts of a technical or scientific nature, and that they do not hesitate to consult with specialized international institutions such as the *Codex Alimentarius* Commission, the IMF or the WIPO.[56] The attitude of the ICJ stands in striking contrast to this practice, as it has notoriously appointed experts in three disputes only (PCIJ included), the most recent of which already lies more than thirty years in the past. However, the *Gulf of Maine* case must be set apart, as it did not reflect a discretionary exercise of the Court's power: the Chamber of the Court, constituted according to the wishes of the parties, was in fact bound by the special agreement between Canada and the United States to appoint an expert (Article II (3)).[57]

In the other two disputes, the *Chorzów Factory* case and the *Corfu Channel* case, the Court spontaneously decided to appoint experts under Article 50 of its Statute. In *Chorzów Factory*, where its task was to determine the sum to be awarded to Germany in reparation for the dispossession of two companies by the Polish government, it explained its decision by the fact "that it cannot be satisfied with the data for assessment supplied by the Parties".[58] Therefore, "in order to obtain further enlightenment in the matter", it decided to "arrange for the holding of an expert enquiry",[59] the main purpose of which was to determine the monetary value of the property at the time of dispossession as well as any profit that would have been made

54 E.g. Panel Report, Russia – Pigs (EU), supra note 10, para. 7.953.

55 But see the inventory of cases in Marceau, Hawkins, supra note 15, 494-495 notes 9, 10.

56 See for instance the aforementioned US/Canada – Continued Suspension cases, where the panel decided not only to consult individual experts but also sought information from the Codex Alimentarius Commission, the Joint FAO/WHO Expert Committee on Food Additives, and the International Agency for Research on Cancer (Panel Reports, supra note 13, respectively paras. 7.78, 7.76).

57 Delimitation of the Maritime Boundary in the Gulf of Maine Area (Canada v. United States of America), Judgment, ICJ Reports (1984), 253. The Court obliged by an order appointing Commander Peter Bryan Beazley, who was to "assist the Chamber in respect of technical matters and, in particular, in preparing the description of the maritime boundary and the charts referred to" in the compromise, see Delimitation of the Maritime Boundary in the Gulf of Maine Area (Canada v. United States of America), Order, ICJ Reports (1984), 166.

58 Factory At Chorzów (Merits) (Germany v. Poland), Judgment No 13 (1928), PCIJ Series A No. 17 (September 13, 1928), 49.

59 Ibid., p. 51.

between that time and the time of the expertise.[60] In *Corfu Channel*, the Court had to decide whether Albania could be held responsible for the damage suffered by the United Kingdom when two vessels of its fleet hit mines while passing through the channel, the existence of a breach by Albania of its international obligations depending essentially on whether or not it had knowledge of the minelaying activities in its territorial waters. As this called quite simply for an on-site experiment, the Court therefore appointed a committee of three experts, which was instructed to "examine the situation in the North Corfu Strait immediately before October 22nd, 1946, from the point of view of [...] the position of the swept channel [...]."[61]

In the same case again, regarding the calculation of the amount of compensation due, the Court once more decided to seek expert advice, as the issue "involved questions of a technical nature".[62] The experts' mandate was to "examine the figures and estimates stated in the last submissions filed by the Government of the United Kingdom regarding the amount of its claim for the loss of the Saumarez and the damage caused to the Volage."[63]

Ultimately the reasons for appointing experts in both cases seem quite ordinary and commonsensical: dissatisfaction with the evidence submitted by the parties, and necessity to make a factual on-site verification. That experts should be appointed in such circumstances comes as no surprise, and

60 Factory At Chorzów (Merits), Order, PCIJ 2. I A. and B. (1928).

61 Corfu Channel (Merits), supra note 14, 124 (I. (1)). More specifically, the experts were requested to "ascertain whether it is possible [...] to draw any conclusions, and, if so, what conclusions, in regard to: (1) the means employed for laying the minefield discovered on November 13th, 1946, and (2) the possibility of mooring those mines with those means without the Albanian authorities being aware of it, having regard to the extent of the measures of vigilance existing in the Saranda region" (Ibid., p. 126 (I. (8)). Experiments on the spot were thus carried out, including a test of visibility by night, after which the experts concluded that it was "indisputable" that the minelaying operations must have been noticed by the coastguards (Corfu Channel (Merits), Judgment, supra note 14, 21). The Court, giving "great weight to the opinion of the Experts", therefore concluded that the minefields could not have been laid without the knowledge of the government (Ibid., 21-22).

62 Corfu Channel (Compensation), supra note 14, 247.

63 Corfu Channel (Compensation), Order, ICJ Reports 1949, 238 (1). The Court took due note of the figures produced by the experts, which were roughly the same as the sums claimed by the government of the United Kingdom. For the destroyer Volage, the UK had even claimed a sum slightly inferior to that estimated by the experts, but the Court could not go beyond the amount claimed by the government (Corfu Channel (Compensation), Judgment, supra note 14, 249).

on the contrary it is most curious that the Court seems to have encountered no other such case of unconvincing evidence or need for clarification in almost a century of activity. Claiming otherwise simply lacks plausibility, given the growing factual complexity of certain cases over the last few decades, which allows for one conclusion only: while the need for expert consultation probably appears in many a case, the Court, using its discretionary power, simply avoids confronting that need, at least with the tools provided by its Statute.

2. *Negative exercise of discretionary power: circumventing the need for ex curia experts*

So far it has simply been confirmed that the practice of both courts could not be more different when one looks only at the positive request for expert advice. And yet, this comparison becomes unsteady upon closer examination of the instances in which experts are *not* called upon. Arguably, this is merely the other facet of any discretionary power, and is as such indisputable; the Appellate Body has even made sure to emphasize that "a panel is not duty-bound to seek information in each and every case or to consult particular experts under this provision. [...] Just as a panel has the discretion to determine how to seek expert advice, so also does a panel have the discretion to determine whether to seek information or expert advice at all."[64]

However, this "negative" exercise of both courts' discretionary power is much more intriguing from a comparative perspective, as it reveals that WTO adjudicating bodies are no more virtuous than the ICJ: both in fact have a strong tendency to circumvent the tools explicitly provided for by their statutes, and to explore alternative avenues in order to deal with complex or technical issues; that this tendency thrives in the WTO system as well is merely obscured by the abundant evidence of *ex curia* experts' presence in the proceedings. Admittedly, this attitude of avoidance is less easy to prove since, by definition, it lacks positive and unequivocal evidence. Several tendencies can nonetheless be identified.

The easiest to spot is the explicit statement by the adjudicating body that further evidence is not required or that expert opinion would be use-

64 Appellate Body Report, Argentina – Textiles, supra note 53, para. 84; Appellate Body Report, US – Shrimp, supra note 50, para. 104.

less,[65] which becomes all the more intriguing when the Court or the panel later concludes that the claim is not substantiated or that the evidence presented was unconvincing. This is particularly striking in contrast to the attitude displayed in *Chorzów Factory* where, for the first and until now only time in PCIJ/ICJ history, the Court explained its decision to appoint experts by the insufficiency of the evidence provided by the parties. In a similar vein, the Court also seems to have circumvented the possible need for expert advice by "neutralizing" the technical or scientific issue at stake. This appears most distinctly in certain boundary disputes in which technical matters are simply deflected;[66] as well as in *Gabčíkovo-Nagymaros* where the ICJ, after stating that it had "given most careful attention" to the abundant material presented by the parties, considered that "it is not necessary in order to respond to the questions put to it in the Special Agreement for it to determine which of those points of view is scientifically better founded".[67] Other cases reveal a blunter approach, which consists of the Court ignoring outright the very existence of a scientific or technical difficulty that calls for expert assistance, and to undertake to address, assess and resolve the issue by its own means. It is this attitude that has provoked the harshest

65 In the Nicaragua case for instance, the Court admitted that one of its "chief difficulties" had been the determination of the relevant facts and emphasized that it was obliged "to employ whatever means and resources may enable it to satisfy itself whether the submissions of the applicant State are well-founded in fact and law, and simultaneously to safeguard the essential principles of the sound administration of justice"; yet it felt it was "unlikely" that an enquiry by a court-appointed expert body "would be practical or desirable" (Military and Paramilitary Activities in and against Nicaragua (Merits) (Nicaragua v. United States of America), Judgment, ICJ Reports 1986, paras. 57, 59, 62). Admittedly, the undertaking might indeed have proven difficult considering the refusal of the United States to even appear before the ICJ, but it is interesting that the Court chose to openly discuss its exercise of the power to appoint experts precisely in a dispute whose circumstances where such that no reasonable criticism could be voiced for its decision not to consult experts. But see also dissenting opinion of.

66 See for instance the Maritime Delimitation case between Qatar and Bahrain where the ICJ dismissed the issue of the exact nature of Fasht al Azm (is it part of the island of Sitrah or a low-tide elevation?); regarding the island of Qit'at Jaradah, without much discussion it applied its previous jurisprudence of eliminating the disproportionate effect of small islands (Maritime Delimitation and Territorial Questions between Qatar and Bahrain (Merits) (Qatar v. Bahrain) Judgment, ICJ Reports 2001, paras. 218, 219). See also Continental Shelf (Tunisia/Libyan Arab Jamahiriya), Judgment, ICJ Reports 1982, paras. 61, 67. See also Continental Shelf (Libyan Arab Jamahiriya v. Malta), Judgment, ICJ Reports 1985, para. 64.

67 Gabčikovo-Nagymaros Project, supra note 43, para. 54.

criticism, particularly in boundary[68] and environmental disputes, notably the *Pulp Mills* case.[69] Judges Al-Khasawneh and Simma denounced this approach as being "methodologically flawed", to the extent that the issues were of a nature "which the Court cannot, as a court of justice, fully comprehend without recourse to expert assessment",[70] and they consequently questioned the entire conclusions reached by the Court. Judge Yusuf was similarly critical, concluding that "there is reason for concern" when even a case of such complexity does not compel the Court to use its power under Article 50.[71] However, in the *Whaling* case the Court again did not feel it was appropriate, let alone required, to appoint an independent expert and thus proceeded on its own to assess whether the Japanese whaling programme was covered by the exception provided for in the International Convention for the Regulation of Whaling, according to which permits can be delivered for whaling conducted "for purposes of scientific research".

Arguably, no such reproach can be made in relation to WTO panels – but for reasons explained below and that cannot be reduced to a more expert-friendly disposition. And yet, contrary to all appearances, WTO dispute settlement nurtures exactly the same tendency of avoiding official expert consultation as the ICJ, by using what is commonly called "ghost experts" (*experts fantômes*). Regarding the ICJ this practice was notoriously made public by none other than its former president Sir Robert Jennings, according to whom "the Court has not infrequently employed cartographers, hydrographers, geographers, linguists, and even specialized legal experts to assist in the understanding of the issue in a case before it; and it

68 See for example the boundary dispute between Namibia and Botswana where the Court, presumably without specific knowledge in hydrology, decided by itself which of the two channels was the "main" one merely based on three sets of documents: Kasikili/Sedudu Island, supra note 43, para. 80.

69 The Court had to decide whether Uruguay had breached its obligation to prevent pollution and to preserve the environment, and both parties had submitted an impressive amount of scientific material and expert studies, as well as presented their own experts. While every single conclusion was strongly disputed between the parties and the experts, the Court nevertheless declared that it would "keep[…] with its practice" and thus "make its own determination of the facts, on the basis of the evidence presented to it", Pulp Mills on the River Uruguay, supra note 2, para. 168.

70 Pulp Mills on the River Uruguay, joint dissenting opinion of Judges Al-Khasawneh and Simma, supra note 4, paras. 2, 5.

71 Pulp Mills on the River Uruguay, declaration of Judge Yusuf, ICJ Reports 2010, 216, para. 13.

has not on the whole felt any need to make this public knowledge or even to apprise the parties".[72]

No equally reliable testimony has been made about the WTO dispute settlement system, but there is valid reason to suspect that the same phenomenon thrives in WTO proceedings. To a certain extent one could argue that this practice is even covered by the statute: according to Article 27 para. 1 DSU, indeed, "the Secretariat shall have the responsibility to *assist panels*, especially on the legal, historical and procedural aspects of matters dealt with, and of providing secretarial and technical support".

Evidently the DSU thus makes room for the Secretariat in the adjudicative process, and not only regarding technical issues: Article 27 explicitly covers *legal matters*, the very core of the judicial function and it is well known that the Secretariat staffs support teams to panellists with lawyers.

In addition, what is exactly meant by "technical support" is conveniently ambiguous and authors have suggested different interpretations, which inflate or inversely deflate the Secretariat's powers in the adjudicative process. The most minimalistic reading would reduce such "technical support" to purely administrative matters,[73] whereas a more liberal approach includes economic expertise.[74]

However, considering that the Secretariat's role is explicitly acknowledged by the DSU, in the same manner as expert consultation under Article 13, it can only seem odd that no panel decision has ever recorded or even mentioned information provided by the Secretariat. The discrepancy between, on the one side, the transparency policy regarding expert consultation, other international organizations or *amici curiae* and, on the other side, the absence of any reference to Secretariat assistance thus inevitably raises questions about the extent and value of the assistance provided by the Secretariat, whose actual role in the proceedings remains concealed in the uncertainty provided by silence.[75]

---

72 Sir R. Y. Jennings, International Lawyers and the Progressive Development of International Law, in J. Makarczyk (ed.), Theory of International Law at the Threshold of the 21st Century – Essays in Honour of Krzystof Skubiszewski (1997), 416.

73 See C. A. Thomas, Of Facts and Phantoms: Economics, Epistemic Legitimacy, and WTO Dispute Settlement, 14 JIEL (2011), 317.

74 C. P. Bown, The WTO Secretariat and the Role of Economics in DSU Panels and Arbitrations, in C. P. Bown, J. Pauwelyn (eds.), The Law, Economics and Politics of Trade Retaliation in WTO Dispute Settlement (2010), 391.

75 For lack of accessible information there are few studies of the role of the Secretariat, but see H. Nordström, The WTO Secretariat, 39(5) Journal of World Trade (2005), 819; and Bown, supra note 74.

This, in turn, raises procedural and systemic issues. On the one hand, it is true that Article 13 enables panels to "seek information and technical advice from *any* individual or body it deems appropriate" (Article 13 para. 1, emphasis added) and, more generally, "from any relevant source" (Article 13 para. 2), which leaves room for a broad interpretation. On the other hand, such request for information from outside sources can certainly not be construed so liberally as to allow for an opaque process in which WTO bodies exterior to the adjudicators could staff assistance teams with lawyers and other specialists, and for the panel to use thereby obtained information or knowledge by presenting it as its own. And yet there is ample indirect evidence that lawyers and economists significantly assist the adjudicators. Trade remedy disputes and Article 22 para. 6 arbitral awards on the assessment of damages and the amount of equivalent retaliation make abundantly clear that the calculations are unlikely to be the doing of the panellists and arbitrators alone, and that "outside" bodies are staffing economic (and presumably also legal) support teams to the adjudicating bodies.[76] This further raises many questions: are the consulted economists not "experts" in the sense of Article 13 para. 2 DSU? If so, why are they not appointed as such, and their opinion and advice not subjected to the observations of the parties? If not, where do they come from? If they are provided by the Secretariat,[77] arguably their assistance could fall under Article 27 DSU. But the WTO has various divisions, among others a Legal Affairs Division, a Rules Division, and an Economics Research and Statistics Division that could equally provide such economists[78], in which case the lines drawn by the DSU clearly become blurred, and the adjudicating body – officially the panel or the arbitrator – becomes an indistinct organ of unknown composition. The "in-house expertise" provided by economists (and lawyers) to panels is not prohibited *per se*, but it is certainly objectionable that this practice operates without any transparency, and completely

76 See on this matter the detailed study of C. P. Bown, ibid.

77 As reported by Marceau, Hawkins, supra note 15, 504.

78 The practice is suggested both by P. Mavroidis and J. Pauwelyn, see P. C. Mavroidis, 'Let's Stick Together (and break with the Past)' (2005) Columbia University Academic Commons (available at https://doi.org/10.7916/D8ZK5PCP); J Pauwelyn, The Use, Non-Use and Abuse of Economics in WTO and Investment Litigation, in J. A. Huerta-Goldman et al., WTO Litigation, Investment Arbitration, and Commercial Arbitration, Kluwer (2013). According to C. Bown as well, the support teams at the panel stage have rarely been staffed with economists provided by the Secretariat.

outside the procedural constraints intended to safeguard the parties' due process rights.

Arguably there is thus little difference between the implication of unidentified economists in panel or arbitral proceedings and the cartographers, hydrographers, geographers, etc. purportedly consulted by the ICJ. Quantitatively, one can even assume that this habit is much more abundant and developed in WTO dispute settlement, considering the number of cases adjudicated and their inherent factual complexity and technical nature. Ghost experts, however convenient they may be for a court and however valuable the input they provide, present a systemic issue to the adjudicative process and the sound administration of justice, and the WTO dispute settlement system evidently calls for no less criticism in this regard and raises no fewer questions than with the ICJ.

B. *Mandatory recourse to experts*

In addition, drawing a comparison between the practice of WTO panels and the ICJ regarding *ex curia* experts appears to be based on the assumption that both courts enjoy the same discretion in deciding if and when to request assistance. This is not so. While it is true that, in principle, they have a discretionary authority in the matter, WTO dispute settlement has the remarkable feature of providing for mandatory recourse to experts: the SPS Agreement indeed obliges panels to seek expert opinion.[79] Article 11 para. 2 thus provides that:

> In a dispute under this Agreement *involving scientific or technical issues*, a panel *should* seek advice from experts chosen by the panel in consultation with the parties to the dispute. To this end, the panel may, when it deems it appropriate, establish an advisory technical experts group, or consult the relevant international organizations, at the request of either party to the dispute or on its own initiative (emphasis added).

This formulation calls for two observations. Firstly, panels are under an explicit obligation to seek expert advice in one circumstance: when the dispute involves "scientific or technical issues". Secondly, one of the means by which the panel can satisfy this requirement is by establishing an expert

79 Arguably one could add Article XV para. 2 of the GATT regarding IMF consultation, but as pointed out before the provision does not address panels as such, although it would undoubtedly apply to them.

group, but this remains discretionary: the only obligation is that the panel seeks expert advice, but whether it obliges by appointing or consulting individuals or an expert group is left to its discretion[80].

This obligation is strikingly at odds with the discretionary authority to seek expert advice and is therefore remarkable in itself, but its significance in relation to the ICJ must be put into perspective. As noted before, many commentators have indeed referred to the positive practice of WTO adjudicators in comparison to the ICJ's reluctance to appoint experts. To be fair, however, the number of cases in which WTO panels have requested assistance seems to have little to do with a more favourable inclination towards expert advice. Quite simply, in a great number of the recorded cases in which experts were consulted, panels have sought their advice because they had a legal duty to do so.[81] Arguably indeed, any SPS dispute potentially involves "scientific or technical issues", as they touch on protective domestic measures that need to be based on "scientific principles" and "scientific evidence" (Article 2 para. 2 SPS Agreement), thus requiring a risk assessment. Such risk assessment being scientific by nature, it is unlikely that a panel could make a valid argument that no "scientific or technical issue" was involved, thus dispensing it from consulting experts. Paradoxically, this argument is confirmed by the only case in which the panel seems to have consulted no expert at all, the *US – Poultry (China)* dispute. But what might seem an anomaly, considering the panel's legal obligation, is in fact explained by the circumstances of the case. The United States had in fact presented no evidence at all to prove the existence of a risk assessment, nor any other specific scientific justification, and the panel could therefore do little more than conclude that such assessment did not exist, without having to evaluate how it was conducted and whether the US measure was based on it.[82] Thus, while the dispute certainly involved "scientific issues", the panel did not have to address them substantially and, consequently, expert assistance was not needed. But in disputes that call for a substantial assessment of the conformity of a Member's conduct with WTO rules, the Appellate Body has stressed that "a panel may and *should* rely on the advice

80 This is confirmed by the Appellate Body in EC – Hormones, supra note 25, para. 147.

81 This is true in particular with respect to the cases cited by Judges Al-Khasawneh and Simma in their joint dissenting opinion in the Pulp Mills case, supra note 4, para. 16.

82 Panel Report, US – Poultry (China), Doc. WT/DS392/R (adopted 29 September 2010), paras. 7.175-7.204.

of experts in reviewing a WTO Member's SPS measure, in accordance with Article 11.2 of the SPS Agreement and Article 13.1 of the DSU".[83]

C. *Seeking expert advice as a requirement of the judicial function?*

In addition to explicitly obliging panels to seek expert advice in SPS disputes, another distinctive feature of WTO dispute settlement is to constrain a panel's exercise of its margin of appreciation by imposing a specific standard of review. Indeed, contrary to the ICJ whose discretion is absolute and, in any event, not subject to review, the function of WTO panels is fundamentally framed by Article 11 DSU, which requires them to make "an objective assessment of the matter before [them], *including an objective assessment of the facts* of the case and the applicability of and conformity with the relevant covered agreements" (emphasis added).

The Appellate Body's previously quoted statement according to which a panel's authority under Article 13 includes the authority to decide *not* to seek any information or expert advice at all must therefore be nuanced by a crucial constraint, made apparent in the *US – Shrimp* case: the panel's authority under Article 13 "is *indispensably necessary to enable a panel to discharge its duty* imposed by Article 11 of the DSU to 'make an objective assessment of the matter before it, including an objective assessment of the facts of the case and the applicability of and conformity with the relevant covered agreements [...]'".[84]

Whilst this statement can be read positively, in the sense that it justifies the panel's wide authority in exercising its investigative powers, it can also be reversed, in the sense that it puts a considerable strain on the panel. Article 11 DSU indeed creates a strong tension between the panel's discretion regarding the process of determining the facts on the one hand, and its duty to conduct an "objective assessment of the matter" on the other. The point of balance is to be found in the manner in which a panel actually exercises its authority, and which will vary from one case to another. In other words, the incorrect exercise of a panel's discretion can in itself constitute a violation of its judicial function as tailored by Article 11.

At the same time, the standard of review enshrined in Article 11 DSU must be properly framed and defined: how much autonomous "investiga-

83 Appellate Body Report, US/Canada – Continued Suspension, supra note 38, para. 592 [emphasis added].

84 Appellate Body Report, US – Shrimp, supra note 50, para. 106 [emphasis added].

tive" initiative can and should be expected of a panel? This is a particularly sensitive issue in WTO dispute settlement, where many a case is brought before the adjudicating bodies after national authorities have already made determinations of the factual situation (for instance risk assessment in SPS disputes, or determinations regarding the existence of a dumping practice or subsidies). This issue was clarified as early as the *EC – Hormones* case, where the Appellate Body held that "the applicable standard [of review] is neither *de novo* review as such, nor 'total deference', but the 'objective assessment of facts'".[85]

In other words, panels are prohibited from entirely substituting their own factual investigation and determinations to the evidence presented by the parties, but they are equally prohibited from uncritically relying on factual determinations made by the parties without probing and questioning their conformity with the standards laid out in the WTO agreements. The threshold thus drawn evidently touches upon the issue of whether or not expert consultation is required: panels, as the triers of the facts, are obliged by Article 11 to make use of their authority in such a manner that they are able to meet the required standard of review. This in turn implies that the *positive* exercise by a panel of its authority under Article 13, by seeking expert advice, may be "indispensably necessary" to an objective assessment of the matter.[86] As we will see later, the Appellate Body does not lightly reach the conclusion that there has been a failure by the panel to conduct an objective assessment. However, several disputes have remarkably brought to light that the panels' discretion to request expert advice can in fact be constrained to the point of vanishing: the standard of review constitutes a mobile cursor which, depending on the circumstances of a case, can *require* panels to exercise their authority in one manner only, by positively deciding to seek expert assistance.

The first dispute to address the issue was *Argentina – Textiles*, in which Argentina argued that the panel had failed to make an "objective assessment of the matter" by not acceding to the request of the parties to consult with the IMF. The Appellate Body started by noting that a panel is not legally bound by Article 13 para. 2 to consult experts and that it rather enjoys discretionary authority in the matter; consequently, a panel has the

---

85 Appellate Body Report, EC – Hormones, supra note 25, par. 117.

86 Appellate Body Reports, US – Shrimp, supra note 50, paras. 104 and 106; Japan – Agricultural Products II, supra note 14, para. 127. See also Appellate Body Reports in Canada – Aircraft, WT/DS70/AB/R, 2 August 1999, para. 192; and US – Continued Zeroing, Doc. WT/DS350/AB/R (adopted 04 February 2009), para. 347.

discretion to decide *not* to seek expert advice, and in the present case the Appellate Body found no inconsistency with the duty to objectively assess the matter.[87] It nonetheless expressed mild criticism of the panel's decision, by emphasizing that "it might perhaps have been useful" to consult with the IMF.[88]

A more stringent position was taken in the *US – Large Civil Aircraft* dispute, where the European Union claimed that the panel had failed to objectively assess the matter and thus infringed on the EU's due process rights by finding there was insufficient evidence to make a determination on one of the US programmes under review. More specifically, the EU contested the refusal of the panel to seek out factual information from the United States that would have enabled it to make the disputed determination. The Appellate Body agreed with the EU, and pointed out that when indispensable information is in the exclusive possession of another party, the panel would be unable to make an objective assessment of the matter – unless it positively exercises its authority by actively seeking out that information.[89] In the present case the EU had sought to obtain the information from the US, met persistent refusal and had thus requested the panel to seek it out instead. The panel's refusal was criticised by the Appellate Body, who considered that this was the "only way" to allow for an objective assessment of the claim, and that the particular circumstances of the dispute "*demanded* that the Panel assume an active role in pursuing a train of inquiry".[90] Failing to seek the necessary information amounted to compromising the panel's ability to make an objective assessment, and thus constituted a violation of its obligation under Article 11.[91]

This decision demonstrates that the conclusion of "insufficient evidence" that a judicial body may be inclined to draw must be handled with great care, at least when it can be subjected to appellate review. It further shows that, even when the proceedings are primarily driven by the parties, the adjudicating body may be duty-bound to exercise all authority required in order to correctly carry out its judicial function. While the present decision dealt with the general power to seek out information, there is no reason why the Appellate Body's findings should not equally apply to expert consultation under Article 13 para. 2, when such consultation proves nec-

87 Appellate Body Report, Argentina – Textiles, supra note 53, paras. 84-86.
88 Ibid., para. 86.
89 Appellate Body Report, US – Large Civil Aircraft (2nd Complaint), Doc. WT/DS353/AB/R (adopted 12 March 2012), para. 1129.
90 Ibid., paras. 1143-1144 [emphasis added].
91 Ibid., paras. 1144-1145.

essary in order to enable the panel to accomplish its task. In other words, not requesting expert opinion can in itself constitute a wrongdoing, and the Appellate Body has shown its readiness to severely review the exercise of a panel's authority.

But this approach of the adjudicator's standard of review, however remarkable with regard to the obligation of seeking expert advice that can be derived from it, is obviously not transposable as such to the ICJ, since the Court remains solely responsible for "tailoring" its standard of review. As the *Whaling* case has revealed, this can lead to what Judge Bennouna has called an "impressionistic" line of reasoning,[92] in which the Court, unconstrained in the exercise of its authority, can admit that it is not in a position to determine whether a programme constitutes "scientific research", decline the definition proposed by the party-appointed experts and yet not appoint independent ones, then go on to identify a standard of review that is nowhere to be found in the treaty under examination, and ultimately, on the basis of a misplaced standard of review, confront a treaty provision whose meaning has not been clarified with the facts of the case. This approach has been widely criticized, including from the bench[93] and again with reference to the WTO dispute settlement system and its standard of review, but the fact remains that the ICJ cannot be held to the standards imposed on WTO panels.

IV. *The utilisation of expert evidence*

The last matter to be dealt with in a comparative perspective is how expert opinion is used by the ICJ and WTO panels. But once more, the attempted comparison soon reaches its limit of relevance, as the WTO agreements put constraints on the panels of which the ICJ is unburdened. This appears both in respect to the legal authority of expert evidence (A) and its assessment by the adjudicating bodies (B).

---

92 Whaling in the Antarctic, supra note 3, 341, Dissenting opinion of Judge Bennouna.

93 See Whaling in the Antarctic, supra note 3, dissenting opinions of Judges Owada, Abraham, Bennouna, and Yusuf; the separate opinions of Judges Xue, and Sebutinde; and the declaration of Judge Keith.

A. *Authority of expert evidence*

Expert evidence is, intrinsically, no different from any other piece of evidence presented, and neither the ICJ nor WTO panels are therefore, in principle, bound to take it under consideration. Expert opinion is only advisory[94] and, as for any piece of evidence submitted, the adjudicating body has the authority to accept and consider it or to reject it, or even "to make some other appropriate disposition thereof".[95] The Appellate Body even emphasized that:

> The fact that a panel may *motu proprio* have initiated the request for information does not, by itself, bind the panel to accept and consider the information which is actually submitted.[96]

At the same time, with regard to its substance and authority, it is hardly deniable that expert evidence *is* different from ordinary evidence, since it is provided by an individual or body with specialized knowledge in an area outside the judge's technical competence. This could explain why the WTO system has carved out several remarkable exceptions in which panels are legally bound by expert opinion; this incidentally draws a distinction between individual expertise which is advisory only and group expertise.[97] The Agreement on Customs Valuation provides that panels "shall take into consideration the report of the Technical Committee",[98] thereby expressing a minimal obligation in the sense that the panel is forbidden to simply ignore expert testimony and has to at least acknowledge the report. The SCM Agreement however takes a more incisive approach regarding the assistance of the Permanent Group of Experts in determining the existence of a prohibited subsidy. Recourse to the PGE may be a discretionary decision of the panel, but once its assistance has been requested the panel is bound: Article 4.5 indeed provides that the PGE's conclusions "shall be accepted by the panel without modification". A similar obligation weighs on the panel regarding consultation of the IMF by virtue of GATT Article XV para. 2, which provides that the determinations of the IMF regarding foreign exchange, monetary reserves and balances of payments shall be accepted. This unusual limitation of a court's discretion could explain why nei-

94 This is even made explicit in DSU Appendix 4, para. 6, which provides that "the final report of the expert review group shall be advisory only".

95 Appellate Body Report, US – Shrimp, supra note 50, para. 104.

96 Ibid., paras. 106, 108.

97 Truilhe-Marengo, supra note 1, 210.

98 Article 19 para. 4 SCM Agreement.

ther the PGE for subsidies nor the Technical Committee on Customs Valuation have never, so far, been called upon by a panel. To the extent that their conclusions will predetermine the results of the panel's review, this type of group or institutional expertise may be felt as a severe encroachment on the judicial function, as it effectively neutralizes the panel's autonomy and constrains its essential role as trier of the facts.

B. *Assessment of expert evidence*

Regarding the weighing and assessment of expert evidence, the same profound differences between both systems appear behind the similar general principles. Neither the ICJ Statute and Rules nor the DSU contain detailed evidentiary rules and the adjudicating bodies thus enjoy a wide discretion.[99] In the *Nicaragua* case the Court thus explicitly stated that:

> [...] within the limits of its Statute and Rules, it has freedom in estimating the value of the various elements of evidence.[100]

However, it nevertheless seems to have become more attentive to the necessity of clarifying its treatment of the evidence, especially in factually complex disputes. This became apparent in the *Armed Activities* case, where it took the precaution of explaining its general methodology for assessing the weight, reliability, and value of the evidence submitted,[101] and consequently undertook to "map" the different types of evidence and their respective probative value, depending on their content, their origin, their authenticity and their reliability.[102] Particular care was again given to the evidential matters in the *Genocide* cases, where the Court for the first time explicitly distinguished and dealt with three sets of issues – burden, standard, and methods of proof[103] – both cases confirming a categorisation of the evidence according to the degree of their probative value. This general

---

99 See in general D. Dwyer, The Judicial Assessment of Expert Evidence (2008).

100 Military and Paramilitary Activities in and against Nicaragua (Merits), supra note 65, para. 60.

101 Armed Activities on the Territory of the Congo (DRC v. Uganda), Judgment, ICJ Reports 2005, para. 59.

102 For instance ibid., para. 61.

103 Application of the Convention on the Prevention and Punishment of the Crime of Genocide (Bosnia and Herzegovina v. Serbia and Montenegro), supra note 8, 43, paras. 202-230; more apparent even in Application of the Convention on the Prevention and Punishment of the Crime of Genocide (Croatia v. Serbia), supra note 8, paras. 167-199 ("Questions of Proof").

methodology is also reflected in the treatment of expert evidence, where the case law reveals a different positioning of the Court depending on the origin and the content of the evidence. Thus it is not surprising that it is inclined to give great weight to the testimony of court-appointed experts, as they provide independent opinion,[104] while it seems to take a much more cautious approach regarding the testimony of party-appointed experts (or expert counsel).[105]

WTO panels on the other hand do not enjoy the same extent or "quality" of discretion. It is true that the "determination of the credibility and weight properly to be ascribed to [...] a given piece of evidence is part and parcel of the fact finding process and is, in principle, left to the discretion of a panel as the trier of facts".[106]

It is also true that this discretion includes the freedom for the panel to significantly depart from the value that a party attaches to a given expert report or opinion,[107] as well as to accord probative value to a scientific minority opinion.[108] However, the similarity with the ICJ's discretion ends here, and with it the basis for comparing both courts' practice vanishes. The discretion of WTO panels in the evaluation of expert evidence is indeed not untrammelled, once again because of the panel's essential obligation to carry out an "objective assessment of the facts of the case". The standard of review enshrined in Article 11 DSU thereby provides an insurmountable frame for the manner in which panels can and should deal

104 See for instance Corfu Channel (Merits), supra note 14, 21, where the Court emphasized the "guarantee of correct and impartial information".

105 Regarding the latter, the Court appears to take a nuanced stance mainly based on the content of the expert opinion, and seems to be particularly attentive to evidence against a party's own interest. In the Nicaragua case, the Court thus considered the evidence of a party against its own interest to be of "superior credibility" (Military and Paramilitary Activities in and against Nicaragua (Merits), supra note 65, para. 64). Similarly, in the Whaling case the Court quoted the expert appointed by Japan, who had expressed criticism of Japan's lack of transparency regarding the activities conducted under JARPA II (Whaling in the Antarctic, supra note 3, para. 159).

106 Appellate Body Reports, EC – Hormones, supra note 25, para. 132; EC – Sardines, Doc. WT/DS231/AB/R (adopted 26 September 2002), para. 300; US – Shrimp, supra note 50, para. 104. See also S. Andersen, Administration of Evidence in WTO Dispute Settlement Proceedings, in R. Yerxa, B Wilson (eds.), Key Issues in WTO Dispute Settlement (2005), 177.

107 See for instance Appellate Body Report, Japan – Apples, Doc. WT/DS245/AB/R (adopted 26 November 2003), paras. 232-238.

108 Appellate Body Report, US/Canada – Continued Suspension, supra note 38, paras. 591, 597.

with expert evidence. To a certain extent, the case law has shown that the Appellate Body is not inclined to lightly blame the panel for violation of its duty under Article 11. In particular, it has stated most clearly that it does not intend to "second-guess" the panel in evaluating the probative value of the evidence submitted,[109] and that the panel would have to disregard, refuse to consider, wilfully distort or misrepresent the evidence submitted in order to have failed its obligation to conduct an objective assessment.[110] When the Appellate Body held that these attitudes imply an "egregious error that calls into question the good faith of a panel",[111] it became clear that this threshold is not intended to impose specific evidentiary rules on the panel, but more fundamentally to protect the parties' rights of due process. Consequently, even when the Appellate Body expresses criticism of the panel's reasoning it does not casually conclude that there has been a failure to objectively assess the facts.[112]

At the same time, the case law has also revealed that the standard of review can serve another crucial purpose, which is to safeguard the judicial function by establishing a clear-cut distinction between the mandate of the judicial body and the expert's mandate. The issue was already made apparent in the *India – Quantitative Restrictions* case, when the Appellate Body held that:

> A panel may not delegate its judicial function to an international organization that it consults, but must instead critically assess the views of that international organization.[113]

In concrete terms this means that – with the exception of binding expert evidence – a panel may refer to expert opinion, it may even accord considerable weight to it, but its conclusions must nevertheless be based on its own examination and assessment of this evidence. Once more, this touches upon the point of balance enshrined in the standard of review, which was emphasized in the *EC – Hormones* case when the Appellate Body rejected

---

109 Appellate Body Reports, Korea – Alcoholic Beverages, Doc. WT/DS75/AB/R (adopted 18 January 1999), para. 161; EC – Asbestos, Doc. WT/DS135/AB/R (adopted 12 March 2001), para. 177.

110 Appellate Body Report, EC – Hormones, supra note 25, para. 133.

111 Ibid.

112 See for instance Japan – Apples, supra note 107, paras. 227-229, where the Appellate Body felt that the panel "could have been clearer", but nevertheless found no inconsistency with article 11.

113 Appellate Body Report, India – Quantitative Restrictions, supra note 29, para. 149. For an analysis of the relation between panel and expert, and their respective roles, see also Ngambi, supra note 1, 328-330.

both a *de novo* review and a deferential review. In other words, under no circumstance can a panel forsake its judicial function by blindly relying on expert evidence, nor can it exceed the inherent limits of this function by discarding expert evidence and substituting its own technical or scientific opinion. This constraint of the standard of review thus has two facets: on the one hand it protects the parties, as the judge can be censured for overstepping his mandate and interfering in matters outside the ambit of its function; on the other hand, it is also a crucial safeguard for the judge, as it asserts the different mandates of both court and experts, and subordinates the latter. Experts may provide their own analysis, they may even be tempted to blend in a legal qualification, but the standard of review should effectively prevent this expert assessment from invading the essential functions of a court of law such as the interpretation of legal terms and the qualification of the facts.[114]

The importance of an adequately defined and applied standard of review appears in crude light by comparing the *Whaling* case before the ICJ and the *US/Canada – Continued Suspension* case before the WTO. In the *Whaling* case, the ICJ considered that it was not necessary to define "scientific research" in the sense of the treaty but nevertheless ventured onto the unstable ground of deciding whether an activity is conducted "*for the purposes* of scientific research" (emphasis added), thus drawing a precarious distinction between "scientific research" and activities conducted "for the purposes" of scientific research. How the purpose of an activity can be determined when the allowed aim of such activity (scientific research) has not been defined is as such incomprehensible, but the Court nevertheless carried out this assessment by invoking a standard of review of "reasonableness". In a nutshell, according to this standard, a programme pursues purposes of scientific research if "the elements of [its] design and implementation are reasonable in relation to its stated scientific objectives".[115] The Court furthermore considered that "this standard of review is an objective one",[116] which might be an unfortunate and misconstrued borrowing from the WTO dispute settlement and its standard of review of "objective assessment".[117] This objective reasonableness in turn was to be assessed based on several elements, including the scale of lethal sampling and the

114 Regarding the ICJ, this point was stressed by Judges Al-Khasawneh and Simma in the Whaling case in their joint dissenting opinion, supra note 4, para. 12.

115 Whaling in the Antarctic, supra note 3, para. 88, see also ibid., para. 67.

116 Ibid., para. 67.

117 For a comparison with the WTO standard of review, see the dissenting opinion of Judge Owada in the Whaling case, supra note 3, para. 33.

methodology used to select sample size. The bias is immediately apparent: the nature and purpose of a programme is not affected by the methods used, and it can be conducted for purposes of scientific research regardless of the objectionable character of the methods. The Court was not called upon to pass judgment on the quality of the programme, but solely to determine whether it was conducted for the purposes of scientific research. However, absent any assistance from independent experts and on the basis of a questionable standard of review of "objective reasonableness" that is neither explicit in the convention nor implied by it, the Court did exactly what Article 11 DSU prohibits for WTO panels: it assessed the *scientific* merits of the Japanese whaling programme, ultimately passing judgment on what constitutes best science in its own view.[118] This line of reasoning demonstrates a confusion of functions, when the Court's mandate was exclusively limited to determining whether the special whaling permits were issued "for purposes of scientific research" within the meaning Article VIII of the convention.

In the *US/Canada – Continued Suspension* case before the WTO the panel took exactly the same excessively liberal approach to its function as did the ICJ in the *Whaling* case – but with the considerable difference that its review could be and was effectively censured on appeal. The Appellate Body made clear that the standard of review according to Article 11 DSU imposes objectivity on the panel and thus necessitates refrain from giving judgment on the scientific value of a domestic risk assessment:

> The review power of a panel is not to determine whether the risk assessment undertaken by a WTO Member is correct, but rather to determine whether that risk assessment is supported by coherent reasoning and respectable scientific evidence and is, in this sense, objectively justifiable.[119]

118 For a critical assessment, see S. R. Tully, 'Objective Reasonableness' as a Standard for International Judicial Review, 6 J. Int. Disp. Settlement (2015), 546; Mbengue, International Courts, supra note 1, 73; T. Scovazzi, Between Law and Science: Some Considerations Inspired by the Whaling in the Antarctic Judgment, Questions of International Law (2015), 13; Lima, supra note 21; L. C. Lima, Weighing the Evidential Weight of Expert Opinion: The Whaling Case, Questions of International Law (2015), 31; Peat, supra note 1, 286-288; Moncel, supra note 17.

119 Appellate Body Report, US/Canada – Continued Suspension, supra note 38, para. 590.

The manner in which the panel deals with the evidence presented by experts equally comes under the purview of the Article 11 standard of review,[120] as neither the panel nor the experts are called upon to appreciate the exactitude of the risk assessment carried out by a Member.[121] Furthermore, the panel cannot probe the experts in order to determine whether they would have conducted the risk assessment differently or would have reached a different conclusion. In other words, the panel must be very cautious in the manner in which it approaches and uses expert evidence, as the assistance provided by experts "is constrained by the kind of review that the panel is required to undertake".[122] Its sole function is to determine whether the risk assessment has a valid scientific basis, regardless of its own opinion on its merits. In this case, the Appellate Body severely criticised the panel for its assessment, emphasizing that it had unduly reviewed the experts' opinions and "somewhat peremptorily decided what it considered to be the best science, rather than following the more limited exercise that its mandate required".[123]

However, no such standards can effectively be imposed on the ICJ and this paper can therefore do little more than to conclude by returning to its opening observations, namely that the fundamental differences in the structure of ICJ and WTO dispute settlement neutralize the value of any attempted comparison. The fact remains that both are built and operate on different grounds, and the more active recourse to *ex curia* experts in the WTO system cannot be reduced to the explanation of a more favourable disposition of the panels, nor can it therefore serve to relevantly criticize the practice of the ICJ and to positively inspire it to change its stance. In the end, this paper has undertaken to compare two judicial systems that are incomparable with respect to court-appointed experts, as the practice of WTO panels is largely determined by legal and institutional constraints of which the ICJ is free. Furthermore, when this precarious comparison touched ground on effectively comparable features, an examination of the practices revealed that behind the apparent discrepancy between both tribunals' approach to *ex curia* experts lay the same dubious tendencies of using their discretion and the textual gaps in their statutes to circumvent the appointment of independent experts. Finally, one should not forget that while the ICJ's avoidance of independent experts may undermine the cred-

120 Ibid., para. 592.
121 Ibid., para. 597.
122 Ibid., para. 592.
123 Ibid., para. 612.

ibility and authority of certain judgments, and consequently its own, arguably WTO dispute settlement raises the same concern for the exact opposite reason, as it has increasingly appeared that proceedings are excessively science-driven.[124] Between too little and too much expertise, the ICJ seems to err on the side of caution, which can certainly not be sustained lastingly without compromising its authority; on the other hand, the extent to which scientific discourse has pervaded WTO proceedings cannot but raise equal alarm, as it may have brought about, in the words of Lorenzo Gradoni:

> [A] withdrawal of legal normativity which seems to correspond to a rise in power of experts, suppliers of an 'alternative' normativity.[125]

---

124 See Gradoni, supra note 12, 292, 312, who demonstrates that in many a case, the trier of the facts is, indeed, the expert. See also L. Gradoni, H. Ruiz Fabri, L'affaire des OGM devant le juge de l'OMC: science et précaution sans principes, 21 Diritto del commercio internazionale (2007), 641.

125 Ibid., 317.

L'accès direct de la personne privée à la juridiction internationale : Une comparaison entre l'arbitrage d'investissement et le contentieux de la Cour européenne des droits de l'homme

Edoardo Stoppioni[*]

I. Introduction

Pour le jeune chercheur ayant commencé à étudier le droit à une époque où la Commission du droit international s'interrogeait sur la fragmentation du droit international[1] et où cette question polarisait fortement les discours doctrinaux, la méthode comparative apparaît comme un outil incontournable pour comprendre l'évolution de l'ordre juridique international. Confronté à un droit international en transformation, passant d'un bric-à-brac à un système organisé,[2] le chercheur est désormais obligé de penser la complexité de cet ensemble archipélagique. C'est d'autant plus vrai lorsqu'il s'intéresse au droit international économique. Si un premier mouvement a eu tendance à voir dans cette discipline une monade sans portes ni fenêtres sur le droit international général, la volonté de repenser sa nature, grâce à l'instrument comparatif, lui a progressivement succédé. La méthode comparative est donc venue permettre un regard nouveau sur le droit international des échanges et des investissements.[3]

---

* Research Fellow at the Max Planck Institute Luxembourg for Procedural Law.

1 Rapport du Groupe d'étude de la CDI, Fragmentation du droit international : Difficultés découlant de la diversification et de l'expansion du droit international, 2006, A/CN.4/L.702 qui doit être lu en parallèle avec l'étude analytique établie sous sa forme définitive par M. Koskenniemi, sur laquelle il s'appuie (A/CN.4/L.682 et Corr.1).

2 J. Combacau, Le droit international, bric-à-brac ou système, 31(1) Archives de philosophie du droit (1986), 88.

3 Nous faisons ici référence au débat sur le droit applicable devant le juge de l'OMC, divisant la doctrine entre les partisans de la fermeture du système (J. P. Trachtman, Domain of WTO Dispute Resolution, 40 Harv. Int'l. L.J. (1999), 333.) et son ouverture (J. Pauwelyn, The Role of Public International Law in the WTO : How far can we go?, American Journal of International Law (2001), 535). Le débat s'est également élargi à l'arbitrage d'investissement (A. Pellet, Notes sur la 'fragmentation' du

Toutefois, ce type d'approche a davantage rayonné pour la compréhension des aspects matériels que pour celle des versants procéduraux du droit. Un vaste corps de littérature est consacré à la question des interactions normatives entre le droit international économique et les autres îles de l'archipel, phénomène identifié par la doctrine anglophone comme un débat sur les '*linkages*',[4] alors que c'est avec une moindre intensité que l'outil comparatif a été employé aux fins d'une mise en abîme de la dimension contentieuse de la matière. Dans cette seconde optique, nous allons nous intéresser à la première étape de la procédure contentieuse, la saisine.[5]

Pour ce faire, l'attention sera principalement portée sur le modèle le plus iconoclaste de saisine en droit international public, celui qui permet l'accès direct de la personne privée à la juridiction internationale, qui n'est plus cantonnée au tout-étatique du contentieux classique. En laissant de côté le contentieux de la fonction publique, opposant un individu à une organisation internationale[6] ou le contentieux des juridictions supranationales répondant à une logique d'intégration,[7] il s'agira ici de comparer l'arbitrage d'investissement avec le contentieux international de protection des droits de l'homme,[8] deux domaines où la personne privée est habilité à sai-

---

droit international : Droit des investissements internationaux et droits de l'homme, in Unité et diversité du droit international (2014), 757).

4 Il suffit de penser au mouvement 'trade and ..', ayant été développé par mimétisme dans la doctrine 'investment and ..', qui ont croisé les problématiques liées au droit international économique avec les droits de l'homme et le droit de l'environnement notamment. Voir notamment T Cottier et al. (dir.), Human Rights and International Trade (2005), et P-M Dupuy et al. (dir.), Human Rights in International Investment Law and Arbitration (2009).

5 Pour une analyse théorique, E. Jouannet, La saisine en droit international ou la simplicité dans la diversité, in H. Ruiz Fabri, J.-M. Sorel, La saisine des juridictions internationales (2006), 307.

6 Pour une analyse fouillée de la jurisprudence en la matière, voir A.-M. Thévenot-Werner, Le droit des agents internationaux à un recours effectif. Vers un droit commun de la procédure administrative internationale, thèse, Paris 1 (2014).

7 Dans ce cadre, la logique contentieuse est fort différente et s'écarte du modèle de justice consensuelle qui servira de fond à la comparaison. Voir néanmoins pour un excellent tableau P. Cassia, L'accès des personnes physiques ou morales au juge de la légalité des actes communautaires (2002), XII-1042.

8 Cette analyse n'a pas pris la Cour interaméricaine des droits de l'homme comme terme de comparaison constant car seuls les États membres ou la Commission peuvent saisir la Cour directement (article 61 de la Convention interaméricaine). Ainsi, aux fins d'une analyse de la nature du mécanisme d'accès direct de l'individu à la juridiction, sa jurisprudence constitue un élément moins pertinent. Néanmoins, cette dernière a retenu une lecture extrêmement progressiste du droit de

sir directement la juridiction internationale du fait d'une violation du droit international dans son chef par un État.

Théoriser la comparaison. Avant de procéder à cette analyse, encore faut-il interroger la pertinence de la méthode qu'il est envisagé d'utiliser. Il est bien connu qu'un important débat a polarisé les points de vue concernant le but ultime du droit comparé. En schématisant, on peut identifier deux courants : pour certains, le droit comparé ne servirait en réalité qu'à décrire la structure des systèmes observés;[9] pour d'autres, il constitue davantage une manière d'« identifier le droit »,[10] une « voie de connaissance critique »[11] destinée à saisir la « complexité réelle du juridique ».[12]

Bien plus qu'à décrire la structure des deux contentieux observés, l'emploi de la méthode comparative sert ici à saisir les différences et les ressemblances qui animent la dynamique du droit international économique et du droit international des droits de l'homme, la manière dont leurs postulats idéologiques rejaillissent sur les procédures qui les réalisent. Les deux branches semblent en effet trouver leur origine commune dans la pensée libérale.[13] Il n'est pas anodin que les écoles critiques du droit international,

---

participation de l'individu à l'instance, comme le souligne A. A. Cançado Trindade, The Access of Individuals to international justice (2011), 37. De même, n'a pas été retenue comme tertium comparationis systématique la jurisprudence des Comités des Nations Unis, dont le caractère juridictionnel reste débattu mais surtout dès lors que l'accès de l'individu fonctionne à géométrie variable, selon la ratification par les États du protocole additionnel le prévoyant.

9 O. Pfersmann, Le droit comparé comme interprétation et comme théorie du droit, 53(2) Revue internationale de droit comparé (2001), 275.

10 E. Picard, L'état du droit comparé en France, en 1999, 51(4) Revue internationale de droit comparé (1999), 885.

11 H. Muir Watt, La fonction subversive du droit comparé, 52(3) Revue internationale de droit comparé (2000), 503.

12 M.C. Pontherau, Le droit comparé en question(s). Entre pragmatisme et outil épistémologique, 57(1) Revue internationale de droit comparé (2005), 7.

13 E. Tourme-Jouannet, Le libéralisme économique du droit international contemporain : entre objectifs keynésiens et triomphe du libre-échange, in Le droit international libéral-providence : une histoire du droit international (2011), 285-294 : « On retrouve donc en matière économique les implications du tournant contemporain du droit international vers le libéralisme politique de la démocratie, de l'État de droit et des droits de l'homme que nous avons évoqués plus haut. Il n'y a pas de surprise en cela sachant que le libéralisme politique et le libéralisme économique sont intimement liés selon nous, comme on l'a dit à plusieurs reprises au cours de cet ouvrage, dès lors que l'on retrouve dans certains droits et libertés du libéralisme politique les principes qui soutiennent le libéralisme économique – qui n'est pas le capitalisme – comme la liberté de commerce, la propriété privée ou la liberté d'entreprendre ».

en raison de leur postulat de départ antilibéral, émettent des réserves aussi bien sur le discours du droit international économique que sur celui des droits de l'homme.[14] À ce propos, Anne Orford considère que « *f*ocusing on this question of the forms of law embodied in the two fields of trade and human rights is helpful, perhaps even necessary, in developing an understanding of the relationship between liberal democratic politics and global capitalist economics »[15], considérations pouvant également être étendues au domaine de l'investissement.

Si l'on fait appel à l'histoire des idées, l'origine commune des droits humains et du droit international économique est plus ancienne qu'on le pense généralement. Comme l'a montré Max Weber, dès le Xème siècle, les Républiques maritimes italiennes ont commencé à attribuer aux marchands un droit de citoyenneté du fait, non plus de leur participation à la guerre, mais de leur contribution à l'activité économique de l'État.[16] La seconde scolastique du XVIème siècle a continué à creuser ce sillon. Dans son *De Indis*, Francisco De Vitoria justifie l'existence d'un droit au commerce inoffensif de l'étranger par le fait que le *ius gentium* interdit de maltraiter l'individu qui ne cause aucun mal à autrui, interdiction dont la *ratio legis* est située dans le respect de tout être humain imposé par le droit divin.[17] On voit bien que, dans un premier temps, la reconnaissance de certains droits de l'individu est entremêlée à l'activité économique de l'étranger et, inversement, que la liberté du commerce dépend des premiers. Dans ce même registre, les premiers penseurs de la libéralisation des échanges ancrent son exigence dans l'idée d'une paix par le commerce favorisant l'épanouissement humain.[18]

---

14 R. Bachand, Les théories critiques du droit international aux États-Unis et dans le monde anglophone (2015), 12; R. M. Unger, The critical legal studies movement, 96 Harvard Law Review (1983), 561-675.

15 A. Orford, Beyond Harmonization : Trade, Human Rights and the Economy of Sacrifice, 18(2) Leiden Journal of International Law (2005), 180.

16 M. Weber, La ville (2014).

17 F. De Vitoria, De Indis et De Iure Belli Relectiones, texte de 1696 (E. Nys dir., 1917). Relectio I, section III, 386 : « Sic enim apud omnes nationes habetur inhumanum, sine aliqua speciali causa hospites et peregrinos male accipere : contrario autem humanum et officiosum, se habere bene erga hospites : quod non esset, si peregrini male facerent ».

18 Montesquieu, De l'esprit des lois (1748), Livre XX, Chapitres I et II : "Le commerce guérit des préjugés destructeurs; et c'est presque une règle générale que partout où il y a des mœurs douces il y a du commerce, et que partout où il y a du commerce il y a des mœurs douces. [...] L'effet naturel du commerce est de porter à la paix. Deux nations qui négocient ensemble se rendent réciproquement dé-

Néanmoins, la réalisation juridique de ces prémisses idéologiques prend des chemins plus tortueux. Il ne fait pas de doute que la protection internationale de l'opérateur économique précède celle de l'être humain, dès lors que le standard minimum de traitement s'est cristallisé bien avant l'internationalisation de la protection des droits humains. Ces obligations coutumières étaient moins ancrées dans l'idée de protéger l'homme que dans la vision westphalienne d'un lien inextricable entre l'étranger et son État d'appartenance.[19] Ce contraste se reflète dans l'architecture du droit international classique. D'un point de vue matériel, les traités de paix, commerce et navigation sont ancrés dans la réciprocité,[20] dans le *do ut des* qui rappelle la logique du compromis économique.[21] D'un point de vue procédural, l'institution de la protection diplomatique permet de mettre à nu le fondement viscéralement interétatique du recours juridictionnel dont bénéficiait l'étranger.

On assiste toutefois à une rupture progressive avec cette logique. La réciprocité comme base classique du droit des traités est remise en cause, d'abord avec la montée d'instruments de protection des droits de l'homme et de droit humanitaire, qui sont davantage ancrés dans l'exigence de symétrie morale kantienne que dans une logique contractualiste.[22] Parallèlement, sur le plan contentieux, toute une kyrielle d'instruments vient pro-

---

pendantes : si l'une a intérêt d'acheter, l'autre a intérêt de vendre; et toutes les unions sont fondées sur des besoins mutuels ".

19 P.-M. Dupuy, J. Viñuales, Human Rights and Investment Disciplines : Integration in Progress, in M. Bungenberg et al., International Investment Law (2015), 1739, 1743.

20 E. Decaux, La réciprocité en droit international (1980); M. Virally, Le Principe de Réciprocité dans le Droit International Contemporain, t. 122 RCADI (1967).

21 Commission de conciliation franco-mexicaine, Georges Pinson c. États-Unis du Mexique, 19 octobre 1928, RSA, vol. V, 341.

22 TPIY Procureur c. Zoran Kupreskic, Mirjan Kupreskic, Vlatko Kupreskic, Drago Josipovic, Dragan Papic, Vladimir Santic, 14 janvier 2000, § 518 : « Le caractère absolu de la plupart des obligations prévues par les règles du droit international humanitaire vient de la tendance progressive à l' 'humanisation' des obligations de droit international, qui s'illustre par le recul généralisé du rôle de la réciprocité dans l'application du droit humanitaire au cours de ce dernier siècle. Après la Première Guerre mondiale, l'application du droit de la guerre s'est écartée du concept de réciprocité entre les belligérants, ce qui fait qu'en général les règles ont de plus en plus été appliquées par chacun d'entre eux indépendamment de l'éventualité que l'ennemi ne les respecte pas. Ce changement de perspective vient de ce que les États ont pris conscience que les normes du droit international humanitaire avaient avant tout pour vocation, non de protéger leurs intérêts, mais ceux des personnes en leur qualité d'êtres humains. À la différence d'autres normes internationales, comme celles portant sur les traités commerciaux qui peuvent légitime-

gressivement mettre en place des voies de recours directes de la personne privée à la juridiction internationale. Dans quelle mesure, alors, cette évolution du mécanisme de saisine témoigne-t-elle réellement d'une évolution paradigmatique?

Théoriser l'action. D'un point de vue plus technique, la question de l'accès à la juridiction a fait l'objet d'une longue tentative de théorisation en droit processuel. Le point de départ de cette réflexion se trouve, sans surprise, dans le droit romain et sa conception de l'*actio*, définie par Celse comme « nihil aliud quam ius persequendi in iudicio, quod sibi debetur ».[23] Telle est l'origine de l'idée selon laquelle l'action a précédé intellectuellement la notion de droit substantiel, le droit romain ayant reposé sur une batterie d'actions (*in rem*, *in personam*) plutôt que sur des droits subjectifs.

Ce n'est qu'une fois que la théorie des droits subjectifs a investi celle du contentieux, que les théoriciens du procès repensent la nature de l'*actio* en droit romain, afin de la transposer au droit commun. Selon la position traditionnelle (dite aussi subjectiviste ou moniste), prônée par Savigny, l'action ne serait pas autre chose que le droit substantiel mis en mouvement. Il y aurait donc identité entre le droit procédural d'agir en justice et le droit substantiel revendiqué sur le fond.[24] À cela s'oppose la théorie de l'autonomie (dite également objectiviste ou dualiste), inaugurée par Windscheid.[25] Selon celle-ci, l'*actio* est désormais séparée du droit substantiel invoqué au fond et est vue comme un droit subjectif autonome (le *Klagerecht*). La justification de cette scission est bien connue : il existe en effet des droits sans action (comme dans le cas des obligations naturelles) tout comme des actions sans droit (comme dans le cas du contentieux objectif ou de l'action pénale). Cette dissociation doit s'analyser de manière différente selon le contexte : un grand nombre d'ordres juridiques nationaux voit s'affirmer un droit fondamental d'accès au juge; alors que, dans le contentieux international, le principe de justice consensuelle, constamment réitéré par les

---

ment se fonder sur la protection des intérêts réciproques des États, le respect des règles humanitaires ne peut dépendre d'un respect réciproque ou équivalent de ces obligations par d'autres États. Cette tendance inscrit dans les normes juridiques le concept 'd'impératif catégorique', formulé par Kant dans le domaine de la morale : il convient de s'acquitter de ses obligations, que les autres le fassent ou non ».

23 Instututiones Iustinianeae, 4.6 De actionibus : « rien d'autre que le droit de poursuivre en jugement ce qui nous est dû » (notre traduction).

24 F. C. von Savigny, System des heutigen römischen Rechts (1841), vol. V, para 204.

25 B. Windscheid, Die Actio des römischen Civilrechts, vom Standpunkte des heutigen Rechts (1856), para 23.

deux juridictions permanentes,[26] a sécrété l'idée selon laquelle ce n'est pas parce qu'un État s'est engagé à prévoir un droit substantiel qu'il a également accepté le règlement juridictionnel des différends qui en découlent.[27]

On perçoit dans les divisions doctrinales de théorie du procès une gradation d'analyse possible en ce qui concerne la texture juridique de l'action. Celle-ci peut être conçue comme un droit subjectif concret, consistant en un droit à obtenir une décision;[28] mais elle peut également être vue comme une simple faculté procédurale, un droit abstrait et complètement déconnecté de la substance du droit revendiqué au fond, un simple droit de provoquer l'exercice de la juridiction.[29] On peut donc se demander si ces différentes nuances ne correspondent pas à des compréhensions différentes que la juridiction se fait du mécanisme de recours, permettant aussi d'analyser les deux modalités d'accès direct à la juridiction internationale.

Dans le discours juridictionnel international sur la saisine, deux pôles peuvent être identifiés. D'une part, une perspective volontariste conduit à situer la source de la faculté de saisine dans la volonté de l'État d'adhérer à l'instrument de protection internationale ménageant une voie contentieuse. D'autre part, une perspective davantage objectiviste rattache l'existence du droit d'action à l'exigence d'effectivité d'une position juridique méritant protection. Des éléments des deux pôles discursifs sont présents dans les deux contentieux étudiés. Le discours volontariste se retrouve, sans surprise, dans l'arbitrage international, mécanisme laissé à la volonté des parties. De manière similaire, les États membres du Conseil de l'Europe n'ont eu l'obligation d'aménager un accès direct à la Cour qu'à partir de l'entrée en vigueur du protocole n° 11. En revanche, le discours objectiviste renvoie davantage à une philosophie voyant dans les droits humains des objets de valeur universelle[30] et qui prône, avant tout, une exigence de pro-

---

26 Statut de la Carélie orientale, avis du 23 juillet 1923, CPJI, série B, p. 27; CIJ, Affaire de l'or monétaire pris à Rome en 1943 (question préliminaire), arrêt du 15 juin 1954, CIJ Rec. 1954, 32.

27 Activités armées sur le territoire du Congo (nouvelle requête : 2002) (République démocratique du Congo c. Rwanda), compétence et recevabilité, arrêt du 3 février 2006, CIJ Rec. 2006, § 64.

28 A. Wach, Handbuch des deutschen Civilprozessrechts (1885), 21.

29 A. Plósz, Beiträge zur Theorie des Klagerechts (1882), 121. Une position similaire sera reprise par différents auteurs (notamment Rocco, Carnelutti, Degenkolb ou encore Liebman).

30 J. Raz, Human Rights in the Emerging World Order, 1 Transnational Legal Theory (2010), 39-41.

tection de ces droits qui ne soit pas illusoire, mais concrète et effective.[31] Il renvoie également à l'idée d'un investisseur considéré, dans le *Zeitgeist* d'une société marchande, comme un 'sujet sacré' et méritant d'être protégé en raison de sa 'fonction sociale'.[32] On glisse ainsi d'un premier discours cantonnant la saisine au corollaire de la volonté de soumission de l'État à la juridiction, à un langage d'attribution inhérente à cet *homo sacer*, à un droit qui lui revient en raison de son identité même.

Geneviève Bastid Burdeau avait considéré en 1995 que les systèmes de l'arbitrage d'investissement et celui du contentieux qui se développe devant la Cour européenne des droits de l'homme méritent d'être comparés, dès lors qu'ils prévoient tous deux un droit de recours direct pour des particuliers non identifiés à l'avance, relevant de la « même philosophie » bien que présentant des « différences évidentes et importantes ».[33] L'idée que nous nous proposons ici de défendre est celle de la différence de nature entre l'accès direct de l'investisseur au tribunal arbitral et celui du requérant individuel à la juridiction de protection des droits de l'homme. En dépit d'une pluralité d'éléments discursifs convergents dans la jurisprudence, les deux juridictions internationales ont globalement compris l'accès direct de la personne privée de manière distincte. La Cour européenne des droits de l'homme a progressivement façonné un véritable droit d'action individuel,

---

31 Airey c. Irlande, CEDH Numéro 6289/73, arrêt du 9 octobre 1979, § 24 : « la Convention a pour but de protéger des droits non pas théoriques ou illusoires, mais concrets et effectifs ».

32 M. Chemillier-Gendreau, Droit international et démocratie mondiale (2002), 68-69, selon qui les accords de protection des investisseurs étrangers sont « au cœur des dangers dont le capitalisme dans sa phase actuelle menace nos sociétés », parvenant à « interdire aux États de légiférer à l'égard des investissements étrangers, même pour protéger leur société nationale contre les avancées des multinationales et contre les menaces qu'elles font peser sur la santé, l'emploi, l'environnement ». Il s'agit du « symbole de la nécessité pour le capitalisme de détruire la loi et d'imposer dans la symbolique usurpée d'une loi internationale, le mécanisme de destruction de la potentialité de la loi interne ».

33 G. Bastid-Burdeau, Nouvelles perspectives pour l'arbitrage dans le contentieux économique intéressant les États, 1 Revue de l'arbitrage (1995), 3, 15 : « En réalité le rapprochement paraît davantage s'imposer avec le mécanisme de recours individuel prévu par la Convention européenne des Droits de l'Homme, en dépit des différences évidentes et importantes qui existent entre les deux systèmes. Mais la « philosophie » des deux mécanismes paraît la même : il s'agit dans l'un et l'autre cas d'ouvrir à des particuliers non identifiés à l'avance un droit de recours direct contre un État en vue de sanctionner le respect de l'engagement pris par ce dernier dans un traité international d'accorder un certain traitement à des personnes privées ».

participant à la logique même de la Convention et essentiel pour son fonctionnement, un droit procédural fondamental de la personne soumise à la juridiction d'un État membre. En revanche, il n'existe pas de droit inhérent de l'investisseur à la saisine du tribunal arbitral. Un tel droit ne saurait être conçu comme un droit humain, mais bien plus comme une faculté procédurale (de provoquer l'exercice de la juridiction) reconnue à un opérateur économique situé et dépendant strictement des limites du consentement de l'État. On ne saurait donc parler dans ce cadre d'un véritable droit d'action individuelle.[34]

La différence de nature des recours s'impose puisque, comme le constate la théorie du procès, à des exigences de protection différentes correspondent des formes de protection différentes.[35] Il sera donc démontré, dans un premier temps, que ces différences tiennent à l'évolution conceptuelle des deux contentieux, à une évolution divergente de leurs postulats de base (I – *La perspective diachronique*), avant de montrer comment ce décalage idéologique se reflète dans la pratique des juridictions internationales, qui a façonné deux typologies d'accès direct extrêmement divergentes (II – *La perspective synchronique*).

II. La perspective diachronique

En opérant une déconstruction historique de la réflexion sur la nature des mécanismes d'accès direct de la personne privée à la juridiction internationale, on constate que son analyse a longtemps été placée en second plan dans le discours doctrinal (A). Néanmoins, en comparant les travaux préparatoires de la Convention de Washington et de la Convention de sauvegarde des droits de l'homme et des libertés fondamentales, une divergence d'optique apparaît (B).

---

34 Contra D. Burriez, Le droit d'action individuelle sur le fondement des traités de promotion et de protection des investissements, thèse, Paris 2 (2014), 479 : « Ces termes semblent décrire ce droit d'obtenir du tribunal une décision sur le fond, que le droit judiciaire appelle droit d'agir en justice. Il s'est agi dans cette étude d'apprécier cette évolution sur le terrain du droit afin de discuter l'utilité du concept pour le droit du contentieux international. L'étude a permis de la confirmer à plusieurs égards ».

35 H. Motulsky, Le droit subjectif et l'action en justice, Archives de Philosophie du Droit (1964), 215; A. Proto Pisani, Tutela giurisdizionale differenziata e nuovo processo del lavoro, V Foro italiano (1973), 205.

A. *Une diversité éclipsée*

Si l'on essaie de retracer une histoire intellectuelle de l'accès direct de la personne privée à la juridiction internationale, on remarque d'emblée que les analyses de la nature procédurale de ce mécanisme n'abondent guère. Cela peut susciter l'étonnement, compte tenu du fait que, déjà en 1929, l'Institut de droit international s'était intéressé à ce sujet.[36] Cette quiétude doctrinale tient au fait que la question de l'accès direct a été reléguée au second plan, ayant toujours été asservie à la réflexion sur la subjectivité de l'individu en droit international (1). En revanche, les deux mécanismes d'accès, celui de l'investisseur et celui du contentieux des droits de l'homme, ont une généalogie intellectuelle différente qu'il convient de mettre en lumière (2).

1. *La question de l'accès direct éclipsée par le débat sur la subjectivité*

Le discours doctrinal relatif au statut procédural de la personne en droit international est marqué par une certaine logique circulaire : l'individu n'a pas à avoir accès direct à la juridiction internationale puisqu'il n'est pas un sujet de droit international, ce qui est le revers du fait que l'individu n'est pas devenu sujet de droit international puisque, *inter alia*, il n'a pas encore de capacité procédurale dans l'ordre juridique international.[37]

L'école positiviste, qui a structuré la réflexion sur le droit international à compter des XVIII et XIXèmes siècles, avait fait de l'individu un simple objet du droit des relations interétatiques.[38] Cette posture mène à deux interprétations particulières. D'un côté, les traités sont conçus purement et simplement comme des accords entre États et, même lorsqu'ils semblent accorder des droits directement aux individus, ils ne font en réalité qu'obliger les

36 Résolution concernant le problème de l'accès des particuliers à des juridictions internationales, IDI Session de New York, 16 octobre 1929, Rapporteur Stelio Séfériadès : « L'Institut de Droit international est d'avis qu'il y a des cas dans lesquels il peut être désirable que le droit soit reconnu aux particuliers de saisir directement, sous des conditions à déterminer, une instance de justice internationale de leurs différends avec des Etats ».

37 Voir sur la complexité de penser la catégorie du sujet la brillante analyse d'H. Ruiz Fabri, Les catégories de sujet du droit international, in SFDI Colloque du Mans, Le sujet en droit international (2005), 55-71.

38 B. Taxil, Recherches sur la personnalité juridique internationale : l'individu, entre ordre interne et ordre international, thèse, Paris 1 (2005), 65.

États les leur conférer par le truchement de l'ordre interne. D'un autre côté, la faculté de demander l'exécution de l'obligation conventionnelle n'existe que dans les relations entre États contractants; quand bien même le traité organiserait un recours devant un organe juridictionnel international, celui-ci constitue un droit de nature purement instrumentale.[39]

Les exceptions à l'omniprésence de l'État-requérant dans le contentieux international de l'avant-Seconde Guerre mondiale sont négligées par la doctrine qui ne cesse d'en souligner le caractère ponctuel, *sui generis*, au surplus régionalement circonscrit.[40] On préfère donc utiliser les outils procéduraux permettant à l'individu de réclamer dans l'ordre juridique international en tant que moyen de preuve de l'absence de personnalité juridique de celui-ci. Les mécanismes procéduraux permettant l'accès direct de l'avant-Première Guerre mondiale, qu'il s'agisse de la Cour de justice centre-américaine[41] ou de la proposition d'une Cour internationale des prises[42] ont reçu peu d'attention. De même, les mécanismes tribunaux arbitraux mixtes de l'après Première Guerre mondiale[43] ou l'expérience de la Haute Silésie[44] sont quasiment absents des manuels de l'époque.[45] On peut néanmoins rappeler la position d'Anzilotti, niant aux tribunaux arbitraux mixtes la nature même de juridictions internationales et préférant y voir des tribunaux étatiques communs, un organe commun vivant en même temps dans les deux ordres juridiques nationaux,[46] opinion suivie notamment par Sperduti, selon lequel il s'agit simplement d' « organes interna-

39 R. Quadri, La sudditanza nel diritto internazionale (1936), 58.

40 F. A. von der Heydte, L'individu et les tribunaux internationaux, t. 107 RCADI (1962), 318 ; F. Capotorti, Cours général de droit international public, t. 248 RCADI (1994), 85-90.

41 Voir néanmoins M. O. Hudson, The Central American Court of Justice, 26(4) The American Journal of International Law (1932), 759-786.

42 Principale exception est la thèse de L. Katz, Der internationale Prisenhof (1910).

43 Remarquable à ce propos R. Blühdorn, Le fonctionnement et la jurisprudence des Tribunaux Arbitraux Mixtes créés par les Traités de Paix, 41 RCADI (1932), 137-244.

44 G. Kaeckenbeeck, The international experiment of Upper Silesia : a study in the working of the Upper Silesian settlement, 1922-1937 (1942).

45 M. Erpelding, Upper Silesian Mixed Commission, MPILux Working Paper 5 (2017).

46 D. Anzilotti, Corso di diritto internazionale (1926), 163 : « i tribunali arbitrali misti istituiti in conformità all'art. 304 del trattato di Versailles (e disposizioni corrispondenti degli altri trattati di pace) in quanto decidono controversie fra privati o fra questi e lo stato, sono tribunali costituiti, nell'uno a nell'altro dei due ordinamenti giuridici : ma identica essendone in ogni caso la composizione, identiche le norme secondo cui procedono, assunte come proprie da ognuno dei due Stati me-

tionaux de justice interne », constitués sur la base de normes internationales, mais fonctionnant à partir de normes de droit interne.[47]

Ce type d'analyse positiviste imprègne les travaux ayant abouti à la création des premières juridictions internationales. Au sein du 'Comité des dix' auteurs du Statut de la Cour permanente de Justice internationale (CPJI), Ricci Busatti affirmait notamment qu'« il est impossible de mettre les États et les particuliers sur le même plan; les particuliers ne sont pas sujets de droit international, et c'est exclusivement dans le domaine de ce droit que la Cour est appelée à fonctionner ».[48] Si l'on remonte aux commissions instituées par les traités d'abolition de l'esclavage, considérées comme les ancêtres des mécanismes internationaux de protection des droits de l'homme, on constate que la procédure ne prévoyait pas d'accès direct de la victime de la violation et qu'aucun statut procédural n'était généralement accordé aux esclaves que l'on visait à protéger, fût-ce celui de témoin.[49] Le contentieux devant les commissions mixtes instituées par des traités de paix, commerce et navigation, souvent présenté comme l'ancêtre de l'arbitrage d'investissement, est, quant à lui, fort bien résumé par une décision *Dickson Carwheel* de 1931 : celle-ci affirmait, avec un certain degré de généralité, que la relation de responsabilité internationale étant purement interétatique, il ne se crée aucun lien juridique à l'égard de l'individu, dès lors que celui-ci n'est point un sujet de droit international.[50] Or, si la jurisprudence admet progressivement que l'individu peut bien être titulaire de droits et obligations internationales, son statut procédural reste fortement inhibé,

---

diante la regolare pubblicazione del trattato, identico il valore delle loro decisioni, appaiono come tribunali communi ai due Stati, come un organo unico vivente ad un tempo nelle due sfere giuridiche ».

47 G. Sperduti, L'individuo nel diritto internazionale (1950), 69. Pour une analyse de la pensée de l'auteur en français, faisant le lien avec les idées de sujet matériel et d'intérêt légitime, voir M. Frappier, L'individu, sujet matériel du droit international chez Giuseppe Sperduti, in IHEI, Les grandes pages du droit international – Les sujets (2015), 227.

48 Comité consultatif des juristes, Procès-verbaux des séances du Comité (1920), 208.

49 J. S. Martinez, The Slave Trade and the Origins of International Human Rights Law (2012), 99 : « the voices of these individuals are curiously absent from the courts' proceedings. Only occasionally did they give testimony as witnesses. They were not directly represented in the trials. And while the slave trade is sometimes described as violating "human rights" in documents from the nineteenth century, the slaves themselves rarely appear in any legal proceedings as claimants of rights. Instead, they are silent bystanders-beneficiaries of the system, to be sure, but hardly active participants in it ».

50 Dickson Car Wheel Company (USA) c. États-Unis du Mexique, Commission États-Unis-Mexique, juillet 1931, IV RSA, 669.

comme le démontre encore en 1950 la position du gouvernement français défendeur dans le *différend Ottoz* :

> Il est exact que, à la différence des tribunaux arbitraux mixtes, la Commission de Conciliation ne peut trancher que des litiges entre Etats; mais les Gouvernements agissent dans l'intérêt — et pour assurer le respect des droits — des ressortissants de leurs pays; *c'est surtout et presque exclusivement sur le plan de la procédure que le litige demeure strictement interétatique*; sur le fond du droit, la Commission [...] est appelée à reconnaître ou à nier l'existence non pas seulement d'une obligation de l'État italien, mais d'un droit subjectif d'un ressortissant d'une des Nations Unies.[51]

Ce type d'argumentation n'est pas exempt d'un certain nombre d'incohérences, que Politis pointe très tôt du doigt : « on confond la valeur intrinsèque de ces règles avec leur mise en œuvre : si elles s'adressent aux États, c'est uniquement parce que dans l'état actuel de l'organisation internationale, leur réalisation ne peut pas se passer de leur intermédiaire; mais elles visent principalement et directement l'individu ».[52] Quelques années plus tard, dans son cours de La Haye de 1962, von der Heydte dénonce que « considérer [...] comme sujet de droit uniquement celui qui peut faire valoir un droit soit en justice soit par l'emploi de la force » est un avis qui « confond les causes et les effets ».[53] Dans un ouvrage de la même année, Nørgaard souligne que la posture traditionnelle revient à entretenir un amalgame entre la question de la possession de droits et obligations avec celle de la capacité procédurale à être demandeur ou défendeur en justice.[54]

Quoi qu'il en soit, l'introduction d'une historicité conduit à percevoir le caractère parfois stérile de la réflexion classique sur le sujet. Cela ne veut pas dire que le contentieux international mixte, ayant explosé de nos jours, n'ait pas considérablement concouru au développement de la personnalité active des personnes privées en droit international.[55] Il suffit notamment de penser à la récente sentence *Urbaser*, qui arrive à affirmer que :

---

51 Différend Ottoz, Commission de conciliation franco-italienne, décision n° 85 rendue le 18 septembre 1950, RSA, vol. XIII, pp. 232-242, p 236.

52 N. Politis, Les nouvelles tendances du droit international (1927), 7.

53 F. A. von der Heydte, L'individu et les tribunaux internationaux, t. 107 RCADI (1962), 307.

54 C. A. Nørgaard, The Position of the Individual in International Law (1962), 11.

55 A. Peters, Beyond Human Rights – The Legal Status of the Individual in International Law (2017).

In light of this more recent development, it can no longer be admitted that companies operating internationally are immune from becoming subjects of international law.[56]

2. *Une généalogie idéologique différente*

Si on essaie de retracer l'évolution de la réflexion sur l'action individuelle, on constate que celle-ci surgit de deux manières différentes dans les deux champs étudiés. En effet, en droit international des investissements, il existait de longue date une pratique d'arbitrage commercial où l'État était parfois amené à intervenir comme défendeur face à une personne privée, dans le cas de contentieux portant sur des contrats d'État.[57] La réflexion doctrinale intervient en aval par rapport à ce phénomène qu'elle essaie de théoriser : la question qui se pose est celle de savoir si ces contrats sont ancrés dans l'ordre juridique international, ce qui a donné naissance au débat sur la *Grundlegung*.[58] Ainsi, l'une des premières réflexions doctrinales en la matière, celle de Mann en 1944, reprend un corps consistant de sentences arbitrales rendues dès le début du XIXème siècle afin de systématiser une pratique déjà foisonnante d'arbitrage mixte.[59]

Au contraire, dans le cadre des droits de l'homme, la réflexion théorique a servi de terreau à l'émergence du recours individuel. Le tournant libéral de la doctrine internationaliste à partir de la fin du XIXème siècle avait déjà permis de théoriser l'élévation au niveau du droit international de certains droits de la personne humaine[60] : ainsi, Fiore en 1890[61] ou Mandelstam dans l'entre-deux-guerres[62] parviennent à dresser une liste de six droits fondamentaux devant être internationalisés. Le recours individuel semble

56 Urbaser S.A. and Consorcio de Aguas Bilbao Bizkaia, Bilbao Biskaia Ur Partzuergoa c. République d'Argentine, affaire CIRDI n. ARB/07/26, sentence du 8 décembre 2016, § 1195.

57 Voir parmi les différents cours de La Haye sur le sujet, les remarquables analyses de Ch. Leben, La théorie du contrat d'Etat et l'évolution du droit international des investissements, t. 302 RCADI (2003), 212-263.

58 P. Mayer, Le mythe de l'ordre juridique de base' ou 'Grundlegung', in RIDC, Le droit des relations économiques internationales : études offertes à Berthold Goldman (1982), 199-216.

59 F. A. Mann, The Law Governing State Contracts, BYBIL (1944), 11-33.

60 M. Koskenniemi, The gentle civilizer of nations : the rise and fall of international law 1870–1960 (2001), 11-97, surtout 54.

61 P. Fiore, Le droit international codifié et sa sanction juridique (1890), 87-90.

62 A. Mandelstam, La protection internationale des droits de l'homme (1931).

donc sceller et prolonger l'exigence d'une protection internationale des droits de la personne.

Jean Spiropoulos a été l'un des premiers à comparer les deux types de recours directs.[63] En reprenant une bipartition assez répandue à l'époque, il distingue entre l'action de l'individu contre l'État étranger et l'action de l'individu contre son propre État. Cette *summa divisio* reflète déjà l'émergence d'un discours de divergence entre les deux mécanismes : le premier destiné à protéger un étranger dans le chef duquel le standard minimum de traitement était violé, le second voué à faire valoir au plan international le respect de certains droits fondamentaux dus par l'État à ses ressortissants (conception ayant largement évolué de nos jours). Spiropoulos distingue donc les deux cas de figure en raison de la nature différente de droits immédiats issus de l'ordre juridique international dans les deux cas et de la position différente de l'individu en question par rapport à la souveraineté de l'État.

Les intuitions de Spiropoulos sur l'évolution du contentieux trouvent d'ailleurs confirmation dans le foisonnement de la pratique juridictionnelle de la seconde moitié du XXème siècle, où l'individu-demandeur joue un rôle central. Cette évolution a été considérée comme un changement de paradigme, que l'on a pu résumer par l'idée d'*humanisation* du droit international. C'est ainsi que Maurice Bourquin intitule un célèbre article datant de la moitié du siècle, théorisant l'évolution d'un droit qui n'est plus enfermé dans les sphères de la haute politique, mais parle désormais un langage plus humain.[64] C'est le début d'une vague idéologique qui, en réaction aux atrocités de la Seconde Guerre mondiale, prône l'émergence d'une volonté axiologique tendant à faire du droit international un instrument de protection de l'homme, caractérisant le passage du droit international classique au droit international contemporain.[65] On assiste du moins à un changement de posture intellectuelle par rapport au modèle

63 J. Spiropoulos, L'individu et le droit international, t. 30 RCADI (1929), 192- 270. Voir également l'article d'A. K. Fortas, L'individu sujet de droit international selon Jean Spiropoulos, in IHEI, Les grandes pages du droit international – Les sujets (2015), 273.

64 M Bourquin, L'humanisation du droit des gens, in La technique et les principes du droit public : études en l'honneur de George Scelle (1950), 21-54.

65 R. Cassin, L'homme, sujet de droit international et la protection des droits de l'homme dans la société universelle, in La technique et les principes du droit public : études en l'honneur de George Scelle, t. 1 (1950), notamment 81-82; A.A. Cançado Trindade, International Law for Humankind : Towards a New Jus Gentium – General Course on Public International Law, 316 RCADI (2005), notamment 252-317.

positiviste, l'homme est désormais placé au cœur du droit des gens aussi bien par la lecture sociologique de Scelle,[66] que par la récupération du premier jusnaturalisme, notamment des œuvres de Vitoria et Grotius, dans les pages d'Antônio Augusto Cançado Trindade aujourd'hui.[67]

Le *ius standi* de l'individu est alors conçu comme le corollaire de ce processus d'humanisation, dès lors qu'il reflète l'idéal universalisant des droits de l'homme.[68] Néanmoins, cette idée semble pouvoir décrire seulement une partie de la question et négliger l'existence de phénomènes collatéraux comme l'accès de l'investisseur aux tribunaux arbitraux, des fonctionnaires aux juridictions spécialisées ou de l'ouverture du Tribunal international du droit de la mer (TIDM) aux particuliers dans des cas résiduels.[69] Il convient par ailleurs de souligner que, en l'état actuel du contentieux international, la personne morale bénéficie également de possibilités de recours et que cette faculté n'est nullement exclusive de la personne humaine.[70]

---

66 G. Scelle, Précis de droit des gens (1932), 9, qui soutient que seul l'individu peut être sujet de l'ordre juridique, interne ou international : « si la qualité de sujet de droit n'appartient pas à tous les individus et ne leur appartient pas uniformément, elle ne peut cependant appartenir qu'à des individus. Elle est en effet un attribut social de la volonté ».

67 A. A. Cançado Trindade, The access of individuals to international justice (2011), 15.

68 P. Guggenheim, Les principes de droit international public, t. 80 RCADI (1952) 116, 121 : « seulement dans le cadre de la protection des droits de l'homme qu'on a cherché à donner à l'individu en droit international une capacité juridique immédiate dépassant la position fragmentaire ».

69 Pour un excellent panorama utilisant cette clef de conceptualisation, voir J. A. Pastor Ridruejo, La humanización del derecho internacional y el acceso del individuo a sus instituciones jurisdiccionales, in Y. Gamarra Chopo (dir.), Lecciones sobre justicia internacional (2009), 13-24.

70 Concernant de la faculté d'action de la personne morale, la question déborde du cadre de cette étude; voir D. Müller, La protection de l'actionnaire en droit international (2015). De manière impressionniste, nous pouvons rappeler que l'arbitrage d'investissement tend à n'établir aucune différence entre les droits procéduraux d'un investisseur personne privée ou personne morale. La raison idéologique réside dans le fait qu'on considère l'action dans une société locale en tant qu'investissement et qu'on ne fait point de différence entre actionnaires minoritaires et majoritaires (CMS Gas Transmission Company c. République d'Argentine, affaire CIRDI n° ARB/01/8, décision du comité ad hoc du 25 septembre 2007, § 73). Cela conduit le plus souvent à un phénomène problématique de multiplication des contentieux en tiroirs, des procédures parallèles et concurrentes par rapport à un même complexe factuel (E. Gaillard, Abuse of Process in International Arbitration, 32(1) ICSID Review (2017), 17-37.).
En revanche, dans le contentieux CEDH, la prise en compte de la personnalité morale conduit à une distinction des rôles procéduraux : les actionnaires

En revanche, la perspective constitutionnaliste va au-delà de cette notion d'humanisation. Anne Peters a notamment abordé cette évolution de manière bien plus transversale, en soulignant que la transformation du rôle de l'individu dans l'ordre juridique international intervient également « jenseits der Menschenrechte », au-delà des droits de l'homme, dès lors que celui-ci tire de l'ordre juridique international toute une série de droits subjectifs qui débordent largement le périmètre de ceux-là.[71] La question sera donc de savoir si l'accès à la juridiction internationale peut être, dans les deux cas, qualifié de droit subjectif de l'individu ou si une nuance peut être introduite.

B. *Une diversité sous-jacente*

L'évolution du discours sur l'accès de l'individu à la juridiction internationale fait émerger l'existence d'une différence d'optique entre les deux champs analysés, différence qui se retrouve dans les travaux préparatoires des deux principaux instruments aménageant aujourd'hui ce type de recours (1). Cela ne saurait étonner, dès lors que la nature du recours reflète une configuration différente de la position de l'individu par rapport à l'action de l'État souverain (2).

---

n'agissent individuellement que pour défendre leurs intérêts propres, qui ne sauraient être revendiqués par la société. La Cour affirme clairement dans Agrotexim que « la Cour n'estime justifié de lever le "voile social" ou de faire abstraction de la personnalité juridique d'une société que dans des circonstances exceptionnelles, notamment lorsqu'il est clairement établi que celle-ci se trouve dans l'impossibilité de saisir par l'intermédiaire de ses organes statutaires ou – en cas de liquidation – par ses liquidateurs les organes de la Convention. La jurisprudence des cours suprêmes de certains Etats membres du Conseil de l'Europe va dans le même sens. La Cour internationale de Justice a également consacré ce principe en ce qui concerne la protection diplomatique de sociétés (arrêt Barcelona Traction, Light and Power Company Limited, du 5 février 1970, Rec. CIJ 1970, avis consultatifs et ordonnances 1970, pp. 39 et 41, paras. 56-58 et 66) » (CEDH Agrotexim c. Grèce, arrêt du 24 octobre 1995, requête n° 14807/89, § 66).

71 A. Peters, Jenseits der Menschenrechte : Die Rechtsstellung des Individuums im Völkerrecht (2014), 469.

1. Une diversité résultant des travaux préparatoires

Témoins de l'évolution idéologique qui a conduit à l'insertion d'un mécanisme d'accès direct de l'individu à la juridiction dans les engagements conventionnels, les travaux préparatoires de la CEDH et de la Convention CIRDI, les deux instruments qui ont le plus contribué à cette évolution à ce jour, révèlent deux logiques distinctes ayant motivé depuis le début une différence d'approche.

Les minutes de la Conférence des Hauts Fonctionnaires, réunis sous l'égide du Conseil de l'Europe en juin 1950, attestent que la naissance du recours individuel au sein du contentieux européen des droits de l'homme tient à une proposition norvégienne tendant à l' « ouverture d'une voie de recours à l'individu ».[72] Cette proposition sera immédiatement accueillie avec enthousiasme par le représentant français, M. Chaumont, qui tentera d'en motiver le bien-fondé en rappelant qu'il est un « principe général du droit que l'action en justice suit nécessairement le droit reconnu ».[73] Dans ces mots transparaît l'influence de la théorie subjectiviste héritée de Savigny et qui voit dans l'action le simple prolongement du droit subjectif de l'individu.

Cette vision subjectiviste du recours individuel va se répercuter sur la jurisprudence de la Commission des droits de l'homme. En effet, dans une décision *De Vos c. Belgique* de 1958, celle-ci semble avoir adhéré aux raisons idéologiques alléguées au sein de la conférence des parties pour interpréter la nature de l'article 25 de l'époque. De son avis, « le droit de recours à la Commission figure parmi [l]es droits et libertés » reconnus dans la Convention.[74] La Commission ne va pas jusqu'à affirmer que l'article 25 incarne simplement les droits garantis par la Convention mis en mouvement, mais présente le recours individuel comme ayant la consistance d'un véritable droit individuel, protégé par la Convention au même titre que les autres droits de l'homme, en restant attachée à une lecture tendanciellement subjectiviste de l'action. Cette décision ne fait pas figure de cas isolé. La Commission a développé toute une jurisprudence concernant les cas d'États empêchant la communication du requérant avec elle. Dans ces cas, la Commission semble admettre que, si l'individu peut démontrer que

72 Conseil de l'Europe, Nature juridique de l'obligation découlant de l'article 25 a) in fine de la Convention – Note du Secrétariat, A86.480, 2 : « Dans le compte rendu de la séance du 10 juin 1950 [...], M. Sund (Norvège) se déclare partisan de l'ouverture d'une voie de recours à l'individu ».

73 Ibid.

74 CommEDH, De Vos c. Belgique, décision du 20 mars 1958, requête n°219/56.

cette atteinte lui a causé un préjudice matériel ou moral, une violation d'un droit au recours individuel est envisageable.[75] On ne saurait néanmoins lire ce contentieux de manière exclusivement subjective, puisque la Commission a clairement énoncé que le droit de recours constitue également le pilier de « l'ordre public européen »,[76] réintroduisant donc une dimension objective.

Une optique différente ressort des travaux préparatoires de la Convention de Washington. La question de l'accès direct de la personne privée et des entreprises est présentée par Aron Broches, président du Comité consultatif des experts juridiques chargés de la rédaction de la Convention, comme la raison centrale de l'exigence d'un tel instrument conventionnel.[77] Cela est cristallisé dans le préambule duquel on déduit l'importance de l'arbitrage mixte aux fins de la dépolitisation des litiges liés à l'investissement. La préférence pour un règlement pacifique mixte l'emporte sur les motivations liées aux droits subjectifs des investisseurs.

Au sein du Comité, il est question d'un « novel right of direct access »[78] de la personne privée à un forum international. Le président Broches resitue ce débat dans la continuité de la reconnaissance progressive de l'individu en tant que sujet de droit international,[79] en adoptant une perspective différente du Comité des dix. Le représentant chilien inscrit la Convention dans la lignée des affirmations des internationalistes qui avaient longtemps proclamé que l'individu était porteur de droits et obligations également sur le plan international. Néanmoins, il déclare également, de manière très significative, que la Banque mondiale transposait au plan international certaines initiatives comparables existant préalablement seulement au niveau régional, c'est-à-dire celle de la Cour de justice centre-américaine et de la Cour de justice des Communautés européennes.[80] Le choix de ne pas se référer aux juridictions protégeant les droits de l'homme ne tient certainement pas au hasard.

---

75 CommEDH, Ganthaler c. RFA, décision du 10 janvier 1959, requête n°363/58.

76 CommEDH, Autriche c. Italie, décision sur la recevabilité du 11 janvier 1961, requête n°788/60.

77 Intervention du président A. Broches au sein du Comité consultatif des experts juridiques, séance du 29 avril 1964, in History of the ICSID Convention (1968), vol. II(1), 495.

78 Intervention de M. Mankoubi (Togo) au sein du Comité consultatif des experts juridiques, séance du 20 décembre 1963, in History of the ICSID Convention (1968), vol. II(1), 293.

79 Intervention du président A. Broches au sein du Comité consultatif des experts juridiques, séance du 3 février 1964, in History of the ICSID Convention (1968), vol. II(1), 303.

De manière générale, la justification du nouveau mécanisme procédural réside dans des considérations pragmatiques qui sont bien plus présentes que la logique de droits subjectifs appartenant à l'investisseur. Il est question d'accorder une faculté nouvelle à l'investisseur, lui permettant de s'émanciper des dysfonctionnements et des lacunes du règlement interétatique des différends, et non pas de lui reconnaître un droit découlant naturellement de la protection internationale. Aux objections de ceux qui préfèrent un mécanisme de règlement des différends interétatique, Broches répondait en effet que :

> [T]his progressive development of international law might be especially valuable in cases where smaller States had to deal with investors from larger countries, and the likelihood of successful inter-State negotiations was somewhat reduced. The Convention proceeded on the assumption that, in the stated situations, States would be willing to have direct dealings with investors.[81]

Il est davantage question ici d'une volonté des États d'accorder un mécanisme procédural que de reconnaître un droit fondamental de l'individu. Ce mécanisme répondrait, en effet, à des nécessités de rééquilibrage des asymétries de puissance économique existant dans la communauté internationale et non pas à celui d'humanisation qui se reflète dans la Convention de sauvegarde. De plus, la Convention de Washington ne contient aucun droit substantiel, alors que la Convention européenne de sauvegarde des droits de l'homme et des libertés fondamentales est dédiée à leur proclamation. Le glissement de la lecture du droit de recours du mécanisme procédural vers un droit de l'individu est facilité par ce contexte.

2. *Une diversité dépendant de la relation de l'individu à l'État*

L'optique de l'histoire des idées adoptée suggère également un parallèle entre l'émergence de l'accès direct de l'individu à la juridiction internationale et la formation du recours de droit public de l'individu dans l'ordre interne.

80 Intervention de M. Brunner (Chili) au sein du Comité consultatif des experts juridiques, séance du 12 juin 1964, in History of the ICSID Convention (1968), vol. II(1), 305.

81 Intervention du président A. Broches au sein du Comité consultatif des experts juridiques, séance du 28 avril 1964, in History of the ICSID Convention (1968), vol. II(1), 495.

En premier lieu, il a été démontré que le recours administratif est le résultat d'une évolution politico-idéologique propre au XIXème siècle qui ne voit plus dans l'individu un simple objet de la puissance publique, mais progressivement le détenteur de droits publics subjectifs.[82] Après une première moitié du siècle durant laquelle cette idée originaire a été déconstruite, c'est lors de la seconde moitié que surgit une réflexion sur l'architecture juridique du recours à proprement parler. En droit international, le débat intellectuel sur le recours est décalé d'un siècle : c'est lors de la première moitié du XXème siècle que l'on situe la *pars destruens* et pendant sa deuxième que débute une *pars costruens*, non encore achevée. Néanmoins, une communauté idéologique de base est frappante : cette première idée fait remarquablement écho à la conclusion du cours de La Haye de Jean Spiropoulos,[83] prônant la remise en cause de l'ancienne vision hégélienne de la souveraineté 'absolue' de l'État et la prise de conscience de l'existence de droits subjectifs immédiats que l'individu tient de l'ordre juridique international.

L'accès direct de l'individu à la juridiction internationale ne peut être pensé que si l'on se détache de la vision de l'État propre au positivisme classique. La doctrine essaie de tirer les conséquences de cette évolution de différentes manières. D'un côté, dans l'optique du constitutionnalisme global, l'individu est devenu un véritable sujet du droit international et titulaire de droits subjectifs d'origine internationale.[84] De l'autre, l'on peut situer le rejet même de la dichotomie objet-sujet comme non-pertinente : c'est ce que fait l'École de New Haven qui préfère voir dans la personne privée un « participant » au processus décisionnel du droit international et souligner que la rareté de l'accès direct de celui-ci aux juridictions internationales n'était donc pas due à la *nature* du droit international.[85] En tout état de cause, l'individu est à tout le moins devenu un « usager » certain du droit international et n'est plus totalement asservi à l'État souverain.[86]

---

82 A. Gaillet, L'individu contre l'État; essai sur l'évolution des recours de droit public dans l'Allemagne du XIXe siècle (2012), 26.

83 Spiropoulos, supra note 63, 265.

84 A. Peters, The Subjective International Right, 59 Jahrbuch des öffentlichen Rechts der Gegenwart (2011), 411-456.

85 R. Higgins, Conceptual Thinking about the Individual in International Law, 4(1) British Journal of International Studies (1978), 1-19.

86 E. Roucounas, The Users of International Law, in M. H. Arsanjani et al. (dir.), Looking to the Future : Essays on International Law in Honor of M.W Reisman (2010), 217-234.

En second lieu, la comparaison des recours de droit public montre que la différence entre eux dépend de la relation entre la structure du recours et la relation de l'individu face à l'État.[87] Ainsi, la différence entre le recours de l'investisseur et le recours de la personne en matière de droits de l'homme peut être théorisée en raison de la position différente qu'a l'individu face à l'État dans les deux cas. Opérateur économique dans le premier, revendiquant des droits de traitement accordés par la puissance souveraine qui a admis l'investissement sur son territoire, il s'agit dans le second d'une personne titulaire de droits humains en raison de sa simple soumission à l'autorité de l'État et de sa nature même.[88] C'est également ce que semble affirmer le juge Cançado Trindade dans l'une de ses opinions dissidentes :

> The juridical capacity varies in virtue of the juridical condition of each one to undertake certain acts. Yet although such capacity of exercise varies, all individuals are endowed with juridical personality. Human rights reinforce the universal attribute of the human person, given that to all human beings correspond likewise the juridical personality.[89]

III. La perspective synchronique

Les discours des juridictions étudiées révèlent une analyse hétérogène de la nature de l'accès direct à la juridiction internationale. Le vocabulaire des juges permet de constater une différence de posture dans les deux cadres (A). Ce décalage s'explique et se reflète surtout dans le contentieux préliminaire, lieu de formation du lien d'instance où se cristallise donc la compréhension que le juge se fait du principe de justice consensuelle (B).

---

87 A. Gaillet, Der Einzelne gegen den Staat. Die Geschichte der Rechtsbehelfe des öffentlichen Rechts in Deutschland und Frankreich im 19. Jahrhundert, 129(1) Zeitschrift der Savigny-Stiftung für Rechtsgeschichte. Germanistische Abteilung (2012), 109-149, 111, qui parle d'une « Zusammenhang zwischen der Struktur der Rechtsbehelfe und dem Grundverhältnis zwischen dem Einzelnen und dem Staat ».

88 H. Ruiz Fabri, Droits de l'homme et souveraineté de l'État : les frontières ont-elles été substantiellement redéfinies?, in Mélanges Fromont, Les droits individuels et le juge en Europe (2001), 371.

89 Juridical Condition and Human Rights of the Child, CIADH avis consultatif OC-17/2002 du 28 août 2002, opinion dissidente d'A. A. Cançado Trindade, § 34.

A. *Un contentieux révélateur de la nature du recours*

La lecture des discours juridictionnels permet de mettre en évidence un décalage entre les vocabulaires employés par les deux juridictions. Si la jurisprudence de la CEDH a façonné un véritable « droit fondamental » au recours individuel (1),[90] la pratique arbitrale reste divisée quant à la qualification de l'accès à l'arbitrage comme droit de l'investisseur (2).

1. *Un droit fondamental au recours devant la juridiction européenne*

Déjà dans les travaux du Secrétariat de la Commission sur la nature de l'obligation insérée à l'article 25 de la CEDH, trois options différentes concernant la nature juridique du droit de recours individuel étaient distinguées : dans une première perspective, le droit de recours serait un droit individuel et subjectif reconnu par la Convention, comparable à ceux du titre premier ; dans une perspective opposée, aucun droit individuel ne correspond à l'obligation de l'État de prévoir un recours individuel, qui implique simplement un lien procédural entre la Commission et l'État défendeur ; dans une optique intermédiaire, il s'agirait d'un droit individuel *sui generis*, de nature procédurale et non matérielle, projetant sur le plan du contentieux international les droits protégés par la Convention.[91]

Si la jurisprudence de la Commission semblait pencher vers la première branche, la Cour européenne des droits de l'homme opte davantage pour la troisième conception dans sa jurisprudence relative à l'article 34 de la Convention. C'est notamment la jurisprudence en matière d'extradition et respect des mesures conservatoires relatives à la personne réclamée qui a offert à la Cour l'occasion d'identifier la nature et la consistance du recours individuel. Dans son arrêt *Cruz Varas* de 1991, elle affirme déjà que le recours individuel est un « droit de nature procédurale, à distinguer des droits matériels énumérés au titre I de la Convention », qui est soumis à l'adage *Airey* selon lequel la Convention doit s'interpréter comme garantis-

---

90 E. Lambert-Abdelgawad, La saisine de la Cour européenne des droits de l'homme, in H. Ruiz Fabri, J.-M. Sorel La saisine des juridictions internationales (2006), 212.

91 Conseil de l'Europe, Nature juridique de l'obligation découlant de l'article 25 a) in fine de la Convention – Note du secrétariat, A86.480, 49-56.

sant des droits concrets et effectifs et non pas théoriques et illusoires.[92] C'est surtout l'arrêt *Mamatkoulov et Askarov* qui, tout en abandonnant la position de 1991 concernant le caractère non obligatoire des mesures conservatoires, va donner des précisions fondamentales concernant la texture normative du droit au recours individuel.[93] La Cour y précise que celui-ci est « l'un des piliers essentiels de l'efficacité du système de la Convention » ; il en est une « disposition clé » qui participe du « caractère singulier de la Convention » en tant que traité de garantie collective des droits de l'homme, et donc aussi de l'exigence d'effectivité de ses dispositions.

Cette analyse se pérennise au fil de la jurisprudence, qui acte le retour de certaines idées fondamentales : le droit de recours individuel est un droit de nature procédurale, relevant du noyau dur des droits protégés par la Convention, dont l'exigence d'effectivité est centrale aux fins de la garantie du système conventionnel, notamment depuis son évolution avec le protocole n° 11.[94] Ainsi, il ne semble pas exagéré d'affirmer qu'une telle jurisprudence a reconnu un véritable droit d'action individuelle qui devient, grâce à la configuration *post* protocole n° 11, un « droit inconditionnel d'accès direct à la Cour européenne ».[95]

2. *Le débat sur la titularité des droits et les contre-mesures touchant l'investisseur*

Cette analyse n'est pas transposable au cas de l'arbitrage d'investissement. Dans ce cadre, c'est le contentieux portant sur les contre-mesures qui a donné lieu à des réflexions prétoriennes sur la nature des droits de l'inves-

---

92 Cruz Varas et autres c. Suède, CEDH arrêt du 20 mars 1991, Requête n° 15576/89, § 99 : « Il confère de la sorte au requérant un droit de nature procédurale, à distinguer des droits matériels énumérés au titre I de la Convention et dans les protocoles additionnels. Il résulte toutefois de l'essence même de ce droit que les particuliers doivent pouvoir se plaindre de sa méconnaissance aux organes de la Convention. A cet égard aussi, la Convention doit s'interpréter comme garantissant des droits concrets et effectifs, et non théoriques et illusoires (arrêt Soering précité, série A no 161, p. 34, § 87, avec les références) ».

93 Mamatkoulov et Askarov c. Turquie, CEDH arrêt du 4 février 2005, Requêtes n°s 46827/99 et 46951/99, § 100-102.

94 Chamaïev c. Géorgie et Russie, CEDH arrêt du 12 avril 2005, Requête n° 36378/02, § 470-472; Aoulmi c. France, arrêt du 12 janvier 2006, Requête n° 50278/99, § 103-107.

95 S. Bartole, B. Conforti et G. Raimondi, Commentario alla Convenzione europea per la tutela dei diritti dell'uomo e delle libertà fondamentali (2001), 626-627.

tisseur. En effet, dans le cadre de l'ALENA, plusieurs investisseurs ont attaqué le Mexique en raison de mesures fiscales considérées discriminatoires. Selon la défense mexicaine, les faits contestés n'étaient autres que des contre-mesures licites, adoptées en réponse aux actes illicites commis par l'État de nationalité de l'investisseur. Pour évaluer la validité de l'argument, le tribunal arbitral devait se prononcer sur la titularité des droits découlant du traité bilatéral d'investissement (TBI) : en prenant ses contre-mesures, le Mexique avait-il affecté les droits de l'État auteur présumé de l'illicite ou bien les droits d'un tiers détenteur de ces droits, c'est-à-dire de l'investisseur? Cette saga a donné lieu à une réflexion plus générale sur la typologie des droits en cause, qui a divisé la jurisprudence et la doctrine.[96]

Trois postures peuvent être distinguées. La première, dite théorie des droits dérivés, identifie dans les différents droits de l'investisseur des droits purement interétatiques : l'investisseur acquiert un droit de réclamation qui n'est en réalité qu'une faculté procédurale lui permettant de se substituer à l'État, « stepping into the shoes »[97] de celui-ci. La sentence *Loewen* avait déjà ébauché l'idée selon laquelle les investisseurs seraient simplement « permitted for convenience to enforce what are in origin the rights of Party states ».[98] Il s'agirait ici d'une sorte de renforcement de la protection diplomatique[99] ou d'une protection diplomatique inversée impliquant un endossement des droits de l'État.[100] Telle semble être la position du Conseil d'État français selon qui un TBI « ne crée d'obligations qu'entre

96 N. Iwatsuki, '国籍国に対する対抗措置としての正当性と投資家への対抗可能性' 14-J-008 RIETI Discussion Paper Series (2014). L'auteur resitue dans une perspective historique la question de la pertinence de l'argument des contre-mesures en tant qu'élément de défense pour l'État ayant violé le droit de propriété des étrangers investissant sur son territoire. Il suggère qu'au cœur du débat se trouve une question d'interprétation du TBI : est-ce qu'on considère la relation investisseur-État comme complètement déconnectée de celle interétatique?

97 Archer Daniels Midland Company and Tate & Lyle Ingredients Americas, Inc. c. États-Unis du Mexique, affaire CIRDI n° ARB (AF)/04/5, sentence du 21 novembre 20007, § 163.

98 Loewen Group, Inc. and Raymond L. Loewen c. États-Unis, affaire CIRDI n° ARB(AF)/98/3, sentence du 26 juin 2003, § 233.

99 J. Crawford, ILC's Articles on Responsibility of States for Internationally Wrongful Acts : A Retrospect, 96 AJIL (2002), 874, 888.

100 M. Forteau, La contribution au développement du droit international général de la jurisprudence arbitrale relative aux investissements étrangers, IV(1) Anuário Brasileiro de Direito Internacional (2009), 38 : « sorte de protection diplomatique inversée qui conduit à voir dans l'action contentieuse de l'investisseur étranger un endossement des droits de l'État ».

les deux États signataires »,[101] ainsi que celle de la Cour constitutionnelle allemande.[102] La position intermédiaire, définie parfois comme théorie des droits contingents, a été consacrée par la sentence *Archer Daniels*. Celle-ci affirme que les investisseurs sont doués de droits procéduraux leur permettant de faire valoir de manière indirecte des droits substantiels qui restent dans la sphère interétatique.[103] Ainsi, par une analogie contractuelle, ils sont des « third parties beneficiairies of the treaties ».[104] En revanche, la théorie des droits directs prend le pari de comprendre les droits de l'investisseur comme lui étant propres et directement issus des instruments de protection. C'est la position défendue dans les sentences *Corn* et *Cargill*, et confirmée par les juridictions anglaises.[105] La première affirme clairement

101 Conseil d'État, arrêt du 21 décembre 2007, n°280264 (inédit au recueil Lebon) : « Considérant que les stipulations de l'article 3 de l'accord entre le gouvernement de la République française et le gouvernement de la République algérienne démocratique et populaire sur l'encouragement et la protection réciproques des investissements, signé à Alger le 13 février 1993 ne crée d'obligations qu'entre les deux États signataires; que M. A ne peut donc utilement s'en prévaloir à l'appui de ses conclusions dirigées contre la décision lui refusant un visa d'entrée en France ».

102 Bundesverfassungsgericht, Beschluss des Zweiten Senats vom 8. Mai 2007, 2 BvM 1/03 – Rn. (1-95), § 51 (dans la version allemande, § 54 dans la version anglaise) : « From an international-law point of view, the specific feature of the arbitration of disputes before the International Centre for Settlement of Investment Disputes is that private individuals are able to complain as claimants of the violation of an international agreement concluded between states. In terms of content, therefore, the violation of an obligation is complained of which is owed not directly to the private applicant, but to his or her home state, although the protective purpose of the agreement targets the interests of private investors. Rights and obligations of the opposing state emerge in such case constellations from an international agreement which as a rule contain a separate necessity clause; thus, such rights and obligations emerge from a relationship governed by international law ».

103 Archer Daniels Midland Company, supra note 97, § 163-166, 173.

104 A. Bjorklund, Private Rights and Public International Law : Why Competition Among International Economic Law Tribunals Is Not Working, 59(2) Hastings Law Journal (2007-8), notamment 265.

105 Occidental Exploration and Production Company v. Ecuador, Court of Appeal arrêt du 9 septembre 2005 (2005), EWCA Civ. 1116, § 19-22 : « treaties may in modern international law give rise to direct rights in favor of individuals acting on their own behalf and without their national state's involvement or even consent ».

que l'investisseur détient des « rights of its own »[106] et la deuxième clarifie que « investor possesses not only procedural rights of access, but also substantive rights ».[107]

Ce débat appelle deux sortes de commentaires. Premièrement, il est parlant que la même querelle existe en droit international pénal où il demeure débattu si la coutume internationale prohibant les crimes contre l'humanité s'impose à un niveau interétatique et ne fait que rejaillir sur l'individu,[108] ou bien si elle aboutit à imposer des obligations internationales directement dans le chef des individus.[109] Le débat sur la titularité de l'immunité des hauts fonctionnaires de l'État en matière pénale a une configuration similaire.[110] Ainsi, l'on voit que la matrice intellectuelle de la subjectivité de l'individu continue de poser des problèmes bien concrets.

Deuxièmement, s'il n'est pas ici utile de prendre position sur la titularité des droits substantiels, il est nécessaire de souligner la différence conceptuelle dans le maniement du recours individuel dans les deux jurisprudences. L'existence même du débat dans le contentieux arbitral montre que l'on ne saurait inconsidérément qualifier l'accès direct de l'investisseur de droit subjectif, ou encore moins établir une quelconque équivalence entre les droits substantiels de protection de l'investisseur et sa faculté procédurale d'agir devant le tribunal arbitral. Les partisans du modèle des droits directs ont souvent une compréhension des droits issus des TBI comme relevant de la catégorie des droits de l'homme, de sorte qu'ils établissent un parallèle entre la nature du régime juridique mis en place par les TBI et les traités de protection des droits de l'homme, presque par équivalence normative entre les deux instruments. Or, ce rapprochement peut faire l'objet

---

106 Corn Products International, Inc. c. États-Unis du Mexique, affaire CIRDI n° ARB (AF)/04/1, sentence du 18 août 2009, § 174-176. Dans le § 173, le tribunal rappelle qu'il faut abandonner la fiction Mavrommatis quand on lit l'arbitrage d'investissement, « there is no need to continue that fiction in a case in which the individual is vested with the rights to bring claims of its own ».

107 Cargill, Incorporated c. États-Unis du Mexique, affaire CIRDI n° ARB(AF)/05/2, 18 septembre 2009, § 423. Au § 426, le tribunal précise qu'il ne faut pas confondre l'origine interétatique des droits avec les « holders of those rights ». Par rapport au droit d'accès direct, le tribunal prône l'abandon de la fiction Mavrommatis en citant explicitement la Cour d'appel britannique (§ 386).

108 R. Maison, La responsabilité individuelle pour crime d'État en droit international public (2004).

109 B. Bonafé, The Relationship between State and Individual Responsibility for International Crimes (2009).

110 Pour un tableau du débat doctrinal, voir R. Pisillo Mazzeschi, The functional immunity of State officials from foreign jurisdiction : A critique of the traditional theories, Questions of International Law (2015).

d'une critique fondamentale, dès lors que la nature des obligations étatiques est foncièrement différente : dans le cas des traités de protection des droits de l'homme, il s'agit d'obligations intégrales qui protègent des intérêts extraétatiques, alors que, dans le cadre des TBI, la réciprocité reste au cœur de l'instrument conventionnel dont la nature des obligations demeure synallagmatique.[111]

En ce qui concerne la nature du mécanisme d'accès direct, force est de constater que la Cour européenne des droits de l'homme a bien affirmé que le droit au recours individuel participe de la philosophie générale de la Convention comme instrument de protection des droits de l'homme. Dans l'arbitrage d'investissement, la logique normative étant différente, le mécanisme d'accès direct ne peut être lu à la même lumière d'un droit fondamental d'accès à la juridiction internationale. Cette différence se reflète dans les deux contentieux.

B. Un contentieux préliminaire portant l'empreinte de la nature du recours

Sans prétendre à l'exhaustivité, cette dernière partie veut démontrer que la nature procédurale différente du mécanisme d'accès à la juridiction se reflète également dans l'appréhension prétorienne de toute une série de questions contentieuses. La saisine n'est pas une question de compétence, dès lors qu'il est nécessaire de distinguer nettement consentement à la compétence et consentement à la saisine; néanmoins, elle possède un certain lien avec l'analyse des questions de compétence qui influencent le traitement du contentieux préliminaire.[112]

La divergence des discours dans ce cadre s'explique à deux égards. D'une part, le contraste tient à une conception différente de la place de l'État par

111 A. Gourgourinis, Investors' Rights Qua Human Rights? Revisiting The 'Direct'/'Derivate' Rights Debate, in M. Fitzmaurice (dir.), The Interpretation and Application of the European Convention of Human Rights (2012), 147-182. L'auteur critique ouvertement la position de Zachary Douglas, The International Law of Investment Claims (2009), 94, qui établit une équivalence normative fort contestable entre tous les « international treaties that confer rights directly upon non-state actors, such as the European Convention on Human Rights, the Algiers Accords establishing the Iran/US Claims Tribunal, bilateral investment treaties, NAFTA, the Energy Charter Treaty, ASEAN and the ICSID Convention ».

112 M. Forteau, La saisine des juridictions internationales à vocation universelle (CIJ et TIDM), in H. Ruiz Fabri, J.-M. Sorel, La saisine des juridictions internationales (2006), 45-52.

rapport au mécanisme de saisine dans le cadre de la CEDH et de l'arbitrage d'investissement (1). D'autre part, l'origine de la protection internationale est conçue de manière profondément différente par les juridictions en matière de droits de l'homme et de droit de l'investissement étranger (2).

1. *Deux analyses différentes de la place de l'État*

L'une des différences les plus frappantes qui se dégagent des deux raisonnements prétoriens relativement à la nature de l'accès direct est liée au rapport qu'entretient l'État défendeur avec celui-ci. Dans le cadre de la CEDH, la Cour a en effet progressivement dégagé de l'article 34 de la Convention toute une série d'obligations, l'État ne pouvant « entraver par aucune mesure l'exercice efficace de ce droit ». La logique de l'existence d'un véritable droit à la saisine du requérant est ici très forte, la Cour ayant clairement affirmé que la finalité de cette règle est de « garantir l'effectivité du droit de recours individuel ».[113] Premièrement, la Cour a progressivement fait découler de cette disposition non pas seulement des obligations négatives, d'abstention de tout comportement tendant à rendre l'exercice du droit au recours plus complexe, mais également des obligations positives qui vont dans le sens d'un renforcement de la coopération de l'État avec la Cour en fournissant tous les éléments probatoires nécessaires à une analyse de l'affaire.[114] Il n'est pas anodin, notamment dans une optique comparative, de souligner qu'il existe bien des cas de violation de l'article 34 *eo ipso*.[115]

---

113 Paladi c. Moldavie, CEDH arrêt du 10 mars 2009, Requête n°39806/05, § 87. Voir aussi Sindicatul « Păstorul Cel Bun » C. Roumanie, CEDH arrêt du 9 juillet 2013, Requête n°2330/09, § 79 parlant d'une « obligation de garantir l'effectivité du droit de recours individuel ».

114 Bazorkina c. Russie, CEDH arrêt du 27 juillet 2006, Requête n°69481/01, § 170 : « The Court reiterates that proceedings in certain type of applications do not in all cases lend themselves to a rigorous application of the principle whereby a person who alleges something must prove that allegation, and that it is of the utmost importance for the effective operation of the system of individual petition instituted under Article 34 of the Convention that States should furnish all necessary facilities to make possible a proper and effective examination of applications ». La Cour renforce ce principe en lisant l'article 34 comme une lex specialis, à comprendre également à la lumière de l'article 38 (§ 175).

115 Ex multis : Lambor c. Roumanie (n°1), CEDH arrêt du 24 juin 2008, Requête n °64536/01, § 217 : « En ce qui concerne enfin les allégations du requérant relatives aux pressions auxquelles l'auraient soumis deux médecins militaires qui exerçaient leurs fonctions à la prison de Timişoara, la Cour considère qu'on peut y voir des actes d'intimidation, qui, combinés avec la non-communication au re-

Deuxièmement, la jurisprudence de la Commission et de la Cour a progressivement déduit du caractère fondamental de ce droit de recours le fait que les réserves à l'article 25 (puis 34) de la Convention n'étaient pas « autorisées par cet article »,[116] dès lors qu'elles sont incompatibles « avec l'objet et le but du système »[117] conventionnel. L'apport de la jurisprudence *Belilos* et *Loizidou* va dans le sens d'une confirmation de l'opinion dissidente d'Antônio Augusto Cançado Trindade dans l'affaire *Castillo Petruzzi*, selon laquelle le droit au recours individuel est perçu par les juridictions de protection des droits de l'homme comme la pierre angulaire du système conventionnel.[118]

En revanche, dans l'arbitrage d'investissement, la logique du droit au recours doit être rejetée. Cela tient à la lecture de la condition de compétence *ratione voluntatis* du tribunal arbitral.[119] Comme a pu le souligner Brigitte Stern,

> [I]t is of the utmost importance not to forget that no participant in the international community, be it a State, an international organization, a physical or legal person, has an inherent right of access to a jurisdictional recourse.[120]

---

quérant des documents dont il avait besoin pour étayer sa requête devant la Cour s'analysent en une entrave au droit de recours individuel garanti par l'article 34 de la Convention. Cette conclusion s'impose d'autant plus que le requérant, qui était enfermé dans un espace clos et avait, de ce fait, peu de contacts avec ses proches ou avec le monde extérieur, se trouvait dans une situation particulièrement vulnérable ».

116 Belilos c. Suisse, CEDH arrêt du 24 avril 1988, série A, n°132, § 42.

117 Loizidou c. Turquie, CEDH arrêt du 23 mars 1995, Requête n°15318/89, § 75.

118 Castillo Petruzzi and others v. Peru, CIADH décision sur les exceptions préliminaires du 4 septembre 1998, opinion dissidente, § 35 (« the right of individual petition is undoubtedly the most luminous star in the universe of human rights »). Voir aussi A. A. Cançado Trindade, Las cláusulas pétreas de la protección internacional del ser humano : El acceso directo de los individuos a la justicia a nivel internacional y la intangibilidad de la jurisdicción obligatoria de los tribunales internacionales de derechos humanos, 1 El Sistema Interamericano de Protección de los Derechos Humanos en el Umbral del Siglo XXI-Memoria del Seminario (1999), 3-68.

119 Forteau, supra note 112, 11 : « Le principe du consentement à la juridiction fait obstacle en effet au développement au sein de ce dernier [le contentieux interétatique] d'un droit de saisir le juge, y compris en cas d'atteinte à des normes fondamentales ».

120 Impregilo S.p.A. c. République d'Argentine, affaire CIRDI n° ARB/07/17, opinion dissidente de B. Stern du 21 juin 2011, § 53.

Cette particularité du contentieux international a animé une certaine critique de l'arbitrage d'investissement, critique qui implique néanmoins une méconnaissance du rôle du consentement de l'État. Si la pratique est allée vers un élargissement considérable des conditions de compétence du tribunal, fortes ont été les critiques mues par une utilisation de l'arbitrage contraire à ce postulat de départ. L'exemple le plus évident en est la question de l'emploi de la clause de la nation la plus favorisée en matière procédurale[121] : l'investisseur n'ayant pas un droit fondamental à la saisine du tribunal arbitral, les dispositions procédurales sont considérées par une partie des arbitres comme étant à distinguer foncièrement des clauses de protection matérielle et devant être comprises à l'aune du principe de justice consensuelle.[122] La tendance jurisprudentielle opposée part du présupposé, inconciliable avec l'essence consensuelle de l'arbitrage d'investissement, selon lequel l'accès au tribunal arbitral fait partie intégrante de la protection internationale de l'investisseur et en est même la pierre angulaire.

En poussant à l'extrême le discours du droit au tribunal arbitral, on parviendrait à accepter l'hypothèse, explorée par certains, que l'offre d'arbitrage elle-même devienne coutumière, ce qui transformerait l'arbitrage d'investissement en un contentieux obligatoire généralisé que l'État n'a pas à accepter à l'avance, mais qui s'impose à lui. En présence d'une telle règle, « State consent would be deemed to be established on the basis of an unwritten rule ».[123] Les professeurs Audit et Forteau, ayant étudié cette hypothèse, reconnaissent que tel n'est pas l'état du droit actuel, mais y voient une possible évolution progressive du contentieux préliminaire et considèrent qu'une telle coutume est *in statu nascendi*.[124] Cette hypothèse, aussi spéculative qu'elle puisse être, appelle deux ordres de perplexité. Premièrement, force est de constater qu'une telle règle renverserait complètement la logique consensuelle qui gouverne le contentieux international aujourd'hui : on serait face à un *droit coutumier de l'investisseur* au tribunal arbitral, un « right to international arbitration that any investor could acti-

121 À ce sujet E. Stoppioni, The Jurisdictional Impact of MFN Clauses, MPILux Working Paper 3, 2017, 26 p.

122 Voir sur ce point l'opinion dissidente de B. Stern précitée et celle de L. Boisson de Chazournes dans Garanti Koza LLP c. Turkmenistan, affaire CIRDI n° ARB/11/20 du 3 juillet 2013.

123 M. Audit et M. Forteau, Investment Arbitration without BIT : Toward a Foreign Investment Customary Based Arbitration?, 29(5) Journal of International Arbitration (2012), 585.

124 Ibid., p. 586-590.

vate against any State »[125] qui viendrait se substituer à un « principle of State consent in inter-State disputes [that] is not entirely relevant within the framework of the law of foreign investments ».[126] Nous avons démontré ailleurs que l'optique du droit au juge sied mal au contentieux de droit international public[127] et on voit mal en quoi elle siérait plus à l'arbitrage transnational. Deuxièmement, il nous semble délicat d'affirmer qu'il existe une pratique générale acceptée comme étant de droit en ce sens, surtout à une époque où la pratique conventionnelle des États va dans le sens inverse. Il suffit de penser aux États d'Amérique latine dont certains n'ont jamais voulu insérer de clause de règlement des différends dans leurs TBI (comme le Brésil) et d'autres sont en train de dénoncer la Convention de Washington pour ne plus être attraits devant des tribunaux arbitraux. On peut remarquer aussi la volonté des États de détailler toujours davantage, dans les nouveaux traités, les conditions posées dans la clause de règlement des différends à l'encontre d'une acceptation large du règlement arbitral des différends relatifs à l'investissement (il suffit de penser au nouveau modèle indien[128] ou bien aux différents dispositifs contre le *forum shopping* dans le projet TAFTA[129]).

En outre, et contrairement à ce que fait la Cour européenne, on ne saurait dégager des dispositifs d'arbitrages des obligations négatives ou positives de l'État d'accueil quant à l'accès de l'investisseur à l'arbitrage. Pour s'en convaincre, il suffit de se référer au cas particulier du consentement à l'arbitrage donné par l'État défendeur dans une loi nationale. Ici, l'État peut retirer à tout moment l'offre d'arbitrage formulée, ce qui devrait donc mettre un terme à la faculté procédurale de l'investisseur de saisir le tribunal arbitral.[130] Cela ne veut pas dire que le comportement de l'État qui ferait obstacle au bon déroulement de l'arbitrage ne doive pas être sanctionné d'une manière ou d'une autre, mais la logique de l'obligation positive d'assurer la pleine jouissance du droit de l'investisseur à l'arbitrage ne semble pas une clef de lecture pertinente.

---

125 Ibid., p. 587.

126 Ibid., p. 597.

127 Stoppioni, supra note 121.

128 Voir le très détaillé article 14 concernant le règlement des différends dans le TBI modèle de 2015.

129 Voir le projet de la Commission européenne concernant d'articles 14 et 15 TAFTA.

130 Voir la très intéressante opinion dissidente de B. Stern dans l'affaire ABCI Investments N.V. c. République de Tunisie, affaire CIRDI n° ARB/04/12, opinion du 14 février 2011.

2. *Deux analyses différentes de l'origine de la protection internationale*

Les différences dans la conception globale de la nature de l'accès se reflètent également dans l'appréhension prétorienne de l'origine de la protection internationale : si le système de l'arbitrage d'investissement vise à protéger une personne privée située, le contentieux des droits de l'homme protège une personne soumise à la juridiction d'un État partie à la Convention. Dès lors que le seuil qui permet le déclenchement des obligations internationales est différent, la conception de l'accès à la juridiction internationale assume des contours différents.

Cette idée s'appuie sur la notion d'« investissement protégé », dégagée dans la sentence *Phoenix* où le tribunal complète le test *Salini* avec les conditions de légalité et de bonne foi.[131] La décision adopte une approche téléologique de la protection internationale,[132] en analysant la finalité de l'arbitrage d'investissement, pouvant opérer exclusivement dans l'optique d'accorder une protection internationale à un certain type de personne privée. L'investisseur n'est point protégé *iure suo* mais en raison de l'opération dont il est porteur et qui a une signification pour l'État d'accueil. Il doit être un opérateur économique, qui a investi de bonne foi dans l'économie locale en respectant les conditions d'accès au territoire de l'État d'accueil, que celui-ci a souverainement posées. De plus, la nationalité de l'investisseur est un élément central pour pouvoir jouir de la protection internationale,[133] comme démontré notamment par le contentieux de l'abus de procédure consistant dans le changement de nationalité après l'émergence du litige dans le seul but de se ménager l'accès à l'arbitrage international.[134]

---

131 Phoenix Action Ltd. c. République Tchèque, affaire CIRDI n° ARB/06/5, award, 15 April 2009, § 114 : "To summarize all the requirements for an investment to benefit from the international protection of ICSID, the Tribunal considers that the following six elements have to be taken into account : 1 – a contribution in money or other assets; 2 – a certain duration; 3 – an element of risk; 4 – an operation made in order to develop an economic activity in the host State; 5 – assets invested in accordance with the laws of the host State; 6 – assets invested bona fide".

132 B. Stern, The Contours of the Notion of Protected Investment, 24(2) ICSID Review (2009), 534 – 551.

133 U. Kriebaum, The Nature of Investment Disciplines, in Z. Douglas et al. (dir.), The Foundations of International Investment Law (2014) 47, 60, à comparer avec U. Kriebaum, Nationality and the Protection of Property under the European Convention on Human Rights, in I. Buffard et al. (dir.), International Law between Universalism and Fragmentation (2008), 649-666.

134 H. Ascensio, Abuse of Process in International Investment Arbitration, 13 Chinese Journal of International Law (2014), 763-770; pour une analyse récente et

Tout au contraire, au sein du contentieux des droits de l'homme, la nationalité du requérant ne constitue pas une condition d'accès à la protection internationale. Celle-ci est remplacée par la notion de *juridiction*, clairement affirmé à l'article 1er de la CEDH, puisque « Les Hautes Parties contractantes reconnaissent à toute personne relevant de leur juridiction les droits et libertés définis au titre I », notion qui n'est pas circonscrite au territoire de l'État comme le démontre toute la jurisprudence sur l'extraterritorialité de la Convention. D'ailleurs, si l'on s'intéresse à la signification théorique de cette dernière, on peut retrouver les arguments mis en avant dans notre première partie. En effet, comme l'a démontré Samantha Besson,[135] la compréhension que la Cour a, notamment depuis l'affaire *Al-Skeini*,[136] de la juridiction de l'État est celle de l'exercice d'une autorité politique et juridique, entraînant ainsi le devoir juridique de respecter les obligations en matière de droits de l'homme. Dans cette optique, « jurisdiction *qua normative* relationship between subjects and authorities actually captures the core of what human rights are about *qua normative* relationship between right-holders and institutions as duty bearers ».[137]

On peut conclure de cette analyse comparative de l'origine de la protection que le rapport qu'entretiennent l'État et la personne privée est différent dans les deux cas, dès lors qu'il puise sa source dans deux liens juridiques substantiellement et normativement distincts. Dans le contentieux des droits de l'homme, le recours individuel est motivé par la simple soumission d'une personne à l'autorité que l'État exerce dans sa juridiction et dont elle a été victime. Dans l'arbitrage d'investissement, le recours ne s'adresse qu'à un type particulier de personnes privées, en raison de leur instrumentalité pour une opération économique à laquelle l'État d'accueil a accepté au préalable d'accorder une protection internationale. C'est donc un autre argument illustrant que l'accès direct de l'investisseur à la juridiction internationale ne saurait être assimilé à un parangon unique. Sa nuance change avec toute une série de facteurs, parmi lesquels la physionomie du contentieux.

---

reprenant l'évolution prétorienne sur le sujet, voir Transglobal Green Energy, LLC and Transglobal Green Energy de Panama, S.A. c. République de Panama, affaire CIRDI n° ARB/13/28, sentence du 2 juin 2016, § 102-103.

135 S. Besson, The Extraterritoriality of the European Convention on Human Rights : Why Human Rights Depend on Jurisdiction and What Jurisdiction Amounts to, 25(4) Leiden Journal of International Law (2012), 857-884.

136 Al-Skeini e.a. c. Royaume-Uni, CEDH arrêt du 7 juillet 2011, Requête n °55721/07, notamment § 130.

137 Besson, supra note 135, 860.

* * *

Le but principal de ce voyage à travers les discours jurisprudentiels autour de l'accès de la personne privée à la juridiction internationale a montré les potentialités d'une réflexion théorique et comparative pour contribuer à l'étude du droit international procédural, vocation première du département de l'Institut Max Planck dont la naissance est célébrée par cet ouvrage. Face à une branche du droit qui n'a pas encore atteint sa maturité, les analyses des grands théoriciens du procès de même que la comparaison des contentieux peuvent donc aider à structurer une grille d'analyse.

En effet, l'étude de l'étape initiale du contentieux international au sein des deux mécanismes semble révéler deux conceptions philosophiques différentes de l'accès direct à la juridiction internationale. Cette conclusion est possible en observant la morphologie des deux contentieux, dès lors que « ce n'est pas la volonté de l'auteur, du saisissant, qui produit l'obligation pour le juge d'examiner la demande, mais le système juridique lui-même qui confère une qualité et un intérêt à agir à une personne physique ou morale pour accomplir cet acte et lui attache des effets de droit ».[138]

Reprendre les catégories des grands théoriciens du procès nous permet de concevoir la mesure dans laquelle la logique contentieuse des deux systèmes diverge. La Cour européenne voit dans l'article 34 de la Convention un droit subjectif de nature procédurale qui relève de la logique de protection des droits de l'homme propre à la Convention : clef de voûte de son fonctionnement, aucune réserve n'est admise à cette disposition, dont le juge fait découler des obligations positives à la charge de l'État. L'arbitre d'investissement ne se place pas dans cette optique d'humanisation de l'ordre juridique international et reste ancré à une logique davantage liée au consentement de l'État qui a admis souverainement l'opération économique sur son territoire.

Si le droit de recours individuel est conçu comme un droit fondamental par la Cour européenne des droits de l'homme, un tel discours s'adapte mal à l'architecture de l'arbitrage d'investissement. Dans ce cadre, on a pu isoler deux discours différents : celui de l'absence de droit inhérent et celui emprunté à l'idée d'un droit fondamental au tribunal arbitral. L'analyse qui précède a mis en avant que cette deuxième branche du discours arbitral procède d'une lecture contestable du système lui-même. Le mécanisme d'accès à l'arbitrage reste, en effet, une faculté procédurale instrumentale et déconnectée de la protection substantielle.

---

138 Jouannet, supra note 5, p. 312.

The Procrustean Bed of Colonial Laws: A Case of the British Empire in India

Parvathi Menon[*]

> "The goddess of British Justice, though blind, is able to distinguish unmistakably black from white"—Bal Gangadhar Tilak, 1907

I. Introduction

The Anglicization of law in the British Empire was primarily based on the perceived primitiveness of the native laws and the superiority of the modern British legal system. Maintaining the South Asian 'identity' of the law, while distancing the law from the community it belonged to, the British used procedural mechanisms to tilt the jurisprudence towards the Anglo direction. Procedural justice is often considered as the last bastion of a means to just and equitable practices; this paper hopes to expose the dark sides of the procedural mechanisms that succeeded in helping the British gain control over the Indian polity, through a contrast of the pre-colonial legal systems of India against the British legal interventions.

Historical accounts of post-colonial legal systems suffer from, what Dipesh Chakrabarty calls, the "first in Europe, then elsewhere" structure of historical time,[1] ignoring in entirety the pre-colonial identity of the subaltern. Such historicist arguments lead to a characterization that Indians were *not yet* civilized to govern themselves. To overcome these characterizations, the possibilities are twofold: first, to demonstrate how the natives were not in fact *uncivilized* as the colonial powers claimed, thus delegitimizing the colonial attempts to *civilize*; second, to demonstrate how the attempts to *civilize* were in fact a means to subordinate the natives, rendering inconclusive the narrative that portrays a "practical European" nature against a "mythical-religious Orient".[2] The exploration of these two possi-

* Research Fellow at the Max Planck Institute Luxembourg for Procedural Law.

1 D. Chakrabarty, Provincialising Europe: Postcolonial Thought and Historical Difference (2008).

2 Ibid., page 29 et seq.

bilities in the context of the British efforts to anglicize the laws form the foundation upon which this chapter will discuss the judicial mechanisms implemented in India, leading to the two axes to my work.

In the first part, I am seeking first of all to examine the legal mechanisms from within the pre-colonial Indian context: this will help particularize the paper against the universal narrative of procedural guarantees. The section will address why the notion surrounding the primitiveness of the Indian laws had no real foundational basis; in so doing, I will examine the prevalent pre-colonial systems in India to show how, albeit different from the British, the Hindu and Mohammedan methods of justice had their own internal logic and method that best suited the cultural context in a diverse polity like India. Without comparing it to the European model introduced by the British, the first part will enunciate the core characteristics of the pre-colonial systems that helped sustain the communities that relied on them, thus providing an unfamiliar portrayal of a diverse, but ordered pre-colonial society of India.

In the second part, I examine the strategies used by the British and the benefits accrued to them by transplanting their laws into India and unifying the laws between the two religious communities. The methods of codification and translation were used to create a pall of 'bridging the gap', whilst in reality broadening it. The rationale was slated to be an effort to modernize through a uniform code that abandoned the traditional and primitive Indian system, while in reality institutionalizing inequalities that favoured the British. In bringing about the said uniformity, removing the relevance of the social background of persons appealing to the law for justice—the universalized approach—provided the foundation for what today is called "(un)equal treatment before the law". Through an examination of the new legal technologies introduced, I demonstrate the ramifications of the changes made to the legal system from the 16th century to the 19th; this shall show how the British laws were used to curb the interpretative process that was considered integral to the Hindu and Islamic law in the pre-colonial context. Furthermore, this part will demonstrate that the introduction of the British procedures and efforts to codify were based on the colonial effort to create a society that was governable by the British. This required that laws were more uniform and also familiar to the colonial powers, whilst equally capable of creating privileges and exemptions for the white race against the natives. Thus, what seemed like a propagation of equality and fairness through the British procedural rules was, I argue, a veneer for the inequality they perpetuated through extremely legal means.

The mythological Procrustean Bed—depicting the illusion that there must be a "right sized" human being who fits the bed, in the absence of which the person must be stretched or cut-short in order to be suitable—is the perfect metaphor to highlight the approach of the 'fitting' procedures implemented by the British Empire. This paper, in describing the various attempts of the British to 'stretch' or 'cut-short' the laws, argues against their supposition that substantive differences could be tackled with procedural uniformity.

II. The Primitiveness of the Other?: A Study of the Pre-Colonial Indian Legal Systems

The classifications of modern and primitive or civilized and uncivilized were typically a means used by the British Empire in order to justify their methods in bringing about 'order' amongst the uncivilized populations. Legal transplants were one such method; they allude to the removal and consequent repositioning of legal systems from one jurisdiction to another. The British attempt at transplanting their rules and procedures to the Indian subcontinent was, as most legal transplants are stated to be, to bring about the 'modern' legal system in place of the 'primitive' Indian one.[3]

Dismissing the Indian pre-British law as primitive, scholars like Marc Galanter describe the lack of written records, professional staff, and a hierarchy of courts organized bureaucratically and employing 'rational' procedures as the reasons.[4] James Stephen, who served as an Indian Law Commissioner from 1870 to 1879, described the pre-British Indian legal system as governed by the whims and fancies of its rulers and the village communities.[5] James Mill, in his utilitarian manner, remarked that in order to create a society where one's individual rights and freedoms can be protected and where competitiveness can be fostered, the traditional Indian legal system needed to disappear.[6] Lord Macaulay, the British Member of Parlia-

---

3 M. Galanter, The Displacement of Traditional Law in Modern India, 24(4) Journal of Social Issues (1968).

4 Ibid. Cf., D. Suky, Macaulay and the Indian Penal Code of 1862: The Myth of the Inherent Superiority and Modernity of the English Legal System Compared to India's Legal System in the Nineteenth Century, 32(3) Modern Asian Studies (1998), 513-557.

5 During his tenure, James Stephen was responsible for passing numerous codes—the Indian Limitation Act, 1871, a revised Criminal Procedure Code, 1872, and the Indian Contract Act, 1872. See K. J. M. Smith, James Fitzjames Stephen: Portrait of a Victorian Rationalist (1988).

6 See E. Stokes, The English Utilitarians and India (1959). It is interesting to note here that it was not only the Western scholars who deemed the Indian system as

ment who served on the Indian Supreme Court between 1834 and 1838, was renowned for his attempts at unifying the Indian laws through a transplant of British laws. The large part of their claims resided in the diversity of the Indian cultural context, leading to what they claimed was a dysfunctional and fragmented system in desperate need of uniformity. Though little research has been carried out to provide a clear picture of the Indian legal systems prior to the arrival of the British, historians are always quick to characterize the Indian law as primitive. Rarely did scholars suggest that the Indian legal systems were worth preserving. The following sections will demonstrate that both, the Hindu and Mohammadan systems had their own practices which followed an internal logic that was unlike the Western ideas about justice, in order to particularize the universal notions surrounding judicial methods and practices.

A. Hindu Law and Its Practices

The Hindu system characterized the stages of legal problems and solutions based on whether they were generated by doubt or brought about by a dispute. The former proceeded through a consultative process while the latter was put through the more formal court processes. Legal doubt (or *samedha*) could accompany or precede a legal dispute (or *virodha*), but it could equally be resolved without the complainant enduring the formal legal process. Therefore, a legal problem was characterized as either a dilemma/doubt or a conflict/dispute; thereafter it was expressed as a question/inquiry/request (*prasna/prarthana/paripracha*) or a formal plaint (*bhasa/artha/pratijna*) respectively; the final step was that of the legal responses and they ranged from an opinion/response to a verdict, depending on the formulation of the problem.

---

primitive, but there were prominent Indian scholars like B. N Pandey and Motilal Setalvad (a former Chief Justice of India), who endorsed such view. The criticisms that Hindu law, for example, was based on superstitions and arbitrary religious beliefs found support amongst the natives themselves. See B. N. Pandey, The Introduction of English Law into India: The Career of Elijah Impey in Bengal 1774-1783 (1967), 19-25; M. Setalvad, The Common Law in India (1960).

Legal Consultations

Studies show that the consultative processes were more common than the formal trials because the former, which involved consulting with a learned *Brahmin* (member of the priestly class) or *Brahmin* council, was quicker, less expensive and offered a more accessible alternative to formal court processes in medieval India. The histories of such consultations in Hindu law are devoid of much evidence owing to the oral nature of the processes. However, as Donald Davis enunciates in his wide research on the concept of the practice of legal consultations in Hindu legal systems,[7] there nonetheless were pieces of evidence that allowed a sketching of its history. While the credit for the consultative process, that he calls *responsas*, is often attributed to the British, it was very much in existence prior to their rule. He describes the evidence of this to be present in material dating back to 1500 AD, in the narration of legal consultative practices found in the epic pieces of literature of *Mahabharata* and *Ramayana* and in the *dharmasastra* (which according to Davis contains, in clearly stipulated terms, evidence of legal consultation as a pivotal mechanism for the functioning of Hindu law).

Albeit legal consultations have the veneer of an informal practice, in the context of many older legal systems (whether Roman, Canon, Jewish or Islamic), practices of '*responsum*' provided an important source of law.[8] The abstract nature of these legal consultations formed the basis of their characterization as an informal mechanism. The investigations surrounding the dispute were carried out by the religious leaders keeping in mind more of an abstract depiction of the facts, without indulging in the specificities. This was done mainly to allow the *responsas* to provide a future use, much like the concept of precedents;[9] but given they were mainly unwritten, *responsas* rarely provided the precedential value intended. Through the legal consultations, there was a distinctiveness created from judicial proceedings, although certain Hindu texts on the legal procedure (e.g. *nirnaya, vyavastha* and *parisad*) are said to be better comprehensible in a combined

7 D. R. Davis, Responsa in Hindu Law: Consultation and Lawmaking in Medieval India, 3 Oxford Journal of Law and Religion (2014), 57-75.

8 Ibid., 59-60.

9 This, as I shall demonstrate in the later sections, was in contrast with how the Islamic jurisprudence was created; there was little room for precedents, with more room for specificities. One of the main reasons for the British to inculcate the use of precedents was in order to rid the legal system of its reliance on the religious leaders who were required for the interpretation of the law for each matter.

study of both, the consultative processes and formal judicial procedures. Whilst the tradition of the consultative process was not limited to the Hindus, when the responders were Brahmins or other Hindu sectarian leaders, their determinations possessed a religious character that could be classified as Hindu, molded by the tradition of the *Dharmasastra*. Thus procedurally, the consultative processes did not rely on the formalities entailed in a court process, and focused more on simpler means to finding solutions. The procedures stressed on the morality of the religious leaders, who the scriptures did not deem outside the realm of its control. While the class structure of the society provided many concessions to the Brahmins (for e.g. fiscal immunities were granted to them for providing their religious merit), they were subjected to punishments much like the common man, if found in violation of the religious codes. The rights and duties of the Brahmins are outlined in the *Manusmriti*, which in turn relied on the *Vedas*.[10]

Formal Court Processes

Apart from legal consultations, formal trials were as much an integral part of the Hindu legal system. Depicting a hierarchical structure, contrary to Galanter's assertions, the *Brihaspati Smriti* (from the *Dharmasastras*) is evidence of how the King was at the apex, followed by the Chief Justice (also called *Praadivivaka*, or *Adhyaksha*), with the family courts at the lower end of the hierarchy. Within the family courts, the family arbitrator was considered to be at the bottom of the order.[11]

The court processes, unlike consultations, were rife with rules that governed its various aspects, both substantive and procedural. In the case of criminal law, the *Manusmriti*[12] (from the *Dharmasastras*) details the rules that govern litigation, classifying crimes into eighteen different titles (or *vyavahara-padas*) in an ordered and systematic manner to which subsequent authors of *smritis* and other interpreters adhered. Given the king was at the helm of conducting the trial, there was a requirement under the *Ma-*

10 Vedas are a collection of ancient hymns and religious texts that provide the wisdom underlining the philosophy of Hinduism.

11 R. Lingat, The Classical Law of India (translation from the French by Duncan M. Derrett) (1973).

12 The Laws of Manu (translation from Sanskrit by Georg Buhler) (1886). The Manusmriti is an extensive document that spells out the laws for the Brahmin (priestly class) and the Kshatriyas (the administrative and warrior class), listing recommended virtues that different classes must possess.

nusmriti to provide at his disposal a means of enquiry and investigation. The justifications for the punishments for different crimes were based on strategies of retribution or prevention which, although scholars like Robert Lingat call arbitrary, are not different from the strategies behind the goals of punishments today.[13]

Procedurally, though the *Manusmriti* gives the morality of the judge more importance than to the demonstration of the trial, rules of a juridical character were often found mixed with moral exhortations.[14] Not all aspects of procedure as we know today were covered by the sacred texts, but certain aspects received an elaborate description: for example, the rules of procedure governing means of proof. The *Gautama Sutra* (from the *Dharmasastra*) dedicates an entire chapter (XIII) to the procedure for gathering evidence from witnesses, including their conduct and the consequences of giving false evidence.[15] Another aspect of the Hindu law practices that finds much mention in scholarly texts is of its extensive reliance on facts. The routes of legal procedure find explicit mention in one of the texts of the *Dharmasastra*, the *Laws of Yajnavalkya*. As *Mitakshara*'s commentary on the text describes:

> Just as a plaintiff and a defendant speak only the truth, so also must the ruler of the court and his judges be controlled by employing the standard techniques of friendly speech, etc. When this is the case, the decision can be made without considering witnesses or other means of proof (i.e., the facts are mutually stipulated). But precise ascertainment of the facts is not possible in every case. When it is not, a decision must be reached utilizing witnesses as an acceptable alternative. A legal procedure that follows the facts is the principal, and one that follows legal maneuvers is the alternative. In deciding a legal procedure using witnesses, documents, etc. sometimes a precise ascertainment of the facts is possible and sometimes not, because of the deviations and manipulations of witnesses, and so on.

---

13 For an overview of the manifestations of the traditional goals of criminal justice (retribution, rehabilitation and deterrence) in the jurisprudence of international criminal law today, see A. Heinze, International Criminal Procedure and Disclosure (2014), page 211 *et seq*.

14 For example, law no. 14, Chapter VIII, The Laws of Manu (translation from Sanskrit by Georg Buhler) (1886) which read: "Where justice is destroyed by injustice, while the judges look on, there they shall also be destroyed."
See also Lingat, supra note 11, page 93.

15 Gautama Sutra (1897) (translated by Georg Bühler), Chapter XIII.

The importance given to facts can also be found in relation to the psychosocial facts of the judges, the witnesses and the litigants. In modern jurisprudence, the political leanings of the judges are often considered a barrier to their independence.[16] In Hindu law scholarship, on the contrary, their psychological profiles, their social preferences, along with their education and the disciplines of their training were all considered insightful towards reducing the arbitrariness and unpredictability of the law they were interpreting. Such an advanced approach to the understanding of law and its readability was not common in most 'civilized' legal systems, even if based on a simple appeal to reason, logic and common sense (*yukti, nyaya, etc.*). The general approach of Hindu law had been to take into account the surrounding circumstances and motivations to a case while making judicial decisions. Therefore terms like "equity and good conscience" which became preponderant in the post-colonial legal terminologies of the Indian legal system, can be traced back to the Hindu law system, even if credit is often given to the British. I do not cite these examples simply to show a hangover of the Hindu system or as praise of a pre-modern sense of virtue. They merely serve as pushback against the narrative of a stark transition from primitive to modern, as claimed by the British.

From the above descriptions of Hindu legal practices, it can be gathered that there were trends that were considered 'primitive' by the British during their reign, despite such practices sometimes resonating with Western judicial practices. Whether the informal nature of legal consultations or the reliance on religious customs, Hindu law practices were replete with what today can be called progressive means of thinking about the law and its application. There were aspects of the *sastric* system of justice that were criticized by historians, like the role of the ruler, the supposed lack of independence or impartiality of the judges, that litigants could not move a formal court without a prior petition to the ruler, etc.[17] This, as was described by the critics of modern Hindu law,[18] was the basis for the preference given to the uniform state statute law which met the constitutional and progressive standards[19] of the British. This does not lead to the natural conclusion

---

16 For a critical take on the adjudicative process that constantly attempts to portray a depoliticized view of the judges and the legal system, see Duncan Kennedy, The Critique of Adjudication: Fin de Siecle (1997).

17 G. Smith and J. D. M. Derrett, Hindu Judicial Administration in Pre-British Times and Its Lesson for Today, 95 Journal of the American Oriental Society (1975).

18 See J. D. M. Derrett, Critique of Modern Hindu Law (1970).

19 Smith and Derrett, supra note 17, 421.

of the British system being superior. On the contrary, unlike what the British brought about through their sets of definitions and rigid approaches to law, the Hindu law, through the *Dharmasastra*, exemplified openness through its rejection of formalism and an awareness of the indeterminacy of law,[20] the importance given to facts in adjudication,[21] and an approach that prided itself on its practicality.[22] Its context-driven approach with respect to different legal procedures exemplified a thinking that showcased its advantages; for example, as stated above, there were no automatic punishments for particular crimes. "The *dharmasastras* did not hold that the same punishment must be meted out for the same offence irrespective of the antecedents, characteristics or physical and mental condition of the offender. They always took extenuating circumstances into account."[23] This was in stark contrast to the Indian Penal Code and the Criminal Procedure Code that the British created for the Indians, in replacing the Hindu (and Islamic) laws. Thus whether it was, in fact, Hindu law that could be described as 'primitive law', through a comparison with the British measures and concept of justice, is moot.

B. *Mohammadan Law and Its Practices*

Much like the relationship between the British and the Hindu legal system, the concept of law differed widely between the British and the Muslims as well. The *Sharia* was the accepted custom of the Muslim community in pre-British India, whether in terms of their doctrinal belief, ritual actions, commercial dealings or criminal punishment.[24] During the rule of the Delhi sultanates and the Mughals in Medieval India, the application of *Sharia* law gave the rulers legitimacy, while knowing the *adab*—the rules of good conduct—amounted to being at the top of the hierarchy.[25] The

---

20 H. Dagan, The Realist Conception of Law, 21 Tel Aviv University Law Faculty Papers (2005), 1–66.
21 B. Leiter, Legal Realism, in D. Patterson (ed.), A Companion to Philosophy of Law and Legal Theory (1996), 261–79.
22 W. Twining, Talk about Realism, 60 New York University Law Review (1985), 329–84.
23 P. V. Kane, History of Dharmasastra (1962).
24 S. A. Kugle, Framed, Blamed and Renamed: The Recasting of Islamic Jurisprudence in Colonial South Asia, 35(2) Modern Asian Studies (2001), 257-313.
25 E. Giunchi, The Reinvention of Sharia under British Raj: In Search of Authenticity and Certainty, 69(4) The Journal of Asian Studies (2010), 1119-1142.

Mughals followed the previous empire's pattern, by relying on the flexibility of the laws and much less on rigidifying.

The majority of the Indian population comprised of non-Muslims, thus making the tenets of Islamic law applicable to a minority alone. Yet, there were many similarities as there were differences between the Islamic and Hindu traditions. The biggest similarity between the Hindu and Islamic legal systems was of the importance they both gave to historical contexts and social considerations. Islamic law has been called a "fluctuating, elastic *quid*"[26] that accepted its internal contradictions and allowed the judge wide decision-making powers. Also, in settling disputes, more reliance was placed on customary practices than religious tenets found in written texts, on local arbiters than formal judicial methods. In making these judgments, more than *sharia*, the *fiqh* (or knowledge) was considered the text of reference by the *qadi* (or arbiter). The *fiqh* was the knowledge and understanding of the *Sharia* (through an interpretation (*ijtihad*) of the *Quran*) and *Sunnah* by Islamic jurists (also referred to as *Ulamas*). The *fiqh* texts provided the moral references for the judges.[27] And the *Fatawa-i-Alamgiri* comprised of religious decrees from the Hanafi treatises that were compiled under the supervision of the then emperor, Aurangzeb, in a move to systematize and simplify legal precepts.[28]

Islamic Law and its Transformations

The Pre-Colonial period of Mohammadan law in India can be divided into two parts: the Sultanate and the Mughal periods. In the Sultanate period, the *Sharia* laws were applied more than during the latter period. The Mughals enforced the separateness between the Muslim and non-Muslim world regarding law application. Allowing their non-Muslim subjects to be governed by their customs and practices, the rulers had to confront the rather mature body of laws the Hindus relied on: the *Dharmasastras*.

There were different types of laws—the canon law (*akhm-i-sharia*) which related mainly to matters that were religious; criminal law (*akham-i-jinayat, qanun-i-fawjdari*) which comprised of criminal and tort matters; the king's regulations (*qanun-i-shahi*) dealing mostly with matters of land under feu-

---

26 E. Carusi, The Scientific Problem of Muslim Law (1919).

27 Similar to the concept of dharma, the fiqh provided the moral context of the Islamic tenets. Unlike in Hindu law, the Muslims did have codified laws to govern them, too.

28 Giunchi, supra note 25, 1122.

dalism; customs and usages (*qanun-i-urf*), which was much like *dharma*; *fatwas* (or the use of precedents); and lastly, justice, equity and good conscience.

Customs and usages were as important to Muslim law as it was to the Hindu system. But unlike in Hindu law, where *Dharma* overrode any written laws, the *Sharia* was considered to prevail over whatever custom that conflicted with it. Yet, there were local customary practices that differed from community to community but were preserved despite the contradictions. A commonly cited example is that of the *Fatimid* law as opposed to the *Hanafi* law, where the deep-rooted differences were maintained. *Sharia* doctrine does, however, admit *urf* (literally, "what is known" about a thing) as a legal principle of subsidiary and supplementary value.[29] Albeit in certain areas of legal practice, like that of contract, *Sharia* law was wholly abandoned for customary practices.

The use of precedents was not common in the Islamic system[30] unlike under Common Law that the British introduced. But the concept of the *fatwa* bore resemblances to what we today call a precedent, in as much as it had the moral and legal authority owing to the scholars who issued them. *Fatwas* were preserved because they were considered to possess great persuasive value, even if not binding. *Sharia* doctrine did not recognize the notion of case-law, owing to being opposed to the idea of judicial precedent. The Islamic legal system, through its courts, applied the law and sought authority for each case through the texts alone. This, of course, led to instances where different *qadis* decided similar cases differently.[31] Running counter to the modern insistence on uniformity and certainty, the Islamic law portrayed the characteristics that demonstrated the apparent indeterminacy of law; it debunked the myth around coherence of the law in what is often considered to be the superior colonial British transformations of the archaic Mohammadan systems. In general, the Islamic system during the rule of the Moghuls was a superior system of justice[32] which the British rulers 'reformed' by introducing a system of judiciary, and principles of interpretation through the Charters of the 1600s, as the second part of this chapter will elucidate.

---

29 N. J. Coulson, Muslim Custom and Case-Law, 6 Die Welt des Islams (1959), 13-24.

30 A. A. Fyzee, Muhammadan Law in India (1941).

31 J. N. D. Anderson, Muslim Procedure and Evidence, 1(3) Journal of African Administration (1949), 15.

32 M. B. Ahmad, Administration of Justice in Medieval India (1941), 25.

Criminal justice was administered in special courts which were called the *fawdari* courts, and civil justice was administered in the *diwani* courts. Criminal cases which otherwise invoked caste-related status, in the absence of castes in Islamic traditions, relied on possession of land.[33]

When it came to other forms of adjudicatory models, the concept of *Siyasa*, which was a type of procedural justice, was less a form of politics and more an ethos. *Siyasa* was the concept that ordered "law, state, and social interaction in Mughal South Asia." Even if the word *Siyasa* can be translated to mean 'politics' in Persian, Arabic and Urdu, it was the real dispute settlement method under the Moghuls comprising of negotiation, and any other means of resolving disputes by enabling interaction between the disputing parties. It was often cited as the ruler's "right to intervene in judicial affairs", while the famous Persian writer Ibn Muquaffa in the early Abbasid period called *Siyasa* the "necessary element in the very genesis of *Sharia* as a religious ideal".[34]

The Hierarchy of Courts and Judges in the Islamic Period (1526- 1707 AD)

The Emperor (or the *Khalif*) was the highest judge. His court was considered to be the highest court of appeal, rather than of original proceedings. There was a *Mir-Arz* (loosely translatable to a bailiff or court-usher) who presented the people to the Emperor. The *Quazi* was the Chief Judge in the criminal matters, who was assisted by the *Mufti* who was expected to have an understanding of Islamic jurisprudence. There were local *quazis* for every city and large village. The *Quazi-Ul-Quzat* was the judicial officer on top of the hierarchy, made responsible for the management of judicial administration. There was also the *Kotwal*, or the police who was in charge of the administration of the fort, and a *Muhtasib*, who was in charge of censorship and public morality. It is thus clear that the Islamic system had in place a systematic method for carrying out both judicial and quasi-judicial functions.

With regard to the courts, there were different judicial agencies that worked independently of each other, yet simultaneously. Firstly, there were the religious courts: these were presided over by the *kazis*, and based on a reading of the *Quran*. Secondly, there were the secular courts: these were

---

33 F. B. Hakeem, From Sharia to Mens Rea: Legal Transition to the Raj, 22(2) International Journal of Comparative and Applied Criminal Justice (1998), 211-224.

34 A. al-Azmeh, Islams and Modernisms (1993).

presided over by Faujdars and *Kotwals*. These courts also had Hindu priests who presided over for matters concerning Hindus; the village councils or the *Panchayats* fell within this category. Thirdly, there were the political courts, which decided matters of interest to the State, including criminal activity; they were presided over by *Faujdars* and *Kotwals*. The nature of offences had three categories, too: offenses against God, offenses against the State and offenses against individuals. The punishments were decided based on these categories and also the decision to compound the offense or not also relied on these categorizations.[35]

The Hindu and Muslim systems relied on informal settings for meting out justice, whilst equally possessing the hierarchical structures and means for a more formal judicial method. Appreciating the malleability of the law and religious principles they relied on, religious leaders and judges alike were granted wide-decision making powers, albeit within the contours of high ethical standards, showing evidence of a brand of pragmatism that was prevalent in those societies. The underlying principle of legal procedure was to rely on facts, rather than legal ploys, taking into account the social circumstances and history that were crucial to the context of the Indian societies. The criticisms against settling disputes and bringing about justice in the aforementioned ways were many, but the hindrances they caused the British in governing India were specific: firstly, the excessive roles played by the native (religious) leaders, who possessed the sole expertise in discerning the religious texts, in settling disputes within their respective communities; secondly, the social structural complexity that played a large role in determining the optimal solution while resolving disputes between parties from different social strata. Overcoming these hurdles required obliterating the role played by the religious leaders, best achieved through an introduction of laws that did not rely on the religious texts. At the same time, in order not to antagonize the local populations and their religious sentiments, the substantive content of their laws were best kept intact. Thus, the British relied on introducing procedural guarantees that could enable an intrusion into the Indian native legal system, before subsuming the entire legal system within their own.

35 Hakeem, supra note 33, 216.

III. A Turn to the Modern?: The Colonial Recalibration

The pre-colonial legal system of India was multifaceted and could not lend itself easily to the Western liberal demands of homogeneity and uniformity. The peculiarities of the Indian system meant that the British needed to reduce the differences and homogenize the polity through a common *lex fori*,[36] to gain control of the unwieldy dominion. Therefore, the establishment of common legal codes was deemed pivotal to the British administration of justice in India, second only to the regulation of commerce. Even if unwritten laws, like that of the common law of England, do not support an easy transplantation, the Criminal Procedure Code, 1861, the Indian Evidence Act of 1872 and the Code of Civil Procedure of 1908 introduced specific branches of English procedural law which had no counterpart in any other legal system.[37] I argue in this section that contrary to the supposition that English laws and their phase of codification, from 1833 to 1882, brought about a heightened sense of fairness and equality through uniform procedural laws, the laws constructed racial difference and institutionalized inequality within the polity between the 'whites' and the 'blacks'.[38] Thus the recalibration by the British raised the questions whether their purported attempts to 'modernize' signified an improvement and if so, for whom.

Scholarly writing on the legal history of India mostly allows the British credit for transforming what, as I described above, was a working, sometimes unsuccessfully, decentralized native system (that was deemed primitive) into a modern "unified" judicial system. The benefits accrued, as described by its plaudits, were of a simplified and systematized legal system and laws.[39] One can discern various stages of the transformation of indigenous laws, but the gist of its change lay in the move from informal courts to government's courts, the curtailed applicability of indigenous law and the gradual transformation of the indigenous law in its application by the

36 K. Lipstein, The Reception of Western Law in India, 9 International Social Science Bulletin (1957), 87-91.

37 Ibid., 92; Lipstein stresses that irrespective of such introduction of British law, it was important to ask only whether such law was beneficial within the Indian setting; he equally insisted that the British adapted the laws to suit the needs at the local level.

38 E. Kolsky, Colonial Justice in British India: White Violence and the Rule of Law (2009), 78.

39 Galanter, supra note 3, 68.

government's courts.[40] But the colonial codification also posed a dilemma: the uniform system of law would equalize everyone and place the colonizer and the colonized on the same legal footing. Thus rather than creating what was portrayed as a universal and non-discriminating law, the codified laws of the British delivered something else entirely.[41] In this section, I shall explore the mechanisms introduced by the British which, when juxtaposed with the historical descriptions of the Hindu and Muslim pre-colonial legal systems, shall illuminate some of the myths surrounding the advantages of the British *coherent, uniform* system of law.

A. *From Deference to Displacement: The Evolution of the Colonial Strategy*

One of the first notable changes executed during the colonial period in India was the Charter of 1661 which permitted The East India Company to exercise civil and criminal jurisdiction over those who resided within the premises of its factories, according to the laws of England.[42] The Company's early legal system thrived on its demarcation between the Company's officials and the Indian natives, while reimagining India as English territory and treating the Indians as aliens on their own land. Yet, the Company had not yet begun reimagining the entire polity as their own in the seventeenth century. The local laws and practices outside of the boundaries of the Company continued to maintain its relevance and applicability towards the natives.

In the eighteenth century, the Company extended its legal reach by establishing a system of laws and court systems that ran parallel to the existing Indian ones. The Hastings Plan of 1772, named after the first Governor-General of India: Warren Hastings, established a hierarchy of civil and criminal courts, which were given the task of applying indigenous laws in matters that related to inheritance, marriage, caste and other religious usages.[43] Hastings had created a binary category of Hindus (referred to as Gentoo) and Muslims (or Mohammadans); this binarism, even if partially reflective of the largest religious communities, did not reflect the diversity within the religions. As the first section of this chapter recounted, the Hin-

40 Galanter, supra note 3.
41 See Kolsky, supra note 38, 72.
42 See Kolsky, supra note 38, 30.
43 M. Anderson, Islamic Law and the Colonial Encounter in British India, in D. Arnold and P. Robb (eds.), Institutions and Ideologies: A SOAS South Asia Reader (1993).

du and Mohammadan systems were not separately homogenous either; they each had their own set of nuances, whether desirable or not. "Not only did it [the Hastings Plan] fail to acknowledge the distinction between Shias and Sunnis and the differences among the schools within each; it also failed to address adequately the practices and beliefs of the many groups that adopted an eclectic approach to Islam and various forms of Hinduism."[44] The terms Hindu and Muslim, as Anderson very appropriately noted, were imbued with the Procrustean quality that forms the basis of my assessment in this section. Albeit uncaring of the complexities of the Hindu and Mohammadan systems respectively, the 1772 Regulations continued to show an apparent deference to the local practices. It laid down the basis for arbitration between Indians: officers would apply the local laws of Hindus and Muslims to matters of inheritance, marriage, caste and religious institutions, while the English officers would directly supervise the settlement of disputes by enforcing procedural regularities.[45]

> Their inheritance and succession to lands, rents, goods, and all matters of contract and dealing between party and party, shall be determined in the case of Mahomedans [Muslims] by the laws and usages of the Mahomedans, and in the case of Gentoos [Hindus] by the laws and usages of Gentoos, and where one only of the parties shall be a Mahomedan or Gentoo, by the laws and usages of the defendant.[46]

The subtleties of the regulations turned the position given to the British Company officials into an invisible fulcrum around which all the indigenous laws revolved in actuality. Under the pretense of deferring to the Hindu and Muslim institutions on the one hand, on the other hand the British slowly began reordering both the legal and political structures. For example, to enable the British magistrates to interfere with the local courts in order to "supply the deficiencies and correct the irregularities"[47] in the Muslim laws of sentencing, the British relied on *siyasa*, which was the right of (Mughal) rulers to circumvent the "formal procedures of Islamic *fiqh*"[48] to allow the British officers to interfere. The reliance on the local customs and rules was a pall behind which the colonizers found their advantages. Structurally, there were less subtle initiatives carried out—to remove the In-

44 Ibid., 11.

45 Kugle, supra note 24, 262.

46 W. Hastings, Mufassal Regulations (1772) (formally enacted as the Regulations of 1780).

47 Kugle, supra note 24, 264.

48 Ibid.

dian officers and set up a governmental judiciary that was separate from the native population; Governor General Cornwallis kept the Indian officers in minor roles alone, while also demoting people of mixed race. These changes slowly allowed the British to occupy positions of superiority from mere supervisory roles.

When it came to deference to local norms, there is evidence to show that the British did preserve the local laws and customs at first, but both the Islamic and Hindu law transformed into Anglo-Hindu law and Anglo-Mohammadan law. With the unwillingness to publish texts, procure translations or to record the local customs, there was an inconspicuous indifference to the local laws. By severing parts of the Hindu and Muslim laws from the large bodies to which they belonged, the British removed the contextual meanings of many of their laws. Some Hindu rules were "silently abolished" through this method of distortion.[49]

B. *A Procedural Alteration of Substantive Laws*

One of the major measures implemented by the British was to engraft into the native legal system English procedural laws. The Anglicization of procedural laws was not inadvertent; it rested on strong theoretical grounds of why procedural, rather than substantive, laws were reformed. The first justification given by the British was 'good government', through a fair administration of justice. As Jorg Fisch describes, "while the Europeans administered or controlled indigenous material, they were bound to introduce, whether intentionally or unintentionally, parts of their own procedure, all the more so as European interference was justified with the lack of good government in the pre-European system".[50] The second justification was the assumption that rules of evidence and other rules of procedure were of a universal nature, less culturally sensitive than substantive laws.[51] Thus the British presumed a "facile translatability"[52] of procedural fields. And thirdly, a procedural similarity across the Empire allowed the British mobility

49 Derrett, Critique of Modern Hindu Law, supra note 18, 40.

50 J. Fisch, Law as a Means to an End: Some Remarks on the Function of European and Non-European Law in the Process of European Expansion, in W. J. Mommsen and J. A. De Moor (eds.), European Expansion and Law: The Encounter of European and Indigenous Law in 19th- and 20thCentury Africa and Asia (1992).

51 B. Blum, Evidence Rules of Colonial Difference: Identity, Legitimacy and Power in the Law of Mandate Palestine, 1917-1939 (2011).

52 Ibid.

despite the variance in the substantive laws.[53] Using British procedural methods, the substantive law was surreptitiously altered.[54] There were situations in which a bringing about of a seemingly necessary procedural rule markedly altered the substantive rights.[55] Most importantly, the colonial courts introduced new legal mechanisms—of bureaucratic procedure and methods of inquiry—that were widely divergent from the pre-colonial practices.

Through procedural alterations, one of the most significant British innovations was brought about—of using documentation in matters of law and evidence.[56] As demonstrated in the previous sections, the Hindu and Muslim legal processes relied largely on oral testimonies and the probity of witnesses.[57] Thus, because laws such as the *Al-Hidaya* under Islamic law or *Responsas* in the Hindu legal system made no provision for documentary evidence (governing the admissibility of oral testimony alone, as under the *Gautama Sutras*, for example), this maneuver by the British resulted in a shift that obscured the natives. There was, therefore, a slow reduction of access to legal institutions for the mostly illiterate population. The Criminal

53 A. Likhovski, Law and Identity in Mandate Palestine (2006), 55.

54 D. M. Derrett, The Administration of Hindu Law by the British, 4 Comparative Studies in Society and History (1961), 10-52.

55 For example, in the famous Privy Council case of Her Highness Ruckmaboye v. Lulloobhoy Mottichund, by dealing with the procedural concept of Statute of Limitations, the court curtailed the assertion of the rights available. By emphasizing on what the Statute of Limitation entailed, the British set an important precedent that was followed for years to come in the Indian Courts. For example Khondkar Mahomed Saleh v. Chandra Kumar Mukerji A.I.R. 1930 Cal. 34; Baijnath v. Doolarey Hajjam A.I.R. 1928 All. 708; and Ram Karan v. Ram Das A.I.R. 1931 All. 635 at p. 639 lay down that law of limitation is procedural law. The Privy Council held in Shahid Ganj Mosque v. Shiromani Gurdwara Prabandhak Committee A.I.R. 1940 P.C. 116 that the limitation for a suit is governed not by the law existing when the cause of action accrued but by the law existing at the time of the institution of the suit because limitation is "a matter of procedure" (per Sir George Rankin at p. 121). "The propositions that procedural law is retrospective and that law of limitation is procedural law gave rise to the proposition that law of limitation starts applying at once in the absence of words to the contrary, and a proceeding is governed by the law of limitation in force at the time of its institution and not by the previous law of limitation that might have existed at the time of accrual of the cause of action for it." Khem Chand Keshrimal vs. Commissioner Of Sales Tax, 1967 19 STC 71 All, para 14.

56 R. S. Smith, Rule-by-records and Rule-by-reports: Complementary Aspects of the British Imperial Rule of Law, 19 Contributions to Indian Sociology (1985).

57 Anderson, Islamic Law and the Colonial Encounter in British India, supra note 43, 17.

Procedure Code of 1861 and the Indian Evidence Act of 1872 brought about the English procedural law and evidence into the Indian legal system in a form they imagined was systematic and uniformly applicable to both, Hindu and Muslim legal systems.

Although the courts adopted a British model of procedure and adjudication, The Hastings Plan of 1772 provided for the *maulvis* and *pandits* to advise the court on matters related to Islamic and Hindu laws respectively. Except, the transformations of the laws into Anglo-Mohammadan and Anglo-Hindu laws had turned them into versions very unlike the original. These religious experts were attached to district and appeal courts on matters that the British considered religious, in order to help them retrieve the relevant norms contained in religious texts.[58] Yet, the local advisors were deprived of their traditional roles; the English judges relied on a translator to ask for the doctrinal positions; these questions were often asked in an abstract manner, without any contextual details, in order to receive an equally abstract response. This enabled a wide enough margin for interpretation that suited the British needs. The British found their reliance on the religious experts disempowering, therefore the need to eradicate them from the judicial process was imperative. Thus, deciding to create what Giunchi calls a "direct relationship with the source texts", starting in the second half of the eighteenth century, the British engaged in translations extensively in order to formulate clearer and less varied codes. The contextual consistencies of the local laws, like the *fiqh*, which brought about "the contextual consistency of the *qadi*, was thus transformed into formal and substantial consistency through precise formulas, procedures and concepts that the British judges could understand."[59] Language was power and translations were the key to permeate the indigenous systems in India. Stating Hindu or Muslim rules in English distorted their meaning, but touting it as an inevitable measure, the British desired for their own judges to apply the indigenous laws directly.[60] Largely leading to an obsolescence of customs, the chasm between customary law and court law was reduced considerably. With the help of Warren Hastings who was an expert in Urdu and Persian, the British began translating the *Fatwas* and the *Hedaya* (a commentary on Islamic laws) from Arabic to Persian and then from Persian to English.[61] Similarly, the Hindu text, *Dharmasastra*, was translated

58 Giunchi, supra note 25, 1126.

59 Ibid., 1127.

60 Anderson, Islamic Law and the Colonial Encounter in British India, supra note 43, 13.

61 Giunchi, supra note 25, 1127.

into Persian from Sanskrit and then to English by an official from the East India Company, Nathaniel Brassey Halhead. This text was re-titled *A Code of Gentoo Laws*. As Giunchi points out in her critical appraisal of how the British reinvented the local laws, there was an Orientalist assumption underlying most of the changes made: "that the religious texts were internally inconsistent",[62] whilst in reality they fueled the imperialist mission of colonizing the laws.

The nineteenth century saw more concerted efforts on the part of the British to enable their 'civilizing mission' through procedural mechanisms. The Code of Criminal Procedure (1861) provides a pertinent example of what the imperialist mission stood for in reality: a subversion of legal equality and the legal construction of racial difference. Complaining that they would be subject to the "barbarous and proselytizing law unsuited to Christian or civilized men",[63] the 'uniform' code stipulated that the juries for the Europeans would comprise of only Europeans, while inapplicable to the Indians; furthermore, the trials for the Europeans were granted at the higher courts (also called Presidency trials), while the Indians were granted access only to the local courts. The schedules for punishment were equally differentiated based on race, leading to a legal inequality the Company officials claimed was a pre-existing characteristic of "a caste-saturated and backward place like India".[64]

Apart from the procedure codes for criminal acts, many Jurisdiction Bills were also passed that explicitly maintained the racial differences under the law. British subjects were exempted from the mofussil courts. Indian elites, like Rajah Kally Krishna and Ram Gopal Ghose, protested that the practical effects of the British system placed the Englishmen above the law. From the use of the English language that was unknown to the millions of Indians, to being governed by laws that were beyond their comprehension, the legal system internalized the belief that the Englishman was a superior being who could not be subjected to the same laws which gov-

62 Ibid., 1128.

63 "Memorial of the undersigned persons of English, Scottish and Irish birth or descent, inhabitants of the territories of the Crown of India at present under the Government of the East India Company," 22 January 1850, Legislative Consultations of 10 May 1850, No. 44, British Library, IOR, P/207/60.

64 Judicial dispatch from Court of Directors, No. 6, 30 September 1835, Legislative Proceedings, 10 October 1836, Nos. 20-21; See also Kolsky, supra note 38, 78.

erned the barbarians.[65] "Equality for all" was indeed a "miserable sham"[66] if it purported that the Europeans and the Indians were standing on equal footing, said Calcutta Supreme Court Justice Arthur Buller.

IV. The Myth of the Procrustean Bed of Colonial Laws

The notion that the European legal mechanisms were well-suited to the Indian subcontinent was based on a concerted attempt to transform the polity to one that the British could manage. The judicial systems formed the crux of the British imperial system, and within that a procedural guarantee that demonstrated their desire to bring about good governance and a fair administration of justice was a more plausible argument to make to the local population, while resolutely strategizing ways to maintain the inequality. While on the one hand suggesting the primitiveness of the native laws and on the other hand creating a 'uniform' system that they could exempt themselves from, the myth of modernizing of the Indian legal system became a self-perpetuating prophesy that exists even today.

In this paper, through a demonstration of what the Hindu and Islamic laws were in pre-colonial India, it becomes clear that there was a legal system that functioned to serve the needs of its diverse local population, with the members of the local community retaining personhood. The idea of a uniform code was unfathomable to a populace that thrived on their cultural distinctiveness, moreover because it moved the space of legal action away from the population it served. Thus leaving only personal laws outside their control, the British imposed their abstract notions of procedural, and later substantive, guarantees in a way that deemed it predictable and universal. Such predictability came with the guarantee that all would enjoy the same rights, equally and impartially under the law, except that the British would be above the law. The promise of equality brought about two further promises, as Cohn writes: one, of Britain working to maintain the diversity in the Indian society, of its religion and culture, and second, of Britain ameliorating India's social and material well-being. The contradiction lay in the fact that in order to fulfil the first, the colonizers needed to protect India's traditional feudal society, whilst in order to fulfil the sec-

65 R. G. Ghose, Remarks on the "Black Acts", 412-413, 420.

66 Sir Arthur Buller's speech of 09 March 1857, National Archives of India, Legislative Council Proceedings (1857), Vol III.

ond promise, Britain felt a modernization of the society was essential through an inevitable destruction of the feudal and religious society.

Evidence Requirements before 19th Century Anti-Slave Trade Jurisdictions and Slavery as a Standard of Treatment

Michel Erpelding[*]

I. Introduction: Treatment as a key component of 19th century legal instruments for the international suppression of the slave trade

The intensity of 19th century state practice relating to the suppression of the slave trade[1] inevitably raises the question of how international law actors defined this phenomenon. A cursory glance at declarations made by state representatives and legal scholars of the period, seem to confirm Howard Hazen Wilson's formalistic definition of the slave trade as:

> [a] business of moving human chattels from a land where prisoners of war were slaves, to a land where slaves were *res*.[2]

For instance, in a memorandum addressed to the Quai d'Orsay in 1854, the French minister of the Navy, Théodore Ducos (1801-1855), defined the slave trade as:

> [t]he buying and exportation of slaves intended for transportation to colonies where slavery exists, and where they must become the property of settlers, with all the consequences which the right of ownership entails.[3]

---

* Senior Research Fellow at the Max Planck Institute Luxembourg for Procedural Law. A more detailed account of the issues examined in this chapter can be found in: M. Erpelding, Le droit international antiesclavagiste des "nations civilisées" (1815-1945) (2017).

1 See in particular J. Allain, The Nineteenth Century Law of the Sea and the British Abolition of the Slave Trade, 58 BYIL (2007), 1, 342-388. Reprinted in: J. Allain, The Law and Slavery: Prohibiting Human Exploitation (2015), 46-100.

2 H. H. Wilson, Some principal aspects of British efforts to crush the African slave trade, 1807-1929, 44 AJIL (1950), 1, 505-506.

3 "L'achat et l'exportation d'esclaves destinés à être transportés dans des colonies où l'esclavage existe, où ils doivent devenir la propriété des colons, avec toutes les conséquences du droit de possession". Quoted by: C. Flory, De l'esclavage à la liberté force: Histoire des travailleurs africains dans la Caraïbe française au XIXe siècle (2015), 46.

In his *Dictionnaire de droit international public et privé* published in 1885, the Argentine publicist Carlos Calvo (1824-1906) gave an almost identical definition.[4] This formalistic view does not hold up to actual state practice as derived from domestic legislation and international treaties. As a matter of fact, once it came to identifying and prosecuting individual cases of slave trading, considerations based on the legal status of the trade's victims – whether past, present, or future – were much less decisive than references to a concrete standard of treatment.

Definitions contained within domestic legislation outlawing the slave trade were not, in fact, explicitly premised on the existence of slavery as a legal status. The British Slave Trade Act of 1807 defined the slave trade as:

> [a]ll manner of dealing and trading in the purchase, sale, barter, transfer of Slaves, or of Persons intended to be sold, transferred, used, or dealt with as Slaves, practiced or carried on, in, at, to or from any part of the Coast of Countries of Africa.[5]

This definition, which was confirmed and further broadened by the subsequent acts passed in 1811,[6] 1815,[7] and 1824,[8] includes a double reference to a standard of treatment. First, it recognizes that it is not only possible to purchase, sell, barter, and transfer slaves (whose legal status was that of chattels), but also persons that were legally free.[9] Second, the 1807 definition requires that persons purchased, sold, bartered, or transferred in such a way must be "intended to be sold, transferred, used, or dealt with as

---

4 Evidently considering it a thing of the past, Calvo defined the slave trade as "the buying and selling of negroes that used to take place on the coasts of Africa with the purpose of transporting these negroes to the colonies or to a country in the new world where slavery existed, and selling them there as slaves" ("l'achat et la vente des nègres qu'on faisait autrefois sur les côtes d'Afrique pour les transporter aux colonies ou dans les pays du nouveau monde où l'esclavage existait, et les y vendre comme esclaves"). C. Calvo, Dictionnaire de droit international public et privé, vol. 2 (1885), 265.

5 An Act for the Abolition of the Slave Trade (47 Geo. III, Sess. 1, cap. 36), s. 1.

6 An Act for Rendering More Effectual an Act Made in the 47th Year of His Majesty's Reign, intituled 'An Act for the Abolition of the Slave Trade' (51 Geo. III, cap. 23), s. 1.

7 An Act to Provide for the Support of Captured Slaves during the Period of Adjudication (55 Geo. III, cap. 172), s. 1.

8 Slave Trade Act 1824 (c.113, 5 Geo. IV), s. 2.

9 It should be noted that section 1 of the abovementioned Slave Trade Act of 1811 characterized the victims of the slave trade as "any native or natives of Africa, held and treated as slaves, or other person or persons held or treated as slaves", supra note 6.

Slaves". While the sale or transfer of a person "as a slave" might refer to the existence of a legally recognized contract or deed, and, accordingly, imply the existence of slavery as a legal institution within the jurisdiction where the sale or transfer takes place, one does not see why this should necessarily be the case where one person accomplishes the material acts of "using" or "dealing with" another person "as a slave". Defining the slave trade as an operation premised not so much on the transportation of human chattels rather than on the deportation and treatment of individuals *as if they were chattels*, was hardly a British idiosyncrasy. Thus, despite her initial reluctance to give any precise definitions in its legislation, where the slave trade was referred to as "la traite des noirs", and its victims as "les noirs de traite",[10] France eventually resorted to a standard of treatment in order to allow its cruisers to free Christian prisoners of war who had been enslaved by Muslim rulers on the Barbary Coast, in Egypt, and in the Levant. Under an 1823 ordinance, French ship-owners and captains were forbidden from using and fitting out ships in order to transport slaves, "irrespective of the origin of said slaves and the nation into whose hands they have fallen" ("quelles que soient l'origine desdits esclaves et la nation au pouvoir de laquelle ils sont tombés"), while French naval officers were instructed to arrest "any French ship on board of which passengers are treated as slaves" ("tout navire français à bord duquel des passagers traités comme esclaves se trouveroient").[11]

Treaties for the suppression of the slave trade also included references to the treatment of its victims, even if most of them did not provide any definition of the slave trade. The Anglo-Dutch treaty of 1814 merely stated that "no Inhabitants of that Country [Guinea, i.e. West Africa] shall be sold or exported as Slaves",[12] whereas the Anglo-Portuguese treaty of 1817 bound

10 See in particular Ordonnance du roi qui pourvoit au cas où il serait contrevenu aux ordres de Sa Majesté concernant l'Abolition de la Traite des Noirs, 8 January 1817, Bulletin des lois, ser. 7, vol. 4, 105; Loi qui prononce des Peines contre les individus qui se livreraient à la Traite des Noirs, 15 April 1818, Bulletin des lois, ser. 7, vol. 6, 234; Loi relative à la Répression de la Traite des Noirs, 25 April 1827, Bulletin des lois, ser. 8, vol. 6, 377; Loi concernant la Répression de la Traite des Noirs, 4 March 1831, Bulletin des lois, ser. 8, vol. 2, part 2, 35.

11 Ordonnance du Roi qui défend, sous les peines y exprimées, à tout armateur et capitaine français d'employer et d'affréter les bâtiments qui leur appartiennent ou qu'ils commandent, à transporter des esclaves, 18 January 1823. Bulletin des lois, ser. 7, vol. 16, 18.

12 Convention relative to the Dutch Colonies, Trade with the East and West Indies, etc. (Great Britain, Netherlands), signed at London on 13 August 1814, 2 BFSP (1814-1815), 370, Article. 8.

its parties to "ensure that their respective subjects do not engage in the illicit traffic in slaves" ("de veiller mutuellement à ce que leurs sujets respectifs ne fassent pas le Commerce illicte d'Esclaves").[13] The Anglo-Spanish treaty signed that very same year forbade Spanish subjects "to purchase slaves, or to carry on the slave trade, on any part of the coast of Africa, North to the Equator".[14] Only three treaties, all of which were signed with states that still recognized slavery as a legal institution, included an express definition of the slave trade. The Anglo-Venezuelan treaty of 1839 and the Anglo-Ecuadorian treaty of 1841 noted that:

> [f]or want of a proper explanation of the real spirit of the phrase 'Traffic in Slaves', [the parties to the treaty in question] do here mutually declare to be understood by such traffic, such only which is carried on in negroes brought from Africa, in order to transport them to other parts of the world for sale;

as opposed to purely internal transportation of slaves.[15] In a similar spirit, the Anglo-Portuguese treaty of 1842 defined the slave trade as:

> [t]he infamous and piratical practice of transporting the natives of Africa by sea, for the purpose of consigning them to slavery.[16]

Taken out of context, this definition could be read as a vindication of Minister Ducos' restrictive approach. However, Article. 5 of the same treaty added that the prohibition of the slave trade did not question the right of Portuguese subjects "to be accompanied, in voyages to and from the Portuguese possessions off the coast of Africa, by slaves who are *bona fide* household servants". In order to prevent abuses, the treaty provided a criteria allowing for an effective distinction between household slaves and victims of the slave trade. In addition to a formal criterion (household slaves had to be issued passports by the highest civil authority at the port of em-

13 Additional Convention for the prevention of the Slave Trade (Great Britain, Portugal), signed at London on 28 July 1817, 4 BFSP (1816-1817), 85, Article. 1. Editor's translation. The original Portuguese version also mentions the "commercio illicito de escravos".

14 Treaty for the Abolition of the Slave Trade (Great Britain, Spain), signed at Madrid on 23 September 1817, 4 BFSP (1816-1817), 33, Article. 2.

15 Treaty for the Abolition of the Slave Trade (Great Britain, Venezuela), signed at Caracas on 15 March 1839, 27 BFSP (1838-1839), 669, Article. 1. Treaty for the Abolition of the Traffic in Slaves (Great Britain, Ecuador), signed at Quito on 24 May 1841, 30 BFSP (1841-1842), 304, Article. 1.

16 Treaty for the Suppression of the Traffic in Slaves (Great Britain, Portugal), signed at Lisbon on 3 July 1842, 30 BFSP (1841-1842), 527, Article. 1er.

barkation), it mostly relied on a standard of treatment: household slaves had "to be found at large and unconfined in the vessel; and clothed like Europeans in similar circumstances"; moreover, there could be no other slaves on board the vessel, nor could there be any equipment characteristic of a slave ship.[17]

References to this kind of equipment had become a key component of the law of evidence applicable before Mixed Commissions[18] and domestic courts[19] assigned with the task of implementing treaties for the suppression of the slave trade. They are further proof of the role treatment played in the latter's legal definition. From the 1820s onwards, it had become possible to condemn ships as slavers despite the fact that no victims of the trade had been found aboard. Courts could now rely on the mere presence of signs showing that a vessel had been actually used, or merely equipped, for the purpose of confining hundreds of men and women under inhumane conditions, deporting them to foreign lands against their will, and subjecting them to various abuses in order to ensure their submission. As slavers were aware that the first treaties for the suppression of the slave trade only allowed for the detention of ships actually having slaves on board;[20] they had often reacted to the presence of British cruisers by putting their slaves ashore, or, more alarmingly, by throwing them overboard. States adapted by agreeing on new rules of evidence in two stages. At first, courts were allowed to take into account the presence of slaves on

---

17 Ibid., Article. 5. A comparable although less detailed rule could already be found in the Anglo-Portuguese treaty of 1815: Treaty for the restriction of the Portuguese Slave Trade and for the annulment of the Convention of Loan of 1809 and Treaty of Alliance of 1810 (Great Britain, Portugal), signed at Vienna on 22 January 1815, 2 BFSP (1814-1815), 348.

18 On these Mixed Commissions, or Mixed Courts, see in particular L. Bethell, The Mixed Commissions for the Suppression of the Transatlantic Slave Trade in the Nineteenth Century, 7 Journal of African History (1966), 1, 79-93; J. Martinez, The Slave Trade and the Origins of International Human Rights Law (2012).

19 On a particularly important British court, see T. Helfman, The Court of Vice Admiralty at Sierra Leone and the Abolition of the West African Slave Trade, 115 Yale Law Journal (2005-2006), 1, 1122-1156.

20 Thus, pursuant to Article.10 of the Anglo-Spanish treaty of 1817, "No British or Spanish Cruizer shall detain any Slave Ship not having Slaves actually on board; and in order to render lawful the detention of any Ship, whether British or Spanish, the Slaves found on board such Vessel must have been brought there for the express purpose of the Traffic". Article. 7 of the Anglo-Portuguese treaty of 1817 and Article. 2 of the Anglo-Dutch treaty of 1818 contained similar rules.

board a ship during a stage of its voyage preceding its capture.[21] In practice, this meant that, given the extreme conditions on board slave ships and the catastrophic sanitary situation resulting thereof, the presence of a characteristic pestilential smell was deemed *prima facie* evidence of slave trading.[22] During the second phase, "equipment clauses" were added to slave treaties:[23] from now on, proving that a ship had been built or equipped for the purpose of transporting, sequestrating, and feeding hundreds of captives was sufficient to have it detained as a slaver.[24]

---

21 See the supplementary clauses signed by Spain on 10 December 1822: BFSP, vol. 10 (1822-1823), 87. The Netherlands signed a similar instrument on 31 December 1822, ibid., 554; Portugal did the same on 15 March 1823: 11 BFSP (1823-1824), 23.

22 Bethell, supra note 18, 86.

23 Equipment clauses can be found in almost all treaties for the repression of the slave trade negotiated between Britain and other Western powers after 1823. The Netherlands was the first country to agree to such a clause: Explanatory and Additional Articles to the Treaty between Great Britain and the Netherlands, for the Prevention of the Traffic in Slaves (Great Britain, Netherlands), signed at Brussels on 31 December 1822 and 25 January 1823, 10 BFSP (1822-1823), 554.

24 For example, Article. 9 of the Anglo-Portuguese treaty of 1842 (supra note 16) contained the following equipment clause: "Any vessel, British or Portuguese, which shall be visited by virtue of the present Treaty, may lawfully be detained, and may be sent or brought before one of the Mixed Commissions established in pursuance of the provisions thereof, if any of the things hereinafter mentioned shall be found in her outfit or equipment, or shall be proved to have been on board during the voyage in which the vessel was proceeding when captured, namely:

(1) Hatches with open gratings, instead of the close hatches which are usual in merchant-vessels.
(2) Divisions or bulk-heads, in the hold or on deck, in greater number than are necessary for vessels engaged in lawful trade.
(3) Spare plank fitted for being laid down as a second or slave-deck.
(4) Shackles, bolts, or handcuffs.
(5) A larger quantity of water, in casks or in tanks, than is requisite for the consumption of the crew of the vessel, as a merchant- vessel.
(6) An extraordinary number of water-casks, or of other vessels for holding liquid, unless the master shall produce a certificate from the Custom House at the place from which he cleared outwards, stating that sufficient security had been given by the owners of such vessel, that such extra quantity of casks, or of other vessels, should only be used for the reception of palm oil, or for other purposes of lawful commerce.
(7) A greater quantity of mess tubs or kids, than are requisite for the use of the crew of the vessel, as a merchant-vessel.

Treaties for the suppression of the slave trade were also based on the premise that states had the obligation to guarantee the effective freedom of the slaves they had liberated. Almost all instruments for the repression of the slave trade concluded after 1817 included an express provision obliging state parties to guarantee the freedom of any African found on board a condemned slave ship.[25] It was usually added that liberated slaves were placed at the disposal of the government on whose territory adjudication had taken place, and that the government in question had the right to employ them as servants or free labourers.[26] Recruitment into the armed forces was also an option. Great Britain, for instance, enrolled almost

---

(8) A boiler, or other cooking apparatus, of an unusual size, and larger, or fitted for being made larger, than requisite for the use of the crew of the vessel, as a merchant-vessel; or more than one boiler, or other cooking apparatus, of the ordinary size.
(9) An extraordinary quantity of rice, of the flour of Brazil manioc, or cassada, commonly called farinha, of maize, or of Indian corn, or of any other article of food whatever, beyond what might probably be requisite for the use of the crew; such rice, flour, maize, Indian corn, or other article of food, not being entered on the manifest, as part of the cargo for trade.
(10) A quantity of mats or matting, larger than is necessary for the use of the crew of the vessel, as a merchant-vessel.

Any one or more of these several things, if proved to have been found on board, or to have been on board during the voyage on which the vessel was proceeding when captured, shall be considered as prima facie evidence of the actual employment of the vessel in the transport of negroes or others for the purpose of consigning them to slavery; and the vessel shall thereupon be condemned, and shall be declared lawful prize, unless clear and incontestably satisfactory evidence, on the part of the master or owners, shall establish to the satisfaction of the Court, that such vessel was, at the time of her detention or capture, employed on some legal pursuit, and that such of the several things above enumerated, as were found on board of her at the time of her detention, or had been on board of her on the voyage on which she was proceeding when captured, were needed for legal purposes on that particular voyage".

25 The only exception to this rule was the Anglo-French treaty of 1845: Convention for the Suppression of the Traffic in Slaves (Great-Britain, France), signed at London on 29 May 1845, 33 BFSP (1844-1845), 4.

26 This clause first appeared in Article. 7 of the Regulations for the Mixed Commissions annexed to the 1817 Anglo-Portuguese and Anglo-Spanish treaties, as well as in Article. 6 of the Anglo-Dutch treaty of 1818. Another example of it can be found in Article. 11 of the Anglo-French treaty of 1833 which was later joined by six other countries. Supplementary Convention for the more effectual Suppression of the Traffic in Slaves (Great Britain, France), signed at Paris on 22 March 1833, 20 BFSP (1832-1833), 286.

12,000 "recaptives" as soldiers or sailors between 1808 and 1840.[27] It was understood that the new vocations of the former slaves must not give rise to treatment characteristic of slavery. As this was often not the case, Britain persuaded Spain, Portugal, and several Latin American states to agree to regulations fleshing out the meaning of the effective liberation clause. These regulations took two forms. A short version, comprising eight articles, obliged its signatories to ensure the "permanent good treatment" of liberated Africans, as well as their "full and complete emancipation" (after 1839, this expression was replaced by "full and complete freedom"), adding that this should be done "in conformity with the humane intentions of the High Contracting Parties".[28] The second collection of regulations can be found as annexes to the Anglo-Uruguayan treaty of 1839 and the Anglo-Portuguese treaty of 1842.[29] Comprising 33 articles, they organized a transitional regime during which the former slaves were to familiarize themselves with salaried work, based on coercion and protection against abuses characteristic of slavery.[30]

Whilst internal legislation and treaty provisions both implied that acts of slave trading could be proved by having recourse to a standard of treatment, ultimate proof of the existence of such a standard can be found in the case law of international and domestic jurisdictions favouring treatment over legal status in order to condemn individual ships as slave traders. As a matter of fact, several emblematic cases show that *de jure* considerations, such as the emancipated status of passengers (ii), or even the fact that slavery no longer existed in the country of destination (iii), did not prevent judges from holding, based on a *de facto* standard of treatment, that acts of slave trading had been committed.

27 Flory, supra note 3, 32.

28 Titled 'Regulations for the good treatment of liberated negroes', this kind of regulation was introduced by Article 13 and Annexe C of the Anglo-Spanish treaty of 1835. Such an Annex C was equally mentioned in Article 12 of the Anglo-Chilean treaty of 1839, in Article 11 of the Anglo-Argentinean treaty of 1839, in Article 12 of the Anglo-Bolivean treaty of 1840, and Article 12 of the Anglo-Mexican and Anglo-Ecuadorean treaties of 1841.

29 See Annexe C of these treaties, titled 'Regulations in respect of the treatment of liberated negroes'.

30 Ibid.

II. The preeminence of treatment over individual emancipation certificates

As the "Regulations for the good treatment of liberated negroes" had already indicated, emancipated slaves, despite their status as free persons, were at a particular risk of remaining in practical slavery. Nineteenth-century antislavery courts acknowledged this risk; thus, in the *Uniao* case of 1844, the Anglo-Portuguese Mixed Commission at the Cape used a standard of treatment to hold that emancipated individuals treated as servants and sailors were not slaves (A). In the 1840 case of the *Sénégambie*, British judges in the Gambia and Sierra Leone had already decided that emancipated individuals deported overseas against their will could be considered slaves (B).

A. Emancipated individuals treated as servants and sailors are not slaves: the Uniao case (1844)

Decisions issued by Mixed Commissions for the repression of the slave trade confirm that treatment was indeed a key factor for the purpose of identifying individual cases of trade in slaves.[31] The case of the *Uniao*, judged on 4 November 1844 by the Anglo-Portuguese Mixed Commission at the Cape, is particularly striking in this regard.[32] On 29 July 1844, while anchoring off Quelimane, in Mozambique, the Portuguese brig *Uniao* was captured by two Royal Navy sloops. Their commanders had decided to act after making two observations. First, they had found various fittings on board the *Uniao* which they deemed unusual for a ship engaged in legitimate trade, and rather evocative of the items listed by the 1842 Anglo-Portuguese treaty's "equipment clause".[33] Second, during their inspection of the *Uniao*, the British naval officers had found "six negroes, supposed to be slaves". Stating that they feared for their safety on board the *Uniao*, they had

---

31 The Foreign Office transferred the decisions issued by these Mixed Commissions to the House of Commons which published them within the special series of its Blue Books dedicated to the suppression of the slave trade. This series was later reedited by the Irish University Press: British Parliamentary Papers – Slave Trade, Shannon, Irish University Press, 1968-1971 (hereafter BPP: Slave Trade). For the decisions issued by Mixed Commission, see 9-51 BPP: Slave Trade (1823-1869).

32 For all essential documents relating to this case (correspondence, judgments, witness statements, expert reports, etc.), see 29 BPP: Slave Trade (1846), Class A, No. 260, 611-663.

33 Ibid., 618.

been transferred to the *HMS Bittern*.[34] However, once the alleged slaver had been brought to the Cape for judgment by the local Anglo-Portuguese Mixed Commission, the facts soon proved more complex than in the captor's version. The discussion of the facts by the parties shows that, in case of doubt, the only efficient way to prove an act of slave trading was to prove the existence of a certain standard of treatment with regard to its alleged victims. This applied both to the ship's equipment and the condition of the Africans found aboard.

Thus, a commission of survey appointed by the Mixed Commission found that most fittings described by the captors as "suspicious" (e.g. a large main hatchway, additional partitions on a second deck, a fireplace larger than necessary for the crew) were actually quite compatible with those of a ship engaged in legitimate trade.[35] The commission itself determined that the ship's cargo, which included large quantities of rice, was legitimate.[36] The rice's inferior quality had initially raised suspicions: one witness had claimed that it was inedible for Europeans, and only fit to be fed to slaves.[37] This account was later challenged by other witnesses on two grounds: first, this type of rice was apparently quite commonly exported to London, where it was used as soup-rice; second, rice found on slavers was actually "rather more weevil-eaten" than the one found aboard the *Uniao*.[38] Since neither the ship's fittings nor its cargo were clearly indicative of an act of slave trading, the commission eventually concentrated on another piece of equipment mentioned by Article 9 of the 1842 treaty, namely, the presence of shackles, bolts, and handcuffs. Quite strikingly, the captor's declaration did not list any of these items, only "several iron bars".[39] Eventually though, once the ship had been brought to the Cape, various bolts were retrieved from it. One witness who had examined them at the Queen's warehouse stated that they could have been used to confine several men.[40] Convinced that a close examination of these bolts would provide decisive proof of the *Uniao*'s true nature, the Mixed Commission had the equipment brought before them, and they were subjected to the scrutiny of a shipwright and a commission of survey. All eventually agreed that only

---

34 Ibid., 618-619.
35 Ibid., 636-637.
36 Ibid., 618.
37 Ibid., 630.
38 Ibid., 632-633.
39 Ibid., 618.
40 Ibid., 629-630.

one bolt could have been used as a shackle.[41] Now, as noted by one witness, having an instrument "for the purpose of confining refractory people" was rather common for a merchant vessel at that time.[42] Eventually, not even the attorney-general, speaking on behalf of the captors, was ready to declare that there had been slave shackles on board the *Uniao*.[43] Accordingly, the Mixed Commission concluded that no slave-trading equipment within the meaning the 1842 treaty had been found.[44]

Irrespective of its equipment, the *Uniao* could have been lawfully detained and judged had its captors proved that the Africans found aboard had indeed become the victims of the slave trade. Here, too, unforeseen difficulties emerged. The first obstacle was the Africans' legal status. Contrary to their earlier declarations, the six Africans found aboard the *Uniao* were no longer slaves, at least according to Portuguese domestic law. One of them, who went by the name of "Joze Mozambique", was very likely a free man, and served as a personal attendant to one of the passengers.[45] As for the five remaining Africans, they had been manumitted by the *Uniao*'s captain shortly after entering his service as sailors. The corresponding deeds of manumission, bearing the signature of a notary in Mozambique, had been given to the captors, who transferred them to the Mixed Commission.[46] Furthermore, the five Africans in question were listed as crew members on the *Uniao*'s manifest.[47] It should be noted that in the eyes of the Mixed Commission, authentic documentary proof of legal status under domestic law was clearly not sufficient to dispel doubts about the Africans' possible status as traded slaves under the 1842 treaty. As mentioned earlier, this treaty defined the slave trade as:

> [t]he infamous and piratical practice of transporting the natives of Africa by sea, for the purpose of consigning them to slavery.

41 Ibid., 616 and 636-637.

42 Ibid., 633.

43 Ibid., 617-618.

44 Ibid., 618.

45 Documents provided by the Mixed Commission give little information about "Joze Mozambique", apart from the fact that he was the only African who had embarked on the Uniao of his own free will. It should also be noted that he was also the only African who refused to re-embark on the ship after its release. The commissioners' report adds that Joze Mozambique's master "[offered] no opposition to his leaving his service", ibid., 613, 626.

46 Ibid., 622-623.

47 Ibid., 619-620.

This definition could very well apply to persons who, under domestic law, were not anymore, or not yet, considered as slaves. In the case of the *Uniao*, the captain's attitude toward his African crew members was hardly irreproachable. When called before the Mixed Commission, all of them testified that they had boarded the *Uniao* against their will. All of them appeared to have been sold to the captain, including those who had stated that they had been free men until then.[48] However, for the attorney-general before the Mixed Commission, legal status, rather than concrete treatment, seemed to be the key factor. In his view, the mere fact of embarking slaves already constituted an act of slave trading:

> With regard to the negroes, he observed, that one of them Sabino, had not been manumitted till a month after he was shipped, and that two others, named Izidoro and Joze Maria, had also been on board as slaves; whence he contended that the vessel had been employed in the Slave Trade within the meaning of the Treaty, the negro sailors being all purchased, shipped, as they informed the captors, clearly against their will, and made free on the voyage.[49]

The attorney-general's formalistic reasoning was very likely not meant to provide an authentic interpretation of the 1842 treaty, but rather to produce an authoritative argument in order to secure the *Uniao*'s condemnation and the liberation of all Africans found aboard, irrespective of whether they had been manumitted before or after embarkation.[50] The Mixed Commission rejected this approach, favouring reasoning more in line with the 1842 treaty's references to a concrete standard of treatment. The identical questions submitted to the Africans found on the *Uniao* were quite telling in this regard. Apart from the circumstances of their embarkation, the following questions related to their subsequent treatment. Did they consider themselves to be free men? Had they been informed of their manumission? What clothes did they wear? Were they subjected to physical abuse? Did they receive remuneration for their work? And if so, how much? Did they want to re-embark on the ship? All of the Africans had an-

48 Two of the five sailors stated that they had embarked on the Uniao as free men, but that they had been ordered to do so by their "employer". However, owing to the circumstances described by them and other witnesses, it seems pretty straightforward that they had, in fact, been sold to the ship's captain, ibid., 625-626.

49 Ibid., 617.

50 The attorney-general's formalism appears even more specious with regard to his earlier statement that "all [the Africans] were slaves, or recently so", which clearly implied that their status under Portuguese law was not decisive in his eyes, ibid.

swered that they considered themselves to be free men and felt treated as such; that they wore normal clothes; that they had agreed on a salary although not all of them had yet been paid. As to physical abuse, their answers differed: two stated that they had been unfairly beaten; two others declared they had suffered no bodily harm; a fifth declared that he had only been punished for disciplinary offences, as any sailor would have been. Two of the men stated their desire to return on board; whilst the two who had been subject to beatings said that they would prefer to remain at the Cape. A fifth African remained hesitant.[51] The statements were confirmed by a Portuguese passenger, who had reported that all of them had been treated, fed and clad "in the same manner as the white sailors on board".[52] The commission inferred that the Africans of the *Uniao* had indeed been employed as sailors, and were not meant to be "consigned to slavery". Thus, they had not been the victims of an act of slave trading. Upholding the applicant's claims, the commission ordered the ship and its cargo to be released, and its owners to be compensated. All African sailors eventually re-embarked on the *Uniao*.[53]

While the *Uniao* case was decided mainly with regard to objective treatment factors such as clothing and food, an earlier case showed that the subjective element of consent, or rather the lack thereof, could also be a criterion for determining that emancipated Africans were, in fact, treated as slaves.

B. *Emancipated individuals deported overseas against their will are slaves: the Sénégambie case (1840)*

Between France and Great Britain, the question of treatment of emancipated slaves sparked a controversy that would last more than twenty years. France, lacking Britain's naval strength, could not rely on similar numbers of "recaptives" to provide its colonies with labourers and soldiers. In the 1820s, French authorities came up with an alternative solution: the government would buy captives from African chiefs, emancipate them, and deport them to French colonies as indentured labourers. As France knew that her policy of "redemption" ("rachat") was likely to contravene both her

51 Ibid., 625-626.

52 Ibid., 626-627. It should be noted that this assessment might however be questionable, coming from Joze Mozambique's master.

53 Ibid., 613 and 618. The commissioners' report does not provide any information on their subsequent fate.

own legislation for the suppression of the slave trade and the bilateral treaties signed with Britain, she had taken a number of formal precautions. For instance, the French government would only act through foreign intermediaries, who were specifically asked not to transport the slaves bought from African rulers by sea, instead only by land and on internal waters. More characteristically of France's formalistic approach, the intermediaries were ordered to draw up "provisional deeds of future liberation" ("acte provisoire de libération à temps") at the location of the exchange, in order to clarify that the persons bought as slaves would not be resold nor re-enslaved in the future.[54] Despite these precautions, the dreaded diplomatic crisis eventually materialized in 1840, with the capture of the French schooner *Sénégambie*. Under a contract signed with the French authorities in Senegal, the owner of the *Sénégambie* had agreed to provide the colony with "one hundred indentured Blacks intended to form a company of military pioneers at Cayenne" ("cent Noirs, engagés à temps, destinés à former à Cayenne une Compagnie de Pionniers militaires"). In turn, the French authorities had agreed to provide a warship as an escort to the *Sénégambie* from the location where the Africans had been bought to the place where they were to be disembarked. Before they were to disembark, a government official was to draw up deeds of manumission.[55] After entering Gorée with a first shipment of Africans bought in Bissau, the *Sénégambie* embarked on a second voyage. Having called at the port of Bathurst, the main British colony in the Gambia, she was seized by a British cruiser as a slave trader.[56] The owner of the *Sénégambie* was brought before a grand jury at Bathurst and indicted for slave trading.[57] The ship and its crew were transferred to Freetown, and tried by the local British courts.[58] The Vice-Admiralty Court at Freetown decided to condemn the *Sénégambie* as a ship

54 Flory, supra note 3, 39-40.

55 Marché pour le rachat de cent Noirs destinés pour Cayenne, 21 October 1839, 20 BPP: Slave Trade (1841), Class C, 6-7.

56 Messrs. Forster and Smith to Viscount Palmerston, 9 May 1840, 20 BPP: Slave Trade (1841), Class C, 1-2.

57 Regina v. Marbeau, 13 February 1840, 20 BPP: Slave Trade (1841), Class C, 19. After he was formally indicted before the local Court of Session, Marbeau chose to ignore the summons issued by the British authorities in the Gambia. He left the colony and resumed executing his contract with the French government. Flory, supra note 3, 39-40.

58 The French authorities tried to challenge the British courts' jurisdiction by invoking the Anglo-French treaties of 1831 and 1833 which declared that slave ships should be judged by the flag state. M. Dagorme to Lieutenant-Governor Ingram, 14 February 1840, 20 BPP: Slave Trade (1841), Class C, 13-14. The British govern-

fitted for the slave trade.[59] As for the crew, they were handed one-month prison sentences by the local Court of Session.[60] The discussions before all three courts essentially focused on the treatment given to the "redeemed" slaves. In order to distinguish the latter from victims of the slave trade, the French authorities had ordered their contractor to provide the indentured Africans with a certain standard of treatment. As a result he was prohibited from chaining them up,[61] and legally bound to provide them with European-style clothes and the native soldier's food ration.[62] In their statements, several of the accused stressed that the "redeemed" Africans, not being in chains, had been free to move about the ship.[63] The court at Bathurst expressly rebutted this argument. Not only did the French policy of "redemption" openly run counter to the letter of British domestic legislation, which outlawed any act of buying slaves, even with the intention of freeing them; it was also manifest that it was ultimately based on coercion. For the court, this was apparent in two ways. In a more general sense, French authorities had made no mention of the captives' prior consent to their serving as indentured labourers at Cayenne. More specifically, with regard to the Africans' treatment on board the ship, the court noted that the French navy had provided the *Sénégambie* with a code of signals that included a flag to be hoisted in the event of a passenger revolt. In the judges' opinion, this treatment was impossible to distinguish from that inflicted on victims of the slave trade, as they concluded that "Such compulsory employment of persons bought at a price for the purposes of labour [constituted], to the best of our judgment, an act of slavery".[64]

---

ment rebutted this argument, since the 1831 and 1833 treaties did not question the signatories' competence to seize and judge slavers found within their respective internal waters. "Acting Lieutenant-Governor Ingram to Governor Dagorme", 17 February 1840, ibid., 15.

59 Vice Admiralty Court of Sierra Leone, 4 March 1840, 20 BPP: Slave Trade (1841), Class C, 31-32.

60 Memorandum containing an abstract of the communication from the Colonial Department on the case of the French schooner 'Sénégambie', 10 June 1840, 20 BPP: Slave Trade (1841), Class C, 39.

61 Flory, supra note 3, 41.

62 Supra note 55.

63 See in particular the witness statement by Sénégal, the captain of the Sénégambie. When asked by the court how the redeemed slaves were treated on board his ship, he declared that they "were not ironed or handcuffed when they came on board, or in any way treated as slaves; they had as much liberty on board as he". The Queen v. Marbeau, 10 February 1840, 20 BPP: Slave Trade (1841), Class C, 17.

64 Regina v. Marbeau, 13 February 1840, 20 BPP: Slave Trade (1841), Class C, 19.

The Foreign Office endorsed this analysis. In a letter addressed to French Prime Minister Adolphe Thiers, the British ambassador to France stressed that the main reason why France and Great Britain were fighting the slave trade was that

> [i]t is an unjustifiable cruelty to seize the natives of Africa, and to carry them away by force from their own country to other parts of the world, in order there to make them perform labour and engage in occupations not of their own choice.[65]

Therefore, hiring "redeemed" slaves against their will was nothing but another form of the slave trade, since

> [t]hese negroes do not enlist, of their own accord, into the French service, but are handed over to the French Authorities by force; they are to be kept down by force during the voyage, and instead of being free agents, when they arrive at the end of their voyage, they are then to be compelled by force to labour. The condition, therefore, of these negroes, notwithstanding the pretended certificate of emancipation, is in all respects that of slavery.[66]

None of the July Monarchy's successive governments endorsed Britain's views on the forcible deportation of "redeemed" slaves: although they somewhat reduced the amount of slaves that were purchased and subsequently freed by France (especially in the vicinity of British colonies), they persistently refused to assimilate "redemption" to the slave trade.[67] France's position would only change with the advent of the second French Republic in 1848, when France's leading abolitionist politician, Victor Schœlcher (1804-1893), became Under-Secretary of the Navy. Schœlcher not only declared that slave "redemption" was counterproductive as it encouraged the slave trade within Africa, but also that it was tantamount to a temporary form of slavery.[68] As a result, the abolitionist decree of 27 April 1848, authored by Schœlcher, abolished both colonial chattel slavery and "the system of temporary indentures established in Senegal" ("le système d'engagement à temps établi au Sénégal").[69]

---

65 Lord Granville to M. Thiers, 16 June 1840, 20 BPP: Slave Trade (1841), Class C, 19.

66 Ibid.

67 Flory, supra note 3, 43-45.

68 Ibid., 44.

69 Décret relatif à l'abolition de l'Esclavage dans les Colonies et Possessions françaises, 27 April 1848, Bulletin des lois, ser. 10, vol. 1, p. 321, Article 2.

However, as subsequent French governments refused to enforce the abolition of slave "redemption",[70] anti-slavery courts were soon confronted with the question of determining whether a state whose domestic law no longer recognized slavery as a legal institution could nevertheless be found in violation of international treaties against the slave trade.

III. The preeminence of treatment over legal abolition

One might have expected that mutual accusations of trading in slaves between European nations would have ceased after most of them had erased the institution of slavery from their domestic legislations. As a matter of fact, in as early as 1839 the Anglo-Portuguese Mixed Commission at Freetown had briefly raised this question in an *obiter dictum* without providing an answer.[71] Subsequent international practice would show that an abolitionist country could very well be accused of trading in slaves. Indeed, accusations of slave trading made during two prominent cases involving French ships would eventually persuade France to replace her practice of forcibly recruiting African labourers for deportation overseas,[72] by a policy

70 Even the Second French Republic (1848-1852) put an entire end to the policy of immigration by "redemption". The Second French Empire (1852-1870) resumed this policy on a massive scale after 1857, before negotiating treaties with Great Britain for the immigration of Indian coolies in 1860 and in 1861. Flory, supra note 3, 44-45, 59-81.

71 In December 1838, the Portuguese schooner Aurelia Feliz was captured by the Royal Navy as a slaver because it carried a young boy bought on the island of Bolama, in present-day Guinea-Bissau, which was at that time disputed between Great Britain and Portugal. The Mixed Commission at Freetown, before releasing the ship on the ground that the young slave was employed on board as a cabin-boy, and had therefore not been shipped "for the purposes of the traffic", noted that it was "unnecessary to enter upon the questions, whether the Island of Bulama [sic] be British or Portuguese territory, or whether we can presume the possibility of any person existing in a state of slavery whilst under the nominal protection of British law". Report of the case of the Portuguese Schooner Aurelia Feliz, Manoel de Jesus Silva, Master, 14 February 1839, 18 BPP – Slave Trade (1840), Class A, 98-99 (emphasis added).

72 Based on a decree of 1852, the French system for the recruitment of African labourers theoretically ensured that government officials verify the consent of the indentured African emigrants and their humane treatment on board the ships that carried them to the Americas. France, Décret sur l'émigration d'Europe et hors d'Europe à destination des Colonies françaises, 27 March 1852, Bulletin des lois, ser. 10, vol. 9, 1018, in particular Article 8. In practice, the emigrants' consent was often doubtful, since they were either "redeemed" slaves or had been encour-

of voluntary Asian immigration regulated in such a way as to ensure the humane treatment of the workers concerned.[73] Although these cases did not result in trials, they saw the use of evidence similar to that of the *Uniao* and *Sénégambie* cases (A). In 1872-1875, Japan used the *Maria Luz* case to show that the international legal notion of slavery could also be used for the suppression of practices relating to the exploitation of indentured workers that were not Africans (B).

A. *Even an abolitionist state can be found guilty of treating people as slaves: the Regina Cœli and Charles-et-Georges cases (1857-1858)*

The first case that attracted international attention to the French labour recruitment system in Africa was that of the *Regina Cœli*.[74] In April 1858, the French consul at Monrovia had requested the assistance of his British homologue in order to recapture the *Regina Cœli*, a French ship whose passengers, all of which were "emigrants" recruited on the coast of Liberia, had revolted against the crew, slaughtering almost everyone. The mission was entrusted to a captain of the British mail steamer *Ethiope*, who ensured the peaceful surrender of the "pirates".[75] The British authorities soon discovered the reasons behind the revolt: most of the 170 passengers had been bought as slaves; only a minority had embarked of their own free will as labourers bound for the French colony of Réunion; all of them, "redeemed" slaves and free labourers alike, had been put into chains immediately after embarking (their wrists and ankles still bore the marks of this treatment).[76] Once it had been towed back to Monrovia, the *Regina Cœli* was handed over to a Liberian Admiralty Court for adjudication of its salvage.[77] Rather than risking a discussion of the circumstances of the capture, France decided to put an end to the procedure by having one of its warships illegally secure the vessel. Liberia's president solemnly protested this unilateral action, adding that the French ship had been guilty of trad-

aged to board the emigration ships under false pretenses. As for the conditions on board these ships, they resulted in a mortality rate almost as high as that observed during the final years of the legal slave trade. Flory, supra note 3, 151-214, 241.

73 Ibid., 68-103.

74 For the facts at hand and the parties' arguments, see 49 BFSP (1858-1859), 1011-1014, 1019-1024.

75 Consul Campbell to the Earl of Malmesbury, 30 April 1858. Ibid,. 1022-1024.

76 Mr. Croft to Consul Newnham, 15 April 1858, ibid., 1011-1014.

77 Mr. Moore to Consul Newnham, undated, ibid., 1022.

ing in slaves.[78] Several months earlier, the French Minister of Foreign Affairs, who was aware that his country might face this kind of accusation, had already denied all British accounts of Africans having been put in chains and mistreated on board the *Regina Cœli*.[79]

From December 1857 to October 1858, a second case, that of the *Charles-et-Georges*, almost resulted in a war between France and Portugal.[80] The facts at hand closely resembled those of the *Regina Cœli* case. The *Charles-et-Georges* had received written instructions by French authorities to sail to Mozambique, where she was to embark African indentured workers bound for the island of Réunion. The Portuguese authorities in Mozambique had marked their disapproval of this venture. The *Charles-et-Georges* moved off the colony, but subsequently re-appeared at another point of the coast, where it embarked 110 Africans. The Portuguese governor-general, who had expected such a move, had the ship seized and appointed a commission to investigate the circumstances which had given rise to the capture.[81] In its report, the commission not only addressed the ship's equipment, which it held to be that of a slave ship, but also the condition of the Africans found aboard it. While it recognized that none of the Africans had been found imprisoned, it immediately added that "this was owing to the greater part being old men and children". All declared that they had been sold and forced to embark against their will. As an additional formal criterion, it was also noted that the captain had not been able to present passports or labour contracts for his passengers. From these facts, the commission concluded that the *Charles-et-Georges* had been in violation of the Portuguese decree of 10 December 1836 against the slave trade.[82] The Governor-general decided to transfer the case to the local court which confirmed the commission's report and condemned the vessel and her captain, while the remaining crew members were released, together with the French government official found aboard the ship.[83] The French government was infuriated by this decision, even though the Por-

78 Message of the President of Liberia, on the Opening of the Legislature, 9 December 1858, ibid., 81-82.

79 Earl Cowley to the Earl of Malmesbury, 22 June 1858, ibid., 1040.

80 For a rather complete account of the case, see, 49 BFSP (1858-1859), 599-697.

81 Mr. Howard to the Earl of Clarendon, 17 February 1858, ibid., 600-602.

82 Report of the Commission appointed by the Governor-general of Mozambique to investigate the circumstances under which the French barque Charles-et-Georges was captured on the coast of Quitangonha by the Portuguese man-of-war Zambesi, 1 December 1857, ibid., 617-619.

83 Sentence, 8 March 1858, ibid., 630-632.

tuguese had made it clear that the French official was not to blame in any way. For France, condemning a ship with a French state agent on board as a slaver was all the more intolerable as it implied that an abolitionist government could in fact be accused of slavery.[84] When the owners of the *Charles-et-Georges* appealed the decision of the Mozambique court before the Court of *Relaçao* in Lisbon,[85] France demanded the ship's immediate release,[86] and backed up its demand by sending a naval squadron into the Tagus estuary.[87] Confronted with the threat of having their capital subjected to naval bombardment, the Portuguese government eventually gave in, handing over the vessel and her captain to the French authorities.[88] The case of the *Charles-et-Georges* sparked considerable unease amongst other European governments[89] and international law scholars such as Paul Pradier-Fodéré (1827-1904).[90] Napoleon III himself concluded from it that the forced recruitment of Africans, which was impossible to distinguish

84 In a note of 14 September 1858 addressed to the Portuguese prime minister, the French ambassador stressed that the Charles-et-Georges had operated with the assent of the French government and under the supervision of a French government agent. As this "[excluded] the very possibility of accusing, or even suspecting, [the ship of having committed an act of] slave trading, the Government of the Emperor [could] not tolerate that the Charles-et-Georges be considered a slaver and judged accordingly". ("[C]es actes incontestables émanés d'une autorité française [excluaient] jusqu'à la possibilité d'une accusation ou même d'un soupçon de traite, le Gouvernement de l'Empereur n'admet pas que le Charles-et-Georges ait put être considéré et jugé comme négrier"). The Marquis de Lisle to the Marquis de Loulé, 14 September 1858, ibid., 627.

85 Mr. Howard to the Earl of Malmesbury, 16 August 1858, ibid., 610.

86 Earl Cowley to the Earl of Malmesbury, 2 October 1858, ibid., 624.

87 Mr. Howard to the Earl of Malmesbury, 4 October 1858, ibid., 642.

88 Extract from the Diario do Governo, 25 October 1858, ibid., 682-684.

89 As noted by H. F. Howard, the British ambassador to Portugal, "the conduct pursued by the French Government in sending a squadron here to intimidate the Portuguese Government, before even the answer of the latter had been taken into consideration, is very generally blamed by the foreign diplomatists here, and more particularly by the Representatives of the weaker Powers". Mr. Howard to the Earl of Malmesbury, 8 October 1858, ibid., 656.

90 Pradier-Fodéré, who authored the 19th century's most comprehensive French-language manual of international law, deplored that the question whether the Charles-et-Georges was indeed a slaver (which, in his eyes, was a perfectly legitimate one) had not been "resolved according to principles, but […] settled by force, as is all too often the case when a weak state is in conflict with a powerful state" ("résolue d'après les principes, mais […] tranchée par la force, comme cela n'a lieu que trop souvent, lorsqu'un État faible se trouve en conflit avec un État fort"). P. Pradier-Fodéré, Droit international public européen et américain, vol. 5 (1891), 1065-1067.

from the slave trade, and, therefore, "[contrary] to progress, humanity, and civilization", should be replaced by "free Indian coolie labour".[91] Less than three years later, France abandoned her policy of "redemption" by signing a treaty with Britain allowing her to recruit Indian contractual workers[92] for all of her colonies.[93]

91 In a letter to his cousin Prince Jérôme, Louis-Napoléon Bonaparte explained his policy change as follows: "I demanded that Portugal restitute the Charles-et-Georges, because I will always maintain the integrity of the national flag. In regard to this matter, only my deep conviction that I was in my right could persuade me to jeopardize the friendly relations I gladly maintain with the King of Portugal. However, as regards the principle of indenturing blacks, my mind is hardly made up. If, indeed, workers are recruited against their will on the shores of Africa, if this recruitment is nothing but a form of slave trade in disguise, I will not have it, not at any price. For most certainly I shall nowhere encourage any venture contrary to progress, to humanity, to civilization. I therefore urge you to seek out the truth, using the same zeal and intelligence you apply to all matters you deal with. And since the best way of putting an end to these continual causes of conflict would be to replace black labour with free Indian coolie labour, I ask you to come to an understanding with the Ministry of Foreign Affairs in order to resume negotiations with the British government [to that end]". ("J'ai réclamé énergiquement auprès du Portugal la restitution du Charles-et-Georges, parce que je maintiendrai toujours intacte l'indépendance du drapeau national; et il m'a fallu dans cette circonstance, la conviction profonde de mon bon droit pour risquer de rompre avec le Roi du Portugal les relations amicales que je me plais à entretenir avec lui. Mais, quant au principe de l'engagement des noirs, mes idées sont loin d'être fixées. Si, en effet, des travailleurs recrutés sur la côte d'Afrique n'ont pas leur libre arbitre, et si cet enrôlement n'est autre chose qu'une Traite déguisée, je n'en veux à aucun prix. Car ce n'est pas moi qui protégerai nulle part des entreprises contraires au progrès, à l'humanité, et à la civilisation. Je vous prie donc de rechercher la vérité avec le zèle et l'intelligence que vous apportez à toutes les affaires dont vous vous occupez; et comme la meilleure manière de mettre un terme à des causes continuelles de conflit serait de substituer le travail libre des coolies de l'Inde à celui des nègres, je vous invite à vous entendre avec le Ministre des Affaires Étrangères, pour reprendre, avec le Gouvernement Anglais, les négociations [en ce sens]"). "The Emperor to his Imperial Highness the Prince in charge of the Ministry of Algeria and the Colonies", 30 October 1858, Le Moniteur universel du soir, 8 November 1858.

92 Convention relative to the Emigration of Labourers from India to the French Colonies (France, Great Britain), signed at Paris on 1 July 1861, 51 BFSP (1860-1861), 35. The treaty was followed by a unilateral declaration in which Napoleon III, abandoning his former reference to the consent of workers in favour of a purely formalistic criterion, underscored that France's former policy of "redeeming" slaves had not been, in fact, tantamount to trading in slaves: "It should be recognized that his form of recruitment is entirely different from the slave trade; as a matter of fact, whereas the [slave trade] originated and resulted in

However, replacing African migrant workers with Asians did not put an end to the question of whether some of these non-European workers were subjected to a treatment prohibited under international legal rules against the slave trade.

B. *Toward freedom from slavery as a universal human right: the Maria Luz case (1872-1875)*

The Anglo-French convention of 1861, with her detailed regulations on workers' consent,[94] conditions of transportation,[95] and working conditions,[96] did everything to ensure that Indian coolies would not be subject-

---

slavery, [slave "redemption"], on the contrary, leads to freedom. The negro slave, once he becomes an indentured labourer, is free, and not bound by any obligations save those contained within his contract. However, doubts have been raised about the consequences that these indentures might have upon the African populations. It was asked whether the price paid for redemption did not in fact encourage slavery. […] We must [now] find in India, in the French possessions of Africa, and in those lands where slavery is prohibited, all the free workers that we need." ("Ce mode de recrutement, il faut le reconnaître, diffère complètement de la Traite; en effet, tandis que celle-ci avait pour origine et pour but l'esclavage, celui-là, au contraire, conduit à la liberté. Le nègre esclave, une fois engagé comme travailleur, est libre, et n'est tenu à d'autres obligations que celles qui résultent de son contrat. Toutefois, des doutes se sont élevés quant aux conséquences que ces engagements peuvent avoir sur les populations Africaines. On s'est demandé si le prix de rachat ne constituait pas une prime à l'esclavage. […] Nous devons [désormais] trouver dans l'Inde, dans les possessions françaises de l'Afrique, et dans les contrées où l'esclavage est proscrit, tous les travailleurs libres dont nous avons besoin"). "The Emperor of the French to the Minister of Marine and of the Colonies", 1 July 1861, ibid., 48.

93 One year before, the two powers had already signed a similar convention restricted to workers bound for the island of Réunion: Convention relative to the Emigration of Labourers from India to the Colony of Réunion (France, Great Britain), signed at Paris on 25 July 1860, 50 BFSP (1859-1860), 86.

94 Article 6 of the treaty bound the parties to ensure that the emigrant "that his engagement is voluntary, that he has a perfect knowledge of the nature of his contract, of the place of his destination, of the probable length of his voyage, and of the different advantages connected with his engagement". Moreover, Article 9 limited the duration of the contracts to five years, supra note 92.

95 Pursuant to the treaty of 1861, emigrants were entitled to clothes and a double blanket in winter (Article 13), access to a "European surgeon" and an interpreter (Article 14). The size of their cabins was also regulated (Article 15). Ibid.

96 Thus, the working time was limited to nine hours and a half day over six days a week (Article 10), ibid.

ed to a treatment which international and domestic courts had identified as a characteristic of slavery. Other agreements relating to Asian migrant workers contained comparable provisions.[97] As early as the 1840s, the practice of recruiting Asian workers on long-term indentures in order to ship them off to the Mascarene Islands, Africa, and the Americas, had sometimes been described as "coolie trade".[98] Scholars regularly raised the question whether it could degenerate into slavery.[99] Elements of state practice confirmed that the boundaries between slave labour and coolie labour may be fleeting: thus, during the US Civil War, Congress had passed a bill prohibiting the "coolie trade",[100] using the same wording the US Constitu-

97 Great Britain concluded another treaty for the regulated emigration of Indian workers with the Netherlands: Convention relative to the emigration of labourers from India to the Dutch Colony of Surinam (Great Britain, Netherlands), signed at the Hague on 8 September 1870, 60 BFSP (1869-1870), 22. The end of the 1870s also saw the conclusion of conventions regulating the emigration of Chinese workers: Convention for regulating the emigration of Chinese subjects to Cuba (China, Spain), signed at Peking on 6 December 1878, 69 BFSP (1877-1878), 362; Treaty for the Regulation of Chinese immigration into the United States (China, United States), signed at Peking on 17 November 1880, 71 BFSP (1879-1880), 103. Hawaii also concluded two conventions guaranteeing the individual freedom and good treatment of immigrants from Japan and Portuguese colonies: Convention for regulating, temporarily, commercial relations and emigration (Hawaii, Portugal), signed at Lisbon on 5 May 1882, 73 BFSP (1881-1882), 561; Convention respecting Emigration (Hawaii, Japan), signed à Tokyo on 28 January 1886, 77 BFSP (1885-1886), 941.

98 See in particular F. M. Farley, The Chinese Coolie Trade 1845-1875, 3 Journal of Asian and African Studies (1968), 1, 257-270, and H. Tinker, A New System of Slavery: The Export of Indian Labour Overseas 1830-1920, 2nd ed. (1993).

99 In a first phase, critics of the "coolie trade" focused on recruitment and transportation conditions. At the end of the 19th century, it was the coolies' labour conditions that persuaded prominent figures like Victor Schœlcher and Paul Leroy-Beaulieu (1843-1916) to brand it as a form of slavery. J. Weber, L'émigration indienne à la Réunion: 'contraire à la morale' ou 'utile à l'humanité'? (1829-1860), in E. Maestri (ed.), Esclavage et abolitions dans l'océan Indien (1723-1860) (2006), 327-328.

100 Act to Prohibit the 'Coolie Trade' by American Citizens in American Vessels, 18 February 1862, 68 BFSP (1876-1877), 441-443. Pursuant to this Act, "no citizen or citizens of the United States, or foreigner coming into or residing within the same, shall for himself or for any other person whatsoever, either as master, factor, owner, or otherwise, build, equip, load, or otherwise prepare any ship or vessel, or any steam-ship or steam-vessel, registered, enrolled, or licensed, in the United States, or any port within the same, for the purpose of procuring from China, or from any port or place therein, or from any other port or place, the

tion had used to refer to slaves.[101] The realization that the use of Asian migrant labour might lead to new forms of slavery called for a reform of the international legal vocabulary against slavery, which since the 1815 Vienna Declaration had been largely focused on the suppression of the "trade in African negroes" ("la traite des nègres d'Afrique").[102] In 1879, the German legal scholar Carl Gareis (1844-1923) took up this challenge by sketching out a broader theoretical framework for international antislavery law.[103] For Gareis, the transatlantic slave trade and the worst forms of coolie trade were both particular manifestations of the slave trade (*Sklavenhandel*), a term which he suggested be replaced by the more universalist "trade in human beings" (*Menschenhandel*).[104] Although Gareis himself believed that his conception of slavery did not entirely correspond to 19th century positive international law,[105] the outcome of a recent dispute between Japan and Peru proved that his views were, on the contrary, validated by elements of state practice.

On 10 July 1872,[106] the Peruvian bark *Maria Luz*, while engaged in the transportation of Chinese coolies from the Portuguese colony of Macao to Peru, had pulled into the port of Yokohama under stress of weather.[107] After one of the coolies had jumped overboard and sought refuge on a British warship, the British *chargé d'affaires* decided to make an unofficial inquiry into conditions on board the *Maria Luz*. Having found that the coolies were showing signs of ill-treatment, he requested the Japanese au-

inhabitants or subjects of China, known as 'coolies', to be transported to any foreign country, port, or place whatever, to be disposed of, or sold, or transferred, for any term of years or for any time whatever, as servants or apprentices, or to be held to service or labour" (emphasis added).

101 United States, Constitution, signed at Philadelphia on 17 September 1787, Article IV, Sect. 2, paragraph 3: "No person held to service or labour in one state, under the laws thereof, escaping into another, shall, in consequence of any law or regulation therein, be discharged from such service or labour, but shall be delivered up on claim of the party to whom such service or labour may be due" (emphasis added).

102 Déclaration des Puissances sur l'abolition de la traite des Nègres (Austria, Spain, France, Great Britain, Portugal, Prussia, Russia, Sweden-Norway), signed at Vienna on 8 February 1815, 3 BFSP (1815-1816), 971-972.

103 C. Gareis, Das heutige Völkerrecht und der Menschenhandel (1879).

104 Ibid., 5-8.

105 Ibid., 26-34.

106 In the Sabansho, before his Excellency Oye Tak, Governor, this day, 18 September 1872, Foreign Relations of the United States (hereafter FRUS), 1873-1874, vol. 1, 544.

107 Mr. Watson to Soyeshima Tane-omi, 3 August 1872, ibid., 529.

thorities to detain the ship and interrogate the crew.[108] The request was granted, and the Chinese passengers were brought ashore.[109] Since they did not want to return on board, and the Japanese authorities refused to force them back, the ship's captain sued them individually for breach of contract before a local judge at Kanagawa.[110]

As in earlier proceedings dealing with African indentured labourers, discussions before the Kanagawa court largely focused on the passengers' treatment, including their informed consent to their contracts, rather than simply acknowledging their status as free individuals under Peruvian law (Peru had formally abolished slavery in 1854[111]). The claimant's version was, in substance, that the Chinese had embarked by their own free will after signing valid contracts whose terms they had fully understood.[112] Their accommodation and food were allegedly better than those of the crew.[113] All had been happy before entering Japanese waters; none had been flogged or chained up, except those guilty of disciplinary offences.[114] These declarations contrasted with those made by the coolies themselves,[115] a Chinese doctor,[116] and the British *chargé d'affaires*.[117] Even the claimant's account contained enough contradictions to make it seem

108 Ibid., 530.

109 Mr. De Long to Mr. Fish, 3 September 1872, ibid., 524-525.

110 For a copy of the court proceedings and judgment in the matter of Heriero vs. Chinese (sic): supra note 106, 533-553.

111 Peru, Decreto de la Abolición de la Esclavitud, 3 December 1854, available at http://www.ensayistas.org/antologia/XIXE/castelar/esclavitud/peru.htm (last visited on 29 September 2018).

112 Supra note 106, 535-536.

113 Ibid., 539.

114 Ibid., 535.

115 Several of the coolies mentioned that food was insufficient and that they had been beaten. In addition, "Coolie No. 8" said that the captain had ordered him to beat "Coolie No. 5" with a stick, and that he had been "forced to sign [his own indenture] by a foreigner". "Translation from Japanese minutes of visit to ship, return, and report of Hayoshi Gontenji and Geo. Hill", 15 August 1872, FRUS, 1873-1874, vol. 1, 594-595.

116 The doctor, Chum Ping Him, stated that those who had revolted against the captain had been "beaten very hard with rattans, and then with a bull's hide". Generally, he thought that the coolies "would be better off in their villages than on the ship, as they would be free and not confined", supra note 106, 542-543.

117 During his short visit aboard the Maria Luz, the British chargé d'affaires in Japan, R. G. Watson, had "found many of the coolies debilitated, emaciated, and suffering, and all apparently in a very melancholy and unhappy condition". He took measurements of their space, and found it to be too small. He also "observed marks about the legs of the men and scrofulous marks", ibid., 543-544.

rather dubious. Thus, the captain recognized that he had embarked twelve boys, taken from their parents in exchange for money. He added that he had done this in his personal capacity, since the charter-party disapproved of this practice.[118] He also confessed that those flogged and chained had been punished either for secretly selling tea to the other passengers (which called into question his earlier declaration that passengers had permanent access to tea),[119] or for conspiring twice to "make a revolution on board".[120] Worse still, several members of the crew recognized that three passengers had committed suicide by jumping overboard and that others had collected straw to set fire to the ship.[121] In its judgment, the court at Kanagawa dismissed the captain's claim. Its essential holding was that the long-term indentures signed by the coolies of the *Maria Luz* had effectively reduced them, "[s]ubstantially", to the "practical status" of "slavery", as they could be assigned from one employer to another against their will, and had been left ignorant of the law that would govern their indentures (as had the court). Thus, enforcing these contracts – which, in any case, had been rendered void by the abuse later inflicted upon the coolies – would have been contrary to Japanese public policy.[122]

Peru, infuriated by this decision, sent a plenipotentiary to Japan, entrusting him with the mission to obtain reparations before establishing formal treaty relations between both countries.[123] According to the Peruvian minister, the Kanagawa court had lacked impartiality in assessing the coolies' condition: far from being a new form of the slave trade, the "so-called coolie trade" was in fact "nothing else but the free and spontaneous emigration of a very small part of the exuberant population of the celestial empire, which is frequently subject to the horrors of hunger, wars, and pestilence, unavoidable among so an immense an accumulation of people". Their attempts to escape from the ship had merely been caused by "the *ennui* which life on board always causes to those who are not accustomed to it". In any case, the passengers of the *Maria Luz* were no slaves, as "slaves [could] not exist" in abolitionist Peru.[124] The Japanese Minister of Foreign Affairs gave a biting reply to these arguments. He clarified that his govern-

118 Ibid., 537.
119 Ibid., 536-537.
120 Ibid., 537.
121 Ibid., 539-542.
122 Ibid., 548-552.
123 Mr. De Long to Mr. Fish, 9 March 1873, FRUS, 1873-1874, vol. 1, 572-582.
124 Minister of Peru to Minister of Foreign Affairs, 31 March 1873, FRUS, 1873-1874, vol. 1, 586-594.

ment's inquiry into the situation on board the *Maria Luz* had been triggered by "the beating, maiming, and imprisonment of persons whom to the last hour, Captain Heriera designated as passengers". Quoting extensively from the accounts made by individual coolies (whom he referred to by their names, rather than assigning them a number), he concluded that "[i]t was unmistakably shown that [they] were dissatisfied with their treatment, and alarmed about the prospects for their future". He reminded the Peruvian minister that they had been preparing "to sacrifice their lives by setting fire to their ship at sea", hardly a usual occupation for "free passengers" plagued by *ennui*. In any case, for Japan, it was out of the question to "drive them outside of the protection to which they were entitled [...] by the laws of humanity [...]".[125]

Japan and Peru eventually agreed to refer the matter to the arbitration of the Russian Czar, who ruled in favour of Japan.[126] Although the arbitrator did not specify the reasons for his decision, prominent legal scholars of the period acknowledged the award as an important legal development, especially with regard to the notion of public policy in private international law.[127] In my view, the *Maria Luz* case should also be seen as an early attempt to extend the international fight against slavery and the slave trade; so as to encompass the worst forms of unfree labour, even those practiced by states that no longer recognized slavery as a legal institution, and, irrespective of the origins of its victims. As a matter of fact, in his 1883 international law manual, the presumed author of the Russian award of 1875, Fyodor Martens (1845-1909),[128] gave a very broad definition of slavery in international law. In his view, slavery was first and foremost a question relating to "human rights" (*droits de l'homme*), because "[all] civilized states agree that man is a person" ("[tous] les États civilisés s'accordent sur ce point que l'homme est une personne"), endowed with "imprescriptible rights [which states] must respect in their relations with each other" ("des droits imprescriptibles [que les États] doivent respecter dans leurs relations

125 Mr. De Long to Mr. Fish, 19 June 1873, FRUS, 1873-1874, vol. 1, 607-616.

126 For the two protocols signed by the parties on 19 and 25 June 1873, as well as the award of the Russian Czar, given on 17 (29) May 1873: H. La Fontaine, Pasicrisie internationale (1902), no. LIX, 197-199.

127 See in particular L. Strisower, Affaire des navires Creole et autres: note doctrinale, in A. La Pradelle, N. Politis (eds.), Recueil des Arbitrages Internationaux, vol. 1 (1905), 706. Several manuals also mentioned the case: A. Rivier, Principes du droit des gens, vol. 1 (1896), 150-151. H. Bonfils, P. Fauchille, Manuel de droit international public (1914), 667.

128 C. G. Roelofsen, International Arbitration and Courts, in B. Fassbender, A. Peters, The Oxford Handbook of the History of International Law (2012), 163-164.

réciproques").[129] Thus, fighting slavery did not merely mean to abolish it as a legal status, but to guarantee "the absolute respect of the human person" ("le respect absolu de la personne humaine"), which had now become the "guiding principle for European nations in their external relations" ("le principe dirigeant des nations européennes dans leurs relations extérieures").[130] However, it would take Western states another 65 years to formally recognize this principle, by proclaiming the international human right to freedom from slavery.[131]

---

129 F. de Martens, Traité de droit international (1883), 428.

130 Ibid., 430.

131 Pursuant to Article 4 of the Universal Declaration of Human Rights, 'No one shall be held in slavery or servitude; slavery and the slave trade shall be prohibited in all their forms.' Universal Declaration of Human Rights, proclaimed by the United Nations General Assembly on 10 December 1948, A/RES/3/217A.

La qualité étatique accordée par le juge interne : Une reconnaissance procédurale de l'État ?

Mehdi Belkahla[*]

> « La reconnaissance en ce qui concerne les facultés juridiques que le droit commun international attribue [...] n'a pas besoin d'intervenir lorsque ces facultés ne sont pas contestées. En ce cas, elle sera l'œuvre d'un tribunal [...] »[1]

I. Introduction

A. La reconnaissance : des enjeux multiples

La question de la reconnaissance, institution classique du droit international,[2] constitue l'un des sujets les plus fascinants de la discipline.[3] Cette fascination a pu toutefois être supplantée par une forme de frustration, comme en témoignent les propos de J. Dugard selon lequel « [t]out juriste prétendant examiner les mystères de la [...] reconnaissance et ayant pour dessein d['en] fournir une explication cohérente [...] dans le cadre d'une théorie juridique s'exposera immanquablement à la dérision et à la vitupération ».[4] L'expression de son scepticisme n'a évidemment pas entamé sa témérité ni celle de nombreux membres de la doctrine, puisque la reconnais-

---

* Research Fellow à l'Institut Max Planck Luxembourg pour le droit procédural ; Doctorant à l'Université Panthéon-Assas (Paris II).

1 G. Scelle, Règles générales du droit de la paix, 46 R.C.A.D.I. (1933), 327, 379.

2 J. Verhoeven, Les relations internationales de droit privé en l'absence de reconnaissance d'un État, d'un gouvernement ou d'une situation, 192 R.C.A.D.I. (1985), 9, 19 [Verhoeven, Les relations internationales] ; R. Y. Jennings, General Course on Principles of International Law, 121 R.C.A.D.I. (1967), 323, 349 ; J. Chatelain, La reconnaissance internationale, in Ch. Rousseau (dir.), La technique et les principes en droit public : Études en l'honneur de Georges Scelle (1950), 717, 719 : « [...] [C]ertains [...] [ont] vu [dans la notion de reconnaissance] "l'institution fondamentale du Droit des gens" ».

3 J. Verhoeven, La reconnaissance internationale dans la pratique contemporaine : les relations publiques internationales (1975), 1 [Verhoeven, Reconnaissance].

4 J. Dugard, Recognition and the United Nations (1987), 5 [notre traduction].

sance fait encore et toujours l'objet d'une attention particulière. Il apparaît, à cet égard, que trois qualités propres à la question fondent l'intérêt que continuent de lui porter les internationalistes : sa juridicité, sa complexité et son actualité.

Le débat sur l'appartenance de l'institution de la reconnaissance à la discipline juridique n'a jamais cessé d'agiter la doctrine. Certains réalistes affirment ainsi sans ambages son ancrage dans la sphère des relations internationales et de la science politique.[5] Et, il faut en convenir, il serait illusoire de tenter d'imposer un apolitisme absolu à la reconnaissance sans s'écarter dangereusement d'une vérité éprouvée et approuvée.[6] Néanmoins, si d'aucuns ont pu insister plus que de raison sur la prépondérance du politique sur l'ensemble des étapes menant à l'adoption de l'acte de reconnaissance et à ses conséquences,[7] dans leur immense majorité, les internationalistes ont su justifier l'intérêt porté à la reconnaissance par la science juridique.[8] La position de I. Brownlie est à cet égard tout à fait à propos. Il affirme que bon nombre d'aspects attachés à la reconnaissance ont incontestablement une dimension politique, mais pas davantage que toute autre

5 H. Lauterpacht, Recognition of States in International Law, 53 Yale Law Journal (1944), 385, 386 [Lauterpacht, Recognition of States] : « La majorité des auteurs adhèrent à l'idée que l'acte de reconnaissance en tant que tel n'est pas une matière régie par le droit, mais une question de nature politique » [notre traduction] ; R. Bierzaneck, La non-reconnaissance et le droit international contemporain, 8 Annuaire français de droit international (1962), 117, 124 : « On a exprimé bien des fois l'opinion que la reconnaissance, étant un acte de caractère purement politique, ne relève point du droit international ».

6 C. Hillgruber, The Admission of New States to the International Community, 9 European Journal of International Law (1998), 491 : « […] [L]'importance du caractère politique de la reconnaissance d'État est indéniable […] » [notre traduction] ; Jennings, supra note 2, 356 : « En tout état de cause, il y a un manque certain de réalisme de la part des doctrines prônant le fait que les décisions [de reconnaissance] puissent être prises en vertu de motifs purement juridiques sans avoir égard à des motivations politiques » [notre traduction].

7 J. Verhoeven, Droit international public (2000), 74 ; H. Fromageot, Comité d'experts pour la codification progressive du droit international de la Société des Nations, Procès-verbaux de la première session, 7 mai 1925, 40 : « La reconnaissance […] n'est pas une matière qui puisse être réglée juridiquement ; elle est exclusivement d'ordre politique ».

8 E. Wyler, Théorie et pratique de la reconnaissance d'État : une approche épistémologique du droit international (2013), xvi [E. Wyler, Théorie et pratique] : « Nous ne croyons pas que la fécondité d'une analyse politique exclue toute approche juridique ».

question intéressant le droit international.[9] Il s'ensuit que les scientifiques du droit seraient bien affligés s'ils devaient se détourner d'un objet d'étude uniquement parce que celui-ci présenterait des traits extra-juridiques.

Les discussions entourant la question de la juridicité de la reconnaissance laissent poindre toute la complexité du sujet. Il règne, en effet, une quasi-unanimité au sein de la doctrine sur la *reconnaissance* des difficultés posées par la reconnaissance.[10] Les vocables ne manquent pas pour témoigner des obstacles que le juriste doit surmonter pour ne serait-ce que s'essayer à une définition de la notion. Nombreux sont ceux qui parlent de la « confusion »[11] qui enserre la question, tandis que d'autres évoquent de façon plus emphatique « un fardeau de difficultés et de malentendus »[12] en la matière. La rudesse de l'étude de ce sujet a ainsi pu autoriser de nombreuses tentatives de (re-)théorisation.[13]

Ces ambitions doctrinales sont également le corollaire de l'actualité de la question. Récemment, la reconnaissance, sous sa variante étatique ou gouvernementale, a fait l'objet d'un regain d'intérêt au vu des développements qui secouent la société internationale. La série de changements révolutionnaires de gouvernement dans le monde arabe, les velléités de l'Autorité palestinienne d'intégrer certaines institutions internationales ou en-

9 I. Brownlie, Recognition in Theory and Practice, 53 British Yearbook of International Law (1982), 197, 201 ; voir également, R. Lapidoth et K. N. Calvo-Goller, Les éléments constitutifs de l'État et la déclaration du Conseil national palestinien du 15 novembre 1988, 96 RGDIP (1992), 777, 801 : « La reconnaissance obéit principalement à des mobiles politiques, elle ne constitue pas moins un acte juridique ».

10 S. Talmon, Recognition of Governments in International Law: With Particular Reference to Governments in Exile (1998), 21.

11 Ch. H. Alexandrowicz-Alexander, The Quasi-Judicial Function in Recognition of States and Governments, 46 American Journal of International Law (1952), 631 : « [...] [Une certaine] confusion [...] entour[e] les débats [...] sur la question » [notre traduction] ; I. Brownlie, supra note 9, 197 : « La confusion [...] règne [sur la question] » [notre traduction] ; H. Kelsen, Recognition in International Law: Theoretical Observations, 35 American Journal of International Law (1941), 605, 606 [Kelsen, Recognition] : « [...] [L]a confusion prév[aut] » [notre traduction] ; Bierzaneck, supra note 5, 123 : « La doctrine [...] en matière de reconnaissance est confuse et divergente [...] ».

12 F. Münch, Quelques problèmes de la reconnaissance en droit international, in Miscellanea Walter Jean Ganshof Van Der Meersch: studia ab discipulis amicisque in honorem egregii professoris edita (1972), 157, 167.

13 En langue française, une des études de référence est celle de J. Charpentier, La reconnaissance internationale et l'évolution du droit des gens (1956). Pour une étude récente, voir E. Wyler, Théorie et pratique, supra note 8.

core la question controversée des quasi-États[14] représentés par des entités aussi diverses que Taïwan, le Kosovo ou la Transnistrie sont en effet autant de problématiques qui, sans être réduites à la question de la reconnaissance, ont un rapport évident avec celle-ci.

D'autres enjeux non pas inédits mais remarquables ont pu récemment être relevés dans le cadre de la reconnaissance. En effet, il semblerait que le monopole dont pouvaient jouir les exécutifs internes[15] en la matière s'est vu bousculé par des initiatives parlementaires[16] et des incursions judiciaires.[17] Notre contribution se proposera d'étudier les cas, relativement nombreux, où la question de la qualité étatique d'une entité se pose au cours de l'instance, et plus particulièrement les affaires dans lesquelles le juge interne accepte effectivement de se prononcer sur celle-ci en mettant en œuvre une opération juridique spécifique. Certains commentateurs ont pu qualifier très tôt cette pratique de « reconnaissance judiciaire ».[18] De la même manière, nous pourrons envisager dans quelle mesure l'on pourra parler ou non, dans ces hypothèses, d'une *(non-)reconnaissance procédurale*[19] de l'État. Aussi conviendra-t-il de confronter ce phénomène à l'institution

---

14 P. Kolstø, The Sustainability and Future of Unrecognized Quasi-States, 43 Journal of Peace Research (2006), 723.

15 J. Charpentier, La reconnaissance internationale et l'évolution du droit des gens, supra note 13, 3 : « Ce sont les États qui reconnaissent, par l'organe de leurs gouvernements et plus spécialement du pouvoir exécutif ».

16 Certains parlements ont récemment adopté des résolutions appelant leur gouvernement à reconnaître un État palestinien ; voir p. ex., Assemblée nationale de la République française, Résolution portant sur la reconnaissance de l'État de Palestine, n° 439, 2 décembre 2014.

17 Certains auteurs ont pu relever une nette tendance contemporaine de la part de certaines juridictions internes à faire fi de l'absence de reconnaissance par l'exécutif dans la résolution des litiges qui se présentent devant elles. Cette situation semble être le fruit d'une lente évolution ; voir à ce sujet, F. Couveinhes-Matsumoto, L'effectivité en droit international (2014), 274-284, paras 266-273.

18 A. D. McNair, Judicial Recognition of States and Governments and the Immunities of Public Ships, 2 British Yearbook of International Law (1921), 57 ; F. A. Mann, The Judicial Recognition of an Unrecognised State, 36 International and Comparative Law Quarterly (1987), 348 ; Verhoeven, Les relations internationales, supra note 2, 23 : « [...] [D]'aucuns n'ont point hésité à affirmer l'existence d'une reconnaissance en quelque sorte judiciaire, qui exprimerait [...] la reconnaissance autonome d'un juge [...] ».

19 Expression inspirée de la notion « d'État procédural » forgée par E. Wyler, Le droit de la succession d'États à l'épreuve de la fiction juridique, in G. Distefano et al. (dir.), La Convention de Vienne de 1978 sur la succession d'États en matière de traités – Commentaire article par article et études thématiques (2016), 1607, 1655, para 54, [E. Wyler, La succession d'États]. Cette expression permettra également

juridique de la reconnaissance telle qu'elle est classiquement admise en droit international comme acte juridique unilatéral prononcé par le gouvernement d'un État ; acte auquel sont attachées des conséquences juridiques déterminées. Si la formulation du problème en ces termes peut, dès l'abord, faire douter de la pertinence de la qualification de *reconnaissance* pour décrire lesdits phénomènes[20] – notamment au regard de la théorie des actes unilatéraux et plus encore du monopole de l'exécutif dans la conduite des relations internationales –, l'étude exigera, en tout état de cause et au préalable, une tentative de définition de *la* reconnaissance.

B. *La reconnaissance : éléments de définition*

Il apparaît d'emblée que la reconnaissance est une catégorie générale du droit qui ne saurait se limiter à la seule reconnaissance de gouvernement ou d'État ;[21] déclinaison ayant la préférence des auteurs de traités de droit international. Elle peut, à ce titre, se rapporter à maints objets en droit international public[22]: la reconnaissance d'un traité,[23] d'une responsabilité internationale,[24] d'une zone de pêche avec droits préférentiels,[25] etc. Dans cette perspective, M. Jones définit la reconnaissance, « dans un sens générique et large [comme] toute acceptation [...] d'une situation [...] internationale [...] formulée par l'organe exécutif d'un État [...] de manière à [l']engager [...] ».[26] Dans cette formulation, comme dans d'autres, trois élé-

de ne pas confondre le phénomène étudié avec la notion de reconnaissance *de facto*. Voir à ce sujet, infra note 55.

20 Verhoeven, Les relations internationales, supra note 2, 23.

21 Brownlie, supra note 9, 200-202.

22 Jennings, supra note 2, 349 : « [...] [S]es domaine[s] d'application [sont] extrêmement large[s] » [notre traduction] ; J. Combacau et S. Sur, Droit international public, 11è éd. (2014), 289 : « Elle connaît des applications dans la plupart des domaines du droit international ; tout ou presque peut faire l'objet de reconnaissance [...] » ; J. Charpentier, Reconnaissance (1ère publication 1998, actualisation 2009), Répertoire Dalloz de Droit International, para 2 : « Les objets de la reconnaissance sont [...] très divers » ; J. Chatelain, La reconnaissance internationale, supra note 2, 717 : « [La reconnaissance] a [...], par sa nature même, un champ d'application extrêmement vaste et s'étend à toute une série d'hypothèses [...] ».

23 Traité de Versailles, 28 juin 1919, Art. 231, 225 CTS 188.

24 Huilca Tecse c. Pérou, CIADH arrêt du 3 mars 2005, Série C., n° 121, para 103.

25 Affaire de la compétence en matière de pêcheries (Royaume-Uni c. Islande), fond, arrêt, CIJ Rec. 1974, 3, 26, para 59.

26 M. Jones, The Retroactive Effect of the Recognition of States and Governments, 16 British Yearbook of International Law (1935), 42 [notre traduction].

ments de définition sont ici d'une importance notable : le fait, le consentement au fait et l'opposabilité du fait.

Lorsque M. Jones évoque une « situation », d'autres mentionnent un « fait »[27] ou une « situation de fait ».[28] La première pierre d'achoppement de la question de la reconnaissance apparaît ici immédiatement : qui établit le *fait* soumis à reconnaissance ? Posons très simplement l'exemple mentionné de la reconnaissance d'une responsabilité internationale. Dans ce cas, un État établit qu'il y a eu préjudice causé à son endroit. En d'autres termes, l'État supposément lésé établit le *fait* et demande qu'il soit reconnu. Certains ont ainsi pu laisser entendre que l'établissement objectif du *fait* était une chimère et que l'objet de la reconnaissance n'était rien de moins qu'une prétention.[29] De la même manière, dans le cadre de la reconnaissance d'État, ce qui est soumis à la reconnaissance est la revendication de la qualité étatique par les organes mêmes de ce supposé État.[30] Il serait, par conséquent, plus à propos dans notre définition de parler de *proposition de fait* plutôt que de *fait*.[31]

Le deuxième élément saillant de la définition est le *consentement* à la proposition de fait. Il suppose une action unilatérale de la part d'un sujet – typiquement un État – traduisant son acquiescement à la proposition. En d'autres termes, le consentement ne laisse apparaître que l'accord de celui qui l'exprime face à une prétention. Un certain nombre d'auteurs considèrent ainsi que la théorie doit dissocier le consentement à la proposition – et par extension, la *reconnaissance* – de la *connaissance* du fait situé en

---

27 J. Charpentier, La reconnaissance internationale et l'évolution du droit des gens, supra note 13, 3 : « [Les objets de la reconnaissance] ont ceci de commun d'être des faits [...] ».

28 Combacau et Sur, Droit international public, supra note 22, 289 : « La reconnaissance est l'acte juridique unilatéral par lequel un État atteste l'existence à son égard d'une situation de fait [...] ».

29 Brownlie, supra note 9, 202 : « [Il est d'abord] nécessaire de formuler certaines questions quant à "l'ambition factuelle" de l'entité en question avant [...] [d'envisager] les conséquences juridiques auxquelles l'entité peut aspirer » [notre traduction].

30 A. Jolicoeur, De la reconnaissance en droit international, 6 (2) Les Cahiers de droit (1965), 85, 86 : « La reconnaissance juridique d'un État doit d'abord être faite par la communauté qui la compose ».

31 J. F. Williams, La doctrine de la reconnaissance en droit international et ses développements récents, 44 R.C.A.D.I. (1933), 199, 206 : « La reconnaissance [...] est la réponse favorable à une prétention de posséder un certain caractère, un certain "*status*" » ; F. Münch, supra note 12, 158 : « [...] [L]a reconnaissance [...] signifie le consentement à une proposition, son acceptation comme base de la discussion ultérieure et du comportement futur ».

amont de la proposition.[32] En effet, nous l'avons laissé entendre, le *fait proposé* peut être plus ou moins conforme au *fait réel* puisque soumis à la subjectivité de celui qui aspire à sa reconnaissance. Mais, le *fait proposé* pourrait tout aussi bien correspondre à la *réalité*, cependant que tout consentement lui serait dénié.[33] La connaissance ontologique du *fait* n'est, par conséquent, pas la reconnaissance ; laquelle n'est que le consentement libre à la *proposition de fait.*[34]

Le dernier élément de la définition est l'*opposabilité.*[35] Par la reconnaissance de la *proposition de fait*, le sujet « s'engage à […] tirer les conséquences que le droit attache » au *fait* reconnu.[36] Aussi, en reprenant un des exemples susmentionnés, l'État qui reconnaît sa responsabilité pour le préjudice subi par un autre État peut-il s'en voir opposer les implications juridiques ;[37] typiquement une obligation de réparation. Cette opposabilité repose sur le principe fondamental de volonté, que la reconnaissance – en tant que mode de formation volontaire du droit[38] – partage avec la tech-

---

32 Brownlie, supra note 9, 204.

33 Bierzaneck, supra note 5, 123 : « […] [N]ous sommes en présence de discordances flagrantes entre ce qui est reconnu et ce qui existe en réalité ». Ce constat a pu trouver une illustration concrète dans le cas de la Rhodésie du Sud. Voir à cet égard Brownlie, supra note 9, 204 : « Dans [le] cas [de la Rhodésie du Sud,] c'est le statut, et non pas la réalité, qui est refusé » [notre traduction].

34 Williams, supra note 31, 215-216. L'auteur y présente un exemple particulièrement éloquent ; celui de la reconnaissance par Louis XIV du fils de Jacques II comme roi d'Angleterre : « Que fit exactement Louis quand il "reconnut" ainsi "Jacques III" ? Évidemment, il n'admettait pas l'existence d'un fait. "Jacques III" […] n'était pas, en fait, roi d'Angleterre. Louis admettait donc, ou plutôt affirmait, la justesse d'une prétention ; […] il affirmait que pour lui-même, Louis, subjectivement, l'ancien prétendant était bien roi d'Angleterre. […] C'était […] une affirmation de ce que Louis croyait ou prétendait croire ».

35 P. Daillier et al., Droit international public, 8e éd. (2009), 619, para 364 ; Charpentier, Reconnaissance, supra note 22, para 14. Certaines théories interrogent néanmoins les rapports entre reconnaissance et opposabilité. Voir p. ex., Verhoeven, Reconnaissance, supra note 3, 6. Les travaux de la Commission de droit international semblent même suggérer que l'opposabilité ne constitue qu'une des conséquences juridiques de la reconnaissance. Voir à ce titre, V. Rodríguez Cedeño, Rapporteur spécial de la CDI sur les actes unilatéraux des États, Sixième Rapport, A/CN.4/534, para 67.

36 Combacau et Sur, supra note 22, 289.

37 Daillier et al., supra note 35, 619, para 364 : « […] [Le] sujet […] accepte que [la] situation [lui] soit opposable [: il] admet que les conséquences juridiques de [celle-ci] s'appliquent à lui ».

38 Ibid., 393, para 234.

nique conventionnelle.[39] Le consentement exprimé par l'État le liera juridiquement et aura des effets de droit donnés.

Il serait naturellement impossible d'aborder la question de la reconnaissance sans avoir évoqué le schisme qui n'a pas manqué de diviser la doctrine entre les tenants d'une conception constitutive de l'acte de reconnaissance et les partisans de sa nature et sa portée déclaratives.[40] En dépit des qualités de chaque vue et de la tentative de synthèse engagée par H. Lauterpacht qui affirme que « la reconnaissance [est] déclaratoire de faits et [...] constitutive de droits »,[41] elles renferment toutes deux leur propre contrariété. L'approche déclarative conçoit l'acte de reconnaissance comme une simple déclaration de la qualité étatique de son objet : la reconnaissance est extérieure à l'État et ne le constitue, ni ne le crée.[42] En vertu de celle-ci, l'État existe tant et pourvu qu'il réunisse les trois critères prescrits par le droit international : un territoire défini, une population permanente et un gouvernement effectif et indépendant.[43] Il s'ensuit logiquement que la per-

39 Certains vont, par ailleurs, très loin dans l'analogie entre les deux modes de formation du droit. Voir à ce titre H. Kelsen, Théorie générale du droit international public – Problèmes choisis, 42 R.C.A.D.I. (1932), 117, 278-279 : « La reconnaissance n'est donc rien d'autre qu'une convention [...]. [Elle] est [...] tout simplement la convention introductive à laquelle se rattache la naissance de normes juridiques pour certains sujets, et par conséquent la personnalité juridique réciproque de ces sujets. Et en effet, la réciprocité [...] [est] propr[e] à l'idée de reconnaissance » ; A. Lagerwall, Le principe *ex injuria non oritur* en droit international (2016), 506 : « [L']école critique choisit [...] [d']attribuer à l'acte de reconnaissance une nature conventionnelle qui relie la volonté de l'État revendiquant la reconnaissance d'une situation à la volonté d'un autre État acceptant de lui octroyer cette reconnaissance ».

40 Williams, supra note 31, 206 : « Le point principal d'incertitude – de controverse même [...] repose sur la question de savoir si la reconnaissance d'un [...] État [...] est de caractère constitutif ou simplement déclaratoire [...] ».

41 Lauterpacht, Recognition of States, supra note 5, 455 [notre traduction].

42 R. Erich, La naissance et la reconnaissance des États, 13 R.C.A.D.I. (1926), 427, 461 : « Quand un gouvernement étranger reconnaît un nouvel État, il constate, par la même, qu'on se trouve devant un fait, un statut organisé dont l'existence lui paraît incontestable. On le reconnaît parce qu'il existe. On ne le reconnaît pas afin qu'il prenne naissance [...] » ; Williams, supra note 31, 207 : « [La reconnaissance] n'indique pas une opération créatrice d'un fait objectif ».

43 Notre définition s'inspire de certaines positions doctrinales qui font reposer la condition d'indépendance ou de souveraineté – laquelle est fréquemment considérée comme une quatrième condition *sine qua non* – sur le critère du gouvernement. Voir à cet égard E. Jouannet, Le droit international (2013), 40 : « [...] [L]'existence [de l'État] dépend de la réunion d'un certain nombre de faits (terri-

sonnalité juridique précèderait la reconnaissance,[44] et que l'État reconnu ou non serait doté des droits et obligations qu'emporte ce statut.[45] Cependant, si cette approche est pleinement pertinente quant à la suffisance des trois critères originels pour établir le *fait-État*, leur satisfaction ne suffit pas toujours à faire de celui-ci, comme le démontre la pratique, un État au sens juridique ou un *fait juridique-État*.[46] De plus, affirmer que la reconnaissance est un acte purement déclaratoire reviendrait à mettre sérieusement en doute sa nature et ses effets juridiques.[47] La conception constitutive, quant à elle, suggère que la *proposition de fait-État* devient – par le truchement de la reconnaissance agissant comme un prisme – un *fait juridique-État*. Exprimée de façon prosaïque et poussée jusqu'à sa logique extrême, cette vision signifierait que la reconnaissance ferait entrer l'État « dans le monde du droit »[48] et qu'à défaut de celle-ci, l'État serait dépourvu de personnalité juridique et de droits.[49] La reconnaissance serait ainsi conçue

toire, population, gouvernement effectif et indépendant) dont le droit international ne fait que prendre acte » ; B. Stern, La succession d'États, 262 R.C.A.D.I. (1996), 9, 68 : « On sait qu'un État doit posséder trois éléments constitutifs : un territoire, une population et un gouvernement exerçant la souveraineté, aussi bien interne qu'internationale » ; J. Verhoeven, La reconnaissance internationale : déclin ou renouveau, 39 Annuaire français de droit international (1993), 7, 37 : « À l'ordinaire, [l'Etat] naît ou meurt de la présence ou de l'absence d'éléments de pur fait : un territoire, une population, un gouvernement indépendant » ; F. Poirat, La doctrine des droits fondamentaux de l'État, 16 Droits (1992), 83, 89 : « Population, territoire, gouvernement effectif et indépendant, nous sommes en présence, pour le droit international, des éléments constitutifs de l'État » ; H. M. Blix, Contemporary aspects of recognition, 130 R.C.A.D.I. (1970), 587, 622 : « En droit, une entité est généralement réputée être un État si elle possède un territoire, une population, un gouvernement indépendant des autres [...] » [notre traduction] ; Lauterpacht, Recognition of States, supra note 5, 408 : « [...] [L]es conditions de la qualité étatique telles qu'elles sont établies par le droit international [...] [correspondent à] l'existence d'un gouvernement indépendant exerçant une autorité effective sur une zone définie » [notre traduction].

44 A. Cassese, International Law, 2ᵉ éd. (2005), 73 : « L'acte de reconnaissance n'a aucun effet juridique sur la personnalité internationale de l'entité [...] » [notre traduction].

45 Combacau et Sur, supra note 22, 290.

46 H. Ruiz Fabri, Genèse et disparition de l'État à l'époque contemporaine, 38 Annuaire français de droit international (1992), 153, 163.

47 Kelsen, Recognition, supra note 11, 605-606.

48 C. Santulli, Le statut international de l'ordre juridique étatique. Étude du traitement du droit interne par le droit international (2001), 25.

49 I. Brownlie, supra note 9, 206 : « [...] [Selon] la théorie constitutive, [...] l'acte [...] de reconnaissance [...] est une condition préalable à l'existence de droits » [notre traduction].

comme une condition supplémentaire et nécessaire à l'existence d'un État.[50] Toutefois, à y regarder de plus près, contrairement aux trois critères mentionnés – lesquels sont objectifs – la reconnaissance est extrinsèque à l'entité étatique. L'État en tant que fait n'est que l'addition de trois conditions factuelles.[51] La reconnaissance ne devrait, par conséquent, pas être envisagée comme une condition d'existence de l'État.

C. *Reconnaissance de jure et reconnaissance procédurale de l'État : champ de l'étude et problématique*

Nous le voyons, les difficultés de théorisation et de définition de la reconnaissance d'État ressortissent principalement à l'absence de consensus quant à sa nature et à ses effets. Toutefois, dans le cadre de notre étude, l'acte de reconnaissance – parce qu'il se limite à la relation bilatérale entre le sujet étatique en situation de reconnaître et l'entité qui a l'ambition d'être reconnue[52] – est nécessairement constitutif.[53] Ainsi définie, la reconnaissance dans le contexte de la situation intersubjective entre États[54] est à assimiler à la reconnaissance *de jure*,[55] notion qui décrit la forme absolue

---

50 V.-D. Degan, Création et disparation de l'État à la lumière du démembrement de trois fédérations multiethniques en Europe, 279 R.C.A.D.I. (1999), 195, 254-255 : « [Cette approche] prétend que la reconnaissance [...] est [...] le quatrième critère de l'existence même de l'État nouveau ».

51 E. Borchard, Recognition and non-recognition, 36 American Journal of International Law (1942), 108, 110 : « Les indices révélateurs de la qualité étatique sont déterminés et établis par des faits objectifs, non pas par une reconnaissance subjective » [notre traduction].

52 Verhoeven, Droit international public, supra note 7, 78.

53 Cette « reconnaissance individuelle » déploie des effets juridiques constitutifs non pas sur le plan du « droit international général » mais uniquement en « droit international particulier » et dans les droits internes des deux États « à la relation de reconnaissance » ; comme l'explique Wyler, La succession d'États, supra note 19, 1646-1648, paras 43-45 ; voir également Wyler, Théorie et pratique, supra note 8, 267-284 ; Chatelain, La reconnaissance internationale, supra note 2, 720 : « La reconnaissance est l'acte de volonté par lequel chaque État déclare vouloir considérer une autre [entité] [...] comme un autre État. Elle fait ainsi naître [...] l'État reconnu au regard de l'État auteur de la reconnaissance [...] ».

54 Combacau et Sur, supra note 22, 290.

55 Notre définition de la reconnaissance *de jure* n'est pas ici conçue négativement comme le pendant de la reconnaissance *de facto*, notion controversée et incertaine au regard de la pratique. Voir à ce titre H. Lauterpacht, Recognition in International Law (1947), 329 : « La reconnaissance *de facto* est une notion relativement insaisissable au regard du droit de la reconnaissance. Il n'existe pas de consensus au-

que prend l'acte en pratique.[56] La reconnaissance *de jure* produit ainsi la totalité des effets juridiques de la reconnaissance dans sa forme théorisée.[57] C'est pour cela qu'elle a pu être décrite comme une reconnaissance complète,[58] pleine,[59] sans réserve,[60] plénière,[61] entière[62] ou encore illimitée.[63] En d'autres termes, la reconnaissance *de jure* de la qualité étatique d'une entité lui confère l'ensemble des droits et obligations associés au statut d'État dans sa relation avec l'État qui la reconnaît en tant que tel.[64]

C'est parce que la reconnaissance *de jure* d'État accordée par l'exécutif interne demeure la référence[65] qu'il est permis de l'utiliser comme étalon à l'aune duquel sera étudié le mécanisme que nous avons décidé d'appeler, par convention, la *reconnaissance procédurale* d'État prononcée par le juge interne. La logique exige que cette mise en parallèle se fonde sur un élément d'identité – ou à tout le moins de similarité – entre les deux mécanismes pour qu'elle soit justifiée. Cet élément, nous le postulons, est constitué par la conséquence générale qu'implique la mise en mouvement

---

tour d'une signification juridique précise. […] Certains […] doutent qu'en droit elle puisse être distinguée de la reconnaissance *de jure*. Ils la considèrent comme une variante politique de celle-ci. Certains l'assimilent à la reconnaissance implicite. D'autres jugent que sa particularité tient au fait qu'elle implique une capacité internationale plus limitée que celle qui découle de la reconnaissance *de jure*. D'autres la considèrent comme conditionnelle ou provisoire, voire les deux. Certains pensent que sa caractéristique essentielle réside dans son caractère révocable. D'autres encore pensent que ses effets se limitent à l'absence de relations diplomatiques ordinaires ou complètes » [notre traduction].

56 L'identité entre la reconnaissance (non qualifiée ou théorique) et la reconnaissance *de jure* est attestée par la pratique, dans la mesure où les exécutifs étatiques utilisent les deux expressions comme des synonymes. Voir à ce titre Talmon, supra note 10, 91.

57 Daillier et al., supra note 35, 629.

58 P. M. Brown, Cognition and Recognition, 47 American Journal of International Law (1953) 87, 88.

59 Daillier et al., supra note 35, 629.

60 Brownlie, supra note 9, 207.

61 Institut de droit international, Résolution sur la reconnaissance des nouveaux États et des nouveaux gouvernements, 23 avril 1936, Art. 3.

62 Daillier et al., supra note 35, 629.

63 Brown, supra note 58, 88.

64 Charte de l'Organisation des États américains, 30 avril 1948, Art. 10, 119 RTNU 49, 57 : « La reconnaissance implique l'acceptation, par l'État qui l'accorde, de la personnalité du nouvel État avec tous les droits et devoirs fixés, pour l'un et l'autre, par le droit international ».

65 Jennings, supra note 2, 355.

des deux mécanismes : l'octroi ou le refus d'octroi de la qualité étatique et du statut qui en découle.

Le phénomène au centre de l'étude brille par son extension géographique. Les juges français, canadien, allemand, états-unien, néerlandais ou encore japonais se sont en effet prononcés sur la qualité étatique d'une entité au cours de l'instance. L'objectif n'est cependant pas ici de témoigner de l'existence d'une dynamique universelle de reconnaissance par le juge interne, ni d'identifier les politiques jurisprudentielles en la matière propres à chaque système juridictionnel interne,[66] ni même encore de procéder à une étude de droit comparé, mais davantage de décrire le phénomène général de la *reconnaissance procédurale* d'État en ce qu'il présente de commun parmi l'ensemble des affaires identifiées. L'analyse de celles-ci permettra, dans un premier temps, de réfléchir à la nature juridique du mécanisme de la *reconnaissance procédurale* (II) et d'identifier, dans un second temps, les effets de droit qu'elle implique (III).

II. Nature et modalités de la reconnaissance procédurale d'État

Il est permis de décrire l'opération juridique de la *reconnaissance procédurale* en ayant égard au contexte dans lequel elle se déploie (A) et à la structure qu'elle adopte lorsqu'elle est mise en œuvre (B). Cet essai de définition externe et interne nécessitera toutefois préalablement une description axiomatique,[67] intensionnelle[68] et succincte permettant d'identifier l'objet empirique dont il est question. À ce titre et au risque de nous répéter, nous postulons que la *(non-)reconnaissance procédurale* de l'État est l'opération juridique par laquelle un juge accepte ou refuse d'octroyer la qualité étatique à une entité au terme d'un raisonnement consistant à confronter des faits à la norme d'origine internationale prescrivant les conditions d'existence de l'État.

66 Certains évoquent la difficulté, pour ne pas dire la stérilité, d'une telle approche ; l'un des problèmes tenant à l'absence de cohérence jurisprudentielle interne à chaque État. Voir Verhoeven, Droit international public, supra note 7, 80 ; Verhoeven, Les relations internationales, supra note 2, 26-27.

A. *Le cadre de la reconnaissance procédurale*

Bien que l'observation du contexte dans lequel intervient le mécanisme de la *reconnaissance procédurale* révèle une indétermination générale de la configuration juridictionnelle et procédurale des différentes affaires pertinentes (1), il apparaît toutefois qu'il n'est mis en mouvement que dans la mesure où le juge parvient à écarter un certain nombre d'obstacles (2).

1. *Une mise en œuvre indifférente aux caractéristiques générales de l'organisation juridictionnelle et de l'instance*[69]

Une appréciation superficielle d'un échantillon restreint mais représentatif d'affaires[70] montre, tout d'abord, que la *summa divisio* entre les systèmes juridiques civilistes et ceux basés sur la *common law* n'est pas déterminante dans la survenance du phénomène. Si bon nombre d'affaires dans lesquelles la *reconnaissance procédurale* intervient procèdent de juridictions na-

---

67 L'identification et la description de tout objet d'étude scientifique ne peuvent, par définition, pas être détachées d'axiomes et de postulats posés par le sujet investiguant. L'impossibilité logique d'une objectivité absolue de la démarche scientifique a pu être rendue par la célèbre métaphore d'un philosophe des sciences allemand. Voir à ce sujet O. Neurath, Énoncés protocolaires (1932), in A. Soulez (dir.), Manifeste du Cercle de Vienne et autres écrits : Rudolf Carnap, Hans Hahn, Otto Neurath, Moritz Schlick, Friedrich Waissman (2010), 209, 211 : « Il n'y a aucun moyen qui permettrait de faire, d'énoncés protocolaires dont on se soit définitivement assuré de la pureté, le point de départ des sciences. Il n'y a pas de tabula rasa. Nous sommes tels des navigateurs obligés de reconstruire leur bateau en pleine mer, sans jamais pouvoir le [mettre en cale sèche] […] ».

68 Intension, in A. Lalande (dir.), Vocabulaire technique et critique de la philosophie, 3è éd. (1er tirage 2010, 2013), 528 : « […] [L'intension] sert à désigner, au sens le plus large, l'ensemble des caractères représentés par un terme général » ; G. Tusseau, Critique d'une métanotion fonctionnelle : La notion (trop) fonctionnelle de notion fonctionnelle, Revue française de droit administratif (2009), 641, 654, para 47 : « Les définitions intensionnelles […] fonctionnent en indiquant un ensemble de critères au moyen desquels peuvent être sélectionnés des objets, qui rentrent dans la catégorie à définir ».

69 S. Guinchard et al., Droit processuel : Droit commun et droit comparé du procès, 3è éd. (2005), 1219, para 786 : « La définition procédurale de l'instance en tant que contenant permet […] [de la concevoir comme] un mécanisme, déclenché par la saisine de la juridiction, qui s'achève […] par l'acte de dessaisissement de cette juridiction, [à] savoir la décision […] ».

70 Nous avons pu identifier le mécanisme étudié dans une douzaine d'affaires couvrant une période de 60 ans (1954-2014).

tionales de tradition romano-germanique,[71] les cours et tribunaux anglo-saxons la pratiquent eux aussi ;[72] tout comme les systèmes mixtes.[73] De même, toute juridiction au sein de chaque système peut être amenée à mettre en œuvre l'opération juridique identifiée quelle que soit sa place dans l'organisation juridictionnelle horizontale et verticale de l'État : au plan fédéral[74] ou de l'entité fédérée ;[75] dans l'ordre judiciaire[76] ou administratif ;[77] en première instance,[78] en appel[79] ou au niveau suprême.[80]

Au-delà de l'organisation juridictionnelle, les caractéristiques de l'instance de chacune de ces affaires sont également étrangères à l'opportunité pour le juge de déclencher le mécanisme. L'observation de trois aspects généraux de la procédure processuelle permet d'illustrer ce constat. S'agissant des différentes phases de l'instance d'abord, la *reconnaissance procédurale*

71 Tribunal de grande instance de la Seine, Clerget c. Représentation commerciale de la République démocratique du Viêt-Nam, 15 mars 1967, 71 Revue générale de droit international public (1967), 1120 [France] ; Tribunal d'arrondissement de La Haye, République démocratique du Timor Oriental, Fretilin et autres. c. Pays-Bas, 21 février 1980, 87 ILR 73 [Pays-Bas] ; Cour suprême de cassation, Italie c. Djukanovic, 28 décembre 2004, ILDC 74 (IT 2004) [Italie].

72 Cour fédérale de district du district de Columbia, Gilmore et autres c. Autorité palestinienne intérimaire autonome et autres, 7 mars 2006, 422 F.Supp.2d 96 (2006) [États-Unis] ; Haute Cour de Justice, République de Somalie c. Woodhouse Drake & Carey et autres, 13 mars 1992, 94 IRL 608 [Royaume-Uni]. Il importe de souligner que cette dernière décision met en œuvre le mécanisme de reconnaissance procédurale afin de déterminer la qualité gouvernementale d'une entité.

73 Tribunal de district de Tokyo, Limbin Hteik Tin Lat c. Union de Birmanie, 9 juin 1954, 32 ILR 124 [Japon] ; Cour supérieure du Québec, Parent et autres c. Singapore Airlines Ltd., 22 octobre 2003, 2033 CanLII 7285 (QC CS) [Canada].

74 Cour d'appel fédérale pour le 1er circuit, Ungar et autres c. Organisation de libération de la Palestine, 31 mars 2005, 402 F.3d 274 (2005) [États-Unis].

75 Parent et autres c. Singapore Airlines Ltd., supra note 73.

76 Cour d'appel de Paris, Strategic Technologies c. Procurement Bureau of the Republic of China – Ministry of National Defence, 30 mars 2011, RG n° 10/18825 [France].

77 Tribunal administratif de Cologne, Duché de Sealand, 3 mai 1978, 80 ILR 683 [Allemagne].

78 Gilmore et autres c. Autorité palestinienne intérimaire autonome et autres, supra note 72.

79 Cour d'appel de Paris, Clerget c. Banque commerciale pour l'Europe du Nord et Banque du commerce extérieur du Vietnam, 7 juin 1969, 74 Revue générale de droit international public (1970), 522 [France].

80 Tribunal fédéral, Wang et consorts c. Office des juges d'instruction fédéraux, 3 mai 2004, ILDC 90 (CH 2004) [Suisse].

peut être mise en œuvre aussi bien au stade de la recevabilité,[81] que lors du traitement au fond de l'affaire.[82] Quant à la situation processuelle dans laquelle se trouve l'entité faisant l'objet de la mise en œuvre du mécanisme, elle peut être partie (demanderesse[83] ou défenderesse[84]) ou tiers (intervenant forcé,[85] tiers total[86]) à l'instance. S'agissant enfin de la nature du litige[87] au principal auquel il incombe au juge d'apporter une solution, là encore, l'hétérogénéité est de mise.[88] Le mécanisme de la *reconnaissance procédurale* a ainsi pu être mis en mouvement alors que la question juridique au centre de la procédure consistait pour le juge à statuer sur : l'existence d'une immunité pénale au profit du Premier ministre monténégrin,[89] la nullité de l'assignation introductive d'instance délivrée au défendeur taïwanais,[90] la perte de la nationalité allemande d'un particulier en raison de l'acquisition de la nationalité sealandaise,[91] la légalité d'une décision de l'administration suisse d'accorder l'entraide judiciaire à Taïwan[92] ou encore le bénéfice de l'immunité de juridiction aux autorités palestiniennes,[93] etc.

Si le contexte juridictionnel et processuel n'a que très peu d'impact sur l'existence du phénomène, deux constantes peuvent toutefois être relevées à ce stade parmi l'ensemble des affaires évoquées ; lesquelles contribuent à l'unité du phénomène étudié. Premièrement, la qualité étatique de l'entité

81 République démocratique du Timor Oriental, Fretilin et autres. c. Pays-Bas, supra note 71.
82 Ungar et autres c. Organisation de libération de la Palestine, supra note 74.
83 République démocratique du Timor Oriental, Fretilin et autres. c. Pays-Bas, supra note 71.
84 Strategic Technologies c. Procurement Bureau of the Republic of China – Ministry of National Defence, supra note 76.
85 Parent et autres c. Singapore Airlines Ltd., supra note 73.
86 Duché de Sealand, supra note 77.
87 Entendu dans un sens général, commun à l'ensemble des procédures processuelles. Voir à ce titre A. Bolze, La notion de litige juridique, in Études offertes à Jacques Dupichot : Liber Amicorum (2004), 41, 59 : « [Le litige résulte] d'une indétermination du droit applicable à une situation qui appelle l'intervention d'un organe pour y mettre fin par une décision en droit […] ».
88 La nature hétéroclite des contentieux explique en partie la pluralité des juridictions amenées à appliquer le mécanisme et la diversité des recours y relatifs.
89 Italie c. Djukanovic, supra note 71.
90 Strategic Technologies c. Procurement Bureau of the Republic of China – Ministry of National Defence, supra note 76.
91 Duché de Sealand, supra note 77.
92 Wang et consorts c. Office des juges d'instruction fédéraux, supra note 80.
93 Ungar et autres c. Organisation de libération de la Palestine, supra note 74.

soumise au test de la *reconnaissance procédurale* est, par définition, toujours controversée car cette dernière ne bénéficie jamais d'une reconnaissance *de jure* de la part de l'exécutif de l'État du for.[94] Deuxièmement, la question de la qualité étatique de l'entité n'est jamais autonome en ce qu'elle ne s'identifie pas à la question litigieuse principale et ne constitue qu'une étape, certes nécessaire,[95] vers sa résolution.

2. *Le dépassement d'obstacles potentiels à la mise en œuvre du mécanisme*

Il n'est, en principe, pas interdit au juge de se prononcer sur la question de la qualité étatique d'une entité lorsqu'il remplit son office.[96] Dans les hypothèses où il prend le parti de ne pas y répondre, il s'autolimite d'une certaine façon.[97] Mais, lorsqu'il décide de juger de la qualité étatique de l'entité, des limites extérieures peuvent s'imposer à lui et influer sur la possibili-

---

94 Couveinhes-Matsumoto, supra note 17, 282, para 270.

95 Cette condition de nécessité est évidemment largement soumise à la subjectivité du juge. En effet, est ici déjà suggérée l'importance de la liberté de celui-ci dans la mesure où s'il applique le mécanisme de la reconnaissance procédurale, c'est qu'il estime que ce type de raisonnement est non seulement nécessaire mais aussi le plus opportun. Toutefois, un juge peut très bien considérer qu'il y a nécessité de répondre à la question de la qualité étatique d'une entité afin de trancher un litige, en mettant en œuvre un autre test que celui de la reconnaissance procédurale. Il se fondera, en général, sur l'existence ou non d'une reconnaissance *de jure* de la part de l'exécutif pour en déduire la qualité étatique de l'entité. Voir à ce sujet, une affaire où le juge écarte expressément l'application du mécanisme de reconnaissance procédurale jugé comme inopportun : Cour suprême, Civil Aeronautics Administration c. Singapore Airlines Ltd., 14 janvier 2004, ILDC 86 (SG 2004) [Singapour]. Enfin, le caractère tout à fait relatif de la nécessité est évident lorsqu'un juge refuse de se prononcer sur la qualité étatique d'une entité, tout en statuant tout de même sur le litige au principal ; usant ainsi de stratégies d'évitement. Une de ces stratégies trouve son expression dans la doctrine jurisprudentielle américaine de *non justiciability doctrine* ou de *political question doctrine* ; bien que le juge américain ait tendance à en réduire le champ. Voir à ce titre, p. ex., Cour fédérale de district du district sud de New York, Sokolow et autres c. Organisation de libération de la Palestine et autres, 30 septembre 2008, 583 F.Supp.2d 451. Si ces deux dernières pratiques judiciaires ne nous intéressent pas directement ici, elles permettent de délimiter négativement le cadre de la reconnaissance procédurale.

96 Verhoeven, Les relations internationales, supra note 2, 29.

97 Voir supra note 95 sur les stratégies d'évitement. C'est d'ailleurs ce qu'a fait la Cour de cassation française dans l'affaire, Strategic Technologies c. Procurement Bureau of the Republic of China – Ministry of National Defence, 19 mars 2014,

té de mettre en œuvre le mécanisme visé. Si de nombreux commentateurs ont pu suggérer que l'occurrence du phénomène de la *reconnaissance procédurale* était plus limitée dans les systèmes de *common law* – précisément en raison de la place du juge anglo-saxon par rapport à l'exécutif[98] – qu'au sein des juridictions de tradition civiliste, il apparaît toutefois que les données externes qui s'imposent aux deux juges sont comparables bien qu'elles puissent faire l'objet d'un traitement quelque peu différent.[99] En tout état de cause, c'est la liberté dont se prévalent pleinement les deux juges qui participera de la mise en mouvement du mécanisme.[100]

Parce que l'opération juridique de la *reconnaissance procédurale* est – nous le verrons plus avant – un mécanisme de qualification juridique des faits, la disponibilité, la place et surtout la valeur probante de ces faits auront une incidence sur la survenance du mécanisme, et ceux-ci pourront même constituer un obstacle à sa mise en œuvre effective. Typiquement, deux éléments factuels – ayant une origine commune en ce qu'ils sont générés par l'exécutif – auront une influence déterminante sur le mécanisme, influence qui sera fonction du traitement que leur réservera le droit de la preuve. Ces deux éléments sont : l'absence de reconnaissance *de jure* et l'avis gouvernemental.[101]

Premièrement, la non-reconnaissance de la qualité étatique de l'entité par l'exécutif a été mentionnée plus haut comme un des éléments constants du cadre général dans lequel survient la *reconnaissance procédurale*. Il peut s'agir soit d'une simple absence de reconnaissance, soit d'un re-

---

119 Revue générale de droit international public (2015), 276. Saisie sur pourvoi, afin d'infirmer la décision de la Cour d'appel de Paris ayant reconnu procéduralement Taïwan (voir supra note 76), la Cour de cassation confirme la décision d'appel en évitant de se prononcer sur la qualité étatique de Taïwan. Certains commentateurs y voient la mise en œuvre d'une « stratégie d'évitement ». Voir à cet égard, le commentaire de la décision par : B. Tranchant, 119 Revue générale de droit international public (2015), 279, 286.

98 J. Crawford, The Creation of States in International Law, 2è éd. (2006), 17 ; Lauterpacht, Recognition in International Law, supra note 55, 70. Voir également Verhoeven, Les relations internationales, supra note 2, 33 : « Il y a[urait] là deux attitudes *apparemment* contradictoires. […] *Sommairement rapportée*, la pratique anglo-saxonne de soumission à l'exécutif contraste en effet avec l'indépendance totale dont jouit en principe le juge dans les pays de *civil law* » [nous soulignons].

99 Verhoeven, Les relations internationales, supra note 2, 35.

100 Ibid., 37 : « Qu'il soit de *common law* ou de *civil law*, le juge est souverain dans l'appréciation du droit où se manifeste pleinement son indépendance. Il n'y a de ce point de vue aucune différence de principe entre les deux systèmes ».

101 La question de leur admissibilité en preuve est, en général, toujours acquise.

fus exprès de reconnaître. Dans tous les cas, cette circonstance ne peut évidemment pas être ignorée par le juge,[102] lequel ne manque que rarement de la relever. Il est patent, à ce titre, que les juridictions continentales et mixtes refusent en général d'accorder toute force probante à celle-ci.[103] Tout au plus, elles lui confèrent une valeur peu concluante ou indicative.[104] La situation est plus complexe en ce qui concerne les juridictions de *common law*. Rares sont les cours qui, comme la Cour suprême singapourienne, attachent pleine force probante à l'absence de reconnaissance *de jure*,[105] rendant logiquement superflue la mise en œuvre du mécanisme de *reconnaissance procédurale*. Aux États-Unis, il est plus difficile de dresser un tableau cohérent de la valeur probante qu'accordent les juges à la non reconnaissance *de jure*. Si certains juges suggèrent, de manière obscure, « qu'il pourrait être soutenu qu'un État étranger […] est une entité qui a été reconnue comme souveraine par le gouvernement des États-Unis »,[106] et appliquent par la suite, sans grande conviction, le mécanisme de la *reconnaissance procédurale* ;[107] d'autres ne mentionnent même pas l'absence de reconnaissance de la part de l'exécutif – lui déniant *a fortiori* toute perti-

102 Clerget c. Banque commerciale pour l'Europe du Nord et Banque du commerce extérieur du Vietnam, supra note 79, 524 ; Strategic Technologies c. Procurement Bureau of the Republic of China – Ministry of National Defence, supra note 76, 4.

103 Italie c. Djukanovic, supra note 71, para 14 : « Dans le cas présent, il est *tout à fait indifférent* que l'Italie (comme d'autres États) ait reconnu ou non le Monténégro en tant qu'État indépendant » [notre traduction, nous soulignons].

104 République démocratique du Timor Oriental, Fretilin et autres. c. Pays-Bas, supra note 71, 74, para 3 : « S'agissant de l'existence de la République [du Timor Oriental] en tant qu'État, les parties conviennent que le fait que les Pays-Bas et pratiquement l'ensemble de la communauté internationale ne reconnaissent pas la République n'est *pas déterminant*. La Cour partage l'opinion des parties […] » [notre traduction, nous soulignons]. Si dans certains systèmes, les juridictions ne semblent pas expliciter la valeur probante accordée à la non-reconnaissance *de jure*, leur motivation laisse peu de doute quant à la place que celle-ci occupe dans leur raisonnement. Voir Parent et autres c. Singapore Airlines Ltd., supra note 73, para 55 : « La reconnaissance d'un État par les autres États ne crée pas l'État […] » ; Limbin Hteik Tin Lat c. Union de Birmanie, supra note 73, 124 : « […] [L']Union [de Birmanie] doit être reconnu en tant qu'État étranger […] même si le Japon ne l'a pas reconnue » [notre traduction].

105 Voir Civil Aeronautics Administration c. Singapore Airlines Ltd., supra note 95, paras 25, 31.

106 Ungar et autres c. Organisation de libération de la Palestine, supra note 74, para 4 [notre traduction].

107 Ibid. Cette décision a été rendue en appel et confirme la décision attaquée (Cour fédérale de district du district de Rhode Island, Ungar et autres c. Autorité pales-

nence et valeur probante dans la question de la détermination de la qualité étatique.[108] Il apparaît toutefois que lorsque l'exécutif « s'oppose catégoriquement à l'idée de [voir] en [l'entité] un [État] souverain »[109] – et non pas, lorsqu'il s'est simplement abstenu de reconnaître,[110] – le juge y voit un élément à forte valeur probante que le test de la *reconnaissance procédurale* ne pourrait renverser.[111]

La logique qui a cours dans la détermination de la valeur probante de la décision de l'exécutif de ne pas reconnaître *de jure* l'entité se retrouve peu ou prou dans le traitement réservé aux *avis*[112] de l'exécutif. Ceux-ci sont des actes de procédure – car émis spécifiquement dans le cadre de l'instance –, par un organe dépendant de l'exécutif ou appartenant à celui-ci,[113] exprimant une opinion s'agissant d'une question qui, dans notre cas, corres-

---

tinienne et autres, 23 avril 2004, 315 F.Supp.2d 164 (D.R.I. 2004)). Toutefois, le *ratio decidendi* du jugement de première instance défie, à notre avis, toute logique juridique. Le juge met préalablement en œuvre notre méthode de détermination de la qualité étatique d'une entité (test qui s'avère non concluant) pour en refuser finalement toute portée décisive en raison de l'absence de reconnaissance *de jure* de la part de l'exécutif états-unien : « [...] [L]a Palestine ne satisfait pas aux quatre critères constitutifs de la qualité étatique et n'est pas un État au regard des principes juridiques internationaux en vigueur. [...] Même à supposer [...] que l'État de Palestine existe, l'[Autorité palestinienne] n'est pas en droit de bénéficier de l'immunité [de juridiction] car rien ne prouve que les États-Unis aient reconnu [...] la Palestine en tant qu'État souverain » [notre traduction].

108 Gilmore et autres c. Autorité palestinienne intérimaire autonome et autres, supra note 72.

109 Ungar et autres c. Autorité palestinienne et autres, supra note 107, [notre traduction].

110 Wyler, Théorie et pratique, supra note 8, 183, para 33 : « [...] [U]ne distinction doit être faite entre refus exprès de reconnaissance [...] et absence de décision en la matière [...] ».

111 Cette position a pu être expliquée par la propension du juge de *common law* à vouloir parler « d'une seule et même voix » avec l'exécutif. Voir ibid., 181, para 31. Toutefois, il a pu être dit que le fait pour le juge de conférer une valeur probante à une (non-)reconnaissance par l'exécutif lorsque celle-ci est fondée sur des motivations politiques peut entamer la logique juridique et le bien-fondé de sa décision. Voir à ce sujet, Affaire Tinoco (Royaume-Uni c. Costa Rica), 18 octobre 1923, 1 RIAA 369, 381 ; Brownlie, supra note 9, 200.

112 Le nominalisme n'est pas de mise. Chaque droit interne use de son propre vocabulaire en la matière : *avis* en France, *certificat* au Canada, *statement* ou *certificate* au Royaume-Uni et aux États-Unis, *nota* en Italie, etc.

113 Nous ne faisons pas de différence ici entre l'avis du Ministère public – lequel est partie à l'instance (voir Loïc Cadiet et al., Théorie générale du procès, 1è éd. (2010), 715-717) – et l'avis produit par l'administration ministérielle (laquelle est tiers à l'instance).

pond à celle de la qualité étatique d'une entité. Bien que les modalités d'édiction de ces avis diffèrent selon les pays,[114] dans toutes les juridictions, lorsqu'un avis est un émis par l'exécutif, celui-ci constitue un élément de preuve important dont il doit obligatoirement être tenu compte.[115] *A contrario*, l'absence d'avis prive le juge d'un élément de preuve à haute valeur probante, mais l'autorise ainsi à mettre en œuvre le mécanisme de *reconnaissance procédurale*, mécanisme qui mobilisera des éléments de preuve qui, eux, sont disponibles.[116] Si un avis est communiqué au juge et aux parties, il appartient au juge de déterminer sa place par rapport aux autres faits et de l'interpréter afin de lui attacher une certaine valeur probante. Dans certaines affaires, un avis exprimé en termes sibyllins a pu être reproduit dans la décision sans que le juge n'ait semblé ni l'interpréter, ni en tenir compte dans la détermination de la qualité étatique de Taïwan ; [117] suggérant la faible valeur probante de cet élément. Toutefois, il apparaît généralement que lorsque l'avis est interprété par le juge comme clair, alors il constitue un élément, certes probant, mais non pas déterminant pour

114 Là où la procédure est accusatoire, il incombe, en général, aux parties de saisir le ministère des affaires étrangères d'une demande d'avis quant à la qualité étatique d'une entité donnée. Voir République de Somalie c. Woodhouse Drake & Carey et autres, supra note 72, 618 : « En […] l'espèce, le ministère des affaires étrangères et du Commonwealth a répondu à trois reprises aux demandes formulées par les avocats des parties […] » [notre traduction] ; Parent et autres c. Singapore Airlines Ltd., supra note 73, paras 21-22 : « La preuve de [la défenderesse en garantie] ne comporte pas de certificat […]. Le Tribunal ignore si [elle] a tenté d'obtenir ou non un tel certificat. De son côté, […] la partie adverse, a communiqué avec le ministère [des affaires étrangères et du commerce international] à ce sujet. En réponse à sa demande, [il] a indiqué ne pas pouvoir y répondre positivement et […] qu'aucun certificat ne serait émis […] ». Dans les autres systèmes, l'affaire est, en principe, simplement communiquée par la juridiction au ministère pour lui donner la possibilité de s'exprimer. Mais le juge peut également, de manière plus formelle, requérir directement un avis auprès de celui-ci. Voir Italie c. Djukanovic, supra note 71.

115 Il apparaît que, dans de nombreux systèmes, notamment de *common law*, l'avis émis est considéré comme contraignant. Toutefois, il appartient au juge de l'interpréter souverainement. Voir à ce sujet Crawford, The Creation of States in International Law, supra note 98, 17 ; Parent et autres c. Singapore Airlines Ltd., supra note 73, para 49 : « [Le certificat] dépos[é] au dossier étant concluan[t], le tribunal est alors lié par le contenu sous réserve toutefois de l'interpréter ».

116 Parent et autres c. Singapore Airlines Ltd., supra note 73 ; Ungar et autres c. Organisation de libération de la Palestine, supra note 74, para 2.

117 Strategic Technologies c. Procurement Bureau of the Republic of China – Ministry of National Defence, supra note 76, 4.

conclure à l'existence ou à l'absence de qualité étatique ; révélant ainsi sa place parmi les autres éléments factuels.[118]

Au-delà de l'apparente disparité du traitement réservé à ces deux types d'éléments de fait portés[119] devant le juge, il apparaît que ceux-ci, lorsqu'ils ne sont pas absents dans les affaires identifiées, ne sont jamais considérés comme des preuves parfaites. L'indisponibilité de faits concluants – appréciation qui révèle la pleine liberté du juge – permet ainsi à celui-ci de justifier du recours au mécanisme de la *reconnaissance procédurale*.

B. La mise en œuvre de la reconnaissance procédurale

La mise en œuvre de l'opération juridique de la *reconnaissance procédurale* par le juge suit la logique syllogistique du raisonnement judiciaire[120] (1). Celui-ci a, en effet, recours à la méthode de la confrontation des faits au

118 Ainsi, dans deux affaires, l'exécutif a émis des avis reposant sur des éléments factuels et concluant à l'absence de qualité étatique et de qualité gouvernementale des entités concernées ; ce qui n'a pas empêché le juge d'appliquer le test de la reconnaissance procédurale. Voir respectivement, Italie c. Djukanovic, supra note 71, paras 17, 26 ; République de Somalie c. Woodhouse Drake & Carey et autres, supra note 72, 619 : « [...] [Il est] question pour la Cour [...] d'apprécier elle-même les preuves, de formuler des conclusions de fait sur la base de toutes les preuves pertinentes présentées devant elle et d'en tirer la conclusion juridique qui s'impose [...]. [Les avis] du ministère des affaires étrangères et du Commonwealth ne constituent qu'une part des preuves dans cette affaire » [notre traduction].

119 Et, c'est bien en sens qu'ils peuvent être des limites potentielles à la mise en œuvre de la reconnaissance procédurale. Contrairement aux faits mobilisés dans l'opération juridique étudiée – lesquels sont, nous le verrons, produits par le juge lui-même agissant comme un juge d'instruction –, l'avis gouvernemental et la non-reconnaissance de jure sont des faits reçus par le juge et qu'il ne peut ignorer. Nous pouvons, à ce titre, rapprocher ce constat de celui de L. Cadiet et E. Jeuland, Droit judiciaire privé, 8[è] éd. (2013), 429, para 544 : « Il est clair que le juge n'est [pas seulement] celui qui, passivement, reçoit le fait [...] ; il est [...] celui qui, de manière active, peut prendre lui-même le fait [...] ».

120 Sur les critiques tendant à considérer le raisonnement juridictionnel comme ne se réduisant pas à une formulation de propositions syllogistiques, voir C. Perelman, Logique juridique : Nouvelle rhétorique, 2[è] éd. (1979), paras 2-3, 98. Voir également E. Jeuland, Syllogisme judiciaire, in L. Cadiet (dir.), Dictionnaire de la justice (2004), 1269.

droit[121]: il choisit la norme applicable, établit les faits pertinents de l'espèce et les qualifie juridiquement.[122] Cette démarche trahit la prépondérance du fait dans la *reconnaissance procédurale*, une caractéristique qui autorise à s'interroger sur la véritable nature du mécanisme étudié (2).

1. *Le triomphe du raisonnement logico-déductif*[123]

L'analyse de l'ensemble des décisions pertinentes nous convainc que la *reconnaissance procédurale* est le résultat de l'application de la méthode syllogistique ;[124] laquelle est présente à un niveau ou à un autre dans le raisonnement de tout juge quel que soit le système dans lequel il officie.[125] Au-delà, il peut être dit que la nature de la *reconnaissance procédurale* se confond avec l'office même du juge, lequel doit, en définitive, toujours faire droit à une prétention en la *reconnaissant*. Illustrons ce constat en posant un litige dans lequel le demandeur, victime d'un accident de la route, souhaiterait établir la responsabilité délictuelle du défendeur, chauffeur du véhicule à l'origine de l'accident. Il est, par conséquent, demandé au juge par le plaignant de *reconnaître* une *proposition de fait*. Sa prétention, sa *proposition de fait* est qu'il a été lésé, qu'il a subi un préjudice – et accessoirement, que la responsabilité du défendeur est engagée et qu'il est en droit d'obtenir réparation. Afin de faire droit ou non à sa demande, le juge ne pourra pas se dispenser de l'établissement du *fait* au-delà de la *proposition de fait*. Il aura à confronter la norme – sur laquelle se fonde la *proposition de fait* – aux faits. Très sommairement, s'il y a identité entre la *proposition de*

---

121 J.-L. Bergel, Méthodologie juridique (2001), 361 ; Alexandrowicz-Alexander, The Quasi-Judicial Function in Recognition of States and Governments, supra note 11, 632.

122 En pratique, il est toutefois difficile de discerner – aussi bien dans l'opération intellectuelle du juge que dans le raisonnement tel qu'il apparaît dans la motivation – les contours de chaque étape et leur chronologie véritable.

123 Voir à ce sujet la synthèse tout à fait pertinente de la question par P. Deumier, Présentation, in P. Deumier (dir.), Le raisonnement juridique : Recherche sur les travaux préparatoires des arrêts (2013), 1, 1-3.

124 La logique syllogistique dans l'application du droit par le juge peut être rendue de la manière suivante : « La conclusion, exprimée dans [...] la décision de justice, s[e] déduit du rapprochement [de deux] prémisses : la majeure, constituée par l'énoncé de la règle de droit, et la mineure consistant dans la constatation des faits de l'espèce ». Voir J.-L. Bergel, Méthodologie juridique, supra note 121, 362.

125 Sur une critique de l'absence d'universalité du raisonnement judiciaire syllogistique, voir Jeuland, Syllogisme judiciaire, supra note 120, 1272.

fait et le résultat de la qualification juridique des faits établis, le juge reconnaîtra la première. Ainsi relativement à cette simulation de litige, le juge devra établir *le(s) fait(s)* suivants : le préjudice de la victime est dû à l'accident de la route, le défendeur est le chauffeur du véhicule, l'accident a été causé par la faute du chauffeur, etc. Le juge s'évertuera ensuite à confronter ces faits à la norme, laquelle prévoit les conditions à satisfaire pour que soit reconnue sa prétention (la responsabilité délictuelle et le droit à indemnisation). Dans le cadre de la reconnaissance procédurale, la logique est strictement identique.

Nous nous proposons, dans cette perspective, d'analyser le raisonnement adopté par le juge dans deux[126] des affaires identifiées. Ce choix se justifie dans la mesure où, au regard de plusieurs éléments de fait et de droit,[127] ces deux décisions mettant en jeu l'opération juridique de la *reconnaissance procédurale* se situent aux deux extrémités d'un spectre qui rassemble l'ensemble de la douzaine d'affaires évoquées depuis le début de notre contribution.

La première affaire qui nous intéresse est celle dont a eu connaître une juridiction canadienne, relative à la détermination du statut étatique de Taïwan[128]: *Parent et autres c. Singapore Airlines*.[129] En l'espèce, le requérant, citoyen canadien, emprunte le 31 octobre 2000 un vol de la compagnie aérienne Singapore Airlines entre Singapour et Montréal, vol qui effectue une escale à Taipei, sur l'île de Taïwan. Lors du décollage depuis l'aéroport international de Taipei, l'appareil s'écrase faisant 81 morts et un blessé ; François Parent. Celui-ci introduit un recours en responsabilité contre la compagnie aérienne. Singapore Airlines réfute sa responsabilité et engage, à son tour, celle du gestionnaire et exploitant de l'aéroport : l'Administration de l'aviation civile (AAC) du ministère des transports de la République de Chine.[130] En réponse, l'AAC invoque l'immunité de juridiction dont bénéficie tout État devant les juridictions étrangères. Singapore Air-

126 Parent et autres c. Singapore Airlines Ltd., supra note 73 ; Duché de Sealand, supra note 77.

127 Ces éléments distinctifs – lesquels ressortissent à l'entité faisant l'objet de l'opération juridique visée, au résultat de la mise en œuvre du mécanisme, au litige au principal, au contexte juridictionnel et de l'instance, aux éléments saillants du raisonnement judiciaire – seront révélés dans les développements dédiés à chaque espèce.

128 Voir à ce sujet un commentaire succinct de l'affaire par P. L. Hsieh, An Unrecognized State in Foreign and International Courts: the Case of the Republic of China on Taiwan, 28 Michigan Journal of International Law (2008), 765, 790-791.

129 Supra note 73.

130 La République de Chine est la dénomination officielle de Taïwan.

lines conteste cet argument car, de son avis, Taïwan n'est pas un État. Ainsi, la question incidente, nécessaire à la résolution du litige au principal, était de savoir si l'AAC bénéficiait de l'immunité de juridiction.

Cette question procédait de la *proposition de fait* défendue par l'AAC, au nom de l'exécutif taïwanais, selon laquelle Taïwan était doté de la qualité étatique. Pour confirmer ou infirmer cette prétention, la Cour supérieure du Québec emploie le raisonnement décrit ci-dessus. Elle établit d'abord les *faits*.[131] En l'espèce, les éléments factuels les plus importants établis par la Cour sont les suivants : le gouvernement taïwanais est propriétaire de l'aéroport international de Taipei ; l'AAC est l'opérateur de l'aéroport international de Taipei et un département du ministère des transports et des communications du gouvernement de Taïwan sans existence juridique distincte de ce ministère ; le Canada reconnaît la validité d'un passeport émis par les autorités de Taïwan ; Taïwan n'est pas reconnu comme État par le gouvernement canadien ; le ministère des affaires étrangères canadien n'a pas émis de certificat au cours de la procédure. Et surtout, la Cour déclare les faits suivants comme incontestables[132]: l'île de Taïwan constitue un territoire défini d'une surface de 36 006 km^2 ; l'île de Taïwan est occupée par une population permanente de 22,5 millions d'habitants ; un gouvernement effectif existe sur l'île de Taïwan, il s'agit d'une démocratie parlementaire avec chef d'État et Premier ministre ; le gouvernement de Taïwan entre en relation avec d'autres États.

La Cour procède, en second lieu, à une qualification juridique de ces faits.[133] Les faits établis vont être confrontés à la norme qui prescrit les conditions d'existence de l'État. Cette norme, pour laquelle le juge opte, est d'origine internationale[134] et peut être formulée sous la forme d'une « proposition hypothétique »[135] simplifiée – laquelle commande un raison-

131 Encore une fois, il est difficile de croire que l'établissement des faits – phase qui, dans le cas d'espèce, apparaît la première dans la motivation du juge – précède véritablement en pratique l'identification par le juge de la norme applicable.

132 Parent et autres c. Singapore Airlines Ltd., supra note 73, para 20.

133 Elle peut être conçue, en termes généraux, comme une « opération intellectuelle [...] juridique [...] consistant à prendre en considération l'élément qu'il s'agit de qualifier [...] et à le faire entrer dans une catégorie juridique[,] d'où résulte, par rattachement, le régime juridique qui lui est applicable ». Voir Qualification, in G. Cornu (dir.), Vocabulaire juridique, 10e éd. (2014), 835.

134 Fréquemment, la norme que cherche à appliquer le juge provient d'une source écrite de droit interne qui contient en son sein l'énoncé de la qualité « État », mais qui ne la définit pas. Le juge recherchera donc, dans le droit international, la définition à appliquer.

135 Expression empruntée à la typologie de Santulli, supra note 48, 22-25.

nement syllogistique – selon laquelle : *si l'entité a un territoire défini, une population permanente et un gouvernement effectif et indépendant, alors l'entité est un État.* Aussi le juge commence-t-il par se fonder sur l'énoncé de la norme codifiée dans la Convention de Montevideo de 1933,[136] pour y confronter les faits pertinents et conclure par syllogisme à la satisfaction par l'entité taïwanaise des conditions factuelles faisant d'elle un État. Il parvient donc à la décision – après avoir vérifié que le résultat de la qualification juridique des faits correspondait à la *proposition de fait* – que, Taïwan étant un État, il est en droit de bénéficier de l'immunité de juridiction.

La deuxième affaire qui offre matière à réflexion, malgré son caractère pour le moins surréaliste, est celle dont a eu à connaître une juridiction administrative allemande.[137] Le plaignant, allemand de naissance, s'adresse, en premier lieu, à l'administration allemande afin qu'elle reconnaisse sa nouvelle nationalité, récemment obtenue de la Principauté de Sealand.[138] En effet, selon une disposition du droit interne allemand, un individu qui n'est ni domicilié, ni résident permanent en Allemagne perd la nationalité allemande s'il acquiert une nationalité étrangère. Toutefois, l'administration notifie au plaignant qu'il n'a pas perdu sa nationalité allemande car la Principauté de Sealand ne constitue pas un État étranger. Le plaignant demande ainsi au juge d'annuler la décision administrative et de la réformer. Le Tribunal administratif de Cologne confirme la décision : « Étant donné que la [...] Principauté de Sealand ne constitue pas un État au sens du droit international, le plaignant n'a pas acquis de nationalité étrangère ».[139] Le raisonnement syllogistique adopté par le Tribunal pour parvenir à cette

136 Convention sur les droits et devoirs des États, 26 décembre 1933, Art. 1, 165 RTSDN 19, 24 : « L'État comme personne de droit international doit réunir les conditions suivantes : une population permanente, un territoire déterminé, un gouvernement, la capacité d'entrer en relation avec d'autres États ». La Convention, on le voit, énonce une quatrième condition d'existence de l'État. Cette capacité d'entrer en relation avec d'autres États est fréquemment conçue par la doctrine comme le critère d'indépendance que certains juristes rattachent directement au troisième critère (celui du gouvernement effectif et indépendant, voir supra note 43). La motivation de la décision confirme bien que le juge canadien conçoit ce critère comme réductible à l'indépendance du gouvernement taïwanais.

137 Duché de Sealand, supra note 77.

138 La Principauté de Sealand est une ancienne plateforme militaire britannique en Mer du Nord, datant de la seconde guerre mondiale. Après son abandon par les autorités, Roy Bates, ancien major de l'armée britannique, s'en empare. L'indépendance de la principauté est proclamée le 2 septembre 1967. La plateforme possède une surface de 550 m^2 et compte 4 à 28 habitants selon l'époque.

139 Duché de Sealand, supra note 77, 685 [notre traduction].

conclusion est identique à celui mis en évidence dans la décision précédente.[140] Il vérifie si la *proposition de fait* dont le plaignant souhaite obtenir la reconnaissance – sa nationalité sealandaise et, en amont, la qualité étatique de la Principauté – est juridiquement avérée par la confrontation de la norme aux *faits*. En élaborant une motivation très fouillée et largement appuyée sur la doctrine, le juge allemand caractérise l'absence d'au moins deux des trois conditions indispensables à la qualité étatique de la Principauté de Sealand : le territoire déterminé et la population permanente.[141]

La portée n'est pas anecdotique. La décision concluant à l'absence de qualité étatique de l'entité a pour corollaire l'inexistence des conséquences juridiques découlant normalement du statut d'État, notamment toutes celles se rapportant au concept de nationalité. Cette position privilégiant les faits et la norme internationale constitue bien la mise en œuvre du mécanisme de *reconnaissance procédurale*, bien que le test aboutisse, en réalité, à un résultat de *non-reconnaissance procédurale*.[142]

2. *Fait, effectivité et reconnaissance*

L'étude de l'ensemble des jurisprudences internes où l'opération juridique de la *reconnaissance procédurale* est menée commande un constat unique mais essentiel : le seul dénominateur commun est la force conférée à l'éta-

---

140 Raisonnement commun à l'ensemble des décisions identifiées dans notre contribution comme mettant en œuvre le mécanisme de reconnaissance procédurale.

141 Dans la mesure où les conditions d'existence de l'État en vertu du droit international sont cumulatives, de nombreuses juridictions ne mènent pas le test jusqu'à son terme lorsqu'une des conditions n'est pas satisfaite. Voir à ce titre, Gilmore et autres c. Autorité palestinienne intérimaire autonome et autres, supra note 72, para 9 : « Compte tenu de [...] l'absence d'un des critères [nécessaires] à la qualité étatique, il n'est pas indispensable pour la Cour d'examiner [plus avant la satisfaction des autres critères] » [notre traduction].

142 L'objectif n'est évidemment pas de décrire avec précision toutes les subtilités du raisonnement de l'ensemble des affaires où le mécanisme de reconnaissance procédurale est mis en mouvement, mais d'identifier, comme nous venons de le faire, la logique générale et commune du raisonnement du juge en la matière. Il convient, à ce titre, de souligner que la motivation du juge n'est pas toujours aussi étoffée que pour les deux affaires en vedette. Parfois, le juge n'avance pas les faits établis dans sa motivation. Dans d'autres cas, le test de la reconnaissance procédurale n'est pas mené *in extenso*. Parfois, encore, nous l'avons vu, la norme de référence contient quatre conditions cumulatives, voire n'est pas posée. Ces différences minimes dans la motivation du juge n'entament toutefois pas l'unité d'ensemble du phénomène étudié.

blissement du fait. Aussi le mécanisme mis en œuvre débouchera-t-il sur une *reconnaissance procédurale* de l'entité réclamant la qualité d'État, si les faits le corroborent.[143] Au contraire, le mécanisme aboutira à une *non-reconnaissance procédurale* pour une entité revendiquant cette qualité, si les faits l'infirment.[144] Ce raisonnement a une conséquence logique : au regard des faits établis, le juge est en quelque sorte en situation de « compétence liée ».[145] Mais surtout, le mécanisme de *reconnaissance procédurale* constitue l'application pratique de l'idée prescriptive que se font certains théoriciens de la reconnaissance selon laquelle celle-ci devrait s'intéresser aux faits.[146]

Il est, en outre, permis de suggérer que la mise en œuvre de la *reconnaissance procédurale*, en conférant une place centrale à la norme provenant de

143 L'Union de Birmanie a été reconnue procéduralement dans l'affaire : Limbin Hteik Tin Lat c. Union de Birmanie, supra note 73. Le Viêt-Nam du Nord a été reconnu procéduralement dans deux affaires : Clerget c. Représentation commerciale de la République démocratique du Viêt-Nam, supra note 71 ; Clerget c. Banque commerciale pour l'Europe du Nord et Banque du commerce extérieur du Vietnam, supra note 79. Taïwan a été reconnu procéduralement dans de nombreuses affaires : Parent et autres c. Singapore Airlines Ltd., supra note 73 ; Wang et consorts c. Office des juges d'instruction fédéraux, supra note 80 ; Strategic Technologies c. Procurement Bureau of the Republic of China – Ministry of National Defence, supra note 76.

144 La principauté de Sealand n'a pas été reconnue procéduralement dans : Duché de Sealand, supra note 77. Le Timor oriental n'a pas été reconnu procéduralement (à la date de l'affaire, en 1980, l'entité était encore sous occupation indonésienne et ne constituait donc pas un État indépendant) : République démocratique du Timor Oriental, Fretilin et autres. c. Pays-Bas, supra note 71. Le Monténégro n'a pas été reconnu procéduralement (à la date de l'affaire, en 2005, l'entité était encore une république constitutive de l'État fédéral de Serbie-et-Monténégro et ne constituait donc pas un État indépendant) : Italie c. Djukanovic, supra note 71. La Palestine n'a pas été reconnue procéduralement dans plusieurs affaires : Ungar et autres c. Organisation de libération de la Palestine, supra note 74 ; Gilmore et autres c. Autorité palestinienne intérimaire autonome et autres, supra note 72.

145 Daillier et al., supra note 35, 624, para 367 : « Il peut paraître étonnant que [...] la compétence pour reconnaître un État [...] ne soit pas une compétence liée [...] puisque l'État est une réalité objective [...] » ; Alexandrowicz-Alexander, The Quasi-Judicial Function in Recognition of States and Governments, supra note 11, 632 : « Un juge n'exerce pas de pouvoir discrétionnaire [...] ; il applique une règle de droit aux faits de l'espèce » [notre traduction].

146 Lauterpacht, Recognition of States, supra note 5, 385 : « Reconnaître une communauté en tant qu'État équivaut à déclarer qu'elle remplit les conditions du statut d'État prévues par le droit international. Si ces conditions sont remplies, les États existants ont une obligation de reconnaissance » [notre traduction].

l'ordre juridique international,[147] traduit une certaine consécration du droit international et, au-delà, d'un des principes structurants de ce droit : l'effectivité.[148] En effet, la particularité de cette norme tient au fait qu'elle énonce des critères qui sont autant des « conditions légales [que] des conditions de fait »,[149] ce qui explique aussi pourquoi l'effectivité constitue un critère opératoire unique pour certains juges afin d'établir la qualité étatique d'une entité.[150]

---

147 Ce choix est, par ailleurs, souvent assumé de manière expresse par le juge. Voir Parent et autres c. Singapore Airlines Ltd., supra note 73, para 53 : « [...] [C]'est [...] dans le droit international public qu'il y a lieu de rechercher la définition [d'État] à appliquer » ; Italie c. Djukanovic, supra note 71, para 11 : « La norme internationale [prescrivant les conditions d'existence de la qualité étatique] est une norme de source coutumière, et donc, en tant que norme de droit international général, fait automatiquement partie de l'ordre juridique italien [...] » [notre traduction] ; Wang et consorts c. Office des juges d'instruction fédéraux, supra note 80, para 5.2 : « L'État se définit en droit international selon trois critères : un territoire ; une population ; un gouvernement effectif et indépendant [...] » ; République démocratique du Timor Oriental, Fretilin et autres. c. Pays-Bas, supra note 71, 74, para 3 : « La décision [quant à la qualité d'État du Timor oriental] doit être prise sur le fondement des critères factuels [...] posés par le droit international » [notre traduction].

148 La pratique de la reconnaissance procédurale a ainsi pu être qualifiée de « de factoïsme ». Voir à ce titre Brownlie, supra note 9, 204. Plus généralement, au-delà de l'adage *ex factis jus oritur* servant à décrire certains concepts et institutions de droit international, nombreux sont les auteurs ayant insisté sur la « force de l'effectivité » en droit international. Voir R. Kolb, Théorie du droit international, 2è éd. (2013), 465-467.

149 Ruiz Fabri, Genèse et disparition de l'État à l'époque contemporaine, supra note 46, 164.

150 Certaines jurisprudences font ainsi reposer le test de la qualité étatique d'une entité sur le seul critère de l'effectivité ou du contrôle gouvernemental effectif. Voir à ce titre Ungar et autres c. Organisation de libération de la Palestine, supra note 74, para 5 : « En pratique, le troisième élément [relatif à l'existence d'un gouvernement effectif] est la condition la plus importante de la qualité étatique. [...] Les premier, deuxième et quatrième éléments dépendent [du troisième] ou [...] [sont] subsumés sous [celui-ci] » [notre traduction]. C'est notamment le cas des juridictions françaises. Voir Clerget c. Représentation commerciale de la République démocratique du Viêt-Nam, supra note 71, 1123 : « [...] [L']effectivité de la République démocratique du Viêt-Nam, ainsi que des pouvoirs de son gouvernement, ne peut pas être déniée [...] » ; Clerget c. Banque commerciale pour l'Europe du Nord et Banque du commerce extérieur du Vietnam, supra note 79, 524 : « [...] [T]ous ces faits sont suffisamment révélateurs de l'effectivité de la [République démocratique du Viêt-Nam] [...] » ; Strategic Technologies c. Procurement Bureau of the Republic of China – Ministry of National Defence,

À ce stade du raisonnement et au vu de ce qui précède, il convient de se demander si la *reconnaissance procédurale* n'a de reconnaissance que le nom. Il semblerait que contrairement à la reconnaissance *de jure*, elle ne constitue pas une « norme-transformateur ».[151] La reconnaissance *de jure* autorise, en effet, la *naissance* d'un sujet de droit dans l'ordre juridique interne.[152] S'il fallait encore le rappeler, cette reconnaissance transforme le *fait* – mieux dit, la *proposition de fait* – et l'insère dans le droit. Au contraire, la reconnaissance procédurale ne semble qu'attester le fait dans sa réalité : elle étudie, examine, *connaît* simplement le fait. Or, comme certains l'ont soutenu : « il importerait [...] de distinguer les simples constatations cognitives des reconnaissances »[153] ou encore, « l'acte de reconnaissance est perçu comme quelque chose de plus qu'une simple connaissance ».[154] Ontologiquement, les deux reconnaissances sembleraient donc pour le moins dissemblables. Une approche positiviste, si elle ne constitue pas nécessairement la panacée, peut permettre d'aborder la question de manière plus globale à défaut d'y répondre parfaitement. La vision kelsénienne de l'ordre juridique dans son ensemble permet, en effet, de relativiser la distinction d'ordre essentiel qui existerait entre les deux mécanismes. Il n'y aurait ainsi « dans le domaine du droit [...] aucun fait absolu ou [...] évident, aucun fait en soi, mais uniquement des faits établis par l'autorité compétente au cours d'une procédure prescrite par l'ordre juridique ».[155] Cette conception peut sans difficulté être appliquée à nos deux engeances de reconnaissance. Dans le cadre de la *reconnaissance procédurale*, le juge (autorité habilitée par une norme) procède à une application du droit (procédure prescrite par une norme) pour établir des *faits juridiques*. C'est ainsi au niveau de cette qualification que le juge ferait passer le *fait* dans le monde du droit.[156] Si l'on adhère à cette perspective, le prisme de la reconnaissance *de jure* est également présent dans le cadre de la *reconnaissance procédurale*. Il s'ensuivrait que les deux mécanismes pourraient entrer dans ce modèle

---

supra note 76, 4 : « [...] [L]a République de Chine [...] constitue en fait un État souverain et indépendant [...] ».

151 Kolb, Théorie du droit international, supra note 148, 465.

152 Cassese, International Law, supra note 44, 72.

153 Münch, supra note 12, 163.

154 Blix, Contemporary aspects of recognition, supra note 43, 637 [notre traduction].

155 Kelsen, Recognition, supra note 11, 606.

156 Santulli, supra note 48, 127 : « [...] [L]orsque les trois éléments constitutifs de l'État sont réalisés, l'État naît. Les règles qui définissent le statut de l'État envisagent l'État-factuel, mais leur effet est la constitution d'une situation juridique ».

conceptuel de la notion d'*institution* juridique, dans la mesure où ils *instituent* un *fait réel* en un *fait juridique*. Cette conclusion putative sur la nature juridique de la *reconnaissance procédurale* autorise peut-être à pousser davantage la réflexion et à en envisager les effets juridiques.[157]

III. Effets et fonctions de la reconnaissance procédurale d'État

L'étude de la nature et des modalités d'application d'un mécanisme juridique doit nécessairement être suivie d'une analyse de la situation juridique qui découle de sa mise en œuvre puisqu'elle en fondera les effets de droit. Ainsi, l'octroi de la qualité étatique par le biais de la *reconnaissance procédurale* a, en principe, pour conséquence juridique première de conférer le statut étatique à l'entité visée. Il apparaît, à cet égard, que l'État *reconnu procéduralement* peut potentiellement bénéficier de toute une gamme de prérogatives (A), lesquelles trouvent leur pendant dans l'existence de certaines obligations (B).

A. Le tempérament à la portée limitée des effets juridiques

Il a été dit que la reconnaissance *de jure* était la référence et qu'il était « aisé d'apprécier les conséquences juridiques de cette reconnaissance qui demeure la plus complète [:] [e]lle est un [acte] selon lequel l'ensemble des rapports juridiques internationaux qu'entretiennent d'ordinaire les États [...] s'applique [également] entre l'entité qui reconnaît et l'entité reconnue ».[158] Partant, la question qui peut se poser est celle des effets juridiques procédant de l'opération étudiée au regard de ceux découlant de la reconnaissance *de jure*. À cet égard, si la *reconnaissance procédurale* telle qu'accor-

---

157 Sur l'impossibilité relative de subsumer un mécanisme juridique sous une catégorie juridique figée et sur l'utilité d'une analyse de celui-ci sous l'angle de ses effets juridiques, voir B. Simma et R. Abraham, Opinion dissidente commune, in Souveraineté sur Pedra Branca/Pulau Batu Puteh, Middle Rocks et South Ledge (Malaisie/Singapour), arrêt, CIJ Rec. 2008, 12, 121, para. 16 : « À vrai dire, il n'est pas de première importance [...] [d'avoir] recours [...] à telle ou telle catégorie ou qualification juridique, lesdites catégories n'étant souvent pas, il faut le reconnaître, séparées les unes des autres de façon étanche. [...] [C]e qui importe surtout est de savoir quels effets le droit [...] attache à tel ou tel [mécanisme] [...] plutôt que de choisir entre telle ou telle expression apte à qualifier le processus juridique qui conduit de la cause à la conséquence ».

158 Jennings, supra note 2, 354, [notre traduction].

dée par le juge a naturellement des effets limités au litige présenté devant lui (2), il apparaît que la palette des effets de droit procédant de celle-ci est extrêmement large (1).

1. *L'étendue des droits accordés*

L'immunité de juridiction est l'une des conséquences découlant ordinairement de la reconnaissance *de jure* de l'État étranger.[159] Celle-ci suppose, en termes prosaïques, que l'État étranger, de par sa souveraineté, est en droit[160] de ne pas être attrait devant les tribunaux étrangers. Or, il apparaît que les affaires témoignant de la mise en œuvre du mécanisme de *reconnaissance procédurale* et ayant trait à la question de l'immunité de juridiction sont légion. Une affaire ayant fait grand bruit aux États-Unis peut être citée pour exemple : *Ungar et autres c. Organisation de libération de la Palestine*.[161] En l'espèce, le demandeur souhaite engager la responsabilité de l'Autorité palestinienne pour la mort d'un Américain causée par une attaque terroriste en territoire israélien. En appel, l'Autorité palestinienne, se revendiquant *agent* de l'*État* de Palestine, avance comme moyen de défense – tout comme en première instance – son droit à l'immunité de juridiction. En définitive, la Cour conclut à l'absence de qualité étatique de la Palestine et dénie, à ce titre, au défendeur la possibilité de se prévaloir de l'immunité de juridiction. Cette jurisprudence démontre, *a contrario*, qu'une entité non reconnue *de jure* mais *reconnue procéduralement* comme État, bénéficie de l'immunité de juridiction comme dans l'affaire canadienne préalablement étudiée, *Parent et autres c. Singapore Airlines*.[162] La possibilité d'étendre cette prérogative – traditionnellement accordée aux États reconnus *de jure* – aux entités non reconnues mais constituant en réalité des États souverains est, par ailleurs, pratiquée de longue date.[163] De la

---

159 Kolb, Théorie du droit international, supra note 148, 680.

160 Sur la fonction de l'immunité de juridiction, voir C. Kessedjian, Droit du commerce international (2013), 168, para 313 : « L'immunité permet d'empêcher l'interférence d'un État, par le truchement de ses tribunaux, avec les activités d'un autre État et de ses représentants (*par in paret non habet imperium*) ».

161 Supra note 74.

162 Supra note 73.

163 Tribunal mixte de première instance d'Alexandrie, C. Tavoularidis & C° et The Equitable Trust of New York c. The National Navigation of Egypt, 8 novembre 1927 [Égypte], 17 Revue de droit maritime comparé (1928) 340, 340-341 : « […] [L]e droit des gens admet que de l'indépendance et de la souveraineté des États il résulte qu'un État ne peut être justiciable des tribunaux d'un autre État […]. […]

même manière, l'immunité d'exécution a pu être accordée par le juge à un État *reconnu procéduralement*.[164]

Il est des prérogatives accordées aux États reconnus *de jure* qui, sans procéder directement de règles coutumières internationales, sont prévues par le droit interne de chaque État. Ces règles sont, en général, exorbitantes du droit commun et seront, de la même manière, applicables aux États *reconnus procéduralement*. La jurisprudence française est pourvoyeuse, dans ce cadre, d'une décision relativement récente et tout à fait audacieuse, puisqu'elle est parvenue à embarrasser le Quai d'Orsay : *Strategic Technologies c. Procurement Bureau of the Republic of China*.[165] Strategic Technologies, société de droit singapourien, obtient un jugement favorable de la Cour suprême de Singapour, le 10 décembre 2002, qui condamne le bureau d'approvisionnement du ministère taïwanais de la défense pour non-respect de ses obligations contractuelles envers la première. Le 27 juillet 2009, l'entreprise singapourienne demande l'exécution du jugement en France devant le Tribunal de grande instance de Paris et l'assignation est directement transmise au ministère taïwanais de la défense. En date du 9 septembre 2010, le juge de l'exécution rend une ordonnance jugeant que l'assignation en demande d'exequatur est nulle car elle n'a pas été signifiée dans les formes requises. L'ordonnance est confirmée en appel le 30 mars 2011. En effet, pour les deux juges, il y a vice de procédure en ce que l'acte d'assignation à un État devait nécessairement être délivré par la voie diplomatique.[166] Or, l'assignation a été directement transmise au défendeur. Ainsi, pour justifier de l'applicabilité de cette disposition, la Cour d'appel a dû *reconnaître procéduralement* Taïwan comme État étranger, ce qu'elle fait en

---

La circonstance que le gouvernement en cause, en l'espèce le gouvernement soviétique, n'est pas reconnu par le gouvernement égyptien, n'autorise pas les juges à méconnaître à cet État les prérogatives qu'il exerce en fait comme État souverain [...] ».

164 Clerget c. Représentation commerciale de la République démocratique du Viêt-Nam, supra note 71 ; Clerget c. Banque commerciale pour l'Europe du Nord et Banque du commerce extérieur du Vietnam, supra note 79.

165 Supra note 76.

166 Code de procédure civile [France], Art. 684, al. 2 : « L'acte destiné à être notifié à un État étranger, à un agent diplomatique étranger en France ou à tout autre bénéficiaire de l'immunité de juridiction est remis au parquet et transmis par l'intermédiaire du ministre de la justice aux fins de signification par voie diplomatique ».

déclarant que « la République de Chine non reconnue par la France, constitue en fait un État souverain et indépendant […] ».[167]

Les exemples peuvent être déclinés à l'infini.[168] Ils nous permettent d'affirmer que l'État *reconnu procéduralement* bénéficie potentiellement de tout droit dérivant du statut d'État en droit interne.

2. *Des effets limités au cas de l'espèce*

Si les effets juridiques pouvant être inférés de la *reconnaissance procédurale* et de la reconnaissance *de jure* sont, dans leur essence, dans leur nature, identiques, il existe toutefois une différence qui relève des modalités de l'*acte* de reconnaissance et qui induit une différence au niveau des conséquences juridiques. La reconnaissance *de jure* est de la compétence exclusive de l'exécutif d'un État, tandis que la reconnaissance *procédurale* est prononcée par le juge dans la sphère délimitée d'une instance. Il s'ensuit que si la reconnaissance *de jure* a un effet intersubjectif entre l'État *reconnaissant* et l'État *reconnu* avec le déploiement de toutes les conséquences juridiques propres au statut d'État, la *reconnaissance procédurale* n'a logiquement qu'un effet *inter partes*. Partant, elle n'engage en principe pas l'exécutif[169] et ses conséquences juridiques sont limitées à un seul lien juridique. Effectivement, les affaires étudiées plus haut n'intéressent souvent qu'un seul rapport de droit, et n'est donc souvent accordé qu'un seul effet juridique : soit l'immunité de juridiction, soit le droit à l'entraide judiciaire, soit un droit exorbitant en matière d'assignation, etc.[170]

---

167 Strategic Technologies c. Procurement Bureau of the Republic of China – Ministry of National Defence, supra note 76, 4-5.

168 Ce constat peut être systématisé en fonction de la nature des effets accordés. Évidemment, dans la mesure où le cadre de la reconnaissance procédurale est celui de l'instance, la plupart des effets sont procéduraux ou mixtes (p. ex., respectivement, *jus standi* et immunités), mais ils peuvent également être substantiels (octroi d'effets aux actes étrangers dans l'État du for).

169 Charpentier, Reconnaissance, supra note 22, para 23.

170 En tout état de cause, l'octroi ou le refus de la qualité étatique par le biais d'une reconnaissance procédurale a toutefois, en pratique, un influence normative dépassant le cadre de l'espèce en tant que précédent potentiel – ayant à tout le moins une autorité persuasive – pour les décisions juridictionnelles ultérieures. En témoigne la décision Gilmore et autres c. Autorité palestinienne intérimaire autonome et autres (supra note 72) qui renvoie à la décision de non-reconnaissance procédurale rendue dans l'affaire Ungar et autres c. Organisation de libération de la Palestine (supra note 74).

B. *Le rapport entre obligations étatiques et fonction de la reconnaissance procédurale*

Si la *reconnaissance procédurale* a pour effet d'octroyer des droits à l'entité dépourvue de reconnaissance *de jure*, il est logique qu'elle induise corrélativement l'imposition d'obligations dans le chef de l'entité en question. En effet, selon l'adage *jus et obligatio correlata sunt*, à chaque droit correspond une obligation et *vice versa* (1). Les effets souhaités de l'institution de la *reconnaissance procédurale* permettront, en définitive, d'en éclairer la fonction laquelle tiendrait à une finalité générale de bonne administration de la justice (2).

1. *Les obligations de l'État reconnu procéduralement*

Cette éventualité pourrait, en théorie, trouver application dans bon nombre de situations, bien qu'il s'avère difficile de mettre au jour des affaires spécifiques où l'obligation de l'État *reconnu procéduralement* aurait été soulevée.[171] Si les décisions de juridictions nationales n'offrent que très peu d'apports quant aux devoirs imposés à l'État (ou au gouvernement) *reconnu procéduralement*, il est possible de déceler dans la jurisprudence arbitrale des solutions qui pourraient être transposées aux situations portées devant le juge interne. En effet, dans plusieurs sentences, l'arbitre, par le truchement d'un raisonnement juridique identique à celui éprouvé dans le cadre des décisions internes, a *reconnu procéduralement* des gouvernements non reconnus *de jure* et a appelé au respect de leurs obligations en tant que tels ;[172] la violation de celles-ci devant, en principe, engager leur responsabilité.

La doctrine a, par ailleurs, eu l'occasion de s'exprimer sur la question en étudiant la pratique étatique en la matière. La retranscription de la déclaration d'un ancien ministre britannique des affaires étrangères lors des mouvements indépendantistes qui secouèrent l'Amérique espagnole au début du dix-neuvième siècle a pour avantage d'attester de l'idée que la responsabilité des États non reconnus *de jure* était admise de longue date :

---

171 Cette situation découle largement du fait que l'État reconnu procéduralement brandira son droit à l'immunité afin de ne pas voir sa responsabilité engagée.

172 Notamment lorsque leurs actes ont des effets sur la situation juridique d'individus étrangers. Voir Affaire Tinoco (Royaume-Uni c. Costa Rica), supra note 111 ; Affaire George W. Hopkins (États-Unis d'Amérique c. États-Unis du Mexique), 31 mars 1926, 4 RSA 41.

> Or, ou la mère patrie des colonies espagnoles est restée responsable d'actes sur lesquels elle ne pouvait plus exercer l'ombre même d'une autorité, ou les habitants de ces pays, dont l'existence politique indépendante était, en fait, établie mais auxquels l'acceptation de cette indépendance avait été refusée, [...] devaient être placés dans une situation telle qu'ils n'encourussent de responsabilité pour aucun de leurs actes, ou bien devaient être frappés, pour les actes qui pourraient donner lieu à des plaintes de la part d'autres nations, des pénalités réservées aux pirates ou aux individus hors la loi. Si la première de ces alternatives – l'irresponsabilité totale d'États non reconnus – est trop absurde pour être soutenue, et si la deuxième alternative – traiter leurs habitants en pirates et en hommes hors la loi – est trop monstrueuse pour être appliquée [...], il ne restait [...] qu'à reconnaître en temps utile leur existence politique comme États et à les introduire ainsi dans le cercle des droits et devoirs que les nations civilisées sont tenues de respecter et ont le droit réciproquement d'exiger les unes des autres dans leurs rapports mutuels.[173]

2. *Le souci de bonne administration de la justice*

L'absence de différences notoires entre les droits et obligations dont jouit l'État reconnu *de jure* et ceux de l'État *reconnu procéduralement* autorise à s'interroger sur la raison d'être du mécanisme de la *reconnaissance par le juge*. Les développements précédents peuvent apporter un début de réponse.

Il apparaît que le mécanisme de reconnaissance procédurale est – nous l'avons déjà évoqué – mis en mouvement lorsqu'il y a refus ou absence de toute reconnaissance *de jure*. Dans ce contexte, la *reconnaissance procédurale* a une finalité première : obvier à un résultat inadmissible, déraisonnable, voire absurde[174] ou plus rarement combler un *vacuum juris*.[175]La doctrine,

---

173 G. Canning, Note of Mr. Secretary to the Chevalier de Los Rios relative to Spanish America, 12 British and Foreign State Papers (1825), 909, 912-913 [traduction, Williams, supra note 31, 225].

174 Verhoeven, Les relations internationales, supra note 2, 66 : « [La reconnaissance procédurale est conçue comme un] [...] expédien[t] [...] pour prévenir des conséquences qui frisent l'absurdité ».

175 Loin de nous prononcer en faveur de la possibilité théorique de l'existence d'un non-droit, rien n'empêche un juge de prononcer un *non liquet* dans cette situation.

encore une fois, a su faire écho à ces écueils.[176] Ces deux difficultés peuvent être exemplifiées très simplement. Posons un litige dans lequel est engagée la responsabilité des autorités contrôlant effectivement Taïwan, largement non reconnu *de jure*. Il y aurait incontestablement un certain vide juridique – pouvant prendre la forme d'un déni de justice[177] – si un tribunal devait décider de l'impossibilité de soulever la responsabilité du défendeur non reconnu *de jure* en tant qu'État car celui-ci n'aurait pas de personnalité juridique. Et, un résultat déraisonnable serait obtenu si le juge devait statuer que la responsabilité de la République populaire de Chine était engagée alors même que, dans les faits, celle-ci n'exerce aucune autorité effective sur le territoire en question.[178] Entre ces deux extrêmes, la *reconnaissance procédurale* est donc la *reconnaissance* du pragmatisme juridique.[179]

La reconnaissance procédurale aurait, par conséquent, l'avantage de tenir compte de certaines considérations ayant trait à la bonne administration de la justice.[180] Ces considérations sont particulièrement prégnantes lorsque la validité de certains actes juridiques de l'État non reconnu *de jure* se pose.[181] A. Aust déclare ainsi, à l'appui de nombreuses affaires, que les tribunaux nationaux donnent effet aux actes et décisions d'autorités publiques d'un État non reconnu *de jure* lorsqu'ils intéressent des aspects es-

176 P. L. Hsieh, An Unrecognized State in Foreign and International Courts: the Case of the Republic of China on Taiwan, supra note 128, 814 : « […] [L]es obstacles politiques ne devraient pas entraver la finalité fondamentale des tribunaux, laquelle est de rendre justice » [notre traduction].

177 Nous devons relever que ce déni de justice pourrait toutefois être caractérisé si le défendeur devait brandir son droit à l'immunité découlant de sa reconnaissance procédurale.

178 C'est le résultat déraisonnable atteint par une juridiction britannique dans le cas de la République démocratique allemande non reconnue *de jure* par l'exécutif britannique. Pour contourner la difficulté, il est jugé que l'URSS, reconnue par la Couronne britannique, exerce un contrôle effectif – ce qui est démenti par les faits – sur la RDA, et donc que les actes émanant de l'Allemagne de l'Est relève de la responsabilité de l'Union soviétique : Chambre des Lords, Carl-Zeiss Stiftung c/ Rainer & Keeler Limited, 15 mai 1966, 43 ILR 23 [Royaume-Uni].

179 Cour d'appel de New York, Boris N. Sokoloff c. National City Bank of New York, 25 novembre 1924, 2 ILR 44, 47 : « Juridiquement, un gouvernement non reconnu peut être considéré comme n'étant pas un gouvernement du tout […]. En pratique, néanmoins, dans la mesure où les notions juridiques sont rarement, voire jamais, poussées jusqu'au bout de leur logique, […] [elles sont] sujette[s] aux limitations – qui s'imposent d'elles-mêmes – de bon sens et de justice » [notre traduction].

180 Degan, Création et disparation de l'État à la lumière du démembrement de trois fédérations multiethniques en Europe, supra note 50, 248.

181 Couveinhes-Matsumoto, supra note 17, 274-275, para 266.

sentiels de la vie quotidienne, comme les naissances, les mariages, les divorces et les décès ;[182] mais également des relations économiques et commerciales. Cette vision est embrassée par une grande partie de la doctrine,[183] notamment parce qu'elle est dans l'intérêt respectif des parties.[184] Très pragmatique, cette solution n'est pas toute récente, car elle a pu être consacrée dans la jurisprudence américaine dès le dix-neuvième siècle. Dans la décision *Texas c. White et autres*,[185] la Cour suprême américaine a ainsi déclaré ce qui suit :

> [I]l peut être dit, [...] avec suffisamment de justesse, que les actes nécessaires à la paix et au bon ordre parmi les citoyens, comme par exemple les actes sanctionnant et protégeant l'institution du mariage et les relations domestiques, ceux ressortissant à la filiation, ceux régissant la cession et le transfert de biens meubles et immeubles, ceux permettant d'apporter réparation pour des préjudices corporels ou matériels, et les autres actes similaires, qui seraient valides s'ils émanaient d'un gouvernement légitime, doivent être considérés en général comme valides lorsqu'ils émanent d'un gouvernement qui existe en fait, bien qu'il soit illégitime [...].[186]

IV. Conclusion

Expression forgée *a priori* à des fins d'investigation, la *reconnaissance procédurale* ne renvoie pas moins à un phénomène juridique tout à fait tangible. À ce titre, il ne fait aucun doute – nous le réitérons – qu'elle ne répond pas à la définition de la notion de reconnaissance telle qu'elle est conçue en

---

182 A. Aust, Handbook of International Law, 2è éd. (2011), 21.

183 Bierzaneck, supra note 5, 125 : « Sous la pression des besoins de la vie, les tribunaux de différents pays ont trouvé une solution à la majorité des questions pratiques soulevées par la non-reconnaissance » ; R. Ranjeva et Ch. Cadoux, Droit international public (1992), 94 : « Pour des considérations de bonne administration de la justice, les actes de l'État non reconnu peuvent être pris en compte par les juridictions des États tiers et faire objet d'application dès lors que les litiges n'ont qu'un caractère privé et ne mettent pas [...] en cause des problèmes de relations d'État à État ».

184 Daillier et al., supra note 35, 623, para 366 : « [...] [C]ette attitude est conforme aux exigences de bonne administration de la justice et aux intérêts des parties. Ce souci de réalisme se retrouve dans les jurisprudences internes [...] ».

185 Cour suprême, Texas c/ White, 12 avril 1869, 74 United States Reports 700 [États-Unis].

186 Ibid., para 128 [notre traduction].

théorie et qu'elle opère en pratique dans l'ordre juridique international.[187] Il apparaît toutefois que dans l'ordre juridique interne, au regard de sa nature, de ses effets et de sa fonction, la *reconnaissance procédurale* semble se rapprocher à bien des égards de la reconnaissance *de jure* en octroyant la qualité étatique à une entité qui la revendique et le statut qui en découle. Et, en définitive, en faisant nôtre la conception selon laquelle il n'y a de droits et obligations que ceux qui sont sanctionnés par le juge,[188] alors la différence entre l'État *reconnu procéduralement* et l'État reconnu *de jure* se fait plus ténue…

187 Verhoeven, Les relations internationales, supra note 2, 23 : « [La reconnaissance procédurale] est étrangère […] aux formes de la reconnaissance. Elle vise en effet l'autonomie dont dispose le juge dans le règlement de conflits qui mettent en cause, au moins en apparence, des actes de droit international public, et non la forme sous laquelle est exprimée la reconnaissance. […] [La reconnaissance] n'est […] valable en *droit des gens* que si elle émane d'un organe habilité à représenter l'État dans les relations internationales. Le juge ne disposant […] pas d'une telle qualité, sa reconnaissance ne saurait être constitutive d'une reconnaissance [même] implicite de l'État *dans les rapports internationaux* » [nous soulignons].

188 O. W. Holmes Jr., La voie du droit (2014), 3-4 : « Répétons-le : les droits et obligations […] dont s'occupe la doctrine ne sont rien d'autre que des prophéties. […] [L]a théorie se retrouve à placer la charrue avant les bœufs, et [à] imaginer que les droits et obligations existeraient de manière indépendante des conséquences de leur violation […]. Pourtant, […] une obligation juridique n'est […] rien d'autre que la prédiction de ce que, si un [sujet] commet ou omet certaines choses, il devra subir […] le jugement d'un tribunal – et il en va de même des droits ».

Cyber Espionage in Inter-State Litigation

Marco Benatar[*]

I. Introduction: The Dangers of the Digital Domain

Growing anxiety over cyber security is fuelling efforts to put the use of information and communications technologies (ICTs) on a firmer legal footing. This sentiment is aptly expressed by the Secretary-General of the United Nations (UN):

> Few technologies have been as powerful as information and communications technologies (ICTs) in reshaping economies, societies and international relations. Cyberspace touches every aspect of our lives. The benefits are enormous, but these do not come without risk. Making cyberspace stable and secure can be achieved only through international cooperation, and the foundation of this cooperation must be international law and the principles of the Charter of the United Nations.[1]

As global and regional organizations direct their energies toward the international regulation of ICTs, so too do individual States, many of which have integrated international law in their cyber doctrines. The allure of cyberspace has also captivated researchers, who have produced a prodigious body of literature on topics as varied as *jus ad bellum* and human rights.[2] Within this broader scholarly conversation, cyber espionage is rapidly becoming a core concern.[3] The keen interest undoubtedly stems from the

---

* Research Fellow at the Max Planck Institute Luxembourg for Procedural Law.

1 Report of the Group of Governmental Experts on Developments in the Field of Information and Telecommunications in the Context of International Security, UN Doc. A/70/174, 22 July 2015, para. 4 [GGE Report 2015].

2 See M. Benatar, Cyber Warfare, in A. Carty (ed.), Oxford Bibliographies in International Law (2014), available at: http://www.oxfordbibliographies.com/view/document/obo-9780199796953/obo-9780199796953-0087.xml?rskey=YzkK10&result=1&q=Cyber+Warfare#firstMatch (last visited 23 October 2018).

3 See e.g. D. Weissbrodt, Cyber-Conflict, Cyber-Crime, and Cyber-Espionage, 22 Minnesota Journal of International Law (2013), 347; C. S. Yoo, Cyber Espionage or Cyberwar? International Law, Domestic Law, and Self-Protective Measures, in J. D. Ohlin et al. (eds.), Cyberwar: Law and Ethics for Virtual Conflicts (2015), 175; R. Buchan, The International Legal Regulation of State-Sponsored Cyber Espionage,

barrage of revelations that continue to surface in the media. Detailed accounts of mass electronic surveillance programs,[4] the interception of communications of Heads-of-State[5] and the theft of industrial secrets[6] regularly make world headlines.

Clandestine ICT activities have even spread to inter-State litigation,[7] as came to light in the recent *South China Sea Arbitration*. This closely-fol-

---

in A.-M. Osula and H. Rõigas (eds.), International Cyber Norms: Legal, Policy & Industry Perspectives (NATO Cooperative Cyber Defence Centre of Excellence, 2016), 65; K. Ziolkowski, Peacetime Cyber Espionage – New Tendencies in Public International Law, in K. Ziolkowski (ed.), Peacetime Regime for State Activities in Cyberspace: International Law, International Relations and Diplomacy (NATO Cooperative Cyber Defence Centre of Excellence, 2013), 425; D. Pun, Rethinking Espionage in the Modern Era, 18 Chicago Journal of International Law (2017), 353.

4 A. Deeks, An International Legal Framework for Surveillance, 55 Virginia Journal of International Law (2015), 291; I. Georgieva, The Right to Privacy under Fire: Foreign Surveillance under the NSA and the GCHQ and its Compatibility with Art. 17 ICCPR and Art. 8 ECHR, 31 Utrecht Journal of International and European Law (2015), 104; P. Margulies, The NSA in Global Perspective: Surveillance, Human Rights, and International Counterterrorism, 82 Fordham Law Review (2014), 2137; M. Milanovic, Human Rights Treaties and Foreign Surveillance: Privacy in the Digital Age, 56 Harvard International Law Journal (2015), 81; D. Yernault, De la fiction à la réalité: le programme d'espionnage électronique global 'Echelon' et la responsabilité internationale des Etats au regard de la Convention européenne des droits de l'homme, 33 Revue belge de droit international (2000), 137; J. J. Paust, Can You Hear Me Now?: Private Communication, National Security, and the Human Rights Disconnect, 15 Chicago Journal of International Law (2015), 612.

5 S. Talmon, Das Abhören der Kanzlerhandys und das Völkerrecht, 1 Bonner Rechtsjournal (2014), 6.

6 D. P. Fidler, 'Economic Cyber Espionage and International Law: Controversies involving Government Acquisition of Trade Secrets through Cyber Technologies' (2013), available at: https://www.asil.org/insights/volume/17/issue/10/economic-cyber-espionage-and-international-law-controversies-involving (last visited 23 October 2018); C. Lotrionte, Countering State-Sponsored Cyber Economic Espionage under International Law, 40 North Carolina Journal of International Law and Commercial Regulation (2015), 443; C. Parajon Skinner, An International Law Response to Economic Cyber Espionage, 46 Connecticut Law Review (2014), 1165.

7 As the focus of this paper is inter-State litigation, cases involving national security before human rights bodies will not be covered. See e.g. ECtHR Research Division, 'National Security and European Case-Law' (2013), available at https://rm.coe.int/168067d214 (last visited 23 October 2018). In international commercial arbitration (another area not treated in this chapter), the threat posed by malicious cyber actors has prompted soft law initiatives. See Draft Cybersecurity Protocol for International Arbitration, 2018, available at https://www.arbitration-icca.org/media/10/43322709923070/draft_cybersecurity_protocol_final_10_april.pdf (last visited 23

lowed case, administered by the Permanent Court of Arbitration (PCA), saw the Philippines challenge China's maritime claims and activities in the South China Sea.[8] In 2015, on the third day of hearings in the Peace Palace (The Hague), a cyber-attack originating from China took down the PCA's website for an extended period, leaving the page infected with malware luring unsuspecting online visitors.[9] Compounding matters further, forensic investigations led an IT security company to conclude that an actor based in China had targeted the computer systems of groups involved in the maritime spat. The hit list included the law firm representing the Philippines in the arbitration and the malicious program used in the attack is known to enable data exfiltration from the victim's compromised machine.[10]

Should this be a harbinger of things to come, international courts and tribunals could soon face credible allegations that parties appearing before them have spied on each other using cyber capabilities. A likely scenario is one whereby a party to the proceedings retrieves information from the adverse party or its representatives to get a leg up in the ongoing litigation.

To be sure, in many instances the allegations will remain just that, given the arduous task of substantiating covert intelligence gathering and its attribution to the opposing State.[11] Past cases show the difficulty of proving acts of espionage to the tribunal's satisfaction. Following the 1979 storm-

---

October 2018); Debevoise Protocol to Promote Cybersecurity in International Arbitration (2017), available at https://www.debevoise.com/~/media/files/capabilities/cybersecurity/protocol_cybersecurity_intl_arb_july2017.pdf (last visited 23 October 2018); L. Yong, Working Group Unveils Cybersecurity Protocol at ICCA (2018), available at https://globalarbitrationreview.com/article/1168043/working-group-unveils-cybersecurity-protocol-at-icca (last visited 23 October 2018); C. Morel de Westgaver, Cybersecurity in International Arbitration – A Necessity and an Opportunity for Arbitral Institutions (2017), available at http://arbitrationblog.kluwerarbitration.com/2017/10/06/cyber-security/ (last visited 23 October 2018).

8 South China Sea Arbitration (Philippines v. China), Award of 12 July 2016, PCA Case No. 2013-19.

9 J. Healey and A. Piiparinen, 'Did China Just Hack the International Court Adjudicating Its South China Sea Territorial Claims?' (2015), available at http://thediplomat.com/2015/10/did-china-just-hack-the-international-court-adjudicating-its-south-china-sea-territorial-claims/ (last visited 23 October 2018). Shortly after the incident, the International Court of Justice issued an announcement on its website notifying visitors that it was a distinct institution from the PCA and had no involvement in the aforementioned case.

10 F-Secure, 'NanHaiShu: RATing the South China Sea' (2016), available at https://www.f-secure.com/documents/996508/1030745/nanhaishu_whitepaper.pdf (last visited 23 October 2018).

11 Espionage on the part of counsel is not covered in this contribution. On the treatment of misconduct in international proceedings from the perspective of profes-

ing of the United States Embassy in Teheran and taking of American diplomatic and consular staff as hostages, the US took its dispute with Iran to the International Court of Justice (ICJ). Although the respondent State boycotted the proceedings, Iranian authorities made numerous statements accusing the US of conducting espionage on its soil. Noting that the assertions were unsupported by evidence, the Court dismissed Teheran's claims.[12] Closer to the present day is the ill-fated arbitration between Croatia and Slovenia which was rocked by revelations that Slovenia's agent and party-appointed arbitrator had engaged in unlawful *ex parte* communications.[13] In proceedings addressing the consequences of the incident, Slovenia floated the possibility of Croatia being behind the wiretapping of the damning telephone conversation. Lacking hard proof, the Arbitral Tribunal did not discuss the matter further.[14]

The use of ICTs adds a thick layer of complexity owing to the anonymous architecture of cyberspace and the abundant methods for wiping

---

sional ethics, see generally A. Sarvarian, Professional Ethics at the International Bar (2013); C. Parajon Skinner, Ethical Dilemmas in Inter-State Disputes, 68 Alabama Law Review (2016), 281. See also T. W. Wälde, "Equality of Arms" in Investment Arbitration: Procedural Challenges, in K. Yannaca-Small (ed.), Arbitration Under International Investment Agreements: A Guide to the Key Issues (2010), 161, 161-162 (acknowledging the existence of spying by private parties in relation to investment arbitration). Equally beyond the remit of this study is spying against the tribunal itself. Breaches of the confidentiality of deliberations are taken seriously. The Nuclear Tests case between Australia and France is illustrative of this point. Shortly before the reading of an order indicating provisional measures, statements were made and the Australian press had reported on the expected outcome of the request for provisional measures and how the judges would vote. The ICJ adopted a resolution criticizing the disclosure and launched an investigation to identify the source of the leak, which was not discovered. Nuclear Tests (Australia v. France), Judgment, Declaration of President Lachs, ICJ Reports 1974, 253, 273; Ibid., Joint Declaration of Judges Bengzon, Onyeama, Dillard, Jiménez de Aréchaga and Sir Humphrey Waldock, 273; B. Fassbender, Article 54, in A. Zimmermann et al. (eds.), The Statute of the International Court of Justice: A Commentary, 2nd ed. (2012), 1355, 1359.

12 United States Diplomatic and Consular Staff in Tehran (United States of America v. Iran), Judgment, ICJ Reports 1980, para. 82.

13 Ill-fated, but not without a silver lining, see T. Meshel, The Croatia v. Slovenia Arbitration: The Silver Lining, 16 The Law and Practice of International Courts and Tribunals (2017), 288.

14 Arbitration Between the Republic of Croatia and the Republic of Slovenia (Croatia v. Slovenia), Partial Award of 30 June 2016, PCA Case No. 2012-04, para. 211. See also A. Sarvarian and R. Baker, 'Arbitration between Croatia and Slovenia: Leaks, Wiretaps, Scandal (Part 3)' (2015), available at https://www.ejiltalk.org/arbitration-between-croatia-and-slovenia-final-part-3/ (last visited 23 October 2018).

tracks.[15] Pinning conduct to a specific State can therefore present a greater challenge than in the case of 'traditional' espionage. Attribution is harder still where non-State proxies are called on to do the spying, as their conduct will only be attributed to the State if it exerts a certain threshold of control over them.[16]

But what if, for argument's sake, the international tribunal were to conclusively determine that cyber espionage connected to the pending case has occurred and can be attributed to one of the parties? This is the question that lies at the heart of the present chapter as it seeks to address two main challenges the tribunal could realistically face. The first is whether the adjudicator can find the spying State in breach of international law and, if so, on what grounds. The second challenge is how the tribunal should treat evidence that has been procured through clandestine ICT activities.

II. General International Law and its Gaps

Let us assume that a party has established that it was the victim of cyber espionage at the hands of the opposing party and that the spying has a nexus with the ongoing proceedings. The next step is for the tribunal to formulate an appropriate response. This section will survey the range of considerations that could factor into the adjudicator's thought process. It will be demonstrated that despite the ethical misgivings one might have about spying, commentators generally hold that international law does not ban such behaviour outright. *A fortiori*, the lawfulness of ICT covert operations is at the very least uncertain. In a subsequent part, the impact of the underlying litigation will be studied. The inquiry will therefore shift to rules and principles of international dispute settlement that could be invoked to reach a finding of illicit conduct.

---

15 K. Kittichaisaree, Public International Law of Cyberspace (2017), 32-36.

16 See C. Antonopoulos, State Responsibility in Cyberspace, in N. Tsagourias and R. Buchan (eds.), Research Handbook on International Law and Cyberspace (2015), 55; P. Margulies, Sovereignty and Cyber Attacks: Technology's Challenge to the Law of State Responsibility, 14 Melbourne Journal of International Law (2014), 1; S. J. Shackelford and R. B. Andres, State Responsibility for Cyber Attacks: Competing Standards for a Growing Problem, 42 Georgetown Journal of International Law (2011), 971.

The debate over whether the covert collection of information in peacetime,[17] i.e. absent the consent of the State controlling the information, is banned by international law has a long pedigree.[18] A few broad observations can be deduced from the voluminous literature reflecting the majority position among scholars. Most writers believe that general international law does not prohibit spying as such because none of the core norms appear to outlaw the practice.[19] Take, for instance, the principle of non-intervention. The principle is a foundational one forming part of customary international law as held by the ICJ[20] and expressed in landmark resolutions of the UN General Assembly (UNGA).[21] Non-intervention prohibits States from committing acts which are coercive and "[bear] on matters in which each State is permitted, by the principle of State sovereignty, to decide freely".[22] While actions not involving the use of force can certainly fall within the scope of non-intervention,[23] it would be difficult to argue that typical clandestine intelligence gathering meets the coercion criterion.[24]

17 This chapter does not address the law of armed conflict.

18 S. Chesterman, Secret Intelligence, in R. Wolfrum (ed.), Max Planck Encyclopedia of Public International Law (2009), para. 1, available at http://opil.ouplaw.com/home/EPIL (last visited 23 October 2018).

19 This stands in contrast to the vast number of domestic legal systems criminalizing such behaviour.

20 Military and Paramilitary Activities in and against Nicaragua (Nicaragua v. United States of America), Merits, Judgment, ICJ Reports 1986, 14, para. 202.

21 Declaration on Principles of International Law concerning Friendly Relations and Co-operation among States in accordance with the Charter of the United Nations, GA Res. 2625 (XXV) of 24 October 1970, Annex; Manila Declaration on the Peaceful Settlement of International Disputes, GA Res. 37/10 of 15 November 1982, Annex; Declaration on the Inadmissibility of Intervention and Interference in the Internal Affairs of States, GA Res. 36/103 of 9 December 1981, Annex; Declaration on the Inadmissibility of Intervention in the Domestic Affairs of States and the Protection of their Independence and Sovereignty, GA Res. 2131 (XX) of 21 December 1965; Draft Declaration on Rights and Duties of States, GA Res. 375 (IV) of 6 December 1949, Annex.

22 Military and Paramilitary Activities, supra note 20, para. 205.

That said, the absence of an outright prohibition does not imply that, true to the *Lotus* principle,[25] States are at liberty to spy in all circumstances without fear of breaching international law. Firstly, the international community does regulate secret intelligence albeit in a piecemeal fashion.[26] Different branches of international law place limits on espionage in circumscribed situations. A pertinent example can be found in the Vienna Convention on Diplomatic Relations (VCDR) which curtails intelligence gathering by diplomats in the receiving State.[27] Another illustration is the United Nations Convention on the Law of the Sea's (UNCLOS) exclusion of "any act aimed at collecting information to the prejudice of the defence or security of the coastal State" from the meaning of innocent passage in the territorial sea.[28]

Secondly, legal lacunae and the ubiquity of secret intelligence have not deterred States from denouncing the practice when it occurs. What matters, however, is that they do so *indirectly*: rather than claim that an act of espionage is illegal, States invoke rules which were transgressed in the process of obtaining intelligence. This roundabout approach stifles the forma-

23 For an assessment of various acts not involving the use of force and their compatibility with the non-intervention principle, see M. Jamnejad and M. Wood, The Principle of Non-Intervention, 22 Leiden Journal of International Law (2009), 345, 367-377. On intervention and cyberspace, see P. Wrange, Intervention in National and Private Cyberspace and International Law, in J. Ebbesson et al. (eds.), International Law and Changing Perceptions of Security: Liber Amicorum Said Mahmoudi (2014), 307; T. Gill, Non-Intervention in the Cyber Context, in Ziolkowski, supra note 3, 217; S. Watts, Low-Intensity Cyber Operations and the Principle of Non-Intervention, in Ohlin, supra note 3, 249.

24 Ziolkowski, supra note 3, 433. Contra Buchan, Cyber Espionage and International Law, in Tsagourias and Buchan, supra note 16, 183.

25 S.S. "Lotus" (France v. Turkey), Judgment, 1927, PCIJ Series A, No. 10, 18. See however Accordance with International Law of the Unilateral Declaration of Independence in Respect of Kosovo, Advisory Opinion, Declaration of Judge Simma, ICJ Reports 2010, 478 (calling into question the continued relevance of the Lotus principle in contemporary international law); A. Hertogen, Letting Lotus Bloom, 26 European Journal of International Law (2015), 901 (agreeing with critiques of the Lotus principle, whilst challenging the mainstream reading of the Lotus judgment).

26 Chesterman, supra note 18, paras. 23-24.

27 E.g. Vienna Convention on Diplomatic Relations, 18 April 1961, Articles 3 (1) (d), 41 (1) and (3), 500 UNTS 95 [VCDR].

28 United Nations Convention on the Law of the Sea, 10 December 1982, Art. 19 (2) (c), 1833 UNTS 397 [UNCLOS]. As for the exclusive economic zone, see E. Papastavridis, Intelligence Gathering in the Exclusive Economic Zone, 93 International Law Studies (2017), 446.

tion of a would-be *opinio juris* that renders espionage in and of itself illicit.[29] It is best exemplified by considering the response to the discovery of agents operating on foreign soil. The victim State will oftentimes treat the act as a breach of international law not because espionage is proscribed but because its territorial sovereignty has been violated.[30] A useful parallel can be drawn with the ICJ's approach in the *Military and Paramilitary Activities* case. Nicaragua had complained of US aircraft flying over its territory with the aim of intelligence gathering among other objectives. The Court did not address the lawfulness of reconnaissance in relation to the unauthorized overflights but did qualify the aerial activities as violations of Nicaraguan sovereignty under customary international law.[31]

We now turn to cyberspace which, it should be emphasized, is not a lawless domain.[32] The work of the UN Group of Governmental Experts (GGE),[33] the views of UN Member States submitted to the UN Secretary-General,[34] national cyber policies[35] and multilateral initiatives[36] all attest to the growing consensus that international law applies to computer networks. The 2015 GGE Report is noteworthy for the statement that:

29 I. Navarrete, L'espionnage en temps de paix en droit international public, 53 Canadian Yearbook of International Law (2015), 1, 7.

30 F. Lafouasse, "Le silence est d'or": réflexions juridiques sur l'espionnage entre États, in S. Cassella and L. Delabie (eds.), Faut-il prendre le droit international au sérieux? Journée d'études en l'honneur de Pierre Michel Eisemann (2016), 165, 167. See also D. Fleck, Individual and State Responsibility for Intelligence Gathering, 28 Michigan Journal of International Law (2007), 687, 692-693.

31 Military and Paramilitary Activities, supra note 20, paras. 21, 91, 251-252. Navarrete, supra note 29, 16. See also Convention on International Civil Aviation, 7 December 1944, Articles 1 and 2, 15 UNTS 295, codifying the customary rule that a State's sovereignty extends to the airspace above its land territory and territorial sea.

32 A. Pellet, Préface, in Société française pour le droit international (ed.), Colloque de Rouen: Internet et le droit international (2014), 1, 3.

33 Report of the Group of Governmental Experts on Developments in the Field of Information and Telecommunications in the Context of International Security, UN Doc. A/68/98, 24 June 2013, paras. 16-25; GGE Report 2015, supra note 1, paras. 24-29. On the GGEs, see C. Henderson, The United Nations and the Regulation of Cyber-Security, in Tsagourias and Buchan, supra note 16, 465, 473-481.

> In their use of ICTs, States must observe, among other principles of international law, State sovereignty, sovereign equality, the settlement of disputes by peaceful means and non-intervention in the internal affairs of other States. Existing obligations under international law are applicable to State use of ICTs. States must comply with their obligations under international law to respect and protect human rights and fundamental freedoms.[37]

The above remarks on espionage and international law are equally valid for covert operations using cyber capabilities. The *Tallinn Manual on the International Law Applicable to Cyber Operations*, prepared by an international group of experts under the aegis of the North Atlantic Treaty Organization, corroborates this view. Rule 32 of the latest edition of the *Tallinn Manual* stipulates: "Although peacetime cyber espionage by States does not *per se* violate international law, the method by which it is carried out might do so."[38]

With this clarification in mind, the stage is set for an inquiry as to whether cyber espionage in international litigation can run afoul of international law. Assuredly, scenarios can be imagined where binding rules are violated. In those cases, an international tribunal eager to sanction the spying party could latch on to those infractions. The more intriguing question is whether breaches are *necessarily* committed. This is not a forgone conclusion: vital practical distinctions set traditional and cyber espionage apart. As mentioned earlier, the unapproved entry of secret agents in the territory of a third State is an encroachment on sovereignty. Conversely, the virtual world of interconnected servers allows for data extraction without ever set-

---

34 See UN Office of Disarmament Affairs, 'Developments in the Field of Information and Telecommunications in the Context of International Security', available at https://www.un.org/disarmament/topics/informationsecurity/ (last visited 23 October 2018).

35 E.g. United States, 'International Strategy for Cyberspace: Prosperity, Security, and Openness in a Networked World' (2011), available at https://obamawhitehouse.archives.gov/sites/default/files/rss_viewer/international_strategy_for_cyberspace.pdf (last visited 23 October 2018).

36 E.g. International Code of Conduct for Information Security, UN Doc A/69/723, Annex, 9 January 2015 (jointly submitted by China, Kazakhstan, Kyrgyzstan, the Russian Federation, Tajikistan and Uzbekistan).

37 GGE Report 2015, supra note 1, para. 28 (b).

38 M. N. Schmitt (ed.), Tallinn Manual 2.0 on the International Law Applicable to Cyber Warfare, 2nd ed. (2017), 168.

ting foot in the territory of the targeted State.[39] One of the surest juridical shields against espionage is thus pierced.[40] In certain respects, the situation is reminiscent of spying from outer space via satellite which several commentators do not consider to be illegal.[41] Each instance must be considered on its individual merits. By way of illustration, if the intrusion were to impair the functionality of the cyber infrastructure in the targeted State, a strong case can be built that its sovereignty has been impinged upon.[42] In sum, cyber espionage will at times fall through the gaps of general international law.

III. The Law of International Dispute Settlement as Adjudicatory Strategy

Confronted with the reality that a party has conducted cyber espionage against the opposing side, the international tribunal hearing their dispute finds itself in an unenviable position. On the one hand, there is an understandable desire to treat the act of spying as more than unethical yet lawful behaviour. On the other hand, a finding of breach might be out of step with the prevailing attitudes of States on the status of espionage, especially of the cyber kind. The dearth of relevant case law could also discourage international tribunals from taking a first bold step in tackling this contentious topic head-on. Perhaps there is an alternative to side-stepping the issue: shifting the focus to rules concerning the ongoing litigation would

---

39 Deeks, supra note 4, 304-305; N. Tsagourias and R. Buchan, Cyber-Threats and International Law, in M. E. Footer et al. (eds.), Security and International Law (2016), 365, 374.

40 On sovereignty and cyberspace, see generally W. Heintschel von Heinegg, Territorial Sovereignty and Neutrality in Cyberspace, 89 International Law Studies (2013), 123, 126; P. W. Franzese, Sovereignty in Cyberspace: Can it Exist?, 64 Air Force Law Review (2009), 1; B. Pirker, Territorial Sovereignty and Integrity and the Challenges of Cyberspace, in K. Ziolkowski, supra note 3, 189; M. Finnemore and D. B. Hollis, Constructing Norms for Global Cybersecurity, 110 American Journal of International Law (2016), 425, 459-460.

41 S. Chesterman, The Spy Who Came in From the Cold War: Intelligence and International Law, 27 Michigan Journal of International Law (2006), 1071, 1085-1086; J. Kish, International Law and Espionage (1995), 115-121; F. Lafouasse, L'espionnage dans le droit international (2012), 140-142. See however R. A. Falk, Space Espionage and World Order: A Consideration of the Samos-Midas Program, in R. J. Stanger (ed.), Essays on Espionage and International Law (1962), 45.

42 Schmitt, supra note 38, 170.

enable the adjudicator to put on record a violation of said rules without having to pass judgment on the actual act of ICT intelligence gathering.

At first blush, the duty not to aggravate or extend a dispute shows promise as a prism through which to assess cyber espionage. Citing case law,[43] treaty practice,[44] the UNGA's Friendly Relations Declaration[45] and good faith, the Arbitral Tribunal in the *South China Sea* case elevated its rank to that of a principle of international law applicable to parties involved in a procedure of dispute settlement for as long as that process lasts.[46] The arbitrators went on to describe in minute detail what it means to aggravate a dispute:

> In the course of dispute resolution proceedings, the conduct of either party may aggravate a dispute where that party continues during the pendency of the proceedings with actions that are alleged to violate the rights of the other, in such a way as to render the alleged violation more serious. A party may also aggravate a dispute by taking actions

---

43 In particular Electricity Company of Sofia and Bulgaria (Belgium v. Bulgaria), Interim Measures of Protection, Order, 1939, PCIJ Series A/B, No. 79, 199: "the principle universally accepted by international tribunals [...] to the effect that the parties to a case must abstain from any measure capable of exercising a prejudicial effect in regard to the execution of the decision to be given and, in general, not allow any step of any kind to be taken which might aggravate or extend the dispute".

44 E.g. Revised General Act for the Pacific Settlement of International Disputes, 28 April 1949, Art. 33 (3), 71 UNTS 101: "The parties undertake to abstain from all measures likely to react prejudicially upon the execution of the judicial or arbitral decision or upon the arrangements proposed by the Conciliation Commission and, in general, to abstain from any sort of action whatsoever which may aggravate or extend the dispute".

45 Friendly Relations Declaration, supra note 21: "States parties to an international dispute, as well as other States shall refrain from any action which may aggravate the Situation so as to endanger the maintenance of international peace and security, and shall act in accordance with the purposes and principles of the United Nations".

46 South China Sea Arbitration, supra note 8, paras. 1166-1173. It is worthwhile noting that non-aggravation was explicitly written into the Rules of Procedure of the Timor-Leste-Australia Conciliation. See Conciliation between the Democratic Republic of Timor-Leste and the Commonwealth of Australia, PCA Case No. 2016-10, Rules of Procedure, Art. 10 (3): "The Parties shall refrain during the conciliation proceedings from any measure which might aggravate or widen the dispute. They shall, in particular, refrain from any measures which might have an adverse effect on proposals which are or may reasonably be made by the Commission, so long as those proposals have not been explicitly rejected by either of the Parties."

> that would frustrate the effectiveness of a potential decision, or render its implementation by the parties significantly more difficult. Finally, a party may aggravate a dispute by undermining the integrity of the dispute resolution proceedings themselves, including by rendering the work of a court or tribunal significantly more onerous or taking other actions that decrease the likelihood of the proceedings in fact leading to the resolution of the parties' dispute.[47]

There is little doubt that clandestine efforts to retrieve information from an opposing litigant could undercut the integrity of the proceedings resulting in further aggravation of the dispute. This alone however would not breach the duty, as the Arbitral Tribunal drew attention to an important restriction abridging its scope:

> [I]nternational law [does not] go so far as to impose a legal duty on a State to refrain from aggravating generally their relations with one another, however desirable it might be for States to do so. Actions must have a specific nexus with the rights and claims making up the parties' dispute in order to fall foul of the limits applicable to parties engaged in the conduct of dispute resolution proceedings.[48]

Consonant with the *South China Sea* award, covert ICT activities would only violate the aggravation prohibition to the extent that they bear a close relation to the subject-matter of the underlying dispute, something which can only be answered on a case-by-case basis.

At this juncture, we will focus on the communications between a State party to a dispute and its legal advisers. Are there solid grounds for granting attorney-client State correspondence juridical cover? The ICJ was called upon to solve this puzzle in the *Questions relating to the Seizure and Detention of Certain Documents and Data* case between Timor-Leste and Australia.[49] The facts of the case bear repeating. Proceedings were initiated by

47 South China Sea Arbitration, supra note 8, para. 1176.

48 Ibid., para. 1174.

49 Questions relating to the Seizure and Detention of Certain Documents and Data (Timor-Leste v. Australia), Provisional Measures, ICJ Reports 2014, 147. See also M. Happold, 'East Timor Takes Australia to ICJ over Documents Seized by Australian Intelligence' (2013), available at http://www.ejiltalk.org/east-timor-takes-australia-to-icj-over-documents-seized-by-australian-intelligence/ (last visited 23 October 2018); M. Happold, 'Timor Leste's Request for Provisional Measures: ICJ Orders Materials Seized by Australia Sealed Until Further Notice' (2014), available at http://www.ejiltalk.org/timor-lestes-request-for-provisional-measures-icj-orders-materials-seized-by-australia-sealed-until-further-notice/ (last visited 23 October

East Timor in December 2013 in response to a raid carried out by Australian intelligence services in the Australia-based business premises of a lawyer advising East Timor. At least some of the documents and data taken by the Australian authorities related to the then pending *Timor Sea Treaty Arbitration*[50] or potential maritime boundary negotiations. Said items concerned exchanges between East Timor and its legal advisers.[51] Together with the institution of proceedings, the applicant asked the Court to adopt provisional measures aimed at protecting the seized documents and ensuring the confidentiality of its contents.[52] The Timorese request for relief succeeded: the ICJ's Order indicated several measures that Australia had to adopt to protect the applicant's rights in the interim.[53] Per the parties' wishes, the ICJ later modified the measures,[54] then discontinued and removed the case from the list before any hearing on the merits could take place.[55]

2018); C. Rose, The Protection of Communications between States and their Counsel in International Dispute Settlement, 73 Cambridge Law Journal (2014), 231.

50 Arbitration under the Timor Sea Treaty (Timor-Leste v. Australia), PCA Case No. 2013-16. Incidentally, East Timor initiated this arbitration on the basis of allegations of Australian espionage. See K. Mitchell and D. Akande, 'Espionage & Good Faith in Treaty Negotiations: East Timor v. Australia' (2014), http://www.ejiltalk.org/espionage-fraud-good-faith-in-treaty-negotiations-east-timor-v-australia-in-the-permanent-court-of-arbitration/ (last visited 23 October 2018). These proceedings are distinct from the conciliation between East Timor and Australia under UNCLOS and another arbitration between the same parties concerning a petroleum export pipeline. See Timor-Leste-Australia Conciliation, supra note 46; Arbitration under the Timor Sea Treaty (Timor-Leste v. Australia), PCA Case No. 2015-42. Both arbitrations were terminated pursuant to the constructive dialogue within the framework of the conciliation. See 'Joint Statement by the Governments of Timor-Leste and Australia and the Conciliation Commission constituted pursuant to Annex V of the United Nations Convention on the Law of the Sea' (2017), https://pcacases.com/web/sendAttach/2049 (last visited 23 October 2018).

51 Seizure and Detention, supra note 49, para. 27.

52 East Timor further requested the President of the Court to exercise his powers under Article 74 (4) of the Rules of Court to call upon Australia to take certain immediate actions. Rules of Court, Art. 74 (4): "Pending the meeting of the Court, the President may call upon the parties to act in such a way as will enable any order the Court may make on the request for provisional measures to have its appropriate effects."

53 Seizure and Detention, supra note 49, para. 55.

54 Ibid., Order of 22 April 2015.

55 Ibid., Order of 11 June 2015.

East Timor's plea rested on a two-pronged strategy. Each part will be considered in turn with reflections being offered on their possible relevance to clandestine ICT activities. The applicant first advanced "the ownership and property rights which it holds over the seized material, entailing the rights to inviolability and immunity of this property (in particular, documents and data), to which it is entitled as a sovereign State".[56] In its Order indicating provisional measures, the Court left this part of East Timor's submissions unanswered, having already found the applicant's other rights to be plausible (as will be discussed later on). The most salient feature of East Timor's argumentation for our purposes is the assertion that over time various conventions and State practice have blended into "a customary rule of international law that grants immunity and inviolability to State documents and archives".[57] Had the case proceeded on the merits, this novel take on property might not have swayed the judges. As counter-intuitive as it may seem, States do not enjoy a universal right to property under contemporary international law.[58] Property rights have developed in a fragmentary manner whereby protection is bestowed on well-defined categories of objects such as spacecraft, aircraft and ships.[59]

The flipside is that when they do apply, specialized legal regimes can provide that sought-after safeguard. For instance, if the targeted exchanges were between the legal advisors and a diplomatic mission of the client State and/or were exfiltrated from an embassy's premises, the interception is likely to have breached diplomatic law. The violation stems from the diplomatic mission's premises, archives, documents and official correspondence being inviolable under the VCDR and customary international law.[60] Although crafted in an era preceding the digital revolution, the relevant terms of the VCDR extend to official correspondence stored and sent electronically.[61]

---

56 Ibid., Provisional Measures, para. 24.

57 Ibid., Memorial of Timor-Leste (2014), 48.

58 P. Tzeng, The State's Right to Property Under International Law, 125 Yale Law Journal (2016), 1805.

59 Ibid., 1809-1811.

60 VCDR, supra note 27, Articles 22 (1), 24 and 27 (2). United States Diplomatic and Consular Staff in Tehran, supra note 12, paras. 62, 69. There is some debate on whether the duty to respect the inviolability of the sending State in this regard is only incumbent upon the receiving State or extends to third States as well. See Schmitt, supra note 38, 214, 221-222.

61 P. Grané Labat and N. Burke, The Protection of Diplomatic Correspondence in the Digital Age: Time to Revise the Vienna Convention?, in P. Behrens (ed.), Diplomatic Law in a New Millennium (2017), 204; W.-M. Choi, Diplomatic and

Secondly, Timor-Leste requested protection for what it called "the right to the confidentiality of communications with its legal advisers".[62] Notwithstanding Australia's national security concerns[63] and tendered assurances, the Court was receptive to the applicant's submission in holding that:

> If a State is engaged in the peaceful settlement of a dispute with another State through arbitration or negotiations, it would expect to undertake these arbitration proceedings or negotiations without interference by the other party in the preparation and conduct of its case. It would follow that in such a situation, a State has a plausible right to the protection of its communications with counsel relating to an arbitration or to negotiations, in particular, to the protection of the correspondence between them, as well as to the protection of confidentiality of any documents and data prepared by counsel to advise that State in such a context.[64]

Pursuant to this dictum, the ICJ ordered Australia not to interfere in communications between East Timor and its legal advisers in relation to the pending arbitration and maritime delimitation negotiations.[65]

The above passage lends itself well to the cyber context. Based on a plain reading of the Court's language, mainly the words "communications", "correspondence" and "data", the present author sees no obstacle to interpreting its scope so as to include digital exchanges such as e-mails. The fact that the seized items in *Timor-Leste v. Australia* included electronically stored data strengthens this understanding. That said, the Court's holding is not free of all ambiguity. To begin with, this is not the final say on the protection of attorney-client correspondence under international law given that it comes from an order indicating provisional measures. When exercising this form of incidental jurisdiction the Court solely has to determine whether the

---

Consular Law in the Internet Age, 10 Singapore Year Book of International Law (2006), 117. See also R (Bancoult) v. Secretary of State for Foreign and Commonwealth Affairs (No. 3) [2013] EWHC 1502 (Admin): "We have no doubt that the context, object and purpose of the 1961 Convention require the words 'document' and 'correspondence' to include modern forms of electronic communication with the possible exception of communication by voice only. Likewise, an electronic storage system of such communications is an 'archive'".

62 Seizure and Detention, supra note 49, Provisional Measures, para. 24.

63 See S. Tully, Legal Professional Privilege and National Security, 30 Bar News: The Journal of the New South Wales Bar Association (2014), 24.

64 Seizure and Detention, supra note 49, Provisional Measures, para. 27.

65 Ibid., para. 55.

rights for which the applicant seeks protection are *plausible*, not definite.[66] With the case having ended before reaching the merits stage, the ICJ will not have the opportunity to conclusively confirm (or repudiate) its tentative position.

The basis in international law for shielding a State's communications with its legal advisers raises further uncertainty. The Court held that it:

> Might be derived from the principle of the sovereign equality of States, which is one of the fundamental principles of the international legal order and is reflected in Article 2, paragraph 1, of the Charter of the United Nations. More specifically, equality of the parties must be preserved when they are involved, pursuant to Article 2, paragraph 3, of the Charter, in the process of settling an international dispute by peaceful means.[67]

Indeed, the duty to peacefully resolve disputes can be undermined when one party gains access to another party's privileged communications when both are locked in litigation.[68] The drawback however lies not with the rationale but with the method. The Court extracts a very concrete right of confidentiality from very broad UN Charter principles. If anything, this is innovative and the bench presents neither State practice, nor *opinio juris* or jurisprudence to bolster its reasoning.[69] Perhaps that is what led two judges to question the majority's reliance on the UN's founding document as the building block for the right of non-interference.[70]

Recourse to general principles of law[71] rather than treaty or custom offers a viable alternative. The latter denote unwritten, wide-ranging legal

---

66 C. A. Miles, Provisional Measures before International Courts and Tribunals (2017), 193-201.

67 Seizure and Detention, supra note 49, Provisional Measures, para. 27. On the equality of States in proceedings before the ICJ, see M. Bedjaoui, L'Egalité des Etats dans le procès international, un mythe?, in Liber amicorum Jean-Pierre Cot: Le procès international (2009), 1-27.

68 Although the putative right is discussed in relation to arbitration and negotiation, there is no reason why it would not apply to any other means of the parties' choosing, for instance judicial settlement.

69 R. J. Bettauer, Questions Relating to the Seizure and Detention of Certain Documents and Data (Timor-Leste v. Australia). Provisional Measures Order, 108 American Journal of International Law (2014), 763, 768-769.

70 Seizure and Detention, supra note 49, Provisional Measures, Dissenting Opinion of Judge Greenwood, para. 12; Ibid., Separate Opinion of Judge Donoghue, para. 18.

71 ICJ Statute, Art. 38 (1) (c).

norms which (a) enjoy recognition in the municipal legal systems of States (*in foro domestico*) and (b) are transposable to the international plane.[72] It has been argued – including by East Timor[73] – that attorney-client (or legal professional) privilege is a general principle of law. This norm, which "promote[s] open and candid communications between lawyer and client and thereby further[s] the administration of justice"[74] is found in a great many jurisdictions across the world in one shape or another, so the *in foro domestico* criterion is easily met.[75] Moving to the next requirement, certain principles of domestic law are ill-adapted to "conditions in the international field"[76] and for that reason cannot be transposed to international law. By way of illustration, the notion of compulsory jurisdiction, the hallmark of municipal courts, cannot constitute a general principle of law as it would clash with the consensual model of international adjudication.[77] Legal professional privilege does not have to contend with comparable hurdles. There is therefore little reason why it cannot be implemented in the international arena to the benefit of attorney-client State correspondence. The case law of international courts and tribunals points in the same direction.[78] The Arbitral Tribunal in the *Bank for International Settlements* case offered one of the most significant pronouncements to date:

> At the core of the attorney-client privilege in both domestic and international law is the appreciation that those who must make decisions on their own or others' behalf are entitled to seek and receive legal advice and that the provision of a full canvass of legal options and the exploration and evaluation of their legal implications would be chilled, were counsel and their clients not assured in advance that the advice

---

72 A. Pellet, Article 38, in Zimmermann, supra note 11, 731, 834.

73 Seizure and Detention, supra note 49, Provisional Measures, para. 24; Ibid., Memorial of Timor-Leste (2014), 52-57.

74 A. Möckesch, Attorney-Client Privilege in International Arbitration (2017), 124.

75 Ibid., 222; R.M. Mosk and T. Ginsburg, Evidentiary Privileges in International Arbitration, 50 International and Comparative Law Quarterly (2001), 345, 378-379.

76 Barcelona Traction, Light and Power Company, Limited (Belgium v. Spain) (New Application: 1962), Judgment, Separate Opinion of Judge Fitzmaurice, ICJ Reports 1970, para. 5.

77 Status of Eastern Carelia, Advisory Opinion, 1923, PCIJ Series B, No. 5, 27: "It is well established in international law that no State can, without its consent, be compelled to submit its disputes with other States either to mediation or to arbitration, or to any other kind of pacific settlement"; Pellet, supra note 72, 840-841.

78 Seizure and Detention, supra note 49, Memorial of Timor-Leste (2014), 52-57.

proffered, along with communications related to it, would remain confidential and immune to discovery.[79]

Turning to investor-State dispute settlement, the *Libananco* case gained notoriety for the applicant's charge that it had come under surveillance and interception by the host State. Treating the matter "with the utmost seriousness", the tribunal proclaimed that the allegations struck at "fundamental principles", including "respect for confidentiality and legal privilege" and "the right of parties both to seek advice and to advance their respective cases freely and without interference".[80] Peering beyond the world of arbitration, standing bodies such as the Court of Justice of the European Union[81] and the European Court of Human Rights[82] have shown like concern for the preservation of the principle. Although the precedents discussed thus far do not specifically address the confidentiality between a client *State* – as opposed to clients in general – and its legal advisers, they do stand for the proposition that legal professional privilege forms part and parcel of international law.[83]

79 Bank for International Settlements, Procedural Order No. 6 of 11 June 2002, PCA Case No. 2000-04, 10. See also Vito G. Gallo v. Government of Canada, Procedural Order No. 3 of 8 April 2009, PCA Case No. 2008-02, para. 49.

80 Libananco Holdings Co. Limited v. Turkey, Decision on Preliminary Issues of 23 June 2008, ICSID Case No. ARB/06/8, paras. 74, 78.

81 AM & S Europe Limited v. Commission of the European Communities, ECLI:EU:C:1982:157, Judgment of 18 May 1982, para. 21: "there are to be found in the national laws of the Member States common criteria inasmuch as those laws protect, in similar circumstances, the confidentiality of written communications between lawyer and client [...]".

82 In a case involving the seizure of electronically stored data, the Strasbourg Court stated: "While there is nothing in the facts to suggest that papers covered by legal professional privilege were touched upon during the search, it should be noted that the police removed the applicant's entire computer, including its peripherals, as well as all floppy disks which they found in his office [...]. Seeing that the computer was evidently being used by the applicant for his work, it is natural to suppose that its hard drive, as well as the floppy disks, contained material which was covered by legal professional privilege." Iliya Stefanov v. Bulgaria, ECtHR Application No. 65755/01, Judgment of 22 May 2008, para. 42.

83 G. Giraudeau, À propos de l'affaire des Questions concernant la saisie et la détention de certains documents et données (Timor-Leste c. Australie): Quand la Cour internationale de Justice protège les droits d'un Etat partie à une autre instance, 61 Annuaire français de droit international (2015), 239, 258-260.

Determining the scope of legal professional privilege in international law serves as a reminder that the devil lies always in the detail.[84] For one, attorney-client privilege is not absolute; exceptions exist because a balance is struck between confidentiality and competing values such as accurate judicial fact-finding and the imperatives of law enforcement. Countries weigh these interests differently; accordingly the rule's protective reach will differ from one jurisdiction to the next. Other features, e.g. who may waive the privilege and what types of information are covered, also vary considerably.[85] The extent of the limitations placed on privilege in the inter-State context cannot be conclusively answered at this stage lacking additional jurisprudential development.[86] However, the *Seizure and Detention* case does hint at the inter-State principle being far less restricted than the municipal equivalent of legal professional privilege.[87] The Court suggested as much when it directed Australia not to interfere "in any way" in East Timor's communications with its lawyers in relation to the pending arbitration and maritime boundary negotiations.[88] This measure, which does not mention potential exceptions, was adopted by an overwhelming majority of 15-1 even with Australia's national security concerns, criminal investigations, and the written guarantees presented by the Australian Attorney-General himself to the Court.[89] At a minimum, there are robust reasons for con-

84 Interestingly, the Australian-appointed judge ad hoc in the case brought by East Timor before the ICJ did not outright deny the existence of such a norm in international law, observing instead that "[t]he extent to which there is a settled principle of legal professional privilege, unique to the law of nations, and immune to any limitation in an international or national interest, will require detailed and careful argument." Seizure and Detention, supra note 49, Provisional Measures, Dissenting Opinion of Judge ad hoc Callinan, para. 26.

85 Möckesch, supra note 74, 221-223.

86 See M. T. Grando, An International Law of Privileges, 3 Cambridge Journal of International and Comparative Law (2014), 666, 686-695 (on how public international tribunals should decide claims of privilege and balance the relevant social policies).

87 G. Giraudeau, 'The Principles of Confidentiality and Noninterference in Communications with Lawyers and Legal Advisers in Recent ICJ and ECHR Case Law' (2016), available at https://www.asil.org/insights/volume/20/issue/16/principles-confidentiality-and-noninterference-communications-lawyers (last visited 23 October 2018). On recent ECtHR jurisprudential developments, see M. Moris, Le secret professionnel de l'avocat au regard de l'article 8 de la Convention européenne des droits de l'homme. De nouveaux enseignements de la Cour de Strasbourg, 113 Revue trimestrielle des droits de l'homme (2018), 179.

88 Seizure and Detention, supra note 49, Provisional Measures, para. 55 (3).

89 Giraudeau, supra note 87. See also Bettauer, supra note 69, 767.

cluding that in clear-cut cases, such as the interception of e-mail exchanges between a State and its legal adviser related to proceedings before an international court or arbitral tribunal, the responsible State has fallen short of its obligations.

IV. Evidence Procured through Cyber Espionage: Too Hot to Handle?

It is conceivable that a party that has been spied on would seek cessation of the case for betrayal of trust. The probability of a tribunal agreeing to a unilateral request of this nature will oftentimes be slim. The *Croatia/Slovenia* arbitration, mentioned in the introduction to this contribution, is instructive. In the wake of the revelation that Slovenia's agent and party-appointed arbitrator had partaken in *ex parte* communications, Croatia sought termination of the Arbitration Agreement. The Tribunal in its new composition examined and rejected the petition but not without putting on record Slovenia's unlawful behaviour. In the arbitrators' estimation, the Slovenian breach had not made the continuation of the case impossible and, thus, the object and purpose of the Agreement had not been defeated.[90] Inspired by this precedent, an international court or tribunal could similarly issue a declaratory ruling against the spying litigant, all the while letting the case proceed.

Instead of bringing proceedings to an abrupt end, adjudicators could avail themselves of less drastic courses of action. The indication of provisional measures comes to mind. Safeguarding the proper conduct of the proceedings, explicitly recognized in certain statutes as a ground for granting interim measures,[91] could prompt an injunction ordering a litigant to refrain from further acts of intelligence gathering targeting the other party. Attaching financial consequences to the inappropriate behaviour could be contemplated as well.[92]

---

90 Croatia v. Slovenia, supra note 14.

91 E.g. ECtHR Rules of Court, Rule 39 (1).

92 A differentiated allocation of costs might constitute an appropriate sanction. See Croatia v. Slovenia, supra note 14, paras. 229-230: "Finally, the Tribunal observes that the events that have given rise to the present Partial Award have significantly increased the costs of the present proceedings. If these events had not occurred, the advances toward the costs of arbitration that both Parties have made would have sufficed until the rendering of a final award in these proceedings. It is evident that, under the present circumstances, further advances will be required. [...] While the Tribunal reserves its position on the ultimate allocation of costs in these proceedings until its final award, it considers that, for the time being, it is appro-

This section will focus on yet another option, i.e. the disregarding of evidence that has been acquired through clandestine ICT intelligence gathering. Unlike domestic national courts of the common law tradition, bound to apply a web of technical exclusionary rules, inter-State tribunals are not weighed down by that level of restriction.[93] Arbitral rules tend to give international arbitrators free reign when it comes to the admissibility of evidence.[94] What then is to be made of illegally obtained evidence? To reiterate: there is good reason to believe that spying, including through digital means, is at odds with the law of international dispute settlement. By extension, the intrusion into international proceedings of evidence surreptitiously procured through computer networks raises understandable concern. Ample cause, therefore, to recast an old debate in a new cyber age.

Some have argued that the exclusion of unlawfully acquired evidence might be a general principle of law given its presence in national legal systems.[95] Taking a more cautious tack, others have drawn analogies from the municipal realm without going so far as to claim discovery of a new general principle.[96] Either view has its shortcomings. The generality of the rule

---

priate that Slovenia shall advance the sums necessary to cover costs that arise as a result of the prolongation of the proceedings beyond the originally envisaged timetable."; Ahmadou Sadio Diallo (Republic of Guinea v. Democratic Republic of the Congo), Compensation, Judgment, ICJ Reports 2012, para. 60: "The Court recalls that Article 64 of the Statute provides that, '[u]nless otherwise decided by the Court, each party shall bear its own costs.' While the general rule has so far always been followed by the Court, Article 64 implies that there may be circumstances which would make it appropriate for the Court to allocate costs in favour of one of the parties."

93 There are very few exclusionary rules applicable to the ICJ or ITLOS, the inadmissibility of evidence from negotiations between the parties being the main one. Factory at Chorzów (Germany v. Poland), Merits, Judgment, 1928, PCIJ Series A, No. 17, 51: "the Court cannot take into account declarations, admissions or proposals which the Parties may have made during direct negotiations between themselves, when such negotiations have not led to a complete agreement." See further C. F. Amerasinghe, Evidence in International Litigation (2005), 163-167; M. Benzing, Evidentiary Issues, in Zimmermann, supra note 11, 1234, 1242-1245.

94 E.g. B. W. Daly et al., A Guide to the PCA Arbitration Rules (2014), 107.

95 R. Wolfrum and M. Möldner, International Courts and Tribunals, Evidence, in Wolfrum, supra note 18, para. 60.

96 W. M. Reisman and E. E. Freedman, The Plaintiff's Dilemma: Illegally Obtained Evidence and Admissibility in International Adjudication, 76 American Journal of International Law (1982), 737.

is dubitable for it appears to be a peculiarity of United States criminal law.[97] The analogy breaks down when one realizes that the *ratio* of the rule is to rein in overzealous criminal prosecution. To equate litigants in State-to-State proceedings with public prosecutors is to compare apples with oranges.[98]

The notion of there being hard-and-fast rules requiring the exclusion of improperly obtained evidence has not gained traction in international jurisprudence.[99] On this issue, the *Corfu Channel* case between the United Kingdom and Albania is the classic ruling most commentators gravitate towards. The underlying dispute arose from an incident that saw Royal Navy ships strike mines during their passage through the narrow Corfu Channel. In the aftermath of the event, the UK launched Operation Retail, a minesweeping mission which took place in Albanian waters without the coastal State's assent. The British defended their action *inter alia* on the basis of a so-called right of intervention to "secure possession of evidence in the territory of another State, in order to submit it to an international tribunal and thus facilitate its task".[100] Unconvinced by the argument, the bench condemned the UK's conduct as a "manifestation of a policy of force".[101] While the Court ruled out self-help through intervention for the purpose of collecting and preserving evidence, it appeared to rely on the information gleaned from Operation Retail.[102] An important fact to emphasize is that Albania did not actively challenge the use of evidence collected during the minesweeping. The takeaway from *Corfu Channel* is that the illegal circumstances in which evidence was obtained *might* bar its ad-

97 H. Thirlway, Dilemma or Chimera? – Admissibility of Illegally Obtained Evidence in International Adjudication, 78 American Journal of International Law (1984), 622, 627. On the risks of importing one's preferred municipal legal concepts into international law, see M. Benatar, International Law, Domestic Lenses, 3 Cambridge Journal of International and Comparative Law (2014), 357, 374-376.

98 Thirlway, supra note 97, 628-630.

99 A. Lagerwall, Le principe ex injuria jus non oritur en droit international (2016), 197-209.

100 Corfu Channel (United Kingdom v. Albania), Judgment, Merits, ICJ Reports 1949, 34.

101 Ibid., 35.

102 N. Hasan Shah, Discovery by Intervention: The Right of a State to Seize Evidence Located within the Territory of the Respondent State, 53 American Journal of International Law (1959), 595, 606-610.

missibility but in any event it is up to the parties to raise that objection.[103] To this day, the ICJ has never declared evidence procured through an internationally wrongful act inadmissible.[104] Applied to spying through ICT technology, digital evidence unlawfully taken from servers located in another State would not be deemed inadmissible on grounds of its illicit provenance alone.[105]

In 2010-2011, the international NGO WikiLeaks released a large batch of classified US diplomatic telegrams into the public domain (so-called 'Cablegate').[106] Parties to international legal proceedings have relied on cables from the leak as evidence. The development raises a question mark over the need or desire to disregard the contents of privileged diplomatic correspondence and archives that have been impermissibly acquired and disclosed by third parties.[107]

It has been reported that in an ICJ case between the former Yugoslav Republic of Macedonia (FYROM) and Greece, the Registrar deleted a reference to an uncovered diplomatic cable from the copy of pleadings distributed to the President and interpreters before the hearings were held.[108] The transcripts of the oral proceedings include footnote references to a cable from the US Embassy in London to the US State Department in the

103 R. Rivier, La preuve devant les juridictions interétatiques à vocation universelle (CIJ et TIDM), in H. Ruiz Fabri and J.-M. Sorel (eds.), La preuve devant les juridictions internationales (2007), 9, 34-35.

104 A. Riddell and B. Plant, Evidence before the International Court of Justice (2009), 155.

105 M. Roscini, Digital Evidence as a Means of Proof before the International Court of Justice, 21 Journal of Conflict and Security Law (2016), 541, 551-554; M. Roscini, Evidentiary Issues in International Disputes Related to State Responsibility for Cyber Operations, 50 Texas International Law Journal (2015), 233, 269-272.

106 WikiLeaks, 'Public Library of US Diplomacy', available at https://wikileaks.org/plusd/about/#cab (last visited 23 October 2018).

107 Grané Labat and Burke, supra note 61, 225-227, 229-230. On the (attempted) use of WikiLeaks cables as evidence in international and municipal proceedings, see C. Blair and E. Vidak Gojković, WikiLeaks and Beyond: Discerning an International Standard for the Admissibility of Illegally Obtained Evidence, 33 ICSID Review (2018), 235; E. Carpanelli, On the Inviolability of Diplomatic Archives and Documents: The 1961 Vienna Convention on Diplomatic Relations to the Test of WikiLeaks, 98 Rivista di diritto internazionale (2015), 834; R. McCorquodale, 'Wikileaks Documents are Admissible in a Domestic Court' (2018), available at https://www.ejiltalk.org/wikileaks-documents-are-admissible-in-a-domestic-court/ (last visited 23 October 2018).

108 Grané Labat and Burke, supra note 61, 226.

pleadings read out by counsel to FYROM.[109] The ICJ's Judgment does not mention any sources revealed by WikiLeaks.

The *Chagos Marine Protected Area* Arbitration initiated by Mauritius against the UK pursuant to Annex VII of UNCLOS sought to invalidate a marine protected area established around the British Indian Ocean Territory (Chagos Archipelago).[110] The decision to bring the case was in part influenced by a diplomatic cable leaked via WikiLeaks. The cable contained a report of an alleged meeting between US and UK officials demonstrating ulterior, non-environmental motives for declaring the marine park.[111] The very same cable had already surfaced in the *Bancoult* litigation before British courts which dealt with the eviction and resettlement of the archipelago's inhabitants.[112] Noting that the document "appears to have been obtained illicitly by a person who was not authorised to obtain it", the UK invoked the VCDR rules enshrining the inviolability of the archives, documents and official correspondence of the diplomatic mission.[113] The Annex VII Arbitral Tribunal held that it "had reviewed the record of the English court proceedings that considered the matter and sees no basis to question the conclusion reached following the examination of the relevant individuals, that the content of that meeting was not as recorded in the leaked cable. Nor does the Tribunal consider it appropriate to place weight on a record of such provenance".[114] This language implies that the arbitrators' unwillingness to use the WikiLeaks source was due to its dubious probative value and not merely how it made its way into the public domain.[115]

Investor-State dispute settlement has also been the scene of (attempted) uses of evidence from classified diplomatic communications. The results have been mixed.[116] The respondent in *ConocoPhillips v. Venezuela* submitted sources from Cablegate as part of new evidence justifying its challenge

109 Application of the Interim Accord of 13 September 1995 (the former Yugoslav Republic of Macedonia v. Greece), CR 2011/6 of 22 March 2011, 30, footnote 44 and 57, footnote 108, available at http://www.icj-cij.org/ (last visited 23 October 2018).

110 Chagos Marine Protected Area Arbitration (Mauritius v. United Kingdom), Award of 18 March 2015, PCA Case No. 2011-03.

111 Ibid., paras. 494, 497.

112 Grané Labat and Burke, supra note 61, 219-223.

113 Chagos, supra note 110, Counter-Memorial of the United Kingdom (2013), para. 8.64, footnote 730.

114 Chagos, supra note 110, Award of 18 March 2015, para. 542.

115 Grané Labat and Burke, supra note 61, 227.

116 J. O. Ireton, The Admissibility of Evidence in ICSID Arbitration: Considering the Validity of WikiLeaks Cables as Evidence, 30 ICSID Review (2015), 231.

to an earlier ruling of the ICSID Tribunal. The investor questioned the admissibility and relevance of the cables but not the accuracy of their contents. By two votes to one, the panel found that it lacked the power to reconsider its previous decision and for that reason did not examine the evidence.[117] The dissenting arbitrator, who described the cables as "chang[ing] the situation radically in dimension and seriousness" and having "a high degree of credibility", disagreed strongly with the majority's reasoning.[118] The Tribunal issued an Interim Decision in early 2017 that did scrutinize the leaked cables but concluded that they did not support the respondent's allegations.[119] In other ICSID arbitrations where WikiLeaks cables were presented, the adjudicators did not comment on their admissibility and propriety nor did the opposing parties object to their admission. The panels failed to consider the cables in these cases.[120] Conversely, the Arbitral Tribunal hearing claims brought by Yukos shareholders, constituted in accordance with the Energy Charter Treaty, did employ WikiLeaks sources in its analysis of the evidentiary record.[121] Taking stock of the (non-)treatment of WikiLeaks sources in international case law, little support can be found for the notion that illegally obtained evidence must be cast aside (even if that would be desirable on policy grounds).[122]

The surveyed international precedents do not contradict the overall approach to fact-finding predicaments. On the whole, courts have preferred

---

117 ConocoPhillips Petrozuata BV, ConocoPhillips Hamaca BV and ConocoPhillips Gulf of Paria BV v. Bolivarian Republic of Venezuela, Decision on Respondent's Request for Reconsideration of 10 March 2014, ICSID Case No. ARB/07/30.

118 Ibid., Dissenting Opinion of Georges Abi-Saab, para. 64.

119 ConocoPhillips v. Venezuela, supra note 117, Interim Decision of 17 January 2017, paras. 117-126 and 135.

120 Ireton, supra note 116, 240; OPIC Karimum Corporation v. Bolivarian Republic of Venezuela, Decision on the Proposal to Disqualify Professor Philippe Sands, Arbitrator of 5 May 2011, ICSID Case No. ARB/10/14, paras. 11, 23, 56-57; Kiliç İnşaat İthalat İhracat Sanayi Ve Ticaret Anonim Şirketi v. Turkmenistan, Award of 2 July 2013, ICSID Case No. ARB/10/1, paras. 4.3.16, 8.1.10 and 8.1.21.

121 Hulley Enterprises Limited (Cyprus) v. The Russian Federation, Final Award of 18 July 2014, PCA Case No. 2005-03/AA226, paras. 1186, 1189, 1199, 1201, 1208, 1213 and 1223; Yukos Universal Limited (Isle of Man) v. The Russian Federation, Final Award of 18 July 2014, PCA Case No. 2005-04/AA227, paras. 1186, 1189, 1199, 1201, 1208, 1213 and 1223; Veteran Petroleum Limited (Cyprus) v. The Russian Federation, Final Award of 18 July 2014, PCA Case No. 2005-05/AA228, paras. 1186, 1189, 1199, 1201, 1208, 1213 and 1223.

122 Grané Labat and Burke, supra note 61, 227 (advocating the inadmissibility of leaked diplomatic documentation as evidence because it would further the proper functioning of diplomatic missions).

to walk the well-trodden path of circumvention: a deft reframing of the *ratio decidendi* will avoid having to consider contested evidence as part of the factual basis of the ruling.[123] A striking resemblance can be found with the way in which international tribunals have handled fraudulent evidence.[124]

As we ponder this state of affairs, it is worth considering whether *de lege ferenda* a principled approach to the use of tainted evidence should and could prevail. That adjudicators are disinclined to spurn documentation submitted by States is an understandable corollary of sovereignty.[125] Nonetheless, undue deference of an international court to the sovereignty of clients should not come at the expense of proper control over its procedural system.[126] Maybe justice is best served when the fruit of espionage is struck from the record or disregarded on pertinent policy grounds rather than solely on a legal/illegal binary logic. Exploring the terrain that lies beyond pure inter-State adjudication pays dividends. In a 2017 study on due process in transnational arbitration, the authors remarked that "[i]t should come as no surprise—based on previous discussions of good faith, procedural equality, and fraud—that *proof acquired by unlawful or otherwise improper means may be stricken out from the record or denied any weight*".[127] The conclusion was reached largely on the strength of the NAFTA Tribunal's reasoning in the *Methanex* case. The Tribunal held that:

> As a general principle, therefore, just as it would be wrong for the USA ex hypothesi to misuse its intelligence assets to spy on Methanex (and its witnesses) and to introduce into evidence the resulting materials into this arbitration, so too would it be wrong for Methanex to introduce evidential materials obtained by Methanex unlawfully.

123 B. Kingsbury, International Courts: Uneven Judicialisation in Global Order, in J. Crawford and M. Koskenniemi (eds.), The Cambridge Companion to International Law (2012), 203, 220.

124 W. M. Reisman and C. Parajon Skinner, Fraudulent Evidence before Public International Tribunals: The Dirty Stories of International Law (2014), 197-198.

125 Riddell and Plant, supra note 104, 151.

126 R. Higgins, Respecting Sovereign States and Running a Tight Courtroom, 50 International and Comparative Law Quarterly (2001), 121.

127 C. T. Kotuby and L. A. Sobota, General Principles of Law and International Due Process: Principles and Norms Applicable in Transnational Disputes (2017), 196-197. See also Blair and Vidak Gojković, supra note 107, 256-258 (proposing a three-step test for determining the admissibility of evidence of illegal origin).

and

> [...] the Tribunal likewise decided that it would be wrong to allow Methanex to introduce this documentation into these proceedings in violation of its general duty of good faith and, moreover, that Methanex's conduct, committed during these arbitration proceedings, offended basic principles of justice and fairness required of all parties in every international arbitration.[128]

Let us also revisit the *Libananco* arbitration for good measure. Reacting to alarming allegations of surveillance directed at the applicant, the ICSID Tribunal stated categorically that it had:

> no doubt for a moment that, *like any other international tribunal, it must be regarded as endowed with the inherent powers required to preserve the integrity of its own process* [...]. The Tribunal would express the principle as being that parties have an obligation to arbitrate fairly and in good faith and that an arbitral tribunal has the inherent jurisdiction to ensure that this obligation is complied with; this principle applies in all arbitration, including investment arbitration, and to all parties, including States (even in the exercise of their sovereign powers).[129]

Procedural integrity[130] would indeed make a fitting benchmark against which to test the admission of documentation obtained through unauthorized access to another State's databases. Better yet, linking integrity of proceedings to admissibility of evidence is not without antecedent. Although treated as fundamentally distinct from inter-State adjudication (and rightly so), international criminal tribunals can sometimes serve as a source of inspiration for international dispute settlement procedures.[131] The Rules of

---

128 Methanex Corporation v. United States of America, Final Award of 3 August 2005, NAFTA, 44 International Legal Materials (2005), 1345, paras. 54, 59. Taking its cue from the Methanex award, the Tribunal in EDF v. Romania declared inadmissible a secret audio recording, referring to "the principles of good faith and fair dealing required in international arbitration". EDF (Services) Limited v. Romania, Procedural Order No. 3 of 29 August 2008, ICSID Case No. ARB/05/13, para. 38.

129 Libananco v. Turkey, supra note 80, para. 78 (emphasis added).

130 Sarvarian, supra note 11, 9-10 (defining procedural integrity as a set of fair trial principles that includes the submission of evidence).

131 See e.g. Seizure and Detention, supra note 49, Provisional Measures, Separate Opinion of Judge Cançado Trindade, para. 39 (referring to the Blaškić case (ICTY) in order to reject a party having just cause to withhold documents on "national security" grounds).

Procedure and Evidence of the Mechanism for International Criminal Tribunals contains a provision to the effect that "[n]o evidence shall be admissible if obtained by methods which cast substantial doubt on its reliability or if its admission is antithetical to, and would seriously damage, the integrity of the proceedings".[132] An analogous clause in the inter-State context would allow international tribunals to move beyond an interminable debate on the legality of cyber espionage whilst mitigating its impact in the higher interests of the case unfolding before them.

V. *Concluding Remarks*

Guerrilla tactics in international litigation have been described as unconventional, unethical means which always derail proceedings but do not necessarily violate law or written rules of procedure in each and every instance.[133] It is hardly a stretch to add cyber espionage to this unsavoury list. This chapter has argued that in certain cases ICT intelligence gathering conducted in relation to proceedings before an international tribunal is prohibited by several rules regulating international dispute settlement. This finding can be reached without having to tackle spying under general international law, thereby providing judges and arbitrators hearing disputes between States with a practical tool and incentive to take a principled stand.

The picture is not altogether rosy. The case law and practice of inter-State litigation does not suggest total preparedness to deal with the ramifications of spying through digital means. The permissive attitude towards illicitly obtained evidence attests to that trend. Should such behaviour be countenanced or must a price be paid for having "polluted the proceedings"?[134] A major theme that has emerged throughout the pages of this piece is that if we venture beyond the confines of State-to-State dispute settlement, we can find useful practice on how this matter could be handled.

132 Rules of Procedure and Evidence of the Mechanism for International Criminal Tribunals, Rule 117, UN Doc. MICT/1/Rev. 2 (2016). See also Amerasinghe, supra note 93, 179-180.

133 R. Pfeiffer and S. Wilske, Introduction to Guerrilla Tactics in International Arbitration, in G. J. Horvath and S. Wilske (eds.), Guerrilla Tactics in International Arbitration (2013), 1, 3.

134 This phrase is borrowed from M/V "Louisa" (Saint Vincent and the Grenadines v. Spain), Judgment, Separate Opinion of Judge Cot, ITLOS Reports 2013, paras. 39, 79.

The strategies pursued by their fellow adjudicators provide inter-State courts and tribunals with much needed food for thought as an era of cyber espionage might be dawning upon them.

La reconnaissance juridictionnelle des monnaies virtuelles

*Alain Zamaria**

I. Introduction

Le droit international monétaire est l'une des rares branches du droit international à échapper au phénomène de juridictionnalisation. Dans son cours sur « La Monnaie en Droit International Public » dispensé en 1929 à l'Académie de la Haye, le baron Boris Nolde mentionne dès le chapitre premier « la carence de la doctrine juridique sur la monnaie »[1]: « la monnaie n'est-elle pas un phénomène essentiellement économique, au sujet duquel le juriste, et à plus forte raison le juriste international, n'ont rien ou presque à dire ? Si le juriste traite la question, ce n'est que de façon accidentelle, on pourrait presque dire en passant, sans jamais en faire le centre de ses études ».[2]

Pourrait-on également dire du juge qu'il traite « en passant » la question monétaire ? De prime abord, une telle assertion est contestable. Les effets des décisions monétaires prises par une banque centrale, telles qu'une dépréciation monétaire, ne sont pas dénuées de conséquences juridiques et juridictionnelles, et ce, dans de nombreuses branches du droit.[3] Les considérations monétaires ne sont pas non plus ignorées du juge, lequel peut anticiper les conséquences monétaires de ses décisions. Le simple fait, pour le juge français, de se référer à « l'évaluation des dégâts [...] à la date où [...] il pouvait être procédé aux travaux destinés à les réparer » signifie une prise en compte de l'inflation lorsque celle-ci dévalue la réparation de dommages matériels.[4] Enfin, un contentieux judiciaire lié à la monnaie

---

* Research Fellow à l'Institut Max Planck Luxembourg pour le droit procédural ; Doctorant à l'Université Panthéon-Sorbonne (Paris I).

1 B. Nolde, La monnaie en droit international, 27 RCADI (1968), 247.

2 Ibid., 247.

3 Pour une illustration de certains effets de la dépréciation monétaire en droit administratif, en droit international, en droit pénal, en droit civil et droit du travail et en droit commercial et droit des assurances, voir M. Tancelin et J. R. Garon, Les Effets de la Dépréciation Monétaire Sur les Rapports Juridiques Contractuels, 12 Les Cahiers de droit (1971).

4 Voir Conseil d'Etat, Assemblée, 21 mars 1947, 77529, publié au recueil Lebon.

peut surgir lorsque celle-ci est l'objet de trafics ou de détournements, ou lorsqu'est créée et diffusée une fausse monnaie.[5]

Pour catégoriser les aspects monétaires qui intéressent le juriste, le baron Nolde différencie les « éléments de droit public » qui incluent « les problèmes [...] de délimitation entre les souverainetés monétaires et de coordination de ces souverainetés »,[6] ceux liés au « problème de la monnaie de paiement en droit civil », « questions [qui] ne viennent qu'en second ordre »,[7] et « les règles pénales destinées à protéger le système monétaire » que l'auteur « laisse de côté ».[8] Si l'on devait associer chacune de ces catégories à un juge, on pourrait grossièrement associer les éléments de droit civil et de droit pénal aux juridictions internes et les « éléments de droit public » aux juridictions internationales.

L'année du cours de Boris Nolde, le principe de souveraineté monétaire a été solennellement rappelé par la Cour permanente de justice internationale dans les affaires des emprunts serbes et brésiliens : « C'est un principe généralement admis que tout État a le droit de déterminer lui-même ses monnaies ».[9] Qualifié de « position classique des juristes de droit international »,[10] ce principe a trouvé l'appui des économistes partisans de la théorie étatique de la monnaie, selon lesquels la monnaie est ce qui est créé et défini comme tel par l'État. Cet axiome juridique du monopole étatique de la monnaie peut se voir contredit aussi bien par l'histoire monétaire que par les développements monétaires contemporains.

Alors que l'essentiel de la monnaie actuellement utilisée est conjointement créée par les États et des banques privées, on assiste, comme en écho au projet hayékien de « dénationalisation de la monnaie »,[11] à un renouveau du « pluralisme » monétaire associé à un mouvement de désintermé-

---

5 J. M. Darnis, 'Extrait Du Catalogue Des Fonds d'Archives de la Monnaie de Paris,' (2010), disponible à http://www.economie.gouv.fr/files/files/directions_services/caef/Documents/Archives/Archives_monnaie_Paris/Fonds_ancien/serieO.pdf (dernière visite le 22 septembre 2018).

6 Nolde, supra note 1, 248.

7 Ibid., 248.

8 Ibid., 252.

9 CPIJ, *Emprunts Serbes et Brésiliens*, 12 juillet 1929, série A, n° 20/21.

10 G. Burdeau, L'exercice des compétences monétaires par les États, 212 RCADI (1991), 236.

11 F. A. Hayek, Denationalisation of Money: An Analysis of the Theory and Practice of Concurrent Currencies (1976).

diation.[12] Cette désintermédiation est permise par le développement de monnaies qui ne sont pas émises par des banques centrales étatiques, fonctionnent hors du système bancaire, mais remplissent certaines des fonctions traditionnellement associées aux monnaies, soit celles d'instrument d'échange, d'unité de compte et de réserve de valeur.

En retenant une acception extensive de la monnaie, la qualification de monnaie pourrait inclure les « monnaies alternatives » qui visent à renforcer l'économie locale et sont souvent tolérées par les administrations centrales, les programmes de fidélité tels que les *Frequent-Flyer Miles* attribués par des compagnies aériennes et objets d'une régulation spécifique, ainsi que les monnaies digitales utilisées pour les réseaux sociaux, les jeux vidéo ou les mondes virtuels et qui sont soumises, parfois inadéquatement, à des dispositions juridiques relevant de la propriété intellectuelle. Bien que différents par leur objet et leur origine, ces instruments ont en commun de poser des problèmes de qualification et de remplir une ou plusieurs fonctions monétaires, tout en échappant au système bancaire.

Parmi celles-ci, les monnaies dites virtuelles font l'objet d'un intérêt croissant. Définies dans un rapport de la Banque Centrale Européenne de 2012 comme un type de monnaies numériques non régulées, émises et souvent contrôlées par ses développeurs, et utilisées et acceptées par une communauté virtuelle spécifique,[13] les monnaies virtuelles doivent être distinguées des monnaies électroniques et des services de paiement en ligne, lesquels sont généralement réglementés[14] et requièrent l'utilisation de devises officielles.

La dernière-née et la plus célèbre des monnaies virtuelles est le bitcoin, cryptomonnaie apparue en 2009 et dont le fonctionnement est expliqué

---

12 Le sociologue Nigel Dodd voit dans la « diversification » et « l'homogénéisation » – laquelle se traduit par l'émergence d'instruments financiers globaux, la dollarisation et l'établissement d'unions monétaires – les deux grandes « tendances compensatoires » qui s'observent dans le monde de la monnaie depuis les années 1970, voir 'Bitcoin, Utopianism and the Future of Money – King's Review Magazine', kingsreview.co.uk, 14 March 2015, disponible à http://kingsreview.co.uk/articles/Bitcoins-utopianism-and-the-future-of-money/ (dernière visite le 22 septembre 2018).

13 European Central Bank, Virtual Currency Schemes, (2012) disponible à http://www.ecb.europa.eu/pub/pdf/other/virtualcurrencyschemes201210en.pdf (dernière visite le 22 septembre 2018).

14 Voir par ex. la directive 2007/64/CE du Parlement européen et du Conseil du 13 novembre 2007 concernant les services de paiement dans le marché intérieur, disponible à http://eur-lex.europa.eu/legal-content/FR/TXT/PDF/?uri=CELEX:32007L0064&from=FR (dernière visite le 22 septembre 2018).

dans un livre blanc signé par Satoshi Nakamoto,[15] pseudonyme de la personne (ou du groupe de personnes) à l'origine de ce système.[16] Concrétisant l'ambition de désintermédiation de la monnaie, le Bitcoin désigne à la fois une technologie, une unité monétaire (btc) et le réseau de pair-à-pair (*peer-to-peer*) par lequel ces unités s'échangent. Qualifié de « monnaie d'Internet » comme d'« Internet de la monnaie »,[17] le bitcoin n'a aucune valeur intrinsèque, mais fluctue selon l'offre et la demande (son cours était de 3600 dollars au 11 février 2019). L'originalité du Bitcoin est de ne pas être émis par une banque centrale mais par un réseau décentralisé d'ordinateurs qui vérifient les transactions effectuées. Ces transactions sont regroupées par « bloc » et enregistrées dans une sorte de grand registre sécurisé et accessible à tous les utilisateurs, la Blockchain.

Pour la compréhension de certains des enjeux juridiques posés par le Bitcoin, un aperçu schématique de ces transactions est nécessaire. Les transactions sur le réseau Bitcoin fonctionnent selon la cryptographie asymétrique. Ainsi, chaque utilisateur du Bitcoin possèderait deux clés : une clé (ou adresse) publique et une clé privée, qui sont toutes deux des suites de caractères alphanumériques (*1A1zP1eP5QGefi2DMPTfTL5SLmv 7DivfNa* est l'adresse publique utilisée pour la première transaction sur le réseau Bitcoin). Une fois créée, l'adresse publique est définitivement intégrée dans la Blockchain et peut être communiquée par une personne souhaitant recevoir des bitcoins, à l'image d'une personne qui communique un relevé d'identité bancaire. La clé privée, quant à elle, doit être précieusement conservée puisqu'elle tient lieu de signature digitale indispensable à tout transfert. Par conséquent, la « propriété » de bitcoins dépend principalement de la possession de la clé privée, laquelle peut être soit stockée physiquement sur un disque dur, soit conservée sur un portefeuille numérique, ce qui suppose l'intervention d'une tierce partie. Le portefeuille numérique est ce qui permet de stocker, recevoir et envoyer des bitcoins. L'image d'un coffre-fort en verre transparent permet de visualiser le principe d'une transaction sur le réseau Bitcoin. À chaque adresse correspond l'un de ces coffres dont l'intérieur peut être observé par tous les passants. En effet, tout

15 "What is needed is an electronic payment system based on cryptographic proof instead of trust, allowing any two willing parties to transact directly with each other without the need for a trusted third party." Cf. S. Nakamoto, Bitcoin: A Peer-to-Peer Electronic Cash System, (Bitcoin Project), disponible à https://Bitcoin.org/Bitcoin.pdf (dernière visite le 22 septembre 2018).

16 Voir sur l'identité du créateur du Bitcoin disponible à https://en.Bitcoin.it/wiki/Satoshi_Nakamoto (dernière visite le 22 septembre 2018).

17 A. Antonopoulos, The Internet of Money (2016).

utilisateur du réseau Bitcoin peut savoir combien de bitcoins sont détenus à une adresse publique donnée. Le seul moyen de dépenser la somme contenue dans l'un de ces coffres est de signer la transaction *via* la clé privée qui correspond à celle du coffre. Une transaction consiste à déplacer les bitcoins d'un portefeuille numérique à un autre par le biais d'un message électronique. Une fois la transaction confirmée par le réseau, celle-ci est définitivement gravée dans le marbre de la Blockchain et peut être observée par tous les utilisateurs.

L'émission de bitcoins est déflationniste (le nombre de bitcoins en circulation n'excèdera jamais 21 millions et décroît progressivement) et se fait par un procédé appelé « minage », comme par analogie à l'extraction des mines d'or. Par ce procédé, les « mineurs » emploient leur matériel informatique pour résoudre des équations complexes permettant de valider et sécuriser les transactions effectuées. En guise de contrepartie, les mineurs perçoivent des bitcoins qui s'ajoutent au grand registre et constituent une sorte de frais sur les transactions confirmées (actuellement une somme de 12,5 bitcoins par « bloc » validé est attribuée aux mineurs).

Les questions que pose ce nouveau type de monnaie dépassent largement le champ juridique et sont également d'ordre technologique (problème d'évolutivité ou *scalability*) et économique (problème de volatilité et de pérennité de la cryptomonnaie). Que ce système soit légal ou illégal, juridiquement encadré ou affranchi de toute contrainte règlementaire, le Bitcoin est né hors du droit et conçu pour fonctionner sans immixtion du juge ou du législateur.

Dans un ouvrage publié en 1991 et intitulé *Order without Law*, Robert Ellickson montre de manière provocante, en partant d'une étude sociologique et anthropologique du comté de Shasta aux Etats-Unis, à quel point le droit peut n'avoir aucune incidence sur la vie des gens. D'après l'auteur, pour l'élevage du bétail comme pour obtenir le remboursement d'une dette ou la résolution d'un litige, ce sont bien souvent des normes sociales aussi diverses que « le ragot, le rituel et le culte du héros » qui tiennent lieu de procédure.[18] C'est donc hors des prétoires que les litiges sont résolus, et souvent selon des règles différentes de celles du droit en vigueur.

L'ordre sans le droit est précisément ce qui est souhaité par les thuriféraires des monnaies virtuelles, en particulier les « techno » ou « crypto-libertariens » désireux de voir la monnaie échapper à tout contrôle du juge ou du législateur. Un aperçu du fonctionnement de ces monnaies permet

---

18 R. C. Ellickson, Order Without Law: How Neighbors Settle Disputes (1994), 230.

de constater qu'elles sont, à des degrés divers, conçues pour ne pas être affectées par des dispositions juridiques.

Sans considérer l'ordre monétaire d'un point de vue macroéconomique (lequel concernerait la stabilité des taux d'intérêt, des taux de change et des prix), on pourrait considérer pour la présente étude que la notion recouvre deux des questions juridiques que posait le baron Nolde sur la monnaie : celle de l'ordre face au « problème de la monnaie de paiement en droit civil », celle de l'ordre assuré par les « règles destinées à protéger le système monétaire ». Quant au problème de la « délimitation entre les souverainetés monétaires », celui-ci se pose différemment, ces monnaies apparaissant dissociées de la souveraineté. En d'autres termes, l'ordre en matière monétaire concerne, d'une part, l'atteinte des objectifs qui définissent une monnaie dont, au premier rang, la sécurité des transactions pour assurer la fonction d'échange et, d'autre part, l'absence de fraude au sens large, la monnaie ne devant pas être utilisée pour blanchir de l'argent, se soustraire à l'imposition fiscale ou financer des activités illicites.

La reconnaissance juridictionnelle des monnaies virtuelles permet leur élévation au statut de monnaie, ce qui est symboliquement significatif et potentiellement bénéfique aux opérateurs économiques qui l'utilisent. Il existe toutefois un décalage entre la force symbolique de l'État qui reconnaîtrait, par la voie juridictionnelle, une entorse au principe de souveraineté monétaire et la dimension pratique de cette reconnaissance. En effet, si une telle reconnaissance semble avoir l'effet d'une onction du juge (I), elle vise communément la subordination de ces monnaies à des dispositions juridiques liées à la fiscalité et à la sécurité financière (II). Cette finalité (soumettre les monnaies virtuelles à l'ordre juridique) peut apparaître en décalage avec le *laissez-faire* qui sous-tend l'idéologie des défenseurs de ces monnaies destinées à fonctionner hors du droit.

Bien que principalement consacrée aux décisions américaines portant sur le Bitcoin, la présente étude n'a pas pour objet de refléter l'état du droit sur telle ou telle monnaie virtuelle dans une juridiction donnée. Un tel examen aurait un intérêt limité par la « durée de vie » de la jurisprudence récente. L'étude visera plutôt à livrer un regard critique sur la qualification juridictionnelle des monnaies virtuelles, sur l'impact de telles qualifications sur leur utilisation et, plus largement, sur la manière dont les tribunaux peuvent appréhender des technologies nouvelles dont le fonctionnement suppose, paradoxalement, leur non-ingérence.

Quant au choix de privilégier les décisions américaines, celui-ci s'explique par des raisons d'opportunité : notamment en raison du fédéralisme et de la tradition américaine de défiance à l'égard de l'autorité centrale, les monnaies privées ont prévalu avant la ratification de la Constitution et sont restées très répandues jusqu'au début XXe siècle, avant de réapparaître il y a trois décennies[19] et d'éveiller un regain d'intérêt avec l'émergence des monnaies virtuelles au tournant du siècle.

II. L'onction du juge : une reconnaissance nécessaire

Le traitement des monnaies privées par les juridictions des Etats-Unis illustre l'importance du rôle du juge quant à leur pérennité. En effet, leur continuité semble assurée lorsqu'un juge les reconnaît. À l'inverse, un juge peut interdire leur circulation ou les supprimer, comme ce fut le cas pour plusieurs monnaies privées interdites sous l'impulsion du Département de la justice des Etats-Unis,[20] non sans un certain retentissement dans un État où la liberté économique et la non-ingérence de l'État fédéral dans l'économie sont sacralisées (A). À rebours de ces exemples, le Bitcoin s'est vu reconnaître le statut de monnaie par divers juges, ce qui a été accueilli par certains partisans de la cryptomonnaie comme leur consécration (B).

A. L'interdiction de monnaies privées centralisées

L'étude de la jurisprudence américaine relative aux monnaies virtuelles nécessite préalablement de considérer le cadre juridique des monnaies privées aux Etats-Unis, la monnaie étant l'objet de dispositions constitutionnelles et de lois fédérales et étatiques.

1. La légalité contestée des monnaies privées en droit américain

Pour des raisons historiques et politiques, la légalité des monnaies privées est un sujet sensible aux Etats-Unis, où l'histoire monétaire montre que c'est par le biais de la création et du contrôle monétaires que les pouvoirs du gouvernement fédéral se sont renforcés et que la centralisation s'est réa-

---

19 L. D. Solomon, Local Currency: A Legal and Policy Analysis, 59 The Kansas Journal of Law & Public Policy (1996), 81.

20 Le Département de la justice constitue un « département exécutif des États-Unis au siège du gouvernement » (U.S. Code Title 28 § 501 – Executive department-Code des Etats-Unis), dirigé par le procureur général des Etats-Unis (United States Attorney General).

lisée dès la fin du XIXe siècle.[21] C'est pour parachever celle-ci que la Constitution a confié au Congrès le pouvoir d'émettre une monnaie pour la nation et d'en réglementer la valeur,[22] tandis qu'elle interdit aux Etats de donner cours légal à autre chose que de l'or ou de l'argent.[23] Toutefois, hormis quelques références au dollar, la monnaie n'est définie nulle part dans la Constitution. En outre, dans le silence de la Constitution, rien ne semble interdire à des personnes privées d'émettre des monnaies métalliques ou de la « monnaie-papier »[24].[25]

Bien que le dollar ne soit pas expressément qualifié de monnaie des Etats-Unis, des lois fédérales interdisent la frappe de monnaie à titre privé. Ainsi, une loi votée par le Congrès en 1862 et amendée à quatre reprises, le *Stamp Payments Act,* conserve depuis cette date une disposition prohibant l'émission de billets, chèques, bordereaux ou jetons qui auraient vocation à circuler comme une monnaie :

> Whoever makes, issues, circulates, or pays out any note, check, memorandum, token, or other obligation for a less sum than $1, intended to circulate as money or to be received or used in lieu of lawful money of the United States, shall be fined under this title or imprisoned not more than six months, or both.[26]

En même temps que ce texte prohibe l'émission de monnaies privées dont la valeur dépasse 1 dollar, le *U.S. Code* interdit l'émission de pièces de métal sur le fondement de dispositions relatives à la contrefaçon :

> Whoever, except as authorized by law, makes or utters or passes, or attempts to utter or pass, any coins of gold or silver or other metal, or alloys of metals intended for use as current money, whether in the resemblance of coins of the United States or of foreign countries, or of original design, shall be fined under this title or imprisoned not more than five years, or both.[27]

---

21 Solomon, supra note 19, 60.

22 Article 1, Section 8, Clause 5 of the US Constitution: Congress shall have Power [...] To coin Money, regulate the Value thereof.

23 Article 1, Section 10, Clause 1: No State shall [...] make any Thing but gold and silver Coin a Tender in Payment of Debts.

24 L'expression « monnaie-papier » qualifie les billets de banque qui étaient convertibles en or ou en argent.

25 Solomon, supra note 19, 81.

26 U.S. Code Title 18 § 336 – Issuance of circulating obligations of less than $1.

27 U.S. Code Title 18 § 486 – Uttering coins of gold, silver or other metals.

Une autre disposition interdit la contrefaçon de jetons ou de monnaie-papier.[28]

Ces textes ont servi de fondement à l'inculpation de Bernard von NotHaus, un entrepreneur qui a créé et distribué dès 1998 la monnaie Liberty Dollar par le biais de l'association « National Organization for the Repeal of the Federal Reserve and Internal Revenue Code » (NORFED devenue en 2009 « Liberty Services »). Il s'agissait d'une monnaie physique dont les pièces affichaient une valeur faciale d'un certain montant de l'unité créée et dont la valeur était indexée sur une quantité donnée de certains métaux. Un communiqué issu du bureau du Procureur des Etats-Unis et intitulé « Defendant Convicted of Minting His Own Currency »[29] avança que l'intention de l'association NORFED était de faire croire que les Liberty Dollars se confondaient avec la monnaie des Etats-Unis (« NORFED's purpose was to mix Liberty Dollars into the current money of the United States »), ce qui pouvait constituer un crime fédéral d'après le Department of Justice (DOJ) des Etats-Unis. Or le communiqué semble lui-même opérer une confusion entre le droit d'émettre une monnaie privée—d'où la mention des dispositions de la Constitution relatives à l'émission de monnaie—et les dispositions relatives à la contrefaçon, bien que celles-ci semblaient inapplicables en l'espèce (« Liberty Dollars cannot be considered to be 'calculated to deceive an honest, sensible and unsuspecting person of ordinary observation and care dealing with a person supposed to be honnest and upright' »[30]). Les propos du Procureur des Etats-Unis Tompkins lors de l'annonce du verdict (« a unique form of domestic terrorism », « anti-government activities ») et sa détermination à démanteler les organisations qui émettent ce type de monnaies (« We are determined to meet these threats through infiltration, disruption, and dismantling of organizations which seek to challenge the legitimacy of our democratic form of govern-

28 U.S. Code Title 18 § 491 – Tokens or paper used as money.

29 Communiqué de presse du 18 mars 2011, « Defendant Convicted of Minting His Own Currency », Federal Bureau of Investigation, Charlotte Division, disponible à https://archives.fbi.gov/archives/charlotte/press-releases/2011/defendant-convicted-of-minting-his-own-currency (dernière visite le 22 septembre 2018).

30 United States District Court for the Western District of North Carolina, USA v. Bernard von NotHaus, Defendant's supplemental memorandum in support of motions for judgment of acquittal or new trial pursuant to 29 and 33 of the Federal rules of criminal procedure, 25 March 2013, disponible à http://www.gata.org/files/VonNotHausRetrialMotion-03-25-2013.pdf (dernière visite le 22 septembre 2018).

ment »)[31] confirment que la question de la légalité des monnaies privées demeure ouverte en l'état du droit.

Enfin, on note que des dispositions propres aux Etats fédérés coexistent avec la réglementation fédérale.[32] Lewis Solomon, auteur d'une étude sur les monnaies locales, jugeait en 1996 que les trois grandes catégories de monnaies privées qu'il considérait à l'époque—« le troc, les mécanismes de réduction associés au dollar américain, et les monnaies communautaires détachées du dollar américain »—pouvaient être légalement émises en vertu du droit fédéral et du droit des Etats, à l'exception de celui de la Virginie et de l'Arkansas.[33]

Cette description sommaire de l'arrière-plan juridique permet de comprendre la situation du juge, confronté à un maquis de lois fédérales et étatiques et de réglementations dont il est difficile d'extraire un encadrement juridique compréhensible et stable. Ce contexte est propice à un renforcement du rôle du juge, lequel est d'autant plus important que la reconnaissance de la légalité des monnaies privées est souvent un préalable au développement de leur utilisation et que l'incertitude juridique a pour effet d'inhiber leur croissance économique et de nuire à leur pérennité.[34]

Bien loin d'être indifférent au sort de ces monnaies qui lui échappent, l'État fédéral est intervenu chaque fois qu'une monnaie lui est apparu constituer une menace pour l'ordre public, recourant à leur interdiction le cas échéant. Ainsi, pour faire face aux risques de blanchiment d'argent, de financement du terrorisme, d'achats de biens et de services illégaux, de fraude et d'évasion fiscales, des poursuites judiciaires ont été entreprises par le DOJ et ont abouti à l'interdiction de plusieurs monnaies privées, confirmant que le juge peut avoir un pouvoir de vie et de mort sur cellesci.

2. *L'ascension et la chute de Liberty Reserve*

Parmi les opposants au monopole étatique de la monnaie, certains défendent la concurrence monétaire comme voie d'entrée sur un marché per-

31 Communiqué de presse du 18 mars 2011, supra note 29.

32 Voir par ex Florida v. Espinoza, No F14- 2923, 22nd July 2016, United States, Florida.

33 Solomon, supra note 19, 60.

34 J. J. Doguet, The Nature of the Form: Legal and Regulatory Issues Surrounding the Bitcoin Digital Currency System, 73 Louisiana Law Review (2013), disponible à http://jjdoguet.com/files/Bitcoin.pdf (dernière visite le 22 septembre 2018).

mettant à des monnaies de circuler parallèlement au dollar.[35] Au-delà du cercle des partisans de la concurrence monétaire, des spéculateurs, des fraudeurs et des joueurs ont adopté différents types de monnaies virtuelles centralisées qui se sont développées avant l'émergence du Bitcoin. Aussi distingue-t-on parmi ces monnaies centralisées celles utilisées dans des jeux vidéo, notamment *Second Life* et *World of Warcraft*, ainsi que des services de paiement en ligne qui consistent à déposer des fonds convertibles à tout moment en or physique (e-gold) ou échangeables contre des monnaies dont la valeur est indexée sur celle de l'once d'or ou de devises officielles (Liberty Reserve).[36] Si les monnaies des jeux virtuels ont acquis une importance notable en raison de leur usage,[37] ces deux modèles de systèmes de paiement en ligne ont été supprimés par le DOJ, suscitant à chaque fois une controverse politique et juridique.

L'e-devise « e-Gold » a été créée par Arthur Budovsky et Vladimir Kats en 1996. Ce service de paiement en ligne consistait à échanger des unités de monnaie numérique présentées comme étant convertibles en métaux précieux, la seule condition pour souscrire à ce service étant de fournir une adresse mail valide (sans obligation de révéler son identité). Des tiers étaient chargés d'échanger des dollars contre la devise numérique pour procéder aux transactions sur les comptes des utilisateurs. Plus de deux millions de comptes ont été ouverts et les transactions auraient atteint un pic de 6 millions de dollars par jour.[38] Dans le même temps, l'anonymat que permet ce procédé a donné lieu à toute sorte d'activités illicites (blanchiment d'argent, escroquerie, vente de contenus pédopornographiques) qui ont conduit à l'intervention du DOJ[39] et à la condamnation des principaux dirigeants à cinq années d'emprisonnement par la suite converties en périodes de probation.

---

35 L. H. White, "The Troubling Suppression of Competition from Alternative Monies: The Cases of the Liberty Dollar and E-Gold," 2 Cato Journal 34 (2014), disponible à http://object.cato.org/sites/cato.org/files/serials/files/cato-journal/2014/5/cato-journal-v 34n2-5.pdf (dernière visite le 22 septembre 2018).

36 Ibid., 283.

37 L'économie du seul jeu Second Life aurait représenté la somme de 500 millions de dollars en 2015, disponible à http://www.investopedia.com/terms/s/second-life-economy.asp (dernière visite le 22 septembre 2018).

38 White, supra note 35, 86.

39 Communiqué de presse du 27 avril 2007, Department of Justice, Digital Currency Business E-Gold Indicted for Money Laundering and Illegal Money Transmitting, disponible à https://www.justice.gov/archive/opa/pr/2007/April/07_crm_301.html (dernière visite le 22 septembre 2018).

Pour retenter l'expérience en échappant à la qualification de société de transfert de fonds—soit à celle de « *money transmitter* » dont les conditions ont changé depuis l'entrée en vigueur du *Patriot Act* en 2001—et à de nouvelles poursuites du DOJ, Arthur Budovsky décida de fuir les Etats-Unis au cours de sa période de probation afin de lancer un système de paiement similaire au Costa-Rica, Liberty Reserve.

Qualifié de banque du milieu criminel, le système Liberty Reserve permettait la conversion des fonds déposés en « Liberty Reserve Dollars » ou « Liberty Reserve Euros » dont la valeur était indexée sur celle du dollar, de l'euro ou de l'once d'or. Il renforçait par ailleurs l'anonymat des utilisateurs grâce à des intermédiaires réalisant des échanges « en vrac ». Ce système d'échange devait se pérenniser par le prélèvement d'un pourcentage sur chaque transaction. Toutefois, la tentative d'échapper à l'application des lois américaines s'est heurtée à la détermination du DOJ à poursuivre les entreprises de blanchiment d'argent basées à l'étranger, grâce à leur coopération avec divers services secrets étrangers.[40] Ainsi, dans un communiqué du 28 mai 2013, le DOJ a énuméré les raisons pour lesquelles Liberty Reserve a été condamné :

> Liberty Reserve is alleged to have had more than one million users worldwide, including more than 200,000 users in the U.S., who conducted approximately 55 million transactions–virtually all of which were illegal–and laundered more than $6 billion in suspected proceeds of crimes including credit card fraud, identity theft, investment fraud, computer hacking, child pornography and narcotics trafficking.[41]

En raison des infractions commises à cause de l'anonymat inhérent à cette monnaie privée, les fondateurs ont été poursuivis et condamnés par le DOJ et la société Liberty Reserve a été liquidée.

Si ces deux services—comme d'autres monnaies virtuelles centralisées plus marginales—ont été interdits, on peut douter qu'ils eurent été viables à long terme. L'anonymat garanti par ces monnaies et les défaillances liées

---

40 "Liberty Reserve court case marks the dawn of a new era", Brave New Coin, 8 May 2016, disponible à https://bravenewcoin.com/news/liberty-reserve-court-case-marks-the-dawn-of-a-new-era/ (dernière visite le 22 septembre 2018).

41 Communiqué de presse du 28 mai 2013, Department of Justice, Manhattan U.S. Attorney Announces Charges Against Liberty Reserve, One Of World's Largest Digital Currency Companies, And Seven Of Its Principals And Employees For Allegedly Running A $6 Billion Money Laundering Scheme, disponible à https://www.justice.gov/usao-sdny/pr/manhattan-us-attorney-announces-charges-against-liberty-reserve-one-world-s-largest (dernière visite le 22 septembre 2018).

à l'identification des utilisateurs faisaient qu'il ne pouvait y avoir un système de règlement des différends opérant, par exemple en cas de fraude commise lors d'une transaction. Les caractéristiques novatrices du Bitcoin renouvellent les questions juridiques : le Bitcoin étant par essence virtuel et fonctionnant de manière décentralisée, l'application du droit est rendue plus délicate et la liquidation de ce système de paiement par le DOJ, hautement improbable.

B. La reconnaissance d'une monnaie virtuelle décentralisée

De nombreuses juridictions nationales ont déjà rendu des décisions dans lesquelles le Bitcoin est mentionné à titre incident, notamment des poursuites pénales liées à des transactions illicites et des litiges impliquant des sociétés qui emploient des bitcoins. De plus rares décisions portent sur la nature du bitcoin et qualifient celui-ci de monnaie, fournissant ainsi de précieux éléments pour leur appréhension juridique.

1. US Security and Exchange Commission v. Trendon Shavers

La décision *Security and Exchange Commission v. Trendon Shavers*[42] constitue le premier précédent par lequel une juridiction américaine reconnaît explicitement le Bitcoin comme une monnaie. L'affaire illustre un classique schéma de Ponzi : Trendon Shavers, fondateur et dirigeant de BST, une société investissant dans les bitcoins, promettait un taux d'intérêt d'au moins 7% à ses actionnaires grâce à ses prétendues pratiques d'arbitrage de bitcoins. Or c'était dans son propre porte-monnaie numérique qu'il incluait les bitcoins reçus des investisseurs, constituant ainsi un « fonds de réserve » qui lui permettait de régler les demandes de retraits des investisseurs quand il n'en tirait pas un retour suffisant. Ce faisant, Shavers a commis une fraude portant sur une somme de plus de 60 millions de dollars. Contestant que les investissements en bitcoins s'assimilent à des titres financiers, tels que définis par le *Securities Act* de 1933 et l'*Exchange Act* de 1934, le défendeur voulait se prévaloir de l'absence de régulation du Bitcoin pour échapper à ces dispositions. Par une décision du 18 septembre 2014, le juge de la Cour du District du Texas Amos Mazzant a rejeté son argumentation

42 Securities and Exchange Commission v. Trendon T. Shavers and Bitcoin Savings and Trust, Civil Action No. 4:13-CV-416 (2014).

et qualifié les opérations de « vente de titres ». Trendon Shavers fut condamné à restituer l'équivalent de 40 millions de dollars et à régler 150 000 dollars au titre des sanctions civiles (*civil penalties*). En juillet 2016, il fut ensuite condamné à 18 mois de prison après avoir plaidé coupable.

On ne peut déduire de la décision que les bitcoins sont des titres financiers. En effet, la question posée à la Cour était de savoir si les investissements de la société BST constituaient de tels titres ; elle ne portait donc pas directement sur le Bitcoin, support de ces investissements. La Cour a précisé que les investissements de la société correspondaient à la définition des contrats d'investissement et que ces types de transactions basées sur des monnaies virtuelles étaient assimilables à des titres. Cette interprétation se justifiait au regard des conditions d'existence d'un contrat d'investissement, telles que définies dans les arrêts *Howey*[43] et *Long v. Shultz Cattle Co.*[44] Dès lors que la société BST a usé de « contrats, transactions » ou d'un « mécanisme impliquant (1) un investissement dans une *monnaie*, (2) une entreprise commune, (3) avec des profits provenant des efforts d'une tierce partie »[45] les conditions du test étaient remplies pour qualifier l'opération de contrat d'investissement.

Le Bitcoin peut donc être l'objet d'un contrat d'investissement au même titre qu'une monnaie et son commerce peut constituer une « entreprise commune ». Le jugement est également instructif en ce qu'il permet d'évaluer le calcul des dommages causés, le juge devant tenir compte du prix moyen du bitcoin au jour où la fraude a été découverte. Dans d'autres affaires liées à une utilisation du Bitcoin à des fins illicites, des juridictions américaines sont allées plus loin dans l'analyse de la monnaie virtuelle.

2. *L'affaire Silk Road*

Lancé en 2011, le site Silk Road était un marché en ligne accessible sur le Darkweb et permettant la réalisation de transactions illicites en tout anonymat et en ayant exclusivement recours aux bitcoins. Qualifié de « plus sophistiqué et complet des marchés criminels sur Internet »,[46] le site fut fer-

43 SEC v. W.J. Howey & Co., 328 U.S. 293 (1946).

44 Long v. Shultz Cattle Co, 881 F.2d 129 (1989).

45 Traduction libre, Securities and Exchange Commission v. Trendon T. Shavers and Bitcoin Savings and Trust, Civil Action No. Civil Action No. 4:13-CV-416.

46 Communiqué de presse du 16 janvier 2014, Department of Justice, U.S. Attorney's Office, Southern District of New York, Manhattan U.S. Attorney Announces Forfeiture Of $28 Million Worth Of Bitcoins Belonging To Silk Road, disponible

mé en 2013 par le Federal Bureau of Investigations (FBI) à la suite de ce qui constitue à ce jour la plus importante saisie dans une poursuite pénale liée à l'utilisation de bitcoins. L'affaire *Silk Road* a donné lieu à deux procès devant la Cour fédérale de Manhattan : la poursuite de Ross William Ulbricht[47] d'une part, celle de Charlie Shrem et de Robert Faiella[48] d'autre part.

Déjà poursuivi au civil pour la confiscation civile des actifs issus de Silk Road, Ulbricht fut également poursuivi au pénal en tant que créateur, utilisateur et propriétaire du site Silk Road. Il fut inculpé pour 7 chefs d'accusation, dont ceux de conspiration de blanchiment d'argent et de conspiration de trafic de stupéfiants. La saisie des clés privées réquisitionnées a porté sur la somme de 173 991 bitcoins (soit l'équivalent de plus de 33 millions de dollars à l'époque). Poursuivis pour des faits similaires à ceux reprochés à Ulricht, Shrem et Faiella ont été condamnés pour blanchiment d'argent et exercice illégal d'une activité de transfert d'argent (« *unlicensed money transmitting business* »).

Le premier citait pour sa défense une disposition de l'Internal Revenue Service (IRS), l'autorité fiscale américaine selon laquelle le Bitcoin devait être traité comme un bien aux fins de considération fiscale (« *a property for tax purposes* »).[49] Les seconds avançaient que le Bitcoin n'était pas une monnaie pour échapper à l'inculpation pour activité de transfert de d'argent non-autorisée.

Considérant dans le cadre de l'affaire *Faiella* qu'il était bien possible de blanchir de l'argent en recourant au Bitcoin et que celui-ci pouvait être un instrument monétaire, le juge Jed Rakoff en fit une brève description :

> [Bitcoin] is digital and has no earthly form; it cannot be put on a shelf and looked at or collected in a nice display case. Its form is digital—bits and bytes that together constitute something of value.[50]

à https://www.justice.gov/usao-sdny/pr/manhattan-us-attorney-announces-forfeiture-28-million-worth-Bitcoins-belonging-silk (dernière visite le 22 septembre 2018).

47 United States v. Ulbricht, 31 F.Supp.3d 540 (SDNY 2014), disponible à https://casetext.com/case/united-states-v-ulbricht-7 (dernière visite le 22 septembre 2018).

48 United States v. Faiella, 39 F.Supp.3d 544 (SDNY 2014), disponible à https://casetext.com/case/united-states-v-faiella (dernière visite le 22 septembre 2018).

49 I.R.S Notice 2014-21, disponible à https://www.irs.gov/pub/irs-drop/n-14-21.pdf (dernière visite le 22 septembre 2018).

50 Notons qu'un juge de la Cour suprême des Etats-Unis, Stephen Breyer, a été plus loin dans la reconnaissance du Bitcoin comme potentielle monnaie en suggérant dans une opinion dissidente rendue le 21 juin 2018 dans l'affaire *Wisconsin Central Ltd. v. United States* que le concept de monnaie pouvait évoluer (« what we view as

Certes, les bitcoins sont une monnaie numérique dont la possession dépend de celle d'une clé privée qui se présente sous la forme d'une suite de lettres et de chiffres. Toutefois, on pourrait nuancer ces propos en précisant que la possession d'une clé privée peut être matérialisée. Il suffit en effet d'imprimer ou de noter une clé privée sur une feuille, voire de stocker un portefeuille numérique sur un disque dur, pour que le Bitcoin ait une dimension physique.

D'après un auteur, le fait que le FBI ait pu saisir (« seize ») des bitcoins signifie que le bitcoin n'est pas un bien meuble incorporel et devrait plutôt être qualifié de *tangible*,[51] ce qu'on pourrait traduire par « bien meuble corporel » en droit des biens. La justification n'est pas totalement convaincante puisqu'une saisie peut porter sur des biens meubles incorporels.[52] Cependant, une telle qualification aurait le mérite de simplifier les problèmes de qualification du bitcoin, au moins pour les enjeux de procédure civile. Ainsi, la question de la localisation de bitcoins pourrait trouver une réponse, ceux-ci pouvant être considérés comme étant dans la juridiction dans laquelle se trouve le détenteur—ou la matérialisation—de leur clé privée. Bien que cette approche conduise inéluctablement à des difficultés pratiques, elle semble juridiquement concevable : le droit de propriété exige souvent une attitude du possesseur qui doit, par exemple, veiller à la conservation de son bien ou à sa non-divulgation s'il s'agit d'un droit de propriété intellectuelle.

Toutefois, l'utilisation polymorphe du Bitcoin fait qu'une qualification uniforme de celui-ci n'est ni réaliste, ni souhaitable. Aussi est-ce par opportunité que le juge reconnaît la qualité de monnaie au Bitcoin lorsqu'il juge nécessaire de soumettre son utilisation au droit.

---

money has changed over time ») et inclure les cryptomonnaies dans son champ (« perhaps one day employees will be paid in Bitcoin or some other type of cryptocurrency »).

51 M. Raskin, "Realm of the Coin: Bitcoin and Civil Procedure", 20 Fordham Journal of Corporate and Financial Law No.4 disponible à https://ssrn.com/abstract=2620309 (dernière visite le 22 septembre 2018).

52 Pour des exemples de saisies de biens meubles incorporels en droit français, cf. http://www.europe-eje.eu/fiche-thematique/fiche-4-saisie-meubles-incorporels-fiche-juriste-1 (dernière visite le 22 septembre 2018).

III. *L'emprise du juge : une reconnaissance opportune*

Trois paliers peuvent décrire la latitude de l'État par rapport aux monnaies privées : l'interdiction, l'encadrement et la tolérance. Si certaines monnaies ont été purement et simplement interdites par le DOJ, les tribunaux les reconnaissent plus souvent pour les soumettre au droit, pour des raisons généralement liées à la fiscalité (A) et à la sécurité financière (B).

A. *Les enjeux de fiscalité : Skatteverket v. Hedqvist*

Le 22 octobre 2015, la Cour de justice de l'Union Européenne a rendu dans l'affaire *Skatteverket v. Hedqvist*[53] la première décision d'une juridiction supranationale sur une cryptomonnaie. Aussi importante pour les fournisseurs de services qui ont recours aux monnaies virtuelles que pour la qualification du Bitcoin, il est révélateur que cette décision porte sur la taxation des bitcoins et la directive sur la Taxe sur la Valeur Ajoutée[54] (TVA). L'engouement que suscitent les questions de fiscalité témoigne en effet de l'intérêt immédiat que représente pour les États la taxation des transactions en bitcoins.

La directive TVA a pour objet d'établir un système commun de taxe sur la valeur ajoutée. En vertu de cette directive, « les livraisons de biens [et] les prestations de services effectuées à titre onéreux sur le territoire d'un État membre par un assujetti agissant en tant que tel [...] sont soumises à TVA. »[55] Parmi les opérations exclues de son champ d'application, on trouve celles portant sur « les devises, les billets de banque et les monnaies qui sont des moyens de paiement légaux ». L'affaire *Skatteverket* renseigne sur la nature des monnaies virtuelles en posant la question de l'applicabilité de cette disposition aux opérations portant sur les bitcoins.

En l'espèce, un citoyen suédois souhaitait fournir, par l'intermédiaire d'une société, des services d'échange de devises traditionnelles contre des bitcoins, et vice-versa. Pour ce faire, il avait demandé à la commission suédoise de droit fiscal si la TVA devait être acquittée lors de l'achat et de la vente de Bitcoins. Assimilant le Bitcoin à « un moyen de paiement utilisé

---

53 Hedqvist, cas C-264/14, arrêt du 22 octobre 2015, ECLI:EU:C:2015:718.

54 Directive 2006/112/CE du Conseil, du 28 novembre 2006, relative au système commun de taxe sur la valeur ajoutée (JO L347, p.1).

55 Ibid., art. 2. Voir aussi Communiqué de presse no 128/15, affaire C-264/14, Skatteverket/ David Hedqvist, Cour de justice de l'Union européenne, Luxembourg.

de manière analogue aux moyens de paiement légaux », la commission avait jugé que les opérations devaient être exonérées de la TVA.[56] L'autorité fiscale suédoise en charge de la collecte des impôts nationaux, la *Skatteverket*, contesta l'interprétation de la commission devant la Cour administrative suprême, le *Högsta förvaltningsdomstolen*. Cette juridiction décida de surseoir à statuer et de poser à la CJUE la question de savoir si les opérations d'échange de devises virtuelles contre des devises traditionnelles et vice-versa constituaient des prestations de services effectuées à titre onéreux en vertu de l'article 2 (1) de la directive TVA et, dans l'affirmative, si ces opérations étaient exonérées de cette taxe.

La Cour a répondu par l'affirmative aux deux questions. Concernant la première, le fait que ces opérations avaient consisté à échanger différents moyens de paiement et qu'il existait un lien entre le service rendu et la contre-valeur reçue, soit une marge entre le prix d'achat des devises et le prix de revente, permet de déduire qu'il s'agissait bien de « prestations de services effectuées à titre onéreux » telles qu'énoncées dans la directive. Concernant la seconde, la Cour a jugé que ces opérations portaient sur une monnaie, qu'il en découle qu'elles entraient dans le champ de l'exemption prévue à l'article 135 (1) de la directive pour « les devises, les billets de banque et les monnaies qui sont des moyens de paiement légaux » et qu'elles devaient donc être exonérées de TVA.

Par cette décision, la Cour a ouvert la voie à une appréhension juridique des monnaies virtuelles en tenant compte de leur spécificité. Pour mettre en avant le vide réglementaire autour du Bitcoin,[57] la juridiction de renvoi reprenait les analyses d'un rapport de la Banque centrale européenne (BCE) de 2012 sur les monnaies virtuelles :

> The instability of virtual currency schemes can be explained by one of the most critical aspects mentioned earlier, i.e. the lack of a proper legal basis for virtual currency schemes.[58]

Dans son rapport, la BCE justifiait par la manière dont ces monnaies virtuelles sont émises le rejet de la qualification de monnaie électronique et de l'applicabilité des directives 2009/110/EC et 2007/64/CE relatives respectivement aux monnaies électroniques et aux services de paiement.[59] Au-delà de ses conséquences fiscales, cette décision est donc intéressante pour

56 Hedqvist, supra note 52, point 17.
57 Ibid., à point 12.
58 Virtual Currency Schemes, supra note 13, 42.
59 Ibid., 16, 17.

l'analyse qui est faite du Bitcoin et pour son éclairage sur le système européen d'imposition indirecte.

L'une des caractéristiques du système européen de TVA est d'éviter que le simple fait de payer une somme d'argent ne constitue un fait générateur d'imposition. Sauf à imaginer que l'on consomme une monnaie de même que certains moyens de paiement consommables comme l'or ou les cigarettes,[60] aucune valeur ajoutée n'est créée lors d'un échange d'argent, ce qui justifie l'absence d'imposition à la TVA.[61] Ce principe fut énoncé dans les arrêts *Mirror Group*[62] et *Fitzgerald*,[63] puis par l'arrêt *BUPA Hospitals*,[64] dans lequel la CJUE a affirmé que « ce sont les livraisons de biens et les prestations de services qui sont soumises à la TVA et non les paiements effectués en contrepartie de celles-ci. » Dans l'affaire *First National Bank of Chicago*,[65] la Cour avait déjà admis que des transactions monétaires par lesquelles une banque échange une devise nationale contre des devises étrangères sont exonérées de TVA, tout en considérant que la différence entre l'offre et la demande, le *spread*, constitue un enrichissement du banquier pour les transactions effectuées. Dans cette espèce, le gouvernement du Royaume-Uni jugeait que, « faute de contrepartie, une opération de change exécutée sans prélever de commission ou de frais bancaires ne constitu[ait] pas une livraison de biens ou une prestation de services au sens de la sixième directive, mais n'[était] qu'un simple échange de moyens de paiement. »[66] L'argument selon lequel il s'agissait d'un « simple échange de moyens de paiement » qui à ce titre ne devait pas être soumis à la TVA avait été implicitement[67] suivi par la Cour. Dans ses conclusions pour l'affaire *Hedqvist*, l'avocat général Juliane Kokott s'est explicitement référé à l'arrêt *First National Bank of Chicago* et a jugé que les opérations de change en question étaient bien « des prestations de services à titre onéreux au sens de l'article 2, point 1, de la directive ».[68] La Cour exempterait donc de TVA toute activité visant

---

60 Hedqvist, supra note 52, conclusions de l'avocat général J. Kokott, point 14.

61 R. Wolf, Virtual Currencies, M-Payments and VAT: Ready for the Future?, in G. Gimigliano (ed.), Bitcoin and Mobile Payments, Constructing a European Union Framework (2016), 236.

62 Mirror Group, cas C-409/98, arrêt du 9 octobre 2001, ECLI:EU:C:2001:524.

63 Cantor-Fitzgerald, cas C-108/99, arrêt du 9 octobre 2001, ECLI:EU:C:2001:526.

64 BUPA Hospitals and Goldsborough Developments, cas C-419/02, arrêt du 21 février 2006, ECLI:EU:C:2006:122.

65 First National Bank of Chicago, cas C-172/96, arrêt du 14 juillet 1998, ECLI:EU:C:1998:354.

66 Ibid., à point 24.

67 Wolf, supra note 60, 237.

68 Hedqvist, supra note 52, conclusions de l'avocat général J. Kokott, point 18.

un échange de moyens de paiement qui n'aurait d'autre finalité que celui-ci, y compris dans le cas d'un commerce visant à échanger des « devises traditionnelles » contre des « devises virtuelles ».

A priori, l'argument semble convaincant. En effet, pourquoi le Bitcoin devrait-il être traité différemment d'une autre devise[69] dès lors qu'il peut tout autant servir de moyen de paiement ? N'y voyant aucune objection, l'avocat général assimile les bitcoins aux « purs moyens de paiement, légaux ou autres, tels que les bons d'échange d'une valeur nominale, ou l'acquisition de « points » utilisables ensuite dans des hôtels ou des résidences, » lesquels sont tous traités par la Cour « de la même manière, dans la mesure où elle ne voit pas non plus dans le transfert de [ces] moyens de paiement […] des opérations imposables. »[70] Ces « purs » moyens de paiement « autres » que légaux correspondent en partie à ce que l'on a qualifié de monnaies privées. Ces dernières étant déjà en train de proliférer grâce au progrès technologique, on peut penser que la Cour de Justice traitera indistinctement les opérations de change entre les « purs moyens de paiement », que ceux-ci soient légaux ou non, en leur faisant tous bénéficier de l'exemption prévue dans la directive TVA.

Toutefois, il est réducteur de définir le Bitcoin comme un « pur » moyen de paiement, comme l'a fait l'avocat général par ces propos : « [s]elon les constatations de la juridiction de renvoi, les bitcoins constituent également un pur moyen de paiement. Leur possession n'a pas d'autre finalité que de les réutiliser comme moyen de paiement à un moment quelconque. »[71] S'il est vrai que le Bitcoin sert de moyen de paiement, il remplit d'autres fonctions classiquement attribuées à une monnaie, en particulier celle de réserve de valeur—certes encore volatile[72]—et, à un moindre degré, celle d'unité de compte.[73] De plus, comme cela a été vu, le Bitcoin est à la fois une monnaie, un réseau d'échange de pair-à-pair et une technologie.

> Bitcoin, the technology, is finding an increasing quantity of applications beyond its prototypical use case. Many of these applications in-

69 À ce propos, la Cour qualifie le Bitcoin de « devise virtuelle à flux bidirectionnel ».

70 Hedqvist, supra note 52, conclusions de l'avocat général J. Kokott, point 16.

71 Ibid., point 17.

72 W. J. Luther, 'Decline in the Volatility of Bitcoin', Sound Money Project, 25 May 2016, disponible à http://soundmoneyproject.org/2016/05/decline-in-the-volatility-of-Bitcoin/ (dernière visite le 22 septembre 2018).

73 Si la dimension d'unité de compte peut sembler négligeable, on peut toutefois noter que le Bitcoin sert régulièrement d'étalon pour les transactions en cryptomonnaies.

> volve the inscription and communication of blockchain messages, which is all a "Bitcoin transaction" really is: communication.[74]

En effet, les technologies à la base du Bitcoin (notamment la *blockchain*, la cryptographie asymétrique et le système de validation algorithmique dit « *proof-of-work* ») ouvrent la voie à de nombreuses utilisations possibles. En permettant de retracer l'ensemble des transactions effectuées depuis l'origine et de vérifier ainsi la véracité des informations utilisées (fonction de « *truth proving* »), ces technologies peuvent être utilisées pour voter en ligne, délivrer des diplômes, établir un registre foncier ou encore transformer le système des chambres de compensation. Une définition holiste du Bitcoin comme pur instrument de paiement—en vertu de laquelle la monnaie serait réduite à son acception de droit privé—rendrait donc son encadrement juridique limité au regard de ses potentialités.[75]

Bien que la fonction de monnaie soit encore première, on peut donc partager l'avis selon lequel, au vu des nombreuses autres fonctions permises par les technologies du Bitcoin, certains de ses usages pourraient être l'objet d'une exonération de TVA tandis que d'autres devraient ne pas pouvoir en bénéficier.[76]

En conclusion, comme toute monnaie, le Bitcoin ne peut être réduit à un instrument de paiement. Il n'est pas non plus réductible à sa seule vocation monétaire. Par ce double raccourci, la Cour méconnait donc le Bitcoin alors même que cette décision est paradoxalement présentée comme sa plus importante consécration juridictionnelle. Ce décalage révèle l'ambiguïté inhérente à la reconnaissance juridictionnelle des monnaies privées : l'objet de ces décisions n'est pas d'appréhender juridiquement ces objets mais d'en retenir une qualification correspondant aux buts recherchés. En l'espèce, le but recherché est celui de la pertinence fiscale. Si certaines monnaies virtuelles peuvent fonctionner sans État, elles peuvent viser à se soustraire à certains impératifs du droit fiscal. Il incombe donc au le juge de les reconnaître pour mieux les soumettre au droit.

---

74 E. Voorhees, "The Importance of Bitcoin Not Being Money," moneyandstate.com, 8 August 2016, disponible à http://moneyandstate.com/the-importance-of-Bitcoin-not-being-money/ (dernière visite le 22 septembre 2018).

75 Ibid.

76 J. Maupin, "The ECJ's First Bitcoin Decision: Right Outcome, Wrong Reasons?," VerfBlog, 4 November 2015, disponible à http://verfassungsblog.de/the-ecjs-first-Bitcoin-decision-right-outcome-wrong-reasons/ (dernière visite le 22 septembre 2018).

B. *Les enjeux de sécurité financière : State of Florida v. Espinoza*

Une affaire relative à une accusation de blanchiment d'argent, *State of Florida v. Espinoza*,[77] met en relief le lien entre la qualification du Bitcoin et les enjeux de sécurité financière. Dans cette espèce, Michell Espinoza, un particulier vendant des bitcoins contre des espèces, avait accepté d'en vendre à un agent infiltré de la police californienne. L'agent infiltré prétendait vouloir échanger des bitcoins contre des cartes de crédit volées. Espinoza accepta de réaliser plusieurs transactions jusqu'à ce qu'il fût arrêté après avoir refusé une transaction pour un montant de 30000 dollars. Espinoza fut ensuite poursuivi par un tribunal de l'Etat de Floride pour violation de règlementations locales relatives aux entreprises de services monétaires (« *money service business* ») et au blanchiment d'argent. Au moment où les faits ont été commis, l'État de Floride n'avait ni légiféré, ni émis des lignes directrices sur les monnaies virtuelles.[78] Par une décision du 22 juillet 2016, la Cour a rejeté le chef d'accusation relatif à l'absence d'autorisation de transmettre de l'argent et jugé que le simple fait de vendre des bitcoins à une personne qui aurait l'intention—fût-elle clairement établie au moment de la transaction—de les utiliser à des fins criminelles ne pouvait servir de fondement à l'accusation de blanchiment d'argent. Cette décision, qui a fait l'objet d'un appel, contraste avec une jurisprudence qui tendait à assimiler le Bitcoin à un instrument monétaire.

Le premier chef d'accusation portait sur l'exercice non-autorisé de services monétaires. La réglementation de l'Etat de Floride qualifie de « money services business » toute personne « who acts as a payment instrument seller, foreign currency exchanger, check casher, or money transmitter »,[79] et requiert un permis d'exercer cette activité.[80] En l'espèce, l'Etat de Floride accusait le défendeur d'exercer illégalement l'activité de transfert d'argent (« money transmitter ») puis, par un glissement sémantique opéré lors de la dernière plaidoirie, celle de vendeur d'instruments de paiement (« payment instrument seller »).

---

77 The State of Florida v. Michell Abner Espinoza, Criminal Division Case No. F14-2923, (Fla. 11th Cir. Ct. 2016).

78 Depuis le 1er juillet 2017, l'Etat de Floride intègre les monnaies virtuelles parmi les instruments monétaires cités dans sa loi sur le blanchiment d'argent, voir House Bill 1379, disponible à https://www.flsenate.gov/Session/Bill/2017/1379 (dernière visite le 22 septembre 2018).

79 Fla. Stat. Section 560.103(22).

80 Fla. Stat. Section 560.125.

Reprenant point par point les arguments de l'Etat de Floride, la juge Teresa Pooler a, dans un premier temps, considéré que la vente de bitcoins à un agent infiltré ne constituait pas une transmission d'argent. La Cour a jugé que la transmission (« to transmit ») supposerait que l'on « envoie ou transfère (une chose) d'une personne ou d'un endroit à un(e) autre »,[81] comme ce fut jugé pour un cas impliquant la société spécialisée dans le transfert d'argent (« money transmitting business ») Western Union.[82] Dans la mesure où Espinoza n'a pas agi en tant qu'intermédiaire (« middleman ») et n'a fait que vendre des bitcoins en cherchant un profit, la Cour a refusé de le qualifier de « transmetteur ». En effet, pour recevoir la qualification de « money transmitting business », un individu doit prélever des frais sur les transactions, ce que, selon la juge, le défendeur n'avait pas fait puisqu'il réalisait un profit en vendant les bitcoins pour un montant supérieur à leur prix d'achat. La juge qualifia donc le Bitcoin de « property » (ce qu'on traduirait par « bien meuble ») vendue à titre personnel : « *The Defendant was selling his personal property.* »

Dans un second temps, la juge a rejeté l'argument selon lequel Espinoza était un vendeur d'instruments de paiement. La réglementation de l'Etat de Floride qualifiait d' « instruments de paiement » les instruments suivants : « check, draft, warrant, money order, travelers' check, electronic instrument, or other instrument, payment of money, or monetary value whether or not negotiabl*e* ».[83] En refusant d'assimiler le Bitcoin à l'un de ces instruments, la juge a convenu que le Bitcoin ne constituait ni une monnaie, ni un instrument de paiement, ni même une valeur monétaire (« monetary value »). Pourtant, on aurait pu considérer que les termes employés, en particulier la référence à la valeur monétaire, signifiaient que le législateur voulait que les instruments de paiement visés ne soient pas limités aux seules devises officielles.

Concernant l'allégation relative au blanchiment d'argent, la juge n'a pas reconnu une intention de promouvoir (« intent to promote ») une attitude criminelle et a qualifié de « vague » le terme promouvoir, au terme d'une étude linguistique sur le sens des mots « promote », « incite » et « encourage ». La Cour a ensuite critiqué la démarche poursuivie par le Ministère public en jugeant que le défendeur avait simplement accepté de vendre des bitcoins à un détective qui voulait le faire condamner :

---

81 Cf. définition citée dans la décision : « "transmit" means "to send or transfer (a thing) from one person or place to another". Black's Law Dictionary. (10th ed. 2014) ».

82 U.S. v. Elfgeeh, 515 F.3d 100, 108 (2d Cir. 2008).

83 Fla. Stat. Section 560.103(29).

> [I]s it criminal activity for a person merely to sell their property to another when the buyer describes a nefarious reason for wanting the property? [...] There is unquestionably no evidence that the Defendant did anything wrong, other than sell his Bitcoin to an investigator who wanted to make a case.

L'argumentation de la juge est critiquable à plusieurs égards : le fait que certaines définitions soient reprises de dictionnaires usuels et non d'un dictionnaire juridique, la distinction opérée entre frais et profits qu'aurait perçus le défendeur[84] et, surtout, la manière dont est qualifié le Bitcoin au regard de la réglementation relative aux services de transfert d'argent peuvent être longuement discutés.[85] À propos de la qualification du Bitcoin, la Cour a jugé que cette question relevait de l'économie plus que du droit, en insinuant qu'elle n'était pas l'institution la mieux placée pour opérer une telle qualification : « This court is not an expert on economics ». Sans que la juge ne renonce pour autant à qualifier le Bitcoin, cet aveu se mêlait à une forme d'hommage au sens commun : « however, it is very clear, even to someone with limited knowledge in the area, that Bitcoin has a long way to go before it is the equivalent of money ». La Cour a ensuite repris l'analyse de l'IRS, l'autorité fiscale qui a qualifié le Bitcoin de propriété aux fins de taxation. Ce faisant, elle a pu écarter le chef d'inculpation relatif au blanchiment d'argent : « This Court is unwilling to punish a man for selling his property to another. »

Si l'on peut approuver la juge lorsqu'elle affirme que le Bitcoin ne peut s'échanger contre des biens aussi facilement qu'une monnaie qui a cours légal et qu'il est donc encore loin de pouvoir être considéré comme l'équivalent d'une devise, d'autres arguments sont plus contestables. Après avoir mentionné les limites du Bitcoin comme moyen d'échange, la Cour juge que la volatilité du Bitcoin nuirait à sa fonction de « réserve de valeur » : « With such volatility they have a limited ability to act as a store of value, another important attribute of money. » L'argument est discutable, l'absence de volatilité n'étant pas une condition d'existence d'une monnaie. En

---

84 Dans la mesure où le défendeur perçoit une somme à chaque transaction, indépendamment du prix d'achat et de revente des bitcoins, la qualification de « frais » semble mieux convenir que celle de « profit », le profit étant lié aux investissements réalisés et non à la seule activité d'échange.

85 A. Caffarone, M. Holzer, "'Ev'ry American Experiment Sets a Precedent': Why One Florida State Court's Bitcoin Opinion is Everyone's Business", Hofstra Law Journal of International Business & Law (2017); Hofstra Univ. Legal Studies Research Paper No. 2017-03. Available at SSRN: disponible à https://ssrn.com/abstract=2897727 (dernière visite le 22 septembre 2018).

outre, on peut noter que l'argument selon lequel le Bitcoin n'est pas une réserve de valeur est contre-intuitif au vu du nombre de personnes qui se sont enrichies par ce biais.

L'absence de convertibilité du Bitcoin est également présentée comme une lacune du Bitcoin : « Bitcoins are not backed by anything. They are certainly not tangible wealth and cannot be hidden under a mattress like cash and gold bars. » Toutefois, la nature intangible du Bitcoin et l'absence de convertibilité ne devraient pas rendre la qualification de monnaie inopérante. Non seulement les devises officielles ne sont pas convertibles en or ou en argent mais elles peuvent également être intangibles, comme dans le cas des dépôts bancaires. Enfin, il est surprenant de refuser la qualification de monnaie pour le Bitcoin mais de présenter des lingots d'or comme une monnaie au même titre que le *cash*, alors que l'or est généralement assimilé à une commodité (« commodity ») et soumis à un régime juridique et fiscal particulier.

Au prisme de ces approximations, on peut se demander si le choix de qualifier le Bitcoin de bien (ou de « property ») plutôt que d'instrument de paiement ne résulte pas des circonstances de l'espèce. Concernant le blanchiment d'argent, la Cour s'attachait à critiquer l'argument selon lequel le défendeur aurait eu l'intention de promouvoir une action illégale. Le refus de qualifier le Bitcoin comme monnaie aurait donc servi de simple argument additionnel pour rendre infondée l'accusation de blanchiment d'argent. En effet, on peut penser que la même décision aurait été rendue si le Bitcoin avait été qualifié d'instrument monétaire, la qualification monétaire n'ayant d'incidence qu'en ce qui concerne l'accusation relative au transfert d'argent non-autorisé. Sur ce second point, le refus de qualifier le Bitcoin de monnaie semble dû à la manière dont l'activité du défendeur est perçue par la juge. En effet, celle-ci assimile l'achat de Bitcoins à une activité de trading (« The Defendant purchases Bitcoin low and sells them high, the equivalent of a day trader in the stock market, presumably intending to make a profit ») et non à un service monétaire ou à une pratique de conversion de monnaies.

Si la Cour a considéré que le Bitcoin n'était pas un instrument monétaire, elle a néanmoins jugé qu'il s'agissait bien de transactions financières puisque le défendeur échangeait ses biens meubles (« his property ») contre des espèces, lesquels constituent un instrument monétaire. Or une transaction financière est définie par le législateur de l'Etat de Floride comme une transaction impliquant le mouvement de fonds par transfert ou par d'autres moyens, ou impliquant un ou plusieurs instruments monétaires qui affectent d'une manière ou d'une autre le commerce.[86] La Cour ignore donc la première partie de la définition en étant silencieuse sur la qualification de fonds, bien que cette qualification ait été retenue pour le Bitcoin dans l'arrêt *Ulbricht*[87] et, plus récemment, dans l'arrêt *Murgio*[88] qui portait sur la réglementation fédérale relative aux entreprises de transmission de fonds.[89]

Certes, la portée de la décision semble limitée : rendue par un tribunal de l'Etat de Floride qui applique des dispositions locales, cette décision n'a pas valeur de précédent dans les autres Etats ou au niveau fédéral,[90] de même que la décision *SEC v. Trendon Shavers*. Toutefois, d'autres tribunaux américains peuvent suivre la Cour de Floride en refusant de qualifier le Bitcoin de valeur monétaire et de l'assujettir aux dispositions relatives aux entreprises de services monétaires.[91] Par ailleurs, les décisions *Espinoza* et *Shavers* illustrent bien l'ambiguïté propre à la reconnaissance juridictionnelle des cryptomonnaies : à chaque fois, la défense avance que le Bitcoin ne peut être qualifié de monnaie, même lorsqu'il est utilisé comme telle en pratique. Paradoxalement, la non-reconnaissance du Bitcoin par la Cour de Floride peut donc servir la cryptomonnaie, en renforçant l'idée selon laquelle le Bitcoin peut être utilisé comme monnaie sans être l'objet d'entraves juridiques.

Les décisions considérées montrent que le juge préfère sacrifier la technicité de définitions du Bitcoin au profit du bon sens. La méconnaissance des subtilités liées à cette monnaie n'est pas un problème en soi : on attend

---

86 Fla. Stat. Section 560.103 (22): « "Financial transaction" means a transaction involving the movement of funds by wire or other means or involving one or more monetary instruments, which in any way or degree affects commerce [...] ».

87 United States v. Ulbricht, 31 F.Supp.3d 570 « Put simply, "funds" can be used to pay for things in the colloquial sense. Bitcoins can be either used directly to pay for certain things or can act as a medium of exchange and be converted into a currency which can pay for things. ».

88 United States v. Murgio, No. 15-cr-769, 2016 WL 5107128, (S.D.N.Y. Sep. 19, 2016), 4-10.

89 U.S. Code Title 18 § 1960.

90 S. D. Palley, "Why Florida's 'Bitcoin Isn't money' Ruling Could Have Limited Impact," CoinDesk, 28 July 2016, disponible à http://www.coindesk.com/florida-Bitcoin-money-legal-system/ (dernière visite le 22 septembre 2018).

91 Il semble cependant que les juridictions américaines s'orientent vers une interprétation des dispositions relatives aux entreprises de services monétaires qui engloberait l'utilisation des bitcoins. Ainsi, une ordonnance rendue le 1er février 2019 par le Southern Division of the District Court for the Eastern District of Michigan dans l'affaire United States v. Stetkiw 18-20579, E.D. Mich., 2/1/19 établit que : « Bitcoin qualifies as "money" and "funds" under [18 U.S.C.] § 1960. »

du juge la résolution d'un litige et non l'explication du fonctionnement d'un mécanisme qui se présente à lui. Or le juge semble généralement qualifier le Bitcoin en fonction des seuls impératifs juridiques qu'il veut faire prévaloir, selon des considérations d'opportunité. Les qualifications juridictionnelles varient donc d'une juridiction à une autre de même qu'au niveau des autorités de régulation, au détriment de la cohérence du droit applicable aux monnaies virtuelles. On pourrait expliquer cet éclatement du droit applicable au Bitcoin par le fait que son utilisation polymorphe le rend compatible avec des qualifications différentes, voire opposées.

Des défenseurs des monnaies virtuelles ont demandé que les régulateurs adoptent une approche attentiste par rapport aux cryptomonnaies et ne cèdent pas à la tentation du « classificationnisme bureaucratique ».[92] Le « classificationnisme » est l'attitude de ceux qui tendent soit à créer de nouvelles catégories juridiques répondant à l'inadéquation entre une activité et les catégories juridiques existantes, soit à tout ramener à la dichotomie entre le légal et l'illégal, comme l'ont fait de nombreux États qui ont choisi d'interdire l'utilisation du Bitcoin. Juridiquement, le Bitcoin n'est ni une devise officielle, ni une monnaie électronique,[93] ni un titre mobilier. Certains États en ont déduit son illégalité au regard du droit en vigueur. Une telle démarche, surtout lorsqu'elle se concrétise par la mise en place d'une incrimination pénale, risque d'être liberticide et de n'avoir que peu d'incidence pour empêcher ses usages illicites. Aussi est-il préférable que les juges adaptent les catégories juridiques existantes à l'utilisation qui est faite des monnaies virtuelles et des technologies émergentes et que l'on repense les relations entre l'ordre juridique et l'ordre numérique. En effet ces deux ordres peuvent aussi bien s'opposer que se compléter ou s'aligner. Il convient donc de toujours considérer dans quelle mesure et à quelle fin le second s'affranchit du premier.

IV. Conclusion

Provenant de la déconnexion entre l'ordre numérique et l'ordre juridique, les enjeux juridiques liés au Bitcoin peuvent être considérés à l'aune de ceux qui se sont posés plus tôt pour la gouvernance d'Internet. Comme à l'époque du développement d'Internet, le juge et le législateur se trouvent

92 K. S. Graf, Are Bitcoins Ownable?: Property Rights, IP Wrongs and Legal-Theory Implications (2015), 5.

93 Virtual Currency Schemes, supra note 13.

confrontés à un système dont le fonctionnement est anarchique par essence. L'ingénieur et activiste Timothy May avait déjà avancé en 1992 le concept de « crypto-anarchisme » pour décrire la primauté et la « préférence des solutions technologiques par rapport aux solutions juridiques ».[94] Lawrence Lessig, l'un des pionniers de ce qui est devenu le cyber-droit, imaginait quant à lui que le code informatique pourrait tenir lieu de droit, selon la célèbre expression « Code is law ».

Par analogie au droit d'Internet, on pourrait désormais se demander si le Protocole Bitcoin ne pourrait pas tenir lieu de droit applicable et justifier l'expression « Law is Protocol », dans la mesure où la cryptographie remplacerait plusieurs institutions fondamentales, telles que le juge lui-même. Ainsi, le Protocole représente la Constitution du Bitcoin et définit la politique monétaire en énonçant qui peut émettre la monnaie (non pas le Congrès comme pour le dollar américain mais tous les utilisateurs du réseau), comment progresse la masse monétaire (une importante « loi » algorithmique du Bitcoin énonce le rythme auquel augmente l'offre monétaire jusqu'à une limite maximale de 21 millions de Bitcoins en circulation) et comment sanctionner l'utilisateur qui tenterait de falsifier le grand registre (en ignorant cette tentative).[95] D'autres caractéristiques, telles que les comptes multi-signatures, permettent même d'intégrer au système Bitcoin un crypto-droit de la consommation susceptible de régler certains problèmes liés à l'irrévocabilité des transactions. En résumé, on pourrait parler d'un système qui incorpore son propre droit (« law unto itself »[96]) et rend toute intervention du juge ou du législateur dispensable.

La conséquence des qualifications juridictionnelles divergentes des monnaies virtuelles est une impression générale de confusion : le Bitcoin peut être une monnaie, un fonds, une commodité,[97] un bien meuble, voire une catégorie à part. Or ces catégories juridiques sont des constructions hu-

---

94 T. C. May, The Crypto Anarchist Manifesto, 22 November 1992, disponible à http://www.activism.net/cypherpunk/crypto-anarchy.html (dernière visite le 22 septembre 2018).

95 S. Jeong, "The Bitcoin Protocol as Law, and the Politics of a Stateless Currency," SSRN (2013), disponible à https://papers.ssrn.com/sol3/papers.cfm?abstract_id=2294124 (dernière visite le 22 septembre 2018), 28.

96 Graf, supra note 90, 9.

97 Pour la U.S. Commodity Futures Trading Commission (CFTC), le Bitcoin peut en revanche être qualifié de « commodity » sujette au Commodity Exchange Act, voir communiqué de presse du 17 septembre 2015, CFTC Orders Bitcoin Options Trading Platform Operator and its CEO to Cease Illegally Offering Bitcoin Options and to Cease Operating a Facility for Trading or Processing of Swaps without Registering, disponible à http://www.cftc.gov/PressRoom/PressReleases/pr723

maines, adaptables au gré des utilisations que l'on fait des nouvelles technologies. Même si les technologies qui fondent le Bitcoin peuvent prévenir des différends survenant dans les rapports privés, les premiers litiges résultant des frottements entre l'ordre juridique et l'ordre numérique conduisent à douter que l'immixtion du juge puisse être évitée. À l'inverse, c'est même à l'émergence d'un nouveau contentieux monétaire que l'on pourrait s'attendre.

1-15 (dernière visite le 22 septembre 2018). La CFTC a réitéré sa position le 3 octobre 2018 en s'appuyant sur une décision rendue le 26 septembre 2018 par le United States District Court of Massachusetts dans l'affaire Commodity Futures Trading Commission v. My Big Coin Pay, Inc. et al.

Parallel and Overlapping Proceedings in International Economic Law: Towards an Ordered Co-existence

*Laurence Boisson de Chazournes**

I. Introduction: The Backdrop

The proliferation of courts and tribunals at the international level brings diversity to international dispute settlement. This multiplicity gives rise to an increasing number of parallel and competing proceedings. Given the relatively recent vintage of this multiplicity of courts and tribunals, such parallel proceedings have, until recently, been rare. As such, international courts and tribunals have had little need to resort to procedural tools for coordinating jurisdiction and, in contrast to domestic legal systems, there had been a paucity of practice amongst international judicial actors having recourse to such tools. Moreover, no real emphasis had been placed on the importance of the role that appropriate procedural rules play in coordinating international jurisdiction. That is, however, beginning to change and this change has been prompted by the problems caused by uncoordinated dispute settlement.

There are a number of undesirable consequences that arise from uncoordinated dispute settlement, including, but not limited to, abusive forum shopping, wasted resources, uncertainty, and conflicting judgments.[1] The latter can occur when different tribunals make different decisions on disputes with the same facts. The cases of *Lauder*[2] and *CME v. Czech Republic*[3] are an example of conflicting decisions in the area of investment arbitra-

* Professor of International Law and International Organization at the University of Geneva.

1 See for example M. Waibel, Coordinating Adjudication Processes, in Z. Douglas et al. (eds), The Foundations of International Investment Law: Bringing Theory into Practice (2014), 499, 530.

2 Ronald S. Lauder v. The Czech Republic, UNCITRAL Award 2001, Final Award of 03 September 2001.

3 CME Czech Republic B.V. (The Netherlands) v. The Czech Republic, UNCITRAL Award 2001, Partial Award of 13 September 2001; CME Czech Republic B.V. (The Netherlands) v. The Czech Republic, UNCITRAL Award 2003, Final Award of 14 March 2003.

tion. Another often-mentioned example of discrepancy is the interpretation of necessity as a circumstance precluding wrongfulness by the *CMS v. Argentina*[4] and *LG&E v. Argentina*[5] tribunals.

Conflicting judgments may be the result of parallel proceedings or overlapping proceedings. Parallel proceedings can involve the same parties in different courts that never connect with each other while overlapping proceedings involve the connections that two disputes may have with each other on the material level of the applicable rules. Parallel proceedings may exist between an investor and a host State when the former is being sued by the latter before national courts for tax violations, for example. This does not deprive the investor of the possibility to bring a claim under an applicable treaty before an international tribunal. Overlapping procedures, on the other hand, may occur when a measure impacts one or more regimes at the same time, such as trade and investment.

To avoid these kinds of situations, conflicting judgments more generally and undermining the rule of law, coordination among international courts and tribunals becomes essential. To this end, procedural rules play an increasingly important role. Some are borrowed from domestic legal systems.[6] That being said, it is important to emphasize that they are being adapted and not imported wholesale into international law. The adaptation of such mechanisms is made by both international courts and tribunals themselves and, occasionally, states acting as legislators.

The traditional toolkit for dealing with conflicting judgments includes such procedural mechanisms as *lis pendens*, fork in the road provisions, *connexité* and comity.[7] While these all essentially lead to the same result in theory (one tribunal declining jurisdiction in favour of another), they each offer quite different means of getting to that result. International economic law (in particular investment and trade regimes) offers interesting perspectives for the contemporary operation of these mechanisms. As a matter

---

4 CMS Gas Transmission Company v. The Republic of Argentina, ICSID Case No. ARB/01/8, Award of 12 May 2005.

5 LG&E Energy Corp. v. The Republic of Argentina, ICSID Case No. ARB/02/1, Decision on Liability of 03 October 2006. See S. Schill, International Investment Law and the Host State's Power to Handle Economic Crises – Comment on the ICSID Decision in LG&E v. Argentina, 24(3) Journal of International Arbitration (2007), 265-286.

6 As in other areas, H. Lauterpacht, Private Law Sources and Analogies of International Law (1927), viii.

7 In this article, res judicata, which can also be characterized as a tool for declining jurisdiction, will not be considered as it applies to successive rather than parallel proceedings.

of fact, it is in this particular area of international law that the judiciary, and states, have become aware of the importance of these tools for resolving the problems of conflicting and parallel proceedings.

In this article, I will consider how these tools are being adapted for a use at the international level and chart some of the new trends that reveal a more systemic approach in this respect. These new trends are the result of a realisation amongst international courts, tribunals, and state actors that action needs to be taken to coordinate this increasingly complex world of dispute settlement. As a result, we can see an increasing *public* character of international procedural rules, in the sense that they are enshrined and codified in international agreements and instruments.

II. Lis Pendens and Forum Non Conveniens in their Traditional Forms

Let us first consider the concept of *lis pendens* in its classical understanding. Under civil law, in contrast to the approach of common law, the principle of *lis pendens* has traditionally been applied by courts faced with a conflict of jurisdiction. Civil law will not have a response until there is an actual conflict that is, until the same case comes before two different courts.[8] Once there is an actual conflict, the principle is applied subject to the so-called *triple identity test*, namely that the cause of action, the parties and the object of the dispute are the same. That being the case, a second court cannot hear the proceedings, if the same action is already pending before a court in another country. Under the civil law approach, *lis pendens* ensures that a standard procedure is followed in each instance and respects the procedure taking place in another jurisdiction. Notwithstanding, the *lis pendens* doctrine is intended to serve the public purpose of avoiding a dispute between two courts on which one should hear the case.

An alternative approach for declining jurisdiction is found in the common law doctrine of *forum non conveniens*.[9] This tool is applied by a court or tribunal where they consider that another court or tribunal seized of the matter is more appropriately positioned to decide the dispute. This doctrine attempts to consider which court is the most appropriate and it is of little importance which was first seized. This approach, in contrast with *lis*

8 T. Hartley, The Modern Approach to Private International Law: International Litigation and Transactions from a Common Law Perspective, 319 Collected Courses of the Hague Academy of International Law (2006), 142.

9 Ibid.

pendens, is discretionary. Whilst this may often be a more rational approach than *lis pendens*, its disadvantage is that it allows more scope for subjectivity and is less certain. The doctrine also differs in that it does not wait until a *lis pendens* situation has actually arisen. It operates not only when the case is pending before the courts of another country, but also when it could have been brought before them. It applies even if there is no conflict of jurisdiction. Concerned not only with resolving a conflict of jurisdiction—a public purpose in the way that it coordinates proceedings—but also with doing justice to the parties by ensuring that the most appropriate court hears the case. The latter is the main objective. It constitutes, in this way, an example of the common law giving greater weight to private interests than to public interests because it is more concerned with doing justice in the individual case than with the strict application of a mechanism by which jurisdiction is automatically declined; overall, providing greater certainty.[10] The discretionary nature and margin of appreciation given to courts is notable and these latter elements are reflected in the approaches developed at the international level for declining jurisdiction, as we will see in further details below.

In devising the private international law regime of the European Union, the approach of the civil law was chosen over that of the alternative common law approach. *Lis pendens* is laid down in Article 29 of the Brussels I Regulation (Recast 2012)[11] (formerly Article 27), which courts of European Union Member States must apply when faced with multi-jurisdictional cases involving other EU Member States. Article 29 provides:

---

10 A clear articulation of the forum non conveniens doctrine is provided by the English case of Spiliada Maritime Corporation v. Cansulex [1987] AC 460. In that case, Lord Goff noted that the defendant must show that another forum is available that is clearly or distinctly more appropriate than the English forum. That court must be in a country that has the most 'real and substantial connection' and in making this assessment connecting factors such as governing law and the place where the parties reside or carry on business, in addition to factors more directly related to convenience, such as where the evidence is available, must all be examined. Moreover, Lord Goff reasoned that advantages to the plaintiff are no longer relevant. There must be special circumstances by reason of which justice requires that the trial should nevertheless take place in England (e.g. that he would not obtain a fair trial due to racial or political bias). While it is not too difficult to weigh up the normal connecting factors but it is more difficult to determine which special circumstances will be taken into account.

11 Regulation (EU) No 1215/2012 of the European Parliament and of the Council of 12 December 2012 on Jurisdiction and the Recognition and Enforcement of Judgments in Civil and Commercial Matters (Recast), OJ L 351/1.

> Where proceedings involving the same cause of action and between the same parties are brought in the courts of different member states, any court other than the court first seized must of its motion stay its proceedings until such time as the jurisdiction of the first seized court is established. Once this occurs, it must decline jurisdiction in favour of that court.

This first-in-time approach has been criticized as being overly rigid and allowing what has been called "Italian torpedo" situations in which parties seeking to delay the outcome of a dispute commence proceedings in a jurisdiction where court proceedings are typically slow moving.[12] Owing to the exclusive jurisdiction provision, all other courts in other Member States must then stay proceedings until the court first seized of the matter determines whether it has jurisdiction, even if there is a choice of court agreement in place. These criticisms appear to have been taken on board by the European Commission and the Brussels I Regulation has recently been recast to avoid abusive use of the *lis pendens* rule in cases where a choice of court agreement is in place.[13] In particular, it seeks to avoid *Italian torpedo* situations by allowing an EU Member State court to proceed with hearing a case where the former is the subject of an exclusive jurisdiction clause, even if a case has been filed in another Member State court before.

Further still, Articles 33 and 34 of the Brussels I Regulation extend *lis pendens* to parallel and related proceedings in third States. As such, where proceedings in the court of an EU Member State are pending before the courts of non-EU Member State and those proceedings are based on the *same cause of action* or are between the *same parties*, the EU Member State court may stay the proceedings before it. However, this is only the case where the EU Member State court expects that the judgment of the non-EU Member State court will be capable of recognition or enforcement in the relevant EU Member State and the court considers it necessary for the proper administration of justice. Similarly, where there is a related action

---

12 See for example J. Wood & N. Allan, Sinking the Italian torpedo: the recast Brussels Regulation, International Law Office (19 February 2015), available at http://www.internationallawoffice.com/Newsletters/Litigation/European-Union/RPC/Sinking-the-Italian-torpedo-the-recast-Brussels-Regulation (last visited 6 December 2018).

13 See S. Garvey, Brussels Regulation (Recast): Are You Ready?, Allen & Overy Publication (18 March 2015), available at http://www.allenovery.com/publications/en-gb/Pages/BRUSSELS-REGULATION-(RECAST)-ARE-YOU-READY.aspx (last visited 6 December 2018).

pending before a non-EU Member State court, an EU Member State court may stay the proceedings before it if it considers it *expedient* to hear the related actions together. This is on the condition that it expects the non-EU Member State court to deliver a judgment capable of recognition and enforcement in a third state; and the EU Member State court sees it as necessary for the proper administration of justice. These provisions are particularly significant for the way in which they show utmost concern for the coordination of proceedings. They suggest that *lis pendens* may be considered as a rule of international public order and not necessarily reliant on reciprocity for its operation.[14]

As is evident from the text of the above provision in Article 29, there are a number of key elements to the *lis pendens* principle as expressed in the Brussels I Regulation. These elements include the *same cause of action* and the *same parties*. The various elements of the *lis pendens* doctrine have been addressed by the Court of Justice of the European Union (CJEU). As for the *same cause of action*, in *Gubisch Maschinenfabrik v. Palumbo*,[15] the CJEU gave a fairly wide meaning to the idea of the same cause of action in proceedings taking place in both Germany and Italy. The proceedings were commenced in Germany by a German manufacturer to recover the price of machinery that had been ordered by an Italian resident. Afterwards, proceedings were commenced in Italy by Palumbo in an effort to obtain a declaration that the contract was inoperative as the original order had been revoked. In the context of this case, the purpose of the German action was to give effect to a contract and that of the Italian action was to deprive it of effect. If the case would have been allowed to continue they clearly could have resulted in irreconcilable judgments. The CJEU held that the underlying cases involved the same cause of action and the Italian court had to give up jurisdiction.

As to the *same parties*, a more restrictive approach seems to have been adopted. For example, in the *Maciej Rataj (The Tatry)* case,[16] the CJEU reasoned that where some but not all of the parties to the second action are the same as the parties to the first action, the *lis pendens* rule applies only to the extent to which the parties are the same.

---

14 This is a point argued for by Campbell McLachlan, see C. McLachlan, Lis Pendens in International Litigation, 336 Collected Courses of the Hague Academy of International Law (2009).

15 Gubisch Maschinenfabrik v. Palumbo, Case 144/86, Judgment of 08 December 1987, [1987] ECR 4861.

16 Maciej Rataj (The Tatry), Case 406/92, Judgment of 06 December 1994, [1994] ECR I-5439.

Beyond the European context, it has been stated that "[t]he widespread use and similarity of the concept of *lis pendens* in the national procedural laws of States of all legal traditions as well as its inclusion in a number of bi- and multilateral agreements is evidence that *lis pendens* can be regarded as a general principle of law in the sense of Article 38 of the ICJ Statute".[17] That said, it is pertinent to note that the transferability of *lis pendens* at the international level has yet to be thoroughly tested. Notwithstanding, we will now turn to consider its application by international courts and tribunals, as well as its occurrence in international treaties.

III. Contemporary Application of Lis Pendens at the International Level

In the past, instances of the application of the *lis pendens* principle at the international level have been sporadic, showing a reluctance of courts and tribunals to accept the applicability of the *lis pendens* principle and injecting a measure of unpredictability in its operation. For example, in the *Certain German Interests in Polish Upper Silesia* case, the Permanent Court of Justice took into consideration the principle of *lis pendens*, but ultimately concluded that its requirements had not been met in that case.[18] Similarly, in *Benvenuti and Bonfant v. Congo*, an investment tribunal considered that *lis pendens* might be applicable but concluded that certain requirements of the principle were not met.[19] In *SGS v. Pakistan*, the Tribunal also considered and dismissed the applicability of *lis pendens*.[20] Within the international legal order, this is explained by the fact that State consent to adjudication cannot be presumed. Moreover, in respect of international arbitration, the existence of an agreement providing for exclusive jurisdiction

17 A. Reinisch, The Use and Limits of Res Judicata and Lis Pendens As Procedural Tools to Avoid Conflicting Dispute Settlement Outcomes, 2 The Law and Practice of International Courts and Tribunals (2004), 37, 48. Though there are some who are sceptical of this status, see H. Wehland, The Coordination of Multiple Proceedings in Investment Treaty Arbitration (2013), 129.

18 Certain German interests in Polish Upper Silesia (Germany v. Poland), Judgment, PCIJ Series A no 7 ICGJ 241 (1926).

19 S.A.R.L. Benvenuti and Bonfant v. People's Republic of the Congo, ICSID Case No. ARB/77, Award of 08 August 1980.

20 SGS Société Générale de Surveillance S.A. v. Islamic Republic of Pakistan, ICSID Case No. ARB/01, Decision on Objections to Jurisdiction of 06 August 2003, para 182.

should normally preclude the exercise of jurisdiction by any other judicial body (either international or domestic).[21]

However, recently some courts and tribunals have shown a willingness to engage with this principle, crafting a broader conception of *lis pendens*. While the triple identity test for *lis pendens* may be difficult to meet,[22] more liberal interpretations have been offered by international tribunals. For example, concepts such as the substantial identity of the parties, piercing the corporate veil, and single economic entity are all ways that could be used to overcome the traditionally strict hurdles.[23] In an example of such a liberal approach, the ITLOS Tribunal in the *Southern Bluefin Tuna* case examined the essential basis of the dispute and concluded that the case before it was substantially the same as the one before the Commission for the Conservation of Southern Bluefin Tuna (CCSBT).[24] This was in spite of the fact that there were differing legal bases in the two disputes. That being said, the Tribunal decided the case on the basis of another provision of the Law of the Sea Convention. In fact, the approach of the Tribunal in this case has been characterized as *laissez-faire* in the way it treated each obligation implicated in the case as distinct.[25] Commentators have warned that such an approach could actually lead to more parallel proceedings of a complex nature with different tribunals deciding upon different obligations pertaining to the same dispute.[26] Another example is provided by *SPP v. Egypt*, in which an ICSID tribunal suspended litigation while there was a parallel proceeding between the same parties at the *Cour de Cassation* in France on whether the parties had agreed to submit the dispute to arbitration.[27] While the issue before the *Cour de Cassation* was not strictly the

---

21 G. Kaufmann-Kohler et al., Consolidation of Proceedings in Investment Arbitration: How Can Multiple Proceedings Arising from the Same or Related Situations be Handled Efficiently? Final Report on the Geneva Colloquium Held on 22 April 2006, 21(1) ICSID Review: Foreign Investment Law Journal (2006), 59.

22 See for example CME Czech Republic B.V. (The Netherlands) v. The Czech Republic, supra note 3. See also A. Reinisch, The Issues Raised by Parallel Proceedings and Possible Solutions, in M. Waibel (ed.), The Backlash Against Investment Arbitration: Perceptions and Reality (2010), 122 (arguing that the triple-identity test ought to be relaxed in certain circumstances).

23 Ibid., 123.

24 Southern Bluefin Tuna Case (Australia and New Zealand v. Japan), 39 ILM 1359, Award on Jurisdiction and Admissibility, Decision of 4 August 2000, paras. 52, 59.

25 McLachlan, supra note 14.

26 Ibid.

27 Southern Pacific Properties (Middle East) Limited v. Arab Republic of Egypt, ICSID Case No. ARB/84/3, Decision on Jurisdiction I, 27 November 1985, 3 ICSID Reports 112.

same as that before the arbitral tribunal, the latter tribunal nevertheless viewed that it was "in the interest of international judicial order" to stay the proceedings before it "pending a decision by the other tribunal".[28]

In addition to this more flexible and liberal application of *lis pendens* by the international judiciary, we may also observe the way in which new treaties are developing, adapting and expanding manifestations of the principle. Under the Comprehensive Economic and Trade Agreement between Canada and the EU (CETA),[29] for example, a choice of forum clause and restriction on litigating an obligation which is equivalent in substance in two fora is present in Article 29.3.1-2. These sub-paragraphs provide:

> 1. Recourse to the dispute settlement provisions of this Chapter is without prejudice to recourse to dispute settlement under the WTO Agreement or under any other agreement to which the Parties are party.
> 2. Notwithstanding paragraph 1, if an obligation is equivalent in substance under this Agreement and under the WTO Agreement, or under any other agreement to which the Parties are party, a Party may not seek redress for the breach of such an obligation in the two fora. In such case, once a dispute settlement proceeding has been initiated under one agreement, the Party shall not bring a claim seeking redress for the breach of the substantially equivalent obligation under the other agreement, unless the forum selected fails, for procedural or jurisdictional reasons, other than termination under paragraph 20 of Annex 29-A, to make findings on that claim.

Referring in Article 29.3.2 to a *substantially equivalent obligation*, the parties to this treaty have thereby used a broad formula in order to incorporate a comprehensive form of safeguard against *lis pendens,* rather than a classical interpretation based on the identical nature of claims and obligations; as such, an attempt has been made to prevent parallel procedures as much as possible. A similar provision is contained in Article 24 of the EU-Vietnam Free Trade Agreement,[30] which reads, in its relevant part, as follows:

---

28 Ibid., 129.

29 Comprehensive Economic and Trade Agreement between Canada and the European Union [CETA], not yet in force at time of writing. Provisional application from 21 September 2017. Consolidated text available at http://trade.ec.europa.eu/doclib/docs/2014/september/tradoc_152806.pdf (last visited 6 December 2018).

30 Free Trade Agreement between the European Union and the Socialist Republic of Vietnam, not yet in force at time of writing. Text available at http://trade.ec.europa.eu/doclib/press/index.cfm?id=1437 (last visited 6 December 2018).

> 1. Recourse to the dispute settlement provisions of this Chapter shall be without prejudice to any action in the WTO framework, including dispute settlement action, or in any other international agreement to which both Parties are parties.
> 2. By way of derogation from paragraph 1, a Party shall not, for a particular measure, seek redress for the breach of a substantially equivalent obligation under this Agreement and under the WTO Agreement or in any other international agreement to which both Parties are parties in the relevant fora. Once a dispute settlement proceeding has been initiated, the Party shall not bring a claim seeking redress for the breach of the substantially equivalent obligation under the other agreement to the other forum, unless the forum selected first fails for procedural or jurisdictional reasons to make findings on the claim seeking redress of that obligation. [...]

The inclusion of these *lis pendens*-type devices is an interesting contribution to avoiding conflicts of jurisdiction in modern free trade agreements (FTAs).[31]

IV. Connexité, Related Actions and Consolidation in a Contemporary Context

Connexité and variations of this concept, such as *related actions*, are emerging as a further way in which to coordinate jurisdiction and avoid parallel and overlapping proceedings in international litigation. *Connexité* is a concept of French law that regulates a conflict of jurisdiction where two cases are pending which are not identical (so *lis pendens* does not apply) but are similar enough that they should be consolidated into one case.[32] This doctrine is discretionary in nature and so it would appear to be a close cousin of *forum non conveniens*. It is also less strict insofar as it does not require identical elements in the concerned cases. There is, for example, no requirement that the parties be the same in connected disputes. The discretion to connect proceedings may be exercised where it is expedient to do so and where there is a risk that two judgments may be irreconcilable.[33]

31 See P.-J. Kuijper, TDM Special Issue on the Comprehensive Economic and Trade Agreement between the European Union and Canada (CETA), TDM (2016), available at https://www.transnational-dispute-management.com/article.asp?key=2309 (last visited 6 December 2018).

32 H. Black, A Dictionary of Law (1991), 253.

33 G. Kaufmann-Kohler et al., supra note 21.

Related actions are also provided for under the Brussels I Regulation (Recast), referred to earlier. Article 30 (formerly Article 28) states that "where related actions are pending in the courts of different Member States, any court other than the court first seized may stay its proceedings". Furthermore, Article 30(2) provides that the subsequent court may even decline jurisdiction rather than simply stay proceedings.

With the proliferation of trade and investment agreements, it is increasingly likely that connected claims will arise around related issues and the potential therefore exists for these claims to be connected or heard together. Given the recent trends concerning other procedural tools designed to coordinate jurisdiction, it is foreseeable that tribunals pursue such an approach whereby similar claims and issues are connected.

It is helpful to illustrate the potential for connecting claims with several possible scenarios. One situation could be an umbrella clause combined with a broad compromissory clause ("any dispute relating to investment") which is connected to trade related claims. Another could involve a most-favoured nation (MFN) clause in a BIT that may apply both to benefits granted in other BITs as well as in other investment-related treaties such as the General Agreement on Trade in Services (GATS), the Agreement on Trade-Related Aspects of Intellectual Property Rights (TRIPS) or FTAs. In accordance with the MFN obligation included in the GATS, the parties are committed to treating services and service providers in a no less favourable way than like services and service providers from any other country. We might ask whether an MFN clause in a BIT extends to benefits granted to other countries in the WTO or an FTA? Conversely, does the MFN provision in GATS or an FTA automatically incorporate substantive or dispute settlement advantages given to another country in a BIT?

More generally, the approach of connecting related issues has begun to feature in certain international instruments. This has been characterized as *consolidation* and is envisaged as joining two or more pending arbitrations into one proceeding. One of the best examples is Article 1126 of the North American Free Trade Agreement (NAFTA),[34] which also provides for the establishment of a special consolidation tribunal to decide on the consolidation of relevant arbitrations under NAFTA's Chapter 11. The consolidation tribunal has the discretion to decide whether it consolidates claims en-

34 North American Free Trade Agreement, in force as of 1 January 1994. Available at https://www.nafta-sec-alena.org/Home/Texts-of-the-Agreement/North-American-Free-Trade-Agreement?mvid=2 (last visited 6 December 2018).

tirely or partially. Consolidation under NAFTA Article 1126 can be undertaken even without the explicit consent of the parties.

Article 10 of the International Chamber of Commerce (ICC) Rules provides for the consolidation of arbitrations, although it does not make provision for a consolidation tribunal as is the case under NAFTA. Article 10 stipulates:

> The Court may, at the request of a party, consolidate two or more arbitrations pending under the Rules into a single arbitration, where:
> a) the parties have agreed to consolidation; or
> b) all of the claims in the arbitrations are made under the same arbitration agreement; or
> c) where the claims in the arbitrations are made under more than one arbitration agreement, the arbitrations are between the same parties, the disputes in the arbitrations arise in connection with the same legal relationship, and the Court finds the arbitration agreements to be compatible.
> In deciding whether to consolidate, the Court may take into account any circumstances it considers to be relevant, including whether one or more arbitrators have been confirmed or appointed in more than one of the arbitrations and, if so, whether the same or different persons have been confirmed or appointed.
> When arbitrations are consolidated, they shall be consolidated into the arbitration that commenced first, unless otherwise agreed by all parties.

A number of recent trade and investment agreements appear to have followed the approach in NAFTA and the ICC Rules insofar as they also make provision for the consolidation of proceedings. These are interesting in the way that, through the vehicle of consolidation, they adopt a broader notion of *connexité*. Article 8.43 (1) of CETA provides for consolidation thus:

> 1. When two or more claims that have been submitted separately pursuant to Article 8.23 have a question of law or fact in common and arise out of the same events or circumstances, a disputing party or the disputing parties, jointly, may seek the establishment of a separate division of the Tribunal pursuant to this Article and request that such division issue a consolidation order (*request for consolidation*).

Article 9.28 of the Trans-Pacific Partnership (TPP)[35] and Article 27(1) of the Transatlantic Trade and Investment Partnership (TTIP)[36] proposal also make provision for consolidation in similar language. However, while all these provisions appear to follow NAFTA's lead in consolidating similar or related proceedings, there remains a difference. Under NAFTA, the tribunal may consolidate proceedings without the consent of the parties whereas under the ICC Rules, CETA, TPP and TTIP proposal, consolidation must be at the request of the disputing parties.

That said, Article 27(3) of TTIP goes on to set out the circumstances in which a formal consolidation mechanism, not dissimilar to that under NAFTA, may come into effect where the disputing parties disagree on the consolidation of proceedings:

> In the event that the disputing parties referred to in paragraph 2 have not reached an agreement on consolidation within thirty days of the receipt of the request for consolidation referred to in paragraph 1 by the last claimant to receive it, the President of the Tribunal shall constitute a consolidating division of the Tribunal pursuant to Article 9. The consolidating division shall assume jurisdiction over all or part of the claims, if, after considering the views of the disputing parties, it decides that to do so would best serve the interest of fair and efficient resolution of the claims, including the interest of consistency of awards.

This represents an endorsement of the concept of *connexité* and entrusts to a tribunal the discretionary power of consolidation, to be exercised on the basis of fairness, efficiency and the consistency of decisions. It is the strongest evidence yet that *connexité* is gaining ground.

---

35 Trans-Pacific Partnership (TPP), not yet in force at time of writing. Available at https://ustr.gov/trade-agreements/free-trade-agreements/trans-pacific-partnership/tpp-full-text (last visited 6 December 2018).

36 Transatlantic Trade and Investment Partnership [TTIP], Text of the European Commission's Proposal for Chapter II – Investment, not yet in force at time of writing. Available at http://trade.ec.europa.eu/doclib/docs/2015/september/tradoc_153807.pdf (last visited 6 December 2018).

Another procedural option is available in Article 8.24 of CETA, which provides:

> Where a claim is brought pursuant to this Section and another international agreement and:
> (a) there is a potential for overlapping compensation; or
> (b) the other international claim could have a significant impact on the resolution of the claim brought pursuant to this Section, the Tribunal shall, as soon as possible after hearing the disputing parties, stay its proceedings or otherwise ensure that proceedings brought pursuant to another international agreement are taken into account in its decision, order or award.

This formulation offers something akin to *connexité* without consolidation insofar as the tribunal should take into account parallel proceedings in its own decision or a form of *lis pendens* where it may stay proceedings. It represents yet another way in which *connexité* is being conceived differently for dispute settlement at the international level.

As these examples demonstrate, the tools for coordinating jurisdiction are being crafted both by international tribunals and in new trade and investment agreements. In these new tools we see both traditional non-discretionary elements, such as the mechanical operation of *lis pendens*, but also newly conceived discretionary elements, such as *connexité* and consolidation mechanisms. However, they are not the only tools that are being developed for coordinating jurisdiction in the field of international economic law.

V. *Fork in the Road, Election and Waiver Provisions: Their Progressive Acceptance and Evolution*

Fork in the road clauses are another way in which one court or tribunal may be deprived of jurisdiction over another competent court or tribunal. Fork in the road provisions leave it to the party to decide which forum is most appropriate, although this may also be dictated by the legal nature of a particular claim or the applicable law.[37] These types of clauses will be considered first in the investment law field and then in the trade law field.

37 McLachlan, supra note 14.

A. *Investment Law*

A fork in the road clause is a provision in many BITs that provides for a choice between local remedies in domestic courts and international arbitration. Once one means has been chosen for the resolution of a given dispute, the other means cannot be resorted to. However, this is subject to the proviso that the legal nature of the claim before a domestic court is indistinct from the legal nature of the claim before an international tribunal. As such, if one claim is essentially based on a contract and the other essentially based on a treaty, the two sets of proceedings would likely be allowed to proceed concurrently. This was the case in *Genin v. Estonia* where, despite the Respondent state arguing otherwise, the arbitral tribunal held that the fact the Claimant had pursued proceedings in Estonian courts did not preclude him from having recourse to investment arbitration. The Tribunal reasoned that the claims and causes of action before the Estonian courts and the arbitral tribunal were different.[38] It would appear that in many cases involving fork in the road provisions, arbitral tribunals have found similar differences between the proceedings at issue.[39] In other cases, fork in the road clauses have been said to enhance certainty, as was spelled out in *Maffezini v. Spain*:

> [...] if the parties have agreed to a dispute settlement arrangement which includes the so-called fork in the road, that is, a choice between submission to domestic courts or to international arbitration, and where the choice once made becomes final and irreversible, this stipulation cannot be bypassed by invoking the [MFN] clause. This conclusion is compelled by the consideration that it would upset the finality of arrangements that many countries deem important as a matter of public policy.[40]

Parties have inserted fork in the road clauses in treaties as a means for coordinating national and international jurisdiction over disputes arising directly or indirectly from the treaty. There are many examples of such provi-

---

38 Alex Genin, Eastern Credit Limited, Inc. And A.S. Baltoil v. The Republic of Estonia, ICSID Case No. ARB/99/2, Award of 25 June 2001, 17 ICSID Rev (2002), 79-81.

39 C. Schreuer, Travelling the BIT Route: Of Waiting Periods, Umbrella Clauses and Forks in the Road, 5(2) Journal of World Investment and Trade (2004), 231; C McLachlan, Lis Pendens in International Litigation (2009).

40 Emilio Augustin Maffezini v. The Kingdom of Spain, ICSID Case No. ARB/97/7, Decision on Jurisdiction of 25 January 2000, 16 ICSID Rev (2001), 203.

sions in investment treaties and Article 10(2) of the BIT between Greece and Albania is typical of the underlying idea. It provides that if disputes cannot be settled amicably, "the investor or the Contracting Party concerned may submit the dispute either to the competent court of the Contracting Party or to an international arbitration tribunal [...]". Variations of the fork in the road clause are also present in multilateral conventions, as we will see shortly.

In the past, many investment treaties simply required that domestic remedies be exhausted before international proceedings were commenced.[41] Variations on the fork in the road clause, while they are invariably less strict, also exist. For example, BITs may set a time limit for domestic courts to resolve an issue before they exercise jurisdiction,[42] and some BITs only allow international arbitration to proceed if there has not been a first instance decision by the courts of the host State.[43]

In all events, the relatively simple criterion, which triggers the operation of a fork in the road clause, is the identical nature of the dispute and parties in both juridical proceedings. Despite its apparent simplicity, these can nevertheless be difficult criteria to apply in practice, given that both private and public parties may be involved in litigation at the domestic level in different capacities. Tribunals have often taken a relatively strict approach in their application of the criteria. In *Enron v. Argentina*, the Respondent had objected to the arbitral tribunal's jurisdiction on the basis of the fork in the road provision under the Argentina-US BIT, claiming that Enron had been embroiled in litigation before courts in Argentina seeking relief for tax measures that were the subject of the dispute before the arbitral tribunal. The Tribunal held:

> This Tribunal is mindful of the various decisions of ICSID Tribunals also discussing this very issue, particularly *Compania de Agua del Acon-*

41 Schreuer, supra note 39, giving Agreement Between the Government of Ghana and the Government of the Socialist Republic of Romania on the Mutual Promotion and Guarantee of Investments, 14 September 1989, Article 4(3) as an example, available at http://investmentpolicyhub.unctad.org/Download/TreatyFile/1459 (last visited 6 December 2018).

42 Agreement between the Argentine Republic and the Kingdom of Spain on the Reciprocal Promotion and Protection of Investments, 3 October 1991, 1699 UNTS 188, Article x(3)(a).

43 Agreement Between the Republic of Austria and the Republic of Macedonia on the Promotion and Protection of Investments, 28 March 2001, Article 13(3), available at http://investmentpolicyhub.unctad.org/Download/TreatyFile/3313 (last visited 6 December 2018).

> *quija*, *Genin*, and *Olguin*. In all these cases the difference between the violation of a contract and the violation of a treaty, as well as the different effects that such violations might entail, have been admitted, not ignoring of course that the violation of a legal rule will always have similar negative effects irrespective of its nature. It has accordingly been held that even if there was recourse to local courts for breach of contract this would not prevent resorting to ICSID arbitration for violation of treaty rights, or that in any event, as held in *Benvenuti & Bonfant*, any situation of *lis pendens* would require identity of the parties. Neither will these considerations be repeated here.
> The Tribunal notes that in the present case the Claimants have not made submissions before local courts and those made by TGS are separate and distinct. Moreover, the actions by TGS itself have been mainly in the defensive so as to oppose the tax measures imposed, and the decision to do so have been ordered by ENARGAS, the agency entrusted with the regulation of the gas sector. The conditions for the operation of the principle *electa una via* or *fork in the road* are thus simply not present. The Tribunal accordingly dismisses the objection to jurisdiction on this other ground.[44]

More recently, several tribunals have applied fork in the road clauses less narrowly, which in turn has meant that most or all of the claims in the respective disputes have been dismissed on jurisdictional grounds. For example, in *Pantechniki v. Albania*, the sole arbitrator Jan Paulsson preferred to adopt an approach that asked "[...] whether or not 'the fundamental basis of a claim' sought to be brought before the international forum is autonomous of claims to be heard elsewhere".[45] Latterly, the ICSID tribunal in *H & H Enterprises v. The Arab Republic of Egypt* applied a similar test based on the fundamental basis of the claim instead of, for example, a more formalistic triple-identity test.[46] In that case, the claimant had argued that the most favoured nation (MFN) clause in the applicable BIT meant

---

44 Enron Corp. and Ponderosa Assets LP v. Argentina, ICSID Case No. ARB/01/3, Decision on Jurisdiction of 14 January 2004, paras. 97-98.

45 Pantechniki v. Albania, ICSID Case No. ARB/07/21, Award of 30 July 2009, para. 61.

46 Ibid.; H & H Enterprises Investment Inc. v. Arab Republic of Egypt, ICSID Case No. ARB/09/15, Decision on Objections to Jurisdiction of 05 June 2012. See J. Dahlquist, in a newly-surfaced ruling, MFN can't be used to bypass a fork-in-the-road clause, and the latter clause defeats most of the investor's claims against Egypt, Investment Arbitration Reporter (2016), available at http://www.iareporter.com/articles/in-newly-surfaced-rulingmfn-cant-be-used-to-bypass-fork-in-the-road-

they could be entitled to better treatment afforded under an alternative BIT which did not contain a fork in the road clause. The Tribunal, however, disagreed. Instead, it found that dispute settlement provisions were different to substantive provisions and that the MFN clause did not cover the former category of provisions.[47] Since claims that were fundamentally the same as the present dispute had previously been litigated before another arbitral tribunal and an Egyptian court, the fork in the clause had been triggered.[48]

Waivers may also be considered as fork in the road-type provisions as they aim at the prevention of the same proceedings being filed in different fora.[49] Waivers provide for the renunciation of a party's rights to a given tribunal. They may be executed voluntarily by parties to litigation or stipulated by a treaty as a precondition to the commencement of litigation. The advantage they offer for the claimant is that the latter may opt to have the case litigated in a local court but still leave open the possibility of investment treaty arbitration later if the investor considers that the treaty standards continue to be violated by the state. Any later investment tribunal would consider the conduct of the host state, including the treatment of the claimant in its domestic courts. The advantage for the host state and for the subsequent investment tribunal is that an investment tribunal does not have to deal with parallel proceedings in the courts of the host state.[50] An example of a waiver provision is Article 1121(1) of NAFTA, which states that:

> A disputing investor may submit a claim under Article 1116 to arbitration only if:
> (a) the investor consents to arbitration in accordance with the procedures set out in this Agreement; and
> (b) the investor and, where the claim is for loss or damage to an interest in an enterprise of another Party that is a juridical person that the investor owns or controls directly or indirectly, the enterprise, waive their right to initiate or continue before any administrative tribunal or court under the law of any Party, or other dispute settlement procedures, any proceedings with respect to the measure of the disputing

---

and-latter-clause-defeats-most-of-investors-claims-against-egypt/ (last visited 6 December 2018).

47 Ibid.

48 Ibid.

49 Kaufmann-Kohler et al., supra note 21.

50 McLachlan, supra note 14, 397.

> Party that is alleged to be a breach referred to in Article 1116, except for proceedings for injunctive, declaratory or other extraordinary relief, not involving the payment of damages, before an administrative tribunal or court under the law of the disputing Party.

Similarly, under NAFTA's Article 1120, the investor must choose between NAFTA and UNCITRAL arbitration, and Article 1121(2)(b) of NAFTA then provides that the investor must:

> waive their right to initiate or continue before any administrative tribunal or court under the law of any Party, or other dispute settlement procedures, any proceedings with respect to the measure of the disputing Party that is alleged to be a breach referred to in Article 1117, except for proceedings for injunctive, declaratory or other extraordinary relief, not involving the payment of damages, before an administrative tribunal or court under the law of the disputing Party.

In *Waste Management I*, an ICSID tribunal concerned itself with this provision and held that the Claimant was obliged "[...] in accordance with the waiver tendered, to abstain from initiating or continuing any proceedings before other courts or tribunals with respect to those measures pleaded as constituting a breach of the provisions of NAFTA", and that the purpose of Article 1121 was to prevent "[...] the imminent risk that the Claimant may obtain the double benefit in its claim for damages".[51] As is becoming evident, through both fork in the road clauses and waivers, we can see efforts being made by both legislative and judicial actors to answer concerns around the duplication of proceedings and double recovery in particular.

Interestingly, newly adopted treaties, such as CETA, have gone a step further. Article 8.22 on "Procedural and other requirements for the submission of a claim to the Tribunal" reads as follows:

> An investor may only submit a claim pursuant to Article 8.23 if the investor: [...] (f) withdraws or discontinues any existing proceeding before a tribunal or court under domestic or international law with respect to a measure alleged to constitute a breach referred to in its claim; and (g) waives its right to initiate any claim or proceeding before a tribunal or court under domestic or international law with respect to a measure alleged to constitute a breach referred to in its claim.

51 Waste Management, Inc. v. United Mexican States, ICSID Case No. ARB(AF)/98/2, Award and Dissenting Opinion of 2 June 2000 and 8 May 2000.

This approach differs from the classically conceived fork in the road provision that leaves the choice of forum to the claimant. Instead, here, the CETA specifically requires that the investor provides evidence that they have discontinued any other proceedings and that they waive their right for any further proceedings. By requiring the claimant to provide evidence that there is no overlapping or parallel proceedings, the CETA adopts an even stronger approach to mitigate the risk of conflicting jurisdiction. It will thus be interesting to see how the distinction between contract claims and treaty claims might be addressed under this scenario.

The approach pursued in the EU's proposal for the TTIP chapter on investment does not contain a fork in the road provision as classically conceived either. Rather, the TTIP Proposal makes explicit the duty of the tribunal to "dismiss a claim by a claimant who has submitted a claim to the Tribunal or to any other domestic and international court or tribunal concerning the same treatment" (Article 14 (2)). This is in fact a strong and sweeping articulation of the fork in the road notion. The tribunal does not just have discretion to stay proceedings before another forum, but rather it has a duty to dismiss a claim that has been submitted to the concerned tribunal or indeed any other domestic or international court or tribunal. Further still, Article 14 (3) (a) (ii) of the TTIP Proposal requires that the claimant provide "evidence that [...] it has withdrawn any such claim or proceeding" and that "evidence shall contain, as applicable, proof that a final award, judgment or decision has been made or proof of the withdrawal of any such claim or proceeding".

The doctrine of election has also recently been applied in a creative way by an ICSID tribunal; with the latter also indicating that provision for this doctrine can find application as regards two international proceedings. Article 26 of the ICSID Convention is a good example and provides that "[c]onsent of the parties to arbitration under this Convention shall, unless otherwise stated, be deemed consent to such arbitration to the exclusion of any other remedy". In the recent Decision on Jurisdiction in *Ampal-American v. Egypt*,[52] the Tribunal found that an abuse of process had crystallized by virtue of the Claimant pursuing a claim before the ICSID Tribunal and the Permanent Court of Arbitration. In paragraph 337 of the Decision, the Tribunal quotes Article 26 of the ICSID Convention and goes on to reproduce a leading commentary on the ICSID Convention[53] to indicate that

52 Ampal-American Israel Corp. v. Egypt, ICSID Case No. ARB/12/11, Decision on Jurisdiction of 1 February 2016.

53 C. Schreuer et al., The ICSID Convention: A Commentary (2009).

consent to ICSID arbitration implies exclusive pursuit of a claim through ICSID (with respect to both international and national proceedings). In the following paragraph the Tribunal says:

> Such an election would secure to Ampal in the present arbitration the advantages of the ICSID Convention, upon which it places special reliance, whilst removing the abuse constituted by the double pursuit of the same claim.[54]

The Tribunal subsequently offered the Claimant in that case the option to "[...] elect to pursue [a] portion of the claim in the present proceedings alone by 11 March 2016, or make its choice known at that time".[55] The Tribunal then went on to stipulate that it would reconsider whether there had been an abuse of process by double pursuit of the same claim after the Claimant had indicated its choice to the Tribunal.[56]
In addition, Article 27 of the ICSID Convention provides:

> No Contracting State shall give diplomatic protection, or bring an international claim, in respect of a dispute which one of its nationals and another Contracting State shall have consented to submit or shall have submitted to arbitration under this Convention, unless such other Contracting State shall have failed to abide by and comply with the award rendered in such dispute.

These treaty provisions and their interpretation by international tribunals demonstrate an evolution in conception and operation of the fork in the road, waiver and election clauses. Whilst the criteria for these clauses to come into effect were previously strictly applied, which had the potential to increase the risk of parallel and overlapping procedures, more recently there has been a trend towards mitigating this risk by including provisions in treaties that are better suited to consolidating, staying or declining jurisdiction.

B. *Trade Law*

Turning now to the trade field, issues related to parallel litigation mechanisms can arise between free trade agreements and the WTO as well as be-

54 Ibid., para. 338.
55 Ibid., para. 339.
56 Ibid.

tween two free trade agreements.[57] The fact that many free trade agreements are making provision for autonomous dispute settlement mechanisms, leaves open the possibility for overlapping jurisdictions and conflicting judgments. However, the existence of parallel adjudication mechanisms is increasingly being dealt with through choice of forum clauses. Under NAFTA, for example, to deal with mitigating the risks of overlapping jurisdiction its Article 2005 allows applicant parties to choose whether to bring their claims before NAFTA or GATT dispute-settlement mechanisms, but also provides:

> 6. Once dispute settlement procedures have been initiated under Article 2007 or dispute settlement proceedings have been initiated under the GATT, the forum selected shall be used to the exclusion of the other, unless a Party makes a request pursuant to paragraph 3 or 4.

The operation of Article 2005 is evident in the case-law of the WTO Dispute Settlement Body. The Appellate Body's decision in the *Mexico-Soft Drinks* case reveals the difficulties linked to jurisdictional overlaps as well as possible solutions to these challenges.[58] In *Casu*, the question was to determine whether a WTO panel could decline to exercise jurisdiction over a particular dispute in favour of a NAFTA Chapter 20 panel, without diminishing the rights of the complaining WTO Member under the Dispute Settlement Understanding (DSU) and other covered agreements. The legitimacy of that question was heightened by the pronouncement of the Appellate Body in *Mexico-Corn Syrup*, where it had stated that "panels are required to address issues that are put before them by the parties to a dispute".[59] This cast doubt on the freedom of WTO panels to decline jurisdiction, despite their inherent power to determine whether a particular matter is within their jurisdiction.[60]

57 See for example L. Boisson de Chazournes, Interactions between Regional and Universal Organizations: A Legal Perspective (2016), 113-141.

58 Mexico – Tax Measures on Soft Drinks and other Beverages, Appellate Body Report, WT/DS308/AB/R (adopted 24 March 2006) [Mexico-Soft Drinks, Appellate Body Report].

59 Mexico-Anti-Dumping Investigation of High Fructose Corn Syrup (HFCS) from the United States, Appellate Body Report, WT/DS132/AB/RW (adopted 22 October 2001).

60 For a general discussion of inherent powers at the WTO, see I. Van Damme, Inherent Powers of and for the WTO Appellate Body, 55 (Ctr. for Trade & Econ. Integration) Graduate Inst. of Int'l & Dev. Studies – Working Paper (2008).

The panel in *Mexico-Soft Drinks* considered it had no discretion to decide whether or not to exercise its jurisdiction in a case properly before it.[61] Referring to Article 11 of the DSU and to the ruling of the Appellate Body in *Australia-Salmon*,[62] the Panel observed that "[...] the aim of the WTO dispute settlement system is to resolve the matter at issue in particular cases and to secure a positive solution to disputes"[63] and that a panel is required "[...] to address the claims on which a finding is necessary to enable the DSB to make sufficiently precise recommendations or rulings to the parties".[64] It concluded that a WTO panel does not have full discretion as to whether it may exercise its jurisdiction.[65]

On appeal, Mexico contended that the Panel erred in rejecting Mexico's request that the Panel decline to exercise jurisdiction.[66] According to Mexico, a panel had the power:

> [...] to refrain from exercising substantive jurisdiction in circumstances where the underlying or predominant elements of a dispute derive from rules of international law under which claims cannot be judicially enforced in the WTO, such as the NAFTA provisions or when one of the disputing parties refuses to take the matter to the appropriate forum.[67]

The Appellate Body decided not to follow Mexico's assertions and rather declared that:

> [...] panels have the right to determine whether they have jurisdiction in a given case, as well as to determine the scope of their jurisdiction. In this regard, the Appellate Body has previously stated that it is a widely accepted rule that an international tribunal is entitled to consider the issue of its own jurisdiction on its own initiative, and to satisfy itself that it has jurisdiction in any case that comes before it [...]. [I]t does not necessarily follow, however, from the existence of these inherent adjudicative powers that, once jurisdiction has been validly estab-

---

61 Mexico-Tax Measures on Soft Drinks and Other Beverages, Panel Report, 7.18, WT/DS308/R (adopted 7 October 2005) [Mexico-Soft Drinks, Panel Report].

62 Australia-Measures Affecting Importation of Salmon, Appellate Body Report 223, WT/DS18/AB/R (20 October 1998).

63 Mexico-Soft Drinks, Panel Report, supra note 61, para 7.8.

64 Ibid.

65 Ibid.

66 Mexico-Soft Drinks, Appellate Body Report, supra note 58 (quoting Mexico's Appellant's Submission).

67 Ibid. (internal quotations omitted).

lished, WTO panels would have the authority to decline to rule on the entirety of the claims that are before them in a dispute.[68]

Although it upheld the finding of the Panel, the Appellate Body was careful to make an interesting qualification. Noting that it had expressed:

> [...] no view as to whether there may be other circumstances in which legal impediments could exist that would preclude a panel from ruling on the merits of the claims that are before it. In the present case, Mexico argues that the United States' claims under Article III of the GATT 1994 are inextricably linked to a broader dispute, and that only a NAFTA panel could resolve the dispute as a whole. Nevertheless, Mexico does not take issue with the Panel's finding that neither the subject matter nor the respective positions of the parties are identical in the dispute under the NAFTA [...] and the dispute before us. Mexico also stated that it could not identify a legal basis that would allow it to raise, in a WTO dispute settlement proceeding, the market access claims it is pursuing under the NAFTA. It is furthermore undisputed that no NAFTA panel as yet has decided the broader dispute to which Mexico has alluded. Finally, we note that Mexico has expressly stated that the socalled exclusion clause of Article 2005.6 of the NAFTA had not been exercised. We do not express any view on whether a legal impediment to the exercise of a panel's jurisdiction would exist in the event that features such as those mentioned above were present. In any event, we see no legal impediments applicable in this case.[69]

The Appellate Body makes it clear here that, in some circumstances, a panel may decline to 'act at all' if another dispute settlement mechanism is more suitable to entertain jurisdiction. A panel may have to decline jurisdiction if there is a so-called 'legal impediment' to its hearing a case. Nonetheless, by contrast to the Arbitral Tribunal in the *Mox Plant* case, which will be considered later, the Appellate Body does not refer to 'soft' considerations of comity but rather to 'legal impediments' as competition-regulating means. Among these legal impediments, there is the possibility of invoking a fork in the road provision.[70] Interestingly, states parties to re-

---

68 Ibid., paras. 45-46 (internal citations and quotations omitted).

69 Mexico-Soft Drinks, Appellate Body Report, supra note 58, para. 54 (emphasis added) (internal citations omitted).

70 However, in the Mexico-Soft Drinks case, Mexico did not exercise the exclusion clause of Article 2005.6 NAFTA. See Mexico-Soft Drinks, Appellate Body Report, supra note 58, footnote 110 of para. 54.

gional free trade agreements have not shown much appetite for activating them.

Under the EU-South Korea FTA, there are several features which appear to aim at the prevention of conflicting jurisprudence and/or parallel proceedings through an elaborate fork in the road provision. Among others, it should be noted that the Agreement leaves the choice of forum to the Parties, although Article 14.19(1) cautions that parties cannot litigate the same measure on the merits in two fora. Indeed, under Article 14.19(2), a Party "may not institute a dispute settlement proceeding regarding the same measure in the other forum until the first proceeding has been concluded". Further still, Article 14.19(2) provides that "a Party shall not seek redress of an obligation which is identical under this Agreement and under the WTO Agreement in the two forums" and that "once a dispute settlement proceeding has been initiated, the Party shall not bring a claim seeking redress of the identical obligation under the other Agreement to the other forum, unless the forum selected fails for procedural or jurisdictional reasons to make findings on the claim seeking redress of that obligation". These are indeed novel provisions which can be looked at as new types of fork in the road provisions. They intend to set constraints in the choice and type of proceedings that can be instituted.

As is evident, the fork in the road clause has found application in both the treaty and judicial practice of international trade law. It has been given various facets, which aim at restraining the possibility of parallel proceedings.

VI. Comity: Paving Its Way

In dealing with principles and rules capable of coordinating parallel proceedings and avoiding jurisdictional overlaps or conflicting decisions, international courts and tribunals have also turned their attention to the principle of *compétence de la compétence*.[71] In deciding upon their *compétence de la compétence*, tribunals may have recourse to considerations of comity,[72] which may be defined as follows:

---

71 L. Boisson de Chazournes, The Principle of Competence de la Competence in International Adjudication and its Role in an Era of Multiplication of Courts and Tribunals, in M. Arasanjani et al. (eds.), Looking to the Future: Essays in Honor of W. Michael Reisman (2010), 1027-1064.

72 See Y. Shany, The Competing Jurisdiction of International Courts and Tribunals (2003), 260.

> A court or tribunal exercising discretionary jurisdiction [...] might be justified in deciding to defer jurisdiction in favour of another judicial body, which is better situated to address the particular dispute at hand and to take into consideration the various rights and interests of the parties before it.[73]

At the international level, comity is not a strict norm regulating jurisdictional overlaps between international courts and tribunals. It is rather a 'consideration' that may be taken into account in the exercise by an international court or tribunal of its *compétence de la compétence* and not the determining factor by which a court or a tribunal will decide its competence to act at all. This perception of comity is evident in the Order of the Arbitral Tribunal constituted under Annex VII of the Convention on the Law of the Sea in the *Mox Plant* case. Here, the Tribunal, dealing with its *compétence de la compétence*, stated:

> In the circumstances, and bearing in mind considerations of mutual respect and comity which should prevail between judicial institutions both of which may be called upon to determine rights and obligations as between two States, the Tribunal considers that it would be inappropriate for it to proceed further with hearing the Parties on the merits of the dispute in the absence of a resolution of the problems referred to. Moreover, a procedure that might result in two conflicting decisions on the same issue would not be helpful to the resolution of the dispute between the Parties.[74]

A similar conception of comity was argued before an investment tribunal in the *Eurêko v. The Slovak Republic* case.[75] Here, it was contended that there was a risk of conflicting decisions between the arbitral tribunal and the EU Commission and European Court of Justice due to the similarity of issues with a complaint filed by the investor regarding an alleged infringement of the EC Treaty. While the Tribunal decided to find jurisdiction, it did not deny the *possible* application of the comity principle in cases of procedural unfairness or inefficiency:

> The Tribunal has considered whether it would be appropriate to suspend these arbitration proceedings until the EU Commission and/or

73 Ibid., 261-262.

74 The MOX Plant Case (Ireland v. United Kingdom), PCA UNCLOS Annex VII arbitration, Order No. 3 Suspension of 24 June 2003, para. 28.

75 Eurêko v. The Slovak Republic, PCA Case No. 2008-13 UNCITRAL, Award on Jurisdiction, Admissibility and Suspension of 26 October 2010, paras. 286-292.

> the ECJ have come to a decision on the EU law aspects of the infringement case. While the Tribunal wishes to organise its proceedings with full regard for considerations of mutual respect and comity as regards other courts and institutions, it does not consider that the questions in issue in the infringement case are so far coextensive with the claims in the present case that it is appropriate to suspend its proceedings now. Should it become evident at a later stage that the relationship between the two sets of proceedings is so close as to be a cause of procedural unfairness or serious inefficiency, the Tribunal will reconsider the question of suspension.[76]

Indeed, it seems that the *Eurêko* tribunal referred to considerations of the sound administration of justice, particularly regarding equality of arms, which could justify a stay of proceedings on the basis of comity. It even stated that it wanted to organize the proceedings "with full regard for considerations of mutual respect and comity".[77] This case constitutes another interesting example of the potential for comity in allowing a court or a tribunal to order a stay of proceedings.

As such, comity is another concept which has the potential to be used to coordinate proceedings, and may be particularly useful in a changing dispute settlement environment in which judicial actors are increasingly aware of other judicial fora.

VII. Other Attempts to Order Coexisting Jurisdiction in the Trade and Investment Fields

Other attempts to order coexisting jurisdiction are apparent in recent treaties as well. In this context, certain trends are evident across a variety of international instruments and in the case law of international tribunals. As such, a multitude of alternative means for ordering jurisdiction can be detected, most of which import or derive from the tools we have been speaking of. It is important to highlight that the lion's share of these developments can be seen in trade and investment agreements.

In the context of its investment provisions, CETA also mitigates the risk of overlapping jurisdictions by demarcating the scope of disputes falling under its dispute settlement mechanism. Article 8.18 of CETA requires a

76 Ibid., para 292.
77 Ibid.

tribunal to dismiss claims that fall outside the jurisdiction set up by the CETA provisions:

> Without prejudice to the rights and obligations of the Parties under Chapter Twenty- Nine (Dispute Settlement), an investor of a Party may submit to the Tribunal constituted under this Section a claim that the other Party has breached an obligation under: Section C, with respect to the expansion, conduct, operation, management, maintenance, use, enjoyment and sale or disposal of its covered investment; or Section D: where the investor claims to have suffered loss or damage as a result of the alleged breach. Claims under subparagraph 1(a) with respect to the expansion of a covered investment may be submitted only to the extent the measure relates to the existing business operations of a covered investment and the investor has, as a result, incurred loss or damage with respect to the covered investment. [...]
> A Tribunal constituted under this Section shall not decide claims that fall outside of the scope of this Article.

The TPP also addresses the possibility of overlapping jurisdiction, this time at the very outset of the treaty. Article 1.2 (1) envisages the TPP's coexistence with other IIAs in the region that might be applicable:

> Recognizing the Parties' intention for this Agreement to coexist with their existing international agreement, each Party affirms, [...] (b) in relation to existing international agreements to which that party and at least one other Party are party, its existing rights and obligations with respect to such other Party or Parties, as the case may be.

Article 1.2 (2) of the TPP goes on to explain that where there is an inconsistency between the provisions of the TPP and a pre-existing agreement, the concerned parties should consult with one another to find a mutually satisfactory solution. This is without prejudice to dispute settlement under the TPP. In a footnote, the TPP records that the Parties to the treaty have agreed:

> [...] that the fact that an agreement provides more favourable treatment of goods, services, investments or persons than that provided for under this Agreement does not mean that there is an inconsistency [...].

The actual risks that may arise as a result of overlapping jurisdictions are to some extent mitigated through the use of time limits for bringing treaty claims. This is of course a different approach to that seen in CETA but nevertheless purports to achieve a similar aim and serves as a response to the realization that it exists in a multi-jurisdictional world. Article 9.21(1) of the TPP provides for the Conditions and Limitations on Consent of Each Party:

> 1. No claim shall be submitted to arbitration under this Section if more than three years and six months have elapsed from the date on which the claimant first acquired, or should have first acquired, knowledge of the breach alleged under Article 9.19.1 [...]
> 2. No claim shall be submitted to arbitration under this Section unless:
> (a) the claimant consents in writing to arbitration in accordance with the procedures set out in this Agreement; and the notice of arbitration is accompanied:
> (i) for claims submitted to arbitration under Article 9.19.1(a) (Submission of a Claim to Arbitration), by the claimant's written waiver; and
> (ii) for claims submitted to arbitration under Article 9.19.1(b) (Submission of a Claim to Arbitration), by the claimant's and the enterprise's written waivers, of any right to initiate or continue before any court or administrative tribunal under the law of a Party, or any other dispute settlement procedures, any proceeding with respect to any measure alleged to constitute a breach referred to in Article 9.19 (Submission of a Claim to Arbitration).

Under the most recent EU proposal for TTIP, taking a different approach again, a tribunal is required to identify and decline jurisdiction in the circumstances of a frivolous claim. This provision can also be seen as a manifestation of the good faith principle. This possibility may be seen as a means for preventing parallel or overlapping proceedings that may be initiated. As such, Article 15 on Anti-circumvention, which is concerned with situations where an investor acquires an investment in order to commence litigation, provides:

> For greater certainty, the Tribunal shall decline jurisdiction where the dispute had arisen, or was foreseeable on the basis of a high degree of probability, at the time when the claimant acquired ownership or control of the investment subject to the dispute and the Tribunal determines, on the basis of the facts of the case, that the claimant has acquired ownership or control of the investment for the main purpose of submitting the claim under this Section. The possibility to decline jurisdiction in such circumstances is without prejudice to other jurisdictional objections which could be entertained by the Tribunal.

Recourse to the principle of good faith is also evident in the practice of investment dispute settlement. In several cases, it is possible to observe arbitration panels referring to this well-established principle of international law with a view to preventing abuse of process. As early as 1983, the Tribunal in *Amco Asia Corporation et al. v. Indonesia* confirmed the centrality of good faith in interpreting conventions to arbitrate.[78] However, more recently tribunals have considered the application of the principle in the broader context of international public order. For example, in *Phoenix Action Ltd v. Czech Republic*[79] the Tribunal was concerned "[…] with the international principle of good faith as applied to the international arbitration mechanism of ICSID […] to prevent an abuse of the system of international investment protection under the ICSID Convention, in ensuring that only investments that are made in compliance with the international principle of good faith and do not attempt to misuse the system are protected".[80] Echoing these sentiments on protecting the investment treaty system from abuses of process, the ICSID tribunal in *Transglobal Green Energy LLC and Transglobal Green Panama S.A. v. Republic of Panama* upheld Panama's objection to jurisdiction in that case "[…] on the ground of abuse by Claimants of the investment treaty system by attempting to create artificial international jurisdiction over a pre-existing domestic dispute".[81]

Overall, these provisions admit the contemporary reality of the coexistence of WTO, RTA, FTA and investment dispute settlement procedures. One can commend the various attempts at an *organized coexistence* in this respect. As has become evident from the emergent trends, different techniques have been embraced through treaties and responsibility is placed on courts and tribunals as well as parties to disputes in achieving this organized coexistence.

78 Amco Asia Corporation et al. v. Indonesia, ICSID Case No. ARB/81/1, Decision on Jurisdiction of 25 September 1983. The Tribunal stated: "Moreover – and this is again a general principle of law – any convention, including conventions to arbitrate, should be construed in good faith, that is to say by taking into account the consequences of their commitments the parties may be considered as having reasonably and legitimately envisaged", para. 14 (emphasis in original).

79 Phoenix Action Ltd v. Czech Republic, ICSID Case No. ARB/06/5, Award of 15 April 2009.

80 Ibid., para. 113 (emphasis in original).

81 Transglobal Green Energy LLC and Transglobal Green Panama S.A. v. Republic of Panama, ICSID Case No. ARB/13/28, Award of 2 June 2016, para. 118.

VIII. Conclusion

In the light of a multiplication of international fora for the settlement of disputes, the likelihood of parallel proceedings and conflicting decisions has increased. This contemporary reality in the international legal order is one that domestic and regional legal systems have faced for some time. There exist well-developed procedural tools for coordinating jurisdiction in the private international law regimes of these domestic and regional systems.

While the international judiciary and law-makers have taken cognizance of these tools, they have also shied away from importing them "lock, stock and barrel",[82] preferring instead to adapt them for their own purposes and taking into account the specificities of the international judicial scene.

In this context, courts and tribunals have in recent years showed that they are aware of their role as actors of judicial change, and realize that they operate in a wider system of international dispute settlement. In addition, states have inserted various refined procedural tools in their recently negotiated treaties to prevent the undesirable consequences that arise from uncoordinated dispute settlement proceedings. This would suggest that their overriding concern is for securing the rule of law, rather than undermining it by introducing the risk of conflicting judgments, wasted resources and uncertainty. As such, the seeds have been sown for a more ordered co-existence. This also reveals a new dimension in multilateral efforts. Procedural rules play an increasingly significant role in the search for a more systemic approach to international dispute settlement.

---

82 To use the words of Lord McNair in his Separate Opinion to the Advisory Opinion of the ICJ in International Status of South-West Africa, ICJ Rep. 1950, 128, 148.

International Investment Law and Arbitration: A Conceptual Framework

*Rob Howse**

I. Introduction

Today, arguably, investor-state dispute settlement (ISDS) has become the most controversial form of international litigation (very recently rivalled perhaps by the International Criminal Court, which is facing a stark legitimacy challenge from a number of African states). Arbitration under the International Centre for the Settlement of Investment Disputes (ICSID) or UNCITRAL (The United Nations Commission on International Trade Law) allows an investor to sue a host state before an ad hoc arbitral tribunal for violations of bilateral investment treaties (BITs) or trade and investment agreements (e.g., the North American Free Trade Agreement (NAFTA)).[1] If successful, the investor can enforce a monetary award against the host state in ordinary courts around the world. This regime has, more or less plausibly, been painted as a network of secret or "shadow" courts dominated by a clique of elite arbitrators motivated not by justice but by personal wealth acquisition, a system where multinational corporations unleash blue chip law firms on some of the poorest countries in the world, forcing multimillion dollar settlements or winning awards that are

* Professor at the University of New York.

1 The treaty norms most frequently invoked in these disputes are the requirement of full market value compensation for expropriation, fair and equitable treatment (which has been interpreted to mean most narrowly protection from extreme egregious or shocking conduct of the state and most expansively the entitlement of the investor to a stable transparent legal and regulatory framework), and national treatment and most-favoured nation (MFN) treatment) (non-discrimination with respect to nationality). These norms are present in almost all the treaty instruments that provide for investor protection even though the wording differs from treaty to treaty as do the exceptions or limitations clauses. Sometimes these agreements also contain a so-called "umbrella clause", which may elevate breach of a contract between the investor and the host state, or of certain other kinds of commitments by the host state, into a breach of the treaty. What effect such "umbrella clauses" have, has been the subject of highly inconsistent rulings among different arbitral tribunals.

even larger, sometimes more than an impoverished nation's entire annual budget for health, education and public security.[2] The fear of such pay-outs has understandably had a chill effect on legitimate government regulation in many countries; inconsistently interpreted by arbitrators in different cases, the general norms in investment treaties have been read to go far beyond compensation for takings that aim to extract rents from investors and are likely inefficient, extending to regulatory changes that respond to many valid policy concerns but a negative economic impact on some particular foreign investor.

Such criticisms have made headlines and influenced debates about globalization at the highest political levels in the United States, and Europe. In a letter to Members of Congress, over 200 academics in law and economics, including such distinguished scholars as Laurence Tribe and Joseph Stiglitz, made the following critique of ISDS:

> Through ISDS, the federal government gives foreign investors and foreign investors alone the ability to bypass that robust, nuanced, and democratically responsive legal framework. Foreign investors are able to frame questions of domestic constitutional and administrative law as treaty claims, and take those claims to a panel of private international arbitrators, circumventing local, state or federal domestic administrative bodies and courts. Freed from fundamental rules of domestic procedural and substantive law that would have otherwise governed their lawsuits against the government, foreign corporations can succeed in lawsuits before ISDS tribunals even when domestic law would have clearly led to the rejection of those companies' claims. Corporations are even able to relitigate cases they have already lost in domestic courts. It is ISDS arbitrators, not domestic courts, who are ultimately able to determine the bounds of proper administrative, legislative, and judicial conduct. This system undermines the important roles of our domestic and democratic institutions, threatens domestic sovereignty, and weakens the rule of law. In addition to these fundamental flaws that arise from a parallel and privileged set of legal rights and recourse for foreign economic actors, there are various flaws in the way ISDS

2 See e.g. P. Eberhardt & C. Olivet, 'Profiting from Injustice: How Law Firms, Arbitrators and Financiers are Fuelling an Investment Arbitration Boom' (2012) available at https://corporateeurope.org/international-trade/2012/11/profiting-injustice (last visited 6 December 2018); C. Hambly, 'Secrets of a Global Super Court' (six part series) (2016), available at https://www.buzzfeed.com/chrishamby/super-court (last visited 6 December 2018).

> proceedings are meant to be conducted in the TPP. In short, ISDS lacks many of the basic protections and procedures of the justice system normally available in a court of law. There are no mechanisms for domestic citizens or entities affected by ISDS cases to intervene in or meaningfully participate in the disputes; there is no appeals process and therefore no way of addressing errors of law or fact made in arbitral decisions; and there is no oversight or accountability of the private lawyers who serve as arbitrators, many of whom rotate between being arbitrators and bringing cases for corporations against governments. Codes of judicial conduct that bind the domestic judiciary do not apply to arbitrators in ISDS cases.[3]

In September 2015, in the context of the negotiations between the European Union and the United States on the Trans-Atlantic Trade and Investment Partnership (TTIP), the European Commission proposed to address public outrage at investor-state arbitration through inventing an alternative judicial system for the settlement of investment disputes. The judicial system would initially be incorporated (instead of arbitration) in bilateral agreements of the EU such as TTIP, but eventually would be replaced by a multilateral tribunal for the settlement of investment disputes.

The European Commission proposal has its origins in an on-line consultation the EU undertook with respect to investor protection in the TTIP; the consultation produced an astonishing number of responses—something like 150,000—with a huge number of them indicating hostility to investor-state dispute settlement. In July 2015, in its guidance to TTIP negotiators, the European Parliament recommended that under TTIP, investment disputes be settled by a standing judicial body, rather than conventional methods of investor-state arbitration.[4] The proposal, which has now been adopted by the Commission for future investment-related agreements as well as in the EU's recent accords with Canada and Viet Nam, is a comprehensive response to the challenge of the Parliament and European civil society, producing a detailed blueprint for an alternative judicial system of ISDS. More recently, the EU, as will be discussed below, has worked with

---

3 This letter is available at http://www.afj.org/press-room/press-releases/more-than-100-legal-scholars-call-on-congress-administration-to-protect-democracy-and-sovereignty-in-u-s-trade-deals (last visited 6 December 2018).

4 European Parliament Resolution containing the European Parliament's Recommendations to the European Commission on the Negotiations for the Transatlantic Trade and Investment Partnership, 8 July 2015 (2014/2228 (INI).

Canada to develop a multilateral investment court into which these bilateral judicial arrangements could be merged or that would supersede them.

While, as Poulsen and Aisbett document,[5] many developing countries had already pushed back on ISDS (for example, signing fewer BITs or even in some cases denouncing them), in developed countries, until the EU proposal, the ISDS insider community had been able to marginalize the critics in serious policy discussions, disparaging them as outsiders who do not really understand how and why investor-state arbitration works. The rejection of investor-state arbitration by the European Parliament and Commission has conferred unprecedented political legitimacy on the critics of the existing system of ISDS, even if some of the critics have responded that the EU proposals do not really answer their objections. The Commission and Parliament speak for a significant number of countries, some of whom have traditionally been among the largest users of ISDS. When EU Commissioner for Trade Cecilia Malmstrom introduced the Commission proposal, she stated with bluntness its underlying foundation: a "fundamental and widespread lack of trust" in the existing ISDS system.[6] After such a statement, at least in the EU, it will be very difficult to retreat to that system, whatever pressures come from the arbitration bar and similar quarters. Indeed, far from retreat, the EU has already, as noted, incorporated the judicial model into agreements with Canada and Viet Nam and may soon do so with Singapore and Japan, and, with Canada, the EU is now taking the initiative to transform the judicial model in these agreements into a multilateral investment court. This project has already attracted the interest of dozens of states, and initial consultations have been held in Geneva and more recently at the 2017 World Economic Forum in Davos.[7]

Some criticisms of the existing ISDS system do not hold water. For instance, there is no real evidence that arbitrators are systematically biased to-

---

5 L. Poulsen & E. Aisbett, When the Claim Hits: Bilateral Investment Treaties and Bounded Rational Learning, 65 World Politics (2013), 273.

6 C. Malmström, 'Proposing an Investment Court System' (2015), available at https://ec.europa.eu/commission/2014-2019/malmstrom/blog/proposing-investment-court-system_en (last visited 6 December 2018).

7 See European Commission & Government of Canada, 'The Case for Creating a Multilateral Investment Dispute Settlement Mechanism, Informal Ministerial Meeting, World Economic Forum, Davos, Switzerland' (2017), available at http://trade.ec.europa.eu/doclib/docs/2017/january/tradoc_155264.pdf (last visited 6 December 2018).

ward investors,[8] and indeed the statistics show that host states win a very large number of disputes.[9] While there have been some cases where investors have tried to use or abuse ISDS to attack general public policies (such as *Methanex*), this strategy has met with little success; Philip Morris's attack on Australia's tobacco regulations is a recent further example of the failure of the strategy. On the other hand, critics point out, the results in litigated cases do not exhaust the impact of ISDS on regulatory autonomy; the threat of bringing a claim may, especially in the case of developing countries, itself lead to regulatory chill. There is increasingly evidence of this, at least of an anecdotal kind, albeit presented in rather sensationalist terms in the popular media; as discussed below, where host states have settled claims to avoid litigation, in essentially all cases where public information is available, the settlement involved very substantial monetary payments, or regulatory accommodations in favour of the investor. Lack of doctrinal consistency among tribunals, and the broad sweep in the way that some tribunals have stated their reasons while others have ruled narrowly on as fact-specific basis as possible with sparse legal reasoning, lead to uncertainty about the space that states have to engage in legitimate regulation, even if results in individual cases rarely amount to the radical attack on regulatory autonomy that is often claimed by critics.

The aim of this essay is to develop a conceptual framework or model that could inform debate over reform proposals on ISDS as well as to evaluate critiques and defences of the existing system of investor protection in international law. Unlike the case of trade law, until very recently there was very little theoretical or empirical work in economics that could inform a rigorous scholarly approach. Bown and Horn note (writing at the end of 2015): "It is...no exaggeration to say that Economics has paid little attention to the more than 3000 IIAs that are currently in force."[10] Two exceptions are the empirical literature that addresses whether and how developing countries benefit from FDI, as well as that on the important question

8 A recent empirical study found that arbitrators' personal political orientation and experiences do influence their decision-making, but that there is no general tendency to pro-investor (pro-claimant) bias. See M. Waibel & R. Wu, Are Arbitrators Political?: Evidence from International Investment Arbitration (2017) (unpublished manuscript) (on file with author). See also A. Shtreznev, Detecting Bias in International Investment Arbitration, (2016), paper presented at International Studies Association Annual Meeting, Atlanta, GA (March 17–22, 2016).

9 S.D. Franck & L. E. Wylie, Predicting Outcomes in Investment Treaty Arbitration, 65 Duke Law Journal (2015), 459.

10 C. Bown & H. Horn, Investment Protection in Regional Trade Agreements (2015), 4 (on file with author).

of whether international legal protections increase the flow of inward-bound FDI, particularly in developing and transitional economies. While, as mentioned, historically the economic literature has been sparse, the recent significant scholarship of Emma Aisbett, Chad Bown, Henrik Horn, and various co-authors (Economics), Jonathan Bonnitcha (Law and Economics), Anne van Aaken (Law and Economics), Lauge Poulsen and Beth Simmons (Political Economy), Susan Franck and Michael Waibel (Empirical Legal Studies) enables a much more informed assessment of the rationales for investment agreements and different ISDS options. Finally it was Joseph Stiglitz who first led me to begin thinking critically about the investment regime.

The framework or model developed in this essay is intended to indicate the kind of scholarly agenda going forward that is likely to illuminate policy choices instead of reproducing arguments for set positions in a heated policy debate. I proceed as follows.

I begin with a historical overview of international law protection of foreign investors. This overview suggests that such protection has always been controversial, but that the controversies have shifted along different ideological, institutional, and geopolitical axes over time, sometimes focusing on substantive legal norms or even where they should be negotiated, and at other times on the proper forum for settling disputes. The historical perspective helps to understand why the current debate is so complex, and at times, confusing. Today's context for choosing options for protection of investors through international law is distinctive in many ways, yet the current debate often bears the assumptions from earlier controversies.

After the historical overview, I next disaggregate (the often not clearly or well distinguished) rationales for giving foreign investors special protections under international law in their dealings with host states. I consider such economic theory and empirical work that exists on foreign investment as well as political economy approaches, theories about bargaining between governments and firms (e.g., Laffont and Tirole[11]), and other relevant normative conceptions such as good governance, rule of law, and non-discrimination. I attempt a rough or preliminary evaluation of the strength of the various rationales, in light of possible downsides that have been identified in the literature. This part of the paper in particular stands on the shoulders of Gus van Harten's 2010 paper, "Five Justifications for In-

---

11 JJ. Laffont & J. Tirole, A Theory of Incentives in Procurement and Regulation (1993).

vestment Treaties: A Critical Discussion."[12] My articulation of the rationales is somewhat different from van Harten's, in part due to the way the scholarly debate has evolved since; van Harten did not have the benefit of a wealth of economics and political economy studies cited here that appeared after 2010, and I should say that he was particularly prescient in suggesting that a reasoned assessment of the rationales for treaty protection of investors would point to the replacement of ad hoc arbitration with a judicial model. This is the overall conclusion of this present study, with a strong preference for a multilateral judicial system.

In the section of the essay that follows the consideration of rationales, I examine to what extent the most common legal protections found in treaty instruments (compensation for expropriation, fair and equitable treatment (FET), and national treatment (NT) align well or poorly with the various rationales. I also bring in a couple of possible variations: 1) these norms are accompanied by an "umbrella clause" that may elevate contractual claims of the investor as well as non-contractual reliance-type claims on government representations into treaty claims; 2) the various investor protections are limited or balanced by a general public policy exception clause, like that in the General Agreement on Tariffs and Trade (GATT) and other agreements of the World Trade Organization (WTO), which allows the defendant state to argue that the challenged measures constitute policies necessary to achieve legitimate public policy purposes, while being maintained in a manner that is non-discriminatory, non-arbitrary, and consistent with the due process of law (the GATT general exceptions provision as interpreted by the WTO Appellate Body).[13] In this stylized discussion, I bracket the question of how the norms in question are interpreted, and I assume as wide a range of readings as is indicated by the current system of ISDS where ad hoc arbitration without precedent or appeal has generated enormous inconsistencies in the way that general norms are understood, particularly fair and equitable treatment but also regulatory takings (often characterized as indirect expropriation).[14]

The third section examines what kind of dispute settlement is optimal based upon a given rationale and the kind of substantive norms that would

12 G. van Harten, Five Justifications for Investment Treaties: A Critical Discussion, 2 Trade, Law and Development (2010), 19.

13 Examples of such clauses are to be found in the model investment agreements of Canada and India.

14 S.D. Franck, The Legitimacy Crisis in Investment Treaty Arbitration: Privatizing Public International Law Through Inconsistent Decisions, 73 Fordham Law Review (2005), 1521.

be well-matched to that rationale. Here I address (admittedly stylized) options: the existing system, assuming widely criticized features of it are largely preserved; state-to-state dispute settlement, which over history has been the predominate model for settling disputes in international economic relations (and where the most highly developed form is represented by the WTO dispute settlement system); the bilateral Investment Court System (ICS) as proposed by the EU and featured in CETA and the EU-Vietnam Agreement; a multilateral investment tribunal, along the lines that the EU and Canada are now taking the leadership to negotiate with a wide range of countries; such a tribunal might hear both state-to-state claims and investor-state claims, as well as provide standing to other actors affected by investment disputes, e.g., indigenous peoples, community groups, victims of human rights violations, and NGOs.[15]

My conclusion is that to the extent that any of the commonly stated rationales for the investment regime hold water, and the substantive norms of the regime fit with these rationales, a multilateral investment court is a superior forum to investor-state arbitration, or even bilateral adjudication; moreover, on some rationales, the availability not just of investor claims but of standing for other stakeholders and of state-to-state dispute settlement in the multilateral court may be of key importance.

II. Historical Overview of International Law and Investor Protection[16]

The first uses of international law as a tool of investor protection stem from efforts of capital-exporting states in the 19th century and early 20th century to use the customary law of diplomatic protection of aliens primarily against states in the global South. A minimum standard of treatment was asserted, including access to justice and protection against expropriation, and it was sometimes enforced by gunboat diplomacy or the threat

15 Supra note 7.

16 This overview draws considerably from A. Newcombe & L. Paradell, Historical Development of Investment Treaty Law, in A. Newcombe & L. Paradell, Law and Practice of Investment Treaties: Standards of Treatment (2009), and M. Sornarajah, The International Law on Foreign Investment (2010). However, the most rigorous scholarly account of the origins of the investment regime is K. Miles, The Origins of International Investment Law: Empire, Environment and the Safeguarding of Capital (2013).

thereof.[17] To forestall gunboat diplomacy, and otherwise to depoliticize these disputes, Southern countries agreed not infrequently to submit to disputes about diplomatic protection to state-to-state arbitral commissions. However, the legitimacy of capital-exporting countries' demands for special international law protection of investments continued to be challenged as reflected in the Calvo Doctrine, initially developed by the Argentine jurist Carlos Calvo in the second half of the 19th century. The Calvo Doctrine holds that as matter of international law the obligation to foreign investors should be limited to *non-discrimination*. They should be entitled to legal protection equal to that of domestic investors, including access to justice in the domestic courts. (The one norm that attracts wide normative consensus among states and other stakeholders even today is in fact that of non-discrimination.)

With the Kellog-Briand Pact of 1928, the use of force as a means of enforcing diplomatic protection was finally off the table. Nevertheless, especially in the case of the United States in Latin America, political and diplomatic power would continue to be used for decades to protect US investments and to pressure or coerce the host states, regardless of international law; at the same time, however, through arbitration commissions and various (first world-dominated) international legal processes, the notions of an autonomous customary international law standard for treatment of aliens and compensation for expropriation became rather deeply entrenched in the international community. After the end of World War II and the start of the cold war as well as the process of decolonization, normative conflict broke out into the open again. At the United Nations, developing countries argued for a New International Economic Order to establish a just relationship between Northern and Southern Countries; they insisted on control over their natural resources and the right to nationalize, and challenged the notion that there should be an international standard for compensation of investment set at full market value. The United States spread its view of investor protection under international law through treaties of Friendship, Navigation and Commerce (FNC) that contained investor protection provisions. The Soviet Bloc countries ideologically rejected the protection of property and contract rights for private capital, although not closing the door to foreign investment as a means of dealing with problems like a lack of foreign exchange reserves, and bottlenecks in develop-

17 See generally C. Lipson, Standing Guard: Protecting Foreign Capital in the Nineteenth and Twentieth Centuries (1985).

ment and technological progress produced by the pathologies of the Soviet economic system.

The creation of ICSID in the early 1960s was intended to depoliticize these conflicts over investment through investor-state arbitration, just as another World Bank initiative around the same time offered depoliticization through a different tool, political risk insurance.[18] It is important to understand that ICSID arbitration was a response to the on-going *dis*agreement about appropriate substantive binding international norms for arbitration; ICSID allowed the parties to the dispute *freely to choose* the legal norms to which they would agree as the applicable law of the arbitration, which would often be a *contract* between the investor and the host state. Bilateral investment treaties did already exist but they were characterized by *state-to-state dispute settlement.* Interestingly, it was a *plurilateral/multilateral* instrument, the OECD *Convention on the Protection of Foreign Property* (1967), which seemingly first contemplated investment arbitration for treaty violations.[19] At the same time, during this period, the 1960s and 1970s, efforts to achieve agreement on substantive norms through multilateral initiatives failed, as Miles notes, "largely due to the differing viewpoints of capital-exporting and host states on the appropriate standards for investor protection."[20]

The 1980s and 1990s were the watershed: the number of BITs increased dramatically, the great bulk of them including compensation for expropriation, FET and NT provisions, and ISDS. As is widely commented, this development was deeply linked to the end of communism and the rise of the Washington Consensus/neoliberal approach to economic development, where free trade and liberalization of investment flows are standard prescriptions. Entering into BITs was thought to increase foreign investment into developing countries by providing valuable protection against political risk to the investor. At the same time, there were initiatives led by developed countries to multilateralize norms of investor protection through the GATT/WTO; those efforts failed in the Uruguay Round, and then an OECD-centred process (the Multilateral Agreement on Investment), which also failed.[21] In sum, while developing countries especially (but far from exclusively) were unwilling to agree on neoliberal-oriented norms of investor protection as *global law*, they acceded to these norms in BITs on the

18 See I. Shihata, Towards a Greater Depoliticization of Investment Disputes: The Roles of ICSID and MIGA (1993).

19 Thanks to Maxim Berdichevksy for pointing this out to me.

20 Miles, supra note 16, 85.

21 Ibid., 116–119.

basis of the prevailing view that this was necessary *not as a matter of what is required for a just or efficient global order, but rather to execute what had become normalized as the obvious development strategy of incentivizing foreign investment.*

By the end of the 1990s, prominent economists such as Joseph Stiglitz and Dani Rodrik were questioning the neoliberal/Washington Consensus prescriptions for economic development. While these had appeared to work in some countries, the Asian Tigers, they were less successful elsewhere (and even in Asia, there was more use of protective industrial policies than initially had been conceded). The thinking in places like the World Bank shifted to problems with institutions in transitioning and developing countries; could the neoliberal prescriptions not be working in some countries because of weak governance and legal institutions? In this context, some of the provisions in BITs, combined with ISDS, could be considered as substitutes for robust domestic institutions of a kind needed to support economic growth driven by foreign investment and open trade. This mapped on to much older views about the importance of property rights and rule of law generally to economic development.

Around the beginning of the 21st century, the number of claims and awards under BIT-based ISDS multiplied. Many of the disputes looked different from the classic cases of a dictatorship nationalizing a mine, for example, or abusive police powers being used to push out a foreign investor who has become unpopular with local elites. Some claims asked host states to pay for governance mistakes including botched privatizations in early stages of transitions from communism or other command-and-control-type economic approaches. But it was probably the arbitrations over Argentina's measures to address a fundamental economic crisis that drew international attention to the implications of BIT-based ISDS for regulatory autonomy, and the risk that legitimate public policies could be frustrated by investor protection. Some of the arbitral awards found that Argentina's actions could be justified on the basis of necessity or public policy exceptions in treaties. This led naturally to considerable debate as to whether, since other awards went the other way, ISDS could be used or abused to thwart legitimate important policies. Awards against Canada, a developed country, provoked further scepticism, as increasingly ISDS was being justified as a substitute rule of law for countries with weak governance and legal institutions. Almost simultaneously a body of empirical scholarship was emerging that tested whether BITs actually lead to increased flows of FDI. No consistent pattern can be detected across the many different studies using varying methodologies, except that few of them suggest a major impact in terms of increased FDI; moreover, all of the studies are vulnerable to serious methodological criticisms. While monetary awards against host states, combined with anecdotal evidence of regulatory chill, have provided considerable information about the costs to host states in offering treaty protection to foreign investors, the evidence as to whether there is a benefit from doing so in terms of increased FDI is both highly ambiguous and highly unreliable. It is against this broad-brush historical sketch that the current controversies over investor protection and ISDS particularly should be understood.

Most justifications for the investment regime invoke one or more of the following rationales, which reflect the different functions that the regime has been seen to play in different time periods discussed above: 1) treaty protection provides an incentive to foreign investors that results in an increase in the kind of FDI that has positive impacts on the countries concerned, including positive developmental impacts in the case of poor countries; 2) treaty protection can function as an incentive for countries to improve governance and the rule of law to meet international standards, or as a substitute for domestic rule of law where it is weak or based on a political or economic system unacceptable to investors and the countries they come from; 3) international justice (fairness in the treatment of aliens); 4) treaty protection disciplines inefficient discriminatory barriers to FDI just as WTO norms do in the case of trade, thereby allowing a continuity of legal disciplines on protectionism across external contracting (trade) and internal contracting (investment) of the firm.

III. Rationales for Investor Protection in International Law

A. Investment treaty commitments as an investment incentive

As a general matter, economists are sceptical of the case for compensating economic actors for regulatory change. Notably, one of the only sustained treatments of treaty-based investor protection by a leading economist is Joseph Stiglitz's critique of the compensation of foreign investors for regulatory change by the host state.[22] Stiglitz observes that in at least some arbitration awards, the fair and equitable treatment provisions, as well as the

---

22 J.E. Stiglitz, Regulating Multinational Corporations: Towards Principles of Cross-border Legal Frameworks in a Globalized World: Balancing Rights with Responsibilities, 23 American University International Law Review (2008), 451.

meaning of compensable expropriation, have been interpreted as protecting investors against regulatory change—through a broad interpretation of the meaning of "expropriation" to include all regulatory changes that have the economic impact of a direct taking and also through understanding fair and equitable treatment as protecting investors' "legitimate expectations" with regard to the regulatory framework. There is no generally valid economic case for compensating private actors for regulatory change, as law and economics scholars such as Louis Kaplow[23] and Richard Revesz[24] have pointed out. Why then does it make sense that foreign investors enjoy such protections under international law? As Stiglitz indicates, there might be situations where economic actors are not able efficiently to self-insure against costs of regulatory change, but one would expect political risk insurance markets to fill this gap. In our research on the largest political risk insurance provider for foreign investors, the World Bank Multilateral Investment Guarantee Agency (MIGA), Efi Chalamish and I come to the tentative conclusion that there is no reason in principle to think that there are gaps in political risk insurance markets that would necessarily need to be filled by general treaty protections.[25]

Rather than focusing on market failures in the political risk insurance market that lead to sub-optimal allocation of the general risk of regulatory change, such limited economic literature that exists tends to focus on one particular situation where it is intuitively plausible, due to moral hazard, that the risk is not well-managed by political risk insurance; this is the hold-up scenario where, opportunistically, the host state extracts rents from an investor who is trapped, as it were, with project-specific and largely immobile assets in the host state, either through expropriation or other rent-

---

23 L. Kaplow, An Economic Analysis of Legal Transitions, 99 Harvard Law Review (1986), 509. Kaplow shows that firms can manage the risk of regulatory change through a variety of market mechanisms—there is no convincing case of market failure that suggests the need for the government to intervene.

24 J.R. Nash & R. Revesz, Grandfathering and Environmental Regulation: The Law and Economics of New Source Review, 94 New York University Law and Economics Working Papers (2007), 47 ("Rules of legal transition relief are inadvisable because they give rise to poor incentives: They discourage actors from anticipating changes in legal rules, and they encourage actors to seek economic rents from transition relief regimes.").

25 E. Chalamish & R. Howse, Conceptualizing Political Risk Insurance: Toward a Legal and Economic Analysis of the Multilateral Investment Guarantee Agency (MIGA), in E. Chalamish & R. Howse, The Transnational Law of Public Contracts (2015).

shifting regulatory changes. The hold-up rationale for treaty protection of investors is well-articulated by Bown and Horn:

> At a superficial level, the expropriation problem is simple: a potential source country government and a potential investor jointly benefit from an investment. But since the investment is irreversible, it will be at the mercy of the host country government once it is made. Realizing that the government will have incentives to extract the surplus that the investment will generate once it is in place, the subgame perfect equilibrium strategy for a rational potential investor is to abstain from investing. The surplus that the investment could create is thus never realized, to the detriment of both parties. There is hence scope for some form of contractual arrangement that makes the expropriation costly to the host country—a state-to-state investment agreement could be one such arrangement. We denote this as the *hold-up model* of international investment agreements in recognition of the fact that the depicted situation is a special case of a hold-up problem. [footnote omitted]. While investment agreements are normally depicted as preventing expropriations in the theoretical literature, they could in principle (and practice) also take less drastic forms, such as changes in regulations ex post the investment that deprive investors of profits, and that benefit host countries.[26]

Kohler and Stahler note:

> Almost all investment implies exposure to political risk: Once upfront cost is sunk the sovereign may change the legal environment, say through regulatory standards, such that the *ex ante* incentives for the investment is put into question ex post....in many cases enforceable contracts between the government and the host state cannot be written. At the same time, the investment is often relationship-specific, such that it has little (if any) value outside the host country. Due to anticipation by foreign investors, regulatory risk may thus lead to beneficial investments not being carried out at all, or not carried out to the socially optimal amount.[27]

According to Kohler and Stahler, investment treaties with ISDS "are intended to indemnify foreign investors if host country government policies

26 Bown & Horn, supra note 10, 29–30.

27 W. Kohler & F. Stahler, The Economics of Investor Protection: ISDS versus National Treatment, CESifo Working Paper Series (2016), 1.

are causing 'unjustified' harm through an ex post erosion of investment incentives." As Aisbett, Karp, and McAusland clarify, solving the hold-up problem through treaty-based investor protection may make sense, where the ex post erosion of investment incentives is caused by inefficient regulation; in order to extract ex post from the firm that has a trapped investment, the government adopts a sub-optimal regulatory instrument.[28]

As Bown and Horn indicate, there is a range of assumptions that have to hold true in order for the hold-up model of IIAs to work. I see three particular premises that require careful examination, and probably to evaluate them adequately requires considerable new research: 1) additional FDI is likely to promote economic growth and development, especially in developing and transitional economies; 2) treaty-based investment protection will induce additional amounts of such FDI than under a scenario where investors and states are limited to contractual or other non-treaty devices for managing the hold-up problem; 3) treaty-based investment protection is cost-effective; the downside risk is worth it, particularly when compared with other strategies for incentivizing investment.

Premise I: Additional FDI will boost economic growth and development

An active debate exists in the economic policy literature about whether increased foreign investment is a desirable development strategy or whether building efficient domestic capital markets and/or public investment strategies should instead be the emphasis.[29] The most sophisticated treat-

---

28 E. Aisbett et al., Compensation for Indirect Expropriation in International Investment Agreements: Implications of National Treatment and Rights to Invest, 1(2) Journal of Globalization and Development (2010), 1, 1-33.

29 Thomas Piketty suggests that none of the countries that have seen rapid growth and development in Asia received massive FDI, instead largely self-financing the needed infrastructure and improvements in human capital. T. Piketty, Le capital au XX siècle (2013), 120–121. See also JJ. Laffont, Regulation and Development (2005); JJ. Laffont & J. Tirole, Privatization and Incentives, 7 Journal of Law, Economics and Organization (1991), 84. By contrast, for a model of how FDI can lead to growth and economic development, see M. Bengoa & B. Sanchez-Robles, Foreign Direct Investment as a Source of Endogenous Growth, 5 Universidad de Cantabria, Economics Working Papers (2003), 1. Bengoa and Sanchez-Robles argue: "In particular, FDI brings about growth because it facilitates the entry of intermediate goods of more advanced technology in the host country, thus increasing both domestic capital and output."

ments of this question note that "the main lesson might be that the search for universal relationships (between FDI and development) is futile"[30] while stressing the importance of, inter alia, the quality of domestic governance and institutions, infrastructure, and human capital to the ability of FDI to contribute positively to development.[31]

At the same time, not all FDI is alike. For example, in some contexts FDI in natural resources may exacerbate the "resource curse" pathology and create unmanageable negative environmental externalities. Moran finds that "[t]he difference between negative outcomes and positive outcomes from FDI in natural resources centres on the well-established need for transparency in revenue streams, for controls to prevent corruption, and for measures to set and enforce best-practice environmental standards."[32]

Thus, if incentivizing additional FDI through treaty-based investor protections is to be justified as a sound policy for economic development, we would need to know: 1) whether the kinds of countries where this incentive is likely to be *effective* are the *same* kinds well-positioned to gain developmental benefits from FDI, and 2) whether the *kind* of additional FDI likely to be generated due to this kind of incentive is positive or negative (or indifferent) for development. Sachs and Sauvant point out with respect to those studies that suggested a positive correlation between treaty protection and increased FDI flows that "BITs may be relatively more influential in certain countries or contexts than in others, depending on the type of investments common to a country or the mix of other—more crucial—FDI determinants. The magnitude of the correlation between BITs and FDI, then, may vary for various countries and regions for reasons that are not captured or explored in the studies."[33] There is a serious gap in the literature, in other words, and thus from a policy perspective, one is forced, for now, to rely on speculative hypotheses and anecdotal evidence.

30 T. Moran et al. (eds.), Does Foreign Direct Investment Promote Development? (2005), 5.

31 C. Jude & G. Levieuge, Growth Effect of FDI in Developing Economies: The Role of Institutional Quality, 559 Banque de France Working Papers (2015), available at https://papers.ssrn.com/sol3/papers.cfm?abstract_id=2620698 (last visited 6 December 2018).

32 T. Moran, 'Is FDI in Natural Resources a Curse?' (2010), available at https://www.wto.org/english/res_e/publications_e/wtr10_forum_e/wtr10_moran_e.htm (last visited 6 December 2018).

33 L. Sachs & K. Sauvant, BITs, DTTs, and FDI flows: An Overview, in L. Sachs & K. Sauvant, The Effect of Treaties on Foreign Direct Investment: Bilateral Investment Treaties, Double Taxation Treaties and Investment Flows (2009).

One could surmise that one indication an investor is likely to value treaty protection with respect to a particular country or kind of investment and thus possibly be incentivized by it to invest is *historically* against what kinds of countries and with respect to what kinds of investment investors have found it useful to bring treaty-based claims in investor-state arbitration. UNCTAD's investment dispute settlement database records 811 claims against 131 countries. While the largest number of claims against a single host state is against Argentina (in the context of its financial crisis), arguable "resource curse" states account, individually, for significant numbers of claims: Kazakhstan, 31; Kyrgyzstan, 13; Russian Federation, 24; Venezuela, 41; Uzbekistan, 7; Turkmenistan, 9; Moldova, 10. When we turn to the kind of investment, extractive industries and service supply dominate overwhelmingly with 688 claims while manufacturing generated a mere 115 claims.[34] Thus where according to the literature FDI seems *most* associated with developmental gains, investors seems *least* likely to find they need to use treaty protection. On the other hand, the protection of these treaties is invoked frequently by investors in sectors and against countries where FDI may well be, in many cases, associated with negative developmental effects or governance pathologies.

While FDI may not have positive effects or may even have negative effects in the host state in "resource curse"-type situations, it is completely understandable why these would precisely be the kinds of situations where *investors* would gain the *most* from protection; in extractive industries, the costs are more front-loaded than in manufacturing (generally speaking) in that a larger fraction of the costs take the form of irreversible or trapped investment costs in project-specific assets. This is why there are more rents in these industries. And these rents invite rent-seeking, especially where, as in the case of resource curse countries, there are few constitutional, legal, or institutional constraints on government actions to extract rents.

This is entirely consistent with a different possible indication of what countries and sectors for which investors may find protection against regulatory change valuable enough to make an investment that would otherwise not happen: namely, the willingness of investors to allocate scarce resources to protections against regulatory change through contractual bargaining of clauses that stabilize, in whole or in part, the regulatory environment. The most comprehensive study to date of stabilization clauses found

34 UNCTAD Investment Dispute Settlement Navigator (2017), available at http://investmentpolicyhub.unctad.org/ISDS/FilterByApplicableIia (Last visited 6 December 2018).

that close to 78% of those clauses that fully or partially freeze the regulatory framework (or have some characteristics of such freezing) pertain to extractive industries and energy; a similar percentage of the clauses was accounted for by regions where there is a significance of "resource curse" countries, as well as, more generally, countries with governance and institutional weaknesses that make it less likely that they can take advantage of FDI for domestic economic development.[35]

These impressionistic observations are, of course, not a substitute for a rigorous analysis of the data. But they generate a working hypothesis: investors whose activities generate significant negative externalities (environmental, health, etc.) will be the most attracted to treaty protection when they are investing in countries with low regulatory standards and weak governance—precisely where FDI is apt to contribute *least* to positive economic development. Where there are low regulatory standards, the investor faces a risk that these will be raised where high negative externalities from the investment become apparent, perhaps creating local political unrest; weak governance means that the legal and regulatory environment may shift dramatically depending on the fate of personal relationships with high officials, e.g., which members of the ruling family or clique are influential and which are on the outs at a given moment; on the other hand, where the investment is important to domestic economic activities and/or is generating public goods, a treaty is less needed because the host already faces a significant domestic downside in enacting regulatory changes that make operating in that country difficult or unattractive for the investor.[36]

---

35 A. Shemberg, 'Stabilization Clauses and Human Rights A Research Project conducted for IFC and the United Nations Special Representative of the Secretary-General on Business and Human Rights Tables 6.1 and 6.2' (2008), available at http://documents.worldbank.org/curated/en/502401468157193496/Stabilization-clauses-and-human-rights (last visited 6 December 2018).

36 L. Johns & R. Wellhausen, Under One Roof: Supply Chains and the Protection of Foreign Investment, 110 American Political Science Review (2016), 1, 31, "host states are significantly less likely to take actions that negative affect the property rights of foreign investors where the investment is positively linked to domestic economic activity. Chalamish and Howse surmise that one reason that MIGA has rarely had to pay out claims under its political risk insurance is that MIGA prescreens projects through, inter alia social and environmental assessment; where investments generate positive externalities to the domestic economy (certainly, as opposed to generating negative ones), host states have stronger incentives to settle disputes with the investor in a manner that allows the project to continue on good terms.."

In sum, even if it turns out to be true that some additional FDI is incentivized by investment protection, this might not be the kind of FDI that is beneficial to economic development, or it might not be directed towards the kinds of countries likely to benefit developmentally from FDI (e.g., disproportionately "resource curse" states). Ultimately, the current state of economic research doesn't allow us to say. However, as will be discussed below, even and especially in these particular cases, it may well be that it is contractual protection (or third-party political risk insurance) not the existence of a BIT that is decisive for the investment decision.

At the same time, it may be argued that, whatever the first-best developmental strategy for poor underdeveloped countries, they will often face an immediate situation where their resources, particularly natural resources, will simply not get put to productive economic use without FDI. In fragile or failed states, crucial infrastructure and public services may require the presence of foreign investors, who given the political instability, governance deficits, and perceived high risk of the "hold-up" scenario in such circumstances, are unlikely to participate without the kind of protection offered by a treaty. This is, of course, plausible. Although the question would be whether participation and risk sharing by development banks or political risk insurance offered by the World Bank through MIGA would be preferable solutions to the dilemma in question, as they do not create the kind of open-ended future liability that treaty protections do. This issue will be explored in the discussion below of Premise III.

Premise II: Treaty Protection is Likely to Incentivize Additional FDI

A useful starting point for theorizing the relationship between treaty protection and FDI flows is to ask: does the allocation or reallocation of political risk through market mechanisms such as investment contracts with stabilization clauses and political risk insurance generate a sub-optimal level of FDI? If so, what market failure or failures explain this? The (albeit meagre) scholarly literature that addresses the question takes a sceptical view of the notion that market mechanisms are sub-optimal.[37] (On the other hand, the possibility that BITs actually *impede* efficiency in contractual bargain-

37 Stiglitz, supra note 22; S. Halabi, Efficient Contracting Between Foreign Investors and Host States: Evidence from Stabilization Clauses, 31 Northwestern Journal of International Law and Business (2011), 261.

ing by allowing investors to engage in certain types of opportunistic behaviour under the contract should not be dismissed; this will be discussed below.)

One reason that contractual bargaining between states and firms might not always be the best means of allocating political risk in order to optimize FDI flows is that there are significant agency costs entailed in such bargaining. Self-interested state bargaining agents may, in return for bribes or other rents from investors, agree to stabilization clauses that are not in the public interest. This risk is exacerbated by the fact that stabilization clauses are very often contained in secret agreements between firms and state bargaining agents. But this would less demonstrate the logic of treaty protection over contractual mechanisms as the advantages of political risk insurance by third parties.

To my knowledge, *none* of the literature advocating BITs as an instrument of incentivizing additional FDI flows has plausibly identified systematic failures in the political risk insurance market. Of course investors pay a premium for political risk insurance. But we would then have to ask why it would benefit a host state seeking to incentivize the investment to offer treaty protection coverage to *all* potential investors, regardless of the extent to which the particular investment is likely to be a net positive social value to the economy and regardless of investment-specific levels of political risk. Instead the state could partly or fully subsidize the cost of particular investors obtaining political risk insurance from a third party in those cases where the specific investment is deemed socially desirable, and where it is plausible that the investment will not occur but for the subsidy. (One answer could be that a state's officials are ill-equipped to know where FDI is likely to provide positive versus no or negative social value; if this is the case, a key challenge is to put in place policy frameworks and expert resources that allow such judgments to be made; one benefit of political risk insurance by MIGA, for instance, is that ex ante assessments of this kind are required in order to insure a project; UNCTAD does extensive work with developing country governments to assist those countries in putting in place policy frameworks for investment.)

Even if one were to assume that political risk insurance is unsuited, given information asymmetries and moral hazard problems, to solving the hold-up problem, it is much less clear why *contractual* arrangements between particular investors and the host state cannot do so; such contracts can be enforced in a similar way to treaty protections (ICSID and the New York Convention) and they do often, through stabilization and related provisions, seem to directly address the hold-up scenario.

Van Aaken offers to my mind the most plausible hypothesis as to why treaty protection offers to improve the outcome over contractual solutions.[38] Drawing on the theory of incomplete contracts, van Aaken notes the challenge of defining ex ante through contractual bargaining the specific kinds of regulatory changes that constitute a hold-up of the investor. There is a very wide range of policy interventions through which a host state might attempt to extract rents from an investor; there would be very high transaction costs, arguably, to specifying these exhaustively in a contract between the investor and the host state. The host state might, for good reason, given uncertainty about the future, not want to lock itself in to contractual provisions that freeze the existing regulatory framework. The investor will be concerned with the risk of being held up through some kind of regulatory change not explicitly covered in the contract. Given the flexible or broad notions of indirect expropriation (at the limit, any regulatory act that takes significant economic value from the investor) and FET, *treaty* protections for investors could then be seen as a solution to the incomplete contract problem: contractual arrangements cannot be structured to address adequately opportunism concerns[39] (at least at an acceptable level of transaction costs). This would be so, if the legal standards and dispute settlement procedures of IIAs could be designed such that the adjudicator accurately completes the contract ex post; i.e., she properly determines whether, under conditions of perfect information and zero transaction costs, the regulatory event in question is the kind of event that the parties would have agreed to be compensable or otherwise constrain, i.e., in a *complete* contract.

The question, though, is whether given all the devices investors and host states might use to address the incomplete contracts problem, treaty protection is sufficiently valuable to investors that it can incentivize socially desirable investment that would otherwise not occur. The investor and indirectly also the government (if investment is increased) might benefit from an IIA that lays down in general terms some constraints on future policies. But when designing this IIA, the contracting governments face the same type of informational problems as when they negotiate long-term investment contracts with individual investors. Indeed, these problems are compounded in the case of IIAs in that they will apply across a broad

38 A. van Aaken, International Investment Law Between Commitment and Flexibility: A Contract Theory Analysis, 12 Journal of International Economic Law (2009), 507.

39 See discussion below of the hold-up problem.

range of industries. Firm-, sector-, and project specific risk are unpriced. On the other hand, it is possible to include in investment *contracts* in addition to specific stabilization commitments, the *same* general legal standards as in IIAs such as protection against expropriation and the obligation of fair and equitable treatment. Indeed, to the extent that there is public knowledge of the content of these contracts (which are very often secret), it seems that they may well contain general standards similar or identical to those in BITs in addition to specific stabilization commitments. Just as with IIAs, then, the general legal standards in question delegate to the adjudicator the completion of the contract.

It could be, however, that there is a significant range of situations where general protections such as those in IIAs would sufficiently allay investors' concerns about the hold out problem without requiring the negotiation of specific stabilization commitments in an investment contract. If this were so, then the host state could achieve the objective of having the investment be made without the transaction costs of negotiating a contract. On the other hand, it may be that where investors are concerned about the hold-up problem to the extent that it affects the decision as to whether to invest or not, in those cases investors will typically require investment contracts. There is some evidence to this effect, in fact, as will be discussed below; in the case of extractive industries, where the hold-up scenario matters a lot to investors, they typically seek to negotiate investment contracts with the host state.

As is now fairly well recognized, the empirical evidence about the effects of IIAs on investment flows is deeply contradictory: many of the most sophisticated studies point to little if any positive effect on foreign investment inflows as a consequence of entering into a bilateral investment treaty. Bellak, analyzing those studies that were available up to 2015, and taking into account methodological differences, concludes: "In a nutshell, the positive impact of BITs on FDI has not been confirmed empirically."[40] A possible exception is of transitional economies, where the treaty protec-

40 C. Bellak, Economic Impact of Investment Agreements, 200 Vienna University of Economics and Business, Department of Economics Working Papers (2015). See for example M. Hallward-Driemeier, Do Bilateral Investment Treaties Attract FDI? Only a Bit and They Could Bite, 3121 World Bank Policy Research Paper (2003), finding no strong correlation between entering into a BIT and increased flows of inward FDI (but not taking into account possible signalling effects); similarly J. Tobin & S. Rose-Ackerman, Foreign Direct Investment and the Business Environment in Developing Countries: The Impact of Bilateral Investment Treaties, 293 Yale Law School, Center for Law, Economics and Public Policy Research Paper

tions may be one signal among others to investors that domestic policy is shifting from one hostile to foreign investment to an overall favourable attitude.[41] In evaluating the emerging climate for investment in a shifting transitional environment, foreign firms may face particularly high information costs in evaluating the seriousness, depth, and durability of reforms that positively affect the climate for investment. Thus, it is understandable that in this one kind of situation foreign investors might rely for their investment decisions to a greater extent than otherwise on the signals sent by treaty commitments. On the other hand, it is precisely in transitional situations where the costs of pre-commitment may be highest, given the need for regulatory experimentalism[42] and the importance of allowing an emerging constitutional democracy to reconsider interim or transitional regulatory choices.

(2005) and E. Aisbett, Bilateral Investment Treaties and Foreign Direct Investment: Correlation versus Causation, 225 Munich Personal RePEc Archive Paper (2007) (coming to similar conclusions). For contrary results, see E. Neumeyer & L. Spess, Do Bilateral Investment Treaties Increase Foreign Direct Investment to Developing Countries?, 33 World Development (2005), 1567 and J. Salacuse & N. Sullivan, Do BITs Really Work? An Evaluation of Bilateral Investment Treaties and Their Grand Bargain, 46 Harvard International Law Journal (2005), 67. There are many problems with trying to measure the impact of the commitments in bilateral investment treaties on investor behaviour through correlating the entry into the treaties with changes in the aggregate flow of FDI. Some of these are discussed in an illuminating fashion by Aisbett (especially the problem of endogeneity). Arjan Lejour and Maria Salf point out that one common feature of the studies that find a strong positive correlation between treaty protection and FDI flows is that these studies fail to address the possibility of reverse causality: "On the one hand, signing or ratifying a BIT can attract larger amount of investment, on the other hand, a high level of investment in a country can also be an incentive to sign a treaty." A. Lejour & M. Salf, The Regional Impact of Bilateral Investment Treaties on Foreign Direct Investment, 298 Netherlands Bureau for Economic Policy Research, CPB Discussion Paper (2009). For studies finding a positive impact of BITs on investment flows, see e.g. A. Kerner, Why Should I Believe You? The Costs and Consequences of Bilateral Investment Treaties, 53 International Studies Quarterly (2009), 73.

41 See A. Berger et al, 'More Stringent BITs, Less Ambiguous Effects on FDI? Not a Bit!,' available at https://pdfs.semanticscholar.org/654b/2649cc511906cdb1b14f392 50efba21e037f.pdf (last visited 6 December 2018).

42 See generally D. Rodrik, One Economics Many Recipes: Globalization, Institutions and Economic Growth (2009).

Premise III: Treaty Protection is a Cost-Effective Investment Incentive Relative to Other Kinds of Incentives a Host State Might Provide

This brings us to the third premise: that treaty protection can function as an investment incentive, even assuming this could be established, would not necessarily justify host states agreeing to it. At least given the design of many if not most existing IIAs, both substantive protections and dispute settlement provisions, there is a significant downside risk that IIAs will deter, or make more costly, regulatory changes that are socially desirable (rather than simply disciplining opportunistic inefficient rent-extracting moves by host states). A wide variety of incentives can be used to attract FDI,[43] including subsidies, favourable tax treatment, improvements in infrastructure, and human capital. Brazil is an example of a developing country that has attracted significant FDI while not providing any IIA protection to investors; but Brazil offers other incentives (for instance, tax relief where foreign investors train or re-train workers).[44] The quality and quantity of other incentives might make it acceptable for investors to invest regardless of the hold-up problem.

There is little evidence that states attempted to analyze the relative costs and benefits of different investment incentives and how they might complement each other, prior to entering into investment treaties. To the contrary, in his landmark study *Bounded Rationality and Economic Diplomacy*,[45] Lauge Poulsen has shown that in most cases developing countries responded to demands for BITs without detailed information or analysis of the implications of the obligations or the costs and benefits. Given the limits of their knowledge and resources, officials simply didn't question the underlying logic of entering into agreements when these deals were proposed to them. The presumption that a BIT was a "normal" agreement was clearly

43 See T. Harding & B.S. Javorcik, Roll Out The Red Carpet and They Will Come: Investment Promotion and FDI Inflows, 121 The Economic Journal (2011), 1445. See also A.T. Tavares-Lehmann et al. (eds), Rethinking Investment Incentives: Trends and Policy Options (2016).

44 KPMG International, 'Nearshore Attraction: Latin America Beckons as a Global Outsourcing Destination,' (2009), available at https://www.kpmg.de/docs/Nearshore_Attraction_Latin_America_as_Outsourcing_location_2009.pdf (last visited 6 December 2018).

45 L. Poulsen, Bounded Rationality and Economic Diplomacy: The Politics of Investment Treaties in Developing Countries (2015); see especially L. Poulsen, Bounded Rationality and the Spread of Investment Treaties, in L. Poulsen, Bounded Rationality and Economic Diplomacy: The Politics of Investment Treaties in Developing Countries (2005).

enhanced by the practice of using boilerplate or model agreements to propose the terms of such treaties to a large number of countries.

Treaty protection has features that distinguish it from other forms of investment incentive, and these may well affect any judgment concerning its relative cost-effectiveness. First of all it is not targeted. It is available to all foreign firms that can create a corporate structure that allows them to claim as a national of a state that is bound by the treaty (often a matter of paper reorganization of affiliates), regardless of what kind of benefits those firms may provide to the local economy—or what social costs (negative externalities) may accompany their activity in the host state. The relevant policy literature tends to view targeted incentives as more powerful than untargeted ones: "Investment promotion practitioners believe that the most effective way of attracting FDI is to focus on a few priority sectors (so called targeting) rather than attempt to attract all types of foreign investors."[46] Again, where a government does not have the capacity to engage in effective bargaining, one might think a treaty is the better answer; if investors not states have superior information about the positive synergies between a potential investment and the host state's economy, i.e., offer such protection to all potential investors and see who shows up.

On the other hand, failure to target properly investment incentives can leave governments facing very significant costs, with little or no benefit to show. As noted above, a very large percentage of pay-outs to investors under investment treaties occur in extractive industries. At the same time, a study by Elkins, Guzman, and Simmons suggests investors have generally relied on investment contracts to manage political risk with respect to investments in extractive industries, bargaining for specific commitments from the host state. Investor protection *is* particularly important to investment decisions in extractive industries, but the *kind* of protection that is apt to influence the decision to invest is contractual.[47] There may be a limited value, however, in this study because it lacks explicit treatment of many other potential explanatory variables.

---

46 Harding and Javorcik, supra note 43, 5. See also for example P. Egan, Crawling Up the Value Chain: Domestic Institutions and Non-traditional Foreign Direct Investment in Brazil, 1990–2010, 35 Revista de Economia Politica (2015), 156; N. Kumar, Globalization and the Quality of Foreign Direct Investment (2002); R. Nelson, Harnessing Globalization: The Promotion of Nontraditional Foreign Direct Investment in Latin America (2009).

47 Z. Elkins et al., Competing for Capital: The Diffusion of Bilateral Investment Treaties, 1960–2000, 60(4) International Organization (2006), 811, 843.

One feature of treaty protection as an investment incentive is that the political benefits are often front-loaded while the cost, in terms of either compensation to investors for regulatory change or constraints on otherwise optimal regulatory change, is born in the future by some government, often not the same one that has entered into the treaty commitment. In the case of subsidies, tax breaks, and other targeted export promotion measures, the cost to the state is explicit (or at least measurable) and is only partly in the nature of a future liability; in democracies, these kinds of measures are likely to engage some level of political awareness and discussion, would often have to be voted by legislatures, and might well be time-limited. Pre-commitment through treaty protection for investors is an illustration, one might say, of Jon Elster's general insight that governmental hands-tying is usually a way of binding *others*.[48]

Political economy considerations might well explain why some governments would, all things being equal, choose an investment incentive like treaty protection where the cost of the incentive (a payoff under the treaty) is likely to be deferred until the government is out of power, and hard for critics or sceptics to estimate or quantify at the time at which the decision is made to enter into a treaty (this was especially the case before states had the experience of suffering multi-million or even billion dollar awards under the treaties). In some cases, a regime committed to a neoliberal ideology may wish to make it more costly for a subsequent government, say of a more social democratic stripe, to reverse its free-market reform agenda. Wickelgren models the effect of governments being able to make long-term commitments that bind their successors, showing how government pre-commitments to private economic actors "allow an incumbent government…to inhibit the effectiveness of elections in aligning policies with social welfare."[49] While Wickelgren's conclusion is that in the case of government contracts damages should be reduced below expectation levels (the latter being the current norm in the case of breaches of investment treaties), leading law and economics scholar Eric Posner makes the case that there should not be any judiciable government contracts resulting in damages. This sort of hands-tying "creates a perverse incentive for govern-

48 J. Elster, Ulysses Unbound (2000).

49 A. Wickelgren, Damages for Breach of Contract: Should the Government Get Special Treatment? 17 Journal of Law, Economics and Organization (2001), 121, 125. See also J. Tirole, The Internal Organization of Government, 46 Oxford Economics Papers (1994), 1.

ments to externalize costs on later governments."[50] While the analyses of Wicklegren and Posner assume that the government pre-commitment is in the form of a contract, the problems they identify with enforceable pre-commitments resulting in damages awards apply even more strongly to treaty protection for investors, which is much more open-ended and (subject to any specific exceptions or reservations in the treaty) could be deployed to make changes in almost any area of public policy costly for the new government. Seeking to make one's legacy as irreversible as possible is a well-observed form of political behaviour.[51] The tension between electoral democracy and long-term hands-tying by incumbent governments may be reflected in the fact that a state that is a democracy, and especially one that is becoming more democratic, has a significantly greater likelihood of terminating its BITs.[52]

In sum, treaty protection of foreign investors may have political benefits where the current government that pre-commits the state and ties the hands of its successor, even if they are less effective than certain other (targeted) investment incentives. But these very political benefits come at a cost to democratic values and processes. *If* treaty protection, however, is limited to restraining rent-extracting "hold-up" tactics by the host government, and dispute settlement allows robust and consistent distinctions between such hold-ups (compensable) and other kinds of regulatory changes that reflect alteration in political preferences, or new information about environmental risks for example (non-compensable), then one can argue that there is a benefit in terms of optimal public policy, not a "cost"—what are likely "inefficient" rent-shifting policies are the ones that are disciplined. On the other hand, regulatory chill is avoided, since governments can be confident that the adjudicative system yields predictable, consistent outcomes, where hold-up scenarios are distinguished from other kinds of regulatory changes. This will become a key issue when in the next parts of the paper we turn to the fit or misfit between existing treaty designs and dispute settlement designs and rationales for treaty protection of investors.

For now it is important to recognize that solving the hold-up problem through investor protection creates moral hazard on the investor side.

---

50 E. Posner, Courts Should Not Enforce Government Contracts, 132 University of Chicago Law and Economics, Olin Working Papers (2001), available at http://dx.doi.org/10.2139/ssrn.281436 (last visited 6 December 2018).

51 H. Gersbach, Statesmen, Populists and the Paradox of Competence, 301 University of Heidelberg Discussion Papers (1999).

52 J. Alqueres, On the Termination Value of Bilateral Investment Treaties: Trading Sovereignty for FDI, New York University Working Papers (2016).

Where there is treaty-based investor protection with ISDS, an investor may feel freer to engage in activities that are harmful to the environment or other social interests, knowing that if the government responds by stricter regulation the investor has recourse to compensation, or can even forestall such stricter regulation or mitigate through the threat of an ISDS claim. When an investor seeks an investment incentive, say a license or concession on favourable terms, or monopoly rights (privatization of a utility for example), it may understate the risks or social costs posed by the investment or overstate the likely social benefits. This is possible due to information asymmetries: the firm controls a great deal of information that may relate to the social costs and benefits of the investment, and will often not have an interest in sharing this information ex ante. In the absence of treaty protection, the investor must face uncompensated risks that the government will take a range of corrective actions when it discovers post that the social costs and benefits of the investment are different than as they appeared to the government ex ante; these could include re-regulation, loss of licenses and concessions, and even reversal of privatization of essential services such as provision of water or electrical power. Where these risks are reduced through investor protection that triggers compensation to the investor when these corrective actions are taken, moral hazard may be greater. The question in part is whether substantive norms of investor protection as well as the dispute settlement system can take into account opportunism on the part of the investor where there is material non-disclosure or even misrepresentation ex ante of the social costs and benefits of the investment. Here, attention needs to be given to the relative difficulty of counterclaims under investment treaties, which only exceptionally provide for the possibilities that a state may make a counterclaim against an investor for misconduct, such as failure to comply with local laws or misrepresentation of its capacity to successfully complete the project. By contrast with treaty protection, investment *contracts* are inherently reciprocal and commitments by the investor may be as binding and subject to arbitration as those of the host state. (Because the ICSID regime was initially designed not with treaties but with contracts primarily in mind, it does allow for counterclaims.) In the case of political risk insurance, various pre-screening and monitoring devices may be used to control moral hazard on the investor as well as the host state side, as Chalamish and Howse explain.[53]

The case for treaty protection as an investment incentive faces very serious challenges in a number of respects. But perhaps most compelling is

53 Chalamish & Howse, supra note 25.

the lack of any clear trend of empirical evidence, after multiple studies with various methodologies, that making these kinds of commitments to investors actually produces any gains to the states who make the commitments, i.e., increased investment flows or more investments that are welfare-enhancing in the countries concerned. Nor has there been any significant challenge in the economic literature to Stiglitz's claim that compensating investors for regulatory change is generally not efficient and that political risk insurance or investor self-insurance is a presumptively better vehicle for managing risks to investors of regulatory change. Nor has the literature provided any clear picture of the choice of contractual protection against the hold-up scenario versus, or in addition to, treaty protection. This has not, however, stopped counsel and arbitrators from framing the issues in investor-state arbitration as if the essential function of the arbitrator was to complete ex post as it were an incomplete contract between the investor and the host state. Thus the repeated framing of disputes about fair and equitable treatment in terms of "legitimate expectations" of the investor with respect to the stability of the regulatory framework, and the tendency of tribunals to focus on breaches of promises or representations to the investor, even though it is in fact applying treaty law not enforcing an actual investment contract.[54]

Super-arbitrators such as Charles Brower use various kinds of rhetorical devices in the face of the lack of credible empirical evidence that investment treaties have little influence on inflows of FDI, including survey evidence that managers of firms say that such treaties matter to their investment decisions.[55] As Poulsen indicates, most such surveys point in the other direction, suggesting few managers would see an investment decision hanging on the existence or absence of treaty protection (Poulsen takes into account here the one survey cited by Brower).[56] Further, while business lobbies may publicly assert the importance of treaty protection to investment decisions, such statements should be treated like other instances

54 See J. E. Alvarez, Is Investor-State Arbitration Public?, 6 Institute for International Law and Justice – New York University Law School – Working Papers (2016), 9, 10. See also J. Arato, The Logic of Contract in the World of Investment Treaties, 58 William and Mary Law Review (2016), 351.

55 C. Brower & S. Blanchard, What's in a Meme? The Truth about Investor- State Arbitration: Why It Need Not, and Must Not, Be Repossessed by States, 52 Columbia Journal of Transnational Law (2014), 689.

56 L. Poulsen, The Importance of BITs for Foreign Direct Investment and Political Risk Insurance: Revisiting the Evidence, in K. Sauvant (ed.), Yearbook on International Investment Law & Policy 2009/2010 (2010).

where firms take advantage of information asymmetries to lead governments to *believe* that without a particular incentive, they will not be induced to make decisions that are desirable from the government's point of view.[57] In any case, predictions (or threats) by those invested in the current system that FDI will not come in the absence of a BIT with investor-state arbitration should be viewed with great scepticism; for example, such predictions were made when South Africa choose to terminate its BITs, replacing them with a new investment law that was enacted in late 2015 (the law curbed drastically access to ISDS); in the year subsequent to the new law, according to UNCTAD, FDI in South Africa surged 38%.[58]

What about the observed behaviour of states in response to their experience of the costs and benefits of treaty protection? Contrary to Brower's casual observation that "developing countries continue to enter into new treaties offering greater protection to foreign investors than their first-generation treaties"[59] a rigorous empirical study of the "learning" of developing countries from their experience with treaty protection of foreign investors concludes that from the first investor claim against a state on, there is a significantly reduced level of participation in the investment regime.[60] This is consistent with the overall data examined by UNCTAD—the steep decline in the number of investment treaties signed per year correlates closes with the steep rise in the number of ISDS claims/decisions from 1995 to the present.[61] But even these data do not fully reflect the extent to which, learning of the costs of treaty protection, states have backed away from entering into these commitments because they do not include renegotiation or new negotiation of treaties with more safeguards for states, without investor-state dispute settlement or with modified rights of investors to bring such cases (for instance India's new model BIT contains a

57 See for other examples and the general problem of information asymmetries in bargaining between states and firms around regulation P. Joskow, Incentive Regulation in Theory and Practice: Electricity Distribution and Transmission Mechanisms, Presentation at MIT (2006). And see generally Laffont & Tirole, supra note 29.

58 UNCTAD, 'Global Investment Trends Monitor No. 25', 5 (2017), available at https://unctad.org/en/PublicationsLibrary/webdiaeia2017d1_en.pdf (last visited 13 December 2018).

59 Brower & Blanchard, supra note 55, 701.

60 Poulsen & Aisbett, supra note 5.

61 UNCTAD, 'World Investment Report 2016, Figure III.3 and III.4', available at http://unctad.org/en/pages/PublicationWebflyer.aspx?publicationid=1555 (last visited 6 December 2018).

strong exhaustion of domestic remedies clause).[62] UNCTAD has recorded the magnitude of the shift towards treaties that reflect learning about the actual costs vs. benefits of treaty protection for investors: to take just one example, whereas 12% of older generation investment agreements included public policy exceptions, 58% percent of those negotiated or renegotiated between 2012 and 2014 have such provisions.[63] The vast majority of investment agreements signed in the 2011–2015 period have provisions designed to curb the incentive for opportunistic litigation by investors, constraining forum shopping (denial of benefits), retaining discretion to accept ISDS on a case-by-case basis, or excluding conventional ISDS altogether.[64] The vast majority exclude umbrella clauses, which, as discussed below, have been used by arbitrators to allow investors opportunistically to overcome contractually bargained constraints on investor protection by converting claims of contractual breach into claims of treaty violation. Of course given what are widely noted as the strong pecuniary incentives of arbitrators to grant jurisdiction,[65] whether or not these reforms will actually result in a change in the costs to states of treaty protection remains to be

---

62 Y. Z. Haftel & A. Thompson, When Do States Renegotiate Investment Agreements? 13 Review of International Organizations (2018), 25-48 (Arguing that states renegotiate investment agreements when they learn new information about the legal and political consequences of their treaty commitments, and that such learning is most likely to take place when states are involved in investor-state dispute settlement cases.); and see, generally, A. Kulick (ed.) Reassertion of Control over the Investment Treaty Regime (2016).

63 UNCTAD, 'Taking Stock of IIA Reform, IIA Issues Note' 1, 9 (2016), available at http://investmentpolicyhub.unctad.org/Publications/Details/142 (last visited 6 December 2018).

64 Ibid., Annex, Tables 1–5.

65 M. Waibel & R. Wu, supra note 8, observe : "[…] arbitrators lack tenure and a majority of them is selected by the disputing parties. They also differ from judges sitting in national courts who typically have no financial interest in the cases before them.in terms of their incentives. Judges typically receive a flat salary from the government, irrespective of how many cases they hear or which way they decide cases. In arbitration, the financial payoffs for the arbitrators depend on the length or complexity of the arbitration, or the amount under dispute. This opens room for the incentives of judges and arbitrators to differ because ICSID arbitrators are entitled to reimbursement for any reasonably incurred expenses and a fee for each day of the proceedings. [footnote omitted] Since 2008, the fee has been US$ 3,000 per day for meetings and other work performed [footnote omitted]. Because there is no fixed fee per arbitration, in principle, the longer the arbitration, the better off financially the arbitrators are. On that basis, it is possible that arbitrators prefer a longer arbitration, holding all else equal, to maximize their fee income. For a full-time legal academic, working for 30 days on an ICSID arbitration could easily

seen; what they do show however is that the kinds of costs vs. benefits that experience has revealed with respect to treaty protection of investors is generally unacceptable to capital-importing states.

Those in the investment arbitration community like Brower who maintain stubbornly the article of faith that *only* treaty protection can address adequately investors' (deal-breaking, allegedly) concerns about political risk may only partly be engaged in self-interested adequacy. They may also suffer from not being conversant in the literature on investment location decisions, or contract theory and theory of the firm scholarship on the control of opportunism in long-term or multiple-play relationships between states and firms; it would thus be easy for them to imagine that *only* treaty protection could manage political risk in a way that is satisfactory to investors. But in fact uncertainty in regulation, while foremost in the mind of attorneys who work and write in this area, may be less significant in investment decisions than factors such as volatility and uncertainty in the general economic environment (as opposed to the regulatory environment).[66] Still, the arbitration community, for example Brower, points plau-

double their annual income. The position is different for partners in leading private law firms. They often earn more than US$ 1 million annually. They typically charge up to US $1,000 an hour for counsel work (which is several times more than an ICSID arbitrator earns per hour), plus fees for their associates at several hundred dollars an hour. For them, working for 30 days on an ICSID arbitration is unlikely to increase their annual income by more than 10 percent. Relatively speaking, sitting as an ICSID arbitrator is a more attractive proposition in financial terms who are retired government officials or full-time academics." Here I would suggest that the analysis with respect to arbitrators who are senior partners in law firms is incomplete. Often these individuals will rely heavily on juniors or assistants in the firm, who are also billed to the parties to the arbitration. One needs to look not only at how much each such senior lawyer bills in an arbitration vs. their hourly counsel rate but the effect of serving as an arbitrator on overall firm billings, since equity partners share in the profitability of the law firm as a whole, generally. Senior lawyer arbitrators may often delegate the most difficult tasks, which distract from counsel work, to juniors and assistants, making arbitration duties minimally disruptive of their counsel work. In one notorious case, senior lawyer Yves Fortier, according to expert evidence, had an assistant ghost-write the vast bulk of his opinion, billing the parties 1.7 million $ for the services of the assistant (in addition to very substantial billings for himself). Also, multiple experiences as an arbitrator increases the market value of a lawyer as counsel, most likely; one reason why such senior lawyers generally oppose any effort to eliminate the "two hat" practice, whereby arbitrators can serve as counsel even in cases that raise similar legal issues to those they are addressing as an arbitrator in other proceedings-in my view a grotesque conflict of interest.

66 See generally A. Dixit & R. Pindyk, Investment Under Uncertainty (1994).

sibly to some sub-set of investment decisions where political risk is a major concern of the investor, but begs the question of why treaty protection is an efficient means of allocating such risk. Of course if the cost to the investor is minimal, investors will welcome all the protections they can get. But this is a different question than whether any given investment decision depends on the granting of treaty protection. Situations of perceived high political risk are in fact those where investors are *most* likely to seek political risk insurance or contractual bargains with host states. In such circumstances, it is far from clear that treaty protection enhances or enables market approaches to the allocation or reallocation of political risk. Poulsen observes that the existence of a BIT has little impact on premia for political risk insurance, for example.[67] Indeed, Halabi[68] speculates that treaty protection could increase the transactions costs of bargaining to an otherwise efficient equilibrium between the investor and the host state. With treaty protection, an investor can attempt a treaty claim to get around a contractual bargain that carefully circumscribes the extent of the host state's commitments to the investor by couching its grievance as a violation of vague treaty norms such as fair and equitable treatment. This is especially acute in the case of investment treaties with "umbrella clauses", which allow a tribunal, if it wishes to adopt such a reading, to elevate any claim of breach of contract into a treaty claim for breach of international law.

Recent work by Arato echoes Halabi's hypothesis that, rather than lowering the transaction costs of market allocation of political risk through contractual bargaining, treaty protection in fact increases these costs, by introducing new uncertainty as to whether the contractual bargain will be disrupted, and giving investors a strategic option to sue under the treaty to overcome contractually bargained limits on recovery for political risk. Arato observes:

> It is clearly undesirable for all parties if, ex ante, they cannot predict whether tribunals will give effect to their contractual efforts to opt out of treaty rules ex post. Yet, in the face of treaty silence on the treaty/contract issue, arbitral jurisprudence has been highly uneven and irregular—often resolving these questions merely on the level of assumptions. [footnote omitted] As a result, the meaning of state contracts in the world of investment treaties remains under a cloud of doubt. But the deeper problem is that tribunals too often slip into an overly rigid and formalistic approach, prioritizing treaty provisions over negotiated

67 Poulsen, supra note 56, 566.
68 Halabi, supra note 37, 305–308.

> contractual bargains. [footnote omitted]... It undercuts the autonomy of the parties, thereby undermining their capacity to allocate risk as they see fit. For the investor, this means risks associated with the viability and profitability of the project. States share those commercial concerns but also bear responsibility for the full range of non-commercial values of import in their respective societies. States negotiating investment contracts thus have to manage the risk that any such project might create future regulatory chill. In other words, the tendency of arbitral tribunals to implicitly prioritize treaty norms over states' and investors' contractual arrangements ultimately reduces both parties' ex ante flexibility to negotiate efficiently. At the same time, this weakens the state's capacity to define the scope of its potential future liability under an investment treaty *through* contract, which will tend to disincentivize openness to foreign capital in the long run—the very goal that investment treaties are meant to achieve.[69]

In sum, the case for treaty protection of foreign investors as an investment incentive is, to say the least, shaky. 1) It may well be that where investors care most about the host state or a third party assuming political risk, the host state is a weak, failed, or conflict ridden state, or has severe governance and institutional deficits that make FDI unlikely to have the positive developmental effects sometimes identified in the literature (e.g., "resource curse" states); 2) there is a plausible argument that treaty protection can increase the value or credibility of other investment incentives by protecting the investor against the "hold-up" situation where the host state, once the investor has sunk considerable costs into asset-specific investments, extracts rents from the investor ex post through regulatory change. Because of the prohibitive transaction costs of writing complete contracts, it is largely impossible to foresee in a contract ex ante every possible regulatory intervention that might be used to "hold up" the investor ex post. 3) Yet it is unclear why treaty protection is indispensable to solving the hold-up problem. A contractual solution may be superior in many instances as the host state can target the protection to investors that it desires to attract; contracts can themselves deal with the incomplete contract problem by including not only fully specified commitments with regard to regulatory change but also general standards typical of investment treaties (e.g., fair and equitable treatment) which the adjudicator is delegated the role of applying on a case-by-case basis. 4) The plethora of empirical studies that attempt to es-

69 Arato, supra note 54.

tablish a correlation between treaty protection and increased FDI suggests that any such relationship is far from clear; studies that purport to show a strong positive correlation have been subject to serious methodological criticism; in fact the entire literature is clouded by methodological problems and controversies. 5) One case where the evidence seems clearly of some positive impact is transitional economies; but in those cases the downside of treaty protection is particularly acute, given the need for regulatory experimentation, the ability to correct mistakes as the state attempts to transition from one economic and social system to another. 6) The literature on investment incentives generally favours the kind of incentives that are targeted. In addition, states should prefer those incentives that result in the generation of benefits to the economy (improved infrastructure, R & D/technology transfer, worker training) regardless of whether or how much FDI is actually induced (due to information asymmetries, states cannot know what the exact impact of any given incentive will be on firm behaviour). Obviously, treaty protection for investors is neither targeted nor does it generate separate public goods. 7) Law & Economics scholars such as Eric Posner point to the fact that in solving the "hold-up" problem, enforceable compensation of private economic actors for regulatory change creates a democracy problem—the incumbent government makes a long-term commitment to an investor, the cost of which may be borne largely or entirely by a subsequent government, perhaps of a different political orientation. The incumbent makes it costly for a subsequent government to correct its mistakes or reverse benefits that may have been handed out due to cronyist or interest group capture politics. But *if* an investment treaty regime can be designed so that *only* regulatory changes that are opportunistic hold-ups are disciplined, such that states can have confidence that adjudicators will not end up creating liability for other regulatory changes, then the regime may result in more not less optimal policy outcomes.

B. A substitute for domestic rule of law

A different line of justification for treaty protections for foreign investors is that these address and provide a remedy for inadequate domestic governance arrangements, lack of rule of law and protection of property rights. These latter are often regarded in the mainstream development and governance literature as important for development and economic growth.[70] Even if the participation of foreign capital in domestic economic growth is not dependent upon some form of insurance against the negative consequences of regulatory change, it is argued that it does require basic protections against arbitrary, discriminatory, or confiscatory behaviour of states that is not curbed by well-developed constitutional or administrative law norms, or where there do not exist effective, impartial, non-corrupt domestic judicial institutions to enforce such norms. Super-arbitrators such as Christoph Schreuer and Jan Paulsson, often emphasize this rationale. According to Schreuer, "[i]t is a sad fact that many countries lack a truly independent judiciary."[71] Indeed, the fundamental obligations common to almost all BITs of compensation for expropriation, fair and equitable treatment, and national treatment, if interpreted narrowly rather than broadly could be considered as a *de minimis* "rule of law/property rights" regime that applies to foreign investment, rather than as insurance against regulatory change. Jan Paulsson defends treaty protection and investor-state arbitration, as in the NAFTA, as among the "enclaves of justice" in a world where the rule of law is little respected in practice.[72]

In reality, there are three kinds of rule of law rationale that are often conflated. One strand of the rationale is the "enclave" one; countries with serious rule of law and governance deficits need FDI, and treaty protection provides the "enclave" that makes that FDI possible. This is not ultimately so different from the hold-up theory of investment protection. However, delay, corruption, and incompetence in adjudication and administration could well create considerable costs for the investor even when they are not being deployed as part of a conscious hold-up strategy by the host state authorities. The second strand of the rule of law rationale is that by undertaking treaty commitments, states will have incentives to improve the rule of law and governance generally in order to avoid liability under the treaty. Thus the treaty commitment will cash out in terms of wider social benefits (in addition to the FDI that is facilitated or induced by providing the investor with an "enclave"). The third strand in the rule of law rationale is in

---

70 See for example the influential paper by D. Kaufman, et al., Governance Matters VII: Aggregate and Individual Governance Indicators 1996-2008, 4978 World Bank Policy Research Papers (2009).

71 C. Scheuer, Do We Need Investment Arbitration?, in J. E. Kalicki & A. Joubin-Bred (eds.), Reshaping the Investor-State Dispute Settlement System (2015), 879, 883.

72 J. Paulsson, Enclaves of Justice, 29 University of Miami Legal Studies Research Papers (2007).

reality a depoliticization rationale; if there is a fundamental ideological divide between home and host countries about property rights and basic legal norms (the Cold War-type situation), a compromise that offers depoliticization of investment disputes is to allow the host state (communist or command-and-control oriented) to keep its own ideology and legal system, while offering the capitalist investor the kinds of protections expected in the West.

With respect to the "enclave" rationale, the literature raises serious doubts about the capacity of treaty protection to induce FDI in the absence of more general improvements in the rule of law and governance.[73] There is evidence that BITs "only have a positive impact on FDI flows as *complements* to—not substitutes for—the domestic investment environment... Poor countries cannot bootstrap an aggressive program of entering into BITs into a major increase in FDI. They cannot avoid the hard work of improving their own domestic environment for investment."[74] The same study further concludes that even in those countries that are on a positive governance trajectory and enter into BITs, only a very small percentage of the additional FDI can be attributed to the BIT as opposed to domestic governance improvements. A further consideration is that, as already noted, the quality of domestic institutions seems to matter for *whether* FDI leads to economic growth and development. This suggests that if the rule of law is weak in a particular state, the logical answer is to strengthen the rule of law there, not simply insulate foreign investors from the effects of bad governance.[75]

With regard to the rule of law rationale that suggests treaty commitments incentivize the host state to make general improvements in the rule of law and governance, it is to be noted that investment agreements are never accompanied by technical assistance, or measures to actually help developing or transitional countries improve judicial or other domestic governance institutions; here, for example the new WTO Trade Facilitation Agreement (that deals with management of customs and border controls) stands in stark contrast, where commitments of developing countries are matched to their capacities and to technical assistance available to enhance

73 Jude & Levieuge, supra note 31.

74 J. Tobin & S. Rose-Ackerman, When BITs Have Some Bite: The Political-Economic Environment for Bilateral Investment Treaties, 6 Review of International Organizations (2011), 1.

75 S. D. Franck, Foreign Direct Investment, Investment Treaty Arbitration and the Rule of Law, 19 McGeorge Global Business and Development Law Journal (2007), 337, 365–369.

capacities.[76] By contrast, in the case of investment treaties, there is evidence that protecting one constituency, foreign investors, from the impact of weak rule of law actually *reduces* pressures for more general salutary governance reforms.[77]

In sum, from an economic development perspective, BITs, where they reduce pressure for domestic governance reforms, are doubly harmful: they make *less* likely the reforms that *really* matter for increases in FDI, *and* that also most matter in terms of the ability of the state to exploit FDI as a ladder to economic growth and development. And we must not forget that a state undertaking major reform of domestic institutions may well need to engage in regulatory experimentalism: the resulting flux or instability in the regulatory framework, necessary to get to the right institutions, could itself lead in some instances to claims under the BIT, thus adding considerable costs and risks to needed governance reform.

With respect to the depoliticization strand of the rule of law rationale, where a state is ideologically or otherwise opposed to Western conceptions of the rule of law and protections of property and contract rights of the kind typical of mixed economies in the West, the case for treaty-based investor protection is strongest. The sovereignty of the host state is protected; it can maintain a domestic political, economic, and legal system as hostile to capitalism and liberal legalism as it likes, provided it compromises in its international economic relations and agrees that foreign investors from different systems can have some basic protections that in those systems would be seen as fair and legitimate. One can imagine such a compromise being in the interests of both sides.

Notably, outright dictatorships have rarely objected to paying investor-state arbitral awards. As Sattorova observes,[78] authoritarian regimes such as Erdogan's Turkey, Uzbekistan, and Kazakhstan (the latter two "resource curse" autocracies)[79] seem quite satisfied with the existing system of treaty protection for foreign investors (and this despite Kazakhstan having to pay

76 See A. Eliason, The Trade Facilitation Agreement: A New Hope for the World Trade Organization, 14 World Trade Review (2015), 643.

77 T. Ginsburg, International Substitutes for Domestic Institutions, 25 International Review of Law and Economics. (2005), 107.

78 M. Sattorova, Reassertion of Control and Contracting Parties' Domestic Law Responses to Investment Treaty Arbitration: Between Reform, Reticence and Resistance, in A. Kulick (eds.), Reassertion of Control Over the Investment Treaty Regime (2016), 56-63.

79 See H. Meissner, The Resource Curse and Rentier States in the Caspian Region: A Need for Context Analysis, 113 German Institute of Global and Area Studies Working Papers (2010).

multiple awards against it, tens of millions of dollars). Foreign investment allows these regimes to exploit resource rents and resist domestic pressures for democratization/rule of law reforms; treaty protection assuages concerns of foreigners in a situation where rule of law is absent or largely contingent on the will of autocratic rulers, while allowing the autocratic rulers a free hand domestically.

But putting aside these cases, the way the world has evolved since the fall of Soviet communism has weakened or qualified the rule of law rationale for treaty-based investor protections. First of all, the number of states that reject in principle basic "Western" protection of contract and property rights (subject of course to these having been overridden for legitimate policy objectives) and some version of liberal rule of law have declined considerably. More and more states are democracies where government at least purports to be accountable to the people. While there may be governance deficits in many of these countries and problems like corruption and administrative incompetence, as noted above, good policy would suggest that these are best dealt with, not through insulating foreign capital from these problems, but maximizing the incentives for general domestic reforms. At the same time, negotiations such as TTIP and CETA have driven home, as have for example rulings adverse to Canada under the NAFTA, that treaty-based investor protections can be used aggressively by investors against states where there is no general rule of law deficit. Of course, some of the democracies in question are fragile democracies, and there is serious evidence of persistent rule of law deficits in some established democracies,[80] but the case that, through international law, foreign interests alone should be given a get out of jail free card from these problems seems, to say the least, flimsy.

In fact recent empirical work confirms the dramatically declining salience of the "rule of law" rationale for treaty protection, especially after the stabilization of the post-Communist transition. Schultz and Dupont analyzed a data set of 500 claims from 1972 to 2010. They found: "investment arbitration appears to have been used as a replacement for dysfunctional domestic courts in countries with a weak rule of law tradition until the mid-to-late 1990s, but since then it seems to have served this function

80 A. von Bogdandy & M. Loannidis, Systemic Deficiency in the Rule of Law: What it is, What Has Been Done, What Can Be Done, 51 Common Market Law Review (2014), 59.

increasingly less."[81] (It should be noted that the Schultz and Dupont study included both treaty and contract claims in international investment arbitration.) This raises a further question about the rule of law, which brings us back to the issue of why contractual bargaining is suboptimal. Investors can protect themselves in dealing with a state that is deficient in the rule of law through a contract that specifies international arbitration as the dispute settlement forum and enforcement gateway. Thus even where absence of rule of law presents a high political risk, it is not clear why *treaty protection* would be essential. Also, MIGA, the political risk insurance arm of the World Bank, insures projects in countries with high political risk, such as failed or weak states or conflict states where the rule of law failure may be extreme.[82]

C. *International Justice*

We could regard proper treatment of aliens as an absolute international obligation: absolute, in the sense that it is based not on a theory about a domestic good governance deficit but rather one that sees such proper treatment as required by underlying values of international law—the comity of nations, the ancient ideal of hospitality toward foreigners who come to a country with a peaceful benign intent.[83] In fact, basic international norms of fairness and justice in the treatment of aliens have long been established in customary international law. Provided that protections such as fair and equitable treatment, national treatment, and compensation for expropriation are applied in a strict or narrow way, they simply reinforce human rights-like elements to longstanding notions in customary law that unjust, discriminatory, or arbitrary treatment of aliens engages state responsibility under international law.[84] Commerce has long been recognized as one of the fundamental forms of peaceful intercourse among na-

81 T. Schultz & T. Dupont, Investment Arbitration: Promoting the Rule of Law or Over-Empowering Investors? A Quantitative Empirical Study, 25 European Journal of International Law (2015), 1147, 1149.

82 World Bank Multilateral Investment Guarantee Agency, 'World Investment and Political Risk Report' (2010), Chapter 2, Investment and Political Risk in Conflict-Affected and Fragile Economies.

83 V. Chetail, Sovereignty and Migration in the Doctrine of the Law of Nations: An Intellectual History of Hospitality from Vitoria to Vattel, 27 European Journal of International Law (2016), 901.

84 T.G. Nelson, Human Rights Law and BIT Protection: Areas of Convergence, 1 Transnational Dipsute Management (2013).

tions. While, as 18th century thinkers like Montesquieu and Kant realized, there could be exploitative forms of commerce that should be justifiably regulated or controlled, treating foreign economic actors, including corporations, with basic fairness and due process seems reasonable—if they behave in a manner compatible with domestic laws and customs.[85] In addition, as discussed in the historical overview, the obligation that direct expropriation be compensated has become an established norm of customary international law, albeit after a long battle between developed and developing countries as to whether the compensation should be based on market principles alone or, reflects other social and economic considerations. Generally, the developed world won this battle, in that tribunals awarding compensation have been convinced that "just" or "adequate" compensation requires awarding the full market value of the property taken. The question of whether however full market value compensation can be considered as required by "justice" rather than simply as neo-colonialism abetted by the international legal community, will be considered in a later section of the paper.

The morphing of customary norms into treaty protections *need* not be viewed as a neoliberal conspiracy, but rather as merely one instance of the modernization and codification of custom, as occurs in many other areas, influenced both by the role of commerce in the contemporary world as well as post-Westphalian conceptions of the justified protection of non-state-actor interests by international norms, and also the imposition of international responsibilities on non-state actors (the US Alien Tort Claims Act; international criminal justice).[86] A reflection of this kind of rationale is the attempt by the United States, Canada, and some other states, through interpretive understandings, to require that investor-state tribunals read norms in investment treaties such as fair and equitable treatment as limited to the customary law of protection of aliens as it existed before the specific rationales for investor protections discussed above had any play, and that compensation for takings be generally limited to direct takings and not extend to general non-discriminatory regulatory measures of equivalent economic effect (see the language in the current US model BIT on this).

85 See generally the contributions in O. Asbach et al., Der moderne Staat und 'le doux commerce': Politik, Ökonomie und internationale Beziehungen im politischen Denken der Aufklärung (2014).

86 See R. Teitel, Humanity's Law (2010), for a magisterial account of these developments.

With respect to fair and equitable treatment, freezing customary international law at the state of law of diplomatic protection of aliens before the investment regime emerged is a crude and distorted way of trimming investor protection to what is defensible on international justice concerns, because in fact the human rights revolution and normative developments that have been encapsulated by my colleagues Benedict Kingsbury and Richard Stewart, under the rubric of global administrative law,[87] have extended the conception of basic fairness to aliens to include not only explicit discrimination and egregiously abusive treatment, but also some degree of administrative fairness and the notion of due process in a regulatory state where judicial review of the way in which administrative agencies treat private economic actors is considered normal.

A difficulty with international justice as a rationale for treaty-based investor protection is that, in relying on post-Westphalian human rights revolution-based concepts of an international legal order that protects directly not only state interests but those of other actors, the justice argument opens the door to the question of why in this post-Westphalian human rights/humanity law world, one would asymmetrically require that international justice be available for the investor and not also require, reciprocally, that the investor be subject to requirements of international justice, as reflected in codes of corporate responsibility, heavily influenced by human rights, but which remain largely soft international law.[88] It seems only reasonable that the ability of the investor to invoke international justice should be contingent on the investor's willingness to subject its own conduct to the norms of international justice. To a limited extent, and depending upon the language of the particular treaty, investment tribunals are able to entertain counter-claims by the host state; but even this constrained possibility of counterclaims depends upon the availability of applicable legal norms that reflect international standards of justice for corporations. And of course directly affected actors—members of the local community, indigenous groups—as well as advocacy groups have no standing to claim or counterclaim at all in investor-state arbitration.

87 For the application of Global Administrative Law to the investment treaty context, see B. Kingsbury & S. Schill, Investor-State Arbitration as Governance: Fair and Equitable Treatment, Proportionality, and the Emerging Global Administrative Law, 6 Institute for International Law and Justice – New York University Law School – Working Papers (2009).

88 This issue is well-explored in K. Miles, Chapter 6: Paths Towards a Reconceptualised International Law on Foreign Investment, in K. Miles, supra note 16.

The response of those who are invested in the current system, such as Charles Brower, is that states have lots of ways in which they can protect the interests and rights of their citizens with respect to foreign investors.[89] Investors are supposedly entitled to more than the protection of their home governments (diplomatic protection) and deserve a direct right of action, while other interests—workers, environmentalists—have to rely on the home state for protection. At least with respect to the claim of a power imbalance that hugely favours host states, this claim has been rather decisively refuted by recent political economy scholarship; thus, in new work, Aisbett and Poulsen find that "foreign firms' experiences at the hands of host governments tend to be as good, or better, than those reported by their domestic counterparts."[90] Moreover, "the poorer a country, the more exposed it is to pressure by foreign governments and international organizations demanding special attention to the needs of multinationals."[91] Defenders of the existing system, such as Charles Brower, respond that the interests or stakeholders have the protection of their *own* state. But the whole logic of the shift from diplomatic protection to investor-state arbitration was the inadequacy of diplomatic protection and the right of the affected actor, the investor, directly to seek justice at the international plane. Why should underrepresented, minority, or disempowered groups or interests in a state have to rely on the protection of the state alone, while powerful multinationals can directly access international justice? (The ignorance of the arbitration community of international human rights is reflected in the notion that Brower puts about that human rights courts are asymmetrical, implying that they don't protect private property interests of foreign investors; yet there is an extensive jurisprudence on expropriation in the European Court of Human Rights for example.)

D. *Anti-Protectionism*

In the international trade regime, as exemplified by the WTO, non-discrimination norms are well-established and widely accepted as a fundamental element of the legal framework, subject to general exceptions that

89 Brower & Blanchard, supra note 55, 712–713, dogmatically asserting that "the actual power imbalance glaringly favors [sic] host states [...]".

90 A. Aisbett & L. Poulsen, Relative Treatment of Aliens: Firm-level Evidence from Developing Countries, 1 University of Oxford – Global Economic Governance Programme – GEG Working Papers (2016).

91 Ibid., 18.

protect legitimate public policies. In fact, critics of ISDS who have warned of the risk to policy space or the right to regulate have been primarily addressing those investment agreements that lack the kinds of exceptions one finds in the WTO in the case of non-discrimination norms with respect to trade in goods and services. Extending non-discrimination from trade to investment, provided appropriate safeguards are available for legitimate domestic policies, seems only logical given that global supply chains operate typically today through some combination of trade (external contracting across borders) and investment (internal contracting).[92] Bown and Horn note: "parties [to a regional trade agreement] might benefit from coordinating their concessions in the trade and investment areas. The most immediate case where such gains could be reaped seems to be motivated by the rise of global supply chains; undertakings relating to trade liberalization for goods and services would occur alongside those relating to investment."[93]

Existing WTO rules, including those in the Trade-related Investment Measures (TRIMs) Agreement, only discipline regulatory treatment of foreign investors where such regulatory treatment (for instance domestic content or trade balancing requirements) results in discrimination in the trade in *goods*. An exception is the General Agreement on Trade in Services (GATS), where non-discrimination rules apply to so-called mode 3, provision of services through a commercial presence in the territory of the other WTO Member. However, in the case of National Treatment under GATS, as a general matter, the obligation only applies where Members have sched-

92 See the discussion of the two unbundlings of globalization in R. E. Baldwin, '21st Century Regionalism: Filling the Gap between 21st Century Trade and 20th Century Trade Rules' (2011), available at http://dx.doi.org/10.2139/ssrn.1869845 (last visited 6 December 2018) "The heart of 21st century trade is an intertwining of: 1) trade in goods, 2) international investment in production facilities, training, technology and long-term business relationships, and 3) the use of infrastructure services to coordinate the dispersed production, especially services such as telecoms, internet, express parcel delivery, air cargo, trade-related finance, customs clearance services, etc. This could be called the trade-investment-services nexus.".

93 Bown & Horn, supra note 10, 6. See also S. Kim et al., 'Firms' Preferences over Multidimensional Trade Policies: Global Production Chains, Investment Protection and Dispute Settlement Mechanisms' (2017), available at http://web.mit.edu/insong/www/pdf/conjoint.pdf (last visited 6 December 2018) (finding that investment protection is the most salient trade policy dimension for firms who are most deeply integrated into global production networks. In addition, strong dispute settlement procedures are most valued by exporters who are not central to global supply networks).

uled a particular sector; general public policy exceptions apply as well as limitations that any Members may have included in their schedules.

If we view external contracting (trade) and internal contracting (investment) as alternatives ways of operating transboundary economic activity[94] that are often combined, regulatory protectionism[95] would operate in a similar way in both instances to increase costs to consumers and distort the allocation of resources. Helpman has noted the considerable interdependency of trade and FDI: "Evidently, foreign direct investment can feed foreign trade in complicated ways, making trade and FDI interdependent. On the one hand, patterns of FDI influence patterns of trade. On the other hand, the profitability of different forms of FDI depends on the profitability of various trade options. As a result, a firm's choices of multinational integration strategies depend on trade opportunities. Under the circumstances, trade and FDI become inseparable twins."[96]

Despite these observations, unlike the case with the trade regime, there is little economic literature that makes the case for investor protection as a discipline on "regulatory protectionism." Notably, however, Stiglitz—who is generally sceptical of investor protection through treaties—accepts the value of a non-discrimination norm with respect to investment.[97]

My own initial experiences with the investment regime came through involvement (on behalf of investor's counsel) in disputes where discriminatory treatment was an essential element in the case against the host state. In these claims, the investor was, fundamentally, demanding treatment as favourably as that accorded to similarly-situated domestic economic actors (taking account of legitimate policy objectives). This is, of course, entirely consistent with the Calvo Doctrine, the position that foreign investors are entitled to as good a standard of treatment as that accorded to similarly situation domestic investors, but not more. Overall, arbitrators have seemed to be more comfortable in adjudicating these situations based on grounds

94 See E. Helpman, A Simple Theory of International Trade with Multinational Corporations, 92 J. Pol. Econ. (1984), 451; G. Grossman & E. Helpman, Outsourcing versus FDI in Industry Equilibrium, 9300NBER Working Papers, (2002).

95 See A. Sykes, Regulatory Protectionism and the Law of International Trade, 66 University of Chicago Law Review 1, 5 (1999): "[...] regulatory protectionism is economically inefficient in part for the same reasons that protectionism of any sort is inefficient. Protectionism draws high cost domestic firms into the market while excluding low cost foreign firms, and it prices out of the market some consumers who would be willing to purchase goods at a price exceeding the marginal cost of production of efficient suppliers.".

96 E. Helpman, Understanding Global Trade (2011), 129.

97 Stiglitz, supra note 22, 548–550.

other than discrimination. They have seemed determined to reinforce the investment regime as a system that gives investors entitlements *beyond* those that like domestic actors would have. It is in any case odd that what seems the clearest economic rationale for investor protection accounts for very little of the litigation. According to data from UNCTAD, investor-state arbitral tribunals have found to date all-told 150 breaches of investment treaties, but only 8 of these were breaches of National Treatment, the obligation not to discriminate against foreign investors relative to domestic economic actors.[98] This represents an extremely small fraction of cases, and indeed (in a system where often investors' counsel alleges as many violations of different provisions as they can) it is remarkable that National Treatment violations constituted only 108 of 469 breaches that investors claimed for.

In sum, while the strongest theoretical economic rationale for investment protection is the discipline of regulatory protection, the regime seems to have a minimal impact on discrimination, as reflected in the claims to date of investors and the findings of tribunals. Of course this does not mean that some particular set of discriminatory policies that affect foreign investors is not costly and deserving of effective international discipline. In a 2013 study, for example, Hufbauer et al. quite plausibly single out local content requirements: they estimate that "$1.1 trillion in trade was impacted by LCRs in 2010, almost 6 percent of total global trade…As a conservative but speculative guess; we would say that the tariff-equivalent is 10 percent *ad valorem*."[99] While they conceptualize the costs in terms of trade protection, one could equally consider the costs to efficient allocation of production that arise from the disruption of supply chains of investors through these requirements. While there is a live debate about the justification of such requirements on, for example, infant industry grounds (particularly with respect to clean energy), there are also strong arguments that they constitute a highly inefficient way of developing domestic industrial capacity.[100] Another kind of discrimination that has been characteristic of the economic and industrial policies of a wide number of countries is the screen of foreign direct investment and explicit limits on

98 UNCTAD, 'Investment Dispute Settlement Navigator', available at http://investmentpolicyhub.unctad.org/ISDS (last visited 6 December 2018).

99 G. Hufbauer et al., Local Content Requirements: Report on a Global Problem (2013).

100 S. Stone, J. Messent & D. Flaig, Emerging Policy Issues: Localisation Barriers to Trade, 180 OECD Trade Policy Papers (2015), available at http://dx.doi.org/10.1787/5js1m6v5qd5j-en (last visited 6 December 2018).

the extent to which foreign interests can participate in the economy, especially in certain sensitive sectors (defence, telecommunications, media, etc.).[101]

These types of discrimination are captured by National Treatment norm, only where the treaty provision in question extends to the establishment of the investment; the United States' BITs do (as do those of Japan now) but many others do not. Instead, in many treaties National Treatment is only required once an investment has been permitted by the host state to establish itself in that country. But it is not only the absence of an establishment right in many investment agreements that has made the investment regime insignificant in the discipline of discriminatory entry barriers for foreign investors—there are structural considerations as well. The discipline of the investment regime operates through making claims of extremely large monetary damages, which "justify" the large sums taken by arbitrators and counsel. But it is understandably difficult to get a large damage award where no investment has yet been made; there are no or few cognizable losses, and in any case the damages theory that dominates is an expectations theory that rewards the investor based on present future value, i.e., what revenues the venture would have generated but for the wrongful conduct. Where an investment has yet to be established, expectation damages (future profits) are unlikely to be awarded, given the large speculative aspect of determining whether and to what extent the business would have succeeded. This all being said, there is the even more difficult question of evaluating how much weight should be given for justifications for the kind of discriminatory restrictions at issue, especially where matters such as national security and national cultural self-determination are raised. UNCTAD's 2016 *World Investment Report* observes a general decline in the incidence of restrictions specifically targeting foreign investors, while those related to national security concerns have increased.[102]

IV. Alignment and Misalignment of the "Main" Substantive Treaty Norms with Rationales for Investor Protection

It should first of all be recalled that I have stylized the norms considered to allow the construction of a simplified framework for analysis; they are:

101 See M.J. Trebilcock, R. Howse & A. Eliason, The Regulation of International Trade (2013), 575–580.

102 UNCTAD, supra note 61, 90–100.

compensation for expropriation, FET and NT, and (somewhat less common) an umbrella clause converting commitments of the host state by the investor, including through contract, into treaty claims.

A. *The incentive rationale*

The analysis above led to the conclusion that treaty protection for investors is unlikely to be an efficient form of investment incentive. The one possibility that seems at least plausible is that treaty protection can enhance the efficiency of other investment incentives, increasing their value to the investor by offering protection from the hold-up problem, where once the investor has sunk considerable costs into an asset-specific investment in the host state, the latter takes some regulatory action that is sub-optimal from the perspective of domestic welfare but extracts rents from the investor. On this theory, treaty protection addresses the impossibility or prohibitive transactions of writing a complete contract that would specify ex ante and discipline all possible regulatory actions that the state could use for such opportunistic rent extraction.

The case law to date in investor-state arbitration shows that in applying the main norms of compensation for expropriation and FET particularly, arbitrators have often felt comfortable in constructing, based on the circumstances of each case, a conception of the investor's reasonable or legitimate expectations about what kinds of regulatory changes the treaty provides insurance against. Umbrella clauses give the tribunals an additional tool for sweeping into the net commitments that have established reliance interests of the investor, where the facts do not align so easily with a notion of inherently unfair conduct of the state, or are less tractable to a "regulatory takings" analysis. Nevertheless, the approaches of different tribunals as to how restrictive or permissive these norms are of various kinds of regulatory changes have doubtless influenced how they completed the contract in individual instances. Some tribunals, even where there is no police powers or public policy exception in the treaty, have suggested that an investor should never reasonably expect that they are insured against regulatory change that reflects legitimate, justified public policy concerns and is non-discriminatory (*Waste Management*); others (*Metalclad* for instance) have suggested that what matters, at least for compensation for expropriation, is simply the economic effect on the investor of the regulatory change or that there is a general presumption an investor is entitled to a stable regulatory framework (!) (*Tecmed*). This uncertainty about outcomes is important to understanding the various economic effects of treaty-based investor protection, but it could be understood significantly as a product of a choice of dispute settlement mechanism (ad hoc arbitration) without precedent and appeal, and so will be examined in the next section of the paper on choice of dispute settlement mechanism.

Critics of the investment regime point to the vague and open-ended nature of the expropriation and FET provisions in investment agreements as a problem in terms of guaranteeing domestic policy space, and some states such as Canada have responded by trying to narrow the range of interpretations of these provisions that tribunals may adopt. However, precisely because the problem of incomplete contracts here is that one cannot specify ex ante the full range of regulatory actions that might hold up the investor, only open-ended legal disciplines that give the adjudicator discretion to determine ex post that a particular regulatory intervention, in the circumstances, reflects a hold up of the investment is truly responsive to the inability to write complete contracts to control opportunism. Ex ante uncertainty about policy space is simply the corollary of the strategy of delegating to arbitrators the task of completing the contract ex post, as it were. This explains what often seems like the dialogue of the deaf between critics and defenders of the investment regime. *The very structural features of the system that are seen to make it effective in protecting investors against host state opportunism—the hold-up problem—at the same time result in ex ante uncertainty about the policy space available to states under open-ended treaty norms.* In other words, trying to specify *ex ante* through interpretative understandings or revised substantive obligations in treaties what situations represent "hold-up" scenarios and what do not is unlikely to be effective. However, having a general public policy exception in the treaty, which instructs the adjudicator to focus on whether the policy intervention can be understood as necessary for or proportionate to a legitimate public policy objective can, if such an exception is drafted properly and interpreted consistently over time and with sensitivity to the political preferences of the regulating state, address the risk of regulatory chill or liability in situations that are not really hold-ups, i.e., where the state is acting for reasons other than opportunistic rent-extraction. This will now be elaborated.

It should be recalled that, ideally, controlling the hold-up problem should, as the analysis of Aisbett and Bonnitcha suggests,[103] lead to com-

103 See especially on the analysis of substantive treaty norms J. Bonnitcha & E. Aisbett, An Economic Analysis of the Substantive Protections Provided by Investment Treaties, in K. Sauvant (ed.), Yearbook on International Investment Law and Policy 2011-2012 (2013), 682.

pensation only for socially inefficient (opportunistically rent-grabbing) regulation. This is similar to the concern of Posner, for example,[104] that in addressing the hold-up problem, commitments to pay damages to private actors create a different problem of making efficient regulatory change more costly, and in particular making it difficult for a new government to correct regulatory errors of a previous one, or to respond to preferences of the voters who had elected it.

One question is whether a NT obligation standing alone might be sufficient to identify hold-up situations, which are analogous to protectionist regulations in the case of international trade. However, some of the elements that some tribunals have found present in the FET norm (due process, transparency) may be important in assessing whether the regulation is legitimate as opposed to rent-grabbing opportunism; yet as Bonnitcha and Aisbett note, if interpreted so as to protect very broadly investor expectations, FET could result in forcing a host state to compensate even for efficient regulatory changes. Requiring compensation at least for direct takings seems consonant with the hold-up rationale, given that such expropriation usually involves a transfer of wealth to the government. However, as Bonnitcha and Aisbett have emphasized, there could be situations where a taking is the most efficient instrument given the legitimate public policy purpose. One example could be reversing a failed experiment in privatizing services such as water and electricity, where the result had not generated the required public goods. The need to compensate the investor would take away funds for other crucial legitimate purposes, there being little guarantee that the tribunal will exercise its discretion to complete the contract ex post only to impugn inefficient rent-extracting regulatory changes, as opposed to those that may enhance. This would especially be the case where tribunals tend to adopt a legitimate expectations view of FET and an economic effects view of whether a regulatory change constitutes "expropriation"—in neither case is there an explicit consideration of whether the regulatory change is closely connected to legitimate public policies of the host state; many tribunals in fact underline that whether or not a regulatory intervention is for a legitimate public purpose is irrelevant to the requirement of compensation.

Here, I believe it is instructive to consider how the GATT/WTO multilateral trade regime has attempted to solve a problem of opportunism analogous to the hold-up problem with regard to investors. Under the WTO regime, states make legally binding commitments to limit tariffs and other

104 Posner, supra note 50.

border impediments to market access. However, there is, in principle, an almost unlimited number of domestic regulatory actions that a WTO Member might take that could negatively affect the promised market access through bindings with respect to border measures, i.e., which would have tariff-like effects in terms of affecting the relative competitiveness of domestic vs. imported products. One way the GATT addresses this is through affording the possibility of so called "Non-Violation Nullification and Impairment Complaints" (NVNI), where the complainant state has the possibility to demand compensation if subsequent policies of the respondent state undermine the complainant state's reasonable or legitimate expectations as to what market access it would gain from the respondent state due to specific binding concessions of the latter in previous negotiations. This said, establishing objectively defensible expectations against a particular historical baseline of concessions have proven extremely difficult, and the window for NVNI has been made very narrow through jurisprudence. Instead the main jurisprudential response to the issue of ex post regulatory actions that affect the market access value of binding treaty commitments that has emerged in the WTO is to have a NT obligation that is interpreted such that there is a prima facie violation where a domestic measure negatively affects the competitive opportunities of imported products relative to domestic like products. This reading of the NT obligation is coupled with a robust general public policy exception that allows a WTO Member to justify its measure as directed towards a legitimate public policy purpose. Through appellate jurisprudence, an elaborate structure has emerged for the evaluation of regulating states' arguments and evidence that their measure is properly fitted to contribute to the achievement of legitimate public policy goals.[105] The delicate task of controlling opportunism (cheating on market access commitments through domestic policy interventions) while not interfering with legitimate policies that enhance social welfare as understood by the host state centres on the deployment of this justificatory structure on a case-by-case basis.

As noted above, according to UNCTAD data, there has been a dramatic trend towards the inclusion of general public policy exceptions in investment agreements, with 58% of recently negotiated agreements containing such clauses, as opposed to about 10% in the case of earlier era agreements. This suggests, in Poulsen's sense, "rational learning"—it is a response to ex-

105 I have elaborated this structure in other recent scholarship. R. Howse, The World Trade Organization 20 Years On: Global Governance by Judiciary, 27 European Journal of International Law (2016), 9.

perience with the way in which arbitrators have exercised discretion under anti-expropriation and FET where unguided by a public policy exception (although some tribunals have brought in conceptions of "police powers" and legitimate regulation in applying such provisions, many others have not).

A good example of such a general public policy exceptions provision is the one in India's 2016 model BIT, which reads as follows:

> Nothing in this Treaty precludes the Host State from taking actions or measures of general applicability which it considers necessary with respect to the following, including:
> (i) protecting public morals or maintaining public order;
> (ii) ensuring the integrity and stability of its financial system, banks and financial institutions;
> (iii) remedying serious balance-of-payments problems, exchange rate difficulties and external financial difficulties or threat thereof;
> (iv) ensuring public health and safety;
> (v) protecting and conserving the environment including all living and non-living natural resources;
> (vi) improving working conditions;
> (vii) securing compliance with the Law for the prevention of deceptive and fraudulent practices or to deal with the effects of a default on a contract;
> (viii) protecting privacy of individuals in relation to the processing and dissemination of personal data and the protection of confidentiality of individual records and accounts; or
> (ix) protecting national treasures or monuments of artistic, cultural, historic or archaeological value.

Yet another matter, however, is whether full market value is the appropriate measure of compensation. Full market value damages give investors little incentive to engage in conduct that mitigates or reduces the risks that problems will emerge—commercial, social and environmental—that may ultimately lead to an expropriation. Law & Economics scholars who consider the appropriate level of damages a state should pay for breaking a commitment to a private economic actor agree that expectation or full market value damages are not socially efficient (with Posner taking the most radical view that judicially enforceable damage payments of any amount are apt to reduce social welfare).[106] India's 2016 model BIT allows for the downward adjustment of damages from full market value to control for moral hazard on the investor side. It provides that the following factors (among others) may lead to a mitigation of full market value compensation:

> (e) options available to the Investor or Investment to mitigate its losses, including reasonable efforts made by the Investor or Investor towards such mitigation, if any; (f) conduct of the Investor that contributed to its damage; (g) any obligation the Investor or its Investment is relieved of due to the expropriation; (h) liabilities owed in the Host State to the government as a result of the Investment's activities; (i) any harm or damage that the Investor or its Investment has caused to the environment or local community that have not been remedied by the Investor or the Investment; and (j) any other relevant considerations regarding the need to balance the public interest and the interests of the Investment.

B. *The rule of law substitute rationale*

From the historical perspective outlined at the start of this essay, it is understandable that FET and compensation for expropriation would be aligned with the rule of law substitute rationale. The content of these norms, especially when FET is interpreted as requiring non-discrimination, impartial and independent judicial institutions, due process and/or regulatory fairness, seems to represent the minimum legal protection that (in the first instance, developed/Western countries) consider as needed for the operation of a market economy yet are missing in states that have alternative political and economic ideologies. The latter accepting to apply these norms to foreign investors is a political and diplomatic compromise that manages some degree of economic interdependence between rival systems. What, however, of the more common post-Cold War case of governance deficiencies that come from the underdeveloped or transitional fea-

106 Posner, supra note 50; Wickelgren, supra note 49. Hadfield suggests that limiting recovery to reliance damages (compensation for losses/sunk costs) is a correct solution. G.K. Hadfield, Of Sovereignty and Contract: Damages for Breach of Contract by Government, 8 Southern California Interdisciplinary Law Journal (1999), 467. I understand from Joseph Stiglitz that his view is also that damages under investment treaties should be limited to reliance damages or loss recovery.

tures of the country in question, or the deep cultural embeddedness of forms of corruption and cronyism? Because as noted above (Rodrik), such states may need to engage in considerable experimentalism to find the "right" institutions that work for growth and economic and social development, those dimensions of the existing norms (compensation for expropriation and FET or umbrella clause) that lead to compensation for regulatory change (justified of course to an extent under the previous implicit bargain rationale) may make the desired experimentalism more costly and less likely. The rule of law substitute rationale thus supports efforts by some states in recent negotiations of new treaties[107] and through interpretative understandings of earlier treaties to prevent norms such as FET (or umbrella clauses and a reading of expropriation that extends broadly to regulatory takings) being deployed to protect investors against regulatory change of a kind that is not inconsistent with the rule of law or good governance practice but nevertheless is understood somehow to undermine the investor's legitimate expectations. A robust policy exceptions clause would also be appropriate in the case of the rule of law substitute rationale; in the case of transitioning and underdeveloped countries, which do not reject the rule of law so understood on ideological grounds, but which face financial and other obstacles to duplicating developed country practices that are generally regarded as good governance, a policy exceptions clause provides an opportunity to show that the rule of law shortfalls are better addressed through devoting resources to the improvement of institutions rather than compensating individual investors.

C. *The international justice rationale*

As noted in the historical overview at the beginning of this essay, the first norms of investor protection developed out of diplomatic protection of aliens. Outright discrimination by a host state on account of being an alien is an obligation that accords with a system of international law premised upon equality among states and, as the human rights revolution progresses, peoples and individuals as well. NT combined with a robust public policy exception that allows justified departures from non-discrimination, for example on national security grounds, seems to align well with a notion of

107 For a useful overview, see C. Henckels, Protecting Regulatory Autonomy Through Greater Precision in Investment Treaties: the TPP, CETA, and TTIP, 19 Journal of International Economic Law (2016), 27.

international justice. But what about FET? Does international justice really require that a state be held to a standard of treatment of aliens superior to the treatment of its own people? If we take a strict or narrow view of the content of FET (as applying to denial of justice, clearly arbitrary legally unfounded treatment of the investor, dishonesty, fraud, and corruption in the regulatory or judicial process) then the normative substance aligns to some significant extent with the international human rights obligations that states have (subject to police powers exceptions) to their *own* people under major human rights instruments such as the UN Civil and Political Covenant. One could regard FET in the strict or narrow sense (i.e., *not* read as protecting investor's expectations against regulatory change) as part of a regime for protecting aliens that reflects the values of the international human rights regime. At the same time, the tendency of human rights scholars and tribunals is to read international human rights norms to require that states extend some human rights protections to non-nationals in certain situations. In a recent case of diplomatic espousal decided by the International Court of Justice, *Diallo: Republic of Guinea v. Democratic Republic of the Congo*, Diallo, a national of Guinea who was an investor in Zaire (Congo), was arrested, jailed without trial for almost 3 months, and then expelled, all on account of his taking steps to collect debts owed to his companies there. For these basic violations of Diallo's human rights, the International Court of Justice awarded him damages of $95,000.[108] Either the intuitions of ICJ judges about international justice are very different than those of investment arbitrators, or the multi-million dollar awards of the latter for less grave wrongs than locking someone up without recourse for months to harass or punish them for exercising their legal rights are about something other than international justice. (The battle over "appropriate" versus "full" compensation discussed in the historical overview was in a sense won by the developed countries, not through a new normative consensus, but in the first instance through the dominance of developed country views in the international legal community, then later the notion that, regardless of justice considerations, such compensation incentivizes investment that is beneficial to the host countries, the instrumental rationale canvassed above.)

It is sometimes suggested that a reason for FET and compensation for expropriation (as opposed to limiting investor rights to NT) is that investors need special protection since they tend to be subject to obstacles in

108 Ahmadou Sadio Diallo, (Republic of Guinea v. Democratic Republic of the Congo) Compensation, Judgment, ICJ Reports 2012, 324.

the host country that domestic economic actors do not face: for example, they likely have fewer contacts with the political process or elite governing circles in the host country than comparable domestic players, and also they are likely to be affected by subtle forms of bias towards "one's own" or negative stereotypes and misunderstanding concerning what foreigners think and how they are likely to act. Notably however the empirical evidence suggests no disadvantage to firms from foreignness as such (as opposed to protectionism, caught by NT, which involves targeted actions to advantage domestic economic actors over foreign investors in like circumstances).[109] As discussed above, in the articulation of the international justice rationale, this rationale is weak or questionable when understood in post-Westphalian human rights or humanity law terms, if norms of international justice are not also applied to the conduct of the investor. More generally, there are issues of international justice that are engaged by foreign investment that would dictate the protection of non-state actors other than investors at the international plane, such as workers and indigenous peoples. Given the power that foreign investors have, especially if they are large multinational corporations, it seems perverse that protections at the international plane in the context of investment would privilege them over more vulnerable affected constituencies.

Thus part of the normative universe implied by this rationale is that investors be bound by codes of corporate responsibility, and their own access to international justice is contingent on being subject to it. India's 2016 BIT thus goes farther toward alignment of investor protection with the international justice rationale, in subjecting investors to corporate responsibility, including anti-corruption norms, and making investors' full enjoyment of rights under the treaty contingent on compliance with these obligations.

D. *The anti-protectionism rationale*

Taken together, the fair and equitable treatment and national treatment investment provisions provide a non-discrimination regime for investment that is comparable to that for trade in goods and services in the GATT, where measures that alter competitive opportunities between domestic and imported goods and services, must be justified as necessary, or closely related to some legitimate public policy objective as stated in the excep-

109 Aisbett & Poulsen, supra note 89.

tions to the GATT or the General Agreement on Trade in Services (GATS), and must not be applied in an arbitrary manner (the chapeau provision of the relevant exceptions as interpreted by the WTO Appellate Body). Article X of the GATT requires that trade-related regulations be maintained in a transparent manner and applied in accord with the rule of law, and thus there is significant overlap with the notion of fair and equitable treatment. (At the same time, a requirement of compensation for non-discriminatory takings for legitimate public policy purposes and in accordance with the rule of law would not be explicable on an anti-protectionism basis.) Investment protection norms would more closely align with the anti-protectionism rationale if the treaty were to include a robust explicit public policy exception provision, as is the case with GATT and GATS. This would further ensure that NT and FT obligations are not applied so as to require compensation for legitimate public policies just because their economic effects fall disproportionately on foreign firms (while there is no evidence protectionist purpose that can be linked to such consequences). Finally, an anti-protectionism rationale would favour a right of establishment (something that is present in a rather limited manner in the GATS) that would preclude per se exclusion ab initio of foreign firms as competitors through FDI. Some investor protection treaty instruments, especially those where the US is a party contain such a right. Nevertheless, for the reasons already mentioned, one would want the right to establishment to be subject to a robust public policy exceptions clause, as is the case with the GATS.

V. Matching the Form of Dispute Settlement to the Rationale for Treaty-Based Investor Protection

I now consider how these alternative rationales for substantive investor protection bear upon the choice of dispute settlement mechanism. Here, in order to relate rationales and substantive norms to the choice of dispute settlement mechanism in a manner that clearly illustrates the complex interactions between rationales, substance, and process, I consider 3 stylized and simplified options: 1) ISDS in its current form, which has the features of party autonomy (parties choose the arbitrators who decide the dispute); typically, exclusion of state-to-state dispute settlement (ICSID requires refraining from diplomatic protection); finality (no appeal but very circumscribed review for bias, etc., either by domestic judges, New York Convention, or an Annulment Committee, ICSID); no precedent, i.e., ad hoc arbitral tribunals don't follow routinely earlier decisions; 2) the EU model of a bilateral Investment Court System (ICS) with precedent (a judicial first instance and an appeals body), strong rule of law norms on conflict of interest, qualifications of arbitrators, compensation of arbitrators primarily through a salary not fee for service, etc., accommodation of state-to-state dispute settlement;[110] 3) a multilateral tribunal model that is currently being developed by the International Institute for Sustainable Development (IISD model) that would have many of the "rule of law"/judicial features of the EU ICS model but perhaps also afford the opportunity to stakeholders other than investors to bring claims and/or counterclaims,[111] and would also facilitate, on one version, state-to-state dispute settlement. It would be expected that a multilateral court would compensate judges through a salary primarily rather than on an hourly fee basis. The EU and Canada are now engaged in discussions with a range of other states on the creation of a multilateral investment court;[112] whether the Canada-EU multilateral model will facilitate claims by actors other than investors is not yet clear.

110 The basic features of the EU ICS are as follows: 5 judge tribunal of first instance, 5 judges of EU, 5 of US nationality, and 5 of 3rd country nationality. Requirements: judges must be at a minimum "jurists of recognized competence... demonstrated expertise in public international law"; cases heard by divisions of 3 judges; one of EU, one of US, and one of third-country nationality. Divisions appointed by the president of the court, on a rotating, random basis; "judges shall be available at all times and on short notice [...]"; 6 member appellate tribunal, similar qualifications as for first instance, hearing appeals in divisions of 3. Similar diversity of nationality requirements as with first instance; monthly retainer similar to that provided to WTO AB judges; 90 days to file appeal from date of final award; appeals to be decided within 6 months. Extension to 9 months possible with reasoned explanation; transparency based on UNCITRAL rules, but in addition pleadings to be publically available subject to redaction of confidential or protected information; possibility of 3rd-party intervention: 3rd party must have "direct and present interest in the result of the dispute"; in addition possibility of submission of amicus briefs by others as well as 3rd parties so defined; appeal based on error of law as well as manifest error in appreciation of the facts; once finalized (either by appellate revision or because no appeal filed after 90 days) award shall be treated by parties as a final award of their judicial system, "not subject to appeal, review, set aside, annulment or any other remedy"; enforcement purposes, award shall be deemed to be arbitral award within meaning of New York Convention or ICSID Convention if applicable; strict conflict of interest rules, code of conduct for both levels: judges must discontinue any counsel work upon appointment (i.e., no "two hats").

111 The possible features of the multilateral tribunal were considered at the IISD Expert Group Meeting held in Lausanne, Switzerland from 23rd to 24th May 2016, entitled 'Investment-related dispute settlement: towards a comprehensive multilateral approach.'

112 European Commission & Government of Canada, supra note 7.

A. *The incentive rationale*

Those who subscribe to this rationale, which is the case with much of the arbitration bar and many of the private sector lobby groups active on this issue, tend to understand treaty protections for foreign investors in terms of the first rationale discussed in this essay: a kind of implicit contract or bargain whereby the host state makes certain promises of economic value, through the device of a treaty, as an inducement or incentive to the investor to invest, or increase its investment. Treaty-based protections are thus seen as analogous to actual investment contracts, common for example in extractive industries, where the government enters directly into contractual relations with the investor in respect of a particular project (mine, dam, etc.). Such contracts are typically enforceable through international arbitration under the same facilities as investor-state arbitration is available under. If dispute settlement under treaty provisions is a response to the problem of incomplete contracts and the hold-up problem specifically, the case for arbitration could be understood as similar to the case of true investment contracts as just described or even international commercial contracts. Especially when the defendant is a state, there are considerable advantages to not being dependent on the defendant's domestic legal system, including the risk of political interference in the enforcement of the contract by domestic legal institutions, or interference with attempts to execute a judgment through the seizure of state assets. If the role of ISDS is to fill gaps or complete the contract *ex post*, then party autonomy to choose the tribunal, characteristic of the existing system of arbitration, makes particular sense; the aim is not a correct interpretation of legal terms such as fair and equitable treatment that one would expect to be followed generally, but the identification ex post of some events that if the parties could have efficiently specified ex ante they would have determined to trigger liability for compensation. If arbitrators are filling the gaps in an incomplete contract, their focus would understandably be on navigating between the parties' opposite views of whether a particular event could be expected to undermine the bargain. The value of precedent and hierarchy are obviously limited, because the meaning of fair and equitable treatment and compensable takings is anchored not in the normative universe of international law or some general conception of the legitimate dividing line between a hold-up or opportunism on the one hand and justified policy intervention on the other, but whether given the nature of the relationship between the parties and the overall function of treaty protections in providing an incomplete contract for compensation against regulatory change, the particular events in question fall within what the parties would have included had they devised ex ante a complete contract to solve the hold-up problem.

Experience with the commercial world range of economic activities undertaken by foreign investors, their structures, and economic basis might be seen as highly relevant, and perhaps the capacity to make "correct" legal interpretations less relevant.

Arbitration allows the investor to choose one of three arbitrators, which is often given by the arbitration bar as an advantage of a permanent international court where the judges would be chosen by member states, as in the EU proposal. This, in theory at least, ensures there is one adjudicator who is likely to be aware of the investor's perspective on the regulatory change as extraction of rents contrary to the legitimate expectations of the investor.

However, if one follows the analysis by Bonnitcha and Aisbett of the hold-up problem, matters are not so straightforward. It will be recalled that under this variation (and even perhaps more generally due to the moral hazard issue with respect to the investor), a robust public policy exception is desirable as a substantive norm (either written in the treaty or adjudicator-created), to ensure that the host state does not have to pay compensation for efficient, non-opportunistic public policies. Under such a norm, the function of the adjudicator veers more towards that of a public law judge deciding on the justification of regulations than a commercial arbitrator filling in the gaps in an incomplete contract. Fundamentally, determining the limits of justified or efficient regulation is an exercise of public authority, in the sense meant by Professors Bogdandy, Goldmann, and Venzke in their important work on the legitimacy of international adjudication.[113] As Venzke puts it, "international investment tribunals exercise international public authority in the sense that they have the capacity of affecting the freedom of others in pursuance of a common interest [footnote omitted]....decisions [of tribunals] redistribute argumentative burdens and shape expectations, even in the context of decentralized arbitration."[114]

---

113 A. von Bogdandy et al., From Public International to International Public Law: Translating World Public Opinion into International Public Authority, 2 MPIL Research Paper Series (2016).

114 I. Venzke, Investor-State Dispute Settlement in TTIP from the Perspective of a Public Law Theory of International Adjudication, 6 Amsterdam Centre for International Law Research Paper Series (2016).

Hence, the qualifications and juridical outlook of a public law judge (consonant with the EU ICS model or the IISD multilateral tribunal model) might be more apposite than those of a commercial arbitrator.

An advantage often attributed to arbitration is finality apart from the possibility of an annulment within ICSID or a judicial review under the New York Convention (where in both cases the grounds on which an award may be overturned are quite narrow, and such reversals quite infrequent) arbitral awards cannot be appealed. This is said to reduce costs and uncertainty. The EU bilateral ICS model and the Canada/EU[115] & IISD multilateral tribunal model envisage appeal, and the following of appellate rulings as precedent. On the incomplete contract/hold-up rationale, appeal would be largely wasteful and would not meaningfully operate to improve the outcome of the arbitral tribunal, which has fundamentally the task of a fact-intensive inquiry that entails completely the contract in light of the regulatory change ex post and its effect on the investment. In this case, precedent is less relevant since each set of facts is different in ways that are likely to matter as to whether the kind of regulatory treatment at issue is compensable as host state opportunism; however, the consistency in approach to case-by-case detection of host state opportunism that comes with a permanent bench of judges deciding these matters repeatedly may still be important in reducing the risk of regulatory chill. But where arbitral tribunals *are* engaging in the exercise of examining the justification of regulations (e.g., their justification as serving domestic welfare as understood by the regulating state), inconsistency in standard of review and juridical understanding of what is entailed in justification (strict necessity, proportionality, or a form of rationality analysis), which are produced by a system of arbitration without precedent and appeals, can lead to a particular form of uncertainty.[116]

---

115 While many features of the Canada/EU multilateral model remain to be determined in future consultations and deliberations, at a recent stakeholder consultation on the model EU Trade Commissioner Malmstrom noted that one would expect to see appeal in any normal system of legal justice. European Commission, 'Stakeholder Consultation on Multilateral Reform of Investment Dispute Resolution' (2017), available at https://webcast.ec.europa.eu/stakeholder-meeting-on-a-multilateral-reform-of-investment-dispute-resolution (last visited 6 December 2018).

116 A particularly stark example is the case law on the necessity or public policy justification for measures taken by Argentina to address a national economic crisis; the tribunals veered widely between deference and an almost impossibly strict scrutiny, both under general international law (the necessity provision of the International Law Commission Articles on State Responsibility) and public policy

This uncertainty is likely to have asymmetrical consequences for the investor and the host state. Extreme uncertainty about whether a tribunal is likely to view the regulatory intervention as justified or not may to some extent address the moral hazard problem with respect to the investor, since the investor doesn't know whether the tribunal will find compensable or not a regulatory intervention that is in some measure due to social costs imposed by the investment that were not observable ex ante.

Such uncertainty may well affect the settlement of claims. An investor has a powerful threat against a host state whenever it has a deep enough pocket to sustain litigation costs even if it loses the claim. It is plausible that uncertainty will not deter firm managers from bringing a claim even if a win is highly uncertain. Generally speaking, litigation to protect the value of the firm should be popular with shareholders; in a system where it is widely understood that there is a huge variance of outcomes and few consistent patterns in awards, it is hard to criticize managers for deciding to litigate, even if eventually they lose and there are high litigation costs.

Moreover, through third party funding, whereby a hedge or vulture fund type entity provides funds for the litigation in return for a share of the award if the claimant is successful, the firm can reallocate part of the risk of an unsuccessful outcome—no damages and high litigation costs—to the third party funder; the third party funder, under conditions of high uncertainty about the likely outcome in any particular case, is the better risk bearer than the firm that is a claimant because it holds interests in a diversified portfolio of investment claims.[117] Third-party funders have no interest in assuming part of the litigation risk of defendant states because there is no prospect of a pay-out even if the state is successful in defending the claim. Managerial blame for an unsuccessful outcome is yet further mitigated by the distinctive feature of arbitration that the investor can appoint one of the arbitrators: that arbitrator might be inclined to pen an extensive dissent in case the investor loses, which in a sense vindicates the

---

exceptions under the treaties. See J. Alvarez & T. Brink, Revisiting the Necessity Defense, in K. Sauvant (eds.), Yearbook of International Investment Law and Policy 2010-2011 (2012). These cases are particularly instructive as they dramatically illustrate that in a system without precedent even a broad view of annulment will not lead to consistency, as annulments of the various arbitral awards also led to inconsistent annulment judgments.

117 The question of the effect of third party funding on incentives for settlement is raised but not analyzed in D. Gaukrodger & K. Gordon, Investor-State Dispute Settlement: A Scoping Paper for the Investment Policy Community, 3OECD Working Papers on International Investment (2012).

managers' judgment to bring the case in showing that if only one other arbitrator had applied the law or analyzed the facts in the way the dissenter did, the claim would have been successful.

In the case of government agents, refusing settlement and then losing may mean being blamed for a huge pay-out that must be imposed on the taxpayers by the managers' political masters; a dissenting judgment from the government appointed arbitrator may help the firm's managers justify litigation costs in the case of a loss, but are less likely to have a strong effect on the view of a manager who gave up the possibility of a settlement at much lower cost and has now stuck the taxpayers with what might be an exponentially larger bill. Knowing that the *firm's* agents, the managers, will have strong incentives to litigate if the government does not settle, and that *they*, the government agents, are taking a high risk if they do not settle with the firm, government agents will often be willing to settle claims, regardless of whether they genuinely believe that the regulation is fully legitimate, justified, efficient. Government agents are less likely to be criticized for settling a non-meritorious case (i.e., rolling back legitimate legislation or making a pay-out where they believe the regulation is justifiable) because it is hard, under asymmetrical information, for the political masters, and even more so for the ultimate principals, the voters/taxpayers, to evaluate the strength of the claim or predict how it might have gone with a tribunal. But where government agents do not settle and there is a huge award, it is very easy to blame them for *not* having settled. Again, we bear in mind that the agents operate under high uncertainty about how a tribunal will approach justification. In this world of high uncertainty produced by lack of precedent and appeal, the incentives of firm managers and government managers taken together can easily be seen as resulting in regulatory chill, or on the other hand, pay-outs to firms under threat of litigation. There is insufficient scholarly work on settlement of investment claims under threat of litigation and on regulatory chill, though it is often alleged by critics of ISDS. But there is a growing body of anecdotal evidence suggesting that these effects are real.[118] With the assistance of Juliane Fries, I examined the settlements in the 121 completed investment proceedings identified by UNCTAD as settlements (rather than a win for the investor or the host state).[119] Of the settlements for which public informa-

118 See K. Tienhaara, Regulatory Chill and the Threat of Arbitration: A View from Political Science, in C. Brown & K. Miles (eds.), Evolution in Investment Treaty Law and Arbitration (2011), 606.

119 The raw data is presented in an annex to this paper.

tion was available, almost all appeared to involve either significant monetary relief for the investor (almost always in the multiple millions and in some cases reaching the billions) or significant adjustment of the regulatory framework to the benefit of the investor.

Uncertainty generates not only more claims, for the reasons discussed, but it also generates more work for counsel, who must prepare in their briefs arguments based upon different scenarios as to how the tribunal may interpret the law; in the absence of stare decisis all legal questions must be considered with the depth appropriate to questions of first impression. At the same time, while lacking the guidance of precedent and thus required to invest considerable time in considering what is the "right" approach on basic jurisprudential question, the arbitral tribunal will usually feel it must at least take account of all the prior many non-binding inconsistent arbitral awards. Thus, counsel and arbitrator billable hours are maximized through a system without stare decisis and appeal. It is no wonder that almost none of the "super-arbitrators" for whom arbitration combined with counsel work is a source of considerable personal wealth seems keen on introducing stare decisis and appeal.

An ICS with precedent and appeal will not eliminate all uncertainty about outcomes in a given case; but if there is a sufficiently large and consistent body of precedents, a baseline community judgment of whether a case is strong or weak is likely to emerge. Managers in firms are more likely to be held to account if they pursue to a negative outcome cases that seem outliers against that community judgment; government managers may be faulted or at least questioned if they quickly settle a weak claim rather than defending it, or fail to settle a strong claim, and pursue litigation to a negative outcome.

A multilateral tribunal of the kind being evolved by IISD and the EU and Canada would offer, like the EU ICS, precedent and appeal. The advantage of multilateralism is the greater number of disputes that can be decided in a given time period given the number of countries who are parties to the system; as the WTO dispute settlement system example shows, this can lead to a rather rapid development of a significant body of precedent, stabilizing expectations more quickly than in a system where the universe of possible disputes is limited to disputes between investors from the two parties and those two states (EU investor versus the Canadian state or a Canadian investor against the EU).

In some versions, the IISD evolving model would allow multiple stakeholders including environmental groups and other civil society interests to bring claims or counterclaims. In that case strategic behaviour on the investor side is even better controlled; before deciding to bring a claim the investor or its managers must reckon with the risk that if the regulatory intervention is connected to responding to social costs that were unanticipated or unknown to the government ex ante the investment, bringing an action will trigger a claim or counterclaim by other groups in respect of those social costs (assuming that the multilateral tribunal has jurisdiction to adjudicate norms of corporate social responsibility).

In sum, existing features of ISDS like party autonomy (party appointment of arbitrators), an emphasis on repeat players with commercial experience or expertise, and lack of precedent and appeal seem well calibrated with the general incentive rationale for investor protection, at least in its least implausible version that emphasizes the significance of opportunism with incomplete contracts. When we bring in considerations of investor moral hazard, and the rather stronger hold up variant of the implicit bargain rationale, however, the different features of a bilateral ICS or a multilateral tribunal might lead to more optimal outcomes, especially taking into account how very high uncertainty due to absence of precedent and appeal affects incentives to settle, and the chance of pay-outs of unmeritorious claims or regulatory chill, i.e., the investor backing off from justified, efficient regulation.

A further type of uncertainty is also remedied through a single multilateral court—the uncertainty that comes from forum-shopping. A clear example of this is the case of Ron Lauder, an American businessman whose telecommunications venture in the Czech Republic was affected by regulatory changes during the transition period from communism. In order to maximize the chances of recovery, Lauder sued in one forum under his own name and in another in the guise of Dutch corporation, under the Netherlands-Czech Republic BIT. Under the same facts and largely identical legal provisions, Lauder was awarded $270,000,000 in damages by the one forum and zero damages in the other. By entering into a multilateral treaty instrument, states parties could vitiate their consent to be subject to arbitration in all others, thus stopping forum-shopping dead in its tracks.

Finally, state-to-state dispute settlement seems ill adapted to the implicit bargain rationale even in its hold-up version. The key to the rationale is understanding investor protection as an implicit bargain to incentivize investment or enhance the impact of other investment incentives in the case of the hold-up variant of the rationale. While the evidence suggests there is in fact no or little incentive effect from treaty-based investor protection, this rationale becomes even less plausible if the investor is dependent on the contingency that the state of which they are a national will bring a claim and then transfer a monetary award to the investor.

B. *The rule of law substitute rationale*

In a Cold War/north-south ideological conflict context, the rule of law rationale might point to the importance of party autonomy. Since ideological differences limit severely the possibility of common ground based upon a shared general perspective on international legal norms and the meaning of good governance and the rule of law, the fact that the adjudicators have been accepted by the parties as trusted to resolve the dispute could be thought to have significant legitimating value. Resolving the dispute is in fact mediating a conflict between ideological adversaries. The fact that arbitrators overwhelming come out of a small Western European centred network would seem irrelevant to legitimacy, if they are the persons who are acceptable to the adversaries. Attempting to achieve a "correct" interpretation of the law could even undermine the depoliticization objective; as such an exercise would easily be viewed by one side or the other of the ideological divide as entrenching a deeply contested understanding of the normative legal universe. Having precedent and appeals would be essentially useless or perhaps even counterproductive. A careful application by trusted persons of very limited treaty commitments to the complex facts is what is wanted here, not a right answer on the meaning of the law in a broader normative universe.

But under other circumstances, the rule of law rationale points to the need for the tribunal to have legitimacy equal to or greater than a court deciding administrative law type disputes that concern the treatment by the state of private actors. The legitimacy of an international tribunal replacing a domestic court is here premised on the international court not possessing similar rule of law pathologies or weaknesses as identified in the host countries. The difficulty is that with respect to conventional investor state arbitration critics have identified the very kind of rule of law weaknesses that *international* dispute settlement is supposed to respond to and overcome.

Perhaps one of the most egregious ethical lapses in the existing system of investor-state arbitration is the tolerance of arbitrators who at the same time act as counsel in investor-state disputes.[120] Many ISDS insiders see this as entirely normal and appropriate. How is it that an arbitrator who is in

120 N. Bernasconi-Osterwaler et al., Arbitrator Independence and Impartiality: Examining the Dual Role of Arbitrator and Counsel, Background Paper—International Institute for Sustainable Development, IV Annual Forum for Developing Country Investment Negotiators (2010).

active practice can avoid being perceived, in the legal interpretation made as an arbitrator, as swayed either consciously or a subconsciously, by wanting to create a jurisprudential universe on balance more rather than less favourable to the clients they continue to represent as counsel in other disputes? The perception of non-impartiality would have to be especially acute where an arbitrator is deciding a specific legal issue in one case knowing that she has another case as counsel where how the very same legal issue is decided has high stakes for their client. On the one hand, one could argue that lack of precedent here helps, as an arbitrator could not in fact be sure that any persuasive weight is given to their decision by another arbitral tribunal, before which the arbitrator has a role as counsel, or may be seeking such a role. On the other hand, lack of precedent means it is *easier* for any given arbitrator to choose any legal stance in which they have an interest, as they do not have to be accountable in terms of the previous case law.

Further, as the critics have rightly noted, in investor-state arbitration, the pool of adjudicators is a small, self-referential, mutual backscratching clique, more often moved by the prospect of substantial material gains from the justice process than duty or public service—much as one might imagine the legal and judicial world in a state where the rule of law is not well developed. There are no real formal stipulated professional educational qualifications or standards or training for investor-state arbitrators. Basically anyone can be an arbitrator in an investor-state dispute, if one of the parties feels like appointing them. According to the key empirical study of the arbitrator network:

> While the international arbitrators' network may share important properties with other social networks, arbitrators, as compared to other judicial groups, are used more instrumentally and are relatively less constrained and (often) less accountable. Unlike judges, arbitration professionals wear different hats, such as counsel, experts, and arbitrators. ...appointments may translate into direct and indirect economic gains ...The network of international arbitration professionals is heavily dependent on a small number of socially prominent actors...[121]

121 S. Puig, Social Capital in the Arbitration Market, 25 European Journal of International Law (2014), 422–423. See also the more recent work J. Alqueres, A BIT of Strategy: Bias and Strategic Formation of Arbitrators' Network at ICSID, New York University Working Papers (2016).

Finally, on the rule of law substitute rationale, state-to-state dispute settlement does not appear fitting. It seems logical that investors would have direct access to dispute settlement: the investment regime is in fact viewed as a substitute for the rule of law/basic protections of contract and property rights that a private economic actor would "normally" have under conditions of good governance (at least as understood by those who buy into the "Western"/developed world understanding of this, which of course includes most of the developing world governments today, at least in principle).

C. The international justice rationale

Investor-state arbitration is not generally understood as being centrally concerned with justice or supporting a just international legal order as opposed to an efficient settlement of a dispute between two parties. As one investor-state arbitral tribunal noted: "The Arbitral Tribunal's mission is ... mundane... to resolve the present dispute between the Parties in a reasoned and persuasive manner, irrespective of the unintended consequences that this Arbitral Tribunal's analysis might have on future disputes in general."[122] There are many features of investor-state arbitration that are at odds with an essential mission of doing justice, especially as understood in human rights/humanity law terms. As in the EU ICS model (and probably also in the evolving IISD multilateral model), and in stark contrast to traditional ISDS, international courts and tribunals that dispense justice are staffed by judges appointed by a process determined by states parties. This is true of the international criminal tribunals and regional human rights tribunals, such as the Inter-American and European Human Rights Courts as well as the UN human rights institutions that perform a dispute settlement function and receive petitions from non-state actors. Why should a foreign investor, unlike other non-state parties before international courts and tribunals where equally grave matters are at stake, have an entitlement to choose one of their judges and be involved in the appointment process of another?

In addition, given the legacy of long-standing normative controversy and contestation, especially between developed and developing countries about what international justice means or requires in the investment area, the closed insider network aspect of arbitrator appointment discussed

122 Romak SA v. Uzbekistan, PCA Case No AA 280 (2009), 171.

above raises serious concerns from an international justice perspective. The data disclose that appointments to investor-state arbitral tribunals are overwhelming of male Europeans of middle age or older; the WTO does considerably better in the kinds of diversity—gender, nationality, etc.—that plausibly make a difference to at the least the perception of international *justice.*[123]

The multilateral tribunal model may align the best of all with the international justice rationale, which implies consistency of justice such that investors would be subject to norms of international justice, not just protected by them. In particular, IISD initiative towards an "inclusive" multilateral approach to investment disputes envisages that civil society and stakeholders in the community could bring claims against either governments or investors or both, under norms of corporate social responsibility, which would be part of the applicable law for the tribunal (while aware of the difficulty that many of these norms have not achieved the status of hard international law). Matters of international justice that relate to foreign investment can hardly on a principled basis be limited to those that affect one (often more powerful than vulnerable) stakeholder-the investor.

D. *The anti-protectionism rationale*

If we take the forth, anti-protectionism rationale, dispute settlement entails the application of a non-discrimination regime with sensitivity to the need to avoid impugning legitimate non-protectionist public policies, even when they may seem to have some negative impact on a foreign investor. The tribunal must evaluate non-protectionist justifications for the measures in question, and perhaps weigh these against the degree of restrictiveness of or scale of impact on foreign investment. In effect, the tribunal is determining the limits of legitimate regulation, and therewith of democratic sovereignty or regulatory autonomy imposed by the international legal regime. This seems very clearly an exercise of international public authority that points to a judicial model for the settlement of disputes. At the same time, as is exemplified by the WTO, it hardly necessarily points to investor-state, as opposed to state-to-state dispute settlement. While there is a very extensive economics literature on dispute settlement in international

123 J. Pauwelyn, The Rule of Law Without the Rule of Lawyers: Why Investment Arbitrators Are From Mars and Trade Adjudicators from Venus, 109 American Journal of International Law (2015), 761.

trade, I am not aware of any significant economic analysis that contends that direct access for private parties to dispute settlement is required to perform the economic function of anti-protectionism legal norms as exemplified by the WTO non-discrimination regime. The one scholar who has most insistently argued for access of private parties to dispute settlement under WTO norms, Ernst-Ulrich Petersmann, has done so out of a (libertarian) human rights-based understanding of anti-protection norms, something akin to the international justice rationale discussed in this paper; and Petersmann notably has articulated this in terms of access to *domestic courts* for enforcement of WTO norms.[124]

The experience of the WTO system for trade indicates that it may take some time and a significant number of cases before a relatively stable jurisprudence can develop; a durable *jurisprudence constante* is more likely to emerge from a multilateral tribunal where the set of possible disputing parties is larger than a bilateral model. As Anthea Roberts has shown, there is no inherent incompatibility that would prevent the co-existence of state-to-state and investor-state dispute settlement, although there may be issues of overlapping claims, double remedies and so forth that need to be resolved.[125]

Attempting to address general discriminatory barriers to investment that are analogous to the kinds of trade barriers already disciplined under GATT/WTO rules through offering a private right of action to individual investors may well be inefficient, resulting in sub-optimal enforcement. Many economic actors stand to benefit from the removal or adjustment of such barriers. The characteristic remedy in investor-state arbitration is a monetary payment to a single investor claimant; a settlement will either be a monetary payment or if there is a regulatory adjustment it is usually one that is a special regulatory side-payment to the particular investor who has brought claim. The investor and their counsel have the incentive to frame their claim not in terms of the community interest in the removal of inefficient discriminatory protectionism but to maximize advantage for that particular investor. State-to-state dispute settlement under a bilateral court system model, while superior to investor-state in the sense that the state can represent a broader set of interests in the removal of protective discrimina-

124 E.U. Petersmann, Justice in International Economic Law? From the 'International Law Among States' to 'International Integration Law' and 'Constitutional Law', 46 European University Institute Working Papers LAW (2006).

125 A. Roberts, State-to-State Investment Treaty Arbitration: A Hybrid Theory of Interdependent Rights and Shared Interpretive Authority, 55 Harvard International Law Journal (2014), 1.

tion, is still suboptimal to proceedings in a multilateral investment court, where it is possible for a range of states (and perhaps other interests) who stand to gain from the elimination of discriminatory barriers to investment to join a common action, where the state, if found to be in violation of non-discrimination norms and unable to justify its measures based on a robust public policy exception, would be ordered to remove the measures, a monetary penalty only being imposed if it fails to do so. Such a common action would involve the sharing of the litigation costs among numerous interested parties from different countries and similarly a remedy that benefits all.

VI. Conclusion

There is no general sound economic case for compensating private economic actors for regulatory change. Still there is a plausible argument that treaty protection can induce FDI by protecting the investor against the "hold-up" situation where the host state, once the investor has sunk considerable costs into asset-specific investments, extracts rents from the investor ex post through regulatory change. Because of the prohibitive transaction costs of writing complete contracts, it is largely impossible to foresee in a contract ex ante every possible regulatory intervention that might be used to "hold up" the investor ex post. Yet it is unclear why treaty protection is indispensable to solving the hold-up problem. A contractual solution may be superior in many instances as the host state can target the protection to investors that it desires to attract; contracts can themselves deal with the incomplete contract problem by including not only fully specified commitments with regard to regulatory change but also general standards typical of investment treaties (e.g., fair and equitable treatment) which the adjudicator is delegated the role of applying on a case-by-case basis. But, whether under contract or under treaty protection, there is a significant downside risk for host states of investment protection, regulatory chill, and liability for legitimate regulatory interventions, unless the adjudicator is able to distinguish in a coherent and consistent way between hold-up situations on the one hand, and legitimate regulatory interventions not driven by rent-seeking on the other. Unless investment treaties contain robust public policy exceptions and are interpreted and applied in the manner of a public law court, sensitive to the challenges of public law and the political preferences of host states, the dangers of regulatory chill and liability for needed regulatory changes should make states think twice about investment treaties and ISDS.

A rationale for investment treaties that is much less prominently discussed is anti-protectionism. This rationale seems relatively robustly supported by the extension of standard trade theory in economics to FDI under conditions where global supply chains operate through the interdependence of trade (external contracting) and FDI (internal contracting). Discriminatory protective measures on investment reduce domestic and global welfare in the same ways as discriminatory protective measures with respect to trade, misallocating resources, and resulting in higher prices to consumers. But this rationale for investment protection points in the direction not of ISDS but a non-discrimination regime with robust public policy exceptions to cover cases where there is some market failure or overriding moral political concern that would justify discrimination, enforced largely through state-to-state dispute settlement, ideally in a multilateral forum.

Arbitration of investment disputes was originally understood on a rule of law substitute rationale to have the advantage of depoliticizing disputes between "Western" investors and their governments and countries ideologically opposed to the protection of contractual and property rights and direct access to justice for capital in their domestic systems. With the end of communism and the widespread transition to liberal democracy in many places, this rationale is of at most residual significance. Using investment protection norms as a substitute for rule of law more generally, i.e., in cases where there are weak governance and legal institutions in developing or transitional countries, does not get around the fact that what is needed for development is stronger institutions, and indeed by allowing a country access to foreign capital despite weak institutions, may decrease pressures for desirable reforms. In any case, the significant rule of law weaknesses that critics of ISDS have identified with the current system of arbitration (cliquishness, lack of full transparency, tolerance of conflict of interest, lack of consistency in awards fuelled by absence of precedent) make it particularly problematic to assert investor-state arbitration as superior to domestic rule of law in developing or transitional economies. To the extent that ISDS performs a positive function in substituting for domestic rule of law weaknesses, the EU ICS model and the IISD & Canada/EU multilateral models are much better aligned to this rationale, having much stronger rule of law properties. International justice in a post-Westphalian human rights/humanity law world would imply that investors would have some entitlement under international law to just treatment, but the institutions for international justice would seem unfair if they did not also require that the investor meet some standards of international justice (reflected in codes of corporate responsibility for example), and provide redress not only for investors but other stakeholders where international justice is violated in the context of foreign investment. A multilateral court system is best suited to offering standing or intervention to a wide range of actors who have concerns of international justice that relate to foreign investment.

ANNEX

PUBLICALLY AVAILABLE DATA CONCERNING SETTLEMENTS OF INVESTMENT CLAIMS UNDER TREATIES (Prepared by Juliane Fries)

1. ArcelorMittal v. Egypt: No information found.
2. Nabucco v. Turkey: No information found.
3. Orange SA v. Jordan: No information found.
4. Paz Holdings v. Bolivia: 19.51 million USD awarded through settlement but no further information (http://investmentpolicyhub.unctad.org/ISDS/Details/689).
5. Iberdrola v. Bolivia: 34.18 million USD awarded through settlement but no further information (http://investmentpolicyhub.unctad.org/ISDS/Details/662).
6. IBT Group and others v. Panama: No information found.
7. Longyear v. Canada: No information found.
8. Red Eléctrica v. Bolivia: 36.50 million USD awarded through settlement but no further information (http://www.sandiegouniontribune.com/hoy-san-diego/ http://investmentpolicyhub.unctad.org/ISDS/Details/583).
9. Al Sharif v. Egypt (I): No information found.
10. Al Sharif v. Egypt (II): No information found.
11. Al Sharif v. Egypt (III): No information found.
12. ASA v. Egypt: No information found.
13. Bryn Services v. Latvia: No information found.
14. ČEZ v. Albania: 100.00 million EUR (136.00 million USD) awarded through settlement but no further information (http://investmentpolicyhub.unctad.org/ISDS/Details/522).
15. Consolidated Exploration v. Kyrgyzstan: No information found.
16. Isolux v. Peru: Award containing the settlement agreement is available here: http://www.italaw.com/sites/default/files/case-documents/italaw3130.pdf.
17. OTH v. Algeria: Non-pecuniary relief was provided in the settlement (http://investmentpolicyhub.unctad.org/ISDS/Details/460), but no further information is available.

18. Repsol v. Argentina: 5000.00 million USD awarded through settlement (http://investmentpolicyhub.unctad.org/ISDS/Details/490). The settlement agreement is available here: http://www.italaw.com/sites/default/files/case-documents/italaw3166.pdf.
19. Sanum Investments v. Laos: Non-pecuniary relief awarded through settlement but no further information (http://investmentpolicyhub.unctad.org/ISDS/Details/489).
20. Slovak Gas v. Slovakia: Non-pecuniary relief awarded through settlement (http://investmentpolicyhub.unctad.org/ISDS/Details/497). The settlement agreement is available here: http://www.italaw.com/sites/default/files/case-documents/italaw1369.pdf.
21. Bawabet v. Egypt: No information found.
22. Ekran v. China: No information found.
23. Indorama v. Egypt: 54.00 million USD awarded through settlement but no further information (http://investmentpolicyhub.unctad.org/ISDS/Details/406).
24. Loutraki v. Serbia: No information found.
25. MTS v. Turkmenistan: Non-pecuniary relief awarded through settlement (http://investmentpolicyhub.unctad.org/ISDS/Details/404), which seems to consist of an agreement with the government for a three-year contract to operate in the state, under which it will pay TurkmenTelecom 30 per cent of its net profit per month (http://globalarbitrationreview.com/article/1031653/turkmenistan-settles-cluster-of-telecoms-claims).
26. Sajwani v. Egypt: The settlement seemed to consist partly of a reinstatement of land to the Egypt (http://www.reuters.com/article/egypt-damac-idUSL6N0DW4PL20130515), a waiver by DAMAC of its 17.78% stake (80,000 shares) in Hyde Park in favour of the government agency NUCA, a purchase by NUCA of 3.1% of the shares owned by the Housing and Development Bank (13,950 shares), which results in a 20.88% ownership of Hyde Park's shares (93.950 shares) (http://www.dailynewsegypt.com/2015/03/13/disputes-with-investors-government-attempts-to-turn-a-new-leaf/).
27. Shortt v. Venezuela: No information found.
28. St. Marys v. Canada: Consent award adopting the settlement agreement is available here: http://www.italaw.com/sites/default/files/case-documents/italaw1391.pdf. In the settlement, the claimant withdrew all claims against Canada, Canada agreed not to claim costs incurred (http://www.volterrafietta.com/settlement-agreement-reached-in-nafta-dispute-with-the-government-of-canada/).
29. TPAO v. Kazakhstan: No information found.

30. Williams Companies v. Venezuela: Payment of $420 million by Venezuela for the 2009 nationalization of assets (http://www.reuters.com/article/us-venezuela-oil-nationalizations-idUSBRE82N0BW20120324), see also http://www.laht.com/article.asp?CategoryId=10717&ArticleId=554563.
31. AbitibiBowater v. Canada: 130.00 million CAD (123.00 million USD) awarded to the claimant through settlement (http://investmentpolicyhub.unctad.org/ISDS/Details/374, http://www.theglobeandmail.com/report-on-business/ottawa-pays-abitibibowater-130-million-for-expropriation/article1378193/), the consent award is available here: http://www.international.gc.ca/trade-agreements-accords-commerciaux/assets/pdfs/disp-diff/abitibi-03.pdf.
32. Oiltanking v. Bolivia: 16.40 million USD awarded through settlement (http://investmentpolicyhub.unctad.org/ISDS/Details/369, see also http://globalarbitrationreview.com/article/1029948/bolivia-settles-oil-claim-seeks-counsel).
33. Pan American v. Bolivia: 357.00 million USD awarded through settlement (http://investmentpolicyhub.unctad.org/ISDS/Details/385, https://www.wsj.com/articles/bolivia-pan-american-energy-reach-accord-1408724484, http://in.reuters.com/article/bolivia-energy-idINL1N0U21ZC20141218).
34. Universal Compression v. Venezuela: 442.00 million USD awarded through settlement (http://investmentpolicyhub.unctad.org/ISDS/Details/392, http://globalarbitrationreview.com/article/1031534/venezuela-settles-icsid-case, http://www.laht.com/article.asp?CategoryId=10717&ArticleId=554563).
35. Dow AgroSciences v. Canada: Non-pecuniary relief through settlement (http://investmentpolicyhub.unctad.org/ISDS/Details/345): "claimant withdrew its arbitration request without any compensation, monetary or otherwise, and acknowledged that the disputed measures would remain in force. The settlement also contains an acknowledgement from the Government of Quebec that products containing 2,4-D do not pose an unacceptable risk to human health or the environment provided that the instructions on their label are followed, as concluded by Health Canada's Pest Management Regulatory Agency in its May 16, 2008 reassessment decision. Finally, the settlement agreement also contains an acknowledgement from the claimant that Canada's provinces, territories and municipalities may regulate the sale, use, transportation, and disposal of pesticides in their jurisdictions." (http://www.international.gc.ca/trade-agreements-accords-commerciaux/topics-domaines/disp-diff/agrosciences.aspx?lang=eng). The settlement

agreement can be found here: http://www.international.gc.ca/trade-agreements-accords-commerciaux/assets/pdfs/disp-diff/dow-03.pdf.

36. Dunkeld v. Belize (I): "Under a September 2015 settlement between the parties, Belize admitted it had expropriated Dunkeld's interest in the Telemedia shares and agreed to withdraw its preliminary objections to jurisdiction, leaving the tribunal tasked just with determining exactly how much Dunkeld was owed." (https://www.law360.com/articles/853277/belize-hit-with-171m-award-for-acquisition-of-telecom-co), see also section "settlement" of the final award: http://www.italaw.com/sites/default/files/case-documents/italaw7669_0.pdf.
37. ETI v. Bolivia (II): Diverging information announcing 50.00 million USD or 100m USD awarded through settlement (http://investmentpolicyhub.unctad.org/ISDS/Details/349, http://globalarbitrationreview.com/article/1029756/telecom-italia-wins-payout-from-bolivia).
38. EVN v. Macedonia: The award embodying the settlement is available here: http://www.italaw.com/sites/default/files/case-documents/ita0313.pdf. See also: http://globalarbitrationreview.com/article/1030451/ect-claim-against-macedonia-settles.
39. Holcim v. Venezuela: US$650 million awarded through settlement (http://globalarbitrationreview.com/article/1029601/holcim-and-venezuela-settlement-no-surprise).
40. Itera v. Georgia (II): No information found.
41. Mærsk v. Algeria: "The settlement, based on reciprocal concessions, provides for delivery to Maersk Oil of additional crude oil volumes in the amount of approximately USD 920 million over a period of 12 months from the effective date." (http://www.maerskoil.com/media/newsroom/pages/maerskoilsettlesalgeriantaxclaims.aspx).
42. MTN v. Yemen: No information found.
43. Vattenfall v. Germany (I): Settlement agreement available here: http://www.italaw.com/sites/default/files/case-documents/ita0890.pdf.
44. AEI v. Bolivia: Estimated US$121 million were awarded through settlement (http://globalarbitrationreview.com/article/1027141/aei-and-bolivia-settle-arbitration).
45. CEMEX v. Venezuela: US$600 million awarded through settlement: "Under the deal, announced on 1 December, Cemex will receive US $240 million in cash and US$360 million in various negotiable securities issued by state oil company PDVSA. The agreement also provides for the cancellation of intra-company debts, including US$154 million owed by Cemex subsidiaries to the expropriated unit, Cemex Venezuela." (http://globalarbitrationreview.com/article/1030826/cemex-settles-with-venezuela).

46. Impregilo v. Argentina (II): No information found.
47. iZee v. Georgia: No information found.
48. Millicom v. Senegal: "Under this agreement, the validity of Millicom's Senegal subsidiary's license will be recognised by both parties. In addition, Millicom will be granted a 3G license, an alignment of its license terms with those of the other operators (meaning that Millicom will receive licenses to offer fixed line, WiMAX and cable TV services for instance), some additional spectrum and a 10-year extension of the term of its current license until 2028. Millicom has agreed to pay USD103 million for these additional license rights and spectrum. The USD103 million will be paid in several installments between closing of the agreement and December 2013." (http://www.cellular-news.com/story/56096.php, cf. also http://www.commsmea.com/12581-millicom-settles-licence-dispute-in-senegal/).
49. Abaclat and others v. Argentina: The settlement agreement is available here: http://www.italaw.com/sites/default/files/case-documents/italaw8023.pdf.
50. ALAS International v. Bosnia and Herzegovina: No information found.
51. Bureau Veritas v. Paraguay: No information found.
52. Eni Dación v. Venezuela: 700.00 million USD awarded through settlement (http://investmentpolicyhub.unctad.org/ISDS/Details/265, https://www.law360.com/articles/47552/venezuela-reaches-700m-settlement-with-eni).
53. ETI v. Bolivia (I): Diverging information regarding the amount awarded. 50.00 million USD (http://investmentpolicyhub.unctad.org/ISDS/Details/272) or 100 million USD (http://globalarbitrationreview.com/article/1029756/telecom-italia-wins-payout-from-bolivia) awarded through settlement.
54. Global Gold Mining v. Armenia: No information found.
55. Laskaridis Shipping v. Ukraine: No information found.
56. Société Générale v. Dominican Republic: 26.50 million USD awarded through settlement but no further information (http://investmentpolicyhub.unctad.org/ISDS/Details/250, cf. also https://www.iareporter.com/articles/dominican-republic-settles-trio-of-electricity-arbitrations/).
57. TCW v. Dominican Republic: 26.50 million USD awarded through settlement but no further information (http://investmentpolicyhub.unctad.org/ISDS/Details/254).
58. Trans-Global v. Jordan: The settlement agreement incorporated in the consent award is available here: http://www.italaw.com/sites/default/files/case-documents/ita0873.pdf.

59. Barmek v. Azerbaijan: No information found.
60. Oxus Gold v. Kyrgyzstan: No information found.
61. Rail World v. Estonia: 200.00 million USD awarded through settlement (http://globalarbitrationreview.com/article/1025929/estonia-ends-railway-dispute).
62. Shell v. Nicaragua: "...in November 2006, a Nicaraguan court reversed the earlier embargo order. With the trademarks released, the two Shell companies dropped their ICSID claim." (http://www.iisd.org/pdf/2007/itn_may9_2007.pdf, p.10).
63. Técnicas Reunidas v. Ecuador: No information found.
64. Vivendi v. Poland: No information found.
65. CGE v. Argentina: "CGE withdrew claims related to electricity distribution concessions in the Argentine provinces of Tucuman and San Juan, following agreement which will see increases in the tariffs which may be charged to electricity customers by the Chilean firm." (http://www.iisd.org/pdf/2008/itn_april1_2008.pdf, p.5).
66. K+ VP v. Czech Republic: No information found.
67. Mittal v. Czech Republic: No information found.
68. Noble Energy v. Ecuador: 70.00 million USD awarded through settlement (http://globalarbitrationreview.com/article/1027229/noble-and-ecuador-settle-as-port-dispute-looms).
69. Scotiabank v. Argentina: "...Scotiabank Quilmes will receive compensation from Argentina's Central Bank for losses arising from the forced pesification of its US-dollar assets and liabilities in 2002. At the same time the Central Bank has agreed to return assets that Scotiabank had pledged as collateral in return for liquidity support during the crisis." (http://globalarbitrationreview.com/article/1030505/scotiabank-drops-ususd600-million-argentina-claim).
70. ABN Amro v. India: Non-pecuniary relief through the settlement (http://investmentpolicyhub.unctad.org/ISDS/Details/149) but no further information. Potentially relevant: https://www.telegraphindia.com/1050721/asp/business/story_5015896.asp.
71. Alstom Power v. MongoliaAlstom Power v. Mongolia: No information found
72. ANZEF v. India: Non-pecuniary relief through settlement but no further information (http://investmentpolicyhub.unctad.org/ISDS/Details/151).
73. BNP Paribas v. India: Non-pecuniary relief through settlement (http://investmentpolicyhub.unctad.org/ISDS/Details/147) but no further information available.
74. BP v. Argentina: No information found.

75. Cemex v. Indonesia: 337.00 million USD awarded through settlement (http://globalarbitrationreview.com/article/1025755/cemex-to-end-icsid-claim-against-indonesia, https://www.aggregateresearch.com/news/cemex-agrees-to-cancel-arbitration-case-over-semen-gresik-indonesian-official/).
76. CIT Group v. Argentina: No information found.
77. Credit Lyonnais v. India: Non-pecuniary relief through settlement but no further information (http://investmentpolicyhub.unctad.org/ISDS/Details/148).
78. Credit Suisse v. India: Non-pecuniary relief through settlement but no further information (http://investmentpolicyhub.unctad.org/ISDS/Details/150).
79. Erste Bank v. India: Non-pecuniary relief through settlement (http://investmentpolicyhub.unctad.org/ISDS/Details/141) but no further information.
80. France Telecom v. Argentina: No information found.
81. Interbrew v. Slovenia 70.70 million USD seem to have been paid (http://investmentpolicyhub.unctad.org/ISDS/Details/144), however, the broader background seems to be the following: "In February of this year [2005] InBev glimpsed a path out of this warren of litigation, by agreeing to sell its minority stake in Union to its Slovenian competitor, Laska, for 70 million euros. As a part of the sale, Laska paid a 3.5 million euro "withdrawal fee" in return for InBev's agreement to terminate all pending local and international litigation relating to the contested brewery. The sale price agreed by InBev with Laska was sufficient to obviate the need for the Dutch firm to pursue its arbitration with the Slovenian Government at ICSID. That claim was formally terminated by order of the arbitration tribunal in late July of this year." (http://www.iisd.org/pdf/2005/investment_investsd_sept6_2005.pdf, p.8).
82. Motorola v. Turkey: "...according to the terms of a settlement agreement reached by Turkey and Motorola, and announced on October 28, the US firm will drop this BIT claim against Turkey. A press release issued by the company reads in part: "Under the agreement, Motorola has settled its claims for a cash payment of $500 million which the company received today plus the right to receive 20% of the proceeds from the sale of Telsim assets over $2.5 billion. Motorola has further agreed to dismiss its litigation against Telsim as well as Motorola's pending demand for arbitration against the Government of Turkey at the International Center for the Settlement of Investment Disputes (ICSID) in Washington, D.C. In addition, Motorola has agreed not to

pursue collection efforts against certain corporate defendants under TMSF control, subject to certain conditions. The agreement permits Motorola to continue its efforts, except in Turkey and certain other agreed upon countries, to enforce its previous judgment rendered on behalf of Motorola against the Uzan family for perpetrating a massive fraud against Motorola through their control of Telsim."" (http://www.iisd.org/pdf/2005/investment_investsd_nov 2_2005.pdf, p.5).

83. Offshore Power v. India: Non-pecuniary relief through settlement but no further information available (http://investmentpolicyhub.unctad.org/ISDS/Details/139).
84. RGA v. Argentina: No information found.
85. Standard Chartered Bank v. India: Non-pecuniary relief but no further information (http://investmentpolicyhub.unctad.org/ISDS/Details/152).
86. Tembec v. USA: Claim apparently withdrawn as part of the Canada-US Softwood Lumber Agreement 2006 (http://iiapp.org/media/uploads/canfor_tembec_terminal_v_united_states.rev.pdf).
87. Terminal Forest v. USA: Claim apparently withdrawn as part of the Canada-US Softwood Lumber Agreement 2006 (http://iiapp.org/media/uploads/canfor_tembec_terminal_v_united_states.rev.pdf).
88. Trinh Vinh v. Vietnam: No information found.
89. Western NIS v. Ukraine: No information found.
90. Aguas Cordobesas v. Argentina: No information found.
91. Bechtel v. India: 160.00 million USD awarded through settlement (http://www.bechtel.com/newsroom/releases/2005/07/statement-bechtel-dabhol-settlement/).
92. Camuzzi v. Argentina (II): No information found.
93. Ed. Züblin v. Saudi Arabia: No information found.
94. Eureko v. Poland: 12750.00 million PLN (4379.00 million USD) awarded through settlement (http://investmentpolicyhub.unctad.org/ISDS/Details/124). The broader arrangement may have been the following: "Under the agreement, Eureko will be paid more than USD 6 billion. In return for this payout, the deal sets up a government-controlled process for selling Eureko's shares. The agreement sets a deadline of the end of 2011 for all sales of Eureko's holdings in PZU, although this can be extended for a year "in the event of an unsatisfactory price", according to a joint press statement. The deal also precludes Eureko from competing against PZU for three years, as from the date its shareholding in PZU amounts to less than a 13%. Eureko is also prohibited from buying shares in PZU during and after the IPO for a period of 16 years, unless its stake falls below 5%, at which point it

can buy shares as long as its stake stays below the 5% ownership level. The agreement also requires Eureko and Poland to end the investment treaty arbitration proceedings, and Eureko must waive all other past claims against the government. The arbitral tribunal had produced a majority decision on liability in August 2005 that found Poland to have breached its obligations under the Netherlands-Poland bilateral investment treaty. After failed attempts by Poland in the Brussels courts to set aside the decision and to challenge one of the arbitrators in 2006-2007, the arbitration was set to resume to consider the amount of damages to be awarded to Eureko when the parties instead entered into settlement discussions." (http://uk.practicallaw.com/6-500-6640?service=arbitration).

95. Impregilo v. Pakistan (II): No information found.
96. Miminco v. Congo: 13.00 million USD awarded through settlement (http://investmentpolicyhub.unctad.org/ISDS/Details/112, cf. https://www.wikileaks.org/plusd/cables/10KINSHASA22_a.html).
97. Pan American v. Argentina: No information found.
98. Pioneer v. Argentina: No information found.
99. Telefónica v. Argentina: No information found.
100. Telekom Malaysia v. Ghana: Payments will take place in instalments over two years (https://www.modernghana.com/news/77357/1/govt-and-telekom-malaysia-settle-dispute.html, https://www.telegeography.com/products/commsupdate/articles/2005/05/09/state-and-telekom-malaysia-settle-ghana-telecom-dispute/, http://www.cn-c114.net/582/a306145.html), the sum awarded may be $50 million (http://www.ghanaweb.com/GhanaHomePage/NewsArchive/Ghana-Telekom-Malaysia-dispute-settled-81010, http://allafrica.com/stories/200404020392.html).
101. Aguas del Tunari v. Bolivia: No compensation but public declaration that the withdrawal was related to a state of emergency and not to any conduct of the international shareholders of the claimants (http://www.bechtel.com/newsroom/releases/2006/01/cochabamba-water-dispute-settled/), a token of $ USD 30 may have been paid for the claimants to drop the case (see http://democracyctr.org/bolivia/investigations/bolivia-investigations-the-water-revolt/bechtel-vs-bolivia-details-of-the-case-and-the-campaign/).
102. Canfor v. USA: Claims withdrawn as part of the US Canada Softwood Lumber Agreement (http://iiapp.org/media/uploads/canfor_tembec_terminal_v_united_states.rev.pdf) a part of which concerning Canfor can be found here: https://www.state.gov/documents/organization/107267.pdf.

103. IBM v. Ecuador: 3.50 million USD awarded through settlement (http://investmentpolicyhub.unctad.org/ISDS/Details/94). The award containing the settlement agreement can be found here: http://www.italaw.com/sites/default/files/case-documents/italaw4304.pdf.JacobsGibb v. Jordan: No information found.
104. SGS v. Philippines: No information found.
105. AES v. Hungary (I): No information found.
106. Booker v. Guyana: No information found.
107. Saluka v. Czech Republic: Agreement to cap potential damages which the tribunal can award at $ 335 million and agreement of the Czech Republic to drop counter-arbitration against Nomura (https://books.google.ch/books?id=IAfb_1jKd1oC&pg=PA188&lpg=PA188&dq=saluka+czech+republic+settlement&source=bl&ots=Nr 2pph_660&sig=AtTd5utCZrtXsmIqTzDP_Pl27Xg&hl=en&sa=X&ei=zpBgVLGtKNPXatnogvAE&ved=0CCkQ6AEwAg#v=onepage&q=saluka%20czech%20republic%20settlement&f=false).
108. SGS v. Pakistan: No information found.
109. Salini v. Morocco: No information found.
110. Sancheti v. Germany: No information found.
111. UK Bank v. Russia: No information found.
112. Alimenta S.A. v. Gambia: 11.20 million USD awarded through settlement (http://investmentpolicyhub.unctad.org/ISDS/Details/31, see also https://www.state.gov/e/eb/rls/othr/ics/2011/157281.htm).
113. Compagnie Minière v. Peru: No information found.
114. Lemire v. Ukraine (I): Award embodying the settlement can be found here: http://www.italaw.com/sites/default/files/case-documents/ita0452.pdf.
115. Ethyl v. Canada: 13.00 million USD awarded through settlement (http://pubs.acs.org/doi/abs/10.1021/cen-v 076n030.p013a, http://investmentpolicyhub.unctad.org/ISDS/Details/16, http://www.cela.ca/article/international-trade-agreements-commentary/how-canada-became-shill-ethyl-corp). "Canadian federal-provincial dispute settlement panel found that the federal measure was inconsistent with certain provisions of that Agreement. Following this decision, Canada and Ethyl settled all outstanding matters, including the Chapter Eleven claim." (http://www.international.gc.ca/trade-agreements-accords-commerciaux/topics-domaines/disp-diff/ethyl.aspx?lang=eng).
116. Ameritech v. Poland: No information found.
117. France Telecom v. Poland: No information found.
118. Goetz v. Burundi (I): 3.00 million USD awarded through settlement (http://investmentpolicyhub.unctad.org/ISDS/Details/5). The settle-

ment agreement embodied in an award can be found here: http://www.italaw.com/sites/default/files/case-documents/ita0380.pdf.

119. Leaf Tobacco v. Albania: No information found.
120. Gruslin v. Malaysia (I): No information found.

Consent to Arbitration through Legislation

Christoph Schreuer[*]

I. Introduction

Arbitration, by definition, is always based on an agreement between the disputing parties. In investment arbitration, the agreement is frequently not contained in a direct contract between the disputing parties but results from a general offer by the host State that may be taken up by an eligible investor. In practice, the most frequently used method to give consent to arbitration is through a treaty between the host State and the investor's State of nationality. Most bilateral investment treaties (BITs) contain clauses offering arbitration to the nationals of one State party to the treaty against the other State party to the treaty. The same method is employed by a number of regional multilateral treaties such as the NAFTA and the Energy Charter Treaty. These offers of consent contained in treaties must be perfected by an acceptance on the part of the investor. Another technique to give consent to arbitration is through a 'general terms' provision in the national legislation of the host State offering arbitration to foreign investors. Many capital-importing countries have adopted such provisions. The investor may accept the offer in writing at any time while the legislation is in effect. Unless otherwise provided in the legislation, the acceptance may be made simply by instituting proceedings.[1] The possibility that a host State may express its consent to arbitration under the ICSID Convention through a provision in its national legislation or through some other form of unilateral declaration was discussed during the Convention's preparation. It was uncontested that a unilateral acceptance by Contracting States of ICSID's jurisdiction constituted an offer that could be accepted by a for-

* Of Counsel at zeiler.partners, Vienna.

1 For earlier studies see M. Potestà, The Interpretation of Consent to ICSID Arbitration Contained in Domestic Investment Laws, 27 Arbitration International (2011), 149; C. Schreuer, Investment Arbitration based on National Legislation, in G. Hafner et al. (eds.), Völkerrecht und die Dynamik der Menschenrechte, Liber Amicorum Wolfram Karl (2012), 527.

eign investor and so become binding on both parties.[2] The Report of the Executive Directors to the Convention confirms that a State may offer consent to ICSID jurisdiction by way of legislation:

> 24. [...] nor does the Convention require that the consent of both parties be expressed in a single instrument. Thus, a host State might in its investment promotion legislation offer to submit disputes arising out of certain classes of investments to the jurisdiction of the Centre, and the investor might give his consent by accepting the offer in writing.[3]

Tribunals have confirmed the principle that consent to ICSID's jurisdiction may be given by way of an offer contained in the host State's legislation which is subsequently accepted by the investor.[4] Not every reference to arbitration in domestic legislation amounts to a binding offer of consent. Such a reference may hold out the possibility of future consent by the host State or may refer to consent given in another instrument. In a number of cases tribunals have held that legislative provisions that contained references to investment arbitration did not amount to an offer of consent by the host State.[5] Whether consent does, in fact, exist must be established on a case by case basis. The starting point for this inquiry is an interpreta-

---

2 International Centre for Settlement of Investment Disputes [ICSID], History of the ICSID Convention Vol. II (1968), pp. 274, 275.

3 International Bank for Reconstruction and Development, 'Report of the executive Directors on the Convention on the Settlement of Investment Disputes between States and Nationals of other States' (1965), available at http://icsidfiles.worldbank.org/ICSID/ICSID/StaticFiles/basicdoc/partB.htm (last visited 10 September 2018), para. 24.

4 SPP v. Egypt, ICSID Case No. ARB/84/3, Decision on Jurisdiction I of 27 November 1985, paras. 51, 52, 70-73; SPP v. Egypt, ICSID Case No. ARB/84/3, Decision on Jurisdiction II of 14 April 1988, paras. 53, 73-118; Tradex v. Albania, ICSID Case No. ARB/94/2, Decision on Jurisdiction of 24 December 1996, 5 ICSID Reports 47, 54, 63; Zhinvali v. Georgia, ICSID Case No. ARB/00/1, Award of 24 January 2003, 10 ICSID Reports 3, paras. 328-339; Inceysa v. El Salvador, ICSID Case No. ARB/03/26, Award of 2 August 2006, paras. 331-332; Rumeli v. Kazakhstan, ICSID Case No. ARB/05/16, Award of 29 July 2008, paras. 332-336; Pac Rim Cayman v. El Salvador, ICSID Case No. ARB/09/12, Decision on Preliminary Objections of 2 August 2010, paras. 242, 253.

5 Amco v. Indonesia, ICSID Case No. ARB/81/1, Decision on Jurisdiction of 25 September 1983, paras. 21-22; Inceysa v. El Salvador, ICSID Case No. ARB/03/26, Award of 2 August 2006, paras. 309-330; Biwater Gauff v. Tanzania, ICSID Case No. ARB/05/22, Award of 24 July 2008, para. 329; Mobil v. Venezuela, ICSID Case No. ARB/07/27, Decision on Jurisdiction of 10 June 2010, paras. 71-141; Cemex v. Venezuela, ICSID Case No. ARB/08/15, Decision on Jurisdiction of 30 December 2010, paras. 63-139; Brandes v. Venezuela, ICSID Case No. ARB/08/3, Award of 2

tion of the piece of legislation in question. This process involves questions of applicable law, notably whether the legislative provision in question is to be interpreted in accordance with domestic or international law. In addition, the interpretation of the purported consent clause may be subject to particular rules of interpretation.

II. Jurisdiction and Applicable Law

Questions relating to the jurisdiction of international tribunals are governed by rules that differ from the rules on applicable law concerning the merits of a case. ICSID tribunals have confirmed in numerous cases that the law governing jurisdiction differs from the law applicable to the merits in accordance with Article 42(1) of the ICSID Convention.[6] Where

---

August 2011, paras. 32-118; Tidewater v. Venezuela, ICSID Case No ARB/10/5, Decision on Jurisdiction of 8 February 2013, paras. 75-141; OPIC Karimun v. Venezuela, ICSID Case No. ARB/10/14, Award of 28 May 2013, paras. 165-179; ConocoPhillips v. Venezuela, ICSID Case No. ARB/07/30, Decision on Jurisdiction and the Merits of 3 September 2013, paras. 225-263; Metal-Tech Ltd. v. The Republic of Uzbekistan, ICSID Case No. ARB/10/3, Award of 4 October 2013, paras. 381-388; PNG Sustainable Development Program Ltd. v. Independent State of Papua New Guinea, ICSID Case No. ARB/13/33, Award of 5 May 2015, paras. 245-361; Içkale İnşaat Limited Şirketi v. Turkmenistan, ICSID Case No. ARB/10/24, Award of 8 March 2016, paras. 395-399; MNSS B.V. and Recupero Credito Acciaio N.V. v. Montenegro, ICSID Case No. ARB(AF)/12/8, Award of 4 May 2016, paras. 166-173.

6 CMS v. Argentina, ICSID Case No. ARB/01/8, Decision on Jurisdiction of 17 July 2003, paras. 42, 88; CMS v. Argentina, ICSID Case No. ARB/01/8, Decision on Annulment, 25 September 2007, para. 68; Azurix v. Argentina, ICSID Case No. ARB/01/12, Decision on Jurisdiction of 8 December 2003, paras. 48-50; Enron v. Argentina, ICSID Case No. ARB/01/3, Decision on Jurisdiction of 14 January 2004, para. 38; Siemens v. Argentina, ICSID Case No. ARB/02/8, Decision on Jurisdiction of 3 August 2004, paras. 29-31; Camuzzi v. Argentina, ICSID Case No. ARB/03/2, Decision on Jurisdiction of 11 May 2005, paras. 15-17, 57; Sempra v. Argentina, ICSID Case No. ARB/02/16, Decision on Jurisdiction of 11 May 2005, paras. 25-27; AES Corp. v. Argentina, ICSID Case No. ARB/02/17, Decision on Jurisdiction of 26 April 2005, paras. 34-39; Jan de Nul N.V., Dredging Intl. N.V. v. Egypt, ICSID Case No. ARB/04/13, Decision on Jurisdiction of 16 June 2006, paras. 65-68, para. 82; Saipem v. Bangladesh, ICSID Case No. ARB/05/07, Decision on Jurisdiction of 21 March 2007, paras.68, 78, 82; Noble Energy & Machalapower v. Ecuador, ICSID Case No. ARB/05/12, Decision on Jurisdiction of 5 March 2008, paras. 56-57; Alpha v. Ukraine, ICSID Case No. ARB/07/16, Award of 8 November 2010, paras. 225-227; Duke Energy v. Peru, ICSID Case No. ARB/03/28, Decision on Annulment of 1 March 2011, paras. 131-146; AFT v. Slovakia, Award of 5 March

claimants have sought to base consent on the national legislation of the respondent States, tribunals have applied principles of statutory interpretation as well as rules of international law relating to unilateral acts.[7] The emphasis on either domestic law or international law varies from case to case.

In *SPP v. Egypt*, jurisdiction was based on a provision of Egyptian law.[8] Egypt contended that the jurisdictional issues were governed by Egyptian law by virtue of Article 42(1) of the ICSID Convention. The Tribunal rejected Egypt's argument. It held that any offer of consent to jurisdiction under the ICSID Convention by way of national legislation involved more than interpretation of municipal legislation. The question was whether the legislation created an international obligation under a multilateral treaty. This involved both statutory and treaty interpretation.[9] The Tribunal pointed out that the statutory provision, which SPP claimed to be a unilateral acceptance of the Centre's jurisdiction, would have to be considered in light of the international law governing unilateral juridical acts. After referring to decisions of the Permanent Court of International Justice and of the International Court of Justice on unilateral consent to jurisdiction, the

---

2011, paras. 193-199; Meerapfel v. Central African Republic, ICSID Case No. ARB/07/10, Award of 12 May 2011, paras. 139-147; Abaclat et al. v. Argentina, ICSID Case No. ARB/07/5, Decision on Jurisdiction and Admissibility of 4 August 2011, para. 430; Quiborax v. Bolivia, ICSID Case No. ARB/06/2, Decision on Jurisdiction of 27 September 2012, paras. 47-52; Electrabel v. Hungary, ICSID Case No. ARB/07/19, Decision on Jurisdiction, Applicable Law and Liability of 30 November 2012, para. 4.17; Teinver v. Argentina, ICSID Case No. ARB/09/1, Decision on Jurisdiction of 21 December 2012, paras. 227-228; Ambiente Ufficio et al. v. Argentina, ICSID Case No. ARB/08/9, Decision on Jurisdiction and Admissibility of 8 February 2013, paras. 134, 153, 233-246, 257, 514-515; Burimi SRL and Eagle Games SH.A, ICSID Case No. ARB/11/18, Award of 29 May 2013, paras. 92 et seq.; Philip Morris v. Uruguay, ICSID Case No. ARB/10/7, Decision on Jurisdiction of 2 July 2013, para. 30; KT Asia Investment Group B.V. v. Republic of Kazakhstan, ICSID Case No. ARB/09/8, Award of 17 October 2013, para. 85; Churchill Mining v. Indonesia, Planet Mining v. Indonesia, ICSID Case No. ARB/12/14 and 12/40, Decision on Jurisdiction of 24 February 2014, para. 86; Tenaris S.A. and Talta – Trading e Marketing Sociedade Unipessoal Lda. v. Bolivarian Republic of Venezuela, ICSID Case No. ARB/11/26, Award of 29 January 2016, paras. 163-196; CEAC Holdings Ltd. v. Montenegro, ICSID Case No. ARB/14/8, Award, 26 July 2016, paras. 145, 147, 154.

7 See Potestà, supra note 1, 160 et seq.

8 Southern Pacific Properties (Middle East) Limited v. Arab Republic of Egypt, ICSID Case No. ARB/84/3, Decision on Jurisdiction II of 14 April 1988, 3 ICSID Reports 131, paras. 55-61.

9 Ibid., para 61.

Tribunal concluded that it would apply general principles of statutory interpretation as well as relevant rules of treaty interpretation and principles of international law applicable to unilateral declarations.[10]

In *Zhinvali v. Georgia*, consent to arbitration was based on a reference to ICSID arbitration in the host State's Investment Law.[11] The Tribunal found that its interpretation of this alleged consent was primarily governed by the law of Georgia subject to the control of international law.[12]

A series of cases have turned on the interpretation of Article 22 of Venezuela's Investment Law and on the question whether Venezuela had offered consent through that piece of legislation. In these cases, the parties differed as to the emphasis the Tribunal should put on domestic law and on international law in interpreting this provision. The Tribunals, though with certain variations in emphasis, found that both the host State's law and international law had to be taken into account.[13]

In *Tidewater v. Venezuela*,[14] the Tribunal went into some detail in determining the relative weight to be given to domestic law and international law. It said:

> It is the Tribunal's view that the Investment Law being a municipal legal instrument susceptible to having effects on the international plane, both national rules of interpretation and international rules of interpretation have their role to play.[15] [...] The Tribunal does not consider that national law has to be completely disregarded, but considers that logic implies that an act, which is both rooted in the national legal order and extends its effects in the international legal order, has to be interpreted by reference to both legal orders. Thus, an ICSID tribunal determining its jurisdiction is not required to interpret the instrument of consent according primarily to national law, but rather has to take

---

10 Ibid.

11 Zhinvali Development Ltd. v. Republic of Georgia, ICSID Case No. ARB/00/1, Award of 24 January 2003, para. 229.

12 Ibid., paras. 339, 340.

13 See also Mobil v. Venezuela, ICSID Case No. ARB/07/27, Decision on Jurisdiction of 10 June 2010, para. 85; Cemex v. Venezuela, ICSID Case No. ARB/08/15, Decision on Jurisdiction of 30 December 2010, para. 79; Brandes v. Venezuela, ICSID Case No ARB/08/3, Award of 2 August 2011, paras. 36, 81; ConocoPhillips v. Venezuela, ICSID Case No. ARB/07/30, Decision on Jurisdiction and the Merits of 3 September 2013, para. 255.

14 Tidewater Inc., Tidewater Investment SRL, Tidewater Caribe, C.A., et al. v. The Bolivarian Republic of Venezuela, ICSID Case No. ARB/10/5, Decision on Jurisdiction of 8 February 2013.

15 Ibid., para. 81.

> into account the principles of international law.[16] [...] domestic law has a role to play first in order to ascertain the existence and validity of the national law, but also in order to help understanding the intention of the state in adopting such law.[17]

Pac Rim Cayman v. El Salvador raised the question whether Article 15 of the Investment Law of El Salvador contained an offer of consent to arbitration addressed to foreign investors. For purposes of its interpretation, the Tribunal put a strong emphasis on international law and said:

> As established by the International Court of Justice when interpreting optional declarations of compulsory jurisdiction made by States under Article 36(2) of the ICJ Statute[18] and as adopted recently by other ICSID tribunals,[19] legislation and unilateral acts by which a State consents to ICSID jurisdiction are to be considered as standing offers to foreign investors under the ICSID Convention and interpreted according to the ICSID Convention and under the rules of international law governing unilateral declarations of States.[20]

In *PNG Sustainable Development Program v. Papua New Guinea*, the Tribunal found that statutory provisions referring to ICSID arbitration were of a hybrid nature and were governed by both national and international law:

> The Tribunal is of the view that, where national investment legislation is claimed to contain a standing offer to arbitrate under an international instrument, such as the ICSID Convention, that provision constitutes a unilateral declaration made by a State that is rooted in the national legal order of that State, but that also (assertedly) produces effects under international law. [...]
> In this regard, the Tribunal concludes that such legislative provisions are of a "hybrid" nature. As a consequence, interpretation of those provisions must also be approached from a hybrid perspective, taking into

---

16 Ibid., para. 86.

17 Ibid., para. 103.

18 Land and Maritime Boundary between Cameroon and Nigeria, Preliminary Objections, ICJ Reports 1998, 291, para. 25; Fisheries Jurisdiction (Spain v. Canada), Jurisdiction of the Court, Judgment, ICJ Reports 1998, 453, para. 46. [footnote in original].

19 Mobil v. Venezuela, ICSID Case No. ARB/07/27, Decision on Jurisdiction of 10 June 2010, para. 85; Cemex v. Venezuela, ICSID Case No. ARB/08/15, Decision on Jurisdiction of 30 December 2010, para. 79 [footnote in original].

20 Pac Rim Cayman LLC v. Republic of El Salvador, ICSID Case No. ARB/09/12, Decision on Jurisdiction of 1 June 2012, para. 5.33.

> account both that State's domestic law on statutory construction and international law. Where the principles of interpretation under the State's domestic law conflict with international law principles, international law principles will ordinarily prevail, although this is an issue that must be resolved on a case-by-case basis, in light of the nature of the conflict. In general, the relevant rules of international law would be character of unilateral acts, but the Vienna Convention's provisions will often be applicable by analogy.[21]

It follows from these cases that a decision whether a State has validly consented to arbitration by way of national legislation is to be made both as a matter of statutory interpretation as well as on the basis of international law. From the perspective of international law the statutory provision is to be regarded as a unilateral act and has to be interpreted as such.[22]

III. The Methodology for the Interpretation of Unilateral Acts

In 2006 the International Law Commission (ILC) of the United Nations adopted Guiding Principles applicable to unilateral declarations of States capable of creating legal obligations.[23] The ILC recognized that unilateral declarations of States may have the effect of creating legal obligations. Guiding Principle 1 reads as follows:

> 1. Declarations publicly made and manifesting the will to be bound may have the effect of creating legal obligations. When the conditions for this are met, the binding character of such declarations is based on good faith; interested States may then take them into consideration and rely on them; such States are entitled to require that such obligations be respected.

The ILC's Guiding Principles apply not only among States. The ILC pointed out that unilateral declarations may have legal effect beyond purely in-

---

21 PNG Sustainable Development Program Ltd. v. Independent State of Papua New Guinea, ICSID Case No. ARB/13/33, Award of 5 May 2015, paras. 264-265.

22 See D. Caron, The Interpretation of National Foreign Investment Laws as Unilateral Acts Under International Law, in M. H. Arsanjani et al. (eds.), Looking to the Future, Essays on International Law in Honor of W. Michael Reisman (2011), 649, 653.

23 International Law Commission, Unilateral Acts of States – Report of the Working Group, UN Doc A/CN.4/L. 703, 20 July 2006. See also Potestà, supra note 1, 162 et seq.; Caron, supra note 22, 659 et seq.

ter-State relationships. They may be validly addressed to the international community, to one or several States as well as to "other entities".[24] The ILC adopted the following formula for the interpretation of unilateral declarations:

> 7. A unilateral declaration entails obligations for the formulating State only if it is stated in clear and specific terms. In the case of doubt as to the scope of the obligations resulting from such a declaration, such obligations must be interpreted in a restrictive manner. In interpreting the content of such obligations, weight shall be given first and foremost to the text of the declaration, together with the context and the circumstances in which it was formulated.

Therefore, according to the ILC, the following principles are to be applied in the interpretation of a State's unilateral declarations:

- An obligation exists only if it is stated in clear and specific terms;
- In case of doubt, obligations must be interpreted restrictively;
- An interpretation is to be based first and foremost on the declaration's text together with the context and the circumstances of its formulation.[25]

A. *Restrictive Interpretation of Unilateral Acts?*

The requirement of a restrictive interpretation has given rise to lively discussions. There is a general debate on whether offers of consent to investment arbitration should be read extensively or restrictively. In cases involving references to arbitration in contracts or in treaties, tribunals have typically endorsed neither an extensive nor a restrictive interpretation but what they perceived to be a balanced approach.[26] In cases involving national leg-

---

24 UN Doc A/CN.4/L. 703, supra note 23, p. 4, para. 6. See also W.M. Reisman and M.H. Arsanjani, The Question of Unilateral Governmental Statements as Applicable Law in Investment Disputes, 19 ICSID Review – FILJ (2004), 328 et seq.

25 See also Y. Andreeva, Interpreting Consent to Arbitration as a Unilateral Act of State: A Case Against Conventions, 27 Arbitration International (2011), 129, 146, 147.

26 Amco v. Indonesia, ICSID Case No. ARB/81/1, Decision on Jurisdiction of 25 September 1983, paras. 12-16, 18, 29; SOABI v. Senegal, ICSID Case No. ARB/82/1, Award of 25 February 1988, para. 4.08-4.10; Tradex v. Albania, ICSID Case No. ARB/94/2, Decision on Jurisdiction of 24 December 1996, 5 ICSID Reports, 68; Cable TV v. St. Kitts and Nevis, ICSID Case No. ARB/95/2, Award of 13

islation, tribunals have also generally favoured a balanced approach although there are certain variations in emphasis.

In SPP v. Egypt, the Tribunal interpreting a legislative provision that referred to ICSID arbitration found that there was no presumption of jurisdiction, particularly where a sovereign State was involved. Jurisdictional instruments were to be interpreted neither restrictively nor expansively, but rather objectively and in good faith. Jurisdiction existed only insofar as consent thereto had been given by the parties and if the arguments in favour of consent were preponderant.[27] The Tribunals, interpreting Article 22 of the Venezuelan Investment Law, discussed the ILC's Guiding Principles but adopted a differentiated attitude towards the maxim of restrictive interpretation of unilateral acts. In *Mobil v. Venezuela* the Tribunal, after citing that maxim, came to the conclusion that it did not apply to unilateral acts formulated in the framework and on the basis of a treaty such as the ICSID Convention. It found support for this conclusion in the practice of the International Court of Justice (ICJ) when interpreting unilateral declarations of compulsory jurisdiction under Article 36(2) of its Statute.[28]

January 1997, para. 6.27; CSOB v. Slovakia, ICSID Case No. ARB/97/4, Decision on Jurisdiction of 24 May 1999, para. 34; Mondev v. United States (AF), ICSID Case No. ARB(AF)/99/2, Award of 11 October 2002, para. 42; Aguas del Tunari v. Bolivia, ICSID Case No. ARB/02/3, Decision on Jurisdiction of 21 October 2005, para. 91; Duke Energy v. Peru, ICSID Case No. ARB/03/28, Decision on Jurisdiction of 1 February 2006, paras. 76-78; Suez et al. v. Argentina, ICSID Case No. ARB/03/17, Decision on Jurisdiction of 16 May 2006, para. 64; Inceysa v. El Salvador, ICSID Case No. ARB/03/26, Award of 2 August 2006, para. 177; Noble Energy v. Ecuador, ICSID Case No. ARB/05/12, Decision on Jurisdiction of 5 March 2008, paras. 195-197; Duke Energy v. Ecuador, ICSID Case No. ARB/04/19, Award of 18 August 2008, paras. 129, 130; Tza Yap Shum v. Peru, ICSID Case No. ARB/07/6, Decision on Jurisdiction of 19 June 2009, para. 37; Austrian Airlines v. Slovak Republic, Final Award of 9 October 2009, paras. 119-121; Duke Energy v. Ecuador, Decision on Annulment of 1 March 2011, para. 140; Libananco v. Turkey, ICSID Case No. ARB/06/8, Award of 2 September 2011, para. 540; Iberdrola v. Guatemala, ICSID Case No. ARB/09/5, Award of 17 August 2012, para. 303; Daimler v. Argentina, ICSID Case No. ARB/05/1, Award of 22 August 2012, paras. 174-178; Garanti Koza v. Turkmenistan, ICSID Case No. ARB/11/20, Decision on Jurisdiction of 3 July 2013, para. 22; National Gas v. Egypt, ICSID Case No. ARB/11/7, Award of 3 April 2014, para. 119.

27 Southern Pacific Properties (Middle East) Limited v. Arab Republic of Egypt, supra note 8, para. 63. The Tribunal relied on a number of international decisions by the ICJ, the PCIJ and an arbitral tribunal.

28 Mobil Corporation, Venezuela Holdings, B.V., Mobil Cerro Negro Holding, Ltd., Mobil Venezolana de Petróleos Holdings, Inc., Mobil Cerro Negro, Ltd., and Mo-

The Tribunal in *Cemex v. Venezuela* reached the same conclusion[29] but adopted an equally distanced attitude towards an effective interpretation. It examined the practice of the International Court of Justice and found that the principle of *effet utile* or effectiveness,[30] which plays a role in treaty interpretation, was not to be applied when it comes to unilateral declarations.[31]

In *Tidewater v. Venezuela*,[32] the respondent again argued that the Tribunal, in interpreting Article 22 of the Venezuela Investment Law, should adopt the restrictive approach reflected in Principle 7 of the ILC's Guiding Principles.[33] The Tribunal distinguished between unilateral acts adopted in the framework of a treaty and other unilateral acts. The Tribunal found that the restrictive approach may well apply to the latter category but would not apply in the case of the former category.[34] The reference to ICSID in the Investment Law had to be interpreted in analogy to a unilateral declaration of a State accepting the compulsory jurisdiction of the ICJ in the framework of Article 36(2) of its Statute.[35]

The Tribunal in *Pac Rim Cayman v. El Salvador* adopted the same methodology when interpreting Article 15 of the El Salvador Investment Law, stating:

> As explained by the *Mobil* and *Cemex* tribunals, whilst the ICJ has decided that a restrictive interpretation should apply when construing acts formulated by States in the exercise of their freedom to act on the international plane, rules of interpretation differ when unilateral acts are formulated in the framework and on the basis of a treaty such as, in the present case, the multilateral ICSID Convention.[36]

---

bil Venezolana de Petróleos, Inc. v. Bolivarian Republic of Venezuela, ICSID Case No. ARB/07/27, Decision on Jurisdiction of 10 June 2010, paras. 87-92.

29 CEMEX Caracas Investments B.V. and CEMEX Caracas II Investments B.V. v. Bolivarian Republic of Venezuela, ICSID Case No. ARB/08/15, Decision on Jurisdiction of 30 December 2010, paras. 81-85.

30 Ibid., para. 114, the Tribunal explains that this principle does not require that maximum effect be given to a text. It only excludes interpretations that would render the text meaningless, when a meaningful interpretation is possible.

31 Ibid., paras. 107-111.

32 Tidewater et al. v. The Bolivarian Republic of Venezuela, supra note 14.

33 Ibid., para. 87.

34 Ibid., paras. 89-92, 99.

35 Ibid., paras. 93-95.

36 Pac Rim Cayman LLC v. Republic of El Salvador, supra note 20, para. 5.34 [Footnote omitted].

In *PNG Sustainable Development Program v. Papua New Guinea*, the Tribunal had to apply provisions of the Papua New Guinea Investment Promotion Act and the Papua New Guinea Investment Disputes Convention Act. In the process of interpreting these statutory provisions, the Tribunal rejected any presumption in favour of or against jurisdiction:

> In the Tribunal's view, it is well-settled, for good reason, that there is no presumption against the finding of jurisdiction under the ICSID Convention, and no heightened requirement of proof of an agreement to arbitrate. Jurisdictional instruments, whether investment contracts, treaties or legislation, must be interpreted objectively and neutrally, and not either expansively or restrictively.
>
> [...]
>
> There is no reason, or justification, to adopt presumptions against (or in favor of) a State's submission to ICSID jurisdiction: the issue is rather to be approached objectively and neutrally, aiming to ascertain the true intentions of the relevant party (or parties) in a particular instrument. Where relevant, the standard of proof is generally held to be a preponderance of the evidence or a balance of probabilities.[37]

It follows from these authorities that tribunals have rejected any presumption in favour of or against jurisdiction based on consent expressed in national legislation. Provisions of this kind are to be interpreted neither extensively nor restrictively. In particular, tribunals found that the statement contained in the ILC's Guiding Principles concerning unilateral declarations to the effect that in case of doubt obligations must be interpreted restrictively did not apply to unilateral offers of consent relating to the ICSID Convention.

B. The Intention of the State Adopting the Legislation

A number of tribunals have emphasized the relevance of the intention of the State adopting the legislation. In *Mobil v. Venezuela*, the Tribunal found that the decisive element for the interpretation of Article 22 of the

37 PNG Sustainable Development Program Ltd. v. Papua New Guinea, supra note 21, paras. 253, 255.

Venezuelan Investment Law was the intention of Venezuela when adopting it.[38]

Cemex v. Venezuela, also involved Article 22 of the Venezuelan Investment Law. Again, the Tribunal, sitting under the same president (Guillaume), put a strong emphasis on the intention of the State making the declaration.[39] In its search for this intention it held that "[t]he starting point in the interpretation of unilateral declarations (as well as in statutory interpretation or in the interpretation of treaties) is the textual analysis of the document to be construed."[40] In addition, the Tribunal declared that "it will consider its context, its purpose and the circumstances of its preparation in order seek to determine what was the intention of Venezuela when adopting Article 22."[41]

In *OPIC Karimun v. Venezuela*, the Tribunal, again interpreting Article 22 of the Venezuelan Investment Law also stressed the intention of the State adopting the legislation.[42] It said:

> The principles of international law governing the interpretation of unilateral declarations formulated on the basis of a treaty have been articulated by the International Court of Justice. The content of the relevant rules is usefully set out in the *Fisheries Jurisdiction Case*, where the Court found that since statutes are unilaterally drafted instruments, a certain emphasis is properly to be placed on the intention of the depositing state.[43]

In *Pac Rim Cayman v. El Salvador*, too, the Tribunal put a strong emphasis on the intention of the State concerned:

> [...] declarations must be interpreted as they stand, having regard to the words actually used and taking into consideration "the intention of the government at the time it made the declaration." Such intention can be inferred from the text, but also from the context, the circumstances of its preparation and the purposes intended to be served by

---

38 Mobil Corporation, Venezuela Holdings, B.V., et al. v. Bolivarian Republic of Venezuela, supra note 28, para. 119.

39 CEMEX Caracas Investments B.V. and CEMEX Caracas II Investments B.V. v. Bolivarian Republic of Venezuela, supra note 29, para. 87.

40 Ibid., para. 90.

41 Ibid., para. 112.

42 OPIC Karimun Corporation v. The Bolivarian Republic of Venezuela, ICSID Case No. ARB/10/14, Award of 28 May 2013, paras. 77-80.

43 Ibid., para. 78.

the declaration. In doing so, the relevant words should be interpreted in a natural and reasonable way.[44]

C. *Criteria for the Interpretation of Unilateral Acts*

Several tribunals have gone beyond references to broad principles like restrictive interpretation or intention of the State adopting the legislation and have sought to develop more specific criteria for the interpretation of unilateral acts embodied in the legislation of States.

In *Brandes v. Venezuela,* the Tribunal noted the parties' agreement on the method to be applied in the interpretation of Article 22 of Venezuela's Investment Law:

> As the Parties to this proceeding have agreed, the interpretation of a legal provision and, specifically, in this case, Article 22 of the LPPI, should begin with a *purely grammatical analysis;* if this initial analysis fails to define clearly the meaning of the provision, it then becomes necessary to examine the *context* in which it was enacted, including a review of other provisions of Venezuelan law relating to the same subject and, in particular, having regard to the hierarchy of norms of the Venezuelan legal system as set forth in the Political Constitution of that State. Other elements that must be used to interpret with clarity the content of Article 22 are the *circumstances* in which it was enacted and the *goals* that it was intended to achieve.[45]

Additionally, the *Brandes* Tribunal found it "self-evident that such consent should be expressed in a manner that leaves no doubts."[46]

In *Tidewater v. Venezuela,*[47] the Tribunal followed the lead of the ICJ and adopted the criteria for the interpretation of unilateral declarations of States accepting the compulsory jurisdiction of the ICJ in the framework of Article 36(2) of its Statute:

---

44 Pac Rim Cayman LLC v. Republic of El Salvador, supra note 20, para 5.34 [Footnotes omitted].

45 Brandes Investment Partners, LP v. The Bolivarian Republic of Venezuela, ICSID Case No. ARB/08/3, Award of 2 August 2011, para. 35 [Emphasis in original; Footnote omitted].

46 Ibid., para. 113.

47 Tidewater Inc. et al. v. The Bolivarian Republic of Venezuela, supra note 14.

> [t]hese unilateral acts are neither to be interpreted according to the rules of the VCLT, nor according to the rules stated in the ILC Unilateral Declaration Principles; they have their own rules of interpretation.[48]

The *Tidewater* Tribunal found that these *sui generis* rules applicable to unilateral offers of jurisdiction were encapsulated in a passage from the ICJ's *Fisheries Jurisdiction case*.[49] The ICJ had found that these rules would require that the interpretation be performed:

> [...] in a natural and reasonable way, having due regard to the intention of the State concerned at the time when it accepted the compulsory jurisdiction of the Court. The intention of a [...] State may be deduced not only from the text of the relevant clause, but also from the context in which the clause is to be read, and an examination of evidence regarding the circumstances of its preparation and the purposes intended to be served.[50]

The *Tidewater* Tribunal concluded that:

> [...] it will proceed to find that it has jurisdiction if, but only if, the existence of the consent in writing of both parties to its jurisdiction is clear.[51]

In *ConocoPhillips v. Venezuela*, the Tribunal addressed a difference between the parties about the question whether Venezuela's consent had to be stated in terms that were "clear and unequivocal" or "objective and in good faith". The Tribunal opted for what it called a cautious approach and said:

> Given that States are subject to binding third party dispute settlement procedures only if they so consent and, given the weight of authority referred to earlier, particularly as found in decisions of the International Court of Justice and in the particular ICSID context, the Tribunal considers that its approach should be cautious. In the words of the International Court of Justice in considering the very first challenge made to its jurisdiction, the consent must be "voluntary and indisputable", and in the words of both ICSID tribunals "clear and unam-

---

48 Ibid., para. 96.

49 Fisheries Jurisdiction (Spain v. Canada), Jurisdiction of the Court, Judgment, ICJ Reports 1998, para. 432.

50 Ibid., para. 49.

51 Ibid., para. 101.

> biguous". The necessary consent is not to be presumed. It must be clearly demonstrated.[52]

In *PNG Sustainable Development Program v. Papua New Guinea,* the Tribunal summarized its methodological approach in the following terms:

> In fulfilling its interpretive mandate, the Tribunal analyzes the relevant statutory provisions in light of the ordinary meaning of their language, objectively construed, as well as their purpose and relevant context. The Tribunal also considers the legislative history of these provisions and the investment promotion materials as part of the relevant context in which the legislation was adopted and understood.[53]

The methodology of tribunals in dealing with purported expressions of consent to arbitration expressed in national legislation may be summarized as follows:

- Any expression of consent made by way of legislation would have to be made "in clear and specific terms" (ILC, Guiding Principles, para. 7; *ConocoPhillips*) and "in a manner that leaves no doubts" (*Brandes*).
- The restrictive interpretation, suggested by the ILC, has been mostly rejected for acts adopted in the framework and on the basis of a treaty (*Mobil, Cemex, Tidewater, Pac Rim Cayman, PNG*).
- Some tribunals have given paramount importance to the intention of the State adopting the legislation (*Mobil, Cemex, Pac Rim Cayman, OPIC Karimun*).
- Most tribunals seemed agreed that they had to focus on the declaration's text, its context and on the circumstances of its adoption (*Mobil, Cemex, Pac Rim Cayman, Brandes, Tidewater, PNG*).

IV. Tribunal Practice on the Interpretation of National Legislation

In a number of cases tribunals have reached decisions on whether reference to international arbitration in national investment legislation of host States constituted a valid offer of consent to arbitration. In some of these

52 ConocoPhillips Petrozuata B.V., ConocoPhillips Hamaca B.V. and ConocoPhillips Gulf of Paria B.V. v. Bolivarian Republic of Venezuela, ICSID Case No. ARB/07/30, Decision on Jurisdiction and the Merits of 3 September 2013, para. 254.

53 PNG Sustainable Development Program Ltd. v. Papua New Guinea, supra note 21, para. 274.

cases tribunals found that the relevant piece of legislation contained a binding offer of consent. In other instances, they found that the provision in question fell short of a unilateral commitment to arbitrate with foreign investors. It is difficult to draw general conclusions from the interpretation of differently worded legislative texts. However, these cases give an impression of the precision and specificity required of unilateral offers to arbitrate in general and of consent to ICSID arbitration in particular. The following two sections first look at cases in which tribunals accepted the existence of a binding offer to arbitrate on the basis of the host State's national legislation, followed by a series of cases in which tribunals denied the existence of a commitment of this kind.

A. *Existence of a Valid Offer to Arbitrate in National Legislation*

In a number of cases tribunals found that the legislation in question contained a binding offer of ICSID arbitration to foreign investors.[54] In *SPP v. Egypt*,[55] the claimant relied on Article 8 of Egypt's Law No. 43 of 1974 Concerning the Investment of Arab and Foreign Funds and the Free Zone. The relevant part of this Law states:

> Investment disputes in respect of the implementation of the provisions of this Law shall be settled in a manner to be agreed upon with the investor, or within the framework of the agreements in force between the Arab Republic of Egypt and the investor's home country, or within the framework of the Convention for the Settlement of Investment Disputes between the State and the nationals of other countries to which Egypt has adhered by virtue of Law No. 90 of 1971, where such Convention applies.[56]

---

54 See also Rumeli v. Kazakhstan, ICSID Case No. ARB/05/16, Award of 29 July 2008, paras. 333, 334, 336. In this case the Tribunal found it unnecessary to rely on the domestic statute in view of the existence of jurisdiction under a BIT.

55 SPP v. Egypt, ICSID Case No. ARB/84/3, Decision on Jurisdiction I of 27 November 1985, 3 ICSID Reports 101, SPP v. Egypt, ICSID Case No. ARB/84/3, Decision on Jurisdiction II of 14 April 1988. For more detailed discussion of this case, see C. Schreuer et al. The ICSID Convention: A Commentary, 2nd ed. (2009), Article 25, paragraphs. 400-405; Potestà, supra note 1, 159 et seq.; Caron, supra note 22, 651 et seq.

56 Southern Pacific Properties Ltd. v. Egypt, supra note 8, para. 71. This provision has since been repealed.

Egypt contested the existence of consent to arbitration on that basis. The Tribunal undertook a detailed grammatical analysis of the relevant text. This led it to conclude that the Arabic text mandated the submission of disputes to the various methods prescribed therein to the extent that such methods were applicable.[57] The Tribunal rejected Egypt's suggestion that this provision had the consequence of only informing potential investors of Egypt's willingness, in principle, to negotiate a consent agreement. In the Tribunal's view, there was nothing in the legislation requiring a further *ad hoc* manifestation of consent to the Centre's jurisdiction.[58]

In *Tradex v. Albania*,[59] the Tribunal applied Article 8(2) of the Albanian Law on Foreign Investment of 1993 which stated:

> If a foreign investment dispute arises between a foreign investor and the Republic of Albania and it cannot be settled amicably, then the foreign investor may choose to submit the dispute for resolution to a competent court or administrative tribunal of the Republic of Albania in accordance with its laws. In addition, if the dispute arises out of or relates to expropriation, compensation for expropriation, or discrimination and also for the transfers in accordance with Article 7, then the foreign investor may submit the dispute for resolution and the Republic of Albania hereby consents to the submission thereof, to the International Centre for Settlement of Investment Disputes ("Centre") established by the Convention on the Settlement of Investment Disputes between States and National [sic] of Other States, done at Washington, March 18, 1965 ("ICSID Convention").[60]

The Tribunal found that this offer of ICSID arbitration was clear and unambiguous. It relied on the decision in *SPP v. Egypt* and formed the following view:

> In the present case, the formulation of Article 8 of the Albanian Investment Law of 1993 is surely more clear than the corresponding Article 8 of the Egyptian law mentioned above. Article 8 paragraph 2, of the

57 Ibid., paras. 74-82.

58 Ibid., paras. 89-101. In a subsequent case, Manufacturers Hanover Trust v. Egypt, jurisdiction was also based on Egypt's Law No. 43 of 1974. Although there is no published decision, it is known that the case had progressed beyond a jurisdictional decision before it was settled. It may be concluded that this Tribunal also found that Law No. 43 amounted to Egypt's consent to ICSID's jurisdiction.

59 Tradex Hellas S.A. v. Republic of Albania, ICSID Case No. ARB/94/2, Decision on Jurisdiction of 24 December 1996, 5 ICSID Reports 47.

60 Ibid., 54.

> 1993 Albanian Law states unambiguously that 'The Republic of Albania hereby consents to the submission thereof to the International Center for Settlement of Investment Disputes'.[61]

As it turned out, the limitation of the consent to matters relating to expropriation turned out to be decisive in that case.[62]

In *Zhinvali v. Georgia*,[63] the claimant relied on Article 16(2) of the Georgia Investment Law of 1996, which provided:

> 2. Disputes between a foreign investor and [a] governmental body, if the order of its resolution is not agreed between them, shall be settled at the court of Georgia or at the International Centre for the Resolution [sic] of Investment Disputes. Should [the] dispute not be considered in the International Centre for the Resolution [sic] of Investment Disputes the foreign investor is entitled to refer a dispute to the additional institution of the Centre [Additional Facility] or to any international arbitration established in accordance with regulations provided by the Arbitration and International Agreements of the Commission of the United Nations for International Trade Law – UNCITRAL.[64]

The respondent denied the existence of an expression of consent under this provision and relied on an earlier statute, which refers disputes to domestic courts.[65] The *Zhinvali* Tribunal concluded that the Investment Law, being later in time, took precedence. The reference to ICSID in Article 16(2) of the Investment Law constituted consent in writing by Georgia to the jurisdiction of ICSID.[66] The Tribunal said:

> In sum, the Tribunal holds that the provisions of Article 16(2) of the 1996 Georgia Investment Law, [...] constitute a 'consent in writing' by the respondent to the jurisdiction of ICSID, which offer the Claimant later accepted in writing when it filed its Request for Arbitration.[67]

---

61 Ibid., 63.
62 Tradex v. Albania, ICSID Case No. ARB/94/2, Award of 29 April 1999, paras. 92, 132, 203-205.
63 Zhinvali Development Ltd. v. Republic of Georgia, supra note 11.
64 Ibid., para. 337.
65 Ibid., para. 329.
66 Ibid., para. 342.
67 Ibid., para. 342.

A few cases concerned the Investment Law of El Salvador.[68] In *Inceysa v. El Salvador,*[69] the Tribunal examined several pieces of legislation put forward by the claimant.[70] Article 15 of the El Salvador Investment Law provided in relevant part:

> In the case of controversies arising between foreign investors and the State regarding their investments in El Salvador, the investors may submit the controversy to:
> a) the International Centre for Settlement of Investment Disputes (ICSID), with the purpose of solving the controversy through conciliation and arbitration, in accordance with the Convention on the Settlement of Investment Disputes between States and nationals of other States (ICSID Convention).[71]

The Tribunal concluded that this provision constituted a unilateral offer of consent to submit to the jurisdiction of the Centre to hear disputes regarding investments arising between El Salvador and an investor. It stated:

> The foregoing clearly indicates that the Salvadoran State, by Article 15 of the Investment Law, made to the foreign investors a unilateral offer of consent to submit, if the foreign investor so decides, to the jurisdiction of the Centre, to hear all "*disputes referring to investments*" arising between El Salvador and the investor in question.[72]

In *Pac Rim Cayman v. El Salvador,*[73] the claimant also relied on Article 15 of the El Salvador Investment Law to establish jurisdiction.[74] The Tribunal found the language of Article 15 clear and unambiguous.[75] It had no doubt that the Investment Law contained the State's consent to ICSID jurisdiction. The Tribunal said:

---

68 In Commerce Group, there was reference to Article 15 of El Salvador's Investment Law but no serious discussion concerning its interpretation. See Commerce Group v. El Salvador, ICSID Case No. ARB/09/17, Award of 14 March 2011, paras. 15, 118-128.

69 Inceysa Vallisoletana S.L. v. Republic of El Salvador, ICSID Case No. ARB/03/26, Award of 2 August 2006.

70 Ibid., paras. 309-330: The Tribunal found that some of these pieces of legislation, while referring to arbitration, did not offer consent. That part of the Award is discussed in the next section.

71 Ibid., para. 331.

72 Ibid., para. 332 [Italics and emphasis in original].

73 Pac Rim Cayman LLC v. Republic of El Salvador, supra note 20.

74 Ibid., paras. 5.1 – 5.26.

75 Ibid., para. 5.37.

> Accordingly, the Tribunal decides that the wording of Article 15 of the Investment Law contains the Respondent's consent to submit the resolution of disputes with foreign investors to ICSID jurisdiction; that such intention appears unambiguously from the text of Article 15; and that it is confirmed from the context, the circumstances of its preparation and the purposes intended to be served by Article 15, read with Article 25 of the ICSID Convention.[76]

The above cases demonstrate that domestic legislation may contain a binding offer of arbitration. In these cases, the offer was couched in terms of a clear right of the investor to submit a dispute to arbitration. In all the cases in which tribunals assumed jurisdiction under the ICSID Convention there was a specific reference to ICSID arbitration in the respective laws. The offer of consent was in terms that left no doubt. The relevant provisions in domestic legislation provided that:

- disputes "shall be settled" within the framework of ICSID (*SPP, Zhinvali*);
- "the investor may submit the controversy to" ICSID (*Tradex, Inceysa, Pac Rim*);
- "Albania hereby consents to the submission" to ICSID (*Tradex*).

B. *Absence of a Valid Offer to Arbitrate in National Legislation*

In a number of other cases the claimants relied on provisions in national legislation that contained a reference to investment arbitration, but the tribunals found that these were not sufficiently specific to amount to binding offers of consent.

1. *Statutory Provisions without a Reference to ICSID Arbitration*

In *Amco v. Indonesia*,[77] the consent to ICSID's jurisdiction was contained in a direct agreement between the parties. Before the Tribunal, the claimant additionally sought to rely on Indonesia's foreign investment legislation as

76 Ibid., para. 5.39.

77 Amco v. Indonesia, ICSID Case No. ARB/81/1, Decision on Jurisdiction of 25 September 1983.

containing Indonesia's written consent to ICSID arbitration.[78] Article 23(3) of the 1967 Law Concerning Foreign Capital Investment[79] provided that in case of a nationalization:

> [...] if no agreement can be reached between the two parties regarding the amount, type and procedure for payment of compensation, arbitration shall take place which shall be binding on both parties.

The Tribunal noted that this provision merely referred to arbitration in general terms without any mention of ICSID. Moreover, the law had been enacted before the Convention had entered into force for Indonesia. Therefore, there was no commitment under the 1967 Law to submit investment disputes to ICSID arbitration. As the Tribunal made clear:

> No mention is made of the ICSID arbitration in this provision, and indeed could not have been made, since at the time of enactment of that law, the Convention had not entered into force in respect of Indonesia [...]: that means necessarily that Article 23 of Law No. 1 of 1967 is not and cannot be a *direct* and *sufficient* commitment to submit investment disputes to ICSID arbitration.[80]

In *Inceysa v. El Salvador*,[81] the claimant relied on several pieces of legislation as a basis for ICSID's jurisdiction. As discussed above, the Tribunal found that El Salvador's Investment Law provided for ICSID's jurisdiction.[82] But it found that two other pieces of El Salvador's legislation, while referring to arbitration, contained no express reference to ICSID and, therefore, did not meet the requirement of consent under Article 25 of the Convention. Article 165 of the Public Contracting and Acquisition Law of El Salvador provided as follows:

> After an attempt at direct settlement without finding a solution to any of the disputes, it is possible to resort to arbitration by equitable arbitrators subject to the applicable provisions of pertinent laws, taking into account the modifications established in this chapter.[83]

---

78 Ibid., paras. 5, 17.
79 Law No. 1/1967 Concerning Foreign Capital Investment (State Gazette No.1 of 1967, addendum to State Gazette No. 2818).
80 Ibid., para. 22 [Italics in original].
81 Inceysa Vallisoletana S.L. v. Republic of El Salvador, supra note 69.
82 Ibid., para. 331.
83 Ibid., para. 315.

The *Inceysa* Tribunal found that this provision did not offer consent to ICSID jurisdiction since it contained no express reference to ICSID:

> A reading of the article quoted above and of Title VIII of that Law concerning "Dispute Resolution," obviously shows that, by the application of these provisions, it is not possible in any way to interpret them as granting jurisdiction to the Centre to hear the contractual disputes arising between El Salvador and Inceysa. Sustaining the contrary has absolutely no grounds because these provisions do not contain any express reference to the Centre, and therefore do not meet the requirement established in Article 25 of the ICSID Convention.[84]
> For the foregoing reasons, this Arbitral Tribunal considers that the Public Contracting and Acquisitions Law does not contain the consent of the Salvadoran State to the jurisdiction of the Centre, because (i) in none of its provisions is there a reference to the Centre [...].[85]

Other statutory provisions on which the claimant sought to base the jurisdiction of ICSID in *Inceysa* also did not contain a specific reference to the ICSID Convention.[86] The *Inceysa* Tribunal found that these provisions, too, did not constitute valid offers of ICSID jurisdiction because there was no mention of ICSID.[87] The *Inceysa* Tribunal found that these provisions represented no more than an authorization addressed to the authorities of El Salvador to enter into arbitration agreements:

> It is obvious that the provisions of the law in question are simply an authorization for the various agencies of the Salvadoran State to resolve by arbitration the disputes in which they may be involved.[88]

Metal-Tech v. Uzbekistan[89] concerned Article 10 of the Foreign Investment Law of Uzbekistan which, in relevant part, reads as follows:

> A dispute directly or indirectly related to foreign investments (investment dispute) may be settled by the agreement of the parties through consultations. If the parties are unable to reach a negotiated resolution, the dispute must be settled by a commercial court of the Republic of

84 Ibid., para. 316 [Emphasis in original].
85 Ibid., para. 320.
86 Ibid., para. 321.
87 Ibid., para. 329.
88 Ibid., para. 327; see also para. 328.
89 Metal-Tech Ltd. v. The Republic of Uzbekistan, ICSID Case No. ARB/10/3, Award of 4 October 2013.

> Uzbekistan or in arbitration in accordance with the rules and procedures of international treaties (agreements and conventions) on the settlement of investment disputes to which the Republic of Uzbekistan has acceded.
> The parties involved in an investment dispute, by mutual agreement, may determine the body considering said dispute as well as the country in which arbitration proceedings are held under the investment dispute.[90]

The Tribunal rejected the claimant's reliance on this provision as a basis for ICSID jurisdiction. The Tribunal pointed out that Article 10 of the Foreign Investment Law (referred to as the 'Law of Guarantees') does not contain an expression of consent to a specific arbitral mechanism. In particular, there was no offer to submit to ICSID. Moreover, Article 10 required a further agreement of the parties before a dispute could be brought to arbitration.[91] As the Tribunal stated:

> 383. To the Tribunal, Article 10 does not embody Uzbekistan's consent to submit disputes to ICSID arbitration independently of the BIT. Paragraph (1) of Article 10 merely states that a dispute which the Parties are unable to resolve amicably may be resolved by the Economic Court of Uzbekistan or through arbitration. It contains no expression of consent to a particular arbitral mechanism. More specifically, it embodies no offer by the State to submit to dispute settlement in the ICSID framework; ICSID is not even mentioned. The Tribunal notes that statutory provisions more specific than Article 10 – even provisions expressly naming ICSID – have been held not to contain state consent to ICSID arbitration. [Citing *Mobil* and *CEMEX*]
> 384. The second paragraph of Article 10 seems to the Tribunal to make it clear that "mutual agreement" of the Parties is required to determine the arbitral authority to settle a dispute. Thus, an agreement is needed designating an arbitral forum before a dispute can be brought before that forum. In other words, Article 10 does not entitle the investor to commence arbitral proceedings before ICSID, unless the state has consented to ICSID beyond the general mention of arbitration in Article 10(1). As in *Biwater*, the Tribunal considers that the words "on mutual

---

90 Law of the Republic of Uzbekistan on Guarantees and Measures of Protection of Foreign Investors' Rights, April 30 1998, No. 611-I (Amended in accordance with the Law RUz dtd 12.12.2003 – N 568-II, 16.9.2005 – N ZRU-6 and 31.12.2008 – N ZRU-197), Article 10.

91 Ibid., paras. 381-388.

> agreement" preclude relying on the Law of Guarantees as a standing unilateral offer to arbitrate which can be accepted by the investor.
> 386. In conclusion, the Tribunal finds that Uzbekistan has not consented to ICSID jurisdiction through Article 10 of the Law of Guarantees and, therefore, the Tribunal lacks jurisdiction over claims brought on this basis.[92]

In the above cases jurisdiction was denied because the legislative provisions in question did not contain specific references to ICSID arbitration but only referred to arbitration in general terms. The tribunals were of the opinion that unspecified references to international arbitration were insufficient to express an intention to submit to ICSID arbitration.

2. Statutory Provisions Containing a Reference to ICSID Arbitration

In other cases, tribunals denied the existence of a binding offer of consent to arbitrate despite the existence of references to ICSID. The ground was that the language of the respective provisions was not couched in clearly mandatory terms.
In *Biwater Gauff v. Tanzania*,[93] Section 23.2 of the Tanzanian Investment Act 1997[94] provided:

> A dispute between a foreign investor and the [Tanzania Investment] Centre or the Government in respect of a business enterprise which is not settled through negotiations may be submitted to arbitration in accordance with any of the following methods as may be mutually agreed by the parties, that is to say —
> (a) in accordance with arbitration laws of Tanzania for investors;
> (b) in accordance with the rules of procedure for arbitration of the International Centre for the Settlement of Investment Disputes;
> (c) within the framework of any bilateral or multilateral agreement on investment protection agreed to by the Government of the United Republic and the Government of the country where the investor originates.[95]

---

92 Ibid., paras. 383, 384, 386.
93 Biwater Gauff (Tanzania) Ltd. v. United Republic of Tanzania, ICSID Case No. ARB/05/22, Award of 24 July 2008.
94 Act No. 26, 1997.
95 Ibid., para. 326.

The Tribunal found that this text did not amount to a binding offer of arbitration since it was conditioned by a further agreement. The Tribunal said:

> [...] the options for dispute resolution in Section 23.2(a)–(c) are conditioned by the words "*as may be mutually agreed by the parties*". In the present context, these words are most naturally read as meaning that a dispute may be referred to any one of the three options, but only depending upon the agreement of the parties. In other words, a subsequent agreement between the parties is required — which is very different from a standing unilateral offer which simply requires acceptance by an investor.[96]

In *PNG Sustainable Development Program v. Papua New Guinea*,[97] the claimant sought to rely on a combination of two statutory provisions of Papua New Guinea (PNG) to establish ICSID jurisdiction. Section 39 of the Investment Promotion Act 1992 (IPA) provided:

> *The Investment Disputes Convention Act 1978*, implementing the International Convention on the Settlement of Investment Disputes between States and Nationals of Other States, applies, according to its terms, to disputes arising out of foreign investment.[98]

In turn, section 2 of the Investment Disputes Convention Act 1978 (IDCA) provided:

> A dispute shall not be referred to the Centre unless the dispute is fundamental to the investment itself.[99]

The Tribunal found that it was unable to discern in these provisions anything that would qualify as an independent consent to ICSID jurisdiction by the State.[100] It said:

> There is nothing in Section 39's [of the IPA] general reference to the IDCA that can fairly be read to satisfy the specific requirement for written consent to ICSID jurisdiction under Article 25 of the Convention.[101] [...] Section 2 [of the IDCA] does not eliminate, and does not

96 Ibid., para. 329 [Italics in original].

97 PNG Sustainable Development Program Ltd. V. Papua New Guinea Supra note 21.

98 No. 8 1992, section 39.

99 1978, c. 346, section 2.

100 Ibid., para. 286.

101 Ibid., para. 287.

> affirmatively satisfy, the requirement of "consent in writing" under Article 25 of the ICSID Convention. [...] Indeed, Section 2 very clearly contemplates that future consent is required for submission to ICSID jurisdiction. Section 2 not only does not provide consent; it makes clear that future consent is required.[102]

In *MNSS v. Montenegro*,[103] Article 30 of the Montenegrin Foreign Investment Law of 2011 provided as follows:

> Any dispute arising from foreign investments shall be resolved before the competent court in Montenegro, unless the investment agreement or the incorporation act stipulates that such disputes shall be resolved in domestic or foreign arbitration in accordance with international conventions.
> Where the Government is a contracting party, the disputes arising from the foreign investments shall, until the signature of the ICSID (International Center [sic] for the Settlement of Investment Disputes) Convention, be subject to domestic or foreign arbitration in accordance with the Additional Facility Rules of the ICSID Convention for countries which are not signatories to the ICSID Convention.
> Where the contracting parties are domestic and foreign legal entities and natural persons, the disputes arising from the foreign investments shall be subject to domestic or foreign arbitration in accordance with the UNCITRAL (United Nations Commission on International Trade Law) Rules.[104]

The Tribunal found that it had no jurisdiction under this provision and that consent to arbitration was subject to a further agreement. The Tribunal said:

> If the second paragraph truly meant that the Government has given its consent without the need to have an arbitration clause in an investment agreement, then the sentence in the first paragraph that starts "unless the investment agreement..." would be unnecessary. If Articles 39/30 had the reach argued by the Claimants, it would also be unnecessary to have a default option or a reference in the first paragraph to

102 Ibid., para. 290.

103 MNSS B.V. and Recupero Credito Acciaio N.V. v. Montenegro, ICSID Case No. ARB(AF)/12/8, Award of 4 May 2016.

104 Foreign Investment Law, Official Gazette of Montenegro, no. 18/11, 01 April 2011, Article 30.

an investment agreement, since the second and third paragraphs of Articles 39/30 would suffice as an instrument of consent.[105]

In a series of cases tribunals had to interpret Article 22 of the 1999 Venezuelan Investment Law. This piece of legislation (translated into English) provides as follows:

> Disputes arising between an international investor, whose country of origin has in effect with Venezuela a treaty or agreement for the promotion and protection of investments, or disputes to which are applicable the provisions of the Multilateral Investment Guarantee Agency (MIGA), or the Convention on the Settlement of Investment Disputes between States and Nationals of Other States (ICSID), shall be submitted to international arbitration, according to the terms of the respective treaty or agreement, if it so provides, without prejudice to the possibility of using, if appropriate, the dispute resolution means provided for under the Venezuelan legislation in effect, when applicable.[106]

Successive tribunals have come to the conclusion that this formula did not amount to a binding offer of consent to ICSID jurisdiction. In *Mobil v. Venezuela*,[107] the Tribunal, after examining Venezuela's historical attitude towards international arbitration, the circumstances surrounding the investment law's adoption and the existence of BITs providing for ICSID arbitration, found that it was unable to conclude from the ambiguous text of the law that Venezuela had consented to ICSID arbitration.[108]

The *Mobil* Tribunal noted, in particular, that Venezuela had signed a number of BITs that contained clear expressions of consent to ICSID arbitration. It drew the following conclusion:

> If it had been the intention of Venezuela to give its advance consent to ICSID arbitration in general, it would have been easy for the drafters of Article 22 to express that intention clearly by using any of those well-known formulas.[109]

---

105 Ibid., para. 171.

106 Decree No. 356 of October 3, 1999, with the status and force of law, on Investment Promotion and Protection, Article 22 (Decreto N° 356 del 3 de octubre de 1999, con rango y fuerza de ley, de Promoción y Protección de Inversiones, Artículo 22).

107 Mobil Corporation et al. v. Bolivarian Republic of Venezuela, supra note 28.

108 Ibid., paras. 120-140.

109 Ibid., para. 139.

The Tribunal's overall conclusion with regard to an intention to submit to ICSID's jurisdiction was as follows:

> The Tribunal thus arrives to the conclusion that such intention is not established. As a consequence, it cannot conclude from the ambiguous text of Article 22 that Venezuela, in adopting the 1999 Investment Law, consented in advance to ICSID arbitration for all disputes covered by the ICSID Convention. That article does not provide a basis for jurisdiction of the Tribunal in the present case.[110]

Cemex v. Venezuela[111] involved the same piece of legislation. Again, the Tribunal noted that Venezuela had signed and ratified a number of BITs containing unequivocal offers of consent to ICSID jurisdiction and that it would have been easy for the drafters of Article 22 to use similar language.[112] The Tribunal's overall conclusion was that:

> [...] it cannot conclude from the obscure and ambiguous text of Article 22 that Venezuela, in adopting the 1999 Investment Law, consented unilaterally to ICSID arbitration for all disputes covered by the ICSID Convention in a general manner.[113]

Brandes v. Venezuela[114] once again concerned Article 22 of Venezuela's Investment Law. The Tribunal found that the wording of the provision was confusing and imprecise and did not lend itself to a meaningful grammatical interpretation.[115] As to context, the Tribunal noted that the clarity of most other provisions of the Law contrasted with the confusing and ambiguous wording of Article 22.[116] Similarly, the Tribunal observed that BITs concluded by Venezuela contained clear and precise submissions to ICSID jurisdiction.[117] In addition, the Tribunal found that, considering the political circumstances, it did not find it logical that Venezuela was willing to grant a broad unilateral consent to ICSID jurisdiction without any reciprocity.[118]

---

110 Ibid., para. 140.
111 CEMEX Caracas Investments B.V. and CEMEX Caracas II Investments B.V. v. Venezuela, supra note 29.
112 Ibid., para. 137.
113 Ibid., para. 138.
114 Brandes Investment Partners, LP v. Venezuela, supra note 45.
115 Ibid., para. 86.
116 Ibid., para. 92.
117 Ibid., para. 94.
118 Ibid., para. 105.

> For the Brandes Tribunal, it was "self-evident that such consent should be expressed in a manner that leaves no doubts."[119]
> It followed that "it is obvious that Article 22 of the Law on Promotion and Protection of Investments does not contain the consent of the Bolivarian Republic of Venezuela to ICSID jurisdiction."[120]

Tidewater v. Venezuela[121] was yet another case in which the claimant sought to base ICSID jurisdiction on Article 22 of Venezuela's Investment Law. The Tribunal examined that Article in the context of other provisions of the Investment Law[122] as well as in its historical context.[123] In the Tribunal's view, the reference to treaties and agreements was a reference to obligations to arbitrate under existing treaties:

> Article 22 is designed to ensure that provision is made for the option of dispute resolution by way of international arbitration in cases in which Venezuela has assumed a treaty obligation under international law so to provide. [...] Article 22 makes no provision for international arbitration save to the extent that the relevant treaty makes such provision. In other words, Article 22 refers to and respects the terms of Venezuela's international obligations to submit disputes to international arbitration, but does not do more.[124]

The *Tidewater* Tribunal found that a general offer of consent to nationals of all States Parties to the ICSID Convention would have required clearer words:

> If the Claimants' construction of Article 22 were adopted, it would have the consequence that all investment disputes with Venezuela involving nationals of any of the (currently) 147 states parties to the ICSID Convention would be, without more, subject to the jurisdiction of the Centre. In the Tribunal's view, such a construction would require clearer words in the Investment Law indicating the intention of Venezuela to give such general standing consent.[125]

119 Ibid., para. 113.
120 Ibid., para. 118.
121 Tidewater Inc. et al. v. Venezuela, supra note 14.
122 Ibid., paras. 108-117.
123 Ibid., paras. 118-124.
124 Ibid., para. 127; also at para. 139.
125 Ibid., para. 137.

It followed that Article 22 of Venezuela's Investment Law "does not operate so as to give the consent in writing of Venezuela to submit all investment disputes with nationals of other ICSID Contracting States to the jurisdiction of the Centre."[126]

In *ConocoPhillips v. Venezuela*,[127] the Tribunal also had to address the meaning of Article 22 of Venezuela's Investment Law. Again, the claimant contended that Venezuela had given its consent to jurisdiction through that provision. The Tribunal examined the text of Article 22 in some detail and concluded:

> [...] the ordinary meaning of the terms of Article 22 leads it strongly to the conclusion that Venezuela has not consented to ICSID jurisdiction by enacting that provision.[128]

In the *ConocoPhillips* Tribunal's view, the function of Article 22 was to authorize the State to enter into arbitration agreements:

> [...] a provision such as Article 22 may have some effect by clearing the way for the State to conclude specific types of dispute resolution agreements without internal issues such as *ultra vires* arising and as such it provides a sense of certainty for investors.[129]

OPIC Karimun v. Venezuela,[130] again concerned the interpretation of Article 22 of Venezuela's Investment Law. The Tribunal found the provision ambiguous.[131] Its plain meaning did not point to the conclusion that Venezuela intended to give its consent to ICSID arbitration.[132] The Tribunal diagnosed uncertainty in the drafting which did not disclose a clear intention of the legislature to offer consent through Article 22.[133] Its conclusion was as follows:

> [...] the Tribunal is not able to conclude on the evidence that Article 22 of the Investment Law was enacted by Venezuela with the intention of granting consent to ICSID jurisdiction, as required by Article 25 of the ICSID Convention.[134]

---

126 Ibid., para. 141.
127 ConocoPhillips Petrozuata B.V. et al. v. Venezuela, supra note 52.
128 Ibid., para. 261.
129 Ibid., para. 259.
130 OPIC Karimun Corporation v. Venezuela, supra note 42.
131 Ibid., para. 105.
132 Ibid., para. 107.
133 Ibid., paras. 165-179.
134 Ibid., para. 179.

The practice, as summarized above, demonstrates that tribunals have refused to accept the existence of a binding offer of consent to ICSID arbitration in two types of situations. The first type of situation involved general references to international arbitration in national legislation without a specific mention of arbitration under the ICSID Convention (*Amco*, *Inceysa, Metal-Tech*). The second type of situation involved pieces of legislation that, despite a reference to the ICSID Convention, did not offer consent under the Convention because they were either not mandatory (*Biwater Gauff, PNG, MNSS*) or imprecise and ambiguous (*Mobil, Cemex, Brandes*, *Tidewater, ConocoPhillips, OPIC Karimun*).

V. Conclusion

A host State may offer consent to arbitration by way of a piece of national legislation. However, not every reference to arbitration in domestic legislation amounts to a binding offer of consent. In deciding whether a State has validly consented to arbitration by way of national legislation a tribunal will use principles of statutory interpretation as well as principles for the interpretation of unilateral acts under international law. The ILC's Guiding Principles applicable to unilateral declarations foresee a restrictive interpretation, in case of doubt. Tribunals have rejected any presumption in favour of or against jurisdiction to provisions in national legislation dealing with arbitration. In particular, tribunals found that the statement concerning restrictive interpretation, contained in the ILC's Guiding Principles, did not apply to unilateral offers of consent relating to the ICSID Convention.

Some tribunals have given paramount importance to the intention of the State adopting the legislation. Most tribunals seemed agreed that they had to focus on the declaration's text, its context and on the circumstances of its adoption. In a number of cases tribunals found that the domestic legislation in question contained a binding offer to arbitrate. In these cases the offer was couched in terms of a clear right of the investor to go to arbitration. In another group of cases, tribunals declined to accept the existence of binding offers of consent to arbitrate. Broad and unspecified references to arbitration in legislation were deemed insufficient to establish ICSID's jurisdiction. Even where domestic legislation mentioned the ICSID Convention, tribunals found that imprecise and ambiguous references to arbitration without clearly mandatory language did not amount to a valid offer of consent to arbitration.

Domestic and Multilateral Forums for the Judicial Review of U.S. Trade Remedy Determinations: Complementary or Conflicting?

Henok Birhanu Asmelash[*]

I. *Introduction*

Trade remedies such as antidumping and countervailing measures are the most popular policy instruments employed by countries to protect their domestic industries from "unfair" foreign competition. The Agreements on Antidumping (the "AD Agreement") and on Subsidies and Countervailing Measures (the "SCM Agreement") of the World Trade Organization (WTO) permit the use of such remedies as an exception to the general WTO principles of non-discrimination and tariff bindings.[1] However, the use of trade remedies is subject to substantive and procedural restrictions aimed at preventing their potential misuse for protectionist reasons.[2] To begin with, trade remedies may only be applied when the competent national authorities determine that there are dumped[3] or subsidized[4] imports

---

* Research Fellow at the Max Planck Institute Luxembourg for Procedural Law.

1 See General Agreement on Tariffs and Trade 1994, 15 April 1994, 1867 U.N.T.S. 187, Marrakesh Agreement Establishing the World Trade Organization, Annex 1A, 1867 U.N.T.S. 154, (GATT 1994), Article I (providing that WTO Members cannot discriminate between like products based on their country of origin), Article II (providing that WTO Members cannot apply a tariff which is higher than the bound levels specified in their Schedule of Concessions).

2 See A. O. Sykes, Trade Remedy Laws, in A. T. Guzman and A. O. Sykes (eds.), Research Handbook in International Economic Law (2007), 62. See also G. W. Bowman, N. Covelli and I. H. Uhm, Trade Remedies in North America (2010), 41.

3 Dumping refers to the '[introduction] of a product into the commerce of another country at less than its normal value'. See Agreement on Implementation of Article VI of the General Agreement on Tariffs and Trade 1994,, 15 April 1994,1868 U.N.T.S. 201, GATT 1994, supra note 1, (Anti-Dumping Agreement), Article 2.

4 The SCM Agreement defines subsidies as financial contributions or any form of income or price support that confers a benefit upon the recipient. See Agreement on Subsidies and Countervailing Measures, 1869 U.N.T.S. 14, GATT 1994, supra note 1, (SCM Agreement), Article 1.

causing material injury to the domestic industry.[5] More importantly, such determinations can be challenged domestically through tribunals designated for this purpose and/or multilaterally through the WTO dispute settlement system.[6] Domestic tribunals typically apply domestic trade remedy legislations, but these legislations are substantially similar to the provisions of the relevant WTO Agreements.[7] The major difference between domestic and multilateral judicial review of trade remedy determinations is procedural. The question arises, therefore, whether these procedural differences make the two forums complementary or competing. This chapter sets out to address this question by exploring some of the key procedural differences, namely, standing, standard of review and remedies, between the domestic and multilateral forums for the judicial review of trade remedy determinations.

The chapter proceeds as follows. Part II presents some of the key issues in trade remedy determinations. The use of trade remedies is a controversial issue in international trade. While some argue that trade remedies constitute unnecessary barriers to international trade, others contend that trade remedies play an important role in promoting fair international trade and competition. The AD and SCM Agreements represent attempts to reconcile these concerns. While they allow the use of trade remedies, they limit their use by imposing extensive substantive and procedural restrictions. These restrictions will be outlined in this Part to provide the necessary context for the discussion on the judicial review of trade remedy determinations.

The term 'trade remedy determinations' refers to three types of investigations carried out by domestic authorities to impose import restrictions

---

5 The AD and SCM Agreements define the term 'injury' to mean either material injury to a domestic industry, threat of material injury to a domestic industry, or material retardation to the establishment of a domestic industry. See Antidumping Agreement, supra note 3, footnote 9; SCM Agreement, supra note 4, footnote 45.

6 See Antidumping Agreement, supra note 3, Articles 13 and 17; SCM Agreement, supra note 4, Articles 23 and 30. Trade remedy determinations can also be challenged regionally when there are regional trade agreements (RTAs) between the country imposing the trade remedy and the exporting country. For instance: US antidumping and countervailing duty determinations against imports from Canada and Mexico can also be challenged before NAFTA Panels. However, regional judicial review forums are beyond the scope of the chapter.

7 Most WTO Members have their own domestic trade remedy legislations. However, these legislations must be consistent with the relevant WTO Agreements. See Antidumping Agreement, supra note 3, Article 18.4; SCM Agreement, supra note 4, Article 32.5.

for the purpose of protecting domestic industries from unfair foreign competition: safeguards, antidumping and countervailing measures. The focus of this chapter is, however, limited to antidumping and countervailing determinations.

Antidumping and countervailing measures address different challenges; antidumping duties are aimed at addressing the practice of dumping whereby foreign producers/exporters sell their product in the domestic market at a price below production cost or below the normal price at which the product is sold in the home market, whereas countervailing duties are intended to offset the unfair competitive advantage that foreign producers enjoy over domestic producers because of government subsidies.[8] Nevertheless, they are very similar trade policy instruments.[9] Both are used to shield domestic industries from the effects of foreign dumping/ subsidy by imposing tariffs in addition to ordinary customs duties on the dumped/subsidized imports. Since the procedure for the determination and judicial review of both antidumping and countervailing duties are very similar, they are treated together in this chapter.

Part III is divided into three sections. The first section deals with the reasons for and the legal basis of the judicial review of trade remedy determinations. The second section provides an overview of the alternative forums for the judicial review of trade remedy determinations. With respect to domestic judicial review, the chapter focuses on the judicial review of trade remedy determinations in the United States. The United States is by far the most active user of trade remedy instruments. Moreover, challenges against United States trade remedy determinations are frequent both in domestic courts and in the WTO. 46 of the 109 antidumping cases and 24 of the 37 countervailing cases brought before the WTO dispute settlement system as of July 2016 were against the United States.[10] The third section of Part III compares domestic judicial review of trade remedy determinations with multilateral judicial review focusing on standing, standard of review and remedies.

Part IV sums up the discussion in the form of conclusion.

8 J. F. Francois, D. Palmeter and J. C. Anspacher, Conceptual and Procedural Biases in the Administration of Countervailing Duty, in R. Boltuck and R. E. Litan (eds.), Down in the Dumps: Administration of the Unfair Trade Laws (2010), 96.

9 P. C. Mavroidis, Trade in Goods (2007).

10 See WTO, 'WTO Dispute Settlement: Disputes by Agreement', available at https://www.wto.org/english/tratop_e/dispu_e/dispu_agreements_index_e.htm (last visited 16 October 2018).

II. Trade Remedy Determinations

A. The Use and Abuse of Trade Remedies[11]

The use of trade remedies and concerns about their impact on international trade predates the establishment of the multilateral trading system. In fact, the origin of trade remedy legislation dates back to the 19th century. The world's first countervailing law was enacted in the United States in 1897, followed shortly by the Canadian antidumping law of 1904.[12] Trade remedy laws subsequently spread to other industrial countries such as Japan, New Zealand, France and the United Kingdom.[13] However, it was not until the 1970s that the widespread use and controversy surrounding trade remedies began to dominate the international trade agenda.

The entry into force of the General Agreement on Tariffs and Trade (GATT 1947) in 1948 saw the birth of international rules governing 'unfair' trade practices and the policy responses to them.[14] Articles VI and XVI of the GATT expressly condemned dumping and export subsidization as unfair trade practices and allowed Contracting Parties to use antidumping and countervailing duties (under specified circumstances) to counter the effects on their domestic industries. However, when the GATT was negotiated in the 1940s, the major concern was that of dumping and export subsidization – not the mechanism put in place to address them (i.e. antidumping and countervailing duties).[15] GATT discussions were mainly fo-

---

11 The expression 'the use and abuse of trade remedies' is borrowed from J. Miranda, On the Use and Abuse of Trade Remedies by Developing Countries (Paper presented at the Dartmouth/Tuck Forum on International Trade and Business, Washington D.C., 2003).

12 The US Tariff Act of July 24, 1897 (ch. 11, 30 Stat. 151, authorizes the Department of Treasury to impose duties to offset 'bounty or grant' bestowed on imported merchandize. See Sykes, supra note 2; The Canadian Antidumping law authorizes the Minister of Customs to levy a special duty when it appeared that the export price or the actual selling price to the importer in Canada of any imported dutiable article [...] is less than the fair market value thereof. See J. M. Finger, The Origins and Evolution of Antidumping Regulation (1991), WPS 783.

13 See M. Zanardi, Antidumping: A Problem in International Trade, 22 European Journal of Political Economy (2006), 591; Bowman, Covelli and Uhm, supra note 2.

14 General Agreement on Tariffs and Trade 1947, 30 October 1947, 55 U.N.T.S. 194, (GATT 1947).

15 Perhaps this was because trade remedy laws were enacted in few industrial countries and were rarely implemented at that time. Since tariffs were set unilaterally, countries were relatively free to raise or lower their tariffs without the need to rely

cused on tackling dumping/subsidies rather than on disciplining the use of antidumping/countervailing measures. For this reason, neither Article VI nor Article XVI contains any procedural safeguards to ensure that trade remedies are not used for protectionist purposes.[16]

The situation, however, drastically changed over the next two decades. Tariffs were substantially reduced in the early rounds of multilateral trade negotiations and locked-in through legally binding commitments. As tariffs can no longer simply be raised,[17] many countries resorted to "non-traditional" instruments of protection (i.e. antidumping and countervailing measures and non-tariff trade barriers such as import licensing requirements, standards and labelling requirements). Antidumping and countervailing laws were originally conceived as temporary means to counter unfair competition, but in the 1970s they evolved into one of the most frequently used trade protection instruments.[18] Developing countries were especially concerned with the increased imposition of antidumping and countervailing duties by developed countries against their exports. GATT Contracting Parties attempted to address these concerns by negotiating new multilateral rules during the Tokyo Round (1973-79). The resultant plurilateral agreements, namely, the Tokyo Round Antidumping Code and the Subsidies Code, were designed to address the misuse of trade remedies as much as to discipline dumping and subsidies.[19] These agreements subse-

---

on their trade remedy laws. Some countries were, however, concerned about the impact of dumping and subsidies on their domestic industries. The United States in particular insisted that it would not agree to the trade liberalization commitments of the GATT without an exception for trade remedies. See M. J. Trebilcock and R. Howse, The Regulation of International Trade (2005); P. C. Rosenthal and R. T. C. Vermylen, The WTO Antidumping and Subsidies Agreements: Did the United States Achieve Its Objectives during the Uruguay Round, 31 Law and Policy in International Business (2000), 871.

16 P. T. Stoll and F. Schorkopf, WTO: World Economic Order, World Trade Law (2006), 152 and 163.

17 GATT/WTO Members may modify or withdraw their tariff bindings, but this requires negotiations and the payment of compensation (reduced tariffs on other items) to affected countries. See GATT 1947, supra note 14, Article XXIII.

18 See I. N. Neufeld, Anti-Dumping and Countervailing Procedures: Use or Abuse? Implications for Developing Countries (2001); Bowman, Covelli and Uhm, supra note 2, 41 et seq.

19 See Agreement on Implementation of Article VI of the General Agreement on Tariffs and Trade, 12 April 1979, GATT Doc. LT/TR/A/1 (Tokyo Round Antidumping Code); Agreement on Interpretation and Application of Articles VI, XVI, and XXIII of the General Agreement on Tariffs and Trade, 12 April 1979, GATT Doc. LT/TR/A/3 (Subsidies Code).

quently repealed and replaced by the multilateral AD and SCM Agreements at the end of the Uruguay Round (1986-93). Like their predecessors, the AD and SCM Agreements allowed the use of trade remedies subject to the substantive and procedural requirements thereof (see the following section). The requirements, however, proved to be inadequate to curtail the growing use of trade remedies.

The number of WTO Members with national trade remedy legislations has increased exponentially since the entry into force of the AD and SCM Agreements in January 1995. As of October 2015, antidumping and countervailing laws have been introduced in 78 and 106 WTO Members (with the European Union counted as one Member) respectively.[20] Paralleling the rise in the number of countries with trade remedy legislations has been the sharp increase in antidumping and countervailing investigations. WTO Members have initiated a total of 4,757 antidumping and 380 countervailing investigations between 1995 and 2014.[21] Another notable development over the past two decades is the spread in the use of trade remedies from few traditional to several new users.[22] The so-called "non-traditional" users such as South Korea, Mexico, Brazil, India, South Africa and Argentina have become active participants over the last two decades. There is general recognition among trade scholars and policy makers alike that protectionist purposes drive the widespread use of trade remedies more than to simply counter foreign dumping/subsidies.[23] This recognition has led to the inclusion of trade remedies in the Doha Round (2001-present).[24] However,

20 WTO, Report of the Committee on Anti-Dumping Practices (2015), G/L/1134 and G/ADP/22; WTO, Report of the Committee on Subsidies and Countervailing Measures (2015), G/L/1133 and G/SCM/146.

21 See WTO, 'Anti-Dumping Initiations: By Reporting Member 01/01/1995 – 31/12/2014' available at https://www.wto.org/english/tratop_e/adp_e/AD_InitiationsByRepMem.pdf (last visited 23 October 2018); WTO, 'Countervailing Initiations: Reporting Member vs Exporter 01/01/1995 -31/12/2014' available at https://www.wto.org/english/tratop_e/scm_e/CV_InitiationsRepMemVsExpCty.pdf (last visited 23 October 2018).

22 See Neufeld, supra note 18, 3 et seq.

23 See e.g. H. Vandenbussche and M. Zanardi, What Explains the Proliferation of Antidumping Laws?, 23 Economic Policy (2008), 94; T. Voon, Eliminating Trade Remedies from the WTO: Lessons from Regional Trade Agreements, 59 International and Comparative Law Quarterly (2010), 625; Zanardi, supra note 13; Sykes, supra note 2; P. Chandra and C. Long, Anti-Dumping Duties and Their Impact on Exporters: Firm Level Evidence from China, 51 World Development (2013), 169; Trebilcock and Howse, supra note 15.

24 See Doha Ministerial Declaration, 20 November 2001, WT/MIN(01)/DEC/1, para. 28.

like the rest of the Doha Round negotiations, the negotiations on antidumping and countervailing rules are currently stalled, and their fate remains uncertain.

In the absence of strong rules that prevent the misuse of trade remedies, and in the face of growing protectionism, the judicial review of trade remedy determination has attracted increasing interest and attention.[25] Trade remedy determinations currently account for over 40 percent of the WTO dispute settlement caseload. This high number of WTO disputes over trade remedies is not surprising when one considers the widespread protectionist-driven use of trade remedies and the transparency with which trade remedies are imposed. For Chad Bown, the surprise is rather why so few trade remedy determinations are challenged before the WTO dispute settlement system.[26]

Bown investigated this question both theoretically and empirically and concluded that the number of WTO disputes over trade remedies is influenced by the size of imports lost to the trade remedy, the foreign country's capacity to retaliate, and the size of the trade remedy that was imposed.[27] He also found that:

> An adversely affected foreign industry may resort to a reciprocal (and retaliatory) antidumping measure against the protected U.S. industry if it has the capacity to do so, in lieu of working to convince its government to file a dispute at the WTO on its behalf.[28]

---

25 See e.g. M. Yılmaz (ed.), Domestic Judicial Review of Trade Remedies: Experiences of the Most Active WTO Members (2013); J. P. Durling, Deference, But Only When Due: WTO Review of Anti-Dumping Measures, 6 Journal of International Economic Law (2003), 125; T. P. Stewart, A. S. Dwyer and E. M. Hein, Trends in the Last Decade of Trade Remedy Decisions: Problems and Opportunities for the WTO Dispute Settlement System, 24 Arizona Journal of International and Comparative Law (2007), 251; E. Vermulst and G. N. Horlick, Judicial Review of Trade Remedy Determinations in Ten User Countries, 7 Global Trade and Customs Journal (2012), 195; C. P. Bown, Trade Remedies and World Trade Organization Dispute Settlement: Why Are So Few Challenged?, 34 The Journal of Legal Studies (2005), 515; J. L. Dunoff, The Many Dimensions of Softwood Lumber, 45 Alberta Law Review (2007), 319; K. W. Cannon, Trade Litigation before the WTO, NAFTA, and US Courts: A Petitioner's Perspective, 17 Tulane Journal of International and Comparative Law, 389.

26 Bown, supra note 25. Similar questions were also raised by B. A. Blonigen and T. J. Prusa, Antidumping, in E.K. Choi and J. C. Hartigan (eds.), Handbook of International Trade: Economic and Legal Analyses of Trade Policy and Institutions (2008), 276; Bowman, Covelli and Uhm, supra note 2, 481.

27 Bown, supra note 25.

28 Ibid., 551, 552.

However, conspicuously absent from Bown's analysis was the fact that adversely affected industries have and frequently exercise the option to seek domestic judicial review of trade remedy determinations. The scope of his analysis was explicitly limited to the WTO dispute settlement system, but, in my view, one cannot fully answer the question why only few trade remedy determinations are challenged at the WTO without simultaneously considering the alternative forums for challenging trade remedy determinations. The fact that adversely affected industries can and have challenged trade remedy determinations domestically is an important factor capable of influencing the number of WTO disputes over trade remedy determinations. It is precisely in this context that comparing the domestic and multilateral judicial review of trade remedy determinations becomes crucial.

Before proceeding to the judicial review of trade remedy determinations, however, the following section will briefly review the process and authorities involved in trade remedy determination.

B. The Trade Remedy Investigation Process

The AD and SCM Agreements contain detailed substantive and procedural rules governing the initiation and conduct of trade remedy investigations. WTO Members may impose trade remedies only pursuant to investigations initiated and conducted in accordance with these rules.[29] This section attempts to briefly review the procedural rules governing trade remedy investigations. Since the procedural rules set out in the AD Agreement (Articles 5-12) and the SCM Agreement (Articles 11-22) are "very similar", they will be treated together in this paper.[30] Before addressing the specifics of these procedural rules, however, it is worth making a few general points about trade remedy investigations.

---

29 See Antidumping Agreement, supra note 3, Article 1; SCM Agreement, supra note 4, Article 10. Investigation authorities normally follow the procedures governing the initiation and conduct of antidumping/countervailing investigations set out in their respective national trade remedy legislation. However, such procedures shall be consistent with the provisions of the AD and SCM Agreements and must be notified to the relevant WTO Committees. See Antidumping Agreement, supra note 3, Article 16.5; SCM Agreement, supra note 4, Article 25.12.

30 See e.g. P. C. Mavroidis, P. A. Messerlin and J. M. Wauters, The Law and Economics of Contingent Protection in the WTO (2008), 373; P. van den Bossche, The Law and Policy of the World Trade Organization: Text, Cases, and Materials (2005), 576.

Trade remedy investigation is a technical and complex process that essentially involves determining the existence of the three substantive elements: dumping/subsidy, injury, and causal link between the two.[31] Such investigation can only be conducted by a competent authority. While it is up to each WTO Member to decide which of its authorities are competent to initiate and conduct investigations, such decisions must be notified to the relevant WTO Committees.[32] In the U.S., the responsibility for trade remedy investigations is shared between the Department of Commerce (Commerce) and the International Trade Commission (ITC). Commerce is responsible for all parts of the investigation process except for the determination of injury, which is the responsibility of the ITC.[33]

The WTO Agreements require the competent authorities to conduct their investigation in an objective manner.[34] As noted by the Appellate Body in *EC-Bed Linen* (Article 21.5 – India):

> The duty of the investigating authorities to conduct an "objective examination" recognizes that the determination will be influenced by the objectivity, or any lack thereof, of the investigative process.[35]

This means that trade remedy determinations can be challenged if the investigation is not conducted in an objective manner.

Investigation authorities must also follow due process in conducting their investigation. The due process requirements mandate that the investigation authorities must ensure that interested parties are given a chance to

---

31 The substantive requirements are linked to specific procedural steps that must be observed by any WTO Member wishing to impose trade remedies. See Mavroidis, Messerlin and Wauters, supra note 30, 131.

32 See Antidumping Agreement, supra note 3, Article 16.5; SCM Agreement, supra note 4, Article 25.12.

33 For more on the nature and role of these agencies, see Bowman, Covelli and Uhm, supra note 2, 53-54.

34 See Antidumping Agreement WTO, Appellate Body Report, European Communities – Anti-Dumping Duties on Imports of Cotton-type Bed Linen from India (EC – Bed Linen), Doc. WT/DS141/AB/RW (adopted 08 April 2003) (Article 215-India), 3, Article 3.1; SCM Agreement, supra note 4, Article 15.1. Strictly speaking, the duty to conduct an objective examination is limited to injury determinations but, as correctly pointed out by Mavroidis et al., it is logical (especially in light of the fact that the determination is subject to domestic and multilateral judicial review) to argue that this obligation permeates all of the investigating authorities' obligations. See Mavroidis, Messerlin and Wauters, supra note 30, 132.

35 See Appellate Body Report EC – Bed Linen, supra note 34 (Article 21.5 of the DSU India) (it is worth noting that the AB here is summing up its previous case law), para. 114.

adequately present their views and have access to all information having a bearing on the case.[36] The illustrative lists of interested parties include; exporters or foreign producers, importers of the product subject to investigation, or trade or business associations, exporters or importers of such product, the government of the exporting Members and producers of the like product in the importing Member or trade or business associations a majority of the members of which produce the like product in the importing country.[37] Notwithstanding specific standing requirements (discussed in Part III.C.1), any interested party affected by trade remedy determination may request the judicial review of such determination.

The actual investigation is a multistage process which must be triggered by a written petition by or on behalf of the domestic industry.[38] The AD and SCM Agreements envisage special circumstances whereby investigation authorities may initiate an investigation without receiving an application or petition from the domestic industry, but such circumstances are quite uncommon.[39] The petition for an investigation must be accompanied by evidence of dumping/subsidy, injury and causality. The petitioners are required to substantiate their application (beyond mere assertion) by submitting such information as is 'reasonably available' to them concerning the volume and value of their production of the like product, the allegedly dumped/subsidized product and the alleged dumpers/subsidizing country, the normal value and export price, the volume and price effect of the imports, and their consequent impact on the domestic industry.[40] Both the AD and SCM Agreements also place standing requirements for the domestic industry filing application. Trade remedy investigation may only be initiated if: (i) the application is supported by those producers whose collective output is more than 50 percent of the total production of that portion of the domestic producers expressing an opinion in favour or against the initiation; and (ii) the producers expressly supporting the initiation ac-

36 For detailed overview, see Mavroidis, Messerlin and Wauters, supra note 30, 132 et seq.

37 See Antidumping Agreement, supra note 3, Article 6.11; SCM Agreement, supra note 4, Article 12.9.

38 See Antidumping Agreement, supra note 3, Article 5.1; SCM Agreement, supra note 4, Article 11.1.

39 See Antidumping Agreement, supra note 3, Article 5.6; SCM Agreement, supra note 4, Article 11.6.

40 See Antidumping Agreement, supra note 3, Article 5.2; SCM Agreement, supra note 4, Article 11.2.

counts for at least 25 per cent of total production of the like product.[41] It is only when these two requirements are fulfilled that an application is considered to have been made by or on behalf of the domestic industry.

Upon receiving an application, the investigation authorities must determine whether the application fulfils the requirements mentioned above (evidence & standing). The first step is to review the accuracy and adequacy of the evidence submitted by the petitioners to determine whether the evidence is sufficient to justify the initiation of an investigation.[42] Neither the AD Agreement nor the SCM Agreement expressly defines what constitutes "sufficient evidence" (in terms of both the nature of the evidence presented and the burden of persuasion). However, it has been clarified in the case law to simply mean that the investigation authority must satisfy itself that the evidence presented before it is such that an unbiased and objective investigating authority could determine that there was sufficient evidence to justify initiation of an investigation.[43] Therefore, whether the information submitted by petitioners was sufficient is to be determined on a case by case basis by each investigation authority. Investigation authorities must also determine whether the standing requirement mentioned above is fulfilled before initiating an investigation. As clarified by the Appellate Body in *US-Offset Act (Byrd Amendment)*, the duty of an investigation authority in this regard is limited to examining whether the degree of support for an application (the statutory percentage mentioned above) is met.[44] Whether the petition was driven by protectionist motives is irrelevant to an investigation authority's decision whether to initiate an investigation. It is also worth noting that the degree of support for an application required from the domestic industry is not as strict as it may appear at first glance. As also pointed out by Mavroidis *et al.*, the requirement could easily be circumvented by defining the product in question narrowly enough.[45] The practical implication is that even an application from an individual firm may sat-

41 See Antidumping Agreement, supra note 3, Article 5.4; SCM Agreement, supra note 4, Article 11.4. For detailed discussion on the standing requirement, see Mavroidis, Messerlin and Wauters, supra note 30, 138-142; R. Wolfrum, P. T. Stoll and M. Koebele (eds.), WTO-Trade Remedies (2008).

42 See Antidumping Agreement, supra note 3, Article 5.3; SCM Agreement, supra note 4, Article 11.3.

43 For a critical analysis of the jurisprudence, see Mavroidis, Messerlin and Wauters, supra note 30, 142-150.

44 United States – Continued Dumping and Subsidy Offset Act of 2000 (US – Offset Act (Byrd Amendment)), WTO Appellate Body Report, Docs. WT/DS217/AB/R and WT/DS234/AB/R (adopted 27 January 2003), para. 281 et seq.

45 See Mavroidis, Messerlin and Wauters, supra note 30, 140, 141.

isfy the standing requirement if such firm is the major or sole producer of the product in question.

Investigating authorities may launch a formal investigation only when they find the evidence presented to be sufficient and that the application was made by or on behalf of the domestic industry. In the event of a positive finding, they will start by defining the "product under consideration"[46] and the "period of investigation"[47], and then proceed to gather further information from interested parties regarding the existence of dumping/subsidy and injury. In doing so, all interested parties must be given notice (normally in the form of a questionnaire) of the information which the investigation authorities require and ample opportunity to present (in writing) all evidence which they consider relevant to the investigation.[48] Interested parties shall be given at least 30 days to reply to the questionnaire. Both the AD and SCM Agreements also stipulate several requirements aimed at ensuring transparency and fair treatment of interested par-

46 The product under consideration or 'subject product' is the allegedly dumped/subsidized product causing the injury. Neither the AD Agreement nor the SCM Agreement provides guidance on how to define the product under consideration. In the absence of any guidance, investigation authorities are free to define it as they deem fit. A wider definition allows the imposition of antidumping/countervailing duties on a wide range of products, but it complicates the investigation process. The definition of the product under consideration also has a direct bearing on the determination of the like (domestic) product. For more on this, see ibid., 162 et seq.

47 The period of investigation is the period chosen by investigating authorities to determine the existence of dumping/subsidization and injury. Since no guidance is provided in the WTO Agreements, the choice of period of investigation largely falls under the discretion of investigating authorities. Nevertheless, such choices can and have been challenged before the WTO dispute settlement system. See e.g. Guatemala – Definitive Anti-Dumping Measure on Grey Portland Cement from Mexico (Guatemala –Cement II), Doc. WT/DS156/R (adopted 17 November 2000); WTO Panel Report United States – Countervailing Measures on Certain Hot-Rolled Carbon Steel Flat Products from India (US – Carbon Steel (India)), Doc. WT/DS436/R (adopted 19 December 2014); WTO Panel Report Mexico – Definitive Anti-Dumping Measures on Beef and Rice (Mexico- Antidumping Measures on Rice), Doc. WT/DS295/R (adopted 20 December 2005).

48 See Antidumping Agreement, supra note 3, Article 6.1; SCM Agreement, supra note 4, Article 12.1. Moreover, Article 6.1.3 of the AD Agreement and Article 12.3 of the SCM Agreement require investigating authorities to provide (as soon as investigation has been initiated) the full text of the application to the known exporters and to the authorities of the exporting Member and make this text available upon request to other interested parties. Energy Charter Treaty, 17 December 1994, 2080 UNTS 95 (ECT).

ties in the investigation process. However, if any interested party refuses access to or otherwise does not provide, necessary information within a reasonable period or significantly impedes the investigation, the investigation authorities can make their determination based on the facts available.[49] Moreover, as explained by the Panel in *US-Softwood Lumber V*, in cases where the information that they submit can be read in different ways, interested parties should explain to investigating authorities how the information should be read and evaluated.[50]

Once they gather sufficient information and examine the existence of dumping/subsidy and injury, investigating authorities normally make preliminary determinations on these issues. If the preliminary determinations are affirmative on both the existence of dumping/subsidy and consequent injury to the domestic industry, provisional duties may be imposed on the dumped/subsidized imports.[51] The rationale for imposing provisional duties is to prevent injury from being caused during the investigation. However, provisional duties may only be imposed 60 days after the investigation was initiated and for a short period not exceeding four months in the case of countervailing duties and six months in the case of antidumping duties.[52] At this juncture, the investigation may be suspended or terminated without the imposition of provisional duties if the exporter enters into a voluntary undertaking to revise prices or stop exporting to the Member in question.[53] In countervailing investigations, a voluntary undertaking can also be entered by the government of the exporting Member to eliminate or limit the subsidy or take other measures concerning its effects. If no undertaking is agreed, the investigation continues to final determination, which includes further examination of the evidence presented by all interested parties. A final affirmative determination leads to the imposition of trade remedies on the dumped/subsidized imports, whereas a negative final determination leads to the termination of the investigation. Trade remedies shall remain in force only for as long as and to the extent neces-

---

49 See Antidumping Agreement, supra note 3, Article 6.8; SCM Agreement, supra note 4, Article 12.7.

50 See United States – Final Dumping Determination on Softwood Lumber from Canada (US – Softwood Lumber V), WTO Panel Report, Doc. WT/DS264 (adopted 31 August 2004), para. 7.183.

51 See Antidumping Agreement, supra note 3, Article 7.1; SCM Agreement, supra note 4, Article 17.1.

52 See Antidumping Agreement, supra note 3, Article 7.3/4; SCM Agreement, supra note 4, Article 17.3/4.

53 See Antidumping Agreement, supra note 3, Article 8; SCM Agreement, supra note 4, Article 18.

sary to offset the injurious effects of dumped/subsidized imports. The investigation authorities are required to periodically review the need for the continued imposition of trade remedies on their own or upon the request of any interested party with positive information substantiating the need for review. In any case, trade remedies must be terminated within five years from their imposition or the date of the most recent review.[54] Continuing their imposition beyond five years is permissible only pursuant to a sunset review. All these restrictions are intended to prevent the protectionist abuse of trade remedies. It should also be noted that trade remedy investigations shall normally be concluded within 12 months (from initiation to final determination) but in no case more than 18 months. Upon making the final determination, the investigation authorities are required to give public notice (this obligation also extends to the initiation and preliminary determinations) of such determination.

III. *Judicial Review of Trade Remedy Determinations*

A. *Reasons for and Legal Basis of Judicial Review*

Whether dumping and subsidies require any response and whether antidumping and countervailing duties are appropriate responses to them have been the subject of much debate and controversy since the early 1920s.[55] On the one hand, free trade advocates contend that foreign dumping and subsidies benefit consumers in the importing country. Whilst accepting that import-competing industries may lose due to dumped/subsidized imports, they claim that the benefit to consumers outweighs the loss to domestic producers. Paul Krugman is often quoted for suggesting that the proper policy response to a foreign state's subsidies is "to send a thank you note to the embassy"- not to impose countervailing duties.[56] There is widespread consensus among economists that antidumping and countervailing duties constitute unnecessary barriers to international trade, and thus they should be eliminated.[57] On the other hand, others consider dumping and subsidies as problems that warrant responses. Perhaps the

54 See Antidumping Agreement, supra note 3, Article 11.3; SCM Agreement, supra note 4, Article 21.3.

55 See J. Viner, Dumping: A Problem in International Trade (1923).

56 See Sykes, supra note 2 (quoting P. Krugman), 107.

57 See e.g. Zanardi, supra note 13; J. J. Barcelo III, Antidumping Laws as Barriers to Trade the United States and the International Antidumping Code, 57 Cornell

most compelling argument against dumping is that foreign producers/exporters sell their products at a price below fair value to drive domestic rivals out of the market and become monopolists. Once they control the market, the argument continues, they would raise prices (or charge monopoly prices). The problem with this argument is, however, first, there are several legitimate commercial reasons for dumping other than predation.[58] Second, it is virtually impossible to prove the predatory intent of foreign producers/exporters. As noted by Tania Voon:

> In any case, the [AD Agreement] does not target predatory dumping by requiring investigating authorities to examine intent before imposing anti-dumping measures.[59]

The proponents of countervailing measures justify such measures on the basis that subsidies lead to inefficient allocation of economic resources by distorting comparative advantage.[60] They contend that countervailing measures are necessary to level the playing field that has been titled by government subsidies in favour of subsidized imports.

The AD and SCM Agreements represent an attempt to reconcile these two sets of concerns. They authorize the use of trade remedies, but at the same time impose numerous substantive and procedural restrictions to discourage the abuse of these instruments. The judicial review of trade remedy determinations is part of the procedural safeguards. It serves this purpose in two ways. First, the presence of judicial review creates an incentive for investigating authorities to conduct their investigation strictly in accordance with the relevant substantive and procedural rules. The risk of their determination being rejected keeps them from imposing protectionist and unfounded trade remedies. Second, judicial review ensures that interested parties who have been adversely affected by trade remedy determinations have the opportunity to have that adverse determination judicially reviewed.

Law Review (1971), 491; T. Besedeš and T. J. Prusa, The Hazardous Effects of Antidumping, 55 Economic Inquiry (2016), 1; A. O. Sykes, Second-Best Countervailing Duty Policy: A Critique of the Entitlement Approach, 21 Law & Policy in International Business (1989), 699; Sykes, supra note 2.

58 For a brief summary of the literature on the potential reasons for dumping, see J. B. Benedetto, Placing Economists' Analyses of Antidumping in an Antitrust Context, 66 Real-World Economics Review (2014), 119.

59 Voon, supra note 23, 631.

60 See Trebilcock and Howse, supra note 15.

The WTO agreements stipulate that trade remedy determinations can be reviewed domestically through tribunals designated by WTO Members for this purpose and/or multilaterally through the WTO dispute settlement system. It is important to note, however, that neither of the agreements refers to the latter as judicial review. Both agreements use the term "judicial review" only with respect to domestic judicial review (see below). This should not come as a surprise, given the general reluctance to describe the WTO dispute settlement system as judicial (or the tendency to describe it as *quasi-judicial*). Within the WTO the reluctance was borne out of the concern not to antagonize countries that were not in favour of a highly judicialized dispute settlement system by overtly describing the system as judicial.[61] By contrast, the reluctance among some scholars to describe the system as judicial stems from the political nature of the system in which Panel and Appellate Body reports have to be adopted by a political organ to have legal effect.[62] However, as pointed out by Helene Ruiz Fabri, this does not prevent the dispute settlement body from participating in the performance of a judicial function nor does it preclude it from being described as judicial.[63] Whether one describes it as "judicial" or "quasi-judicial" there is little doubt that the dispute settlement body discharges judicial function in the same manner as other international courts, including the International Court of Justice (ICJ). The dispute settlement system is in fact widely hailed as the "most effective dispute settlement system" in international

---

61 See R. E. Hudec, The Role of the GATT Secretariat in the Evolution of the WTO Dispute Settlement Procedure, in J. N. Bhagwati and M. Hirsch (eds.), The Uruguay Round and Beyond: Essays in Honor of Arthur Dunkel (1998); J. Watson, The WTO and the Environment: Development of Competence beyond Trade (2013),12 et seq.

62 See e.g. C. D. Ehlermann, Experiences from the WTO Appellate Body, 38 Texas International Law Journal (2003), 469; D. C. Esty and D. Geradin, Market Access, Competitiveness, and Harmonization: Environmental Protection in Regional Trade Agreements, 21 Harvard Environmental Law Review (1997), 265; D. Georgiev and K. van der Borght (eds.), Reform and Development of the WTO Dispute Settlement System (2006), 11.

63 See H. Ruiz Fabri, Dispute Settlement in the WTO: On the Trail of a Court, in S. Charnovitz et al. (eds.), Law in the service of human dignity: essays in honour of Florentino Feliciano (2005), 156. See also J. Bacchus, Table Talk: Around the Table of the Appellate Body of the World Trade Organization, 35 Vanderbilt Journal of Transnational Law (2002), 1021; I. Van Damme, Jurisdiction, Applicable Law, and Interpretation, in D. L. Bethlehem (ed.), The Oxford Handbook of International Trade Law (2009), 304 et seq.

relations.[64] It is, therefore, safe to conclude that the review of trade remedy determinations by WTO Panels and the Appellate Body is judicial.[65] In addition to the Dispute Settlement Understanding (DSU), the DSB's mandate to review trade remedy determinations is explicitly stipulated in Article 17 of the AD Agreement and Article 30 of the SCM Agreement.

The relevant provisions governing domestic judicial review are contained in Article 13 of the AD Agreement and Article 23 of the SCM Agreement. The text of these two articles is the same except for the last part of Article 23 (italicized):

> Each Member whose national legislation contains provisions on countervailing duty measures shall maintain judicial, arbitral or administrative tribunals or procedures for the purpose, inter alia, of the prompt review of administrative actions relating to final determinations and reviews of determinations within the meaning of Article 21. Such tribunals or procedures shall be independent of the authorities responsible for the determination or review in question, *and shall provide all interested parties who participated in the administrative proceeding and are directly and individually affected by the administrative actions with access to review.*[66]

These provisions require WTO Members with national antidumping and countervailing legislations to maintain tribunals for the judicial review of trade remedy determinations.[67] Such tribunals may be of judicial, arbitral or administrative charter. However, in most countries, the judicial review

---

64 See among others Mavroidis, supra note 9, 841; J. H. Jackson, Sovereignty, the WTO, and Changing Fundamentals of International Law (2006); A. T. Guzman, Global Governance and the WTO, 45 Harvard International Law Journal (2004), 303, 320.

65 The term 'judicial review' generally refers to the review of the lawfulness of a decision or action taken by a public body. Its modern roots can be traced back at least to Marbury v. Madison, 5 U.S. 137 (1803), in which the US Supreme Court declared, for the first time, an act of the US Congress unconstitutional. For a general discussion on the origin and development of judicial review, see G. S. Wood, Origins of Judicial Review Revisited, or How the Marshall Court Made More out of Less, 56 Washington & Lee Law Review (1999), 787.

66 Agreement on Implementation of Article VI of the GATT, supra note 3, Article 13; See Agreement on Subsidies and Countervailing Measures, supra note 4, Article 23.

67 Neither of these provisions has been interpreted by the case law. The only WTO Panel that referred to any of these provisions was the Panel in Mexico – Olive Oil, which noted in a footnote that Article 23 of the SCM Agreement leaves considerable discretion to Members to define their own procedures. See Mexico – Defini-

of trade remedy determinations is conducted by judicial tribunals.[68] The WTO Agreements do not require these tribunals to be specialized ones, and thus in many countries, judicial review is conducted by the same courts which review administrative decisions. However, some countries such as the United States and Thailand have special courts dealing with the judicial review of trade remedy determinations.[69] Regardless of their nature, these tribunals are free to determine their own procedures.

B. The Domestic and Multilateral Forums for Judicial Review

The judicial review of trade remedy determinations represents an area where the WTO dispute settlement system and domestic tribunals have overlapping subject matter jurisdictions. Trade remedy determinations adversely affect one or another of the interested parties. Domestic producers that petitioned for trade remedies may seek to challenge negative antidumping and countervailing determinations. However, their choice of forum is limited to domestic tribunals. This is because, as private parties, they do not have direct access to international judicial review. They cannot convince their government to file a WTO dispute against its own action either.[70] Only Members may file challenges at the WTO. Parties adversely affected by final affirmative determinations may challenge such determinations domestically and/or multilaterally. The exporting WTO Member may challenge the determination domestically (depending on the sovereign immunity rules of the importing country) and/or multilaterally through the WTO dispute settlement system. Importers and producers/exporters have the choice of challenging the determination before the domestic tribunals of the importing country or convince the exporting country to file a WTO dispute on their behalf. This means that insofar as the judicial review of affirmative trade remedy determinations is concerned, the jurisdiction of do-

tive Countervailing Measures on Olive Oil from the European Communities (Mexico – Olive Oil), WTO Panel Report, Doc. WT/DS341/R (adopted 21 October 2008), footnote 63.

68 See M. Yilmaz, Conclusions, in M. Yılmaz (ed.), Domestic Judicial Review of Trade Remedies: Experiences of the Most active WTO Members (2013), 423.

69 Ibid., 424. See also, Wolfrum, Stoll and Koebele, supra note 41, 177.

70 For a detailed discussion on petitioners' choice of forum, see Cannon, supra note 25; M. A. Barnett, Choices, Choices: Domestic Courts versus International Fore: A Commerce Perspective, 7 Tulane Journal of International and Comparative Law 4 (2009), 35.

mestic tribunals overlaps with that of the WTO dispute settlement system. However, there are no rules governing this overlapping jurisdiction in the WTO Agreements. In the absence of such rules, affirmative trade remedy determinations can be and have been challenged either domestically or multilaterally or both domestically and multilaterally (simultaneously or sequentially).

While the issue of overlapping jurisdictions between the dispute settlement system of regional trade agreements (RTAs) and that of the WTO has been the subject of considerable debate especially in academic circles,[71] the overlapping jurisdiction between domestic tribunals and the WTO dispute settlement system in trade remedy cases has received scant attention. Recent years, however, have witnessed growing scholarly interest on the subject.[72] Much of the impetus for this interest has been prompted by parallel WTO and domestic proceedings over the same US trade remedy determinations. US trade remedy determinations involving products from *Softwood Lumber from Canada* and *DRAMS from South Korea* to *certain products from China* were challenged before both US courts and the WTO dispute settlement system.[73] This has drawn interest to the issue of overlapping jurisdiction between the two forums. While some commentators focus on

71 See in particular K. Kwak and G. Marceau, Overlapping Jurisdictions between the World Trade Organization and Preferential Trade Agreements, in L. Bartels and F. Ortino (eds.), Regional trade agreements and the WTO legal system (2006); J. Pauwelyn and L. E. Salles, Forum Shopping before International Tribunals: (Real) Concerns, (Im)Possible Solutions, 42 Cornell International Law Journal (2009), 77; J. Pauwelyn, Going Global, Regional or Both? Dispute Settlement in the Southern African Development Community (SADC) and Overlaps with the WTO and Other Jurisdictions, 13 Minnesota Journal of Global Trade (2004), 231; C Henckels, Overcoming Jurisdictional Isolationism at the WTO-FTA Nexus: A Potential Approach for the WTO, 19 European Journal of International Law (2008), 571.

72 See e.g. S. Cho and T. H. Lee, Double Remedies in Double Courts, 26 European Journal of International Law (2015), 519; J. D. Greenwald, A Comparison of WTO and CIT/CAFC Jurisprudence in Review of US Commerce Department Decisions in Antidumping and Countervailing Duty Proceedings, 21 Tulane Journal of International and Comparative Law (2013), 261; M. P. Ryan, Interplay of WTO and U.S. Domestic Judicial Review: When the Same U.S. Administrative Determinations Are Appealed under the WTO Agreement and under U.S. Law, Do the Respective Decisions and Available Remedies Coexist or Collide, 17 Tulane Journal of International and Comparative Law (2009), 353; Cannon, supra note 25.

73 US trade remedy determinations that have been challenged both domestically and multilaterally include (by final decisions): United States – Final Countervailing Duty Determination With Respect To Certain Softwood Lumber from Canada Recourse to Article 21.5 of the DSU by Canada (US — Softwood Lumber IV),

the diverging conclusions of the two forums over the same trade remedy determinations,[74] others have raised concerns about the lack of interplay between the two forums even when they reach the same conclusion (for different reasons).[75] However, the focus of the discussion is generally on how to enhance the interaction between the two forums (and thereby prevent conflicts between the overlapping jurisdictions) than on how to dissolve the overlap itself. This is due in part to the view that the two forums are complementary to one another.[76] We will see whether and to what extent they complement each other in the following sections.

Before proceeding, however, a few introductory words on the US courts responsible for the judicial review of trade remedy determinations and the WTO dispute settlement system are in order.

1. *The Domestic Forum for the Judicial Review of Trade Remedy Determinations*

The US Court of International Trade (CIT) possesses exclusive nationwide subject matter jurisdiction over the judicial review of final antidumping and countervailing duty determinations.[77] The CIT was established in 1980 pursuant to the Customs Court Act of 1980 as a successor to the US Customs Court.[78] The jurisdiction of the CIT over antidumping and counter-

WTO Appellate Body Report, Doc. WT/DS257/AB/RW (adopted 20 December 2005); United States – Countervailing Duty Investigation on Dynamic Random Access Memory Semiconductors (DRAMS) from Korea (US — Countervailing Duty Investigation on DRAMs), WTO Appellate Body Report, Doc. WT/DS296/AB/R (adopted 20 July 2005); United States – Definitive Anti-Dumping and Countervailing Duties on Certain Products from China(US – Anti-Dumping and Countervailing Duties (China)), WTO Appellate Body Report, Doc. WT/DS379/AB/R (adopted 25 March 2011).

74 See Greenwald, supra note 71 (lamenting about the judicial activism of the Appellate Body in particular and the resultant divergence in the interpretation of substantially similar trade remedy provisions by the WTO dispute settlement system and US courts over the interpretation of substantially similar provisions).

75 See Ryan, supra note 72; Cho and Lee, supra note 72 (criticizing the lack of interaction between US Courts and WTO Panels/Appellate Body and suggesting ways to improve the interaction between the two forums).

76 See M. Yılmaz, Introduction, in M. Yilmaz (ed.), Domestic Judicial Review of Trade Remedies: Experiences of the Most active WTO Members (2013), 5; Ryan, supra note 72, 356.

77 See 28 U.S.C. § 1581(c) (2012); 19 U.S.C. § 1516a (2012).

78 See 28 U.S.C.A. § 251. For a historical background, see R. A. Cohen, The New United States Court of International Trade, 20 Columbia Journal of Transnational

vailing duty cases stems primarily from 28 U.S.C. § 1581(c) which provides that the Court, "shall have exclusive jurisdiction over any civil action commenced under section 516a of the Tariff Act of 1930" (i.e.,19 U.S.C. § 1516a "Judicial review in countervailing duty and antidumping duty proceedings"). CIT is an "Article III" court, meaning its nine active judges have life tenure under the condition of good behaviour.[79] It also means that the Court is empowered by the US Constitution to issue final decisions subject only to appeal to higher courts.[80] The US Court of Appeals for the Federal Circuit (Federal Circuit) has exclusive appellate jurisdiction over final decisions of the CIT.[81] The US Supreme Court has discretionary jurisdiction to review the decisions of the Federal Circuit.[82] However, the Supreme Court has reviewed only a handful of trade remedy cases in the last 100 years.[83] According to Gregory Bowman *et al.*, this is perhaps due in part to the fact that trade law cases tend to be "quite technical and typically do not raise the sort of constitutional issues that are often addressed by the Supreme Court".[84] It could also be because there is typically no need for the Supreme Court to reconcile differing judicial interpretations of federal law among different federal courts.[85]

2. *The Multilateral Forum for the Judicial Review of Trade Remedy Determinations*

Multilateral judicial review of trade remedy determinations is conducted by a two-tiered dispute settlement system composed of ad hoc Panels and the Appellate Body. The WTO dispute settlement system was established in 1995 as "a central element in providing security and predictability to the

---

Law (1981), 277; E. D. Re, Litigation before the United States Court of International Trade, 26 New York Law School Law Review (1981), 437.

79 See US Constitution, Article III, s.1.

80 See J. A. Restani and I. Bloom, The Nippon Quagmire: Article III Courts and Finality of United States Court of International Trade Decisions, 39 Brooklyn Journal of International Law (2014), 1005.

81 See 28 U.S.C. § 1295(a) (5) (2012).

82 See 28 U.S.C. § 1254.

83 See J. F. Colares, Alternative Methods of Appellate Review in Trade Remedy Cases: Examining Results of US Judicial and NAFTA Binational Review of US Agency Decisions from 1989 to 2005, 5 Journal of Empirical Legal Studies (2008), 171, 174.

84 See Bowman, Covelli and Uhm, supra note 2, 170-171.

85 Ibid.

multilateral trading system".[86] Its purpose is to preserve the rights and obligations of Members under the WTO Agreements and to clarify the existing provisions of those agreements.[87] The dispute settlement system has an exclusive and compulsory jurisdiction over disputes which arise under the WTO Agreements.[88] Panels are appointed on an ad hoc basis and serve as "adjudicators of first instance".[89] Their decisions are subject to appeal to the Appellate Body, which is a standing body comprised of seven individuals. Both Panel and Appellate Body reports have to be adopted by the Dispute Settlement Body (DSB) to have legal effect. However, the adoption of Panel and Appellate Body reports is automatic, meaning it can only be blocked by consensus.

C. Comparing the Domestic and Multilateral Forums for Judicial Review

This section attempts to compare and contrast the key differences between the WTO dispute settlement system and US Courts for the judicial review of trade remedy determinations from the perspective of parties affected by affirmative trade remedy determinations. The section will focus on three key differences which are fundamental in determining the choice of forum for the judicial review of trade remedy determinations: the legal standing of interested parties to bring a complaint against trade remedy determinations before US Courts and the WTO dispute settlement system, standard of review and available remedies.

1. Standing

Under the Trade Agreement Act of 1979 (incorporated into the Customs Court Act of 1980 by reference) "any interested party" who was a party to antidumping and countervailing proceedings enjoys standing before the

---

86 See Understanding on Rules and Procedures Governing the Settlement of Disputes, 15 April 1994, 1869 U.NT.S. 401, Marrakesh Agreement Establishing the World Trade Organization, Annex 2, 1867 U.N.T.S. 154, Article 3.2.

87 Ibid.

88 See ibid., Article 23.

89 See G. Cook, A Digest of WTO Jurisprudence on Public International Law Concepts and Principles (2015), at http://assets.cambridge.org/97811071/02767/frontmatter/9781107102767_frontmatter.pdf.

CIT to challenge such determination. The term "interested party" in antidumping and countervailing cases is defined to include foreign producers/exporters, domestic producers, the governments of the exporting country, unions, trade associations, and importers.[90] This means that all interested parties who can be affected by an affirmative trade remedy determinations can challenge such determination before the CIT. However, although foreign governments have intervened or sought to intervene before CIT proceedings (e.g. Canadian governments in *Tembec, Inc. v. United States* and Chinese Government in *GPX International Tire Corp. v. United States)*, most of the trade remedy determination cases brought before the CIT were filed by private parties.

By contrast, standing in WTO dispute settlement proceedings is exclusively restricted to WTO Members only. Private parties have no standing in WTO dispute settlement proceedings and must rely on their respective governments to argue their positions.[91] This is notwithstanding the fact that private parties play an instrumental role in lobbying and financially supporting their governments to file a WTO complaint.[92] A number of WTO cases are known by the private parties behind than by the countries in question. The most classic example in this regard is the *Japan-Film* case between Japan and the United States, which is widely known as the *Fuji-Kodak* dispute.[93] Recent examples include the *EC- Large Civil Aircraft* and *US-Large Civil Aircraft* disputes which are more about *Boeing v. Airbus* than *US v. EU*.[94]

---

90 See 19 U.S.C. § 1677(9). See also P. Huston, Antidumping and Countervailing Duty Dispute Settlement under the United States-Canada Free Trade Agreement: Is the Process Constitutional, 23 Cornell International Law Journal (1990), 529.

91 There is a longstanding scholarly debate as to whether private parties should acquire legal standing before the WTO dispute settlement proceedings, see P. C. Mavroidis et al., Is the WTO Dispute Settlement Mechanism Responsive to the Needs of the Traders? Would a System of Direct Action by Private Parties Yield Better Results?, 32 Journal of World Trade (1998), 147; J. P. Trachtman and P. Moremen, Costs and Benefits of Private Participation in WTO Dispute Settlement: Whose Right Is It Anyway, 44 Harvard International Law Journal (2003), 221; A. Catbagan, Rights of Action for Private Non-State Actors in the WTO Disputes Settlement System, 37 Denver Journal of International Law and Policy (2008), 279.

92 See e.g. G. C. Shaffer et al., Winning at the WTO: The Development of a Trade Policy Community within Brazil 41 Cornell International Law Journal (2010), 383; M. Elsig and M. A. Pollack, Agents, Trustees, and International Courts: The Politics of Judicial Appointment at the World Trade Organization European Journal of International Relations (2012), 391.

93 See Japan – Measures Affecting Consumer Photographic Film and Paper (Japan-Film), WTO Panel Report, Doc. WT/DS44/R (adopted 22 April 1998).

The inference from the foregoing is that although private parties cannot directly participate as parties to a dispute, they play an increasingly significant role in WTO dispute settlement proceedings. This, however, does not necessarily mean that private parties adversely affected by trade remedy determinations have easy access to multilateral judicial review. First, it is relatively large firms that are capable of lobbying their governments to file a WTO complaint against another Member's trade remedy determinations.[95] Second, aside from pressure from interested private parties, there are several other factors that influence governments' decisions whether to file a WTO complaint. As pointed out by Christina Davis, filing a WTO complaint is costly in terms of government resources and diplomatic relations.[96] This means that governments may not always respond to the demands of private parties by filing a WTO complaint. To this extent, domestic tribunals complement the WTO dispute settlement system by providing access to judicial review for interested parties who otherwise have no direct access to judicial review.

2. *Standard of Review*

Standard of review is another important factor that influences the choice of forum in which the judicial review of trade remedy determinations takes place. In the context of the judicial review of trade remedy determinations, standard of review can be defined as the degree of deference or discretion that the reviewing forum accords to trade remedy investigating authorities.[97] The standard of review applied by a reviewing forum may vary from *de novo* review to full deference. Under *de novo* standard of review, the reviewing forum decides an issue anew, without regard to the in-

94 See United States – Measures Affecting Trade in Large Civil Aircraft (Second Complaint) (US – Large Civil Aircraft (2nd complaint)), WTO Appellate Body Report, Doc. WT/DS353/AB/R (adopted 23 March 2012); European Communities – Measures Affecting Trade in Large Civil Aircraft (EC and certain member States — Large Civil Aircraft), Doc. WT/DS316/AB/R (adopted 1 June 2011).

95 See in general C. L. Davis, Why Adjudicate? Enforcing Trade Rules in the WTO (2012). See also S. Wilckens, The Usage of the WTO Dispute Settlement System: Do Power Considerations Matter?, in H. Beladi and K. Choi (eds.), Frontiers of Economics and Globalization (2009).

96 C. Davis, The Effectiveness of WTO Dispute Settlement: An Evaluation of Negotiation Versus Adjudication Strategies (2008), unpublished manuscript at 9.

97 See J. Bohanes and N. Lockhart, Standard of Review in WTO Law, in D. L. Bethlehem et al. (eds.), The Oxford Handbook of International Trade Law (2009), 379.

vestigating authorities' determinations. Under deferential standard of review, the reviewing forum accepts the investigating authorities' determinations insofar as certain purely procedural requirements are complied with. There are some more or less deferential/*de novo* standards of review between these two extremes.[98] The adoption of one or another standard of review has considerable implications for the outcome of the judicial review of trade remedy determinations. From the standpoint of interested parties adversely affected by an affirmative trade remedy determination, the forum which applies a less deferential standard of review is obviously preferable. The discussion in this section shows that although the standards of review to be applied by US Courts and the WTO dispute settlement system appear similar, they are practically different.

US Courts generally review antidumping and countervailing determinations under the standard articulated in 19 USC § 1516a (b) (1) (B) (i). The key inquiry under this standard is whether the investigating authority's decision is supported by substantial evidence on the record, or is otherwise in accordance with law. With respect to factual determinations, the standard of review entails that insofar as the investigating authorities' determination is supported by substantial evidence it should be upheld. The mandate of the CIT is limited to deciding whether the determination is supported by "such relevant evidence as a reasonable mind might accept as adequate to support a conclusion".[99] The legal standard of review was formulated as a two-step review in 1984 by the US Supreme Court in *Chevron U.S.A., Inc. v. Natural Resources Defense Council, Inc.* (*Chevron standard*). The *Chevron standard* entails that when a statute is clear, it must be applied as written, and when it is silent or ambiguous, the courts must defer to the investigating authorities' interpretation so long as it is "based on a permissible construction of the statute".[100]As noted by the Federal Circuit, the CIT may not substitute its own judgment for that of the investigating authority if the authority's interpretation is reasonable. However, the CIT has long recognized that a high level of deference to agency expertise is appropriate. In *Habas* it explained that:

98 L. Gruszczynski, The Standard of Review of Health and Environmental Regulations by WTO Panels, in G. van Calster and D. Prévost (eds.), Research Handbook on Environment, Health and the WTO (2013), 733.

99 See Steel Authority of India, Ltd. v. United States, 146 F. Supp. 2d 900, 903 (CIT 2001).

100 See Chevron, USA v. Natural Resources Defense Council, Inc., 467 US 837 (1984), 842 et seq.

> Commerce is the master of the antidumping law and that factual determination supporting antidumping margins are best left to the agency's expertise.[101]

Similarly, the Federal Circuit stated that:

> While this court generally reviews ITC interpretations of statutory provisions de novo, some deference to constructions by the agency charged with its administration may be appropriate, particularly if technical issues requiring some expertise are involved.[102]

The general standard of review applicable to all WTO Agreements is embodied in Article 11 of the DSU. However, Article 17.6 of the AD Agreement contains a special standard of review for antidumping determinations. There was some doubt as to whether the special standard of review for antidumping determinations also applies to the review of countervailing duty determinations. This doubt stemmed in part from a 1994 WTO Ministerial Declaration which stated that "Ministers recognize [...] the need for the consistent resolution of disputes arising from anti-dumping and countervailing duty measures".[103] In *US – Lead and Bismuth II*, the United States invoked this declaration to argue that the special standard of review contained in the AD Agreement also applies to the review of countervailing duty determinations.[104] However, the Appellate Body rejected this argument by stating that the declaration is couched in hortatory language and does not provide for the application of the special standard of review to countervailing determinations.[105] However, the difference between the standards of review for antidumping and countervailing determinations should not be overstated. The purpose of the special standard of review in Article 17.6 of the AD Agreement is to supplement, not replace

---

101 Habas Sinai ve Tibbi Gazlar Istihsal Endustrisi v. United States, No. 05-00613 (Ct. Int'l Trade 2007).

102 See Farrel Corp. v. International Trade Commission, 949 F.2d 1147, 1151 (Fed. Cir. 1991).

103 See Ministerial Declaration on Dispute Settlement Pursuant to the Agreement on Implementation of Article VI of the GATT 1994 or Part V of the Agreement on Subsidies and Countervailing Measures, MTN/FA HII-12 (1994).

104 See United States – Imposition of Countervailing Duties on Certain Hot-Rolled Lead and Bismuth Carbon Steel Products Originating in the United Kingdom (US – Lead and Bismuth II), WTO Appellate Body Report, Doc. WT/DS138/AB/R (adopted 07 June 2000), para. 9 et seq.

105 See ibid., para. 49.

the general standard of review in Article 11 of the DSU.[106] It is, therefore, useful discuss the general standard of review first and then move to the special standard of review for antidumping determinations.

WTO Panels are bound by the standard of review contained in Article 11 of the DSU, which requires them to "make an objective assessment of the [...] facts of the case and the applicability of and conformity with the relevant covered agreements, and make such other findings as will assist the DSB in making the recommendations or in giving the rulings provided for in the covered agreements". In interpreting this provision, the Appellate Body in *EC-Hormones* opined that:

> So far as fact-finding by panels is concerned, their activities are always constrained by the mandate of Article 11 of the DSU: the applicable standard is neither de novo review as such, nor 'total deference', but rather the 'objective assessment of the facts'.[107]

The key term here is "objective assessment", which is left undefined under the DSU. Recalling previous jurisprudence, the Appellate Body in *US – Countervailing Duty Investigation on DRAMs* said that "objective assessment" must be understood in light of the substantive requirements of the WTO Agreement at issue.[108] In the context of the SCM Agreement, the Appellate Body held that the duty to make an "objective assessment" requires WTO Panels to review whether the investigating authority provided "a reasoned and adequate explanation as to: (i) how the evidence on the record supported its factual findings, and (ii) how those factual findings supported the overall subsidy determination".[109] According to the Appellate Body, panels should not conduct a *de novo* review of the evidence, nor should they substitute their judgment for that of the investigating authority.[110] They must also limit their examination to the evidence that was before the agency during the course of the investigation and must take into account all such evidence submitted by the parties to the dispute.[111] This

106 See United States – Anti-Dumping Measures on Certain Hot-Rolled Steel Products from Japan (US – Hot-Rolled Steel), Doc. WT/DS184/AB/R (adopted 23 August 2001), para. 62.
107 See European Communities – Measures Concerning Meat and Meat Products (Hormones) (EC-Hormones), Docs. WT/DS26/AB/R & WT/DS48/AB/R (adopted 13 February 1998), para. 117.
108 See US – Countervailing Duty Investigation on DRAMs, supra note 73, para.184.
109 See ibid., para.186.
110 See ibid., para. 187.
111 Ibid.

may prompt the conclusion that the WTO standard of review, at least insofar as general standard of review is concerned, is similar to that of the US Courts. However, unlike the CIT, WTO panels are not allowed to simply defer to the conclusions of the investigating authority. The panels' examination of those conclusions must be "critical and searching".[112] For instance, in *US-Softwood Lumber,* the Appellate Body criticized the Panel for applying a standard of review that is too deferential. However, the exact degree of deference WTO Panels should give to investigating authorities remains uncertain.

The special standard of review for antidumping determinations appears similar to the *Chevron standard.*[113] With respect to factual standard of review, the special standard of review for antidumping determinations contained in Article 17.6 (i) is largely similar to the general standard of review discussed above. However, the legal standard of review gives considerable deference to investigating authorities when there are multiple interpretations of the disputed text of the AD Agreement. As clarified by the Appellate Body, the legal standard of review for antidumping determinations enshrined in Article 17.6 (ii) simply adds that a panel shall find that a measure is in conformity with the AD Agreement if it rests upon one permissible interpretation of that Agreement.[114] This is quite similar to the degree of deference US Courts accord to investigating authorities under the *Chevron standard*. The difference, however, stems from how this standard is applied by the WTO dispute settlement system. Article 17.6(ii) of the AD Agreement states that:

> [T]he panel shall interpret the relevant provisions of the Agreement in accordance with customary rules of interpretation of public international law. Where the panel finds that a relevant provision of the Agreement admits of more than one permissible interpretation, the panel shall find the authorities' measure to be in conformity with the Agreement if it rests upon one of those permissible interpretations.[115]

---

112 See United States – Investigation of the International Trade Commission in Softwood Lumber from Canada – Recourse to Article 215 of the DSU by Canada (US – Softwood Lumber VI (Article 215 – Canada)), WTO Appellate Body Report, Doc. WT/DS277/AB/RW (adopted 9 May 2006), para.93.

113 Some commentators suggest that the drafting of Article 17.6 of the AD Agreement was inspired by the Chevron standard, see e.g. S. P. Croley and J. H. Jackson, WTO Dispute Procedures, Standard of Review, and Deference to National Governments, 90 The American Journal of International Law (1996), 193.

114 See US – Hot-Rolled Steel (Japan), supra note 106, para. 62.

115 See Antidumping Agreement, supra note 3, Article 17.6(ii).

According to the Appellate Body, the second sentence of this provision presupposes that the application of the customary rules of treaty interpretation could give rise to multiple interpretations of some provisions of the AD Agreement.[116] WTO Panels are, therefore, obliged first to determine whether the relevant provision of the AD Agreement admits more than one interpretation by applying the customary rules of treaty interpretation embodied in Article 31 and 32 of the Vienna Convention on the Law of Treaties (VCLT). If such an interpretation reveals that the relevant provision of the AD Agreement "admits of more than one permissible interpretation", the panel "shall find the [investigating] authorities' measure to be in conformity with the Agreement if it rests upon one of those permissible interpretations." The problem is that the application of the pertinent rules of the VCLT rarely permits more than one permissible interpretation. WTO Panels and especially the Appellate Body often rely on a textual and contextual approach to treaty interpretation.[117] Such approach, however, normally leads to a single preferred interpretation. This means that the standard of review for antidumping determinations is not as deferential as it first appears.

Thus, in practice, the standard of review for trade remedy determinations employed by the WTO dispute settlement system appears to be less deferential than the standard of review applied by US Courts. This has been particularly evident in the diverging conclusions reached by US Courts and the WTO dispute settlement system in cases involving the same antidumping and countervailing determinations. The most controversial of all these cases have been those related to the practice of zeroing in antidumping determinations. Neither the AD Agreement nor the US antidumping legislation that implements the AD Agreement explicitly prohibits zeroing. However, while US Courts defer to the interpretation of the investigating authorise and approve such practice, the Appellate Body repeatedly found that zeroing is inconsistent with the provisions of the AD Agreement. In so doing, the Appellate Body has effectively neutralized the difference between the general standard of review of DSU Article 11 and the special standard of review of AD Agreement Article 17.6.

116 Ibid., para. 59.

117 See Y. Zhang, Contribution of the WTO Appellate Body to Treaty Interpretation, in G. Marceau (ed.), A History of Law and Lawyers in the GATT/WTO: The Development of the Rule of Law in the Multilateral Trading System (2015); I. V. Damme, Treaty Interpretation by the WTO Appellate Body (2009).

3. Available Remedies

The legal remedies available in WTO dispute settlement proceedings vary from those that can be obtained from the US Courts for the judicial review of trade remedy determinations. Much of the difference lies in the prospective nature of remedies under the WTO dispute settlement system. Before discussing this difference and its implications, however, it is important first to highlight the nature of remedies that complainants in trade remedy proceedings may normally seek. Affirmative antidumping and countervailing determinations lead to the imposition of antidumping and countervailing duties. There are two systems of collecting such duties. While most countries operate a prospective duty assessment system whereby antidumping and countervailing duties are assessed at the time of entry (of the products subject to antidumping or countervailing duties), the United States operates a retrospective duty assessment system under which an estimated cash deposit is collected at the time of entry, and the duties are assessed at a later time.[118] Complainants in trade remedy proceedings normally seek the elimination or reduction of the antidumping and countervailing duties (i.e. prospective remedies) and the refund of the antidumping and countervailing duties paid or the cash deposit (i.e. retrospective remedies). The question is which forum for the judicial review of trade remedy determinations offers such remedies.

When the CIT concludes that a trade remedy determination by Commerce and ITC is not supported by substantive evidence or otherwise inconsistent with the law, it normally remands the case to the relevant agency with instruction to explain its determination or issue a new determination in accordance with the decision of the court.[119] The CIT has the authority to either affirm or remand the redetermination by Commerce and ITC. Since there is no limit as to the number of times a case may be remanded to Commerce/ITC, trade remedy cases tend to bounce back and forth between Commerce/ITC and the CIT several times before the Court makes a final and conclusive decision. On remand, Commerce/ITC may have to explain or change their determination depending on the scope of the remand. During the proceedings, antidumping and countervailing duty deposits continue to be paid, but parties normally request for an injunction against liquidation. The CIT and the Federal Circuit are authorized to grant such injunctions insofar as the complainant shows that: (a) it is likely

118 Barnett, supra note 70, 455.
119 19 USC § 1516a(c) (3).

to prevail on the merits; (b) it would suffer irreparable injury in the absence of an injunction; (c) the balance of hardships favours the complainant, and (d) the public interest would not be adversely affected by an injunction.[120] Although these requirements seem restrictive at first glance, the CIT and the Federal Circuit routinely grant preliminary injunctions against liquidation.[121] The injunction prevents the relevant authority from liquidating the deposit until the final and conclusive court decision. If the antidumping and countervailing duty rate is lowered on remand or the duties are revoked by the Federal Circuit on appeal the remedy available for successful complainants include the refund of the deposit paid (or the difference) plus interests.

The remedies that can be granted by WTO Panels and the Appellate Body to successful complainants in antidumping and countervailing proceedings are limited by Article 19 of the DSU. Article 19.1 states that:

> Where a panel or the Appellate Body concludes that a measure is inconsistent with a covered agreement, it shall recommend that the Member concerned bring the measure into conformity with that agreement.[122]

WTO Panels and the Appellate Body may also suggest ways of implementing the recommendations, but they are not empowered to issue recommendations for the repayment of WTO-inconsistent antidumping and countervailing duties. Nor do they have the authority to issue preliminary injunctions against the collection of duties (or liquidation of deposits) during the proceedings.

However, retrospective remedies and preliminary injunctions have particular importance in trade remedy cases. As much as they want the cessation of antidumping and countervailing duties, importers or exporters of products subject to antidumping and countervailing duties want to get back the duties they paid or deposited. It is partly for this reason that such parties often pursue a two-track approach whereby they lobby their governments to file a WTO complaint (largely because of the high likelihood of success) and challenge the same trade remedy determination before US Courts either at the same time (to benefit from the routinely granted preliminary injunctions) or subsequently (to benefit from the retrospective

120 19 U.S.C. § 1516a(c).

121 See Barnett, supra note 70 ('virtually automatic'), 462; Ryan, supra note 72 ('routinely granted'), 375.

122 Understanding on Rules and Procedures Governing the Settlement of Disputes, 1869 U.NT.S. 401, GATT 1994, supra note 1 (DSU).

remedies).[123] The problem with such an approach is, however, WTO dispute settlement body reports are not binding upon US Courts.[124] This means that it is only when US Courts also reach the same conclusion with that of the WTO dispute settlement body that the retrospective remedies can be obtained.

The mechanism for the implementation of WTO reports in the United States is set out in section 129 of the Uruguay Round Agreement Act. According to this Act, if WTO panels or the Appellate Body report finds that antidumping and countervailing determinations by US agencies are inconsistent with the AD or SCM Agreement, the United States Trade Representative (USTR) requests whether the Commission would be able to implement the report. In response to such requests, the Commission may revoke the original determination or simply change the dumping margin or the amount of countervailable subsidies to comply with the WTO Panel or Appellate Body recommendations.[125] The new antidumping or countervailing determination applies prospectively and in principle does not allow complainants to claim the refund of duties or deposits paid in accordance with the original determination.

IV. Conclusion

The WTO dispute settlement system and domestic tribunals share overlapping subject matter jurisdictions over the judicial review of trade remedy determinations. The AD and SCM Agreements envisage that final affirmative antidumping and countervailing determinations can be challenged domestically through tribunals designated for this purpose and/or multilaterally through the WTO dispute settlement system. However, neither of these agreements addresses the issues posed by the overlap in jurisdiction between the two forums. Nor are there any ongoing initiatives to address the overlap. This is due in part to the implicit assumption that the two forums are complementary. Judicial review is part of the procedural safeguard against the misuse of trade remedy measures for protectionist pur-

---

123 See Barnett, supra note 70 (noting that 'some foreign respondents have pursued domestic litigation apparently for the sole purpose of maintaining an injunction against liquidation'), 456.

124 See Corus Staal BV v. Dep't of Commerce, 395 E3d 1343 (Fed. Cir. 2005).

125 If the complainant WTO Member disagrees with the Commissions' redetermination, it can bring further WTO complaints in accordance with Article 21.5 of the DSU.

poses. Insofar as they are complementary, the presence of alternative forums for judicial review enhances the exposure of trade remedy determinations to judicial review. The question is whether and to what extent the domestic and multilateral forums for the judicial review of trade remedy determinations complement one another. This chapter has attempted to address this question by focusing on some key procedural differences between US Courts for the judicial review of trade remedy determinations and the WTO dispute settlement system. The significant differences between these two forums in terms of standing, the standard of review and available remedies, justify the coexistence of the overlapping jurisdiction between the two forums. On the one hand, US Courts offer direct access to judicial review for interested private parties and provide remedies unavailable in WTO dispute settlement proceedings (i.e. preliminary injunctions and retrospective remedies). On the other hand, the less deferential standard of review applied by WTO Panels and especially by the Appellate Body puts affirmative trade remedy determinations under more rigorous scrutiny. Enhanced interaction between the two forums will further strengthen the role of domestic and multilateral judicial review in ensuring adherence to the rule of law in the application of trade remedy measures.

Practices and Ways of Doing Things in the World Trade Organization (WTO) Law

*Gabrielle Marceau & Clément Marquet**

I. Introduction

Contracting Parties to the 1947 General Agreement on Tariffs and Trade (GATT 1947) created the World Trade Organization (WTO). The GATT 1947 was not a formal international organization and in fact it never wanted to be an autonomous treaty. Instead, the GATT 1947 was a temporary agreement, entering into force on 1 January 1948 provisionally; its text and schedules were to be integrated into the Charter creating the International Trade Organization (ITO), constituted by the Havana Charter. However, the treaty which was to create the ITO never entered into force due to, in particular, the refusal by the US Administration to ratify it.[1] The GATT 1947, more modest and deprived of the institutional provisions that the ITO would have brought, remained in force on a provisional basis until 1 January 1995 when the WTO came into force.

Soon after the implementation of the GATT, trade between Contracting Parties increased;[2] the GATT had to be operational despite its institutional weaknesses and legal uncertainties. This may explain why pragmatism and flexibility are characteristic elements of the GATT legal order.[3] The Contracting Parties were led to adopt several types of instruments, all without

* Gabrielle Marceau, PhD, is Counsellor in the Legal Affairs Division of the WTO Secretariat and Associate Professor at the University of Geneva.

1 In December 1950, it became clear that the United States would never ratify the ITO treaty. See J. H. Jackson, World Trade and the Law of GATT (1969), 50.

2 WTO Secretariat, World Trade Report 2007 (2007), 243.

3 See for that purpose Jackson, supra note 1; R. Hudec, The GATT Legal System and World Trade Diplomacy (1975). See in particular G. Berrisch, who wrote: "The GATT legal system is often seen as a flexible one with a very flexible approach to the treatment of conflicts between its Contracting Parties. [...] Flexibility and pragmatism are, therefore, characteristic elements of the GATT legal order", in G. M. Berrisch, The Establishment of New Law Through Subsequent Practice in GATT, 16 North Carolina Journal of International Law and Commercial Regulations (1991), 497, 498.

any clear status: decisions specifying, adding to or even amending the wording of the Agreement, guidelines, statements ("rulings" and "statements") of the Chairman, adopted by consensus of Contracting Parties.[4] These acts and decisions were respected and often seem to have been followed by a consistent and sometimes progressive practice. The Contracting Parties, individually or jointly, also developed several "ways of doing" which evolved throughout the years. In that context the GATT forum teemed with specific ways of doing things in the implementation of the GATT mechanisms, in the functioning of the Council meetings, Committees, etc., and in its dispute settlement system. In fact, the GATT's achievement lies in that, with these multiple (soft) practices, it succeeded in prolonging, strengthening and expanding an incomplete provisional agreement for almost 50 years until the WTO. Those practices can have varying degrees of intensity, stem from different types of authors, and be perceived as more or less binding by WTO Members. Moreover, the transition from the GATT to the WTO adds a layer of complexity, because some of the GATT practices were codified into the new treaty whilst others were mentioned as "guidelines" in the interpretation of the WTO.

There are all sorts of practices in international law generally and questions therefore necessarily arise regarding what legal status those practices have reached. In this chapter, we first present "practices" in international law, before reviewing all sorts of practices and ways of doing things, under the GATT and now in the WTO and discussing their operation.

II. The practice in international law: At the crossroad of various concepts

A. The practice in general international law

The notion of practice can first be defined as a formal practice either as: 1) an autonomous source of obligation and the basis for a legal claim, as mentioned in Article 38(1)(b) of the Statute of the International Court of Justice – as components of customary international law; or 2) as a source of interpretation within the meaning of Article 31(3)(b) of the Vienna Convention on the Law of Treaties (VCLT), as part of the "subsequent practices of the (treaty) parties", composing the (broad) context that should be taken

4 General Agreement on Tariffs and Trade 1947, 30 October 1947, 55 U.N.T.S. 194, (GATT 1947). Article XXV provides that when the "collectivity" of Contracting Parties acts, it shall be described as the CONTRACTING PARTIES.

into account when interpreting a term of a treaty. However, authors seem to consider the latter a subcategory of the former.[5] Subsequent practice in the VCLT, given its role and effect in the interpretation and possibly the amendment[6] of treaties, should be seen as a subdivision of customary international law. In doing so, those authors promote a unified notion of practice.

The title of this subsection is voluntarily ambiguous, as it underlines a debate that has not yet been settled. Indeed, authors have varying opinions regarding the actual reach and scope of subsequent practice. Some argue the concept that the only possible use of practice is to give a clearer definition of what the treaty already encompasses.[7] Others, however, consider that subsequent practice can become the source of obligations that can reach further than in the first approach, be it because the parties creating the subsequent practice are considered "masters of their treaty",[8] or because the division between those two concepts cannot be clearly established.[9] If both concepts of practice are interlinked and sometimes mixed in general international law, the distinction between them is crucial in WTO law because the WTO substantive obligations are only those included in the covered agreements (seemingly excluding the possibility of WTO customary law).

---

5 R. Kolb, La bonne foi en droit international public (2000), 507-508.

6 The amendment of treaties through subsequent practice is a controversial subject. On that topic, see I. Sinclair, The Vienna Convention on the Law of Treaties, 2nd ed. (1984), 138; H. Fox, Article 31(3)(A) and (B) of the Vienna Convention and the Kasikili/Sedudu Island Case, in M. Fitzmaurice et al. (eds.), Treaty Interpretation and the Vienna Convention on the Law of Treaties: 30 Years on (2010), 59, 61; M. G. Kohen, Keeping Subsequent Agreements and Practice in Their Right Limits, in G. Nolte (ed.), Treaties and Subsequent Practice (2013), 34, 35-36; Second report on subsequent agreements and subsequent practice in relation to treaty interpretation by Georg Nolte, Special Rapporteur, UN Doc A/CN.4/671, 26 March 2014, paras. 115-142; Kolb, supra note 5, 479-480.

7 See for instance Methanex Corporation v. United States of America, Second Opinion of Professor Sir Robert Jennings, Q.C., 6 September 2001 available at http://www.italaw.com/sites/default/files/case-documents/ita0983.pdf (last visited 6 December 2018).

8 O. Dörr, K. Schmalenbach, Vienna Convention on the Law of Treaties – A Commentary (2012), 555, para. 76.

9 As Sinclair put it: "It will be apparent that the subsequent practice of the parties may operate as a tacit or implicit modification of the terms of the treaty. It is inevitably difficult, if not impossible, to fix the dividing line between interpretation properly so called and modification effected under the pretext of interpretation." Sinclair, supra note 6, 138.

Coming back to the topic at hand, as a corollary from the link between custom and subsequent practice, it should be noted that both entail not only an objective, but also a subjective element. Article 38(1)(b) specifically requires custom to be constituted of both state practice and *opinio juris*. Subsequent practice in Article 31(3)(b), for its own part, refers to the subjective element through the wording "which establishes the agreement of the parties regarding its interpretation".
As Boisson de Chazournes puts it:

> [...] subsequent practice is, at its core, fairly uniform. To consider it as a blend of repetition over time with acknowledgement appears to be a firmly rooted assumption for international lawyers.[10]

However, as is the case in the context of custom, the importance of the subjective aspect is debated across a wide spectrum. At one end of that spectrum, some authors defend a concept of custom in which practice is the alpha and the omega. In this approach, the objective element of custom serves as an indicator of the subjective opinion of the State promoting it, thus creating a kind of presumption of *opinio juris*.[11] Judge Lachs discussed the question of custom in his dissenting opinion:

> What can be required is that the party relying on an alleged general rule must prove that the rule invoked is part of a general practice accepted as law by the States in question. No further or more rigid form of evidence could or should be required.[12]

Somewhere in the middle, others consider that the subjective and the objective should go hand in hand, perceiving them as "two sides of the same coin which, like heads and tails, may differ but which cannot exist separately."[13] At the other end of the spectrum, some authors insist on the pri-

---

10 L. Boisson de Chazournes, Subsequent Practice, Practices, and "Family-Resemblance": Towards Embedding Subsequent Practice in its Operative Milieu – A Multi-Actor Perspective, in G. Nolte (ed.), Treaties and Subsequent Practice (2013), 53, 54.

11 See H. Kelsen, Principles of Public International Law, 2nd edition (1966), 450-451.

12 North Sea Continental Shelf (Federal Republic of Germany v. Netherlands), Judgment, ICJ Reports 1969, 3, Judge Lachs Dissenting Opinion, 218, 231.

13 R. Müllerson, The Interplay of Objective and Subjective Elements in Customary Law, in K. Wellens (ed.), International Law: Theory and Practice: Essays in Honour of Eric Suy (1998), 161, 166.

mordial importance of this subjective element, going as far as denying the role of practice.[14]

It must nevertheless be noted that, if kicked through the door, the subjective element comes back through the window. Indeed, another criterion of subsequent practice mentions that the inaction or silence of states can be construed as acceptance. The ICJ's case law also tends to confirm this approach. As it explained in the context of Article 31(3)(a), subsequent agreements can be born through the inaction of a State in a situation where it should have reacted.[15] If a subsequent agreement can be born out of mere acquiescence, it could be conceived that the less formalistic subsequent *practice* can arise from a State's inaction or silence.[16] The ICJ indirectly confirms this vision in the *Kasikili/Sedudu* case:

> To establish such practice, at least two criteria would have to be satisfied: first, that the occupation of the Island by the Masubia was linked to a belief on the part of the Caprivi authorities that the boundary laid down by the 1890 Treaty followed the southern channel of the Chobe; and, second, that the Bechuanaland authorities were *fully aware of and accepted* this as a confirmation of the Treaty boundary.[17]

This confirmation of the possibility to create subsequent practice out of inaction or silence indicates that a State opposing the development of a prac-

14 B. Cheng, United Nations Resolutions on Outer Space: 'Instant' International Customary Law?, in B. Cheng (ed.), Studies in International Space Law (1997), 125, 138.

15 "In fact, as will be seen presently, an acknowledgment by conduct was undoubtedly made in a very definite way; but even if it were otherwise, it is clear that the circumstances were such as called for some reaction, within a reasonable period, on the part of the Siamese authorities, if they wished to disagree with the map or had any serious question to raise in regard to it. They did not do so, either then or for many years, and thereby must be held to have acquiesced. Qui tacet consentire videtur si loqui debuisset ac potuisset." Case concerning the Temple of Preah Vihear (Cambodia v. Thailand), Merits, Judgment, ICJ Reports 1962, 6, 23.

16 This reasoning only applies to "subsequent practice" in the context of Article 31(3)(b), and its relation to "subsequent agreements" in the meaning of Article 31(3)(b). "Practice" as a component of customary international law should not be understood as having a lower binding force than international agreements. It is indeed usually considered that there is no hierarchy between Article 38(1)(a) and 38(1)(b) of the ICJ Statute; see A. Pellet, Article 38, in A. Zimmermann et al. (eds.), The Statute of the International Court of Justice: A Commentary, 2nd ed. (2012), 731, 841.

17 Kasikili/Sedudu Island (Botswana v. Namibia), Judgement, ICJ Reports 1999, 1045, 1094, para. 74 (emphasis added).

tice should show its intention in this regard.[18] The State's opinion on the matter therefore remains relevant.

A final point deserves to be made regarding the difference between subsequent practice and subsequent agreement (within the meaning of Article 31(3)(a) VCLT) since both of them seem to include both an objective and subjective element. Nolte, in his work on the subject, explained the difference as follows:

> Subsequent agreements and subsequent practice are distinguished according to whether a common position can be identified as such, in a common expression, or whether it is necessary to indirectly identify an agreement through particular conduct or circumstances.[19]

The overall difference, according to him, stems from the visibility of the agreement, formal or informal.[20] In the absence of such visibility, the interpreter should resort to practice, as the expression of a possibly underlying agreement. This approach is also defended by Fox, who underlines that the notion of subsequent agreement "appears to insist on an element of common intent of the parties and hence distinguishes it from mere practice of the parties".[21]

B. *The authors of the practice*

Various questions stem from the issue of practice *ratione personae*. The first one regards who can be seen as the authors of such subsequent practice, and whether they need to be active authors. This was already briefly discussed above, but it is quite uncontested that practice does not have to be

---

18 This could be likened to the concept of the persistent objector found in customary international law. On this topic, see J. L. Charney, The Persistent Objector Rule and the Development of Customary International Law, 56 British Yearbook of International Law (1985), 1.

19 First report on subsequent agreements and subsequent practice in relation to treaty interpretation by Georg Nolte, Special Rapporteur, UN Doc A/CN.4/660, 19 March 2013, para. 74.

20 The ICJ also seems to consider the formality (or lack thereof) of the agreement to be somewhat irrelevant, see Kasikili/Sedudu Island (Botswana v. Namibia), Judgement, ICJ Reports 1999, 1045, 1087, para. 63.

21 Fox, supra note 6, 64.

actively accepted by all the parties involved.[22] Mere silence from a State can already be construed as acceptance of a practice, rendering it binding. As Judge Weeramantry put it in his dissenting opinion in the *Kasikili/Sedudu* case:

> I accept Namibia's submission that the word 'agreement' in Article 31, paragraph 3 (b), of the Vienna Convention can be read in the sense of 'understanding', and can therefore cover silence and inaction as well. This view derives support not only from the general law relating to the interpretation of documents, but also from the *travaux préparatoires* of the Convention. In paragraph 49 of its Judgment, the Court likewise gives its support to the view that the Parties' understanding of the Treaty is the basis for the importance of subsequent practice.[23]

A second question regarding the authors of the subsequent practice deserves our attention; who are the entities whose practice is relevant to consider in the context of Article 31(3)(b) of the VCLT?[24] As a preliminary point, as envisioned by Article 5 of the VCLT, the convention "applies to any treaty which is the constituent instrument of an international organization". In this specific situation, Article 31 and 32 would be applicable, and therefore influence the outcome of the interpretative process.[25] The VCLT would be applicable as a whole to the treaty under scrutiny and the practice arising from it could potentially qualify as "subsequent practice" in the sense of Article 31(3)(b). Secondly, the wording of the convention can be taken into account: the VCLT does not refer to "state practice", but rather to "the parties". Secondly, as Nolte underlines in the first Report of the Special Rapporteur of the ILC on subsequent practice, "article 31(3)(a) of the Vienna Convention speaks of any subsequent agreement 'between

---

22 Dörr, Schmalenbach, supra note 8, 557 para. 83; Second report on subsequent agreements and subsequent practice in relation to treaty interpretation by Georg Nolte, Special Rapporteur, UN Doc A/CN.4/671, 26 March 2014, para. 60.

23 Kasikili/Sedudu Island (Botswana v. Namibia), Judgement, ICJ Reports 1999, 1045, Dissenting opinion of Judge Weeramantry, 1153, 1159-1160.

24 For a general overview of Article 31 of the VCLT, see G. Marceau, WTO Dispute Settlement and Human Rights, 13 European Journal of International Law (2002), 753, 779-786.

25 Report of the International Law Commission on the work of its sixty-eighth session, 2 May–10 June and 4 July–12 August 2016, UN Doc A/71/10, 223-227.

the parties,' article 31(3)(b) merely speaks of 'subsequent practice in the application of the treaty.'"[26]

Following this approach, we could deduce from the difference in wording that the practice under consideration does not need to stem from the parties directly, but should rather be an indication of their agreement on the matter. This leads to the question *ratione personae*, whereby one can wonder whether practice by organs of an international organization qualifies as "subsequent practice" within the meaning of Article 31(3)(b) of the VCLT. The decisive criterion regarding the possibility to attribute an international organization's conduct to state practice is usually how reflective the former is of the latter.[27] This approach, however, does not specifically establish the ability of a body to create subsequent practice by itself. It would only be relevant insofar as said practice mimics the states' practice and *opinio juris*.

Another approach can be taken, however, in which practice by the organs of an international organization is not attributed to the states, but directly to the international organization itself. As evidenced by Nolte, the ICJ has referred on multiple occasions to the use of subsequent practice of an organization's organs in interpretative reasoning.[28] The extent to which the subsequent practice of the international organization's organs can be taken into account partially depends on the focus of the interpretation, and the weight of those practices in the interpretation process is nevertheless debated. It is indeed unclear whether this practice would only qualify as a mere supplementary means of interpretation (within the meaning of

---

26 First report on subsequent agreements and subsequent practice in relation to treaty interpretation by Georg Nolte, Special Rapporteur, UN Doc A/CN.4/660, 19 March 2013, para. 119.

27 The ICJ itself seems to indicate this in the Whaling case, by underlining the fact that the International Whaling Commission's resolutions could not be accepted as subsequent practice precisely because it did not reflect the agreement of all the parties, and in particular not that of Japan, see Whaling in the Antarctic (Australia v. Japan: New Zealand intervening), Judgment, ICJ Reports 2014, 226, 257, para. 83; See also G. Nolte, Subsequent Agreements and Subsequent Practice, Report 3, G. Nolte (ed.), Treaties and Subsequent Practice, 307, 381.

28 Third report on subsequent agreements and subsequent practice in relation to treaty interpretation by Georg Nolte, Special Rapporteur, UN Doc A/CN.4/683, 7 April 2015, para. 43-56 and references.

Article 32 of the VLCT)[29] or as a more primary interpretative tool.[30] Moreover, should the object of the interpretation not be the "constituent instrument" of an international organization, authors seem to recognize that its practice would still qualify as a means of interpretation falling under Article 32 of the VCLT.[31]
With regard to the organ's working methods and composition, Lauterpacht underlines that:

> Generally, no special emphasis has been laid on the character of the vote – whether unanimous or majority – which has occasioned the conduct in question.[32]

One can still wonder whether the type of vote could influence the strength and the binding character of the subsequent practice. In other words, could a unanimous or consensual vote mean a higher degree of reliability of the practice in further interpretation of a given treaty? Similarly, one could wonder whether, and to what extent, the composition of the organ under scrutiny could influence the weight given to its practice during the interpretation process. Should the practice of an integrated organ hold the same weight as a political organ, or a plenary organ compared to a restricted membership body?

C. *The practice as soft law?*

Finally, another approach to practice should be underlined. The very notion can be understood in different ways. Indeed, while the *practice* can be brought up in the context of Article 31, it is certainly not limited to it. The practice can also be understood in a softer approach in which it only reflects a habit whose legal status is much less clear. These *ways of doing* (to avoid the expression "practice") could nevertheless influence the behaviour

---

29 S. Kadelbach, Interpretation, in Simma et al. (eds.), The Charter of the United Nations: A Commentary, 3rd ed. (2012), 71, 85-86.

30 For instance, the ICJ had recourse to the practice of an international organization with regard to Article 31(1), when discussing the purpose and function of a treaty: Reparations for injuries suffered in the service of the United Nations, Advisory Opinion, ICJ Reports 1949, 174, 180.

31 Report of the International Law Commission on the work of its sixty-eighth session, 2 May–10 June and 4 July–12 August 2016, UN Doc A/71/10, p. 225.

32 E. Lauterpacht, The Development of the Law of International Organizations by the Decisions of International Tribunals, 152 Collected Courses of the Hague Academy of International Law (1976), 377, 458.

of states. Boisson de Chazournes underlines the nuance between the different acceptations of the word "practice" in these words:

> Such a conceptual homogeneity, however, is blurred by the fact that some conventional regimes have practices that do not match the logic of custom. The hiatus can have to do with process of practice production, e.g. "environmental best practices", or the actors involved, e.g. "commercial uses", or even both, e.g. "technical standards". Common to all these practices is the lack of consistency and endorsement necessary in tandem for custom development and, in turn, usually ascribed to subsequent practice. Nonetheless, these practices impact upon states' behaviour under the treaty and, what is more, they play a role in the judicial or quasi-judicial application of treaties. It suffices to note, for the time being, that a number of international judicial instances – ranging from the World Trade Organization (henceforth, WTO) Panels and Appellate Body to the International Tribunal for the Law of the Sea (ITLOS) or to arbitral tribunals – have referred to technical standards, best practices and so forth.[33]

This notion of *ways of doing* would therefore cover a kind of practice whose status cannot quite be defined in the same terms as those falling under Article 38(1)(b) of the ICJ Statute or 31(3)(b) of the VCLT.

We can draw from the above that some "practices" serve mainly a functional purpose allowing for predictability in a given system. States, however, do not usually feel formally bound by those *ways of doing*. These could be compared to a sort of gentlemen's agreement, for which "the rights and obligations created [are] deemed to be moral, not legal."[34] It is therefore left out of the normative realm upon the inception of the rule, but does not preclude it from becoming, later on, binding international law through the usual mechanisms of practice mentioned above.

III. The GATT's practices: what pragmatism requires

A. The GATT as a de facto UN specialised agency

The GATT itself, by force of circumstance and practice, evolved into a *de facto* international organization. When it became obvious that the creation

---

33 Boisson de Chazournes, supra note 10, 54.
34 J. Klabbers, The Concept of Treaty in International Law (1996), 16.

of the ITO would be indefinitely postponed, the Contracting Parties gave the GATT Executive Secretary the responsibility to consult the UN about practical arrangements to be agreed upon.[35] On 11 August 1952, the GATT Executive Secretary and the UN Secretary-General exchanged letters confirming that, having regard to *de facto* arrangements existing between ICITO[36] Secretariat and the UN, it was not necessary to conclude a special or formal agreement with respect to the GATT.[37] These arrangements included the participation in the Common System of Salaries and Pensions, the participation of the GATT's Secretary-General in the Administrative Committee on Coordination (ACC) and its subsidiary bodies, and the opportunity to benefit from all of the rights granted to specialised agencies pursuant to the main agreements governing their relationships with the UN, namely the exchange of information and documents, reciprocal representation at meetings and coordination activities, as well as the participation in inter-institutional bodies.

The GATT never concluded any agreement with the UN as a specialised agency, nor was any other formal arrangements created. But, throughout its whole existence, the GATT was perceived as an international organization and behaved as such. In addition to *de facto* arrangements with the UN, the GATT entered into other international commitments, such as the creation, with UNCTAD, of the International Trade Centre (ITC) in 1967.[38] The GATT Secretariat was the forum of eight negotiation rounds and its frameworks saw the birth of other agreements, such as the Tokyo Round and the Uruguay Round. These *de facto* arrangements were forms of practices which continued until the WTO.

B. The development of various institutional practices

1. In the functioning of the GATT Council and Committees and the Tokyo Round Committees

Throughout the existence of the GATT, institutional practices developed and covered a range of subjects. As of 1960, Contracting Parties created the

35 See Document GATT/CP.6/41, 24 October 1951.
36 Interim Commission of the International Trade Organization.
37 See Document GATT G/16, 11 August 1952.
38 See Document GATT L/2839, 31 August 1967.

"Council of Representatives"[39] by a simple decision of the Council. Following this date, all of the Contracting Parties' actions were carried out through the intermediary of the Council, made up of representatives of Contracting Parties.

To mention only a few other noteworthy practices: postal (and sometimes telegraph) ballot was constantly used for decisions concerning waivers or accessions; the 10-calendar days rule that remained unwritten for a long time (until the nineties)[40] was used for registering items in the agenda of the Council of Representatives; and the *quorum* was never officially recorded during the meetings. This last issue raises questions regarding the possibility of developing subsequent practice in the context of Committees or Councils. As mentioned above, their decision should ultimately be attributable to States. Still, possible lack of actual reflection of the Members' intention, or even lack of proof, could jeopardize this ability to attribute.

Following the increasing institutionalization of the GATT through the Uruguay Rounds and what was supposed to arise from it, from 1985 to 1993 the Secretariat and the Contracting Parties sought to strengthen some practices or facilitate their application. For this reason, invitations to the GATT's annual or ministerial sessions, or to negotiations, which had been so far *ad personam*, were issued in the form of an impersonal Aerogramme. The change in nature of the Council's report at the annual session also dates back to this time, as well as the agreement pursuant to which any discussion under "Other issues" in the Council's agenda of meetings could only be provisional and have no expectation that a decision would be taken.[41] Furthermore, should a Member desire to contest an item on the agenda, it was this particular point that was challenged and not the whole agenda. All of these re-defined practices, as well as the computerization of the Secretariat, greatly contributed to improving the effectiveness of the GATT's operations, while laying the foundations for a smooth transition towards the WTO.[42]

---

39 See Document BISD 9S/8, 4 June 1960.

40 This is reflected today in Rules 2 and 4 of the General Council's Rules of Procedure.

41 This is reflected today in Rule 25 of the General Council's Rules of Procedure.

42 We hereby thank Claude Mercier, Former Director at the WTO's Institute for Training, who joined the GATT in 1973, for sharing with us his knowledge on that subject.

2. *In the administration of the system of dispute settlement*

a. The creation of panels and the general evolution of the system of dispute settlement

Article XXIII of the GATT 1947 mentions that the Contracting Parties shall be referred any question relating to the application of the GATT's provisions. During GATT's first decade, the Contracting Parties employed "decisions by the Council Chairman" (rulings). Then, they turned to the creation of a panel of experts.[43] The first report issued by a panel of five experts appointed by agreement of the parties, related to the case "Uruguayan Recourse to Article XXIII" in 1962.[44] Throughout the years and experiences, the Contracting Parties adopted various forms of decisions which detailed and strengthened the system of dispute settlement.

The development of practices touched upon a broad range of matters, such as the exchange of written submissions, the holding of hearings, the questions raised by Members of the panel and the presentation of a report to the Contracting Parties. Pescatore, Davey and Lowenfeld praised the development of the GATT system of dispute settlement which was based on the modest provisions of Articles XXII and XXIII of the GATT 1947:

> The development of these minimal bases into a relatively successful system of dispute settlement is one of the most remarkable examples of pragmatic achievements in the sphere of international law. The purely experimental operation of the provisions of Articles XXII and XXIII lasted for a long time – in fact until the completion of the Tokyo Round in 1979 [...].[45]

During the Tokyo Rounds, the Contracting Parties codified various practices from the system of dispute settlement in an "Understanding Regarding Notification, Consultation, Dispute Settlement and Surveillance"[46] completed by an annex entitled "Agreed Description of the Customary Practice of the GATT in the Field of Dispute Settlement". These two texts specified the first parameters of practices, procedures and princi-

---

43 The possibility for a panel to entertain a complaint was recognized in 1966, in the Decision to implement Article XXIII for the benefit of the least-developed countries (see Document BISD 14S/18, 5 April 1966, para. 5).

44 See Document BISD 11S/98, 16 November 1962 (GATT L/1923).

45 P. Pescatore et al., Handbook of GATT/WTO Dispute Settlement (1991), 7.

46 See Document GATT L/4907, 28 November 1979 (BISD, S26/231).

ples in the GATT system of dispute settlement in accordance with their evolution at that time.

In 1982, the Ministerial Declaration which contained a Decision on "Dispute Settlement Procedure", further added details and refinements to the system without introducing any major amendment.[47] In 1984, the Contracting Parties adopted a decision, in which the paragraphs of presentation recall the content of the Declaration of 1982. They further added that a clear commitment to the rules of procedure was necessary in order to improve the dispute settlement system. On this occasion, the Contracting Parties agreed on a test run of one year, during which those practices regarding panel procedures, time limit and follow-up of decisions would be adopted.[48] This approach was indeed followed by the Contracting Parties (individually and jointly) and its development continued.

In July 1985, the Legal Affairs Office at the GATT Secretariat outlined, in a note intended for the newly established panels, the general procedures adopted by the Contracting Parties for the panels established under Article XXIII, paragraph 2, of the General Agreement, and suggested that the panels adopt the model working procedures indicated in the said note.[49] As of this date, and until the entry into force of the WTO Understanding, the GATT's panels established under Article XXIII, Paragraph 2, regularly adopted these model procedures in their deliberations.

By decision adopted on 12 April 1989, the Contracting Parties applied the Ministerial Declaration of 1989 which included improvements to the rules and procedures governing the GATT's settlement of disputes;[50] it was agreed that:

> [...] panels shall follow the working procedures proposed in the Legal Affairs Office's note of July 1985, unless otherwise agreed by their members and in consultation with parties to the dispute.[51]

The WTO Understanding on rules and procedures governing the settlement of disputes (DSU) largely takes up the content of the Decision of 1989.[52] The development of the practice followed by panels under the GATT was striking and responded to the changing needs of a more juris-

---

47 See Document BISD S29/14, 29 November 1982.

48 Provisions adopted on 30 November 1984 (BISD S31/9).

49 See Document GATT MTN.GNG/NG13/W/4, 10 June 1987.

50 See Document GATT L/6489, 12 April 1989.

51 Ibid., 6.

52 For a compilation of all instruments related to the system of dispute settlement under GATT see, Document MTN.GNG/NG13/W/4 Rev. 1, 10 November 1987.

dictional and independent dispute settlement mechanism. Up until the final days of the GATT 1947, the Contracting Parties, by their actions, contributed to the development of practices of the system of dispute settlement that took root.

b. The use of the so-called chairman statement

The 10-day time-limit, during which a Member might give notification of its interest as third party, is another and more specific example of a procedural practice developed to respond pragmatically to the needs of the dispute settlement system. Since nationals from third parties may not, in principle, act as panel members, it became necessary to identify rapidly the Contracting Parties which had an interest in participating as a third party in order not to unduly delay the selection of panel members following their establishment by the DSB. Under the GATT, a Statement of the Council Chairman enshrined the practice of interested Contracting Parties being allowed to register their third party interests within a period of 10 days following the establishment of the panel.[53] At the meeting held on 21 June 1993, the GATT General Council "accepted" this practice and thereby also codified it.
The minutes of this Council meeting recorded that the Chairman proposed that:

> [T]he Council agrees to the hereinafter described practices, without prejudice to the rights of Contracting Parties under established dispute settlement procedures: a) delegations in a position to do so, should indicate their intention to participate as a third party in a panel proceeding at the Council session which establishes the panel. Others who wish to indicate a third party interest should do so within the next ten days; […] The Council *agreed* the Council agreed to the above-mentioned practices.[54]

This practice was thereafter generally respected by the Contracting Parties, and today by WTO Members even in the absence of any provision provid-

53 See Document GATT C/COM/3, 21 June 1994.

54 Ibid. On this occasion, the representative of the United States also noted that the practice presented by the Chairman would be followed within the framework of the Understanding pursuant to which access to the submissions presented at a panel by parties to a dispute was almost identical to that provided for in one of the provisions of this Understanding.

ing for a time-limit within which a third party must register its interest. However, in multiple cases,[55] the parties accepted the participation of two developing countries as third parties, though their requests had been filed more than 10 days after the establishment of a panel.

Nowadays, the practice of chairmen's statements is more frequently used in the WTO. For instance, upon the accession of the Russian Federation, a last-minute issue arose regarding the French and Spanish translations of the Report of the Working Party on the Accession of the Russian Federation and the Schedules. In order to avoid delaying formal admission to the WTO, recourse was had to a chairman's statement (both by the Chairman of the Accession Working Party and by the Chairman of the Ministerial Conference), which declared that only the Protocol of accession would be considered authentic in the three official WTO languages, while the other document would only be authentic in English.[56] This tool was also used in the context of the TRIPS amendment, whereby the chairman summed up the seemingly common understanding of the Members on various points regarding access to medicine.[57]

IV. The practice within GATT generated the WTO

The GATT Contracting Parties created the WTO, and as the GATT cannot be defined without reference to the multiple practices which developed within, the creation of the WTO gave the opportunity to codify these practices.

---

55 Among others, United States – Subsidies on Upland Cotton (WT/DS267), EC – Export Subsidies on Sugar (WT/DS266, 265, 283), Turkey – Measures Affecting the Importation of Rice (WT/DS334), United States – Measures Relating to Shrimp from Thailand (WT/DS343), EC – Tariff Treatment of Certain Information Technology Products (WT/DS375, 376, 377), China – Certain Measures Affecting Electronic Payment Services (WT/DS413), EC – Measures Prohibiting the Importation and Marketing of Seal Products (WT/DS400, 401), China – Measures Imposing Anti-Dumping Duties on High-Performance Stainless Steel Seamless Tubes ("HP-SSST") from the European Union (WT/DS460).

56 See Document WT/MIN(11)/SR/3, 20 April 2012, para. 6, 8, 9.

57 See Document JOB(05)/319, 5 December 2005.

A. General codification of GATT practices

With the WTO, some of those GATT practices were continued, others were codified and even expanded – reinforcing the idea that the broad membership of the GATT was of the view such practice (sometimes contrary to the treaty or outside the treaty boundaries) had indeed adequately responded to their needs.

Article XVI:1 of the Marrakesh Agreement Establishing the World Trade Organization (the WTO Agreement) codifies in a general manner all of GATT's practices, procedures and decisions which must serve as a "guide" for the WTO:

> Except as otherwise provided under this Agreement or the Multilateral Trade Agreements, the WTO shall be guided by the decisions, procedures and *customary practices* followed by the CONTRACTING PARTIES to GATT 1947 and the bodies established in the framework of GATT 1947. (emphasis added)

The GATT 1947 practices have never been formally listed. WTO Members, Councils, and Committees make reference to them when needed. While the continuation of these practices can be noted within various WTO bodies and in the behaviour of Members, often it is only when these practices come into contact with the dispute settlement system that their compulsory and binding nature, as well as their impact on the rights and obligations of WTO Members, can be assessed. Yet, in the WTO, practices, procedures and decisions of the GATT/WTO Members, Committees and Councils define the WTO itself and should therefore be assessed in relation to their purpose and their capacity to maintain a sound multilateral trade system which implies the respect of accountability principles.

B. Codification of the practice of decision-making by consensus

Article IX of the WTO Agreement codifies a fundamental GATT practice – decision-making by consensus. However, it maintains the legal possibility to have a vote.

> The WTO shall continue the practice of decision-making by consensus followed under GATT 1947.[58] Except as otherwise provided, where a decision cannot be arrived at by consensus, the matter at issue shall be decided by voting. At meetings of the Ministerial Conference and the General Council, each Member of the WTO shall have one vote. Where the European Communities exercise their right to vote, they shall have a number of votes equal to the number of their member States[59] which are Members of the WTO. Decisions of the Ministerial Conference and the General Council shall be taken by a majority of the votes cast, unless otherwise provided in this Agreement or in the relevant Multilateral Trade Agreement.[60]

The practice of decision-making by consensus expanded with the WTO and we will discuss below the decision-making process within the WTO General Council and its other bodies. We will also tackle the issue of whether a uniform and sustained practice of Members who conform to decisions adopted by consensus, contrary to or in the absence of provisions of the treaty for that purpose, might provide for the implementation of these decisions within the framework of a WTO dispute settlement procedure; and whether the other Members might, in accordance with the general principle of *estoppel*, be barred in some circumstances, from exercising the right to challenge the validity of the decisions at issue.

C. *Codification of principles (and practices) developed under the GATT system of dispute settlement*

The principles (and practices) developed by the Contracting Parties in the system of dispute settlement have also been generally codified. Article 3.1 of the Dispute Settlement Understanding provides that:

---

58 [Original] The body concerned shall be deemed to have decided by consensus on a matter submitted for its consideration, if no Member, present at the meeting when the decision is taken, formally objects to the proposed decision.

59 [Original] The number of votes of the European Communities and their member States shall in no case exceed the number of the member States of the European Communities.

60 [Original] Decisions by the General Council when convened as the Dispute Settlement Body shall be taken only in accordance with the provisions of Paragraph 4 of Article 2 of the Dispute Settlement Understanding.

> Members affirm their adherence to the principles for the management of disputes heretofore applied under Articles XXII and XXIII of GATT 1947, and the rules and procedures as further elaborated and modified herein.

The use of the expression "principles" instead of "practices, procedures and decisions" may be explained by a willingness to reconcile the new specific procedures of the Understanding with the outcome arising from the evolution of 50 years of effective dispute settlement, reflected in the "principles" of this system.

1. *"GATT 1994"*

Another original form of codification of GATT practices is found in the creation of the concepts of the "GATT 1994"[61] and the "GATT Acquis". But what is the "GATT Acquis" and what is it made of? And what is the difference with "GATT 1994"?

One of the components of Annex 1A,[62] containing Multilateral Agreements on Trade in "Goods", is "GATT 1994" which together with twelve new agreements developed and expanded the disciplines of the GATT 1947. The GATT 1994 is made up of the text of the GATT 1947, six small interpretative agreements (called Memorandum), some of the GATT 1947

---

61 General Agreement on Tariffs and Trade 1994, 15 April 1994, 1867 U.N.T.S. 187, Marrakesh Agreement Establishing the World Trade Organization, Annex 1A, 1867 U.N.T.S. 154, (GATT 1994).

62 Annex 1A also contains 12 multilateral agreements on trade in goods. The WTO Agreement is composed of an institutional agreement and three annexes which form an integral part of it and constitute a "single agreement": Annex 1A contains multilateral agreements on goods, Annex 1B multilateral agreements on trade in services and Annex 1C the Agreement on intellectual property; Annex 2 includes the Dispute Settlement Understanding and Annex 3 the Agreement on the Trade-Policy Review Mechanism. There is also an Annex 4 which contains today 2 plurilateral agreements binding only Members which adhered to it.

Articles,[63] protocols on accession and waivers, and *decisions* adopted by the Contracting Parties when the GATT existed.[64]

Discussing this question in one of its first reports in *Japan – Alcoholic Beverages II*, the Appellate Body recognized the existence of "practices" in WTO Law. It defined practices in accordance with the provisions of Article 31(3)(b) of the Vienna Convention as being "[…] a "concordant, common and consistent" sequence of acts or pronouncements which is sufficient to establish a discernible pattern implying the agreement of the parties [to a treaty] regarding its interpretation."[65]

This sequence of acts which reflects the consent of the parties or Members corresponds to what could be called a firm practice. A firm practice of Members would be relevant, in particular, for the interpretation of the provisions of the treaty in accordance with Article 31(3)(b) of the Vienna Convention to which Article 3.2 of the Understanding refers.[66] In this case, the AB reversed the panel's finding and concluded that *adopted panel reports did not constitute a practice in accordance with Article 31(3)(b) of the Vienna*

---

63 These 6 interpretative agreements are the following: i) Understanding on the Interpretation of Article II:1(b) of the General Agreement on Tariffs and Trade 1994; ii) Understanding on the Interpretation of Article XVII of GATT 1994; iii) Understanding on Balance-of-Payments Provisions of GATT 1994; iv) Understanding on the Interpretation of Article XXIV of GATT 1994; v) Understanding in Respect of Waivers of Obligations under the GATT 1994; vi) Understanding on the Interpretation of Article XXVIII of the GATT 1994.

64 In addition to GATT 1947, 6 understandings and GATT 1994 Protocol, GATT 1994 is made up of the "provisions of the legal instruments set forth below that have entered into force under GATT 1947 before the date of entry into force of the WTO Agreement: i) protocols and certifications relating to tariff concessions; ii) protocols of accession (excluding the provisions (a) concerning provisional application and withdrawal of provisional application and (b) providing that Part II of GATT 1947 shall be applied provisionally to the fullest extent not inconsistent with legislation existing on the date of the Protocol); iii) decisions on waivers granted under Article XXV of GATT 1947 and still in force on the date of entry into force of the WTO Agreement; iv) other decisions of the CONTRACTING PARTIES to GATT 1947".

65 Report of the Appellate Body, Japan – Taxes on Alcoholic Beverages ("Japan – Alcoholic Beverages II"), Docs. WT/DS8/AB/R, WT/DS10/AB/R, WT/DS11/AB/R (adopted on 1 November 1996), DSR 1996:I, 97, 13.

66 Article 3.2 of the Understanding reads as follows: "[...] The Members recognize that it serves to preserve the rights and obligations of Members under the covered agreements, and to clarify the existing provisions of those agreements in accordance with customary rules of interpretation of public international law".

Convention,[67] for lack of consistency. This definition of subsequent practice has, since then, been upheld in various AB Reports,[68] and, regarding this topic, the WTO case law was even quoted in the recent *Philippines v. China* arbitral award.[69] This cross-reference somewhat promotes an epistemic community around the interpretation of Article 31(3)(b), in which the WTO plays an important role.[70]

The existence of a subjective element also seems to be acknowledged by the Appellate Body in *US – Gambling*, in which it stated that:

> [...] in order for 'practice' within the meaning of Article 31(3)(b) to be established: (i) there must be a common, consistent, discernible pattern of acts or pronouncements; and (ii) those acts or pronouncements must imply agreement on the interpretation of the relevant provision.[71]

---

67 If the GATT panel reports do not constitute a practice of Contracting Parties pursuant to the provisions of Article 31(3)(b) of the Vienna Convention (but create "legitimate expectations" and should therefore "be taken into consideration"), could we then consider that these previous reports – the interpretations that they may provide – constitute or contain one or several of the "rules of international law" which "should be taken into consideration" by panels, in accordance with the provisions of Article 31(3)(c) of the Vienna Convention, in the interpretation of the provisions of the WTO Treaty? Indeed, Article 38(1) of the ICJ Statute refers to "judicial decisions" as a source of international law. See Dörr, Schmalenbach, supra note 8, 561 para. 89.

68 See Report of the Appellate Body, Chile – Price Band System and Safeguard Measures Relating to Certain Agricultural Products ("Chile – Price Band System"), Doc. WT/DS207/AB/R (adopted on 23 October 2002), DSR 2002:VIII, 3045, para. 213; Report of the Appellate Body, United States – Measures Affecting the Cross-Border Supply of Gambling and Betting Services ("US – Gambling"), Doc. WT/DS285/AB/R (adopted on 20 April 2005), DSR 2005:XII, 5663, para. 192; Report of the Appellate Body, European Communities – Customs Classification of Frozen Boneless Chicken Cuts ("EC – Chicken Cuts"), Doc. WT/DS269/AB/R (adopted on 27 September 2005), DSR 2005:XIX, 9157, para. 259.

69 Republic of the Philippines v. People's Republic of China, Permanent Court of Arbitration Case No. 2013-19, Award on Merits of 12 July 2016, para. 552.

70 The notion of epistemic community is closely linked to the debate regarding "systemic coherence" and "background theory" found in M. Koskenniemi, From Apology to Utopia – The Structure of International Legal Argument, 2nd ed. (2005), 52-54.

71 Report of the Report of the Appellate Body, United States – Measures Affecting the Cross-Border Supply of Gambling and Betting Services ("US – Gambling"), Doc. WT/DS285/AB/R (adopted on 20 April 2005), DSR 2005:XII, 5663, para. 192.

On the question of the subjective element, the Appellate Body went into more detail in the *EC – Chicken Cuts* Report:

> We agree with the Panel that, in general, agreement may be deduced from the affirmative reaction of a treaty party. However, we have misgivings about deducing, without further inquiry, agreement with a practice from a party's 'lack of reaction'. We do not exclude that, in specific situations, the 'lack of reaction' or silence by a particular treaty party may, in the light of attendant circumstances, be understood as acceptance of the practice of other treaty parties. Such situations may occur when a party that has not engaged in a practice has become or has been made aware of the practice of other parties (for example, by means of notification or by virtue of participation in a forum where it is discussed), but does not react to it. However, we disagree with the Panel that 'lack of protest' against one Member's classification practice by other WTO Members may be understood, on its own, as establishing agreement with that practice by those other Members.[72]

The Appellate Body later upheld its findings in the *EC and certain Member States – Large Civil Aircraft* case:

> [...] Article 31(3)(b) requires the agreement, whether express or tacit, of all WTO Members for a practice to qualify under that provision. The Appellate Body recognized that the agreement of the parties regarding a treaty's interpretation may be deduced, not only from the actions of those actually engaged in the relevant practice, but also from the acceptance of other parties to the treaty through their affirmative reactions, or depending on the attendant circumstances, their silence.[73]

The Appellate Body, while recognizing the possibility for silence to be conceived as an implicit acceptance of a practice, nevertheless seemed to insist on a case-by-case approach. It remains to be seen how case law pertaining to this point will evolve in the future.

---

72 Report of the Appellate Body, European Communities – Customs Classification of Frozen Boneless Chicken Cuts ("EC – Chicken Cuts"), Doc. WT/DS269/AB/R (adopted on 27 September 2005), DSR 2005:XIX, 9157, para. 272.

73 Report of the Appellate Body, European Communities – Measures Affecting Trade in Large Civil Aircraft ("EC and certain member States – Large Civil Aircraft"), Doc. WT/DS316/AB/R (adopted on 1 June 2011), DSR 2011:II, 7, para. 845, footnote 1916.

2. *"GATT Acquis"*

In its reasoning in *Japan – Alcoholic Beverages II* mentioned above, the Appellate Body added, however, that adopted panel reports are an integral part of the "GATT Acquis" which is recognized by Article XVI:1 of the WTO Agreement.[74] For the Appellate Body, this "GATT Acquis", and therefore the GATT 1947 jurisprudence,[75] created "legitimate expectations" and had to be taken into account.[76]

What makes up the "GATT Acquis" is, however, ill-defined. The Appellate Body seemed to have introduced an important element in the case *US – FSC*[77] in which the debate concerned the legal value, in the WTO Law, of a decision adopted by the GATT Council declaring the final settlement of

---

74 Article XVI:1 of the WTO Agreement reads as follows: "Except as otherwise provided under this Agreement or the Multilateral Trade Agreements, the WTO shall be guided by the decisions, procedures and customary practices followed by the CONTRACTING PARTIES to GATT 1947 and the bodies established in the framework of GATT 1947".

75 The expression "jurisprudence" refers to panel reports but does not mean that the content of these reports are legally binding.

76 The Appellate Body wrote: "Article XVI:1 of the WTO Agreement and paragraph 1(b)(iv) of the text of Annex 1A incorporating the GATT 1994 into the WTO Agreement bring the legal history and experience under the GATT 1947 into the new realm of the WTO in a way that ensures continuity and consistency in a smooth transition from the GATT 1947 system. This affirms the importance to the Members of the WTO of the experience acquired by the CONTRACTING PARTIES to the GATT 1947 – and acknowledges the continuing relevance of that experience to the new trading system served by the WTO. Adopted panel reports are an important part of the "GATT acquis". They are often considered by subsequent panels. They create legitimate expectations among WTO Members, and, therefore, should be taken into account where they are relevant to any dispute. However, they are not binding, except with respect to resolving the particular dispute between the parties to that dispute. In short, their character and their legal status have not been changed by the coming into force of the WTO Agreement", Report of the Appellate Body, Japan – Taxes on Alcoholic Beverages ("Japan – Alcoholic Beverages II"), Docs. WT/DS8/AB/R, WT/DS10/AB/R, WT/DS11/AB/R (adopted on 1 November 1996), DSR 1996:I, 97, 14 (emphasis added). In the Report of the Appellate Body, United States – Import Prohibition of Certain Shrimp and Shrimp Products, Recourse to Article 21.5 of the DSU by Malaysia ("US – Shrimp (Article 21.5 – Malaysia)"), Doc. WT/DS58/AB/RW (adopted on 21 November 2001), DSR 2001:XIII, 6481, para. 109, the Appellate Body extends this line of reasoning to the Appellate Body reports.

77 Report of the Appellate Body, United States – Tax Treatment for "Foreign Sales Corporations" ("United States – FSC"), Doc. WT/DS/108/R (adopted on 20 March 2000), DSR 2000:III, 1619.

the dispute *US – Tax Legislations Cases (DISC)* between the United States and the European Communities. The Appellate Body confirmed that this decision did not constitute a decision that formed part of the GATT 1994. Then it seemed to introduce a distinction between those decisions having a multilateral nature which should act as a "guide" in accordance with the provisions of Article XVI:1 of the WTO Agreement and other decisions lacking a multilateral interpretative nature. It observed that the title of the decision under examination referred to Articles XXII and XXIII of the GATT. Indeed, one may read:

> 113. As the Panel observed,[78] it is also noteworthy that, in the report of the GATT 1947 Council to the CONTRACTING PARTIES on its actions during that year, the 1981 Council action was addressed under the heading 'Recourse to Articles XXII and XXIII.' This tends to support the view that the 1981 Council action was a part of the resolution of the *Tax Legislation Cases* and *not an authoritative interpretation of Article XVI:4 of the GATT 1947*, binding on all the Contracting Parties (emphasis added).
> 114. In light of these surrounding circumstances, we conclude that the Panel was correct to find, in paragraph 7.85 of the Panel Report, that the 1981 Council action is not an 'other decision' under paragraph 1(b)(iv) of the language incorporating the GATT 1994 into the WTO Agreement, and does not form part of the GATT 1994.[79]

After calling into question, in paragraph 117, the multilateral nature of this decision related to the *DISC* dispute, the Appellate Body wrote:

> 119. We recognize that, as 'decisions' within the meaning of Article XVI:1 of the WTO Agreement, the adopted panel reports in the *Tax Legislation Cases*, together with the 1981 Council action, could provide 'guidance' to the WTO. [...]
> 124. In any event, *even if the United States had been correct that the 1981 Council action could be relevant* to Article 3.1(a) of the *SCM Agreement*, we do not believe that the 1981 Council action *is of guidance* in resolving *this* dispute because, in our view, that action does not address the issues that arise in this dispute. [...] We, therefore, believe that the 1981 Council action does not provide useful interpretative 'guidance'

78 [Original] Panel Report, para. 7.67.
79 Report of the Appellate Body, United States – Tax Treatment for "Foreign Sales Corporations" ("United States – FSC"), Doc. WT/DS/108/R (adopted on 20 March 2000), DSR 2000:III, 1619, paras. 113, 114.

in resolving the legal issue relating to the FSC measure that is raised in this appeal. (emphasis added)

3. *The impact of the distinction between the GATT Acquis and the GATT 1994*

Should we attempt to sum up the situation, we might conclude that some "decisions" adopted by the Contracting Parties would form part of the "GATT 1994" and, in that respect, would be an integral part of the GATT 1994 and WTO primary law. Other decisions and GATT adopted panel reports[80] might form part of the "GATT Acquis" in accordance with the provisions of Article XVI:1 of the WTO Agreement. Even if a decision is covered by Article XV:1 of the WTO Agreement, it is not necessarily relevant in the context of a WTO dispute. The Appellate Body seemed to have introduced a distinction between, on the one hand, (firm) "practices" in accordance with the provisions of Article 31(3)(b) of the Vienna Convention, which must be used in the interpretation of the WTO Agreement, and, on the other hand, the decisions, procedures and practices which would only provide "guidance" in accordance with the provisions of Article XVI of the WTO Agreement and which would form part of the "GATT Acquis".[81] Article XVI:1 of the WTO Agreement would refer to all multilateral decisions, but maybe only some of them could serve in the interpretation of the WTO Agreement. In any event, their relevance must be assessed on a case-

80 As an example, the Appellate Body in Appellate Body Report, United States – Definitive Safeguard Measures on Imports of Circular Welded Carbon Quality Line Pipe from Korea ("US – Line Pipe"), Doc. WT/DS202/AB/R (adopted 8 March 2002), DSR 2002:IV, 1403, para. 174 wrote: "Following the Vienna Convention approach, we have looked to the GATT acquis and to the relevant negotiating history of the pertinent treaty provisions. We have concluded that our view is reinforced by the jurisprudence under the GATT 1947. In the only relevant GATT 1947 case, Report on the Withdrawal by the United States of a Tariff Concession under Article XIX of the General Agreement on Tariffs and Trade ("US – Fur Felt Hats"), CP/106, 27 March 1951, the Working Party established under the GATT 1947 was required to assess the consistency of a safeguard measure with Article XIX of GATT 1947".

81 We refer to the distinctions introduced by the Appellate Body in Report of the Appellate Body, Japan – Taxes on Alcoholic Beverages ("Japan – Alcoholic Beverages II"), Docs. WT/DS8/AB/R, WT/DS10/AB/R, WT/DS11/AB/R (adopted on 1 November 1996), DSR 1996:I, 97, and by the panel and Appellate Body in Report of the Appellate Body, United States – Tax Treatment for "Foreign Sales Corporations" ("United States – FSC"), Doc. WT/DS/108/R (adopted on 20 March 2000), DSR 2000:III, 1619.

by-case basis. In addition, adopted panel reports would form part of the "GATT Acquis" and not of the "GATT 1994". This would create legitimate expectations which should provide guidance to the WTO. Arguably, this is where the main distinction between the two concepts lies. The practice enshrined in the "GATT 1994" constitutes a legally binding practice, integrated into the WTO Treaty, while the practice perceived as the "GATT Acquis" merely creates legitimate expectations among Members, possibly supplementing the absence of *stare decisis* in the WTO.[82] Whether those practices are really binding is not the issue. What matters is whether they perform and they can only continue to perform because states rely on them and trust them and thus satisfactorily endorse them.

Often, the Contracting Parties adopted decisions by consensus to make the GATT provisions operational; these decisions seemed to add up to the provisions of GATT 1947. They have often been respected and followed, but it is not always easy to identify whether the Contracting Parties felt bound in a formal manner to the extent of transforming these non-binding decisions and practices into customary practices or subsequent binding practices likely to be invoked in the settlement of a dispute.

The same questions arise within the context of the WTO. The WTO bodies (Council, Committees, and Working Groups) have indeed already adopted a significant number of decisions which define, add to, supplement and implement the provisions of the treaty. Some decisions are clearly implemented pursuant to the provisions of Articles IX and X of the WTO Agreement. Sometimes the situation is more complex and this discussion raises the question whether a uniform and sustained practice of decisions is likely to change and affect the legal nature of decisions adopted by mere consensus, contrary to the provisions of the treaty or in the absence of clear provisions to that effect.

V. The practice at the WTO: always in development

A. "Practice" at the WTO system of dispute settlement

As an example, during the first year of the DSB, following informal consultations with Members, the DSB Chairman put in place a series of procedu-

82 Report of the Appellate Body, Japan – Taxes on Alcoholic Beverages ("Japan – Alcoholic Beverages II"), Docs. WT/DS8/AB/R, WT/DS10/AB/R, WT/DS11/AB/R (adopted on 1 November 1996), DSR 1996:I, 97,14.

ral arrangements which would be followed as a test. For each of the practices listed below, the DSB Chairman reported to the Members the outcome of his consultations; all of this was recorded in the minutes of the meetings.[83] These practices were then explained and compiled in a document which was distributed to the Members[84] to appear in 2001, in the last version of the WTO official publication on "Dispute Settlement Procedures". For 9 years, these practices have always been followed by the Members and the DSB.

These working practices are the following:

1. Prescription to the effect that documents WT/DS (disputes) may only be "distributed" to the Members once they exist in the three official languages: "When there is a reference to the terms "date of circulation" or "issuance to all Members" or "issuance to the Members" in the DSU and its additional and special rules, the date to be used is the date printed on the WTO document to be circulated with the assurance of the Secretariat that the date printed on the document is the date on which this document is effectively put in the pigeon holes of delegations in all three working languages. This practice will be used on a trial basis and be subject to revision when necessary.
2. Communications to the DSB Chairman, which are related to the Understanding must be sent to the Council Division.
3. Bank holidays: computation of time-periods and notifications. When, under the DSU and its special or additional rules and procedures, a time-period within which a submission must be made or action taken by a Member to exercise or preserve its rights expires on a non-working day of the WTO Secretariat, any such submission or action will be deemed to have been made or taken on the WTO non-working day if lodged on the first working day of the WTO Secretariat following the day on which such time-period would normally expire.[85]
4. Notification of requests for consultations: All requests should be notified to the Council Divisions which would then distribute it to the

83 See for example Doc. WT/DSB/M/2 (adopted on 29 March 1995), item 7; Doc. WT/DSB/M/5 (adopted on 31 May 1995), item 8; Doc. WT/DSB/M/6 (adopted on 19 July 1995), item 10 and Doc. WT/DSB/W/10/Add.1 (adopted on 20 July 1995); Doc. WT/DSB/M/7 (adopted on 27 September 1995), item 10.

84 See Doc. WT/DSB/6 (adopted on 6 June 1996).

85 See also Doc. WT/DSB/W/10/Add.1 (adopted on 20 July 1995), containing an illustrative list of DSU provisions which refer to time-periods and Doc. WT/DSB/W/16 (adopted on 22 December 1995), indicating the WTO non-working days in 1996.

various councils and committees; contrary to the provisions of Article 4 of the DSU, no other notification will be necessary."
It is therefore legitimate to wonder whether those rules became binding upon the Members, as a form of subsequent practice. The discussion remains open as to whether the Members of the WTO actually consider those to be binding principles of the DSS, or simply "good practices".[86]

B. *The practice followed by the WTO Councils and Committees*

In Councils and Committees proceedings, the development of practices can purport to respond to pragmatic needs for the functioning of these bodies or help to put an end to blocked situations when powerful economic interests are opposed. Some would therefore argue that there are also institutional practices, i.e. practices of the WTO Councils, or Committees or the practices of the Dispute Settlement Body (DSB). The practice here would not be limited to Members, but would also encompass that of bodies of the WTO. The WTO Treaty contains very few institutional provisions and does not provide WTO bodies with any authority to issue secondary legislation. Various types of *sui generis* decisions and practices have developed to respond to the pragmatic needs of functioning of the GATT/WTO system and are said to have become (soft) practices. In particular, in this chapter, we will discuss the legal value of decisions adopted by the WTO Committees and Councils (by consensus even if contrary to the wording of the treaty) and which are subsequently followed by sustained practices. Such sustained practices could transform or reinforce informal decisions and arguably, based on the general principle of good faith and of *estoppel*, would bar all challenges brought against the validity of these decisions.

1. *The expansion of consensus*

Under the WTO, the practice of decision-making by consensus has been expanded. Decisions which under the GATT, were subjected to ballot, such

86 Regarding this concept in the context on environmental law, see Boisson de Chazournes, supra note 10, 60.

as requests of accession and waivers, are now adopted by consensus[87] (amendments should always be adopted by a vote of two-thirds of the Members but none has ever been adopted since the creation of the WTO[88]). The admission of Ecuador to the WTO was the first and only exception to this rule, as a vote was held. It is – incidentally – the very event which lead to the WT/L/93 decision prescribing consensus rather than vote for all future accession.

The WTO Treaty contains general provisions and sometimes specific provisions regarding decision-making within the Councils and Committees. However, all procedural rules of bodies reporting to the General Council[89] provide that their decisions will only be adopted by consensus.[90] If there is no consensus, the debate may be referred to a higher committee or even the General Council. These rules may be subjected to a vote. As an example, with respect to the Council for Trade in Goods, its procedural rules provide that the General Council's procedural rules will be applied, *mutatis mutandis*, with the exception of some provisions, including those related to Article 33 on decision-making. Article 33 is always replaced by the following provision:

> In the event a decision cannot be reached by consensus, the matter at issue will be referred to the General Council, which shall decide on the matter.[91]

Thus, all decisions issued by the WTO Councils, Committees and Working Groups can only be adopted by consensus. On two or three occasions, difficult questions were forwarded to the General Council, which has however, never proceeded to a vote.

---

87 See Doc. WT/L/93 (adopted on 24 November 1995).

88 Neither the TRIPS amendment, nor the TFA amendment has yet reached the two-thirds threshold. The only exception to this absence of adoption of amendments in the WTO relates to Agreement on Government Procurement (GPA), a plurilateral agreement whose amendment came into force on 6 April 2014.

89 Adopted by consensus at the beginning of the WTO; as an example, see the following rules of procedure: Committee on Safeguards (G/SG/M/1, 24 May 1995); Committee on Anti-dumping Practices (G/ADP/M/1, 22 May 1995); Committee on Import Licensing (G/LIC/M/1, 19 June 1995).

90 The Committee on Trade and Environment applies de facto the procedural rules of the General Council and all of its decisions are adopted by consensus.

91 As an example, the Rules of procedure of the Committee on Agriculture provide that "the Committee on Agriculture shall adopt its decisions by consensus. In the event a consensus cannot be reached, the matter at issue will be referred to the Council for Trade in Goods upon the request of a delegation".

2. The formal recognition of the customary practice of decision-making

Only the General Council can decide by vote. However, this possibility has never been used. The General Council has only adopted one decision by vote, on the occasion of the adoption of the Protocol of Accession of Ecuador in August 1995.[92] This exercise turned out to be very complicated and, in November of the same year, the General Council adopted a decision, by consensus, providing for the effective use of consensus for accessions and waivers. This decision reads as follows:

> On occasions when the General Council deals with matters related to requests for waivers or accessions to the WTO under Articles IX or XII of the WTO Agreement respectively, the General Council will seek a decision in accordance with Article IX:1. Except as otherwise provided, where a decision cannot be arrived at by consensus, the matter at issue shall be decided by voting under the relevant provisions of Articles IX or XII.[93]

All Protocols of Accession to the WTO since then have been adopted by consensus, notwithstanding the clear provisions of Article XII:2 of the WTO Agreement:

> Decisions on accession shall be taken by the Ministerial Conference. The Ministerial Conference shall approve the agreement on the terms of accession by a two-thirds majority of the Members of the WTO.[94]

In practice, the General Council adopts its decisions only by consensus and even the decision under which the two last Director-Generals were appointed, following numerous difficulties, was adopted by consensus.[95] Notwithstanding the proposals made by some of the Members for the adoption of new voting rules regarding the selection of the Director-General, the decision finally adopted by the General Council on 10 and 11 December 2002 confirms once again the critical importance that consensus plays in the eyes of the Members for the functioning of the WTO. Paragraph 20 of this decision provides:

---

92 See Doc. WT/ACC/ECU/5 (adopted on 22 August 1995).

93 See Doc. WT/L/93 (adopted on 24 November 1995).

94 See (English version) World Trade Organization, WTO Analytical Index (2002), 92, para. XIII.

95 See Doc. WT/L/308 (adopted on 22 July 1999).

> Recourse to voting as a last resort
> 20. If, after having carried out all the procedures set out above, it has not been possible for the General Council to take a decision by consensus by the deadline provided for the appointment, Members should consider the possibility of recourse to a vote as a last resort by a procedure to be determined at that time. *Recourse to a vote* for the appointment of a Director-General shall be understood to be an *exceptional departure from the customary practice of decision-making by consensus, and shall not establish any precedent* for such recourse in respect of any future decisions in the WTO.[96] (emphasis added)

It should be noted that the WTO Agreement does not contain any provision on the selection and appointment process of the Director-General. The appointment of the Director-General would therefore be the subject of a general decision adopted by the Members by consensus in accordance with the first sentence of Article IX:1 of the WTO Agreement. The exact nature of the decisions adopted by consensus by the General Council and other WTO bodies (within the meaning of Article IX of the WTO Agreement or procedural rules of Councils and Committees) has not yet been established by the Members, or by the jurisprudence. We suggest that the practice followed subsequently by the Members, by which these decisions adopted by consensus are respected, can improve or reinforce the legal value of these decisions; in particular due to the legitimate expectations created among Members in good faith which might even bar any challenge to their validity.

It seems that two different aspects must be distinguished: First, do Members feel bound by this effectively uniform practice? Second, do they feel bound by: (1) the obligation to resort only to consensus (and therefore would voting have become banned)?, (2) the right to resort to consensus in the absence of any provision in that respect to implement the provisions of the WTO Agreement? or, (3) the right to resort to consensus in addition to the specific voting procedure provided for in the Treaty?

The obligation and the right to resort to consensus would imply that decisions adopted by consensus bind the Members; and, depending on the nature of these decisions, they might give rise to norms which are likely to be applied in the dispute settlement system. In the event of uncertainty, can the subsequent uniform practice of the Members, in conformity with

96 See Doc. WT/L/509 (adopted on 20 January 2003).

these decisions, confirm and reinforce the binding character of norms contained in these decisions? We will briefly explore these questions.

Formally, voting can therefore be resorted to for any decisions on any matter, but in practice, WTO Members do not vote, even when they sit as the Ministerial Conference or the General Council. Often these decisions adopted by consensus are followed by a sustained and uniform practice of the Members. What is the legal value of such practices in the law of the WTO?

3. *The adoption of decisions by consensus by the General Council and other bodies, and their subsequent and sustained practices by the Members*

Regarding formal subsequent practice in the WTO, it is useful to note that the Committees and Councils are composed from every Member of the organization. Therefore, the practice of bodies could much more easily be attributed to the members composing them than in other international organizations.[97] The Appellate Body itself seemed to recognize this possibility in the *US – Tuna II* case, while discussing the notion of subsequent agreements:

> We therefore consider that the TBT Committee Decision can be considered as a 'subsequent agreement' within the meaning of Article 31(3)(a) of the Vienna Convention. The extent to which this Decision will inform the interpretation and application of a term or provision of the TBT Agreement in a specific case, however, will depend on the degree to which it 'bears specifically' on the interpretation and application of the respective term or provision.[98]

One could therefore wonder if, as long as the practice fulfils the conditions of the objective and subjective elements, WTO bodies may create subsequent practice attributable to States, which would be relevant in the interpretation of the WTO Treaty.

Before discussing the legal value of commitments contained in the decisions adopted by the Councils and Committees by consensus when these decisions are followed by the practice of Members, we shall examine the

---

97 Boisson de Chazournes, supra note 10, 58 a contrario.

98 Report of the Appellate Body, United States — Measures Concerning the Importation, Marketing and Sale of Tuna and Tuna Products ("US – Tuna II"), Doc. WT/ DS381/AB/R (adopted on 13 June 2012), DSR 2012:IV, 1837, para. 372.

rules governing decision-making within WTO bodies to understand the argument that these decisions are not binding.

The matter is more complicated when examining the decisions adopted by the Council and other WTO bodies in accordance with the first sentence of Article IX of the WTO Agreement, or the rules of procedure governing Councils and Committees which only provide for decision-making by consensus. What is the status in WTO law of these decisions adopted by consensus? This issue concerns the capacity of the WTO bodies to adopt decisions introducing secondary law provisions. Did the WTO bodies receive, pursuant to the WTO Agreement, the power to bind Members on the basis of decisions adopted by these bodies by consensus? If said power is not explicit, did the WTO bodies have the implicit power to adopt decisions which "implement" the primary provisions of the WTO Treaty? If this is the case, can we conclude that decisions adopted by the General Council by consensus pursuant to the first sentence of Article IX of the WTO Agreement, or by WTO other bodies in the framework of their respective rules of procedure, are in themselves binding and can be invoked in the system of dispute settlement? Can they be considered as secondary law? Otherwise, what is the legal value of these decisions? The subsequent practice of Members can create legitimate expectations and, in some circumstances, the Members may be barred from challenging their validity.

To answer these questions, we need to examine each of the decisions and provisions of the Treaty on which the decision is based. This discussion cannot provide this analysis, but sets forth some general ideas.

For instance, Protocols of Accession are adopted by consensus even though the wording of the Treaty provides for a one-third majority of the Members. No Member has seemed to challenge the binding nature of these accessions which confirm that the country in question has become a WTO Member. As an example, China has already participated in the system of dispute settlement and since recourse to the WTO Dispute Settlement System is reserved to WTO Members, it is clear that other WTO Members have recognized and accepted that China is a full WTO Member. Thus its accession process to the WTO was completed successfully. This may be an example where the subsequent uniform practice of Members, under which they have respected the terms of a decision adopted by consensus (even if contrary to the provisions of the Treaty requiring a formal voting by two-third of the Members), would confirm a tacit amendment of Article XII of the WTO Agreement. At the very least, this effective participation of the WTO governments which have acceded seems to indicate that other Members would be barred ("estopped") from challenging the validity of these Protocols of Accession. In addition, we should note that according to the standard Protocols of Accession (as well as cross-referred provisions of the Working Party Report). The provisions of said Protocols form an integral part of the WTO Treaty.[99] This seems to confirm the intent of the Members that provisions of the Protocols of Accession are compulsory, binding and can be the basis of a claim under the DSU.

C. The WTO practice in negotiation proceedings[100]

The "Green Room" has become a generic term in the GATT/WTO and refers to the negotiation sessions held with a reduced group of Contracting Parties/Members influential with respect to a particular matter at issue. Since 1977, when the GATT moved from their premises in "La Fenêtre" and the "Bocage" to the former headquarters of the International Labour Organization,[101] the "Green Room" has been and remains today primarily the working room in the GATT/WTO Director-General's office. At that time the walls were painted in green (since Director-General Ruggiero (1995-99), the room was previously salmon coloured) – hence the name "Green Room". The late nights of tiring negotiations of several rounds and multiple negotiations and informal meetings took place in the Green Room, upon the invitation of the Directors-Generals who have almost all been the Chairs of multilateral negotiations, as of right or in an "official basis".[102]

---

99 See for example Article 2 of the Protocol of Accession of Mongolia which provides that: "The WTO Agreement to which Mongolia will accede shall be the WTO Agreement as corrected, amended or otherwise modified by the legal instruments entered into force before the date of entry into force of this Protocol. This Protocol, which shall include the commitments mentioned in Paragraph 61 of the Working Group Report, shall form an integral part of the WTO Agreement" (WT/ACC/MNG/11, 25 July 1996).

100 We hereby thank Claude Mercier, Former Director at the WTO's Institute for Training, who joined the GATT in 1973, for sharing with us his knowledge on that subject.

101 154, rue de Lausanne, Geneva.

102 The General-Directors Windham White (for the first five Rounds) and Long chaired the negotiation Rounds as of right; Directors-Generals Dunkel and Sutherland chaired the negotiations of the Uruguay Round "at the level of officials"; the same applied to Directors-Generals Moore for Doha and Supachai for Cancun even though a minister of the hosting country chaired at the government level. The Ministerial Conferences since the beginning of the Uruguay Round were always chaired by the minister of trade of the hosting country: (Canada 1988), Brussels (Belgium 1990), Singapore (Singapore 1996), Switzer-

At the WTO, the "Green Room" was seriously challenged for the first time during a preparatory meeting held in Geneva of the Ministerial Conference of Singapore of 1996, as well as in the transposition of the same type of process in Singapore. This was mainly, but not exclusively, the developing countries and the small trading states which complained to the successive Directors-Generals about the lack of transparency (because they had not been invited). The expression has since then been widely adopted by the Press, the NGOs and the anti-globalists, to express, in their eyes, the exclusion of some Members from discussions which are essential for them. The newspapers reported the holding and failures of the meetings held in the "Green Room" in Cancun.[103] In fact, it was in the "Green Room" that the Mexican Minister Derbez effectively put an end to the Cancun meeting. Then the Ministerial Conference, in plenary, formally closed the meeting.[104]

VI. *Concluding discussion*

This chapter aimed at briefly presenting the legal status of the GATT-WTO practice in international law, before introducing the various practices that were created and evolved during the life of the GATT/WTO. Rather than offering a definitive stance on the exact status of those practices, we aimed at showing the breadth of the question. A few more points, however, deserve to be mentioned and can be discussed.

Governments Members of the GATT and the WTO developed all kinds of practices. In fact, it is through these practices that the GATT managed to survive for almost 50 years in spite of its temporary legal character and its institutional weaknesses. The WTO founders recognised the vital importance of these practices since they codified them to provide "guidance" to the WTO. By institutionalising the "GATT 1994" and the "GATT Acquis", the WTO Members also codified several decisions adopted by the Con-

---

land (Geneva, 1998), Seattle (Seattle, 1999), Qatar (Doha, 2001), Mexico (Cancun, 2003). In fact, the only Director-General who has never chaired any meeting is Renato Ruggiero, since there has not been any negotiation under its regime with the exception of the preparatory meetings of Singapore and Geneva.

103 Bridges, "BRIDGES Daily Update on the Fifth Ministerial Conference – Issue 6, 15 September 2003" (2003), available at http://www.ictsd.org/bridges-news/bridges/news/bridges-daily-update-6-cancun-collapse-where-theres-no-will-theres-no-way (last visited 6 December 2018).

104 See Doc. WT/MIN(03)/20 (adopted on 23 September 2003).

tracting Parties by virtue of the practice of consensus. GATT practices, whatever their legal nature, now form part of the WTO "structure", either as a source of primary law (in particular in the GATT 1994) or as a guide (the GATT Acquis). Some of them are relevant in the interpretation of the GATT provisions, within the meaning of Article 31(3)(b) of the Vienna Convention.

Even today, the WTO abounds with multiple practices and the WTO defines itself from the standpoint of these various practices. This contribution has purported to present some of these practices in order to allow a better assessment of their extent and range. It is very difficult to discuss the legal value of the practices followed by the Members and the WTO bodies considering the recent development of this organization. What should be highlighted is the fact that the Members have often established numerous practices required by the needs of proceedings and other WTO actions. Confronted with a treaty which is often silent regarding the power of its bodies to implement and add to the content of the WTO Treaty. The Members seem to have preferred not to discuss the matter and to rely on pragmatic, specific and limited solutions. It is often very difficult to assess whether, in so doing, the Members intend "to commit voluntarily" or whether they only seek one or several solutions which are efficient but not compulsory and which they respect by mutual interest. We will therefore face non-compulsory norms, very important and often very efficient, but which would not be binding in the WTO system of dispute settlement.

Moreover, one could wonder whether the WTO is an exception with regards to the creation of binding norms through practice in general. In the WTO corridors, reference is often made to "the practice" for this or for that purpose. These practices do not always correspond to genuine "practices" within the meaning of international law: for instance, the practice relating to questions and responses whereby any Member that is questioned is expected to provide an answer; the practice whereby a WTO Member would not block the adoption of an entire agenda, but would limit its opposition to the item it disagrees with; the practice whereby the quorum of WTO meetings is never checked; the practice of green room meetings; or the practice of "confessional" meetings by Chairs or "facilitators" in Ministerial conferences. Many of these practices and "ways of doing things" raise very complex issues of accountability and transparency. These *ways of doing* however exerts an influence on the behaviour of Members and the WTO's organization of work and, in this regard, deserve discussion. They define the essentially progressive nature of this young international organization. With regard to this specific type of practice, one could also wonder whether the very use of practices resembling gentlemen's agreements could indicate that the Members usually do not intend to become bound, therefore possibly creating a presumption against *opinio juris*.

A particularly interesting aspect relates to the adoption by the General Council of a series of decisions by consensus, though the provisions of the treaty require a clear vote. We think of accessions and waivers adopted by consensus though the vote of two-thirds or three-quarters of the Members is required by the WTO Agreement. Are these decisions valid? Are the actions of Members conforming to these decisions legal? More than 18 Protocols of Accession have been adopted by consensus, sometimes in circumstances where it was not even certain that the General Council had respected its quorum. Some of these new Members are already very active and have used the system of dispute settlement. It is therefore almost unthinkable to question these actions adopted by the General Council. This does not necessarily mean that the practice of decision-making by consensus is such that all decisions adopted by consensus followed by a subsequent uniform practice of the Members are the expression of an agreement of Members on the "application of the treaty" within the meaning of Article 31(3)(a) of the Vienna Convention or a tacit amendment of the text of the WTO Agreement. Besides, to come to such a conclusion each practice and decision should be examined. However, we may conceive, in some circumstances, that the subsequent and uniform practice of Members, in addition to its interpretative value (in accordance with Article 31(3)(b) of the VCLT), might reinforce the uncertain legal value of decisions adopted by consensus contrary to the prescriptions of the treaty (in the absence of express provisions in that respect) and which, at the very least, would serve in accordance with Article 31(3)(a) of the Vienna Convention. But it is not impossible, in such circumstances, that these decisions might be implemented in the system of dispute settlement as norms of secondary law, and that pursuant to the general principle of *estoppel*, the Members may not challenge the validity and applicability of these decisions. The assessment of the legal value of these decisions and practices adding to, specifying and implementing the provisions of the WTO Treaty would require a more in-depth discussion on the capacity of said bodies to adopt secondary or subordinate law norms binding Members.

But these questions are complex and it would probably be better not to get lost in a complex legal discussion on the nature and value of the WTO practices, as the risk of concluding that they are legally weak might undermine the institutional balance of this young organization which is faced with significant practical exigencies. But it will not always be possible to avoid this analysis, inasmuch as these same functional needs sometimes oblige the WTO Members and bodies to create practices, the legality of which are indeed progressive.

Quasi-Judicial Bodies as Procedural Innovations: The World Bank Access to Information Appeals Procedure

*Edouard Fromageau**

I. Introduction

After years of criticism toward its mode of operation,[1] the World Bank is now engaged in a major and drastic institutional reform aimed at enhancing its transparency and accountability through access to information. In July 2010, the World Bank Access to Information Policy (the AI Policy) was launched as one initiative to provide better access to information for the public.[2] A "landmark disclosure policy"[3] for the World Bank, a "welcome step",[4] or a "clear sign of the development of procedural norms that apply to global institutions"[5] for others, the AI Policy is nonetheless a major reform of the Bank's disclosure policy as it represents a "paradigm shift in the Bank's approach to disclosure".[6] It has indeed redefined the way the

---

* Senior Research Fellow at the Max Planck Institute Luxembourg for Procedural Law.

1 See for example the long-standing criticism from the Global Transparency Initiative. B. Jenkins, The World Bank's New Access to Information Policy: Conceptual Leap with Limits, Bank Information Center – IFI Info Brief, (March 2010), 3 [Jenkins, The World Bank's New Access to Information Policy].

2 Another initiative is the Open Data Initiative, also launched in 2010, which allows access to World Bank data, including databases, pre-formatted tables, reports, and other resources. For more information on the Open Data Initiative, see http://data.worldbank.org (last visited 6 December 2018).

3 See Website of the World Bank, 'Access to Information', available at http://www.worldbank.org/en/access-to-information (last visited 6 December 2018).

4 B. S. Chimni, International Financial Institutions and International Law: A Third World Perspective, in D. D. Bradlow & D. B. Hunter (eds.), International Financial Institutions and International Law (2010), 60.

5 M. Macchia, The rule of law and transparency in the global space, in S. Cassese (ed.), Research Handbook on Global Administrative Law (2016), 271.

6 World Bank, 'Toward Greater Transparency: Rethinking The World Bank's Disclosure Policy – Approach Paper', (January 2009), available at http://siteresources.worldbank.org/INFODISCLOSURE/Resources/5033530-1236640024078/English_full.pdf (last visited 6 December 2018), 2 [World Bank, Toward Greater Transparency].

Bank makes information accessible to the public by reversing the logic adopted for access to information; going from a policy which listed the information allowed to be made available, to the current approach of making available all the information in the Bank's possession as long as it is not on the list of exceptions.[7] It has also established the Access to Information Appeals Procedure (the AI Procedure), a quasi-judicial two-stage process to hear appeals from decisions denying access to information. After a closer look at the AI Policy (I), this chapter will focus on the structure (II) and nature (III) of the AI Procedure. The novelty of this procedure will then be highlighted in the concluding remarks (IV).

II. A Closer Look at the AI Policy

The first efforts of the World Bank to enhance access to information began in 1985 with the adoption of the Directive on Disclosure of Information, which was the first instruction to staff on information disclosure.[8] It established a "presumption in favour of disclosure" in the absence of compelling reasons not to disclose. The first formal disclosure policy was adopted in 1993[9] where it has since been periodically reviewed and its scope has progressively expanded. Updates occurred in 2001 and 2005, with the adoption of proposals to allow access to additional documents.[10] The pre-2010 policy was, then, a fairly wide-reaching policy listing all the categories of information that the Bank could disclose, the so-called "positive list".

Motivated by the criticisms mentioned above, but also by "a sense within the Bank that its own protocols fell short of what is urged on client countries",[11] the Bank began the redrafting, in March 2009, of the policy with the release of an approach paper acknowledging that "the time has

7 World Bank, 'Access to Information Staff Handbook', June 2010, available at https://policies.worldbank.org/sites/ppf3/PPFDocuments/090224b0823713bb.pdf (last visited 6 December 2018) 2.

8 See Website of the World Bank, 'Access to Information – timeline', available at http://www.worldbank.org/en/access-to-information/overview#3 (last visited 6 December 2018).

9 World Bank, supra note 6, 1.

10 Ibid.

11 B. Kingsbury, Global Administrative Law in the Institutional Practice of Global Regulatory Governance, in H. Cissé et al. (eds.), The World Bank Legal Review Volume 3: International Financial Institutions and Global Legal Governance (2012), 20.

come to take a fresh look at the Bank's disclosure policy framework".[12] The approach paper highlighted various policy limitations such as, for example, the fact that a presumption against the disclosure of information was involuntarily created for documents not listed in the positive list, or that there was a lack of clarity on what is not to be disclosed.[13]

Several rounds of consultations with stakeholders then took place in 33 countries over three months in 2009; a consultation process that was admittedly "more extensive than what is typically seen at the World Bank".[14] During the consultation meeting of April 2009 in Washington D.C, several participants urged the Bank to recognise the right of access to information as a fundamental human right.[15] Bank officials ultimately declined, but affirmed that they understood the Bank is a "public body"[16] and as such it must have a compelling reason not to disclose information.

A revised draft of the disclosure policy was then released publicly by the Bank in October 2009, taking into account the results of the several rounds of consultation.[17] The final version of the draft was adopted by the board of executive directors in November 2009.[18] It is based on five guiding principles which require the Bank to maximize access to information, set out a clear list of exceptions, safeguard the deliberative process, provide clear procedures for making information available and, to recognize the requesters' right to an appeals process.[19]

---

12 World Bank, supra note 6, 2. This paper was the result of an approach discussed in December 2008 during a meeting between two Committees of the World Bank, the Committee on Development Effectiveness and the Committee on Governance and Executive Directors' Administrative Matters. See World Bank, Toward Greater Transparency – Rethinking the Bank's Disclosure Policy (December 2008).

13 Ibid.

14 D. B. Hunter, International Law and Public Participation in Policy-Making at the International Financial Institutions, in D. D. Bradlow & D. B. Hunter (eds.), International Financial Institutions and International Law (2010), 223.

15 World Bank, Toward Greater Transparency: Rethinking The World Bank's Disclosure Policy – Summary of the Consultation Meeting, (April 2009), 1 [World Bank, Summary of Consultation Meeting 2009].

16 Ibid., 3.

17 World Bank, Toward Greater Transparency Through Access to Information – The World Bank's Disclosure Policy (Revised Draft) (October 2009), 1 [World Bank, Toward Greater Transparency – Revised Draft].

18 The AI Policy was, since then, revised on two occasions to refine its scope and to improve access to Bank information.

19 World Bank, 'Policy on Access to Information' (July 2015), available at http://pubdocs.worldbank.org/en/393051435850102801/World-Bank-Policy-on-Access-to-Inf

The AI Policy explicitly set out a list of the ten groups of documents which are considered to be exceptions.[20] They concern the personal information of staff members (e.g. medical information, selection processes...); communications of governors and/or executive directors' offices; proceedings of the ethics committee for board officials; information subject to attorney-client privilege; security and safety information; information restricted under rules of other Bank entities; confidential member country and third-party information; corporate administrative matters (e.g. corporate expenses, real estate procurement...); deliberative information (e.g. official e-mails relating to Bank business...); and financial information (e.g. estimates of future borrowing, donor information...). These exceptions have been voluntarily drawn narrowly so as to protect legitimate and well-defined interests from potential harm.[21] The AI Policy, however, allows for a "public interest override" by which management may decide to disclose restricted information "if it determines that the overall benefits of such disclosure outweigh the potential harm to"[22] protected interests. Similarly, the World Bank would reserve the right not to disclose, under exceptional circumstances, information that it would normally disclose, if it determines that such disclosure is likely to "cause harm that outweighs the benefits of disclosure".[23]

III. The Structure of the AI Procedure: a Two-Stage Appeals Process

Unlike previous disclosure policies of the World Bank, the AI Policy provides for a procedure allowing requesters who are denied access to information by the Bank to file for an appeal. The idea to include such mechanism in the new AI Policy came from the Bank who recognized in the 2009 approach paper that the lack of an appeals process was one of the lim-

ormation-V2.pdf (last visited 6 December 2018), Section III, A. 1., 9 [World Bank, Policy on Access to Information].

20 Ibid., Section III, B. 2. 9.

21 It has been noted, however, that "several of the 10 listed exceptions are so broadly drafted that they may lead to the withholding of large volumes of uncontroversial information". Jenkins, The World Bank's New Access to Information Policy, supra note 1, 9.

22 World Bank, supra note 19, Section IV, 1., 19.

23 Ibid., Section IV, 2., 20.

itations of previous policies.[24] The Bank stressed the need for a "disclosure policy-specific administrative appeals mechanism for those who wish to appeal disclosure decisions".[25]

The initial idea was however to create a single-stage five-member appeal panel headed by Bank senior management officials.[26] The Bank also suggested that outside parties could be included, taking as an example the composition of its Sanctions Board.[27] Since 2004, the Sanctions Board has been composed of seven members, three internal and four external members. Additionally, since 2009, the chair of the Sanctions Board must be selected from its external members.[28] Originally, the Sanctions Board was composed entirely of members from the World Bank.[29] This choice was justified at that time by the fact that members of the Bank were those who, on the basis of their knowledge and experience, were able to assess whether it was in the interests of the World Bank to continue to work with a company or an individual about whom there existed concerns of corruption or fraud. The modification of the Sanctions Board to include outside parties was based on the recommendations of the Thornburgh Report, an external panel in charge of reviewing the World Bank sanctions process.[30] Invoking the "progressive solidification of the Bank's resolve to develop and demonstrate procedure in all of its operation that exemplify its commitment to fairness and due process",[31] the panel suggested to change the composition to one of a mixed type with members both from the Bank and from outside of it. It is then most probably from this experience, and ultimately to prevent possible conflicts of interest and ensure that the so-

---

24 "The Bank does not have a clear mechanism to receive and respond to appeals about information to which access has been denied. The policy does not provide any guidance on whether there is a place/person within the Bank's management hierarchy to which requesters can appeal the initial disclosure decision if they feel that access to information has been unreasonably denied". World Bank, supra note 6, 5.

25 Ibid., 6-7.

26 Ibid.

27 Ibid.,13.

28 For more details, see L. Boisson de Chazournes & E. Fromageau, Balancing the Scales: The World Bank Sanctions Process and Access to Remedies, 23(4) The European Journal of International Law (2012), 977-979.

29 Ibid., 977. In 2016, the World Bank started a transition to an all-external Sanction Board membership.

30 D. Thornburgh et al., 'Report Concerning the Debarment Processes of the World Bank' (2002), available at http://siteresources.worldbank.org/INTDOII/Resources/thornburghreport.pdf (last visited 6 December 2018), 1.

31 Ibid., 21.

called appeals panel acts in an independent and impartial manner, that the Bank suggested the possibility to include outside parties.

The proposal to create such an appeals panel was welcomed by stakeholders during the consultation rounds in 2009. Some stakeholders even saw such proposal as placing the Bank "at the cutting-edge of international financial institutions".[32] Several concerns were highlighted during these rounds. It was important that the panel respond promptly to an appeal, ideally within 30 days.[33] The question of the composition of the appeals panel was also a concern.[34] The NGO Global Transparency Initiative (GTI) openly criticised the approach adopted by the Bank, noting that:

> [Such body] falls short of [...] the call in the GTI Charter for a truly independent appeals mechanism. Why would this body be chaired by a Managing Director or include Regional Vice Presidents, as this would likely raise potential conflicts of interest? We call for the creation of an appeals body independent from operational management. At a minimum, we support the idea of including outside parties on the panel.[35]

The position of Bank officials during this round was to ensure that the proposed panel would include external parties to guarantee that "its decisions are independent of the Bank's management".[36]

The appeals process established by the AI Policy is, however, quite different. The first stage of the appeal process[37] is conducted by the Access to Information Committee (AI Committee), a nine-member internal "admin-

32 World Bank, supra note 15, 2.

33 Ibid.

34 See, for example, E. Hanson, 'Ghana: Concerns Raised Over World Bank's New Disclosure Policy', TWN Africa Blog (June 2009), available at http://apps.twnafrica.org/Blog/?e=30336&d=06/05/2009&s=Ghana%3A Concerns Raised Over World Bank%27s New Disclosure Policy (last visited 6 December 2018).

35 B. Jenkins, "Brief Comments on World Bank 'Approach Paper'", GTI World Bank Transparency Review Update 3, (April 2009) 4.

36 World Bank, supra note 15, 4.

37 The AI Committee is also in charge of reporting to Bank management and advising management on the application of the AI Policy to complex issues, reviewing proposals to disclose information that is on the list of exceptions, establishing service fees and service standards, and issuing guidelines to staff on policy implementation. World Bank, supra note 15, Section III, 7. 19.

istrative body"[38] composed fully of Bank staff members.[39] Outside parties are to be found at the second stage of the process, in an "independent"[40] Appeals Board (AI Appeals Board) of three outside experts.[41]

This configuration was proposed to the Board of Executive Directors in the revised draft of the policy released by the Bank in October 2009, a document made available to the public after the several rounds of consultations.[42] It was during these rounds that the idea of creating a two-stage appeals process was introduced. It was first suggested to the Bank to confer the "additional function of providing expedited, independent reviews of refusals to disclose information"[43] to the World Bank Inspection Panel.[44] The Bank declined and instead created a second-stage body of similar function to the Inspection Panel, also being composed of three independent external members.[45]

Another difference between the model suggested during the consultation rounds and the model adopted by the Bank concerns the jurisdiction of the second-stage body. The AI policy has indeed set out two distinct grounds for appeal: 1) if the requester establishes a *prima facie* case that the Bank has failed to disclose information which is not restricted and 2) if the

38 Ibid., Section III, 7. 18.

39 It consists of principal members and their alternates, representing the Operations Policy and Country Services (OPCS), External Affairs (EXT), Legal (LEG), Corporate Secretary Vice Presidency (SEC), General Services Department (GSD), Information Management and Technology (IMT) and one region.

40 World Bank, supra note 15, Section III, 8., (b), ii, 19.

41 See World Bank, 'AI Appeals Board', available at http://www.worldbank.org/en/access-to-information/ai-appealsboard (last visited 6 December 2018).

42 World Bank, supra note 17, 5: "The Bank recognizes requesters' right to an appeals process if they believe that the Bank has unreasonably denied access to information that should be publicly available under its Disclosure Policy. It would propose to adopt a two-stage appeals process: an internal panel and an independent panel. This process would include clear standards for the time for considering appeals". (emphasis added).

43 GTI, 'Model World Bank Policy on Disclosure of Information' (2009), available at http://www.ifitransparency.org/uploads/7f12423bd48c10f788a1abf37ccfae2b/GTI_WB_Model_Policy_final.pdf (last visited 6 December 2018), 3.

44 It was indeed suggested in the Washington D.C. round to use the World Bank Inspection Panel as an appeal body, "thereby avoiding the creation and expense of a new entity". World Bank, supra note 15, 2.

45 Whereas the members of the Inspection Panel are appointed by the Board of Directors for a five-year non-renewable term, the members of the AI Appeals Board are nominated by the President, and endorsed by the Board of Executive Directors, for a two-year renewable period.

appellant wishes to make a public interest case for disclosure to override the exceptions (the above-mentioned public interest override).[46] These two grounds of appeal can be invoked before the AI Committee at the first stage of the appeal process.[47] However, for appeals asserting a public interest override, the decision of the AI Committee is final. Denial of a request for a public interest override by the AI Committee cannot be brought before the AI Appeals Board.[48] The latter's jurisdiction is then restricted to denial by the AI Committee on appeals asserting *prima facie* violations of the Policy.[49]

Such limitation of competence is likely motivated by the willingness of the World Bank to retain control over the information to be released on grounds of public interest.[50] A sign of such motivation can be found in the revised draft of the Policy released in October 2009, where the Bank's officials invoked as a justification for the limitation that the "override is only to be exercised at the discretion of the Bank".[51] Preventing external members from assessing public interest cases is clearly a flaw in the procedure.[52] An assessment of a public interest case, indeed, calls for the inclusion of external members in the decision-making, as "internal bodies lack an objective view".[53]

46 World Bank, supra note 17, 15.
47 World Bank, supra note 19, Section III, 8, (b), i., 18.
48 Ibid.
49 Ibid.
50 A public interest override which is ab initio limited, as it only concerns three of the ten exceptions (corporate administrative matter, deliberative information and financial information).
51 World Bank, supra note 17, 16, para. 27.
52 In their comments on the revised draft, GTI "applauds the proposal in the draft Policy to create an independent appeals mechanism. It would be preferable to set out in more detail in the policy how the members are to be appointed and how the body is to function in practice. Furthermore, it should have wider powers, for example, to decide on public interest disclosures and to make general recommendations for reform or improvement". GTI, 'Comments on Toward Greater Transparency Through Access to information: The World Bank's Disclosure Policy: Revised Draft' (2009) available at http://www.ifitransparency.org/uploads/7f12423bd48c10f788a1abf37ccfae2b/GTI_comments_WBdisclosure_Nov 09.final.pdf (last visited 6 December 2018).
53 S. Fujita, The World Bank, Asian Development Bank and Human Rights – Developing Standards of Transparency, Participation and Accountability (2013), 132 [Fujita, The World Bank, Asian Development Bank and Human Rights].

As of November 2018, the AI Committee rendered 67 decisions on appeal.[54] In 43 of those decisions (64 %), the AI Committee upheld the Bank's initial decision to deny access. 17 other cases (25 %) were dismissed because of *inter alia* an appeal on a matter that the AI Committee did not have authority to consider, or an untimely filing of appeal.[55] In only 7 cases (11 %) did the AI Committee reverse the decision of the Bank and allow access to the documents. 6 of these cases were on the basis of a *prima facie* violation, the remaining case was one of public interest. With respect to the grounds of appeal, a *prima facie* violation was argued in 18 cases (27 %), a public interest override was requested in 15 cases (22 %), and in 34 cases both grounds were invoked (51 %). Meanwhile, 10 decisions were rendered by the AI Appeals Board,[56] upholding the denial of the AI Committee in 6 cases (60 %), reversing it in 3 (30 %) and dismissing the request in 1 case (10 %).

The only case allowing access to information on public interest grounds was case no. AI1627.[57] Here, the Bank initially denied access to a request for an unpublished report on the basis that it was covered by one of the ten exceptions, as part of deliberative information. The applicant challenged the denial before the AI Committee, stating that the information was being sought for ongoing empirical research, and that it may have contained data which was usually hard to find. The AI Committee decided to release the report as it found the reasons set forth in the application to be compelling.

In two other cases, AI0773[58] and AI3892,[59] the AI Committee decided to exercise the Bank's prerogative to disclose restricted information. This pre-

54 See World Bank, 'AIC Decisions on Appeals', available at http://www.worldbank.org/en/access-to-information/aicdecisions (last visited 21 November 2018).

55 Appeals must be filed within 60 calendar days of the Bank's initial decision to deny access. World Bank, supra note 19, Section III, 8., (b), i., 18.

56 See World Bank, 'AIAB Decisions on Appeals', available at http://www.worldbank.org/en/access-to-information/aiabdecisions (last visited 21 November 2018).

57 AI Committee, 'Cost Recovery Report Regarding Sanitation in India Case no. AI1627' (30 May 2012), available at http://pubdocs.worldbank.org/en/829921433885011761/18-AIC-appeal-18-Case-AI1627.pdf (last visited 6 December 2018).

58 AI Committee, 'The Imataca Forest Reserve and Environs: Issues in Resource Planning, Public Participation and Sustainable Management, August 1999, Case no. AI0773' (13 July 2011), available at http://pubdocs.worldbank.org/en/557921433884471821/8-AIC-appeal-8-Case-AI0773.pdf (last visited 6 December 2018) [AI Committee, Imataca Forest Reserve and Environs].

59 AI Committee, 'World Bank Group Procedure on Country Engagement, Case no. AI3892' (23 February 2016), available at

rogative allows for documents falling into one of the three exceptions potentially covered by public interest override (i.e. corporate administrative matter, deliberative information and financial information) to be disclosed, under exceptional circumstances, if the Bank determines that the overall benefits of such disclosure outweigh the potential harm to the interest(s) protected by the exception(s).[60]

In both of these cases, the AI Committee was not convinced by the arguments of the appellant to enable a public interest override. Requesting the release of an unpublished report on a Venezuelan rain forest in case AI0773, the appellant argued that:

> [T]he public interest relates to the nature of this report. The document comprises of analysis based on information that is not readily available pertaining to an important biologically diverse environment situated near a UN designated World Heritage site. There is clear public interest in learning about the World Bank's findings and analyses on South America's ecologically vulnerable rain forests.[61]

The appellant in case AI3892 developed a more elaborate argument in favour of a public interest override. Requesting the release of the World Bank Group Procedure on Country Engagement, the appellant referred to decision AI1627 mentioned above and stated that:

> [T]here is a public interest case for publishing the Bank's Procedures in general and the requested Procedure in particular. Procedures, including the requested one, are relevant for scientific research on international law and global governance.[62]

However, the AI Committee found no compelling public interest reason to override the exception in both cases. In case AI3892, the AI Committee explained its decision by the fact that the request was different than the one in case AI1627 as "the information requested was of a distinct nature and of a different subject matter; a knowledge report with data on sanitation services in India as opposed to a document with internal work processes."[63]

---

http://pubdocs.worldbank.org/en/992431463172426839/41-AIC-Decision-Case-Number-AI3892-A-final-for-website.pdf (last visited 6 December 2018) [AI Committee, World Bank Group Procedure on Country Engagement].

60 World Bank, supra note 19, Section IV, 1., 19.

61 AI Committee, supra note 58, 1, 2, para. 3.

62 AI Committee, supra note 59, 2, para. 4.

63 Ibid., 5, para. 13.

The documents were nevertheless disclosed as the test of potential harm was conclusive in both cases.

The test of potential harm was also applied in other cases, but with different results. In case IA2359[64], for example, the test of potential harm gave rise to quite a unique situation in which only a portion of the requested information was released, specifically the name of the winning bidder and the contract value.[65] Finally, in case IA2732,[66] the appellant requested the release of a document commissioned by the Bank on the impact of hydropower projects on Ganga River asserting that this document "is unscientific and weak and, for this reason, [the Bank needs to release it] so that the people can get an alternative view of the cumulative impact of these projects".[67] After consulting with relevant business units, the AI Committee came to the conclusion that the test of potential harm was inconclusive, and thus did not disclose the document.

This cluster of decisions shows that the AI Committee has adopted a very restrictive definition of public interest throughout its first eight years. It is this restrictive definition which has led to only one decision in favour of a public interest override. Whilst it is true that most of the other decisions on public interest override were turned out based on reasons that leave little space for the invocation of a public interest,[68] another path could have been taken by the AI Committee for at least the four abovementioned cases on the exercise of the Bank's prerogative.

These decisions also show that the AI Committee is carefully analysing the arguments advanced by the appellants. In cases where the requester provided no reason in support of the public interest appeal, the AI Com-

64 AI Committee, 'Certain Corporate Procurement Information Concerning the Consulting Project (Selection #1061565, "BEEPS v. Turkey"), Case no. AI2359' (19 June 2013), available at http://pubdocs.worldbank.org/en/560351433946961433/21-AppealsDecisionCaseNumberAI2359A.pdf (last visited 6 December 2018) [AI Committee, BEEPS v. Turkey].

65 Ibid., 4, para. 8.

66 AI Committee, 'Study Done by Mott MacDonald on Cumulative Impacts of Hydropower Projects on Ganga River, Case no. IA2732', (24 June 2013), available at http://pubdocs.worldbank.org/en/929061433948885353/25-AIC-appeal-25-Case-AI2732.pdf (last visited 6 December 2018).

67 Ibid., 2, para. 2.

68 It includes inter alia the fact that the requested document is not existing, or already public (cases IA0199, IA0495, IA 3157, IA3127), that the document was covered by an exception that the AI Committee has no authority to override (cases IA0262, IA0287, IA2605, IA4191), or that access was already granted on the basis of a violation prima facie of the policy (cases IA1437, IA4148).

mittee simply dismissed the public interest portion of the appeal.[69] In cases where reasons were provided, the AI Committee was, however, reluctant to recognise a public interest in releasing documents relating to internal processes, even for its own internal work processes.[70]

It may also be noted that, overall, a surprisingly small number of cases were brought before the AI Appeals Board.[71] In annual surveys conducted by the Bank,[72] it appears that the main reasons for respondents not filing a second stage appeal were a general lack of confidence in the system, a lack of knowledge of the AI Appeals Board, and the perception that an appeal would take too much time or is too complex.

IV. The Nature of the AI Procedure: a Quasi-Judicial Appeals Process

While it is clear that the AI Procedure is not composed of actual courts or tribunals, it is a plausible option to place its organs in the category of quasi-judicial bodies. In the recent past, the notion of quasi-judicial body was often used in order to describe a large and diverse array of international organs.[73] Among them, for instance, are the United Nations Human Rights Committee,[74] the Committee against Torture,[75] and even the WTO

69 See cases no. IA0708 and IA1170.

70 See case no. IA0294 requesting the release of attachments to the Access to Information Staff Handbook.

71 The fact that no appeal was introduced in the first 18-month period following the creation of the AI Appeals Board was already a preoccupation for the World Bank. See World Bank, 'World Bank Policy on Access to Information – Experience in the First 18 Months of Implementation' (19 December 2012), available at http://documents.worldbank.org/curated/en/882191468325173418/pdf/NonAsciiFileName0.pdf (last visited 6 December 2018), 8, para. 23.

72 World Bank, 'Access to Information Surveys', available at http://www.worldbank.org/en/access-to-information/reports (last visited 6 December 2018).

73 See M. Tignino, Quasi-judicial bodies, in C. Brölmann & Y. Radi, Research Handbook on the Theory and Practice of International Law making (2016), 242-261.

74 See for example T. Burgenthal, The U.N. Human Rights Committee, in J. A. Frowein & R. Wolfrum (eds.), 5 Max Planck Yearbook of United Nations Law (2001), 395-396.

75 A. Constantinides, Transjudicial Dialogue and Consistency in Human Rights Jurisprudence: A Case Study on Diplomatic Assurances against Torture, in O. K. Fauchald & A. Nollkaemper (eds.), The Practice of International and National Courts and the (De-) Fragmentation of International Law (2012), 269.

Panels.[76] If picking examples of quasi-judicial bodies can be simple for well-informed legal researchers, defining in legal terms what they are is more complicated than may appear at first glance. One of the few definitions of the notion of quasi-judicial body even starts with: "quasi-judicial is a term that is [...] not easily definable".[77]

The first move of any definitional attempt is indeed to delineate the field to be studied. The category of quasi-judicial bodies can be logically described as composed of organs that cannot be qualified either as judicial or as non-judicial, and which are somehow in between these two poles. The test of "quasi-judiciality" would then be defined as being essentially a failure of the test of judiciality.

Identifying a "test of judiciality" may be simple, given that much of the literature on international adjudication starts by defining judicial bodies at the international level. In order to be identified as an international judicial body, five criteria are usually evident: 1) it must be a permanent institution,[78] 2) composed of international judges[79] or, more generally, of independent persons vested with adjudicatory functions,[80] 3) adjudicating disputes between two or more entities, at least one of which is either a state or an international organization,[81] 4) which is working on the basis of predetermined rules of procedure,[82] and 5) renders legally binding decisions based on law.[83] If an international body were to "fall short on one or more of [these] five criteria",[84] then it may be considered as a quasi-judicial or a non-judicial one.

---

76 V. Hugues, The Institutional Dimension, in D. L. Bethlehem et al. (eds.), The Oxford Handbook of International Trade Law (2009), 277.

77 G. W. Paton, A Textbook of Jurisprudence (1972), 336.

78 See C. P. R. Romano, The Proliferation of International Judicial Bodies: The Pieces of the Puzzle, 31 NYU Journal of International Law and Politics (1999), 711-723; J. E. Alvarez, International Organizations as Law-Makers (2006), 458.

79 Ibid.

80 See C. Tomuschat, International Courts and Tribunals with Regionally Restricted and/or Specialized Jurisdiction, in Judicial Settlement of International Disputes: International Court of Justice, Other Courts and Tribunals, Arbitration and Conciliation (1987), 290-312.

81 Romano, supra note 78, 711-723; Alvarez, supra note 78, 458.

82 Ibid.

83 See S. Rials, Ouverture: l'office du juge, in La fonction de juger, Droits, (1989), no. 9, 7. H. Ruiz Fabri, Le réglement des différends au sein de l'OMC: naissance d'une juridiction, consolidation d'un droit, in Souveraineté étatique et marchés internationaux à la fin du 20ème siècle. A propos de 30 ans de recherche du CREDIMI – Mélanges en l'honneur de Philippe Kahn (2000), 309.

84 Alvarez, supra note 78, 459.

Such a residual definition of an international quasi-judicial body remains however relatively large in scope, and leaves several questions unanswered: is a body which fulfils only one of two of these criteria a quasi-judicial body or something else? Do these criteria have an identical weight in the context of this test? Some authors have adopted quite a broad definition of quasi-judicial procedures, as:

> Procedures whose rulings are either legally binding or non-binding, and which are more or less destined for the settlement of differences between the parties by judge-like persons through, to some extent, legal process.[85]

One might adopt a restrictive approach and interpret each of these criteria in a strict manner. The limit between judicial bodies and "the others" is however not as rigid as it may seem to be. The dividing lines between international judicial bodies and other adjudicative bodies, such as arbitral tribunals, are somewhat vague. Cesare Romano, Karen Alter and Yuval Shany have identified for example, two modes of adjudication by somehow expanding the definition of international courts and tribunals:

> [B]y way of judicial bodies and by way of arbitration. Judicial bodies pre-exist the question that is to be decided. [...] Conversely, in arbitration, the adjudicators are selected by the parties after the dispute arises, with the aim of deciding a particular case.[86]

Accordingly, international adjudicative bodies are different from "diplomatic means and even political decision-making and quasi-judicial bodies".[87] The practice, however, shows that organs that are neither international courts, nor arbitral tribunals, are sometimes performing adjudicative tasks.

At the other end of the spectrum are non-judicial bodies performing a dispute settlement task. Legal scholars usually see the criteria of judiciality as being the end of a process – an ideal situation to achieve – especially when it comes to independence and impartiality. José Alvarez notes, for example, that:

---

85 Y. Shigeta, International Judicial Control of Environmental Protection: Standard Setting, Compliance Control and the Development of International Environmental Law by the International Judiciary (2010), 188.

86 C. P. R. Romano et al., Mapping International Adjudicative Bodies, the Issues and Players, in C. P. R. Romano et al. (eds.), The Oxford Handbook of International Adjudication (2013), 5.

87 Ibid., 6.

> These other quasi-judicial dispute settlers are generally distinguishable from [non-judicial actors] because they are all characterized by some serious attempt, primarily through rules for the type of expertise required of the dispute settlers, their method of selection, or their tenure in office (or all three), to recognize the 'independent' status of the third party decision-maker from the governments involved in their creation.[88]

In the context of the AI Procedure, it is clear that neither the AI Committee, nor the AI Appeals Board, can be seen as courts according to the criteria mentioned above. It also appears more appropriate to treat the AI Committee and the AI Appeals Board separately. Having a procedure composed of two organs of a different nature is indeed a possibility. As noted by Megan Donaldson and Benedict Kingsbury, the "first-tier review mechanisms resemble administrative review mechanisms within public authorities, and the second-tier review, where it exists, is often clothed in the language of judicial and quasi-judicial process".[89] Treating both organs as quasi-judicial has also been proposed by other authors.[90] Be that as it may, the AI Committee is clearly carrying out a dispute settlement function; the same function carried out by the AI Appeals Board, and is thus not a non-judicial organ.

Furthermore, differentiating a quasi-judicial nature from an administrative one can be a tricky exercise, especially outside of a domestic setting. Based on a common law version of these two notions, one could indeed argue that the AI Committee is an administrative organ, as it carries out an internal function based on policies of the Bank, while the AI Appeals Board is a quasi-judicial organ, as it carries out its function in an independent manner and as it were, in some respects, a judicial function.

It appears that quasi-judiciality is not a "one size fits all" concept. The reality of today's dispute settlement mechanisms of international organisations may be far more complex than it appears. The time has come to take

88 Alvarez, supra note 78, 459.

89 M. Donaldson & B. Kingsbury, Power and the Public: The Nature and Effects of Formal Transparency Policies in Global Governance Institutions, in A. Bianchi & A. Peters (eds.), Transparency in International Law (2013), 516. See also Fujita, supra note 53, 17.

90 G. L. Burci, Inviolability of Archives (Article III Section 6 Specialized Agencies Convention), in A. Reinisch (ed.), The Convention on the Privileges and Immunities of the United Nations and its Specialized Agencies – A Commentary (2016), 187.

a closer look at these clusters of quasi-judicial organs, with the aim *in fine* to propose a more precise taxonomy of international quasi-judicial bodies.

V. *Concluding Remarks: Procedural Innovation, the World Bank, and the Others*

Albeit that establishing a review process for decisions denying access to information is not *per se* an innovation, the World Bank AI Procedure is striking for its novelty. The World Bank was the first of the international financial institutions to establish a two-stage appeals process with one stage being conducted by an external independent body. Other international financial institutions subsequently revised their own policies to include such a procedure. The Inter-American Development Bank revised its policy in May 2010 to include a three-member external panel to hear appeals at its second stage.[91] The Asian Development Bank (ADB) also revised its policy in 2011 to create the Independent Appeals Panel (IAP) composed of three transparency experts.[92] Similarly, in 2012 the African Development Bank (AfDB) established an Appeals Panel composed of three members, with two of the members external to the Bank.[93] This phenomenon of "cross-institutional normativity"[94] initiated by the World Bank has been interpreted by some authors as announcing the progressive emergence of a *droit commun* of international financial institutions.[95]

---

91 See Inter-American Development Bank, 'Access to Information Policy', available at http://idbdocs.iadb.org/wsdocs/getdocument.aspx?docnum=35167427 (last visited 6 December 2018).

92 ADB, 'New Independent Appeals Panel to Strengthen ADB's Transparency' (25 June 2012), available at http://www.adb.org/news/new-independent-appeals-panel-strengthen-adbs-transparency (last visited 6 December 2018).

93 See AfDB, 'Appeals Process', available at http://www.afdb.org/en/disclosure-and-access-to-information/appeals-process/ (last visited 6 December 2018).

94 B. Kingsbury, Global Administrative Law in the Institutional Practice of Global Regulatory Governance, in H. Cissé et al. (eds.), The World Bank Legal Review Volume 3: International Financial Institutions and Global Legal Governance (2012), 20.

95 L. Boisson de Chazournes, Partnerships, Emulation, and Coordination: Toward the Emergence of a Droit Commun in the Field of Development Finance, in H. Cissé et al. (eds.), The World Bank Legal Review Volume 3: International Financial Institutions and Global Legal Governance (2012), 173-187.

This *droit commun* of access to information does not, however, provide full transparency of the activities of international financial institutions. The reluctance of these institutions to allow their independent body's full rein in the assessment of public interest overrides can be interpreted as a means of retaining control over the information to be shared. The World Bank, as any other public institution, must reach a balance between transparency and confidentiality. Whilst transparency is necessary in order to enhance legitimacy, keeping some information confidential is vital for some of the Bank's core missions. The next step for the Bank, and the other international financial institutions, may be to go beyond the presumption that independence means lack of control, and trust their independent bodies to carry out their task, including when it comes to evaluating a public interest to disclose, in a responsible manner.

Due Process and Procedural Law in Accountability Mechanisms: The Case of the World Bank

André Nunes Chaib[*]

I. Introduction

As a result of enormous public pressure, international organizations (IOs) concerned with the regulation of world economy have become ever more human rights conscious.[1] For example, the institutions composing the World Bank Group have been at the centre of critique for the lack of transparency and participation by affected populations, in many of its decisions to concede loans or credits to either states or private corporations so they can carry out so-called 'development projects.' As a response to this, institutions within the World Bank Group have sought to develop accountability mechanisms (AMs) allowing for parties affected by projects under their financing to seek answers from the Bank for their potential violation of certain individual and collective rights. These mechanisms, such as the World Bank Inspection Panel (WBIP or Inspection Panel)[2] or the Compliance Advisory/Ombudsman (CAO),[3] have increasingly acquired a more 'judicial' function. This has happened despite the fact that the rules upon which they base their decisions are not considered *law* in the traditional sense.[4]

---

* Research Fellow at the Max Planck Institute Luxembourg for Procedural Law.

1 H. Weidner, Politisierung als Prozess und Ergebniss: Weltbank, Bergbausektor und Nachhaltigkeit, in M. Zürn, M. Ecker-Ehrhardt (eds.), Die Politisierung der Weltpolitik – Umkämpfte internationale Institutionen (2013), 312.

2 Resolution Establishing the Inspection Panel N. IBRD 93-10, Resolution N. IDA 93-6.

3 Office of the Compliance Advisor/Ombudsman (CAO) Terms of Reference, available at http://www.cao-ombudsman.org/about/whoweare/documents/TOR_CAO.pdf (last visited 6 December 2018).

4 The nature of these internal rules (Operational Policies and Procedures for the IBRD/IDA as well as the Performance Standards for the IFC/MIGA) is still highly debated. They do constitute part of the internal legal order of these organizations, but their normative reach is normally limited to their staff. They may eventually impact and condition borrowers' actions. For a short analysis of the nature of these rules and their relationship to sources of international law, see III below.

To a certain degree, this reveals the extent in which international legal standards impact not only substantive rules, but also the procedural principles guiding such mechanism. Nevertheless, human rights are not their only core focus.

In the lack of proper mechanisms to hold international financial institutions (IFIs) responsible for international wrongful acts,[5] these AMs are so far the most effective means to have IFIs respond for their eventual misdemeanours. These AMs operate on the basis of internal regulations set out by the organizations themselves. Two of the most prominent independent AMs have been established within the World Bank group. The first one was the World Bank Inspection Panel, which investigates eventual violations of the International Bank for Reconstruction and Development (IBRD) and the International Development Association's (IDA) operational procedures and policies (also called Operational Standards). These procedures and policies seek to condition the action of Bank staff when conducting the Bank's financial transaction (loan or credit concession, for example). Some of these procedures and policies are binding upon staff, while others only reflect and inform best practices.[6] The second is the Compliance Advisor/Ombudsman, which has three different functions and responds to requests and claims made by the affected people in respect of potential violations of the International Finance Corporation (IFC) and Multilateral Investment Guarantee Agency's (MIGA) Performance Standards by their own staff. They also provide a forum to settle disputes be-

5 The Articles on the Responsibility of International Organizations (ARIOS) are still an incipient attempt to construct a legal framework wherein IOs can be held responsible for international wrongful acts. It has recently received considerable attention, but being mostly the work of 'progressive development' of international and not properly an exercise of 'codification', IOs have been very much reluctant to accept the application of such an instrument. Some of the reasons for this reluctance were already given in some IOs comments to the draft articles circulated by the International Law Commission. In this respect, the comments by the World Bank and the IMF are very informative. For this, see 'Comments and Observations received from Governments and international organizations', A/CN.4/556, and 'Comments of the World Bank (IBRD and IDA) on the Draft Articles on the Responsibility of International Organizations adopted by the International Law Commission on First Reading in 2009', available at http://siteresources.worldbank.org/INTLAWJUSTICE/Resources/ILCResponsibilityofIntlOrgIBRDComments.pdf (last visited 6 December 2018).

6 L. Boisson de Chazournes, Policy Guidance and Compliance: The World Bank Operational Standards, in D. Shelton, Commitment and Compliance: The Role of Non-Binding Norms in the International Legal System (2000), 285.

tween the private companies receiving the loans or credit by IFC/MIGA and the population who are affected by the projects being carried out.

If AMs are increasingly acting in similar ways as judicial bodies, could they benefit from the development of an international procedural law? What would such a body of law actually mean for the application of a due process principle in such institutions? Legal theory has attempted to a certain degree to answer a few of these inquiries. Projects such as Global Administrative Law,[7] Global Constitutionalism[8] and the International Public Authority,[9] each have sketched out theoretical frameworks, based either on particular conceptions of international rules (constitutional norms guiding and conditioning institutions behaviour), or laying down principles (grounded on particular ideas of public law) upon which international institutions should not only base their actions, but also their rulemaking activities. If much attention has been paid to the way in which law and legal principles should be applied to executive decision-making processes in international organizations,[10] very little has been said about how this should, in turn, be applied to accountability mechanisms.[11]

7 See for instance B. Kingsbury, N. Krisch, R.B. Stewart, The Emergence of Global Administrative Law, 68 Law and Contemporary Problems (2005), 15-61; Also, B. Kingsbury, The Concept of "Law" in Global Administrative Law, 20 EJIL (2009), 23-57.

8 J. Klabbers, A. Peters, G. Ulfstein (eds.), The Constitutionalization of International Law (2016). Also T. Kleinlein, Konstitutionalisierung im Völkerrecht: Konstruktion und Elemente einer Idealistischen Völkerrechtslehre (2012).

9 A. von Bogdandy et al. (eds.), The Exercise of Public Authority by International Institutions. Advancing International Institutional Law (2009).

10 See, from a GAL perspective, N. Krisch, B. Kingsbury, Introduction: Global Governance and Global Administrative Law in the International Legal Order, 17 EJIL (2006), 1-13; B. Kingsbury and L. Casini, The Global Administrative Law Dimension of International Organizations, 6 Int.Org.L.R (2009), 319-358; L. Boisson de Chazournes, Changing Roles of International Organizations: Global Administrative Law and the Interplay of Legitimacies, 6 Int.Org.l.R. (2009), 655-666. For a global constitutionalism point of view, E.-U. Petersmann, Constitutionalism and International Organizations, 17 Northwestern Journal of International Law and Business (1997), 398-469; A. Peters, Global Constitutionalism Revisited, 11 International Legal Theory (2005), 39-68. For the IPA analysis on this, see the case studies presented in Bogdandy et al., supra note 9.

11 The question here, nonetheless, is that some scholars have identified the mechanisms as part of the whole executive machinery of IOs. Be that as it may, with their activities having taken an increasingly 'judicial' character, the question of how to translate or apply procedural rules and principals typical of executive and administrative bodies becomes blurred. The extent to which these mechanisms should be treated as 'administrative', 'quasi-judicial', 'judicial' bodies, is highly debatable

In this context, this chapter investigates to what extent the application of the principle of due process of law, as applied to judicial courts' activities, results in a process of judicialization of accountability mechanisms within the World Bank. In doing so, this study hopes to provide an assessment of how much international law affects the construction of what has been coined the 'accountability' of international organizations. This may also allow for an understanding of how international legal standards – in particular those concerning procedural law – impact the development of sustainable accountability bodies within international institutions. An assessment of the authoritativeness of international law on these mechanisms may also allow for the verification of whether or not reference to international law increases the chances of compliance by the organization for its own internal standards.

To this end, instead of providing a full-fledged critique of the work of such AMs, this study will proceed by describing their activities and analysing the way in which procedures, administrative rules and law are articulated within their work. In order to accomplish what is proposed, this chapter will be divided into three parts. First, it will discuss the way in which procedures and procedural law have been dealt with in the context of international institutional law (II). More specifically, this section will attempt to highlight the importance of perceiving procedural law as broader than just the law applicable to judicial proceedings. The chapter will follow by presenting the way in which due process is applied in international institutions, by means of investigation how the concept of due process, as applied in courts, may be used as a normative principle in international organizations (III). Lastly, the final remarks will look at how some of the accountability mechanisms within the World Bank Group may benefit from the application of the principle of due process into their activities (IV).

II. Expanding the Perception of Procedural Law for International Organizations

With rare exceptions, legal scholarship has for a long time abdicated from theorizing the role of procedures as elements constitutive of bureaucratic institutions.[12] Such a work has been mostly done by social scientists eager

---

and this chapter has no intention to answer it. It will, however, by looking at these bodies' work, see to which degree should procedural law and procedural principles be differently perceived in their context.

12 An example of such an exception, D. Galligan, Due Process and Procedural Fairness (1997).

to identify the conditions under which bureaucracies and other institutions were and are created in societies.[13] Lawyers see procedures mostly through the lens of legal standards. Different procedures are identified according to the set of rules which organize them and these rules set the goals of such procedures.[14] In fact, for lawyers legal procedures are normally not thought of outside the ambit of such legal standards and in many aspects are considered as the standards themselves.[15] This distinction matters in this context, because the accountability mechanisms presently analysed are at the same time instrumental procedures in IFIs[16] – especially considering that their function is to review the organizations' actions – but are not governed by rules that are considered international law proper. The rules setting out their functioning as well as those in which decisions are taken within these accountability mechanisms are internal rules.[17] Despite some of these rules being binding on the organizational staff, they do not

13 Even so, the role of 'procedures' has not been exhaustively examined in general in the social sciences. A few scholars who have dedicated themselves to an attempt to provide a definition to the concept of procedure include N. Luhmann, Legitimation durch Verfahren (1969); P. Bourdieu, Esquisse d'une Theorie de la Pratique (1972); M. de Certeau, L'Invention du Quotidien. Vol. 1 Art de Faire (1980); M. Douglas, How Institutions Think (1986).

14 It has been argued that even in legal settings, the goal of procedures is to discover or uncover a particular truth of the system, Luhmann, supra note 13, 12.

15 Robert Kolb suggests that although the definition of 'procedure' may be somewhat troublesome, in general 'the term covers (i) all devices devoted to the enforcement of the rules of substantive law and (ii) the rules determining the organization, the competence and the functioning of the organs existing to achieve that goal. In the context of judicial proceedings, the term "procedure" lato sensu covers all rules relating to international judicial action. These include the rules governing the composition of the court, questions of competence and admissibility, the objective and subjective conditions for bringing a claim, as well as the modalities according to which the case will be dealt with.' R. Kolb, Competence of the Court, General Principles of Procedural Law, in A. Zimmermann, K. Oellers-Frahm, C. Tomuschat (eds.), The Statute of the International Court of Justice: A Commentary (2012), 873.

16 Even though they are independent agencies created within the scope of the IFIs.

17 The nature of these rules has also been largely debated. It is conventional to attribute to them the quality of 'soft law.' See for instance D. Bradlow, D. Hunter (eds.), International Financial Institutions and International Law (2010); J. Alvarez, International Organizations as Law-makers (2005), in particular 235-240; Also, for a more general overview of how internal regulation of IOs are treated as soft law, see J. Klabbers, An Introduction to International Organizations Law (2015), especially chapter 8; M. Ruffert, C. Walter, Institutionalised International Law (2015), 33-42; and N.D. White, Lawmaking, in J.K. Cogan, I. Hurd, I. Johnstone (eds.), The Oxford Handbook of International Organizations (2016).

constitute sources of international law in the formal sense.[18] In this context, the question we seek to answer is of whether the rules of procedure introduced by means of these internal regulations aiming at governing these accountability mechanisms somehow take consideration of typical rules and principles that are also applicable to courts. Rather than inventing a procedural law for IOs, the idea is to uncover the rules and principles already existing within this normative body (the various internal regulations set out by the organizations) that compose the general order of procedural law. However, because the accountability mechanisms in these organizations seek precisely to distance themselves from the model of courts,[19] that it may be hard to find in the 'rules' indications that there are similarities between the way in which procedural law is applied in these two settings. This is why, instead of focusing on particular rules of procedural law, this chapter intends to concentrate on the role that the concept of 'due process' has in these mechanisms. In observing why and how the principle of due process is applied in AMs, we may be able to understand to which extent the operation of these mechanisms is coming closer (or not) to that of international courts.

A. *The Modern Uses of Law to Regulate Procedures*

Procedures are a fundamental element of any institutional system.[20] They constitute the very materialization of rationalization processes required for bureaucratic institutions to properly function.[21] In fact, procedures perform an integral function in guaranteeing predictability within the system by setting up a rational means, based on rules and principles, through which actions and decisions can be taken.[22] This applies to a variety of institutions, ranging from courts to larger bureaucracies, such as international organizations.[23] In each of these contexts, procedures are used as mech-

---

18 I make particular reference to the list provided in article 38 of the International Court of Justice's statute.

19 After all, they rely precisely on an idea of 'accountability' as opposed to that of 'responsibility'.

20 Galligan, supra note 12, 5.

21 M. Weber, Economy and Society (2013), in particular Chapter XI on Bureaucracy; and also C. Lefort, The Political Forms of Modern Society: Bureaucracy, Democracy, Totalitarianism (1986). Also M. Hauriou, Principes de Droit Public (1916).

22 Galligan, supra note 12, 293.

23 G. della Cananea, Due Process of Law Beyond the State (2010), 99.

anisms to reach decisions on a variety of matters.[24] They exist within the scope of law, but also in the larger space of social life, governing the most varied types of rites and actions.[25] In this context, legal scholarship has been very attentive to the rules of legal procedures, but has dedicated little thought to procedures' normative purposes and how these procedures are constructed within general institutional social spaces.[26] The importance of proceeding with such a broader analysis lies in the necessity to better understand, in each one of the social and institutional spaces, the best way in which procedures can be devised with a view to achieving not only the institutional goal, but also the objectives of any social system. This means that, in fact, procedures are not merely necessary elements of institutional constructs. They should be analysed in conjunction with other social factors within the community or social system,[27] that is, they should be also ascribed a place within the normative – besides structural – project of the society.

Lawyers, in general, have mainly focused in conceptualizing procedures by means of rethinking the rules that set them up and organize them.[28] The nature and conditions under which these rules are laid down and fol-

---

24 Galligan, supra note 12, 8.

25 Hauriou, supra note 17, 158.

26 Luhmann, supra note 13, 11. Luhmann points to the fact that so far only Kelsen's Pure Theory of Law is the first attempt to think of providing such a description of the interrelation between the normative and structural character of procedures.

27 For an interesting analysis of how rites, procedures and institutions may develop differently in communities and societies, see F. Tönnies, Gemeinschaft und Gesellschaft: Grundbegriffe der reinen Soziologie (2010), 1887.

28 It is clear from this definition of procedure that the thing-in-itself (the procedure) and the rules that set it up and govern it (procedural law) are here taken interchangeably. This was noted by Luhmann already in the late 60s, when he recognized that lawyers had so far only devoted themselves to dealing with procedural law (Verfahrensrecht) and not with procedure proper (Verfahren).This was largely due to the influence of Kelsen's pure theory of law, which sought to detach the constitution of procedure within a legal framework from all sorts of sociological analysis and fundamentals (and of any other social sciences for that matter): 'Die bisherigen Bemühugen um eine allgemeine Verfahrenslehre haben sich unter dem Einfluss von Kelsen bewusst von der Rechtssoziologie abgesetzt und sich betont rechtsimmanent verstanden. Sie konnten methodenstreng überhaupt nicht von der Verfahren, sondern nur von Verfahrensrecht handeln. Die Schwierigkeiten, in die ein sich selbst begründender Rechtspositivismus als Theorie gerät, sind inzwischen jedoch offensichtlich. Das legt es nahe, den umgekehrten Weg zu gehen und sich an die Soziologie zu wenden und nach einer soziologischen Theorie des Verfahrens (nicht: des Verfahrensrecht!) zu fragen.' (Until now the efforts consecrated to a general theory of procedures have, under the clear influence of

lowed constitute one of the fundamental topics of procedural law scholarship nowadays.[29] There has been a great deal of attention paid by scholars – and practitioners in various domains – to the role rules setting procedures play within institutional contexts. Rules governing procedures are not treated uniformly in legal scholarship. They are normally classified as those governing judicial proceedings; and those in bureaucratic settings and legislatures. In the former case, reference is made to those rules governing both civil and criminal proceedings. The latter is that of administrative institutions and legislatures, where rules are set to organize decision-making processes. In this case, procedural law is included within the rules and principles of *public* law.[30] Although they are set out in different domains of law, these rules are all *procedural* in nature and therefore constitute by and large the *corpus* of a general procedural law. For instance, it would be no exaggeration to say that 'procedures' remain the main focal point of administrative law. This is true especially when considering ad-

---

Kelsen, distanced themselves from legal sociology. They clearly stem from a strong positivist position.* These efforts have in the strict application of their method been able to only concentrate on the topic of procedural law and not on procedures in general. The difficulties in which such a self-justified legal positivism works out are rather obvious. This suggests however that the opposite way should be taken, with a turn to sociology and to question about the possibility of a sociological theory of procedures [and not of a theory of procedural law]) Luhmann, supra note 13, 12, our translation. *The translation of rechtsimmanent finds no precise equivalent in English. It refers however to an understanding of the law as not extending beyond the norm that espouses it, therefore it denotes a positivist position, rather than one that sees the law as existing outside or detached from the norm that creates it.

29 In particular, an important debate that has become very topical recently in this regard concerns the 'constitutionalization' of legal procedures in international institutions (both courts and international organizations). This has been very much inspired by developments in national jurisdiction (for a debate of how the constitutionalization of administrative law and procedures has gained large importance in both Germany and France, see for example E. Schimdt-Assman, S. Dragon, Deutsches und Französisches Verwaltungsrecht im Vergleich ihrer Ordnungsidee. Zur Geschlossenheit, Offenheit und gegenseitigen Lernfähigkeit von Rechtsystemen, 67 ZaÖrV (2007), 413-425). It has, however, taken a distinct trait at the international level, precisely because of the lack of an agreed constitutional instrument setting out general and universal principles for all international institutions. (For this debate, see also Cananea, supra note 19, 94-96).

30 Reference to public law in this case is meant to include both the law governing actions of the state based on the constitution (Staatsrecht) and administrative law (Verwaltungsrecht). For an interesting investigation into the origins of this concept, see M. Loughlin, Foundations of Public Law (2010), in particular chapters 7 and 9.

ministrative law's double function to "protect the individual's rights against the administration, and [...] make legal procedures and instruments available to the administration, so that it can effectively carry out its tasks."[31] In this context, however, it is important to notice that different legal traditions have also referred to the regulation of procedures in different manners. This has a manifold impact, especially because it reveals different ways in which procedures can be *viewed*. A crucial work of systematization is the one made in the early 20th century by Italian lawyers, which gave rise to the idea of a *diritto procesualle* in addition to that of mere procedural law.[32] This has fundamentally impacted the development of different lines of understanding about law and procedures. It is worth dedicating a few lines to this issue.

Nevertheless, as mentioned above, legal scholarship has failed (if maybe more simply avoided) to give a proper and well-rounded definition of the field of procedural law. Also, a universal or at least wide comprehensive definition is made harder to achieve by the fact that there are fundamental differences between the various existing legal systems. Taking the example of the two largest 'legal families,' the common law and civil law systems,[33] we can identify differences regarding the way procedures are generally treated by law and legal doctrine. Common law is fundamentally a 'procedural' legal system. Since its initial developments in the mid-12th century, the very basis of the common law system was to provide means for the different actors to have some sort of access to justice. It was not only the attempt to bring all local courts under royal rule that meant to facilitate access to justice, but also the creation of various writs, brought together in the *Glanvill*, known as the book that was "in effect a guide to writs and their working"[34] that justifies such an assertion that in its very origins, the common law, is a procedural system. It is only after a system of institutions and procedures had been instituted that a 'substantive' common law started forming.[35] In common law countries, therefore, procedural law has fun-

---

31 E. Schmidt-Assmann, The Internationalization of Administrative Relations as a Challenge for Administrative Law Scholarship, in A. von Bogdandy et al. (eds.), The Exercise of Public Authority by International Institutions. Advancing International Institutional Law (2009), 947.

32 L. Cadiet, J. Normand, S. Amrani Mekki, Théorie Générale du Procès (2013), 5.

33 For an introduction to differences not only in terms of procedural law, but also substantive law, see the classic R. David, Les Grands Systèmes de Droit Contemporain (1964).

34 D. Ibbetson, Common Law, in Oxford International Encyclopedia of Legal History (2009), 80.

35 Ibid., 81.

damentally been seen in connection with substantive law, especially as the means to provide remedies to secure the latter.[36] Because procedural law would be in such an association with substantive rights provided by the law, the common law system has possibly not cared much about its systematization and to its position as a particular, very distinct, field within the legal order more generally.[37] This may explain, as Lever has put it, why in the late nineties little attention was paid to the procedural reform being put in motion in England.[38]

In civil law countries, however, procedural law has been progressively systematized so as to make sense of a variety of differences – not only in terms of rules, but also in terms of principles[39] – existing within the legal system. Particularly with regards to the laws governing judicial proceedings, this systematization – which is ultimately the result of a historical legal *prise de conscience* of certain aspects of specific procedures – has culminated in a differentiation that has gone beyond mere doctrinal exercise and has found its way into well-defined codes of law. The main example of this kind is the definition of an effective sub-field (or sub-discipline for that matter) to that of 'procedural law' (or the laws that govern procedures in general. This was first done in Italy in the early 20th century, by Giuseppe Chiovenda who proposed the expression *diritto procesualle* to designate a

36 J. Lever, Why Procedure is More Important than Substantive Law, 48 International and Comparative Law Quarterly (1999), 285-301, 286-287.

37 An interesting point, for instance, is that differently from continental law, in the common law system for the claiming of a substantive right, processes had always a particular 'form', or better, a specific 'writ', through which it would be brought before a court. Continental law, though also requiring that most times claims be brought in writing, at its very origin cared little about the procedural form. 'The legal process that flowed from them was directed largely to the framing of a question that could be answered by a jury, and legal expertise was therefore focused on this. Since the question would vary from writ to writ, the common law was always framed around the different writs, rather than around abstract categories: it knew, for example, a law of debt – that is, it had rules applicable to the writ of debt – rather than a law of contract. The greatest contrast between the English common law and the legal systems of most of continental Europe would lie in this. Legal process in Europe, derived from Roman law and canon law, allowed the parties to frame their claims (normally in writing) in whatever way they wanted, without having to use stereotyped forms of writs; Continental lawyers, therefore, thought in terms of abstract categories, within which the facts as alleged could be understood and analyzed.' Ibbetson, supra note 34, 82.

38 Ibid., 285.

39 The fundamental principles governing civil and criminal procedures, for instance, are very different, but also are the psychological and sociological assumptions, Luhmann, supra note 13, 57.

specific science dedicated to study of litigious procedures.[40] More importantly, this is possibly the first time where civil procedure – even before criminal procedures – were thought out in a systematic way so as to constitute a fully distinguished discipline from civil law – according to its roman origins.[41] This new science, however, should not be restricted to civil procedures. As a general science of litigious procedures, this *diritto processuale* would encompass all sorts of procedures – civil, criminal, and administrative – and provide a common thread through which to think systematically about them. This would prove extremely useful, because it allows for a distinction between a general procedural law comprehending all sorts of procedures, including those related to decision-making, law-making, etc., and a procedural law focused on judicial means of dispute resolution, which in the lack of a specific word in English for this sub-field, we shall call it simply 'judicial proceedings law';[42] the latter being comprised within the former. It follows then that rules and legal norms regulating procedures are present basically in every area of a legal order.[43] Most times 'procedural law' is referenced at the international level, the first idea one has, remains that of the body of law regulating and organizing judicial proceedings.[44] As mentioned above, every other procedure that does not fit within the proper scheme of judicial decision-making would eventually be considered outside of the traditional discipline of procedural law.[45]

This description and differentiation matters because it allows one to have a more comprehensive grasp of the content of what one calls procedural law. Judicial procedural law is but one area of a larger, more general, field. It should not be confused with the set that encompasses other types of legal rules regulating procedures which are not necessarily those of judi-

40 Cadiet et al., supra note 32, 6.

41 H. Vizioz, Études de Procédure (1956), 172-173.

42 Discussion with Prof. Hélène Ruiz Fabri, Luxembourg, 2/08/2017.

43 Procedures are also an integral feature of constitutional law. In it, one finds a variety of rules regulating different procedures. From law-making to political decision-making, constitutional law sets out and determines the way in which procedures happen within the state organization. See for instance J. M. Mashaw, Due Process in the Administrative State (1985). Also, P. G. Kauper, Frontiers of Constitutional Liberty (1971).

44 See for instance E. Lauterpacht, Principles of Procedure in International Litigation, 345 RCADI (2011); N. Klein, Litigating International Law Disputes (2014); C. Romano et al., The Oxford Handbook in International Adjudication (2015); H. Thirlway, The Law and Procedure of the International Court of Justice (2013); and C. Brown, A Common Law of International Adjudication (2007).

45 Luhmann, supra note 13, 17.

cial proceedings. As previously stated, all sorts of state procedures are controlled and regulated by the law.[46] The fact that, historically, legal doctrine – both nationally and internationally – has focused on rather systematizing and determining the content of a procedural law that relates specifically to litigious judicial proceedings should not exclude the consideration of other procedures and the law that governs them. Precisely in a moment where means other than those judicial are being more frequently used to solve conflicts, it is important to take account of the comprehensiveness of procedural law. But as most things in law, this re-learning of the content of procedural law has also been sparked by the understanding that law has to make itself not only present, but, more importantly, effective in all sorts of procedures within the larger state machinery. In this respect, the principle of due process plays a fundamental part, from its initial conceptualization and application to litigious proceedings – in the English sense – to being redefined and applied to all sorts of administrative and also legislative procedures – as it was done in the United States. How this principle has also impacted the way in which procedures are seen in international law is what we seek to see next.

B. Conceptualizing Due Process for International Institutions

In an effort to define the content and the meaning procedures may have for various institutions, one should attempt to find common traits that justify their instalment in societies. Since the formation of the modern state and the development of new bureaucratic apparatuses for the purposes of government,[47] one aspect of procedures in institutional settings that seems to have increasingly gained prominence, in that it allows for proper access of members of the public sphere to the issues at stake in societal institutions, is that of publicity. Publicity here is understood as being a broader concept than that of transparency, because it not only serves to push international institutions to make clear whatever happens within their procedures, but also hopes to constrain these institutions to become clearer

46 P. Cane, Controlling Administrative Power. A Historical Comparison (2016), 476-477.

47 On this, see M. Foucault, Sécurité, Territoire et Population (2004), particularly 53-76. Also, for a more legal perspective, see M. Stolleis, Geschichte des öffentlichen Rechts in Deutschland. Erster Band 1600-1800 (2012). Both do address, however, the origins of the Policeywisseschaft as the starting point of a science to think out procedures in public institutions.

about their intentions in general. It is an element which seeks to curb whatever type of unknown political or ideological purposes of these international institutions, by making these same purposes apparent to the larger public. Because large bureaucracies are intended to be the instruments through which general (or public) interest is managed,[48] publicity is seen as an integral trait of procedures. This is largely a reaction to the old scheme of things, whereby old governmental structures, in particular those of the late 17th and early 18th Century monarchies would function, which was strongly based on the politics of secrets.[49] The concept of due process has since developed to a great extent; in this same sense publicity in administrative procedures has become a cornerstone element of such concept. Yet publicity is not necessarily a constitutive element of the larger general concept of due process. Again, due process is meant to serve as a principle that guides both judicial and administrative procedures. In the administrative sphere it is a means to ensure that whenever the administration takes ac-

48 See M. Weber, Economy and Society (2013). However, this clearly draws out from Hegel's ideal of how the state apparatus is supposed to represent this general interest, especially through the medium of the local corporations reuniting private interests of members from the civil society (bürgerlische Gesellschaft) (G.W.F. Hegel, Grundlinien der Philosophie des Rechts (1986), 1821, para. 289).

49 It is precisely in reaction to this politics of secrets in the old absolutist monarchies that such a principle of publicity began being developed. Such a principle was quickly incorporated into the modern legal administrative imaginary. "In den Wissenschaften ist zwar von Arkandisziplinen und Arkansprachen die Rede, in der Politik wurden Arkanpraktiken als Verstoss gegen das Öffentlichekeitsprinzip der Demotraktie gerügt, in Staatslehre, Staats- und Verwaltungsrecht steht das Prinzip der Öffentlichkeit gegen die monarchischen Arkantradition." (In [social] sciences the secret disciplines and secret languages certainly constitute an object of analysis; in politics the secret practices are reproved as a violation of the democratic principle of publicity; in state theory, public and administrative law the principle of publicity is set in opposition to the monarchic tradition of secrecy.) M. Stolleis, Staat und Staatsräson in der frühen Neuzeit, 37, our translation. This laid down the basis for the future development of the "Policeywissenschaft", which rests at the very origin of current administrative law. For this, see M. Stolleis, Geschichte des öffentlichen Rechts in Deutschland (1988), Ch. 9. Interestingly, secrecy or secret politics remained one of modern bureaucracy's main objects of critique. Marx, for example, was very critical of the way in which state administration was organized in capitalist societies and argued that the essential spirit of state bureaucracies is the secret: "L'esprit général de la bureaucratie, c'est le secret, le mystère; au dedans, c'est la hiérarchie qui préserve ce secret et, au dehors, c'est son caractère de corporation fermée. Aussi, la bureaucratie ressent-elle toute manifestation de l'esprit politique et du sens politique comme une trahison de son mystère." K. Marx, Critique de la Philosophie Politique de Hegel, in K. Marx, Œuvres Philosophiques (1982), 921.

tion regarding various freedoms of citizens that those affected will have instruments and ways to argue in favour of their rights.

It is precisely this historical shift in the content of the principle of due process that will determine a transformation in the way that procedures are also observed. In US legal doctrine – a place where the principle of due process most likely saw its major development – it is common to divide the due process in two branches: procedural and substantive. The former has less to do with specific substantive rights and more with 'the procedures to be used when they are at issue.'[50] The latter is in strict connection with a particular set of rights (substantive), that comprising the rights to life, liberty and property, and allows for the occasional deduction of rights 'not written' that guarantee the proper materialization of the set.[51] This latter form of due process – substantive – is closely associated to the content of certain rights – liberty, life and property – present in the US' constitution. Its occasional transposition to the international level would have to account for a similar right present in a similar instrument. Although some argue of its existence,[52] as a matter of *practice* – not necessarily of *fact* – this is very hard to prove.[53] Instead, a *procedural* due process seems to be the most viable version of such a principle to be transposed to the international level.[54] What can be drawn from this, however, is that regardless of the quality attributed to the principle of due process – be it either substantive

50 J. Orth, Due Process, in Oxford International Encyclopedia of Legal History (2009), 368.

51 "Since rights enumerated in the constitutions are more specific, the emphasis of substantive due process has been on 'unenumerated rights', that is, rights not expressly mentioned in the text. The very generality of the words 'life, liberty, and property' has proved a useful reference when dealing with changes in economic organization and social priorities." Ibid., 368.

52 As do, for instance, those belonging to the so-called global constitutionalist, see supra note 8.

53 In this respect, our position is rather agnostic. In the same way we are unable to state as a matter of fact the existence of an international constitution – considering all sorts of legal arguments could be presented to make its case – we cannot also prove or demonstrate its inexistence. However, as a question of practice, despite the necessity to abide by certain rules of jus cogens, international actors will still many times rely on a voluntarist understanding of international law. This 'variation' between positions prevents us from taking a firm position on the existence of rights – which do in fact exist – in the same way as they do in domestic constitutions – since there is no agreement on an international constitution.

54 Devika Hovell provides an interesting analysis and critique of what could be seen as the closest approach possible to tackling due process at the international level from a substantive perspective: a source-based methodology. On the one hand,

or procedural – the fact remains that, in historical terms, it has operated a fundamental transformation of procedures in public institutions. Due process has gone beyond judicial proceedings, turned into a fundamental principle of public administration, and has pervaded the whole society and its rituals. It served as an 'eye opener'[55] and it has ultimately redefined the content of regulations and rules governing all sorts of procedures, including in the private sector.[56] This is also one of the reasons for which different procedures need reexamination by legal scholars. In order to better understand the way in which due process is applied to international organizations, however, it is necessary to understand how and why due process has gone beyond the limits of judicial proceedings and arrived at procedures in different public institutions. This requires looking for those occasional common elements of these procedures.

The search for common elements between different procedures requires an investigation into the principles governing the way in which they should be set out and how they should function, especially when considering the procedures leading up to decisions by public authorities. Procedures both at judicial and administrative settings have become ever more imbued with the principle of due process, as it serves as a normative guidance protecting individuals against abuses of public institutions. In this sense, therefore, in order to better grasp the potentially different ways in which procedural law can be observed in international organizations, it is important to assess the way in which the principle of due process has been used and applied in their settings.

Procedural rules, however, do not exist alone within the various legal domains. They are constantly developed and arranged with a view to attend to certain practical, axiological or normative purposes of the institution are often contained in principles guiding their activities. In the con-

---

she identifies those who seek to justify violations of due process on the basis of particular procedural rights set out in international or regional legal instruments, such as the European Convention of Human Rights or the American convention of Human rights. Others attempt to deduce general principles of administrative law, which would be also applicable as standards in general decision-making and litigious procedures. Even though they are both somewhat based on a positivist methodology, they also limit and distort the way in which the concept is understood and applied at the international level. See D. Hovell, The Power of Process. The Value of Due Process in Security Council Sanctions Decision-Making (2016), 34-35.

55 Discussion with Prof. Hélène Ruiz Fabri, Luxembourg, 2/08/2017.

56 Many administrative procedures in private institutions take also account of the principle of due process nowadays.

text of constitutionally and democratically governed societies, the principle of 'due process' plays a fundamental role in the development and strengthening of different types of procedures. The principle of due process pervades procedures in both public administrations and in the judiciary. Due process is thus arguably one of the fundamental principles of public institutions and should serve as a guarantee against their abuses.[57]

Whether and how the principle of due process can be identified at the international level remains a contentious issue. Nevertheless, this matter has received more attention recently, given the prominent role international courts and organizations play in world politics. The exercise of their authority has increasingly had more impact on local populations in the last three to four decades.[58] IOs' decisions have begun to be felt more directly by national and local populations – and also individuals. For instance, Security Council's decisions affecting particular individuals potentially involved in terrorist activities have been the object of studies (more specifically the SC's targeted sanctions procedures).[59] Even though defining the scope of what can be called procedural law in international law is a challenge, there are a few international legal standards pointing to some agreed principles of what may be said to account for due process in international law. There are the rules present in a variety of conventions, such as the International Covenant on Civil and Political Rights (ICCPR), the American Declaration of Human Rights (ADHR) and the European Convention on Human Rights (ECHR).[60]

In addition to making sure IOs conduct their activities in a legal and appropriate manner, this new reality brings about also the question of the legitimacy of their decisions. As such decisions begin to affect directly peoples' lives and local populations become more wary of IOs decisions' impacts, claims that the procedures leading up to such decisions are made

57 Ibid., 19.

58 Again, on this topic, see Bogdandy et al. (eds.), supra note 9. Also on the increasing authoritative and regulatory position of international organizations: M. Zürn, M. Ecker-Eckhartdt, Die Politisierung des Weltpolitiks. Umkämpfte internationale Institutionen (2013); M. Heupel, M. Zürn (eds.), Protecting the Individual from International Institutions: Human Rights in International Organizations (2017); On the changing authority of international courts, A. von Bogdandy, I. Venzke, In Whose Name? A Public Law Theory of International Adjudication (2014). Also, from a political science perspective, K. Alter, The New Terrain of International Law: Courts, Politics and Rights (2014).

59 See B. Fassbender. Targeted Sanctions and Due Process. Available at http://www.un.org/law/counsel/Fassbender_study.pdf (last visited 6 December 2018).

60 ICCPR, article 14; ADHR, article 26; ECHR, articles 6-7.

more transparent, public and that affected people participate in them have become also more frequent and urgent. Scholars have noticed that this has become a central issue in various IOs and have therefore attempted to situate this new reality within different theoretical legal frameworks, each of which has come up with their own idea of due process of law. Some of these theories are, for example, the Global Administrative Law (GAL), Global Constitutionalism and the International Public Authority (IPA). Their approach may be different, but their goal is basically the same: provide a justifiable legal framework within which the control of IOs in terms both of procedures and substantive rights is made possible. While Global Constitutionalism functions on the basis of the recognition of rules at the international level with the normative force of a constitution – thereby constraining the actions of any entity endowed with international legal personality – GAL and IPA base their framework on the development of principles drawn out from an idea of public law.

When comparing all these theories, it is possible to see how the concept of due process plays a fundamental role in adapting international institutions to their framework. In particular, there are two elements which seem to be integral for the proper application of a concept of due process for international institutions. These elements are participation by those involved in the matter or, affected by the outcome of a particular decision and publicity of the acts. Participation is seen as a fundamental component of any decision-making process which hopes to be granted some degree of legitimacy by the larger international public. To the extent that entities or peoples are affected by decisions or actions of international institutions, they have to be granted some sort of means to take part in either the decision-making process or afterwards in the form of remedies in the case of rights violations.

IOs activities nowadays affect peoples' lives in a more direct way than they have ever before. This means that finding ways to survey and control their activities have also become ever more urgent. The recognition of this exercise of public authority by international institutions[61] brings to the fore the question of how eventual wrongdoings by IOs may be assessed. As mentioned above, the lack of a proper legal framework to hold international institutions responsible[62] has pushed some organizations to develop their own mechanisms to assess accountability of their own staff when rep-

61 For this, see A. von Bogdandy et al. (eds.), The Exercise of Public Authority by International Institutions: Advancing International Institutional law (2010).

62 See supra note 1.

resenting the institution. The idea that international law and constitutional rules of the organization must be followed by IOs' staff gained momentum after a number of incidents in which they were involved. In particular, the Cholera outbreak in Haiti, in 2010, was a turning point in determining that international law should in one way or another seek to regulate IOs actions.

Practical necessity of conforming organizations' actions to legal standards has been theoretically framed under the debate over the existence of an international rule of law. In this regard, the respect for due process in institutional settings is seen as a cornerstone element of any understanding of an international rule of law. Even when considered in a more traditional way, as a principle that guides the way in which procedures should be dealt with between member-states alone within the organization, due process has been seen as fundamental.[63]

If the concept of due process has a long-standing history in national jurisdictions, its application in international institutions, including both courts and IOs has not yet been fully realized. Whilst the origins of the principle are debated,[64] the content of the concept of due process has acquired a more or less consensual definition. In the most basic sense, it provides that no one shall be deprived of her life, liberty or property without due treatment before the law. Defining the concept of due process for IOs is crucial for the proper application of the principle in institutional proce-

---

63 See for example W. Jenks, Due Process of Law in International Organisations, 19 International Organization (1965), 163-176.

64 It is said that the idea of due process finds its origins in the Magna Carta of 1215 (nisi per legem terrae), although the basis for its modern understanding derives from the Constitutional Amendments to the United States Constitutions n. 5 and 14. The construction of such a concept runs somehow parallel to that of the idea of 'rule of law'. Some scholars actually argue that in England the concept of due process was gradually replaced by this more 'vague expression', the rule of law. J. V. Orth, Due Process, in S. N. Katz (ed.), The Oxford International Encyclopedia of Legal History (2009), 367. This argument however is debatable, as the concept of rule of law in England followed a particular development, which was not always associated with that of the concept of due process. It could be more appropriate to say that the idea of due process was later incorporated into that of rule of law, but that they remained, nevertheless, distinct legal concepts and figures. On the development of the concept of rule of law, see L. Heuschling, Etat de Droit, Rechtsstaat, Rule of Law (2002), in particular Chapters 2 and 3. Also, it is interesting to see how this history has somehow been transposed to the international. For this, even if mentioned briefly, see J. P. Gaffney, Due Process in the World Trade Organization: The Need for Procedural Justice in the Dispute Settlement System, 14 American University International Law Review (1999), 1173-1221.

dures. Evidently, the materialization of the principle of due process in international law should most likely be different than that in domestic public bureaucracies (or even for domestic jurisdictions).[65] Yet international organizations already have a history and many of them have consolidated a variety of their decision-making procedures, making them both a matter of politics and legal technique.[66]

The question has not been completely ignored. For instance, recently, a number of scholars have attempted to provide a framework for thinking and applying the concept of due process to the work of the Security Council.[67] Recently also, a few courts and international organizations have attempted to provide definitions of due process of law in international law. The Inter-American Court of Human Rights (IACtHR), in an advisory opinion on due process and consular relations, established that, throughout time, the concept of due process had evolved to incorporate the realization in practice of a variety of procedural rights.[68] Although limited, the

65 S. Casese and E. d'Alterio, Introduction: the development of Global Administrative Law, in S. Casese (ed.), Research Handbook on Global Administrative Law (2016), 8. Casese argues not only that their content is different, but also their 'structure and function' differs from what we find in national jurisdictions.

66 Wilfred Jenks noted in the late 50s how the structuration of international organizations had advanced a lot faster than that of international courts after the World War II. More specifically, his point was that in terms of procedure, the ICJ, despite having already provided a variety of decisions that responded to many doubtful aspects of international law, had not yet developed enough about its understanding of its own procedural law. W. Jenks, Le Prospettive del Processo Internationazionale, in R. Argo, M. Giuliano, P. Ziccardi, Comunicazioni e Studi (1960), 37.

67 See for example Hovell, supra note 54; also, see Fassbender, supra note 59.

68 'In the opinion of this Court, for "the due process of law" a defendant must be able to exercise his rights and defend his interests effectively and in full procedural equality with other defendants. It is important to recall that the judicial process is a means to ensure, insofar as possible, an equitable resolution of a difference. The body of procedures, of diverse character and generally grouped under the heading of the due process, is all calculated to serve that end. To protect the individual and see justice done, the historical development of the judicial process has introduced new procedural rights. Examples of the evolutionary nature of judicial process are the rights not to incriminate oneself and to have an attorney present when one speaks. These two rights are already part of the laws and jurisprudence of the more advanced legal systems. And so, the body of judicial guarantees given in Article 14 of the International Covenant on Civil and Political Rights has evolved gradually. It is a body of judicial guarantees to which others of the same character, conferred by various instruments of international law, can and should be added', The Right to Information on Consular Assistance in the Framework of the Guarantees of the Due Process of Law, Advisory Opinion, OC-16/99, IACtHR, 1.10.1999, 59, para. 117.

IACtHR has provided a conceptualization of due process. Other organizations have done similarly. The Counter-Terrorism Implementation Task Force (CTITF), together with the United Nations High Commissioner for Human Rights (OHCHR), prepared a "Basic Human References Guide" for the Task Force in which it gave a broad – but rather useful – definition of due process. The principle of due process is then defined as:

> [...] the legal requirement that the State must respect all of the legal rights that are owed to a person.[69]

It remains hard to establish the content of due process at the international level, as these definitions put forward by different institutions address the concept of due process to be applied at a domestic level. They do, however, reveal an important dimension of this principle (of due process) that seems to cut across most of the doctrinal understandings and this is that due process is a guiding principle asserting that those undergoing any sort of administrative or judicial scrutiny, collectively or individually, should have all those rights, acquired through time or attributed to them by their single existence in the legal order, respected during such process.[70] This principle must be, in order to be properly executed, duly translated into procedural practices and mechanisms that will guarantee such a situation. In this respect, there is no reason for not applying it, as a general principle in international law,[71] to the work of both courts and IOs.

---

69 CTITF, Basic Human Rights Reference Guide, CTITF Publication Series, October 2014, p. 4. In it, the document furthers stresses that "'due process' is treated as meaning the process that is due to be respected in the context of the specific setting—whether concerning the detention, trial or expulsion of a person—and required to ensure fairness, reasonableness, absence of arbitrariness and the necessity and proportionality of any limitation imposed on rights of the individual in question." Ibid., 4.

70 Similar to the concept of procès équitable, the concept of due process has to be tackled in its typical temporal structuration, given it is the 'result of a permanent transaction between the universal requirements of good justice and national [legal] specificities', our translation (Le droit au procès équitable, qui est un plus petit commun dénominateur procédural, n'est donc pas un principe transcendant, venant du ciel comme un Deus ex machina; il est le résultat d'une transaction permanente entre les exigences universelles de bonne justice et les spécificités tant nationales que matérielles des différents contentieux qui y sont soumis.). L. Cadiet, Pour une « Théorie Générale du Procés », 28 Ritsumeikan Law Review (2011), 127-145, 136.

71 Judge Cançado Trindade noted, in his separate opinion in the Pulp Mills Case, that Herman Mosler had already in the 1980s – rightly in our view – concluded that general principles of law applicable in international law can also be found in

An observation, however, should be made about the difference between rules and principles here. This distinction matters, because it allows one to grasp the relationship between the principle of due process and the procedural rules deriving thereof. Both principles and rules can be considered as norms.[72] This goes on a direction, for instance, of what Judge Cançado Trindade says in his Separate Opinion on the Pulp Mills case.[73] This reasoning fails to recognize the normative force principles have to induce both the creation of rules and practices.[74] Principles are not merely ideas. They are norms and they prescribe the necessity to act either negatively or positively in given situations.[75] The principle of due process, for instance, finds its materialization through the creation of a variety of rules of procedure as well as in the constitution of various procedural practices for the most diverse public institutions. But because principles can also normatively guide the invention of practices, it is not necessarily attached to rules deduced from them. This means that institutions seeking to justify their actions in the terms of the principles of democracy, rule of law or fundamental freedoms – such as those belonging to the UN system[76] – cannot escape the application of due process in their decision-making process affecting

national jurisdiction: "In the mid-1980s, Hermann Mosler observed that general principles of law have their origins either in national legal systems or at the level of international legal relations, being consubstantial with jus gentium, and applied to relations among States as well as relations among individuals." A. Cançado Trindade, Pulp Mills on the River Uruguay (Argentina v. Uruguay,), Separate opinion, ICJ Reports 2010, 135, para 42.

72 R. Alexy, Theorie der Grundrechte (1985), 71.

73 'A principle is not the same as a norm or a rule; the latter are inspired in the former, and abide by them.' (A. Cançado Trindade, Pulp Mills on the River Uruguay (Argentina v. Uruguay,), Separate opinion, ICJ Reports 2010, 135, para. 17.

74 Alexy, supra note 43, 72.

75 '[the] word 'principle' signifies, first, something that we can act on, or in conformity with, or, on the other hand, in breach of.' R. Hare, Presidential Address: Principles, 73 Proceedings of the Aristotelian Society (1972/1973), 1-18.

76 United Nations Charter, Article 1, paragraph 1 and paragraph 3. The importance of these principles for the UN in general was also later confirmed and reinforced in a Declaration of the High Level Meeting of the General Assembly on the Rule of Law at the National and International Levels: 'We recognize that the rule of law applies to all States equally, and to international organizations, including the United Nations and its principal organs, and that respect for and promotion of the rule of law and justice should guide all of their activities and accord predictability and legitimacy to their actions. We also recognize that all persons, institutions and entities, public and private, including the State itself, are accountable to just, fair and equitable laws and are entitled without any discrimination to equal protection of the law.' A/RES/67/1, para. 2. Also, 'We reaffirm that human

collectives and individuals, even if such a principle of due process is not expressly stated in their constitutive agreements and internal law.

The application of the concept of due process in international institutions is, as has been shown, not fully novel.[77] It has received some attention in recent years, with the increasing authority acquired by international organizations and the far-reaching impact of their decisions. As a means to control the way in which decisions are taken within IOs, not only are specific rules needed, but also forceful principles have to be laid down,[78] in order for proper procedures of control to be put into place. There is no real due process scheme in decision-making in IFIs. Staff and Boards act and decide in the way they see fit best their interests. In addition, they also create and set the rules which they believe are the most suitable for the achievement of the institutions' goals. This is done without any proper regard to general 'public interest'. Well, if they are a general administration regulating the economy, then they have no way out of publicity and due process should apply.

III. Due Process in Accountability Mechanisms

Applying the concept of due process to accountability mechanisms requires as a first step defining the nature of such mechanisms, particularly that of the WBIP and of the CAO. Are they purely administrative institutions or do they carry out also some sort of judicial function? Is it possible to set them somewhere in between these two categories in a third category that some call 'quasi-judicial'? If so, what concept of due process should then be applicable to their procedures? A way to attempt an answer to these questions is to look for the ultimate objective of these mechanisms and tackling them in order to work out some sort of functional definition of these AMs. This could allow for the articulation of the concept of due

---

rights, the rule of law and democracy are interlinked and mutually reinforcing and that they belong to the universal and indivisible core values and principles of the United Nations'; ibid., para. 4.

77 See Hovel, supra note 54.

78 Principles and rules in international law can be said to complement internal regulations in IOs in the process of creating a framework for the action of international organizations. See for instance K. Daugirdas, How and Why International Law binds International Organizations, 57 Harv.Int'l L.J. (2016), 325-81. See also the list of principles presented in ILA Final Report on the Accountability of International Organizations, Berlin 2004.

process within their specific procedures. In order to seek such a definition, this section will look into the rules that have set out the WBIP and the CAO, then attempt to draw out, from this normative analysis, some sort of workable description of AMs in which a concept of due process can be reasonably articulated.

A. *Principles and Rules of Procedures in Accountability Mechanisms*

The basic rules governing and defining the work of the World Bank group are set out within the Articles of Agreement of each one of its institutions.[79] This is the case of the IBRD, IDA, IFC and MIGA. These Articles impose upon each one of these institutions a certain degree of autonomy in regulating their own operations. This should be no surprise, given that these institutions need some degree of autonomy for performance of their financial operations. It is precisely this double nature of these IFIs that brings about an interesting problem. They are at once international organizations and financial corporations. Therefore, the internal rules they produce to guide and direct the way in which the organization – through its staff – works has to account for this double nature. When it comes to the IBRD/IDA and the IFC/MIGA, the internal rules that set out the way in which this question has to be tackled are the safeguard and operational policies (for the IBRD/IDA), as well as the performance standards (for the IFC/MIGA). These organizations ambiguous position at the international plane is what requires one to take a closer look at how these internal rules in particular are elaborated.

A fundamental question that has been constantly asked concerns the nature of such internal rules. Such a question matters because understanding the quality of such norms allows us to grasp the extent to which such rules affect the organization action as well as those being affected by such action. The World Bank introduced some of its first social and environmental safeguards even before the first accountability mechanisms were introduced.[80] Even though secondary law of international organizations or any other 'internal' rule of the organization normally finds its legal basis on the institution's constitution, the various safeguards created by the World

79 The exception is the International Centre for Settlement of Investment Disputes (ICSID), which is governed by the ICSID Convention (October 14, 1966).

80 M. Heupel, Human Rights Protection in World Bank Lending: Following the Lead of the US Congress, in Heupel, Zürn, supra note 58, 250.

Bank were done so on an *ad hoc* basis.[81] Not because the Articles of Agreement do not authorize the Bank to regulate the ways in which it should conduct its businesses, but rather because it has no provision establishing the necessity to account for whatever social or environmental rights its projects may eventually violate.[82] However, considering it grants the Bank relative autonomy and authorizes the Bank to determine the most efficient and beneficial ways in which to conduct its business, these rules find their legal basis on the authority of the organization to establish them.[83] They may not be considered sources of obligations and rights in the same way as the sources set out in Article 38 of the ICJ statute, but they are still *legal* rules and compose the internal legal order of the Bank and thus cannot also be ignored by international lawyers.[84] In fact, some authors consider internal rules of IOs to be also part of international law.[85] Certainly they are imbued with a certain degree of ambiguity with respect to whether they are legally binding or not,[86] but they can still be considered appropriate means to determine the conduct of IOs and can constitute the basis on which to establish their accountability. In the case of the World Bank, considering the different accountability mechanisms created, one needs to take into consideration the specific rules of the organization under which they have been created and the safeguard rules on which they are supposed to take decisions.

Both the WBIP and the CAO have specific rules governing their activities. Before delving into the fundamental questions as to whether due process is regarded in the exercise of their functions, a brief explanation of their operating rules and these mechanisms activities is needed.

---

81 Ibid., 243.

82 Ibid.

83 M. Benzing, International Organizations or Institutions, Secondary Law, in R. Wolfrum (ed.), Max Planck Encyclopedia of Public International Law, last updated March 2007, para. 9. See also G. Balladore Pallieri, Le Droit Interne des Organisations Internationales, 127 RCADI (1969), 22.

84 J. Alvarez, The Impact of International Organizations on International Law (2017), 351.

85 Balladore Pallieri, supra note 83, 17.

86 Alvarez, supra note 84, 363.

1. *The World Bank Inspection Panel's Procedures*

The WBIP's procedures are governed by a variety of rules. The primary sources of the WBIP's activities are Resolutions IBRD 93-10 and IDA 93-6,[87] from 1993. This joint-resolution created the Inspection Panel and set out its mandate. Besides clearing out the WBIP's mandate, the resolutions also lay out some rules of procedure for the mechanism. In particular, paragraphs 16-23 describe the main working procedures of the WBIP, from the receipt of requests and decisions on registrations to the post-investigation phase. The joint-resolution was revised in 1996 and in 1999 a "Clarification of the Review of the Inspection Panel's Work" was issued. In it the Bank reaffirmed the general principles guiding the work of the Panel and highlighted the Panel's independence and integrity.[88] In addition to the Resolution, the WBIP's work is also governed by the Operating Procedures,[89] an internal regulation set out by the Bank to detail the way in which the WBIP should function. These are the two instruments – the Resolution, together with the Operating Procedures – that potentially showcase the way in which the principle of due process may or may not be applied to the WIBP's work.

The procedure before the WBIP has four phases. The first one is the receipt of request and the decision on whether or not to register it. Should all the formal criteria established in the operating guidelines be attended, the Panel will register the request. The criteria to be observed for registration of a request are laid down in section 3.1 of the Operating Procedures.[90] The second phase commences right after the request is registered, with the Panel informing the Bank's Management of the request's contents. Management has then 21 days to respond to the allegations, informing the Panel that it has complied with the standards set out in the contract or intends to comply with standards set out in the contract. After receiving the Management's response, the Panel has 21 days to assess the eli-

---

87 Resolution IBRD 93-10, Resolution IDA 93-6, available at https://inspectionpanel.org/sites/ip-ms8.extcc.com/files/documents/Resolution1993.pdf (last visited 13 December 2018).

88 '1999 Clarification of the Board's Second Review of the Inspection Panel' available at https://inspectionpanel.org/sites/ip-ms8.extcc.com/files/documents/ClarificationSecondReview.pdf (last visited 13 December 2018).

89 The Inspection Panel of the World Bank, Operating Procedures (2014, with Annex 2 added in February 2016), available at https://inspectionpanel.org/sites/ip-ms8.extcc.com/files/documents/2014%20Updated%20Operating%20Procedures.pdf (last visited 13 December 2018).

90 Ibid., section 3.1, 12.

gibility of the request. If the Panel deems the request to be eligible, it will recommend the Executive Directors of the Bank to initiate an investigation of the claimed violations of operational standards. In case an affected party has put the request forward, the Executive Directors have two weeks to inform such party of their decision.

The third phase follows the Executive Directors decision. If they decide to proceed with an investigation, the Panel's chairman will choose one or more members to conduct the investigation. During this period, the Panel members shall have access to supporting staff and may visit the place where the project is being undertaken. Moreover, during the whole process of investigation, both the Borrower and the Executive Directors shall be informed of the actions of the Panel in response to the request. Once the investigation is concluded, the Panel will prepare a report and submit it to the Executive Directors and the President of the Bank. The report shall contain all facts and evidences analysed by the Panel and should indicate whether or not there has been violation of the operational standards.

The fourth phase begins with the Bank's management response to the Panel's investigation report. Management prepares a report responding to the Panel's findings and indicating the measures it expects to take to remedy the situation, which is called the "Management Report and Recommendations in Response to the Inspection Panel's Investigation Report" (MRR). Following the presentation of this report, Management will agree on a plan of action with the Borrower in order to tackle the situation in question. Once this is done, Management informs the Panel, which may decide to submit a follow-up report to the Board of Directors of the Bank presenting a plan of adequacy of the actions suggested by Management. The Board will decide whether adaptation to the plan of actions is needed and inform both Management and the Panel. In the follow-up of the implementation of the plan of action, Management is required to report periodically to the Board and the Panel to inform of the measures being taken to remedy the situation.

All of these actions are based on the potential violation of a number of standards designed internally to guide the actions of the Bank's staff when conducting their financial activities. These standards are known generally as "Operational Standards" and include a variety of rules and guidelines, some of which are binding upon the Bank's staff, while others provide merely best-practice examples. Operational Standards comprise different types of internal rules within the Bank: Bank Procedures, Operational Policies and Good Practices. These internal rules have recently acquired stronger normative force and their prescriptions have come to be seen constantly as mandatory for Bank staff.[91] Within the Operational Standards, the Operational Policies and the Bank Procedures are binding upon staff, while the Good Practices are a guide of best practices.[92] These Operational Standards are taken to be the 'applicable law' of the Inspection Panel.

Besides these standards, another type of internal regulation that is crucial to the work of the WBIP is the Operational Procedures.[93] This document sets out in detail the working procedure of the Inspection Panel following the principles and rules previously laid down by the 1993 Resolution and its following reviews. In it the Bank sought to develop rules detailing the investigation proceedings taking place at the WBIP. Interestingly, the Operational Procedures of the Inspection Panel contain a variety of sections, which hint at some sort of concept of due process. Mindful of the fact that affected populations and communities fundamentally act as a 'party' to the investigations, the Bank has attempted to lay down rules that create the conditions for them to have as much access as possible to the procedure. This has not always been the case and it has only been after the two reviews (first in 1996 and the second in 1999) that the Bank agreed to enforce this policy of participation.[94]

2. *The Compliance Advisory Ombudsman Operational Guidelines*

The CAO has a different mandate and different functions from that of the Inspection Panel. Created in 1999, the Terms of Reference of the CAO establishes three functions for its office. It should serve as a dispute resolution mechanism (problem-solving between the company borrower and the affected people), as an advisor to the IFC and MIGA's management on how to properly apply the Performance Standards in their financial activities and, as a compliance mechanism, assessing to which extent both of these institutions are following such standards.[95] The CAO is an employee

91 Boisson de Chazournes, supra note 6, 283.

92 Ibid., 285.

93 See supra note 26.

94 As mentioned above, participation and publicity are the two main features of a potential concept of due process that can be applied to accountability mechanisms. Although imperfect in many forms, it is important to highlight that, at least from a policy perspective – if not necessarily from a practical one – this has guided the development of the Inspection Panel procedures so far.

95 Terms of Reference of the Compliance Advisory Ombudsman, endorsed by the President of the World Bank Group, available at

of the IFC and MIGA at the level of vice-president and should liaise with the Board of Directors of both institutions.

In contrast to the WBIP, the CAO bases its work on other rules set out both by the IFC and MIGA. These rules are known as the Performance Standards[96] (PFs) and are of a different nature than that of the Operational Standards. Although similar in the objectives, they differ significantly in the way they are constructed. The various functions of the CAO mean that the Performance Standards are applied in different manners. There are at present eight different types of PFs, ranging from environmental impact assessment regulations to the protection of cultural heritage. Equivalent to the Operational Standards in the Inspection Panel, these PFs are considered to be the 'applicable law' in the CAO.

Despite also being an independent accountability mechanism, the CAO differs greatly from the WBIP, given that it accumulates three different functions. The first of these functions is that of compliance assessment. In this capacity, the CAO oversees the financial activities of the IFC and MIGA with respect to their borrowers in order to verify whether the PFs agreements in the loan or credit agreements are being appropriately followed. This is a simple case of where the CAO best attempts to subsume the actions of IFC and MIGA's staff to the regulations stipulated in the PFs. The affected communities and peoples may require information about such process. This, however, follows a petition claiming the violation of PFs by IFC/MIGA staff. Once a complaint is made, the CAO must assess whether there has been a potential violation of such standards by IFC/MIGA staff. If the CAO finds that there are indications this might have been the case, it indicates that it will proceed with an audit in order to investigate such potential violations. In this capacity, all the CAO is capable of doing is pointing out to IFC and MIGA management where they have failed or where they fail to comply with PFs. The weakest point in the system is that there is no provision establishing that Management is obliged to comply with the CAO's assessment.[97] This means that Management is free to consider and take it to account or not, the assessment on the continuation of its activities in a particular project.

---

http://www.cao-ombudsman.org/about/whoweare/documents/TOR_CAO.pdf (last visited 6 December 2018).

96 Performance Standards on Environmental and Social Sustainability, available at http://www.ifc.org/wps/wcm/connect/c8f524004a73daeca09afdf998895a12/IFC_Performance_Standards.pdf?MOD=AJPERES (last visited 6 December 2018).

97 D. Bradlow, A.N. Fourie, The Operational Policies of the World Bank and International Finance Corporation, 10 Int.Org.L.R. (2013), 3-80, in particular 40.

The second function of the CAO is that of advisor to the IFC/MIGA. While performing this function, the CAO basically acts as an independent source of advice for the President of the World Bank Group as well as to the Management of the IFC and MIGA about the best ways to implement the PFs in the projects being agreed. Furthermore, the CAO also advises Management on broader policy designs concerning environmental and social issues.

The third function of the CAO is of acting as an Ombudsman or a sort of problem-solver between the affected parties and the companies executing the projects. This is not necessarily a dispute resolution function, but it is within the framework of this capacity that affected communities, peoples or their 'representatives' can present a complaint against the violation.[98] Whenever affected communities or peoples identify potential violations of PFs, which are actually endangering their current situation or violate any sort of right they have, they are entitled to present a complaint to the CAO. In this case, the CAO will act as a sort of mediator between both parties: the affected people and the company carrying out the project. A number of criteria, however, have to be attained for such a complaint to be received and registered. The CAO first analyses the complaint to verify whether there is indeed a conflict. If such a conflict exists, the CAO then proceeds to attempt a solution between the parties. As mentioned above, if the CAO also sees that there has been potential violation of PFs by IFC/MIGA staff, it can initiate a compliance proceeding.

Another difference between the WBIP and the CAO concerns the rules detailing the procedures. In the case of the CAO, instead of well-refined operational procedures – with sections laying down more or less precise rules of procedure – there are procedural guidelines. These are enshrined in the so-called Operational Guidelines of the CAO.[99] This document serves as a guide to inform IFC/MIGA Management, as well as all other parties interested in the way in which the CAO functions. It does also detail the requirements for receiving complaints, the time-line expected for the solution of problems between borrowers and affected parties, and the compliance (or audit) proceedings. In comparison to the WBIP Operational Procedures, it is safe to say the Operational Guidelines are far less 'legal', in the sense that they are not and cannot be taken as proper sources

98 Some Non-Governmental entities are allowed to present a complaint on behalf of those affected by the projects being conducted.

99 Operational Guidelines of the CAO, available at http://www.cao-ombudsman.org/documents/CAOOperationalGuidelines_2013.pdf (last visited 6 December 2018).

of rights and obligations.[100] This does not however, prevent the CAO from using it as a book of rules and principles, basing its decisions and actions on it whenever needed.

B. Between Judicial and Administrative Procedures in Accountability Mechanisms

In discussing and describing the functioning of these AMs, one is faced with the question regarding their very legal nature. Are these mechanisms solely administrative institutions or do they perform some sort of judicial function? If they do perform the latter functions, what kind of institutions are they in fact? There is no doubt that given their constitutive agreements, they can and will be considered as administrative institutions. Nevertheless, over time they have applied their own rules – internal rules of the World Bank institutions – in such a way that they have been redesigning their own functions.[101] From merely being mechanisms to make known to the World Bank's institutions that there were people unsatisfied with the way they were conducting their activities, they have become powerful forces in curbing these same institutions' actions. By means of constructing their work in reference to a variety of international legal standards and by attempting to apply, in practice, due process to their procedures, these AMs have attained a degree of legitimacy in their work that has definitely gone beyond initial expectations.[102] Nevertheless, this is no reason to be overly optimistic. The fact that the normative force of these mechanisms has increased over time does not mean that they have become the *main* force within these institutions. IBRD/IDA and IFC/MIGA still retain an immense degree of discretion in their actions and will hardly be constrained by these mechanisms in such a way that an international lawyer, keen on devising a framework of responsibility for IOs, would hope. They have nonetheless, affected the internal legal culture of the institutions increasing awareness of the necessity – not in ideological terms, but rather in economic terms – of having to attend to some of these international legal

100 Alvarez, supra note 17, 238.

101 Bradlow and Fourie, supra note 70, 6.

102 D. Bradlow, International Law and the Operations of the International Financial Institutions, in Bradlow, Hunter, supra note 17, 27-28. In this same volume, see also B.S. Chimni, International Financial Institutions and International Law: A Third World Perspective, 46-47.

standards (mostly those concerned with environmental protection and social rights). [103]

It is this precise awareness that has been created by means of allowing a variety of other 'stakeholders' to take part in these AMs' procedures and to bring their 'legal' arguments forward. Now, these arguments could only have been brought given the necessity of allowing participation and publicity to form the fundamental stones of such procedures.[104] The role the concept of due process has played in allowing for further development of arguments, which seek to bring about a more legalized view of these AMs' work. Fundamentally, it is by developing procedural mechanisms – which have been grounded on a concept of due process – that arguments about substantial rights are being brought into international institutions. Even more interestingly, the fact that even though these rights are not provided for explicitly in the internal rules created by the World Bank institutions, those taking part in the procedures manage to articulate them well with international legal standards. Through this articulation, international law is brought into the World Bank and elicits a process of legalization[105] of the procedures seeking to hold them accountable. This articulation – normally done through a process of interpretation – between international legal standards and internal rules of the World Bank institutions creates a situation wherein these internal rules (Operational Standards and Performance Standards) are granted a different level of normative force.[106] As they effect changes outside the organizations, they are seen as having to conform to already establish international standards concerning the issues their activities are affecting. It is not necessarily a matter of subsuming these internal rules to international law on a *constitutional* manner.[107] But because these Operational Standards and Performance Standards seek to regulate actions

---

103 G. Sarfaty, Values in Translation. Human Rights and the Culture of the World Bank (2012), 86.

104 In particular on this topic, see ILA Final Report on the Accountability of International Organizations, Berlin 2004.

105 We draw here from the concept of legalization established by Abbot et al. in K. Abbot et al., The Concept of Legalization, 54 International Organizations (2000), 401.

106 Bradlow and Fourie, supra note 70, 24-25.

107 On systemic and constitutional interpretation within international organizations, J. Arato, Treaty Interpretation and Constitutional Transformation: Informal Change in International Organizations, 38 Yale J. Int'l L. (2013).

on matters already regulated, they have to conform or adapt in order to avoid 'systemic' conflicts or contradictions *tout court*.[108]

This process of legalization through the reinforcement of procedures ends up also creating a stronger framework for the protection of substantial rights. In this respect, even though their work is still very incipient, both the WBIP and more recently the CAO have pointed out ways in which the control of IOs actions can be done without necessarily taking recourse to an international law of responsibility of international organizations.[109] It is yet to be seen, however, whether this process of legalization brought about in these AMs can really lead to proper ways of securing control, or at least providing surveillance, of IOs external actions (in this particular case the World Bank group institutions).

Nevertheless, if the accountability mechanisms analysed here are not courts *per se*, they are also not merely administrative organs. This ambiguous role they play is due to a constantly changing of their nature, which is very much led by their own practice. That is by creating the conditions to attain the objectives and goals they are required to by their constitutive instruments (be it either internal resolutions or simply terms of references), they continuously absorb international legal practices[110] and incorporate them into their own work, thereby creating a process of legalization that fits within their limited administrative mandate. The concept of 'due process', quite interestingly, seems to be one instrument upon which these AMs seem to replicate – not just simply create – certain 'legal practices'. This is the very element that shows how a process of legalization may be happening more appropriately by means of developing procedural rules, instead of creating legal frameworks that would justify the work of the AMs on the necessity to protect or respect certain substantive rights. The latter are of course of great importance. However, if there is any intention to create the means through which they should be protected in terms of *law* within these mechanisms, then the development of solid norms of procedure should be the first stage.[111]

108 G. B. Pallieri, Le Droit Interne des Organisations Internationales, RCADI II (1969), 16.

109 Especially when the framework that has been thus far devised is much more the work of progressive development of international law, than of codification – which means there is not necessarily enough practice (and maybe even legitimacy) to justify its application.

110 On the concept of legal practices, see J. Brunnée and S. Toope, Legitimacy and Legality in International Law: an Interactional Account (2010), 12-13.

IV. Concluding Remarks

After reviewing the way in which due process is internalized in the WBIP and the CAO, one might ask what role procedural law can have in reinforcing the work of AMs. The transformation of their work requires an analysis of how the process of legalization of the internal rules guiding their work has occurred. When compared, both the WBIP and the CAO have fundamental differences in terms of degree and also of nature with regard to the process of legalization. The one point that seems to be common is that both attempt, to a large extent, to apply a sort of concept of due process based on participation from affected parties and publicity –, as aforementioned, as a broader concept encompassing that of transparency is to be understood here.

It is true that there are no specific rules in the operating instruments of the accountability mechanisms functioning within the scope of the World Bank group dealing directly and specifically with the question of due process. This is due, to a large extent, to the fact that these institutions are not seen as proper dispute resolution mechanisms. Instead, they are seen as either investigative or as conflict solving and compliance bodies.[112] However, since their inception, they have constantly incorporated such principle into their work not from a perspective of protecting a substantial right of affected peoples, but because procedurally it grants their work legitimacy in the eyes of international society and allows them to approximate themselves to proper judicial institutions. The way in which this will be dealt with in the future remains uncertain. What seems to be clear is that, despite the eventual flexibility of non-legalized or judicialized mechanisms, it becomes ever more pressing to properly control and keep watch of the way in which IFIs act externally.

---

111 On the interaction between substantive rights and procedures within international organizations, see ILA Final Report on the Accountability of International Organizations, Berlin 2004, 18-22.

112 The CAO is entrusted with a 'dispute resolution' process. Nevertheless, in this capacity the CAO is not authorized to arbitrate cases between the affected people and the company (or companies) conducting the projects. It has merely the function of mediating the conflict or acting as a conciliator. The CAO bears no authority to interpret the Performance Standards and decide whether one of the parties has incurred in any misdoing. It is only when the CAO exercises its 'Compliance' function that it is allowed to interpret the Performance Standards. In this case, however, it looks not at whether the company has violated such rules, but rather at whether the IFC or MIGA staff has conducted its activities inappropriately according to the standards.

The Interaction Between the European Court of Justice and National Courts in Preliminary Ruling Proceedings: Some Institutional and Procedural Observations

Allan Rosas[*]

I. Introduction

In view of the considerable diversity of international courts and other dispute settlement bodies,[1] generalizations should be made with great care. Each judicial system has its own institutional and procedural setting and the substantive applicable rules often present their own specificities. This, of course, is not to deny that there may be common threads which call for at least partly similar solutions, such as the question of the independence and impartiality of judges and the rules of evidence.[2]

This article will deal with the judicial system of the European Union (EU) and more specifically, the two-layered system consisting of the joint involvement of the national courts of the EU Member States and the European Court of Justice (ECJ)[3] in a mechanism known as the preliminary ruling procedure. The aim is to elucidate the interaction between national courts and the ECJ in dealing with preliminary rulings and to highlight some institutional and procedural challenges stemming from the parallel existence of two players, the national court and the ECJ, which are based on sets of rules of different origin. The national legal orders not only pre-

---

* Judge at the European Court of Justice.

1 R. Mackenzie et al., The Manual on International Courts and Tribunals, 2nd ed. (2010).

2 For a search for commonalities, convergence and cross-fertilization, see C. Brown, A Common Law of International Adjudication (2007).

3 According to Article 19(1) of the Treaty on European Union (TEU), the Court of Justice of the European Union consists of the Court of Justice, the General Court (previously the Court of First Instance) and specialized tribunals. As the focus of this article is on the preliminary ruling procedure, and as the possibility to transfer, under Article 256(3) of the Treaty on the Functioning of the European Union (TFEU), preliminary ruling cases to the General Court "in specific areas laid down by the Statute" has not been used so far, the present article will deal with the Court of Justice only.

date the EU legal order but they also present significant differences among themselves. The EU legal order is of more recent origin and its status in relation to the national legal orders is less settled.

On the other hand, the EU legal order, with regard to its substantive, institutional and procedural specificities, differs in many significant respects from public international law regimes; its interaction with national law is much more intense than with public international law.[4] In the same vein, the interaction, in the context of the preliminary ruling procedure in particular, between the national courts of the Member States and the ECJ differs significantly from the jurisdictional relations which exist between national courts and international courts operating under public international law.[5] It is accordingly necessary to consider the specificities of the EU legal order and its judicial system in particular, before embarking on a more concrete discussion of some of the institutional and procedural challenges which mark the preliminary ruling procedure.

It will not be possible in this context to carry out a comparative study of procedures corresponding to the EU preliminary ruling procedure existing in other judicial systems. It suffices to note here that the preliminary ruling procedure of the Court of Justice of the Andean Community (*Tribunal de Justicia de la Communidad Andina*), where this procedure is frequently used with respect to intellectual property rights in particular, in many respects resembles the corresponding EU procedure.[6] The same goes, in principle, for the East African Court of Justice, although the use of the preliminary ruling procedure has so far been very limited indeed.[7]

---

4 A. Rosas & L. Armati, EU Constitutional Law: An Introduction, 2nd rev. ed. (2012), passim.

5 On the relations between national courts and international courts in general, see Y. Shani, Regulating Jurisdictional Relations Between National and International Courts (2007).

6 L. J. Diez-Canseco Núñez, 'The Andean Tribunal of Justice: Reality and Perspectives' (2015), PowerPoint presentation for a conference organized by the EFTA Court, available at http://www.eftacourt.int/fileadmin/user_upload/Files/Events/Andean_Court_Presentation__Read-Only___Compatibility_Mode_.pdf (last visited 22 September 2018), mentions that as of June 2015, the Court had dealt with 3047 preliminary rulings. See more generally Mackenzie, supra note 1, 296.

7 J. Eudes Ruhangisa, 'The East African Court of Justice: Ten Years of Operation (Achievements and Challenges)', Paper for presentation at workshop on the role of the EACJ in EAC integration, Kampala 1-2 November 2011, available at http://eacj.org/wp-content/uploads/2013/09/EACJ-Ten-Years-of-Operation.pdf (last visited 22 September 2018), 22-23. For a preliminary ruling given, see Reference for a Preliminary Ruling under Article 34 of the Treaty by the High Court of the Republic of

As to the EFTA Court, called upon to apply and interpret the Agreement on a European Economic Area (EEA), requests for advisory opinions are more frequent. As the notion of advisory opinion suggests, this Court's opinions are not legally binding in the strict sense.[8] The EEA judicial system nevertheless resembles in many respects the EU system and, whilst the former will not be given specific consideration in this article, many of the observations to be presented in the following will be relevant also for the EEA. As to the newly created possibility for the European Court of Human Rights to give advisory opinions as requested by the highest courts and tribunals of Contracting Parties under Protocol No. 16 to the Convention for the Protection of Human Rights and Fundamental Freedoms (European Convention on Human Rights), this Protocol is not yet in force and will not be considered here.[9]

II. *The EU Judicial System*

The legal order of the EU, while it differs in many respects from that of federal states, has evolved into a veritable constitutional order which is not to be equated with public international law regimes.[10] Without explaining this state of affairs in any greater detail, it should be recalled that the EU legal order is endowed with a fairly developed internal hierarchy of norms, including, at so-called primary law level, a Charter of Fundamental Rights, that the Union possesses legislative powers, with legislative acts adopted as

---

Uganda in the Proceedings between the Attorney General of the Republic of Uganda and Tom Kyahurwenda of 31 July 2015.

8 The practical importance of this difference as compared to the preliminary ruling procedure before the ECJ seems to be limited, however. See generally C. Baudenbacher et al. (eds.), The EEA and the EFTA Court: Decentred Integration (2014), notably 83-185.

9 CETS No. 214. According to its Article 8(1), the Protocol will enter into force on the first day of the month following the expiration of a period of three months after the date on which ten Contracting Parties to the Convention have expressed their consent to be bound. See also J. Gerards, Advisory Opinions, Preliminary rulings and the New Protocol No. 16 to the European Convention of Human Rights: A Comparative and Critical Appraisal, 21 Maastricht Journal of European and Comparative Law (2014), 630.

10 A. von Bogdandy & J. Bast (eds.), Principles of European Constitutional Law, 2nd rev. ed. (2010); Rosas & Armati, supra note 4; R. Schütze, European Constitutional Law (2012); T. Isiksel, Europe's Functional Constitution: A Theory of Constitutionalism Beyond the State (2016).

a rule by the European Parliament and the Council jointly, the latter acting by qualified majority, and that there is a comprehensive system of remedies and administrative, quasi-judicial and judicial control. Union law enjoys primacy over the laws of Member States and may, under certain conditions, not only be directly applicable but also have direct effect in their legal orders, in other words may be directly invoked by individuals before courts and authorities.[11]

At the same time, the EU may be seen as an example of "multilevel governance", where both Union institutions and bodies and Member States' national authorities take part in the application and implementation of Union law. Union law is to a large extent applied and implemented at national level; in some cases, Union law not only assigns tasks to particular organs of Member States such as their national parliaments[12] but also requires the designation of special national administrative bodies for the execution of Union law and may regulate some aspects of their status and functions such as their independence from the national government.[13] Not only is Union law to be applied at the national level but national law, whilst it cannot as a rule, be directly applied by Union bodies, including the Union Courts, is in many respects to be taken into account at Union level and, exceptionally, can even be applied by a Union institution.[14] In this context, reference can also be made to the so-called infringement procedure, whereby the European Commission, by virtue of Article 258 TFEU, may initiate actions against Member States for failure to comply with Union law. In such cases, the ECJ may be called upon to assess the

---

11 Rosas & Armati, supra note 4, 66-85.

12 On the role of national parliaments in the EU constitutional structure, see Articles 12 and 48 TEU and Articles 70, 85 and 88 TFEU; Rosas & Armati, supra note 4, 106-108.

13 Rosas & Armati, supra note 4, 109-110.

14 See e.g. Council Regulation (EC) No 207/2009 of 26 February 2009 on the Union mark (codified version), [2009] O.J. L 78/1, which, for instance, in Article 8(4), contains references to national law in a way which may make it applicable at Union level, see e.g. Edwin v. EUIPO, Case 263/09, Judgment of 5 July 2011, [2011] EU:C:2011:452; EUIPO v. Szajner, Case 598/14 P, Opinion of AG Kokott of 1 December 2016 [2016] ECLI:EU:C:2016:915. In a recent legislative act relating to the so-called Banking Union, the European Central Bank has been granted powers to apply also national legislation transposing Union directives or national legislation exercising options granted by Union regulations, see Article 4(3) of Council Regulation (EU) No. 1024/2013 of 15 October 2013 conferring specific tasks on the European Central Bank concerning policies relating to the prudential supervision of credit institutions, [2013] O.J. L 287/63.

content of national law, in order to determine whether there is an infringement or not.[15]

This intertwinement of Union and national bodies, and Union and national law, may be seen in the EU judicial system as well. While the Union judiciary in the strict sense is composed of the two judicial bodies currently making up the *Court of Justice of the European Union* (which includes the ECJ and the General Court)[16] and of a certain number of quasi-judicial appeal boards of some Union administrative agencies,[17] the national courts of the Member States, too, form part of the EU judicial system.[18] Even if they do not belong to the Court of Justice of the European Union as a Union institution,[19] they can be conceived as *EU courts* as they are called upon to apply not only national law but also Union law, sometimes on quite a regular basis. Moreover, when the matter concerns an act or an omission of a national authority, the case has to be brought before the national courts. This is so even when the circumstances give rise to Union law. Only if the national judge so decides, will the case be brought before the ECJ as a request for a preliminary ruling.

In Opinion 1/09 relating to a draft agreement on a European and Community patents judicial system,[20] the ECJ, citing Article 19(1) of the Treaty on European Union (TEU), emphasized that both the Court of Justice and

---

15 But the Commission and the Court should, with regard to legislative, regulatory and administrative acts, take into account the interpretation given to them in national case law. See T. Materne, La procedure en manquement d'État. Guide à la lumière de la jurisprudence de la Cour de justice de l'Union européenne (2012), 195, 207.

16 Until 31 August 2016, there was also a Civil Service Tribunal functioning as a specialized court as envisaged in Article 19(1) TEU, see, Regulation (EU, Euratom) 2016/1192 of the European Parliament and of the Council of 6 July 2016 on the transfer to the General Court of jurisdiction at first instance in disputes between the European Union and its servants, [2016] O.J. L 200/137.

17 See e.g. M. Navin-Jones, A Legal Review of EU Boards of Appeal in Particular the European Chemicals Agency Board of Appeal, 21 European Public Law (2015), 143; P. Chirulli & L. De Lucia, Specialised Adjudication in EU Administrative Law: The Boards of Appeal of EU Agencies, 40 European Law Review (2015), 832.

18 A. Rosas, The National Judge as EU Judge: Opinion 1/09, in P. Cardonnel et al. (eds.), Constitutionalising the EU Judicial System: Essays in Honour of Pernilla Lindh (2012), 105 [Rosas 2012]; A. Rosas, The National Judge as EU Judge: Some Constitutional Observations, 67 SMU Law Review (2014), 717.

19 Article 13 TEU lists as the Union's institutions the European Parliament, the European Council, the Council, the European Commission, the Court of Justice of the European Union, the European Central Bank and the Court of Auditors.

20 Opinion 1/09 EU:C:2011:123. See also Rosas 2012, supra note 18.

the courts and tribunals of the Member States are the guardians of the EU legal order and that they "fulfil a duty entrusted to them both" of ensuring that in the interpretation and application of the Treaties, the law is observed. The national courts are "closely involved in the correct application and uniform interpretation of European Union law and also in the protection of individual rights conferred by that legal order".[21]

In fact, Article 19(1) TEU, while referring first to the ECJ, also instructs the Member States to provide "remedies sufficient to ensure effective legal protection in the fields covered by Union law". In the same vein, Article 47 of the EU Charter of Fundamental Rights, which is also applicable at the national level in a situation falling under Union law,[22] provides for the right to an effective remedy and to a fair trial. There is an increasing tendency in ECJ case law to underline the importance of the principle of effective judicial protection recognized in Article 47 and the need to apply it also at national level, to fill in possible gaps or correct deficiencies in national law. As a result the authorities and courts of a Member State may be obliged to set aside a national provision deemed to be in conflict with Article 47 or some other provision of Union law, or at least to interpret it in the light of Article 47 or any other relevant provision, including, as the case may be, a provision of secondary EU law.[23]

The above discussion has concerned, in principle, all national courts, regardless of their place in the judicial hierarchy (leaving aside the fact that, as will be explained below, there is a difference between national courts of last instance and other national courts as far as their obligation to seek preliminary rulings from the ECJ is concerned). It should be added that Union law may, exceptionally, require the designation of national courts explicitly endowed with certain Union law functions. The most well-known examples are the *EU trade mark courts* which according to Union trademark legislation must be designated by each Member State to deal

---

21 Opinion 1/09, supra note 20, paras. 69, 84-85.

22 See Article 51(1) of the EU Charter of Fundamental Rights and infra, at notes 41-43.

23 For recent examples, see SC Star Storage and Lesoochranárske zoskupenie, Joined Cases 439/14 and 488/14, 15 September 2016, [2016] EU:C:2016:688, paras. 45-46; VLK, Case 243/15, Judgment of 8 November 2016, [2016] EU:C:2016:838, paras. 64, 72-73. There seems to be a tendency to cite Article 47 of the Charter of Fundamental Rights (and, as the case may be, Article 19(1) TEU) rather than what has been called the "judicial autonomy of the Member States" with its principle of effectiveness. The word autonomy is misleading, as the two provisions mentioned impose an obligation (to provide remedies) rather to grant any autonomy in the true sense of the word, Rosas & Armati, supra note 4, 272-273.

with, inter alia, infringement actions. In the case of most infringement actions, a court lawfully seized in one Member State has jurisdiction extending to all Member States.[24] The following discussion will not address the specificities of such specially designated national courts but will deal with national courts in general and their interaction with the ECJ in preliminary ruling proceedings.

III. The Preliminary Ruling Procedure

According to Article 267 of the Treaty on the Functioning of the European Union (hereinafter TFEU), where a question concerning the interpretation of the basic Treaties such as the TEU and the TFEU, or the validity and interpretation of legislative or other acts of the institutions, bodies, offices or agencies of the Union, is raised before "any court or tribunal of a Member State", that court or tribunal "may, if it considers that a decision on the question is necessary to enable it to give judgment", request the ECJ to give a ruling thereon. Whilst such a request is, in principle, an option ("*may*"), that option becomes an obligation, subject to certain qualifications,[25] if the national court is an instance of last resort ("a court or tribunal of a Member State against whose decisions there is no judicial remedy under national law"). A lower court, too, must make a reference if it has serious doubts about the validity of a Union act, since national courts, according

24 Articles 95, 96 and 98 of Council Regulation (EC) No 207/2009 on the Community trade mark, [2009] O.J. L 78/1 (this Regulation has been amended by Regulation (EU) 2015/2424 of the European Parliament and of the Council of 16 December 2015, [2015] O.J. L 341/21, but, apart from the substitution of "Union" for "Community", these amendments do not affect what is said in the main text above). See also e.g. Combit Software, Case 223/15, Judgment of 22 September 2016, [2016] EU:C:2016:719.

25 In CILFIT and Others, Case 283/81, Judgment of 6 October 1982, [1982] EU:C:1982:335, the ECJ observed that even a national court of last resort need not make a referral to the ECJ 1) where the question to be referred is identical to a question on which the ECJ has already ruled, 2) where the reply to such a question may be clearly deduced from existing case law or 3) where the answer to the question admits of no reasonable doubt. This wording is not a verbatim citation of the judgment in CILFIT but borrows from Article 99 of the Rules of Procedure of the ECJ, [2012] O.J. L 265/1, which authorizes the Court to reply by reasoned order instead of a judgment in one of the three circumstances mentioned.

to ECJ case law, are barred from declaring Union legal acts invalid.[26] A Member State may not limit the right of national courts and tribunals to refer cases to the ECJ, the national courts deriving their competence (and as the case may be, their obligation) to request preliminary rulings directly from Article 267 TFEU.[27]

Although the national court may still order protective measures, particularly in connection with a reference relating to the validity of Union acts, the lodging of a request for a preliminary ruling nevertheless calls for the national procedure to be stayed until the ECJ has given its ruling.[28] According to well-established case law, the ECJ is, in principle, obliged to answer the questions raised by the national judge (although there are some grounds for declaring a request inadmissible or concluding that the ECJ is not competent to give a ruling, see below). The ruling is binding on the national court, which, in giving *full effect* to the interpretation of Union law provided by the ECJ,[29] decides on the final outcome of the case before it.

The number of requests for preliminary rulings has been steadily on the rise. While in 1965 the ECJ received only seven requests, the corresponding figures are 69 for 1975, 139 for 1985, 251 for 1993, 221 for 2003 and 436 for 2015.[30] This development reflects not only the enlargement of the European Communities (since 1992, the EU) from the six pre-1973 Member States to the 28 Member States of today and the broadening of the reach of Union law, but also a greater inclination of national judges to turn to the ECJ for advice. There are certainly variations between the Member

---

26 Foto-Frost, Case 314/85, Judgment of 22 October 1987, [1987] EU:C:1987:452. See also the Recommendations to national courts and tribunals in relation to the initiation of preliminary ruling proceedings issued by the ECJ, [2016] O.J. C 439/1, paras. 7, 22. The previous Recommendations were issued in 2012, [2012] O.J. C 338/1.

27 See e.g. Cartesio, Case 210/06, Judgment of 16 December 2008, [2008] EU:C:2008:723; Melki and Abdeli, Cases 188/10 and 189/10, Judgment of 22 June 2010, [2010] EU:C:2010:363, para. 42; Puligencia Facility Esco, Case 689/13, Judgment of 5 April 2016, [2016] EU:C:2016:199, para. 32. In the last-mentioned case, the Court even seems to have applied the prohibition to limit by national law the competence to make preliminary ruling references to the relations between different compositions of the same national court.

28 See also Recommendations to national courts and tribunals, supra note 26, para. 23.

29 Ognyanov, Case 614/14, Judgment of 5 July 2016, [2016] EU:C:2016:514, paras. 28, 34.

30 Court of Justice of the European Union, Annual Report 2015 (2016), 93-94. In 2016, the Court has received 470 new requests for preliminary rulings.

States as to the number of references made by their courts but these variations seem to be based at least partly on structural factors such as population size and national litigation proneness.[31]

The greater acceptance among national judges of the preliminary ruling mechanism is also reflected in the ever-increasing number of national constitutional courts which have started to use the mechanism.[32] In this way, national judges have increasingly come to endorse also the general tenets and principles of Union law, including the principles of primacy and direct effect. That said, some constitutional or supreme courts have reserved the right to verify whether a ECJ decision is in conformity with the national act transferring competence and powers to the Union, and at least in two cases, one involving the Czech Constitutional Court and the other, in a recent judgment, the Danish Supreme Court, the national court has refused to follow the ruling of the ECJ.[33]

IV. When Does the ECJ Have Jurisdiction to Give a Ruling?

The basic provision setting out the scope of the competence of the ECJ to give preliminary rulings is, of course, Article 267 TFEU: apart from questions concerning the validity of secondary law, the Court shall have jurisdiction to give rulings concerning the *interpretation* of the Treaties and of secondary law. The provision thus does *not* refer to the *application* of the law and the Court has held that when interpreting the Treaty, it "limits it-

31 M. Broberg & N. Fenger, Variations in Member States' Preliminary References to the Court of Justice: Are Structural Factors (Part of) the Explanation?, 19 European Law Journal (2013), 488.

32 The constitutional courts which have referred cases to the ECJ are the constitutional courts of Austria, Belgium, France, Germany, Italy, Lithuania, Luxembourg, Poland, Slovenia and Spain. One of the most recent referrals, the first request submitted by the German Constitutional Court, relates to the legality of an announcement by the European Central Bank that it was ready, if need be, to buy an unlimited number of government bonds on the secondary market as well as the Bank's decision providing technical guidance in case action would become necessary. On this referral, see Gauweiler and Others, Case 62/14, Judgment of 16 June 2015, [2015] EU:C:2015:400; I. Pernice, A Difficult Partnership between Courts: The First Preliminary Reference by the German Federal Constitutional Court to the CJEU, 21 Maastricht Journal of European and Comparative Law 3 (2014), 3.

33 Judgment of the Czech Constitutional Court of 31 January 2012, File No Pl US 5/12; Judgment of the Danish Supreme Court of 6 December 2016, Case 15/2014. See more generally Rosas & Armati, supra note 4, 70-71.

self to deducing the meaning of the [Union] rules from the wording and spirit of the Treaty, it being left to the national court to apply in the particular case the rules which are thus interpreted".[34] That said, the distinction between *application* and *interpretation* is not always easy to uphold and an Advocate General of the Court has even suggested that "when a provision is applied its interpretation and application are interwoven and merge".[35]

The question of the admissibility of requests for preliminary rulings and the scope of the competence of the ECJ to answer the questions raised has given rise to an extensive case law and literature which cannot be analyzed fully here.[36] Important issues include the concept of *court or tribunal* appearing in Article 267 TFEU and the borderline between Union law and national law, the ECJ's competence, as noted above, being in principle limited to the former. The following observations will focus on some institutional and procedural challenges concerning the *division of labour* between the ECJ and the national court when dealing with requests for preliminary rulings.

A few years ago, when the ECJ undertook to recast its Rules of Procedure, it was decided to include a provision laying down some basic requirements on the content of a request for a preliminary ruling. Article 94 of the new Rules of Procedure, adopted and entered into force in 2012,[37] contains requirements relating to the subject-matter of the dispute and the findings of fact as determined by the referring court, the national law applicable in the case and the reasons which prompted the referring court to inquire about the interpretation or validity of certain provisions of Union law. The ECJ has recently confirmed that the national court should be

34 Da Costa, Joined Cases 28-30/62, Judgment of 27 March 1963 [1963] EU:C:1963:6 (English special edition, p 31). See also e.g. Shipping and Forwarding Enterprise Safe BV, Case 320/88, Judgment of 8 February 1990, [1190] EU:C:1990:61, paras. 10-13; the case law cited in M. Broberg & N. Fenger, Preliminary References to the European Court of Justice, 2nd ed. (2014), 156-157. For a more recent judgment referring to the distinction between application and interpretation, see Airport Shuttle Express and Others, Joined Cases 162/12 and 163/12, Judgment of 13 February 2014, [2014] EU:C:2014:74, para. 31.

35 CILFIT, Case 283/81, Opinion of AG Capotorti of 13 July 1982, [1982] EU:C:1982:335. See also Wiener, Case 338/95, Opinion of AG Jacobs of 10 July 1997, [1997] EU:C:1997:552; Broberg & Fenger, supra note 34, 156-157.

36 See e.g. C. Naomé, Le renvoi préjudiciel en droit européen, 2nd ed. (2010); Broberg & Fenger, supra note 34.

37 Rules of Procedure of the Court of Justice, supra note 25. According to Article 253(6) TFEU, the Rules of Procedure are to be established by the Court of Justice but they require the approval of the Council (which consists of representatives of the national governments).

aware of the requirements concerning the content of a request for a preliminary ruling, as set out in Article 94, "which it is bound to observe scrupulously".[38] The following discussion will be partly based on this provision as well as the Recommendations to national courts and tribunals issued by the ECJ, most recently at the end of 2016.[39]

It should be underlined that the decision whether to submit a case to the ECJ is in the hands of the national court. The Recommendations that the ECJ has addressed to national courts state that "[t]he jurisdiction of the Court to give a preliminary ruling on the interpretation or validity of EU law is exercised exclusively on the initiative of the national courts and tribunals". And this is "whether or not the parties to the main proceedings have expressed the wish that a question be referred to the Court". It is thus for the national court to determine "both the need for a request for a preliminary ruling in order to enable it to give a judgment and the relevance of the questions which it submits to the Court".[40]

An obvious limitation of the ECJ's jurisdiction consists of the fact that it is limited to interpreting, and in the case of secondary law, assessing the validity of Union law, not national law. The need to differentiate between Union law and national law has become particularly acute with respect to the applicability of the Charter of Fundamental Rights of the European Union, Article 51 of which prescribes that its provisions are addressed to the Member States "only when they are implementing Union law".[41] Whilst the ECJ has declined to give a restrictive interpretation of what constitutes "implementing [Union law]",[42] there is already by now a string of judgments and reasoned orders where the Court denies competence to apply the Charter as the situation was not considered to fall within the scope of application of Union law (that is, to constitute implementation of this law in the sense of Article 51(1) of the Charter).[43]

The requirement that the case concerns the interpretation of Union law, not national law, has not prevented the Court from heeding to requests for

38 Ognyanov, supra note 29, para. 19.

39 Recommendations, supra note 26.

40 Ibid., para. 3.

41 See e.g. A. Rosas, The Applicability of the EU Charter of Fundamental Rights at National Level, 13 European Yearbook on Human Rights (2013), 97.

42 See in particular Åkerberg Fransson, Case 617/10, Judgment of 26 February 2013, [2013] EU:C:2013:280, paras. 16-31.

43 For examples, see Siragusa, Case 206/13, Judgment of 6 March 2014, [2014] EU:C:2014:126; Torralbo Marcos, Case 265/13, Judgment of 27 March 2014, [2014] EU:C:2014:187.

the interpretation of rules of Union law even if the applicability of Union law in the national litigation in question has not followed from Union law itself.[44] This has occurred mainly in the following two types of situation: 1) the request for a preliminary ruling has mentioned the fact that national law refers to Union law in a way which calls for an interpretation of the latter in order to arrive at the correct interpretation of the former;[45] 2) a national constitutional principle instructs national courts to extend the protection offered by Union law to purely internal situations not covered by Union law so as to avoid that people in the former situations be treated less favourably than those who can invoke Union law directly.[46]

The Court has not been very strict in this regard, however, and sometimes the mere fact that a reply might be useful to the national court, in the event that its national law required that its own nationals not be given less favourable treatment than nationals of other Member States, has satisfied the Court that it should give a ruling.[47] Moreover, there are some cases where the Court seems to have answered the questions put by the national judge simply by assuming that the interpretation of Union law given would be relevant in a cross-border situation, despite the fact that there was nothing in the national litigation that suggested such cross-border elements.[48] As noted by an Advocate General of the Court, in preliminary ruling cases involving situations of national rather than Union law, "the Court has adopted a variety of approaches".[49] In a recent judgment, the Court has clarified the demarcation between Union law and national law and hence

44 See generally e.g. V. Kronenberger, Actualité du renvoi préjudiciel, de la procédure préjudicielle d'urgence et de la procédure accélérée – Quo vadis?, in S. Mathieu (ed.), Contentieux de l'Union européenne : Questions choisies (2014), 397, 401-412.

45 See e.g. Dzodzi, Joined Cases 297/88 and 197/89, Judgment of 18 October 1990, [1990] EU:C:1990:360; Leur-Bloem, Case 28/95, Judgment of 17 July 1997, [1997] EU:C:1997:369. See also Naomé, supra note 36, 124-126.

46 See, e.g. Guimont, Case 448/98, Judgment of 5 December 2000, [2000] EU:C:2000:663; Centro Europa, Case 380/05, Judgment of 31 January 2008, [2008] EU:C:2008:59. See, also; Naomé, supra note 36, 121.

47 See e.g. Anomar and Others, Case 6/01, Judgment of 11 September 2003, [2003] EU:C:2003:446, para. 41.

48 See e.g. Blanco Pérez and Chao Gómez, Joined Cases 570/07 and 572/07, Judgment of 1 June 2010, [2010] EU:C:2010:300, para. 40 and the case law cited; Venturini and Others, Joined Cases 159/12 to 161/212, Judgment of 5 December 2013, [2013] EU:C:2013:791, paras. 25-26, see also paras. 27-28.

49 Sbarigia, Case 393/08, Opinion of AG Jääskinen of 11 March 2010, [2010] EU:C:2010:388, para. 29. See also Venturini and Others, Joined Cases C-159/12 to C-161/12, Opinion of AG Wahl of 5 September 2013, [2013]

between its jurisdiction and that of national courts in a way which seems to suggest that the Court will in the future insist on the existence of sufficient connecting factors with Union law in order to be able to give a ruling.[50]

The above situations are normally treated by the Court as questions of competence. It may also declare a request non-admissible if it is not satisfied that a ruling is necessary or possible. Whilst the Court, in a spirit of cooperation, regards itself in principle obliged to answer questions referred under Article 267 TFEU, it considers itself competent to verify the necessity of the request.[51] In this regard, the Court verifies that the request relates to an actual case (an action) pending before the national court, including that the case is not fictitious.[52] It may also declare a request as non-admissible where it sees no usefulness or relevance of the questions referred before the national court, where the problem raised is of a hypothetical nature,[53] or if it considers the request as so lacking in relevant information that it becomes more or less impossible to understand what is being requested.[54]

ECLI:EU:C:2013:529, paras 16-71. See further Kronenberger, supra note 44, 407-408, 409-410,411-412.

50 In Ullens de Schooten, Case 268/15, Judgment of 15 November 2016, [2016] EU:C:2016:874, the Court held that EU law cannot give rise to non-contractual liability of a Member State when the circumstances of the dispute in the national proceedings, in the absence of explications to the contrary provided by the national referring court in application of Article 94 of the Rules of Procedure of the ECJ, do not display any connecting factor with provisions of Union law.

51 See e.g. UGT-Rioja and Others, Case 428/06, Judgment of 11 September 2008, [2008] EU:C:2008:488, para. 40; see also Naomé, supra note 36, 107.

52 See in particular Foglia/Novello, Case 104/79, Judgment of 11 March 1980, [1980] EU:C:1980:73.

53 An example of a refusal to reply to a hypothetical question is offered by Meilicke, Case 83/91, Judgment of 16 July 1992, [1992] EU:C:1992:332. For a more recent example see, Societá cooperative Madonna dei miracoli, Case 82/13, Order of the Court of 7 October 2013, [2013] EU:C:2013:655, paras. 12, 14; see generally Naomé, supra note 36, 115-122, where it is pointed out (para. 118) that in the case law of the Court, there is some overlap between non relevant and hypothetical questions.

54 See e.g. Viacom Outdoor, Case 190/02, Order of the Court of 8 October 2002, [2002] EU:C:2002:569, where the Court stated, inter alia, that "[i]n the absence of sufficient particulars, it is not possible to discern the specific problem of interpretation which might be raised in relation to each of the provisions of Community law in respect of which the national court seeks an interpretation" (para. 22) and the follow-up case Viacom Outdoor, Case 134/03, Judgment of 17 February 2005, [2005] EU:C:2005:94, para. 31, where it is observed that the order for reference

Such an outcome does not necessarily apply to all the questions referred by the national court.

This is not the place to enter into a discussion as to the precise limits of the Court's jurisdiction in these and similar situations. What is of primary interest here is to consider what implications such problems of competence and jurisdiction may have for the requirements imposed by Article 267 TFEU and Article 94 of the Rules of Procedure as to the respective tasks of the national court and the ECJ and the requirements on the content of the request for a preliminary ruling. It is to this question that we shall now turn.

V. The Request for a Preliminary Ruling

Before the adoption of the Rules of Procedure of the ECJ of 2012, the only legally binding provision setting out conditions for a request for a preliminary ruling was Article 267 TFEU. Apart from the condition that, in the view of the national court, a decision on the interpretation and, as the case may be, validity of acts of Union law "is necessary to enable it to give judgment"; there were no explicit requirements on the content of the request itself. True, some guidelines in this regard were provided in an Information Note on references from national courts for a preliminary ruling (replaced by Recommendations to the same effect of 2012 and 2016, respectively[55]), but as the title suggests, this Information Note (in the same vein as the Recommendations succeeding it) was not legally binding.[56]

Article 94, entitled "Content of the request for a preliminary ruling", of the Rules of Procedure is designed to remedy this situation. Article 94 provides that in addition to the text of the actual questions referred to the Court for a ruling, the request *shall contain* some information relating to the factual situation with which the national judge is faced, the national law applicable in the main proceedings (including, where appropriate, the relevant national case law) as well as the reasons which prompted the referring court to inquire about the interpretation or validity of Union law and the relationship between the relevant provisions of Union law and the national legislation applicable to the main proceedings.

"does not contain sufficient information" about certain relevant elements of fact and national law.

55 See Recommendations, supra note 26.

56 [2011] OJ C160/1; see also Broberg & Fenger, supra note 34, 295-321, which contains a detailed discussion on the form and content of a reference.

It is obvious that this information is of considerable importance for the Court in considering whether it is competent to give a ruling and whether the request should be declared admissible. Subparagraph c) of Article 94, concerning the need to explain the reasons which prompted the national court to refer the case to the ECJ and the relationship between the relevant provisions of Union law and of national law, is particularly important with respect to questions relating to the jurisdiction of the Court (above all, whether the case raises a point of Union law or not[57]). The ECJ has recently held that the requirements set out in Article 94 must be observed regardless of national rules which, to the contrary, oblige the national court to disqualify itself from the case on the ground that it set out, in its request for a preliminary ruling, the factual and legal context of the case.[58]

After having repeated the above requirements set out in Article 94 of the Rules of Procedure, the Recommendations issued by the ECJ state that the national court must provide references for the national provisions applicable to the facts of the dispute and "should accurately identify the provisions of EU law" whose interpretation is sought of whose validity is challenged. The request should include, if need be, a brief summary of the relevant arguments of the parties to the main proceedings.[59] As noted above, an example of a situation where it is particularly important that the relevant Union law be identified as accurately as possible is a situation which raises doubts about the applicability of the Charter of Fundamental Rights, in other words whether a rule of Union law other than a provision of the Charter can be identified which, apart from concerns for its validity, should be either applied or interpreted in the case in question.[60]

For the question of admissibility, for instance whether there is a real case or whether the litigation is fictitious, an explanation of the facts of the case and of relevant national law may be equally relevant. Even if the Court is not competent to establish the facts, or to rule on the correct interpretation of national law, accurate and precise information on these questions will often be essential in order for the Court to understand the legal issues involved and the possible implications of a ruling to be given by it. It is true that the preliminary ruling procedure does not, in itself, constitute a direct action (such as action for annulment) brought by one party against

57 This includes the question as to whether there is a provision of Union law other than the Charter of Fundamental Rights which is relevant (given that the Charter can never be applied on a stand-alone basis, see supra notes at 41-43).

58 Ognyanov, supra note 29.

59 Recommendations, supra note 26, para. 16.

60 See Rosas 2012, supra note 18, 105-110, 111-112.

another but mandates the ECJ to give a binding ruling on questions of interpretation (or validity) of Union law formulated by national judges. It is, nevertheless, also true that the proceedings before the ECJ constitute an integral part of a broader endeavour to settle a real dispute initially brought before the national court, and that both the initial and the final say belongs to the latter. As the ECJ is not called upon to give abstract rulings but to contribute to the settlement of a concrete dispute, the facts of the case and the state of national law (particularly the interaction between Union and national law) must be taken into account also by the ECJ.

The Recommendations to national courts and tribunals in relation to the initiation of preliminary ruling proceedings[61] thus underline the nature of the decision of the national court as a document which will serve as the basis of the proceedings before the Court and that it must contain such information as will enable the Court to give a reply which is of assistance to the referring court or tribunal. The request must on the one hand be succinct but on the other sufficiently complete and should be drafted "simply, clearly and precisely [...] avoiding superfluous detail".[62]

The Recommendations also invite the referring court to "briefly state its view" on the answer to be given to the questions referred, as that information "may be useful to the Court, particularly where it is called upon to give a preliminary ruling in an expedited or urgent procedure".[63] Thus, not only is the national court the master of the decision whether to refer or not, and of the formulation of the questions to be put to the ECJ, but it is also invited to suggest, if it sees fit, the answers to be given by the ECJ to the questions of interpretation or validity of Union law. It is the experience of the present author that such suggestions, while not being binding for the ECJ, may aid the Court to understand the legal issues involved and the reasons for the national court to turn to the ECJ for assistance.

The ECJ, in its recent case law, has started to refer to Article 94 of the Rules of Procedure notably in determining whether the request for a preliminary ruling should be declared inadmissible. This has been done by recalling first the case law of the Court concerning the admissibility of such requests and then adding that the requirements following from this case

---

61 Recommendations, supra note 26.

62 Ibid., para. 14. On expedited and urgent procedures before the ECJ, see A. Rosas, Justice in Haste, Justice Denied? The European Court of Justice and the Area of Freedom, Security and Justice, 11 Cambridge Yearbook of European Legal Studies (2009-2009), 1.

63 Ibid., para. 17.

law are now expressed in Article 94 of the Rules of Procedure,[64] or by taking Article 94 as the point of departure for an examination of whether the content of the request is sufficient to enable the Court to give a ruling.[65] In other decisions, the Court has simply recalled its case law without referring explicitly to Article 94, which is partly explained by the fact that the order for reference had been made before the entry into force of the Rules of Procedure on 1 November 2012.[66] The Court has also referred to Article 94 in determining whether the Court is competent to give a ruling on a question relating to the applicability of the Charter of Fundamental Rights under its Article 51.[67]

The current workload of the ECJ, and the increasing number of references for preliminary rulings referred to above in particular, seem to call for a somewhat stricter approach to the questions of competence and admissibility than was necessary in the old days of considerably fewer such requests. True, Article 101 of the Rules of Procedure provides the Court with the possibility to request clarifications from the referring court within a time limit prescribed by the Court. This possibility is rarely used. This is partly because experience shows that the deficiencies of orders for reference are not always fully rectified through this procedure, partly because the procedure is time-consuming and may also cause procedural problems for the national judge. It may, in fact, be difficult for the national court to treat the request expeditiously while respecting fully the procedural rights of the parties to the main proceedings, in view of the applicable national procedural rules.

---

64 See e.g. Mlamali, Case 257/13, Order of the Court of 14 November 2013, [2013] EU:C:2013:763, para. 22; Grimal, Case 550/13, Order of the Court of 19 March 2014, [2014] EU:C:2014:177, para. 16 (these Orders of the Court are not available in English); see also Adiamix, Case 368/12, Order of the Court of 18 April 2013, [2013] EU:C:2013:257, para. 22, where the Court referred to the Information Note on references from national courts for a preliminary ruling (which preceded the Recommendations issued in 2012 and 2016, respectively), see supra note 26, and for two more recent judgments, Ognyanov, supra note 29, paras. 19, 21, 22; Ullens de Schooten, supra note 50, para. 55.

65 Debiasi, Case 560/11, Order of the Court of 13 December 2012, [2012] EU:C:2012:802, para. 24, not available in English.

66 See e.g. SC Mora IPR SRL, Case 79/12, Judgment of 21 February 2013, [2013] EU:C:2013:98; Sky Italia, Case 234/12, Judgement of 18 July 2013, [2013] EU:C:2013:496; Zentralbetriebsrat der gemeinnützigen Salzburger Landeskliniken Betriebs GmbH v. Land Salzburg, Case 514/12, Judgment of 5 December 2013, [2013] EU:C:2013:799.

67 Siragusa, supra note 43, para. 19.

A much more frequently used mechanism is for the ECJ to resort to Articles 61 and 62 of its Rules of Procedure[68] ("Measures of organisation prescribed by the Court"). According to Article 61, the Court may invite the parties or other interested persons to answer certain questions in writing, or at the hearing. Article 62 again provides that the Judge-Rapporteur or the Advocate General may invite the parties and interested persons "to submit within a specified time-limit all such information relating to the facts, and all such documents or other particulars, as they may consider relevant".

Probably the most often used measure of organisation is to invite the parties and/or interested persons to answer questions at the hearing. The Rules of Procedure (Article 76) enable the Court to refrain, under certain conditions, from organising a hearing even if a hearing has been specifically requested but this has not led the Court to avoid organising such hearings to any significant degree. Instead, the Court has taken an active role in the planning and organisation of the hearings and this has also led to a more frequent use of Articles 61 and 62 of the Rules of Procedure.[69]

These measures quite often strive to elucidate factual questions and/or issues of national law, within the framework of the questions concerning Union law put by the national court, so as to clarify issues which, in the view of the Court, have not been sufficiently explained in the order for reference. That said, it should be underlined that if there is a conflict between the interpretations of national law as presented by the national court and that presented, for instance, by the national government concerned, the Court will normally follow the interpretation put forward by the former.[70]

Article 94 of the Rules of Procedure offers an opportunity and a more explicit legal basis for insisting on some minimum requirements for the orders for reference as formulated by national courts. It is important to encourage the national courts to provide an accurate and clear account of the legal and factual aspects of the case and thus help both the interested parties, including the national governments and the Commission, and the

---

68 Rules of Procedure, supra note 25.

69 A. Rosas, Oral Hearings before the European Court of Justice, 21 Maastricht Journal of European and Comparative Law (2014), 596, 607-609; see also the Practice Directions to Parties Concerning Cases Brought before the Court, adopted in accordance with Article 208 of the Rules of Procedure, [2014] O.J. L 31/1, paras. 45, 50-52.

70 See e.g. Orfanopoulos and Oliveri, Joined Cases 482/01 and 493/01, Judgment of 29 April 2004, [2004] EU:C:2004:262, para. 43, and for more examples of case law Broberg & Fenger, supra note 34, 372-374, including some cases where the Court seems exceptionally to have departed from the interpretation put forward by the national judge.

ECJ itself, to have a solid basis for an examination of the questions referred. This, again, could enhance the quality of this examination and at the same time even help to shorten the duration of the proceedings before the ECJ. Moreover, the better the ECJ has understood the issues at stake and been able to translate this understanding into a clear reasoning and result, the easier it will be for the national judge, called upon to deliver the final verdict, to absorb the ECJ ruling relating to the interpretation or validity of Union law for the purposes of adjudicating the dispute before it. The final judgment rendered by the national judge may be said to constitute an amalgamation of Union law as interpreted by the ECJ, the facts of the case and, as the case may be, applicable national law.

VI. A Single Judicial System

The above observations have focused on the division of labour between the ECJ and the national courts and the interaction between the two in the context of the preliminary ruling procedure. This interaction is important to guarantee that the preliminary ruling procedure fulfils its purpose and that the overall handling of the case (by the national court and by the ECJ) is susceptible to lead to a good result which is also satisfactory from a procedural point of view. As the ECJ observed in Opinion 1/09, the national courts and the ECJ "fulfil a duty entrusted to them both" of ensuring that in the interpretation and application of the Treaties, the law is observed and the national courts are "closely involved in the correct application and uniform interpretation of European Union law and also in the protection of individual rights conferred by that legal order".[71]

The tasks which are incumbent upon the national courts have been gradually specified in the evolving case law of the ECJ relating to the institutional and procedural aspects of the preliminary ruling procedure. The Rules of Procedure of the Court, as supplemented by the Recommendations addressed to national courts issued by the Court, have further clarified the situation.[72] Article 94 of the Rules of Court of 2012, contains requirements as to the content of a request for a preliminary ruling which is particularly instructive in this regard. The ECJ has recently underlined the binding nature of this provision and the obligation of national courts to observe the requirements laid down therein, if need be by setting aside na-

71 Opinion 1/09, supra note 20.

72 Rules of Procedure, supra note 25; Recommendations, supra note 26.

tional rules incompatible with Article 94.[73] The Court, in other words, treats its Rules of Procedure as a normative act binding also on the national courts.[74] It should be noted that the Court's mandate to establish its Rules of Procedure is based directly on primary law, namely Article 253(6) TFEU, and that their adoption requires the approval of the EU Council.[75]

These developments seem to call for the following general observations: first, for an understanding of the preliminary ruling procedure before the ECJ, it is necessary to consider the institutional and procedural aspects which are specific for this procedure, and in particular those concerning the division of labour and the interaction between the ECJ and national courts which has been outlined above. These aspects are also crucial in guaranteeing that the procedure functions both smoothly and efficiently but also in full respect of the principle of effective judicial protection and relevant procedural guarantees.

Second, the respective roles played by the ECJ and national courts, the interaction between them, and the obligation of national courts to apply Union law directly, and including in situations which do not prompt the national court to request a preliminary ruling from the ECJ, give rise to an observation of a more constitutional character. We are not witnessing a dichotomous relationship between two separate judicial systems but two levels of one single judicial system.

As mentioned in Section II, the interaction between the ECJ and national courts is paralleled by an increasing intertwinement of Union law and national law. We seem to have reached the stage where, while one can still speak of two legal orders, at least when emphasizing their different historical origins, it has become appropriate to consider them as part of the same legal system. We are once again witnessing a cleavage between political and legal reality, the political discourse of today focusing on various perceived EU crises, problems of legitimacy and, for some, even the possible or likely dissolution of the Union, whilst the legal order appears to continue its

---

73 Ognyanov, supra note 29.

74 The Rules of Procedure also contain other provisions than Article 94 which apply to national courts, see, e.g. Article 102, according to which it shall be for the referring national court to decide as to the costs of the preliminary ruling proceedings.

75 The Rules of Procedure thus seem to be situated at the same hierarchical level as regulations and directives adopted by the Council and, as the case may be, the European Parliament. The practice rules for the implementation of the Rules of Procedure, provided for in Article 208 of the latter, may, in their turn, be likened to the implementing acts which the Commission, or as the case may be, the Council, may adopt by virtue of Article 291(2) TFEU.

journey towards an increasingly constitutional order. It would go beyond the scope of this contribution to try to answer the question what will be the consequences of this cleavage in the years to come. Suffice it to note that it would seem that this cleavage has only to a limited extent had a spillover effect on the EU judicial system, and the preliminary ruling procedure in particular.[76]

76 But see the – albeit rare – instances referred to above, supra note 33, when national courts have refused to follow judgments of the ECJ, or at least formulated reservations in this regard.

Distant Strangers and Standing in Polisario

*Aravind Ganesh**

I. Introduction

Rules of procedure, such as those concerning standing to bring suit, lie at the very heart of what it means to be a legal subject empowered with rights. This contribution demonstrates this in the context of the recent *Polisario* cases before the EU courts, the latest instalment in the decades-long legal struggle over the Western Sahara between Morocco and the national liberation movement known as the *Frente Popular de Liberación de Saguía-el-Hamra y Río de Oro* (Front Polisario).[1] In particular, it considers the ways in which the various courts of the EU interpreted the rules of EU law on standing to bring judicial review, with a view to assessing whether it is true that the EU legal order offers all possible claimants a "complete system of remedies".[2] It concludes that this claim is untrue, and that a gap presents itself where the EU enters into a treaty with another entity with sovereign powers ('state', for convenience) which disposes of the territory, natural resources, and consequently also people of a third state. We term such people 'distant strangers' because they are neither citizens of EU Member States nor are they present on Member State territory. Both the third state and its people have valid grievances against the EU. Nevertheless, they are barred from seeking appropriate judicial review of EU acts.

The first item of interest is the December 2015 judgment of the General Court of the European Union (General Court), which partially annulled a

---

* Research Fellow at the Max Planck Institute Luxembourg for Procedural Law.

1 That 'legal struggle' began with the advisory opinion of the International Court of Justice in Western Sahara, Advisory Opinion, ICJ Reports 1975, 12.

2 Unión de Pequeños Agricultores v. Council, Case C-50/00, Judgment of 25 July 2002, [2002] ECR I-6677, paras. 28, 40; Commission v. Jégo-Quéré, Case C-263/02 P, Judgment of 1 April 2004, [2004] ECR I-3425, para. 30; Rothleyand and Others v. Parliament, Case C-167/02 P, Judgment of 30 March 2004, [2004] ECR I-3149, para. 46; and Gaston Schul Douane-expediteur, Case C-461/03, Judgment of 6 December 2005, [2005] ECR I-10513, para. 22.

Council decision adopting a modification[3] of the Association Agreement between the EU and Morocco which would have applied to fisheries and other agricultural exports coming from the territory of the Western Sahara.[4] The General Court held that the Front Polisario had standing to challenge the Council decision directly, and that the measure was to be annulled in part, due to a failure by the EU institutions to assess the implications of the Association Agreement for the exploitation of natural resources and the human rights of the inhabitants of the Western Sahara. Secondly, we have the advisory opinion by AG Wathelet, in which he offered three different theories, two of which would have reversed the General Court's decision.[5] The first theory was that the Association Agreement was not to be interpreted as applying in the Western Sahara territory, meaning that the Front Polisario had no legal interest at stake, and therefore lacked standing. The second theory was that the Front Polisario lacked standing because the Council decision was not of 'direct and individual concern' to it. AG Wathelet's third theory upheld the General Court's decision in full. Finally, there is the December 2016 judgment of the CJEU, which adopted the first of AG Wathelet's theories.[6]

The decision has been hailed as a sensational 'victory through defeat' for the Front Polisario, in that it secured its political objective of preventing the application of the Association Agreement over the Western Sahara despite 'losing' the dispute on procedural grounds, thus forcing a fundamental realignment of EU-Morocco relations in its favour.[7] Nevertheless, as will be argued, the CJEU decision is essentially a denial of accountability. Be-

3 Simon and Rigaux observe that the General Court inaccurately describes the contested measure as adopting a 'conclusion' of the EU-Morocco Association Agreement. D. Simon and A. Rigaux, Le Tribunal et Le Droit International Des Traités: Un Arrêt Déconcertant (Trib. UE, 10 Déc. 2015, Aff. T 512/12, Front Polisario c/ Conseil soutenu par Commission), 2 Europe: Actualité Du Doit de L'union Européenne (2016), 5, para. 2.

4 Front Polisario v. Council, Case T-512/12, Judgment of 10 December 2015, ECLI:EU:T:2015:953.

5 Council v. Front Polisario, Case C-104/16, Opinion (AG Wathelet) of 13 September 2016, ECLI:EU:C:2016:677.

6 Council v. Front Polisario, Case C-104/16, Judgment of 21 December 2016, ECLI:EU:C:2016:973.

7 C. Ryngaert, 'The Polisario Front Judgment of the EU Court of Justice: A Reset of EU-Morocco Trade Relations in the Offing' (2017), available at http://blog.renforce.eu/index.php/en/2017/01/15/the-polisario-front-judgment-of-the-eu-court-of-justice-a-reset-of-eu-morocco-trade-relations-in-the-offing-2/ (last visited 29 September 2018), (observing that the "dismissal of the Polisario Front's action may appear to be a victory for the EU Council and Morocco. However, in a manner

fore these claims can be elaborated upon, a brief summary is needed of the law on standing to bring direct challenges against EU acts.

II. Standing under EU law

The starting point for our inquiry is Article 263 TFEU, which sets out the conditions individual applicants must fulfil in order to seek 'direct' judicial review of an EU measure. There are other 'indirect' methods by which EU measures may be challenged. Firstly, there are preliminary references from national courts under Article 267 TFEU, which are the means by which most EU litigation is brought, and in fact the engine of the vast majority of seminal EU jurisprudence.[8] Secondly, claimants may invoke Article 277 TFEU, which allows parties to plead the illegality or inapplicability of EU acts in proceedings brought against them by EU institutions.

A. Legal effects

The kinds of measures subject to judicial review are specified in the first subparagraph of Article 263 TFEU:

> The Court of Justice of the European Union shall review the legality of legislative acts, of acts of the Council, of the Commission and of the European Central Bank, other than recommendations and opinions, and of acts of the European Parliament and of the European Council intended to produce legal effects vis-à-vis third parties. It shall also review the legality of acts of bodies, offices or agencies of the Union intended to produce legal effects vis-à-vis third parties.

---

reminiscent of Pyrrhus's battles with the Romans in the 3rd century BC, it may well turn out [not] to be a loss, and in fact a boon for the Saharawi."); EUObserver, 'Top Court Strikes down EU Western Sahara Policy' (2017), available at https://euobserver.com/foreign/136401 (last visited 14 June 2017).

8 P. Craig and G. de Búrca, EU Law: Text, Cases, and Materials, 5th ed. (2015), 464 ("Article 267 TFEU is one of the most important Treaty provisions. There would have been few, at the inception of the Treaty, who would have guessed its significance in shaping EU law [...] [It] is the 'jewel in the Crown' of the Court's decision.").

The upshot of this provision is that the measure must produce 'legal,' rather than just 'factual' effects.[9] While the literature and jurisprudence often subsumes this requirement under the broader requirement of 'direct concern' discussed below,[10] it is submitted that considerable advantage is gained by elucidating the concept of a 'legal effect' separately. In this regard, the crucial point is that the measure must change not just the applicant's factual situation, but their legal rights and obligations. To illustrate, consider a gunman who robs you of your purse. He certainly produces factual effects upon you insofar as he deprives you of the purse, but he does not change your *legal* position with respect to it. The purse remains yours by right, and the purpose of a legal remedy is to represent this.[11] In contrast, an official who commands you to hand over your purse – say, in payment of a fine – does produce legal effects upon you. You now have an obligation to hand over the purse, where previously you had none. The same is true of a trustee who wrongfully sells your trust property to an innocent purchaser for value. Your property in the thing is gone, and all you are left with is a personal claim against the trustee. Put simply, a measure changing a person's legal position does not simply purport to 'affect' a person, but to *govern* her.

9 Inuit Tapiriit Kanatami et al. v. Parliament & Council, Case C-583/11, Judgment of 3 October 2013, ECLI:EU:C:2013:625, para. 56 ("Given the reference to 'acts' in general, the subject matter of those limbs of Article 263 is any European Union act which produces binding legal effects."); IBM v. Commission, Case 60/81, Judgment of 11 November 1981, [1981] ECR 2639, para. 9; Athinaïki Techniki v. Commission, Case C-521/06 P, Judgment of 17 July 2008, [2008] ECR I-5829, para. 29; NDSHT v. Commission, Case C-322/09 P, Judgment of 18 November 2010, [2010] ECR I-11911, para. 45; and Deutsche Post v. Commission, Joined Cases C-463/10 P and C-475/10 P, Judgment of 13 October 2011, [2011] ECR I-9639, paras. 36-38.

10 M. Rhimes, The EU Courts Stand Their Ground: Why Are the Standing Rules for Direct Actions Still So Restrictive, 9 European Journal of Legal Studies (2016), 103, 108 ("Direct concern requires two cumulative sub-criteria to be met. First the measure must directly affect the legal situation of the person concerned [...] Second, the implementation of that measure must be purely automatic, resulting from Union norms without the application of other intermediate rules."); BUPA and others v. Commission, Case T-289/03, Judgment of 12 February 2008, [2008] ECR II-81, para. 81 ("it has consistently been held that the contested measure must directly produce effects on the legal situation of the person concerned and its implementation must be purely automatic and follow solely from the Community rules, without the application of other intermediate measures.").

11 See generally A. Ripstein, Private Wrongs (2016), chapter 8.

The purpose of direct judicial review in EU law is to allow individuals the ability to challenge abuses of authority by EU institutions.[12] This is reflected in the grounds of review, listed in Article 263(2) TFEU as "lack of competence, infringement of an essential procedural requirement, infringement of the Treaties or of any rule of law relating to their application, or misuse of powers". In contrast, the preliminary ruling procedure under Article 267 TFEU provides abstract, constitutional review; it ensures the uniform interpretation and application of EU law by Member State courts.[13] It is not "a dispute resolution procedure [... but] a non-contentious stage in the procedure before the national court".[14] Finally, EU law provides means for seeking redress for wrongful factual effects or losses caused by EU institutions. These are addressed by actions for damage under Article 340 TFEU.[15] Together, these avenues for indirect and direct challenge make up the aforementioned 'complete system of remedies'.[16]

Notwithstanding the centrality of the legal effects requirement in preserving this division of labour in the Treaties, EU courts have sometimes been quite flexible in their understanding of it.[17] In her opinion in *Inuit II*, AG Kokott even suggested doing away with the legal effects requirement, observing that individuals had "perfectly correctly" been recognized as possessing standing to challenge State Aid authorizations and merger approvals, which she depicted as producing only factual effects.[18] Her characterization is not quite correct. Decisions to authorize new concentrations

12 Commission v. Council, Case 22/70, Judgment of 31 March 1971, [1971] ECR 263, para. 41 ("An action for annulment must therefore be available in the case of all measures adopted by the institutions, whatever their nature or form, which are intended to have legal effects.").

13 Rhimes, supra note 10, 160.

14 M. Broberg and N. Fenger, Preliminary References to the European Court of Justice (2014), 279-280.

15 Craig and Búrca, supra note 8, 583. ("In any developed legal system there must be a mechanism whereby losses caused by governmental action may be recovered by an action brought by an individual... Compensation against the EU is governed by Article 340 TFEU (ex Article 288 EC).").

16 See Inuit, Judgment, supra note 9, paras. 90, 92; Telefónica SA v. European Commission, Case C-274/12 P, Judgment of 19 December 2013, ECLI:EU:C:2013:852, para. 57.

17 See e.g. Council v. Parliament, Case 34/86, [1986] ECR 2155, Judgment of 3 July 1986, (holding a declaration by the President of the European Parliament relating to the final adoption of the general budget of the then European Community as productive of legal effects upon third parties, and therefore reviewable.).

18 Inuit Tapiriit Kanatami et al. v. Parliament & Council, Case C-583/11, Opinion (AG Kokott) of 17 January 2013, ECLI:EU:C:2013:21, para. 71. Citing Cofaz and

or issue subsidies to particular firms do not simply affect the factual position of other market participants, say, like a competitor coming up with a better product, or a supplier demanding a higher price for an input. These kinds of effects are caused by persons with whom applicants are on equal footing. In contrast, a decision to authorise a merger or State aid modifies the very terms on which the market participants interact with one another, and can therefore be taken only by a public authority. The decision-maker is not an equal, but occupies a hierarchically superior position to them. Market participants are not just affected by such decisions, but governed by them.

B. Direct and Individual Concern

After listing a number of 'privileged applicants' – Member States and EU institutions – that are allowed standing on easier terms, the fourth subparagraph of Article 263 TFEU provides that:

> Any natural or legal person may, under the conditions referred to in the first and second subparagraphs, institute proceedings against an act addressed to that person or which is of direct and individual concern to them, and against a regulatory act which is of direct concern to them and does not entail implementing measures.

This provision, and in particular the concept of a 'regulatory act,' was introduced by the Treaty of Lisbon, using language lifted *verbatim* from Article III-365(4) of the failed Treaty on a Constitution for Europe (Constitutional Treaty). Under the former Article 230 TEC, ordinary applicants could seek judicial review only of EU measures that were either explicitly addressed to them, or which were of 'direct and individual concern' to them. As is well known, the CJEU had interpreted these requirements extremely narrowly,

---

Others v. Commission, Case 169/84, Judgment of 28 January 1986, [1986] ECR 391; Spain v. Lenzing, Case C-525/04 P, Judgment of 22 November 2007, [2007] ECR I-9947 (confirming or taking for granted the standing of competitors to institute proceedings against Commission decisions to authorize State aid); BaByliss v. Commission, Case T-114/02, Judgment of 3 April 2003, [2003] ECR II-1279, para. 89; ARD v. Commission, Case T-158/00, Judgment of 30 September 2003, [2003] ECR II-3825, para. 60 (recognizing standing of competitors to challenge Commission decision to authorize concentrations.).

and in a manner that excluded most applicants.[19] According to the jurisprudence, a measure is of 'direct concern' if, in addition to producing legal effects, its operation involves no "autonomous will" interposing itself between the EU and the applicant. This may either be because the measure is directly effective, or because it "leaves no room for any discretion" on the part of any intermediaries.[20] The direct concern requirement was left unchanged by Lisbon.[21]

The more onerous requirement is of 'individual concern.' In the infamous *Plaumann* decision, the CJEU held that this required a challenged measure to "affect [the applicant] by reason of certain attributes which are peculiar to them or by reason of circumstances in which they are differentiated from all other persons".[22] In that case, an importer of clementines had challenged a decision not to lower import taxes on that fruit, in circumstances where it was clear that that measure would have had effects uniquely upon it. Nonetheless, the plaintiff was held to lack standing because in principle, any other undertaking could have chosen to enter that market. The stringency of the individual concern requirement was demonstrated in *Codorníu*, which involved a direct challenge by a Spanish producer of sparkling wine against an EU measure prohibiting producers outside France and Luxembourg from calling their product 'crémant'.[23] Unlike the applicant in *Plaumann*, the applicant in *Codorníu* satisfied the individual concern requirement because it had obtained a trademark over that appel-

19 For representative readings, see A. Arnull, Private Applicants and the Action for Annulment under Article 173 of the EC Treaty, 32 Common Market Law Review (1995), 7; P. Craig, Standing, Rights, and the Structure of Legal Argument, 9 European Public Law (2003), 493; C. Koch, Locus Standi of Private Applicants under the EU Constitution: Preserving Gaps in the Protection of Individuals Right to an Effective Remedy, 30 European Law Review (2005), 511.

20 Parti écologiste "Les Verts" v. Parliament, Case 294/83, Judgment of 23 April 1986, [1986] ECR 1357, para. 31.

21 See e.g. EREF v. Commission, Case T-694/14, Order of 23 November 2015, not reported, para. 17; Inuit, Opinion, supra note 18, paras. 68-69; Microban and another v. Commission, Case T-262/10, Judgment of 25 October 2011, [2011] ECR II-7697, para. 32; K. Lenaerts et al., EU Procedural Law (2014), 335-336 (section 7.109); Rhimes, supra note 10, 106-135.

22 Plaumann v. Commission, Case 25/62, Judgment of 15 July 1963, [1963] ECR 95, 107. See Lenaerts et al., supra note 21, 326 (section 7.100) ("An applicant can show in only limited ways that it is individually concerned by a measure of general application."); Rhimes, supra note 10, 145 ("As is known, it is nearly impossible to show individual concern in relation to [a legislative] act.").

23 Codorníu SA v. Council, Case C-309/89, Judgment of 18 May 1994, [1994] ECR I-01853.

lation in Spain, thereby effectively creating a new market which no other Spanish producer could enter. In short, standing to bring judicial review was available under the Article 230 TEC regime only against measures effectively amounting to bills of attainder: the challenged measure had either to address the applicant personally by name, or single out that applicant with such surgical precision that it might as well have identified her by name.

This state of affairs unsurprisingly elicited almost universal criticism from academia,[24] the General Court,[25] and even numerous Advocates General,[26] such that change was felt to be necessary by the time of the Constitutional Treaty.[27] This was the context in which Article 263 TFEU entered into force. However, the Lisbon drafters had left the term 'regulatory act' undefined, thus necessitating judicial clarification.[28] This was duly provided in *Inuit II*, where the General Court, Advocate General, and CJEU all joined in defining regulatory acts as "acts of general application other than legislative acts".[29] Accordingly, 'regulatory act' was to be understood in contradistinction with 'legislative act', a term mentioned in the first paragraph of Article 263 TFEU and defined in Article 289 TFEU as acts jointly passed by the Parliament and the Council, as well as by some other procedures. With respect to regulatory acts that not entailing implementing measures, applicants may bring direct challenges without having to satisfy the individual concern requirement.

For legislative acts not addressed to the applicant, however, the exacting standards of direct and individual concern continue to apply. AG Kokott justified the special defence shown to legislative acts by arguing that they were taken by bodies endowed with "particularly high democratic legiti-

---

24 See sources listed in supra note 19.

25 See Jégo-Quéré v. Commission, Case T-177/01, Judgment of 15 January 2003, [2002] ECR II-2365.

26 See e.g. Unión de Pequeños Agricultores v. Council, Case C-50/00 P, Opinion (AG Jacobs) of 21 March 2002, [2002] ECR I-6681; Extramet v. Council (Admissibility), Case C-358/89, Opinion (AG Jacobs) of 21 March 1991, [1991] ECR I-2507; British American Tobacco (Investments) Ltd and Imperial Tobacco, Case C-491/01, Opinion (AG Geelhoed) of 10 September 2002, [2002] ECR I-11461.

27 Inuit, Opinion, supra note 18, paras. 1-2.

28 Ibid., para. 30 (observing that "regulatory act" was "an expression that is not defined anywhere in the treaties."); D. Chalmers, G. Davies and G. Monti, European Union Law: Text and Materials (2014), 414-415.

29 Inuit Tapiriit Kanatami, Case T-18/10, Judgment of 6 September 2011, [2011] ECR II-05599, para. 56; Inuit, Opinion, supra note 18, para. 47; Inuit, Judgment, supra note 9, para. 60.

mation"[30] – the EU Parliament and the Council. Moreover, she added that sufficient judicial protection was afforded by the preliminary ruling and annulment procedures,[31] even though she acknowledged that "merely indirect examination of the lawfulness of a legislative act [might not constitute] an adequate substitute for the lack of a direct legal remedy", and that an individual ought not be required to run the risk of legal sanctions in proceedings brought against them in order to contest the legality of EU acts.[32] The CJEU concurred with her in the decision that followed, holding that the relevant *travaux préparatoires* for the Constitutional Treaty envisaged a general liberalization of standing rules, except with respect to challenges against legislative measures.[33]

The measure challenged in the *Polisario* litigation was a 'legislative act' within the terms of Article 263(4) TFEU, and was not directly addressed to the Front Polisario.[34] As such, the *Plaumann* standard applied in full. For present purposes, we leave aside questions about the democratic credentials of the Parliament and Council, as well as whether judicial review of legislation can be curtailed for such reasons.[35] Obviously, neither the Front Polisario nor distant strangers such as individual Sahrawis ever conferred any democratic imprimatur upon the EU Parliament and Council. Nor is it possible for non-EU Member State courts to request preliminary rulings. As such, the crucial question is whether the EU ever creates legal effects upon distant strangers such as the Sahrawis. If it does, then the requirements of direct and individual concern will pose unjustifiable barriers to the applicant distant strangers. We turn now to this question.

---

30 Inuit, Opinion, supra note 18, para. 38. See B. Libgober, Can the EU Be a Constitutional System without Universal Access to Judicial Review?, 36 Michigan Journal of International Law (2014), 353 (defending the EU's claim to be a constitutional order adhering to the rule of law, on the grounds that in many EU Member States, the rules of standing for judicial review of legislation are equally, if not more strict.).

31 Inuit, Opinion, supra note 18, para. 117.

32 Ibid.

33 Inuit, Judgment, supra note 9, para. 59, citing Secretariat of the European Convention, Final report of the discussion circle on the Court of Justice of 25 March 2003, CONV 636/03, para. 22, and Cover note from the Praesidium to the Convention of 12 May 2003, CONV 734/03, 20.

34 Front Polisario v. Council, supra note 4, paras. 71-73.

35 See e.g. Unión de Pequeños Agricultores, Opinion, supra note 26, para. 86; Rhimes, supra note 10, 142-143 (arguing that arguments from legislative deference prove "too little", because the unelected Council carries as much weight as the Parliament in the ordinary legislative procedure under Article 289(1) TFEU, as well as "too much", because legislative acts can be challenged indirectly anyway.).

C. Does the EU create legal effects extraterritorially?

As argued above, to produce legal effects upon persons is to change their legal rights and obligations; in other words, to 'govern' them. This immediately presents a problem: does the EU ever govern distant strangers such as the Sahrawis? In a paper published before the *Polisario* litigation, Bartels raised precisely this issue in considering whether Articles 3(5) and 21 TEU impose any 'extraterritorial' human rights obligations upon the EU. He rightly distinguishes between policies which merely produce effects of concern to the human rights of persons overseas, and those that actually violate human rights overseas. He proceeds to argue that where the former are concerned, Articles 3(5) and 21 TEU impose a minimal duty to 'respect'; that is, not to cause harm to distant strangers. There are no 'positive' duties; that is, to 'protect' distant strangers from violations of their human rights by third persons, or 'fulfil' their rights by providing needed facilities and resources.[36]

Crucially, however, Bartels argues that the minimal duty to respect will in most cases be unenforceable because of the requirement of legal effects in order to obtain standing to bring judicial review.[37] In this connection, he cites the *Commune de Champagne* decision, in which the General Court

36 L. Bartels, The EU's Human Rights Obligations in Relation to Policies with Extraterritorial Effects, 25 European Journal of International Law (2014), 1071, 1078-1087. In his short response to Bartels's piece, Cannizzaro invokes "restraints flowing from the founding treaties" to deny that Articles 3(5) and 21 TEU require even Bartels's minimal duty of respect. E. Cannizzaro, The EU's Human Rights Obligations in Relation to Policies with Extraterritorial Effects: A Reply to Lorand Bartels, 25 European Journal of International Law (2014), 1093, 1095. In particular, Cannizaro argues that Article 21 TEU is limited to the Common Security and Foreign Policy [CFSP] pillar, on the basis that "Article 23 [TEU] assigns the pursuit of the political objectives laid down by Article 21(1) and (2) to the primary competence of the CFSP."; ibid., 1098. Bartels responds correctly that Article 23 TEU provides instead that the conduct of the CFSP "shall be guided by the principles, shall pursue the objectives of, and be conducted in accordance with" the general provisions on EU external relations (such as Article 21 TEU), and thus cannot be understood to mean the CFSP is the only means by which the political objectives in Article 21 TEU are to be pursued. L. Bartels, 'The EU's Human Rights Obligations in Relation to Policies with Extraterritorial Effects: Rejoinder to Enzo Cannizzaro', available at http://www.ejiltalk.org/rejoinder-to-enzo-cannizzaro/ (last visited 15 November 2018). Bartels's approach was subsequently confirmed in Parliament v. Council, Case C-263/14, Judgment of 14 June 2016, ECLI:EU:C:2016:435, para. 47; Parliament v. Council, Case C-263/14, Opinion (AG Kokott) of 28 October 2015, ECLI:EU:C:2015:729, para. 72.

37 Bartels, supra note 36, 1987-1990.

denied certain Swiss applicants standing to challenge an act of the EU approving a series of international agreements between the EU and Switzerland, by which wines from the Commune of Champagne in the Canton of Vaud were prohibited from being marketed in the EU under the name of 'Champagne.' The General Court recognized that the agreements between the EU and Switzerland did indeed change the legal position of the applicants, but that as bilateral acts they were not judicially reviewable under the then Article 230 TEC.[38] Instead, only the EU act adopting those agreements could be so challenged.[39] The General Court then invoked the principle of sovereign equality in Article 2(1) UN Charter and the then Article 299 TEC (now Article 355 TFEU) limiting the application of the EC Treaty to the territory of the European Community, to find that "an act of an institution adopted pursuant to the [EC] Treaty, as a unilateral act of the Community, cannot create rights and obligations outside the territory thus defined".[40] This remains the case even if that EU act adopts or incorporates the terms of an international agreement. Accordingly, Bartels reads *Commune de Champagne* broadly to mean that an act of the EU can *never* create extraterritorial legal effects because it may not assert political authority beyond the borders of the Member States. On this rationale, distant strangers will never meet the standing requirements to review an EU unilateral act on the basis of violations of their human rights extraterritorially.[41] Instead they will have to repose their hopes in EU institutions or Member States who as privileged applicants are unfettered by normal standing requirements,[42] but are unlikely to undertake litigation on behalf of distant strangers.[43]

Curiously, *Commune de Champagne* was not mentioned in the General Court's *Polisario* decision, even though it was clearly relevant. In the appeal

---

38 Commune de Champagne v. Council and Commission, Case T-212/02, Judgment of 3 July 2007, [2007] ECR II-2023, paras. 86-87.

39 Ibid., para. 88.

40 Ibid., paras. 89-90. See also Spira v. Commission, Joined Cases T-108/07 and T-354/08, Judgment of 11 July 2013, ECLI:EU:T:2013:367, para. 123 (Commission requests for information do not create legal rights and duties outside EU.).

41 There have been a number of cases where Kurdish nationalist movements were held to have standing to challenge EU acts placing them on lists of terrorist organizations. Kongra-Gel v. Council, Case T-253/04, Judgment of 3 April 2008, [2008] ECR II-46, and PKK v. Council, Case T-229/02, Judgment of 3 April 2008, [2008] ECR II-45. These however, are arguably not entirely 'unilateral', because they were carried out pursuant to UN Security Council Resolution 1373 (2001).

42 See Bartels, supra note 36, 1088.

43 Ibid., 1089.

before the CJEU, the Council cited *Commune de Champagne* in Bartels' terms as meaning that a:

> Council decision relating to the conclusion of an international agreement between the European Union and a third State has no legal effect in the territory of the other party to that agreement [...] [such that] the situation of such a territory is governed solely by the provisions adopted by that other party in the exercise of its sovereign powers.[44]

In the advisory opinion, however, AG Wathelet interpreted *Commune de Champagne* more narrowly as being relevant only to international agreements whose proper territorial scope was not contested.[45]

It is submitted that AG Wathelet's reading is preferable. Strictly speaking, the General Court's comments in *Commune de Champagne* were both *obiter* and overbroad. The Court was indeed correct to find that the Swiss applicants lacked standing to bring judicial review, as whatever factual effects the EU measure adopting the international agreement may have had upon them, the legal effects were traceable solely to Switzerland as the legitimate sovereign authority over them.[46] In other words, if the applicants had a problem with that international agreement, they should have taken it up with their own sovereign, not with the EU. The EU did not by its internal, unilateral act produce legal effects upon the applicants in that particular instance. However, this does not mean that the EU does not produce legal effects upon others in any other instance. In this regard, I have argued elsewhere that numerous unilateral EU measures in the areas of

44 Council v. Front Polisario, Judgment, supra note 6, para. 78. See also Council v. Front Polisario, Opinion, supra note 5, para. 55.

45 Council v. Front Polisario, Opinion, supra note 5, paras. 55-56. The CJEU avoided settling this debate by maintaining that the reference to the territory of Morocco was not to be interpreted as including the Western Sahara. Council v. Front Polisario, Judgment, supra note 6, paras. 92-99.

46 Commune de Champagne, supra note 38, para. 91.

competition,[47] data privacy,[48] environmental,[49] and financial[50] regulation operate on a logic of "territorial extension".[51] The defining characteristic of such measures is that they do not simply 'induce' desired conduct extraterritorially through influence, manipulation, or the threat of 'exclusion' from the internal market; that is, through factual effects. Instead, they include extraterritorial conduct within the scope of EU regulation by treating it as if it had taken place within the EU internal market, and thereby constitute commands producing *legal* effects upon distant strangers.[52] The broad reading of *Commune de Champagne* – that the EU cannot by its internal, unilateral acts create legal effects outside the territory of the EU – is contradicted by these instances where the EU actually does create legal effects upon distant strangers.[53]

It may even be contradicted by prior CJEU jurisprudence. In *Boukhalfa*, the CJEU rejected a claim by Germany that EU freedoms could not apply to a Belgian national employed as a member of the local staff at the Belgian embassy in Algiers, under a contract subject to Algerian law. The Court rejected Germany's argument that the then Article 227 TEC – the predecessor to Article 299 TEC invoked in *Commune de Champagne* – limi-

---

47 See Ahlström Osakeyhtiö and Others v. Commission, Joined Cases 89/85, 104/85, 114/85, 116/85, 117/85 and 125/85 to 129/85, Judgment of 27 September 1988, [1988] ECR 5193, para. 16 (Wood Pulp I).

48 See Google Spain SL v. Agencia Española de Protección de Datos (AEPD) and Mario Costeja González, Case C-131/12, Judgment of 13 May 2014, ECLI:EU:C:2014:317. See also M. Taylor, The EU's Human Rights Obligations in Relation to Its Data Protection Laws with Extraterritorial Effect, 5 International Data Privacy Law (2015), 246; N. Dobson and C. Ryngaert, Provocative Climate Protection: EU 'Extraterritorial' Regulation of Maritime Emissions, 66 International & Comparative Law Quarterly (2017), 295.

49 See Directive (EC) 2008/101 (EU Emissions Trading Scheme Directive); Air Transport Association of America v. Secretary of State for Energy and Climate Change, Case C-366/10, Judgment of 21 December 2011, [2011] ECR I-13755.

50 See Directive (EU) 2013/36 (Capital Requirements Directive); United Kingdom v. Parliament and Council, Case C-507/13, Opinion (AG Jääskinen) of 20 November 2014, ECLI:EU:C:2014:2394, para. 37. The case went as far as the AG Conclusions stage before the UK withdrew its application.

51 A. Ganesh, The European Union's Human Rights Obligations Towards Distant Strangers, 37 Michigan Journal of International Law (2016), 475, 495-503. The concept of 'territorial extension' is borrowed, with some modification, from Scott. Cf. J. Scott, Extraterritoriality and Territorial Extension in EU Law, 62 American Journal of Comparative Law (2014), 87. See also C. Ryngaert, Jurisdiction in International Law (2015), 97-98.

52 Ganesh, supra note 51, 499-500.

53 Ibid., 530.

ted the application of the EU Treaties to the territory of the Member States, holding instead that that "article does not… preclude Community rules from having effects outside the territory of the Community".[54] Accordingly, although *Commune de Champagne* may be correct to the extent that an EU measure incorporating an international agreement between the EU and another legitimate sovereign does not produce legal effects upon the subjects of that other sovereign, this assumption cannot apply when neither the EU nor the other party to the treaty can claim any legitimate sovereignty over the territory and people in question. Before we address this question in Section III, we now examine how it was dealt with by the *Polisario* decisions and opinion.

III. The Polisario Decisions and Opinion

For reasons of space, this contribution does not discuss the history behind Morocco's presence in the Western Sahara following the departure of the Spanish colonial administration. Instead it takes as granted the ICJ's conclusion in its 1975 advisory opinion that there existed no tie of territorial sovereignty between the Kingdom of Morocco and the Western Sahara, such as might defeat the Sahrawi people's claim to self-determination and the formation of their own sovereign state.[55]

A. The General Court Decision

One factor complicating analysis of the procedural issues was the General Court's description of the Western Sahara as "disputed territory." Such a characterization of the Western Sahara territory is difficult to reconcile with the 'individual concern' requirement, which the Front Polisario had to fulfil in order to have standing to challenge the Council decision. As Fleury Graff observes, the term 'disputed' implies that there are at least two parties concerned with the status of that territory, such that any decision creating, or modifying legal rights or obligations in the territory would by

54 Ingrid Boukhalfa v. Federal Republic of Germany, Case C-214/94, Judgment of 30 April 1996, [1996] ECR I-2253, paras. 14-15, 22.

55 Western Sahara, Advisory Opinion, supra note 1, para. 162.

definition have to be of concern to more than just the Front Polisario.[56] If so, the individual concern requirement cannot be satisfied, thus denying the Front Polisario standing. Instead, Fleury Graff suggests that "[c]e n'est, d'ailleurs, pas tant le « territoire » qui est disputé, que la « dispute » qui est « territoriale » du fait de son objet",[57] and urges that the Western Sahara is more accurately described as 'occupied territory'.[58] Such a conclusion would follow from the General Court's own explanation of the term 'disputed territory' as referring to "a territory in fact controlled by a non-member State, without the sovereignty of that State over that territory being recognised by the European Union and its Member States or, more generally, by all other States".[59] This is self-evidently not a description of a 'disputed' territory, but of an 'occupied' one.[60]

---

56 T. Fleury Graff, Accords de Libre-Échange et Territoires Occupés: À Propos de L'arrêt TPIUE, 10 Décembre 2015, Front Polisario C. Conseil, 120 Revue Générale de Droit International Public (2016), 263, 270. See also E. Kassoti, 'The Front Polisario v. Council Case: The General Court, Völkerrechtsfreundlichkeit and the External Aspect of European Integration (First Part)', available at http://www.europeanpapers.eu/en/europeanforum/the-front-polisario-v-council-case-general-court-and-volkerrechtsfreundlichkeit (last visited 29 September 2018), (arguing that a "problematic aspect of the judgment is the examination of the substance of the action on the basis of the assumption that Western Sahara constitutes a 'disputed territory' whose 'international status is currently undetermined.' In fact, the status of the territory is far from being undetermined [...]").

57 Fleury Graff, supra note 56, 270.

58 Ibid., 269-272.

59 Front Polisario v. Council, supra note 4, para. 117. See ibid., para. 232, where the General Court describes the Western Sahara in particular as "a territory [...] which is in fact administered by a non-member State, in this case the Kingdom of Morocco, although it is not included in the recognised international frontiers of that non-member State.".

60 See Article 42 of the Hague Regulations of 1907 ("Territory is considered occupied when it is actually placed under the authority of the hostile army."). Regulations Annexed to Convention (IV) Respecting the Laws and Customs of War on Land, 18 October 1907, TS 539. See also Kassoti, supra note 56, ("[The] Western Sahara is an occupied territory since Morocco's presence therein meets the objective threshold of occupation under international humanitarian law, i.e. the demonstration of effective authority and control over a territory to which the occupying State holds no sovereign title."); UN Security Council, Letter dated 29 January 2002 from Under-Secretary-General for Legal Affairs, the Legal Counsel, addressed to the President of the Security Council (12 February 2002) UN Doc. S/2002/161, para. 6 ("On 14 November 1975, a Declaration of Principles on Western Sahara was concluded in Madrid between Spain, Morocco and Mauritania (the Madrid Agreement), whereby the powers and responsibilities of Spain, as the administering Power of the territory, were transferred to a temporary tripartite ad-

Before this could be addressed, however, the General Court had to deal with the question of whether the Front Polisario constituted a 'natural or legal person' for the purposes of Article 263(4) TFEU. The Front Polisario insisted that it was "not a legally constituted body according to the law of any State, whether internationally recognised or not", and that as "the incarnation of the sovereignty of the Sahrawi people", it could not be required "to produce evidence of its constitution according to the national law of an internationally recognised State".[61] In the end, the General Court accorded it personality, but under EU law, under a jurisprudence emphasizing twin criteria of *independence* from the will of others, and *responsibility*; that is, being able to have one's actions attributed to oneself.[62] In particular, the General Court likened the Front Polisario to the applicant in *Groupement des Agences de voyages*, where an *ad hoc* association of travel agencies that formed in order to respond to a tender was held to possess personality on grounds that "the Commission could not challenge the capacity to institute proceedings of a body that it had allowed to participate in an invitation to tender and to which it had addressed a negative decision after a comparative examination of all the tenderers".[63] Finally, the General Court cited *PKK and KNK v. Council* – an action for annulment where two organizations challenged certain restrictive measures placed upon them for

---

ministration. The Madrid Agreement did not transfer sovereignty over the territory, nor did it confer upon any of the signatories the status of an administering Power – a status which Spain alone could not have unilaterally transferred.").

61 Front Polisario v. Council, supra note 4, paras. 40-41. The Italian Court of Cassation has held that national liberation movements enjoy a form of 'objective legal personality' under international law independent of recognition by other sovereign states, which is a political consideration. Arafat and Salah, Italian Court of Cassation, Judgment no. 1981 of 28 June 1985, paras 884-889.

62 See Front Polisario v. Council, supra note 4, para. 49, finding that find that entities have personality when "their constitutional structures were such as to endow them with the necessary independence to act as responsible bodies in legal matters […]" Citing Union syndicale—Amalgamated European Public Service Union and others v. Council, Case 175/73, Judgment of 8 October 1974, [1974] ECR 917, paras. 9-17; Syndicat Général du Personnel des Organismes européens v. Commission, Case 18/74, Judgment of 8 October 1974, [1974] ECR 933, paras. 5-13. See also Front Polisario v. Council, supra note 4, para. 51, citing Lassalle v. Parliament, Case 15/63, Order of 14 November 1963, [1963] ECR 50, 51 (personality implies the possession of a measure of "independence and responsibility, even if limited.").

63 Groupement des Agences de voyages v. Commission, Case 135/81, Judgment of 28 October 1982, [1982] ECR 3800, paras. 9-12. Cited at Front Polisario v. Council, supra note 4, para. 48.

the purpose of combating terrorism – for the contention that where an entity is regarded:

> [...] as having an existence sufficient to be the subject of [...] restrictive measures [...] consistency and justice required that that entity be recognised as having the capacity to challenge that decision.[64]

The mislabelling of the Western Sahara as 'disputed territory,' and its recognition of the Front Polisario as a person only under EU law, lead to an extremely peculiar analysis of the issues regarding standing. Recall that the decision being challenged was a legislative act not explicitly addressed to the Front Polisario, and that the *Plaumann* doctrine therefore applied in full.[65] In order to satisfy the 'individual concern' requirement, it had to be the case that no other person could lay claim to similar rights relating to the Western Sahara. The Court reasoned that the aforementioned "effects on the legal position of the whole territory" were of direct concern to the Front Polisario on account of the fact that:

> [t]he definitive international status of that territory [had] not yet been determined and [had to] be determined in UN-led negotiations between the Kingdom of Morocco and, specifically, the Front Polisario.[66]

However, this only means that the Front Polisario had an *interest* in the conclusive determination of the legal rights pertaining to that territory, and 'interests' are not the same as rights.

Even if this objection is ignored, the fact that the Front Polisario may play an integral role in the UN-led negotiations is not enough to satisfy the individual concern requirement. Recall that the applicant in *Plaumann* was denied standing because in principle any other person could have entered the clementine business, but that the applicant in *Codorníu* was recognized to have standing because, having taken out a trademark in Spain, it alone had the right to call its product 'crémant.' Therefore, for the Front Polisario to have standing, it had to be the case that *no one else* could rightfully have taken part in those negotiations. None of this would obtain if the Front Polisario was endowed with personality only under EU law in the manner of an ordinary private person. Instead, for the Front Polisario to have standing, one would have to take seriously its claim to be the incarnation of the

---

64 PKK and KNK, Case C-229/05 P, Judgment of 18 January 2007, ECLI:EU:C:2007:32, paras. 109-112. Cited at Front Polisario v. Council, supra note 4, para. 50.

65 Front Polisario v. Council, supra note 4, paras. 71-73.

66 Ibid., para. 110.

Sahrawi people, and a person at international law.[67] The Council made precisely this argument before the CJEU, which AG Wathelet in principle agreed with in his second theory.[68] As we shall see, however, he would have denied the Front Polisario standing nonetheless.[69]

After thus disposing of these procedural questions, the General Court heard eleven different substantive pleas from the Front Polisario, all but one of which it rejected. Of particular interest for our purposes are the two instances where the General Court broached possible claims by individual Sahrawis. In the first, it considered whether the EU Charter of Fundamental Rights, read together with Article 6 TEU and Article 67 TFEU, could be invoked to invalidate the Association Agreement on grounds of human rights violations by Moroccan authorities.[70] It concluded that they could not, with the terse declaration that "no absolute prohibition derives, either from those provisions or from those of the Charter of Fundamental Rights, which precludes the EU from concluding an agreement with a third State on trade in agricultural products, processed agricultural products, fish and fishery products which may also be applied to a territory controlled by that third State even though its sovereignty over that territory has not been internationally recognised".[71] Second, it considered whether the EU was prohibited from entering into the Association Agreement by Articles 3(5) and 21 TEU, and Article 205 TFEU, which commit the EU to protecting and advancing human rights in all its relations with the wider world.[72] Again, it concluded that they did not, on the marginally less opaque reasoning that because:

> [t]he EU institutions enjoy a wide discretion in the field of external economic relations which covers the agreement referred to by the contested decision… it cannot be accepted that it follows from the 'values on which the European Union is based', or the provisions relied on by the Front Polisario…, that the conclusion by the Council of an agree-

67 Fleury Graff, supra note 56, 283. ("Pour autant, il ne fait guère de doute que le Front Polisario jouit d'une personnalité juridique internationale."), citing Reparations for Injury Suffered in the Service of the United Nations, Advisory Opinion, ICJ Reports 1949, 174, 179.

68 Council v. Front Polisario, Opinion, supra note 5, paras. 184-185.

69 Ibid., paras. 201, 212 (denying that the requirements of direct and individual concern are satisfied.).

70 Front Polisario v. Council, supra note 4, paras. 143-148.

71 Ibid., para. 146.

72 Ibid., paras. 159-167.

> ment with a third State which may be applied in a disputed territory is, in all cases, prohibited.[73]

These pronouncements echo the Court's major theme of there being no 'absolute' prohibition at international law against concluding agreements that will be applied on 'disputed' (read 'occupied') territory.[74]
The sole reason the Court gave for the annulment was an apparent administrative omission:[75]

> Given the fact, *inter alia*, that the sovereignty of the Kingdom of Morocco over Western Sahara is not recognised by the European Union or its Member States, or more generally by the UN, and the absence of any international mandate capable of justifying Moroccan presence on that territory, the Council, in the examination of all the relevant facts of the present case, with a view to exercising its wide discretion as to whether or not to conclude an agreement with the Kingdom of Morocco which may also apply to Western Sahara, should have satisfied itself that there was no evidence of an exploitation of the natural resources of the territory of Western Sahara under Moroccan control likely to be to the detriment of its inhabitants and to infringe their fundamental rights.[76]

Incredibly, the scope of the assessment required by the General Court appears to cover the entire catalogue of rights in the EU Charter of Fundamental Rights.[77] Because the Council had failed to carry out such an assessment, the General Court held that the Council decision fell to be annulled to the extent the Association Agreement applied in the Western Sahara.[78]

B. Before the CJEU

The first of the three theories AG Wathelet presented – which eventually became the basis for the CJEU's decision – was pitted squarely against the General Court's premise that international agreements purporting to bind third parties are not 'absolutely' prohibited, and therefore implicitly per-

---

73 Ibid.
74 Ibid., para. 215.
75 Ibid., paras. 225-247.
76 Ibid., para. 241.
77 Ibid., para. 228.
78 Ibid., para. 247.

mitted. Pointing to the Western Sahara's status as a non-self-governing territory under Article 73 UNC, as well as settled practice by EU Member States and other states recognizing the Western Sahara as such,[79] AG Wathelet rejected the General Court's 'disputed territory' terminology, concluding that the Western Sahara "cannot be part of the territory of the Kingdom of Morocco within the meaning of [... the EU-Morocco] Association".[80] The Association Agreement was not to be interpreted as covering the Western Sahara. From this point onwards, two sleights of hand take place.

In the second of his arguments, AG-Wathelet invoked the Article 34 VCLT rule on the relative effect of treaties (*pacta tertiis nec nocent nec prosunt*), which broadly prohibits parties to a treaty creating rights or obligations for a third party without its assent.[81] Within EU jurisprudence, that principle featured most famously in *Brita*, a preliminary reference which concerned whether goods produced in Israeli settlements in the West Bank were entitled to preferential treatment according to the terms of an association agreement between the EU and Israel. The CJEU held that they were not: the provisions of the EC-Israel Association Agreement could not be interpreted in a manner infringing upon rights that had been accorded to Palestinian authorities under a separate EC-PLO Protocol. The reasoning was twofold. On the one hand, the EC-Israel agreement did not positively require Member State authorities to accord preferable treatment to goods produced in West Bank settlements. On the other hand, the EC-PLO agreement obligated the same Member State authorities to provide preferential treatment to goods produced in the territory of the West Bank only on the basis of certificates issued by PLO authorities.[82]

In its *Polisario* decision, the General Court had held that the rule of the relative effect of treaties was inapplicable because there was no parallel agreement between the EU and the Front Polisario from which the latter could derive rights that might be raised in opposition to the provisions of the EU-Morocco Association Agreement.[83] This holding was reversed on

---

79 Council v. Front Polisario, Opinion, supra note 5, paras. 73-81.

80 Ibid., para. 82.

81 Ibid., paras. 101-112. Vienna Convention on the Law of Treaties, 23 May 1969, 1155 UNTS 331 (VCLT), Article 34 provides that "A treaty does not create either obligations or rights for a third State without its consent." Article 38 contains an exception for erga omnes obligations and customary rules of international law.

82 Firma Brita GmbH v. Hauptzollamt Hamburg-Hafen, Case C-386/08, Judgment of 25 February 2010, [2010] ECR I-1289, paras. 44-45, 52, 56-58.

83 Front Polisario v. Council, supra note 4, paras. 95-97.

appeal. As the Western Sahara was a non-self-governing territory rather than a 'disputed' one, the Advocate General and the CJEU reasoned that it was a third party to the EU-Morocco Association Agreement.[84] Thus, the EU-Morocco agreement could not bind it without its consent. Such consent had not been given, so the treaty could not be interpreted as purporting to apply in the territory of the Western Sahara. Finally, since it did not apply to the Western Sahara, the Front Polisario had no legal interest in challenging the EU measure adopting it, and therefore lacked standing.[85]

Next comes the discussion of what is called '*de facto* application' of the agreement to the Western Sahara. By that term, AG Wathelet and the CJEU referred to (1) the inclusion of, and extension of tariff preferences to, 140 companies based in the Western Sahara in the list of approved foreign exporters contained in the schedules to the Association Agreement; and (2) the multiple visits by officials from the Commission's Food and Veterinary Office to the Western Sahara to ensure compliance by Moroccan authorities with EU health standards.[86] At no point did the Council or the Commission deny that these visits actually happened. Before the General Court, the Commission "confirm(ed) the presence on the list of approved exporters... of undertakings established in Western Sahara" but argued that they were merely there "as a matter of convenience".[87] Before the CJEU, the Council conceded that it knew that the preferential terms accorded by the Association Agreement were to be extended to exports coming from the Western Sahara, but argued that this did not amount to "recognition, acquiescence or acceptance" of Morocco's claim to sovereignty over that territory.[88]

In the opinion, AG Wathelet dismissed this attempt by the Council effectively to plead its own bad faith, describing it as a strategy of "applica-

84 Council v. Front Polisario, Judgment, supra note 6, para. 106; Council v. Front Polisario, Opinion, supra note 5, paras. 105, 108. The precise identity of 'it' is unclear. For the CJEU, the third party is the 'people' of the Western Sahara, while AG Wathelet's third party defines it as the 'territory', but then proceeds to refer interchangeably to that, the people, and their representatives.

85 Council v. Front Polisario, Opinion, supra note 5, paras. 105-112; Council v. Front Polisario, Judgment, supra note 6, paras. 100-108.

86 See Front Polisario v. Council, supra note 4, paras. 79-80; Council v. Front Polisario, Opinion, supra note 5, paras. 98-99. The CJEU is much more guarded, speaking only of "the facts set out in paragraphs 77 to 87 of [the General Court] judgment." Council v. Front Polisario, Judgment, supra note 6, para. 117.

87 Front Polisario v. Council, supra note 4, para. 80.

88 Council v. Front Polisario, Opinion, supra note 5, para. 67.

tion without recognition".[89] Nevertheless, he ultimately concluded that the presence of 140 Western Sahara-based companies on the list of approved exporters was irrelevant, because "those exporters are also established in Morocco,... and for that reason are entitled to benefit from the [Association Agreement]",[90] while the visits by Commission officials did not constitute implementation of the Association Agreement in the Western Sahara "since they are not provided for" in the same.[91] Instead, framing the discussion as concerning subsequent practice possibly effecting a variation of a treaty,[92] AG Wathelet argued that the instances of '*de facto* application' did not qualify as such because the parties were not of one mind: Morocco viewed the Western Sahara as an integral part of its territory while the EU did not.[93] Accordingly, because the EU-Morocco Association Agreement was not applicable to the Western Sahara, the Front Polisario once again had no "legal interest" in the Council decision adopting it, nor was it of direct and individual concern to it.[94]

In the judgment, the CJEU adopted both the argument on the relative effect and on '*de facto* application.' The first line of its findings observes that "the conclusion of the General Court... that the Liberalisation Agreement 'also applies to the territory of Western Sahara' is based, not on a finding of fact, but on a legal interpretation of that agreement made by the General Court on the basis of Article 31 of the Vienna Convention".[95] Following from this, the CJEU points out that:

> [i]n order to be able to draw correct legal conclusions from the absence of a stipulation excluding Western Sahara from the territorial scope of the Association Agreement, in interpreting that agreement, the General Court was bound not only to observe the rules of good faith interpretation... pursuant to which the interpretation of a treaty

89 Ibid., paras. 67, 80.

90 Ibid., para. 99.

91 Ibid., para. 98.

92 Ibid., para. 91. Citing Europäische Schule München v. Oberto and O'Leary, Joined Cases C-464/13 and C-465/13, Judgment of 11 March 2015, ECLI:EU:C:2015:163.

93 Ibid., paras. 87-100.

94 Ibid., para. 114.

95 Council v. Front Polisario, Judgment, supra note 6, para. 81, referring to Front Polisario v. Council, supra note 4, paras. 73, 88, 98-102.

> must be carried out by taking account of any relevant rules of international law applicable in the relations between the parties [...].[96]

These rules included the principle of self-determination, Article 29 VCLT on the territorial scope of treaties, and the relative effect of treaties.[97] The first two of these meant that the words 'territory of the Kingdom of Morocco' contained in Article 94 of the Association Agreement were not to be interpreted as meaning the territory of Western Sahara,"[98] while the relative effect of treaties meant that the agreement could not apply to the Western Sahara in the absence of consultation of the Sahrawis.[99]

Second, because instances of '*de facto*' implementation of the Agreement "would necessarily be incompatible with the principle that Treaty obligations must be performed in good faith, which nevertheless constitutes a binding principle of general international law applicable to subjects of that law who are contracting parties to a treaty",[100] it followed that recognizing them as subsequent practice:

> [...] would necessarily have entailed conceding that the European Union intended to implement those agreements in a manner incompatible with the principles of self-determination and of the relative effect of treaties, even though the European Union repeatedly reiterated the need to comply with those principles [...].[101]

This would "necessarily be incompatible with the principle that Treaty obligations must be performed in good faith, which nevertheless constitutes a binding principle of general international law [...]".[102] Accordingly, the General Court erred:

> [...] in holding that the subsequent practice referred to in [its] judgment [...] justified an interpretation of those agreements as meaning that they were legally applicable to the territory of Western Sahara.[103]

---

96 Ibid., para. 86, citing Brita, supra note 82, para. 43, and, Kadi and Al Barakaat International Foundation v. Council and Commission, C-402/05 P and C-415/05 P, Judgment of 3 September 2008, [2008] ECR I-06351, para. 291.
97 Council v. Front Polisario, Judgment, supra note 6, para. 87.
98 Ibid., para. 108.
99 Ibid., paras. 106-107.
100 Ibid., para. 124.
101 Ibid., para. 123.
102 Ibid., para. 124.
103 Ibid., para. 125.

As such, the CJEU's *Polisario* decision does not simply narrow or block access to judicial review by throwing up the direct and individual concern requirements. Instead, it closes it off completely, by denying that the Council decision produced any legal effect upon the Front Polisario. The rule of relative effect of treaties, which is meant to prevent two international persons from joining forces to exploit another, becomes a means by which to deny that third person the right to complain of the exploitation. As for the instances of '*de facto* application', while AG Wathelet merely mischaracterises them, the CJEU decision denies their reality outright. In both of these instances, the sleight of hand consists in sublimating the fact that the EU-Morocco Association Agreement was *actually* applied to the Western Sahara, with the question of whether it *should* have been applied there. The fact that there is a legal prohibition against others punching you does not mean they are factually incapable of doing so, or that the black eye they give you is merely '*de facto*' and therefore irrelevant. The whole reason why the legal prohibition exists is because people are capable of punching each other, and actually do so from time to time. Likewise, the fact that EU institutions may be legally prohibited from entering into an agreement with another state that it knows will be wrongfully applied upon the territory of yet another, does not mean that it is factually incapable of doing so, as the Council conceded in its 'application without recognition' argument. '*De facto* application' is just a euphemism for *illegal* application.

IV. Legal Effects, Authority, and Individual Sahrawis

This section argues that the Council decision adopting the Association Agreement creates legal effects not just upon the Front Polisario, but also upon the individual Sahrawis whom the Front Polisario represents. Unlike the applicants in *Commune de Champagne*, individual applicants caught up in a *Polisario*-like situation may properly claim that the Association Agreement and the decision adopting it produce legal effects upon them. Such transactions between the EU and Morocco constitute assertions of authority over individual Sahrawis by the EU, which in principle should give them standing; that is, the right to hold the EU to account.

A. *Legal Effects and the Fiduciary Nature of Authority*

Recall the discussion in Section II(A) concerning the themes of independence and responsibility running through the EU jurisprudence on legal personality. Such ideas about personhood are neither unique nor original, but hearken to the idea of a free person being *sui iuris*, or subject to his or her own law.[104] In contrast, a 'thing' is "an object of free choice", to which "nothing can be imputed".[105] In this sense, a persons' fundamental status – their 'dignity' – lies in not being treated as a thing; that is, not being dominated or instrumentalized as a thing at the mercy of another.[106] On such a conception of human dignity, persons normally may not unilaterally change the legal rights and obligations of others; that is, exercise authority over them. If that were generally possible, all persons would become potentially subject to the choices of everyone else; they would be dominated and instrumentalized as things at the mercy of all others. The relative effect of treaties can be explained in such terms: two international persons cannot by agreement between themselves alter the legal rights and obligations of a third person. To hold otherwise would be to treat that third international person as a thing at the disposal of the treaty parties, which is contrary to their dignity as a free equal in the international legal order.[107]

If dignity is understood as freedom from domination, there are only two kinds of persons who may change another's legal rights and obligations unilaterally. As suggested earlier in section I(A), these are fiduciaries, and authorities.[108] A growing body of literature argues that the concept of

104 See I. Kant, The Metaphysics of Morals, in M. J. Gregor (ed.), Practical Philosophy (2006), 353, 378 [Ak § 6:223] (defining a person as "a subject whose actions can be imputed to him" he is "subject to no other laws than those he gives to himself.").

105 Ibid., 378 [Ak § 6:223].

106 Ibid., 393 [Ak § 6:237] ("Freedom (independence from being constrained by another's choice), insofar as it can coexist with the freedom of every other in accordance with a universal law, is the only original right belonging to every man by virtue of his humanity.").

107 See Island of Palmas (The Netherlands v. United States), Award of Max Huber, 2 RIAA 1928, 829, 842 ("[...] whatever may be the right construction of a treaty, it cannot be interpreted as disposing of the rights of independent third Powers"); M. Huber, Annuaire de l'Institut de Droit International (1931), vol. 36–I, 79 ("[...] le droit international, comme tout droit, repose sur l'idée de la coexistence de volontés de la même valeur.").

108 See P. Miller, Justifying Fiduciary Duties, 58 McGill Law Journal (2013), 969, 1012-1013 ("fiduciary power is not properly understood as connoting relative strength, ability, or influence [...] [but] ought to be understood as a form of au-

an authority in public law is itself fundamentally an extension of the concept of a fiduciary in private law.[109] The awesome discretionary powers accorded to fiduciaries and political authorities are compatible with the self-lawgiving nature of persons only on the condition that they exercise these powers for their beneficiaries'/subject's purposes, never their own.[110] For this reason, the rights and obligations of authorities *vis-à-vis* their subjects in public law are structurally identical to those imposed upon fiduciaries towards their beneficiaries in private law.[111] Thus expressed, the fiduciary model of authority applies not just to traditional Westphalian sovereigns, but to:

> [...] any entity exercising non-consensual administrative powers over individuals—whether it be an international body such as the UN Inter-

---

thority... [meaning the ability to] render rightful conduct that would otherwise be wrongful."); Frame v. Smith, [1987] 2 S.C.R. 99, para. 60 (Supreme Court of Canada) (Wilson J., dissenting, defining a fiduciary relation as one where: "(1) the fiduciary has scope for the exercise of some discretion or power; (2) the fiduciary can unilaterally exercise that power or discretion so as to affect the beneficiary's legal or practical interests; and (3) the beneficiary is peculiarly vulnerable to or at the mercy of the fiduciary holding the discretion or power.").

109 See P. Finn, 'The Forgotten 'Trust': The People and the State', in M. Cope (ed.), Equity: Issues and Trends (1995), 131 ("Beyond the trust, beyond the company, the most fundamental of fiduciary relationships in our society is that which exists between the community (the people) and the State and its agencies...") Justice Finn continues, observing that "much more so than in the private sector, it was—and is—in the realms of government that fiduciary power is the most pervasive, the most intense, and its abuse, the most threatening to the community and to its trust in its institutions."; ibid., 132. For theorists proceeding from a notion of dignity as freedom from domination, see P. Pettit, Republicanism: A Theory of Freedom and Government (1997), 8 ("The commonwealth or republican position [...] sees the people as trustor, both individually and collectively, and sees the state as trustee: in particular, it sees the people as trusting the state to ensure a dispensation of non-arbitrary rule."); E. Fox-Decent, Sovereignty's Promise: The State as Fiduciary (2011), 93-105; A. Ripstein, Force and Freedom: Kant's Legal and Political Philosophy (2009), chapter 7. For an argument proceeding from a welfare-based notion of dignity, see E. Benvenisti, Sovereigns as Trustees of Humanity: On the Accountability of States to Foreign Stakeholders, 107 The American Journal of International Law (2013), 295.

110 Kant defines the third category of private right as consisting in "a right to a person akin to a right to a thing (ius realiter personale)," which he explicates as "possession (though not use) of another person as a thing." Kant, supra note 104, 412 (Ak 6:260).

111 Ibid., 451, (Ak 6:306) (public law contains "no further or other duties than can be conceived at private law.").

> im Administration for East Timor, a subnational government such as the State of New York, or a political/paramilitary group such as Hezbollah [...].[112]

Similarly, albeit on a different conception of the nature of fiduciary obligation, Benvenisti argues that the:

> [...] argument for applying the trusteeship concept for the global context begins with the same insight – that every sovereign State or any other body it created or it permitted to act is an agent.[113]

It is trite that the EU creates law directly binding upon persons.[114] Accordingly, the fiduciary model of authority must apply equally to the EU as it does to Westphalian sovereigns.

By conceptualizing (1) human dignity in terms of independence, (2) the unilateral creation of legal effects as implying fiduciary relations, and (3) political authority in terms of fiduciary accountability, we can simultaneously explain why *Commune de Champagne* was correct to hold that the EU did not produce any legal effects upon the Swiss applicants in that case, as well as why the opposite should apply for both the Front Polisario, and an individual Sahrawi applicant.

B. *The Relative Effect of Treaties Revisited*

In situations like *Commune de Champagne*, a treaty between international parties is analogous to a contract between two private trustees. Ordinarily, legitimate political authorities are presumed to be entitled to modify the

---

112 E. J. Criddle and E. Fox-Decent, Fiduciaries of Humanity: How International Law Constitutes Authority (2016), 116. See generally ibid., chapter 8 on "International Institutions as Trustees of Humanity".

113 E. Benvenisti, The Law of Global Governance (2014), 134. See also ibid., 98-99, 130-131 (describing the obligations of accountability of the UN Mission in Kosovo (UNMIK) in fiduciary terms).

114 N.V. Algemene Trans.—en Expeditie Onderneming van Gend en Loos v. Nederlandse administratie der belastingen, Case 26/62, Judgment of 5 February 1963, [1963] E.C.R. 1. The decision is suggestive of entrustment and fiduciary obligation, for instance when it recognizes "the Community [as constituting] a new legal order of international law for the benefit of which the States have limited their sovereign rights, albeit within limited fields, and the subjects of which comprise not only Member States but also their nationals", and that this not only "imposes obligations on individuals but is also intended to confer upon them rights which become part of their legal heritage."; ibid., 2, 12.

legal positions of their subjects, and the counterparty has no reason to question this. Therefore, all changes in any individual subject's legal position are traceable to their *own* sovereign. This changes if one party has affirmative knowledge that the counterparty will be in violation of their obligations to their subjects. The situation may be analogized to dishonest or knowing assistance in procuring a breach of trust in English law, under which a trustee's:

> [...] legal power and control over the trust property [...] may no doubt be extended in equity to others who are not properly trustees, if they are found either making themselves trustees *de son tort*, or actually participating in any fraudulent conduct of the trustee to the injury of the *cestui que trust*.[115]

Similarly, the law on international responsibility of states and international organizations recognizes secondary liability for aiding or assisting international wrongs when states and international organizations have (1) knowledge of the circumstances of the internationally wrongful act, and (2) that act would be wrongful if committed by the state or international organization itself.[116] While there is a lively debate in private law as to whether the standard for knowing assistance in a breach of trust is dishonesty or negligence,[117] the consensus at international law is that:

> [t]he aid or assistance must be given with a view to facilitating the commission of the wrongful act, and must actually do so.[118]

---

115 Barnes v. Addy, (1874) LR 9 Ch App 244, 251-252 (English Court of Appeal).

116 Articles on Responsibility of States for Internationally Wrongful Acts, in Report of the International Law Commission on the Work of Its Fifty-Third Session, Articles 16, at 47, UN GAOR, 56th Sess., Supp. No. 10, at 43, UN Doc. A/56/10 (2001); Articles on the Responsibility of International Organizations, annexed to UNGA Res 66/100, Article 14, UN Doc. A/Res./66/100, 27 Feb. 2012.

117 See Royal Brunei Airlines v. Tan [1995] UKPC 4 (UK Privy Council) (holding the correct standard as dishonesty rather than negligence or unconscionability); Farah Constructions Pty Ltd v. Say-Dee Pty Ltd, [2007] HCA 22 (High Court of Australia) (requiring a more fine-grained assessment of the third-party's and the trustee's dishonesty). See also, Dubai Aluminium Company Ltd v. Salaam [2002] UKHL 48 (UK House of Lords). Cf. Air Canada v. M & L Travel Ltd. [1993] 3 SCR 787 (Supreme Court of Canada) ("It is unnecessary [...] to find that the appellant himself acted in bad faith or dishonestly.").

118 J. Crawford, The International Law Commission's Articles on State Responsibility: Introduction, Text and Commentaries (2002), 149, para. 5. See also H. P. Aust, Complicity and the Law of State Responsibility (2011), 235 ("It thus appears that the ILC wants Article 16 [ARSIWA] to be interpreted narrowly so that

This is an incredibly high standard which can be satisfied only in the most unusual of cases. Accordingly, Bartels observes that:

> [i]t is doubtful that a party negotiating a trade agreement will ever know with the requisite degree of certainty that a given obligation will result in a violation of human rights obligations.[119]

He does, however, suggest one exception: an agreement to export instruments of torture.[120]

At this point it must be emphasised that the procedural rules under EU law for purposes of admissibility before the EU courts cannot simply be modelled upon the substantive rules at international law as to what constitutes assisting an international wrong. The question for our purposes is 'procedural': does the EU owe a claimant an obligation of accountability because it has established itself as an authority over them? This is not the substantive question of whether it has *breached* those obligations. That comes later – at the merits. The question is not whether international wrongs committed by Morocco in the exploitation of the Western Sahara are attributable to the EU as a matter of international law,[121] but whether the EU, by entering into the Association Agreement with Morocco, formed the sort of relationship with individual Sahrawis in which it could legitimately be expected to hear their grievances and do them the courtesy of a reply in the courts of the EU. Thus expressed, the legal analysis is as follows: in a *Commune de Champagne*-type scenario, the procedural obligation of accountability is contingent upon affirmative knowledge of a substantive wrong by the treaty counterparty: the EU is accountable to a distant stranger only if it was affirmatively aware that that person's sovereign would rely upon the treaty to violate her rights. In a *Polisario*-type scenario, however, this symbiotic relationship between procedural and substantive rules is disrupted. This is because when the treaty arrangement is to be ap-

---

the 'knowledge' element turns into something more akin to a requirement of wrongful intent."); Case Concerning the Application of the Convention on the Prevention and Punishment of the Crime of Genocide, Judgment, para. 421 ("There is no doubt that the conduct of an organ or a person furnishing aid or assistance to a perpetrator of the crime of genocide cannot be treated as complicity in genocide unless at the least that organ or person acted knowingly, that is to say, in particular, was aware of the specific intent (dolus specialis) of the principal perpetrator.") (emphasis added).

119 Bartels, supra note 36, 1081.

120 Ibid.

121 The Council attempted to argue this before the General Court. See, Front Polisario v. Council, supra note 4, para. 230.

plied upon the territory of a third state, the presumption that the counterparty speaks for the people of that territory does not hold.
This is apparent in the basic principles of the law of occupation. Article 42 of the Hague Regulations 1907 provides that:

> Territory is considered occupied when it is actually placed under the authority of the hostile army.[122]

And Article 43 of the same imposes upon such an occupant an obligation to maintain order and public life in the territory.[123] In other words, the occupant is in a fiduciary relationship with the ousted sovereign:

> [o]ccupation does not transfer sovereignty. Instead, it transfers to the occupant the authority to exercise some of the rights of sovereignty. The occupant, therefore, exercises a temporary right of administration, on a trusteeship basis until the occupation ceases in one way or another.[124]

This, however, is not the end of the occupant's fiduciary obligations. As Benvenisti explains, the current Fourth set of Geneva Conventions develop upon the Hague Regulations to envisage a much more expansive role for the occupant with regards to governing the territory, whereby it is "a proactive regulator, [and] no longer the disinterested watch guard envisioned in the Hague Regulations".[125] In this spirit, Benvenisti argues that "the emerging principles of self-determination, of human and minority rights" mean

122 This provision has been preserved in subsequent treaties and has become customary international law. See E. Benvenisti, The International Law of Occupation (2012), 44 [Benvenisti, Ocupation], citing Prosecutor v. Naletilić & Martinović, Case No. IT-98-34-T, Judgment of 31 March 2003, para. 217.

123 The authentic text of Article 43 of the Hague Regulations of 1907 provides that "L'autorité du pouvoir légal ayant passé de fait entre les mains de l'occupant, celui-ci prendra toutes les mesures qui dépendent de lui en vue de rétablir et d'assurer, autant qu'il est possible, l'ordre et la vie publics [...]" The first English version mistranslated the phrase 'la vie publics' as 'safety'. See Benvenisti, Ocupation, supra note 122, 68, fn. 1.

124 G. von Glahn and J. L. Taulbee, Law Among Nations: An Introduction to Public International Law (2015), 635. See also A. Roberts, What Is a Military Occupation?, 55 British Yearbook of International Law (1985), 249, 294-295.

125 Benvenisti, Ocupation, supra note 122, 74. Geneva Convention Relative to the Protection of Civilian Persons in Time of War (Fourth Geneva Convention), 12 August 1949, 75 UNTS 287.

that "the occupant's status is conceived to be that of a trustee" not just of the ousted sovereign, but also of the population under occupation.[126] Unlike a sovereign which can be presumed to have the same interests as its subjects, an occupying power:

> [m]ust attend to at least three sets of interests: its own security interests, the interests of the ousted government, and those of the local population, which may be different from the interest of their legitimate government.[127]

All occupations are united by one characteristic regardless of whether they are rightful, wrongful, 'belligerent', 'pacific', 'wartime', or 'military': there is "a potential – if not inherent – conflict of interest between the occupant and occupied".[128] The implications of this conflict of interest with respect to the exploitation of natural resources are reflected in treaty provisions, such as Hague Regulations Article 47 prohibiting pillage, and in case law imposing a duty of vigilance upon the occupant.[129] The inherent conflict of interest between the occupant and the population of the occupied territories means that any party entering into an agreement with the occupant in respect of the occupied territory is immediately put on notice of the potential for exploitation, and that the onus is upon them to ensure that this does not happen. For this reason, the General Court was entirely correct to dismiss the Council's argument that it was "solely for the Kingdom of Morocco to ensure that the exploitation of the natural resources is beneficial to the inhabitants of the part of Western Sahara it controls",[130] and to hold that the duty of due diligence has special salience in the particular case of occupied territories like the Western Sahara.[131] Because the EU institutions had ignored the obvious – indeed inherent – conflict of interest between Morocco on the one hand, and the Front Polisario and the people of the Western Sahara on the other, they risked entangling the EU in breaches

126 Benvenisti, Ocupation, supra note 122, 6-7. See ibid., 72-76 (detailing the evolution of the occupant's duties from being mainly about preserving the rights of the ousted sovereign to becoming focused upon the welfare of the occupied people and protecting their human rights.); Criddle and Fox-Decent, supra note 112, 192-196 (describing the general recognition that occupants have human rights obligations towards the occupied people.).

127 Benvenisti, Ocupation, supra note 122, 69.

128 Ibid., 3-4.

129 Ibid., 81-82; Armed Activities on the Territory of the Congo (Democratic Republic of the Congo v. Uganda), Judgment, ICJ Reports 2005, 165, paras. 247-248.

130 Ibid., para. 240.

131 Ibid., para. 232.

committed by Morocco with regard to both, thereby making it potentially accountable to the Front Polisario and the Sahrawi people as a 'constructive' fiduciary. Accordingly, the General Court was correct to hold that the EU Institutions had committed not just an ordinary error, but a 'manifest' error of assessment, requiring the decision to adopt the Agreement to be quashed.

V. Conclusion: A gap in the complete system of remedies

When it adopted the EU-Morocco Association, the EU placed itself in a fiduciary relationship with the Front Polisario and with individual Sahrawis; that is, a relationship of authority. Thus, in principle, both the Front Polisario and individual Sahrawis ought to have had standing to challenge the Council decision adopting the Association Agreement. As such, the requirements of direct and individual concern would have posed unjustifiable barriers with respect to both of them. In this regard, consider that in his second rationale, AG Wathelet acknowledged the Front Polisario as the legitimate representative of the Sahrawi people in the "political process", and accordingly recognized that the Council decision produced legal effects upon it.[132] Nevertheless he opined that it did not fulfil the criteria of direct and individual concern, because the Council decision might also have been of interest to the Kingdom of Spain as the entity officially tasked with administering the Western Sahara under Article 73 of the UN Charter.[133] Thus, the undisputed legitimate representative of the Sahrawi people would nonetheless be denied standing on account of a speculative interest on the part of a colonial power that had abandoned any claims or obligations relating to the Western Sahara three decades ago. In the wake of the CJEU's decision, however, the application would not be allowed to get even that far, but would instead be dismissed outright for lack of legal effects.

The *Polisario* decision unmasks a thoroughgoing rottenness in the notion of the EU's *Völkerrechtsfreundlichkeit*,[134] as well as certain deeper prob-

132 Council v. Front Polisario, Opinion, supra note 5, paras. 175, 185-186.

133 Ibid., paras. 186-91, 201, 212.

134 E. Cannizzaro, The Neo-Monism of the European Legal Order, in E. Cannizzaro et al. (eds.), International Law as Law of the European Union (2011), 35, 57 (arguing that the jurisprudence of the CJEU as particularly open to the reception of international law norms). Cf. J. Klabbers, The European Union in International Law (2012), 77. For a useful survey of the literature, see J. Odermatt, The Court

lems in the nature of the EU as a constitutional order. Regarding the former, the EU's self-presentation as conscientious global citizen with a particularly ardent devotion to international law makes its officials believe that it can do no wrong.[135] For the General Court, it is somehow not illegal for the EU to enter into a treaty disposing of the rights of a non-party: there is no 'absolute' prohibition against it, as long as steps are taken to ensure that the exploitation of natural resources conduces to, or does not detract too much from, the benefit of the inhabitants of that territory.[136] The CJEU's decision is more insidious: if the EU Can Do No Wrong, and exploiting a third party by treaty is Wrong, then it simply did not happen. The listing of 140 companies in the Western Sahara in the schedules to the Association Agreement, the preferential tariff treatment given to them for decades, the multiple visits by the Commission officials to the territory at the invitation of Moroccan authorities; these are *völkerrechtsunfreundlich*, and therefore "too illegal to be true".[137] They must therefore be disregarded as "factual anomalies falling outside the scope of appeal".[138]

As for the implications of *Polisario* upon the EU's claim to be a constitutional order, the case serves as yet another example of the CJEU's steadfast opposition to affording individuals the right to challenge EU measures through judicial review. As demonstrated in section I(B), the jurisprudence often treats such standing and other 'procedural' matters as merely of secondary importance, which can be safely restricted since there are other

of Justice of the European Union: International or Domestic Court International Organisations and Courts, 3 Cambridge Journal of International and Comparative Law (2014), 696, 697-700..

135 See R. Kagan, Of Paradise and Power: America and Europe in the New World Order (2003), 3 (describing the EU as particularly committed to consensus and multilateralism, while the US remained "mired in history, exercising power in the anarchic Hobbesian world where international laws and rules are unreliable [...]"); J. D. Ohlin, The Assault on International Law (2015), 8 (describing an attitude among 'conservative' U.S. lawyers towards "international legal norms that flow from faraway European cities like Brussels, Geneva, and The Hague.").

136 Front Polisario v. Council, supra note 4, paras. 234-247.

137 V. Kube, 'The Polisario Case: Do EU Fundamental Rights Matter for EU Trade Policies?', available at http://www.ejiltalk.org/the-polisario-case-do-eu-fundamental-rights-matter-for-eu-trade-polices/ (last visited 29 September 2018).

138 S. Hummelbrunner and A.-C. Prickartz, 'EU-Morocco Trade Relations Do Not Legally Affect Western Sahara – Case C-104/16 P Council v. Front Polisario', 5 January 2017, available at https://europeanlawblog.eu/2017/01/05/eu-morocco-trade-relations-do-not-legally-affect-western-sahara-case-c-10416-p-council-v-front-polisario/ (last visited 29 September 2018).

substitutes such as the preliminary ruling procedure.[139] However, that would not be acceptable even if they were available to distant strangers like the Sahrawi applicants, because, as mentioned earlier, the purpose of preliminary rulings is to ensure uniform interpretation and application of EU law. They are emphatically not designed as avenues for claimants to vindicate *their* rights. A claimant in a preliminary reference is not the master of her claim: that honour belongs to the national judge making the reference.[140] Having dignity means not just being treated 'rightly' by others, but having standing, or the 'right' to demand rightful treatment from others as a matter of obligation. Ultimately, standing goes to the heart of what it means to be a subject empowered with rights, rather than an object of pity. It is therefore a cause for concern if standing is improperly denied or restricted, and this remains the case even if the eventual outcome of the dismissal is otherwise welcome.

139 See also Jégo-Quéré, supra note 2, para. 35 (overruling an expansive interpretation of the then applicable rules on standing on grounds that the measure concerned could have been challenged before national courts indirectly).

140 Rhimes, supra note 10, 159-160 (describing the discretion of national court judges in crafting the precise question to be referred, which may differ from what the litigants themselves desire).

Unravelling Attribution, Control and Jurisdiction: Some Reflections on the Case Law of the European Court of Human Rights

Remy Jorritsma[*]

I. Introduction

This contribution provides a reflection on case law of the European Court of Human Rights (the Court) dealing with issues of attribution, control and jurisdiction in interpreting and applying the European Convention on Human Rights[1]. The cases that have touched upon these questions constitute a patchwork of jurisprudence. It has been difficult to discern any underlying systematic approach, in particular when the relevant claims concern the alleged responsibility of a State for conduct outside its national territory. The ultimate aim of this contribution is to provide more clarity through an analysis of the interaction between the substantive law as found in the Convention, rules of attribution as found in the law of State responsibility, and the availability of procedural avenues of redress for victims with respect to the enforcement of obligations arising out of the Convention. As will be shown below, analytically speaking the law of State responsibility, the existence and exercise of a State's jurisdiction, and the jurisdiction of the Court are separate issues, each governed by their own rules of international law. However, their separate and conceptually distinct nature does not preclude these issues from relating to each other or having a certain consequential influence over each other.

This contribution will first contextualize a number of methodological difficulties and relevant legal terms, i.e. jurisdiction, control and attribution (Section I). This is followed by an examination of these terms separately in light of the relevant rules of public international law (Sections II-IV). The last substantive section (Section V) ties these concepts back to-

---

* Research Fellow at the Max Planck Institute Luxembourg for Procedural Law.

1 Convention for the Protection of Human Rights and Fundamental Freedoms, 4 November 1950, 213 UNTS 222, ETS 5 (as amended by Protocol 14) (Convention, or ECHR).

gether again and analyzes the function that attribution rules play (or are perceived to play by the Court) in the scheme of all of this.

II. *In Search of a Sound Methodology for the Determination of State Responsibility in Extraterritorial Situations*

States and non-State actors have the potential to pose an enormous threat to the enjoyment of human rights of individuals. Globalization and privatization have resulted in a wider theatre of operations for States and an increased reliance by States on non-State actors for carrying out sovereign State functions or pursuing State policies.[2] For individuals in Europe, the Convention offers a unique mechanism to address alleged human rights violations arising out of such situations. It involves a judicial procedure with direct access for individual victims, entailing binding judgments and a built-in enforcement mechanism under the aegis of the Council of Europe.

The Court does not always present clear legal solutions in terms of holding a State responsible under the Convention for its actions or for those of non-State actors, especially if the State is alleged to be responsible for conduct outside its national borders.[3] To some extent, the rather unsystematic and haphazard approach of the Court may be explained by the fact that certain highly relevant terms of art have different meanings depending on the context in which they are used. For example, the notion of *control* plays a role in assessing whether pursuant to Article 8 of the International Law Commission's Articles on Responsibility of States for Internationally Wrongful Acts[4] (ARSIWA) the behaviour of a non-State actor can be at-

---

2 The roles of privatization and globalization and their impact on the prominence of non-State actors in international law have been widely commented on in the literature. See among many sources e.g. International Law Association Committee on Non-State actors (2005-2016), Final Report, Johannesburg Conference (2016), available at www.ila-hq.org/index.php/committees. [All URLs in this contribution were last visited 30 April 2018].

3 On extraterritorial application of human rights treaties, see e.g. F. Coomans and M.T. Kamminga (eds.), Extraterritorial Application of Human Rights Treaties (2004); M. Gondek, The Reach of Human Rights in a Globalising World: Extraterritorial Application of Human Rights Treaties (2009); M. Milanović, Extraterritorial Application of Human Rights Treaties: Law, Principles, and Policy (2011); K. da Costa, The Extraterritorial Application of Selected Human Rights Treaties (2012).

4 The text of the Articles and accompanying commentaries are reproduced in J. Crawford, The International Law Commission's Articles on State Responsibility: Introduction, Text and Commentaries (2002).

tributed to a State. Yet, the term of *control* is also used to determine whether a victim is protected by the substantive rights and freedoms pursuant to Article 1 of the Convention. The term *jurisdiction*, in turn, may refer to the above-mentioned reach of substantive obligations imposed by the Convention on a State or alternatively to the competence of the Court to take cognizance of complaints alleging violations of these rules.

Another cause of the lack of clarity and predictability in the Court's reasoning with respect to the extraterritorial application of the Convention and situations involving non-State actors is that the Court tends to judge such cases on a need-to-decide basis. In his lengthy, articulate concurring opinion in *Al-Skeini*, for example, Judge Bonello laments that the judicial decision-making process in Strasbourg suffers in some ways from internal contradiction and that it has "squandered more energy in attempting to reconcile the barely reconcilable than in trying to erect intellectual constructs of more universal application".[5] Indeed, while the Court generally makes a point in recalling its earlier jurisprudence, it often does so in a way that creates the false impression that the case at hand fits perfectly in the body of earlier precedents. Moreover, it may not always be clear in the Court's reasoning whether for the application of the Convention abroad, or the attribution to a State of certain conduct, a particular set of circumstances such as control over persons or territory is deemed sufficient (leaving open the possibility that other, less-demanding levels of control may do the trick as well) or rather *per se* necessary (in which case the identified level of control decisively represents a minimum-level; a *conditio sine quae non*).

As Dominic McGoldrick observed on this topic, the correct methodology "will determine what are the right questions and the right answers [and] that what appear to be the right answers are superficially attractive but they are answering the wrong questions".[6] The present author would like to add that not only are the right questions important but also the correct order in which the Court poses them, the clarity of steps taken in judicial reasoning, as well as consistency in application. It would be expected that the Court, as any judicial dispute settlement body, undertake its function as guardian of the law in a clear, steady, predictable and logical manner. This is important not only from a substantive point of view when trying to

5 Al-Skeini and Others v. the United Kingdom, ECtHR Application No. 55721/07, Judgment of 7 July 2011 [GC], Concurring Opinion of Judge Bonello, para. 7.

6 D. McGoldrick, Extraterritorial Application of the International Covenant on Civil and Political Rights, in Coomans and Kamminga, supra note 3, 41, 42.

analyze the case law by identifying similarities and patterns but also – arguably even more so – from a procedural point of view given that the lack of clarity and predictability regarding the issues addressed in this contribution may thwart access to justice and remedies for actual or potential victims of violations of the Convention.

III. Jurisdiction of the European Court of Human Rights

In international adjudication, the term jurisdiction refers to the question whether a court or tribunal can entertain a case and render a binding decision.[7] The scope of a court or tribunal's jurisdiction is invariably regulated and circumscribed by its constituent instrument. In the European system of human rights protection, the Court has jurisdiction to interpret and apply the Convention, in particular in disputes brought to its attention by State parties (i.e. inter-State cases), or by any person, nongovernmental organization or group of individuals claiming to be a victim of a violation of the ECHR (i.e. individual applications).[8] Before proceeding with the merits of a case, it must first be ascertained that the case is admissible under the terms of Article 35 ECHR. If (or to the extent that) an application is inadmissible, the Court will not have jurisdiction to examine it in substance and the case would not be allowed to proceed further.[9] According to Article 35(3)(a), the Court shall declare inadmissible – and thus cease its exercise of jurisdiction with respect to – any application that, *inter alia*, "is incompatible with the provisions of the Convention or the Protocols".[10]

Two grounds of inadmissibility (or incompatibility) are important for this contribution. First, a case is inadmissible if there is a lack of jurisdiction *ratione personae*, for example, because the conduct complained of can-

7 S. Rosenne, 'International Courts and Tribunals, Jurisdiction and Admissibility of Inter-State Applications' (last updated March 2006), Max Planck Encyclopedia of Public International Law, available at http://opil.ouplaw.com/home/EPIL, para. 2.

8 Articles 32-34 ECHR.

9 Applications can be declared inadmissible in any stage of the proceedings; see Article 35(4) ECHR.

10 Article 35 ECHR formally applies to individual applications only. The Court has held that "this cannot prevent the Court [in inter-State cases] from establishing already at [the] preliminary stage, under general principles governing the exercise of jurisdiction by international tribunals, whether it has any competence at all to deal with the matter laid before it"; see Georgia v. Russia (II), ECtHR Application No. 38263/08, Decision of 13 December 2011, para. 64.

not be attributed to a State party.[11] And second, a case will be held inadmissible if the Court finds that there is a lack of jurisdiction *ratione loci*, meaning that the victim is not within a State party's jurisdiction in the sense of Article 1 ECHR.[12] Article 35 ECHR thus brings together questions of attribution of conduct to a State and the existence of State jurisdiction in terms of Article 1, requiring that both conditions be fulfilled for the Court to be able to exercise its jurisdiction and consider the merits of a case.

IV. Attribution of Conduct to a State

The legal process of attribution in international human rights law looks into the connection that exists between the State that is claimed to be internationally responsible and the author of the act that is alleged to violate the victim's human rights. The rules on State responsibility as codified in ARSIWA provide that an internationally wrongful act occurs when conduct "(a) is attributable to the State under international law; and (b) constitutes a breach of an international obligation of the State".[13] The Court has called this definition the "cornerstone of State responsibility under international law".[14] The law of State responsibility is said to form a framework of *secondary* rules and purportedly does not address or regulate the content, interpretation or application of *primary* (or substantive) rules of international law such as the rights and freedoms laid down in the Convention. As put by Roberto Ago: "[I]t is one thing to define a rule and the content of the obligation it imposes and another to determine whether that obligation has been violated and what should be the consequences of the violation. Only the second aspect comes within the sphere of responsibility proper."[15]

The rules of attribution in Part One, Chapter Two (i.e. Articles 4-11) of ARSIWA distinguish private acts from those which can be genuinely re-

11 Council of Europe, Practical Guide on Admissibility Criteria (updated 30 April 2018), paras. 185 and 199, available at www.echr.coe.int (Case-law – Case-law analysis – Admissibility Guide) [CoE Admissibility Guide].

12 Ibid., paras. 209-211.

13 Articles 1 and 2 ARSIWA.

14 Likvidējamā P/S Selga and Vasiļevska v. Latvia, ECtHR Applications Nos. 17126/02 and 24991/02, Decision of 1 October 2013, paras. 95 and 64-65.

15 Second Report on State Responsibility (by Robert Ago, Special Rapporteur) – The Origin of International Responsibility, 2 ILC Yearbook (1970) 178, para. 7.

garded as acts of the State. These provisions are widely considered to represent customary international law.[16] In principle, a State can only be held responsible for the conduct (i.e. acts and omissions) of those persons and entities which make up the State's institutional apparatus. Consequently, Article 4 ARSIWA provides that the conduct of a State's organs (this includes local authorities) is attributable to the State.[17] Article 4 appears to cover not only those persons or entities considered by a State's internal law as its *de jure* organs but also a State's *de facto* organs, i.e. those persons or entities who, while not having the formal status of State organ, are equated with such on the basis of a relationship with the State which the International Court of Justice in *Bosnian Genocide* described as "complete dependence".[18] What matters here is whether the non-State actor is a mere instrument through which the State acts, lacking any real autonomy, and whether there is a "particularly great degree of State control" akin to what a State ordinarily exercises over its organs.[19] Or, as the International Court of Justice held earlier in *Nicaragua*, it depends "on the extent to which the [State] made use of the potential for control inherent in that dependence".[20] Likewise attributable to a State is the conduct of persons or entities empowered by it to exercise governmental authority,[21] or that of State organs placed at its disposal by another State.[22] In each of these cases, it makes no difference that the organ or entity acts *ultra vires*; its conduct will

16 See e.g. the numerous references to ARSIWA's attribution rules as documented in the UN Secretary-General's reports containing a compilation of decisions of international courts, tribunals and other bodies, in UN Doc A/62/62 (1 February 2007) and Add.1 (17 April 2007), UN Doc A/65/76 (30 April 2010), UN Doc A/68/72 (30 April 2013), and UN Doc A/71/80 (21 April 2016). See also Materials on the responsibility of states for internationally wrongful acts, UN Doc ST/LEG/SER B/25 (2012), 27-124; S. Olleson, State Responsibility before International and Domestic Courts: The Impact and Influence of the ILC Articles (forthcoming; preliminary draft available at www.biicl.org/files/3107_impactofthearticleson-state_responsibilitypreliminarydraftfinal.pdf).

17 Article 4 ARSIWA.

18 Application of the Convention on the Prevention and Punishment of the Crime of Genocide (Bosnia and Herzegovina v. Serbia and Montenegro), Judgment (Merits), ICJ Reports 2007, 43, 205, para. 392.

19 Ibid., para. 393.

20 Military and Paramilitary Activities in and against Nicaragua (Nicaragua v. USA), Judgment (Merits), ICJ Reports 1986, 14, 62, para. 110.

21 Article 5 ARSIWA.

22 Article 6 ARSIWA.

be considered as an act of the State at least insofar as it is undertaken in actual or apparent official capacity.[23]

The corollary of the rule that a State can only be held responsible for its own conduct is that the conduct of private persons is in principle not attributable to the State. This is illustrated very well by the *Tagayeva* case. The applicants in this case complained that Russia was responsible for their treatment while being held captive by terrorists during the 2004 Beslan hostage crisis in North-Ossetia, Russia. The Court in Strasbourg held that while Russia could be held responsible for its own acts (i.e. the operation to liberate the hostages), and for its omissions in relation to the terrorists (i.e. indirect responsibility as a result of a failure to act in violation of a State's positive obligations), it could not be established that Russia bore any direct responsibility for the acts of the terrorists as the latter's acts could not be considered as attributable to it. Relying on the Commentary to Chapter II of ARSIWA, the Court explained that "the conduct of private persons is not as such attributable to the State" and that "human rights violations committed by private persons are outside of the Court's competence *ratione personae*".[24]

However, there may be special circumstances such as the existence of a specific factual relationship between the State and the individual,[25] where international law nevertheless regards private conduct as acts of the State. The remainder of Part One, Chapter Two sets out when this is the case. For example, under Article 8 ARSIWA the conduct of a non-State acting under the "direction or control" of a State is attributable to the latter.[26] When it comes to the exact level of control required by Article 8 international courts and tribunals have adopted divergent positions. In *Bosnian Genocide* the International Court of Justice required proof of *effective control*, meaning control exercised "in respect of each operation in which the alleged violations occurred, not generally in respect of the overall actions" taken by

23 Article 7 ARSIWA.

24 Tagayeva and Others v. Russia, ECtHR Application No. 26562/07, Decision of 9 June 2015, para. 581.

25 Commentary to Article 8 ARSIWA, in Crawford, supra note 4, 110, para. 1.

26 Article 8 ARSIWA. The remaining grounds for attribution – Article 9 dealing with conduct in the absence of governmental authorities, Article 10 on insurrectional movements, and Article 11 on conduct acknowledged and adopted by the State – will not be addressed in this contribution, as they are in practice quite exceptional and the Court has never relied on them in its case law.

the non-State actor in question.[27] Case law of the International Criminal Tribunal for the former Yugoslavia agrees with effective control being the proper test for attribution under State responsibility law but as an exception it considers the less-demanding test of *overall control* appropriate when the non-State actor is an organized armed group involved in an armed conflict. It defines overall control as "more than the mere provision of financial assistance or military equipment or training [but without the need to show] the issuing of specific orders by the State, or its direction of each individual operation".[28] It has been submitted that it is rather unclear how the level of control required for the purposes of Article 8 ARSIWA differs from that articulated by the International Court of Justice in *Bosnian Genocide* with respect to completely dependent *de facto* organs purportedly covered by Article 4 ARSIWA.[29]

The Articles apply to the whole range of international obligations of States regardless of whether the obligation is owed to one or several other States or to individual persons.[30] It follows that the attribution rules as laid down in ARSIWA also apply to the establishment of State responsibility within the regime of international and regional human rights law. An internationally wrongful act is an indispensable condition for a State to be held responsible and reliance on the rules of attribution from Part One form part of that exercise regardless of the identity of the claimant. Indeed, when questions of attribution arise the Court occasionally refers to ARSIWA. For example, in *Kotov*, when describing the law relevant to attribution the Court referred to ARSIWA as "codified principles developed in modern international law in respect of the State's responsibility for internation-

27 Bosnian Genocide, supra note 18, para. 400. See also United States Diplomatic and Consular Staff in Tehran (United States of America v. Iran), Judgment, ICJ Reports 1980, 3, 29, para. 58; Nicaragua, supra note 20, 14, 64, para. 115; Armed Activities on the Territory of the Congo (DRC v. Uganda), Judgment, ICJ Reports 2005, 168, 226, para. 160.

28 Prosecutor v. Tadić, IT-94-1A, Appeals Chamber, Judgment of 15 July 1999, para. 137. The Tribunal has repeatedly confirmed and applied this test, up to its very final appeals judgment, see Prosecutor v. Prlić et al., IT-04-74-A, Appeals Chamber, Judgment of 29 November 2017, paras. 238 and 246.

29 B. Stern, The Elements of an Internationally Wrongful Act, in J. Crawford et al., The Law of International Responsibility (2010), 193, 206.

30 General commentary to ARSIWA, in Crawford, supra note 4, 76, para. 5. See further Commentary to Article 33, ibid., 210, para. 4. See also Article 12 ARSIWA, which provides in general terms that a breach of a State's international obligation can occur "regardless of its origin or character".

ally wrongful acts".[31] It must be noted, though, that in the vast majority of cases the Court does not expressly cite the attribution provisions of ARSIWA.[32] This applies both to the final version as adopted on second reading in 2001 as well as the various attribution rules as provisionally adopted on first reading in the period 1973-1975. This is partly due to the fact that in most cases there can be no doubt that the acts of the involved governmental actor – such as national courts, regular armed forces, or the police – are attributable to the State.[33] At times, the Court also applies rules and principles which underpin ARSIWA but without explicitly mentioning the latter by name.[34]

The justification for relying on rules of (conventional or) customary international law found outside of the Convention can be explained by the principle of systemic integration which holds that treaties must be interpreted by taking into account any relevant rules of international law applicable in the relations between the parties.[35] It was this provision that led a Grand Chamber to conclude that the "principles underlying the Convention cannot be interpreted and applied in a vacuum", and that the Court must also take into account "any relevant rules of international law when examining questions concerning its jurisdiction and, consequently, determine State responsibility in conformity with the governing principles of international law".[36] Accordingly, the Convention should be interpreted as

31 Kotov v. Russia, ECtHR Application No. 54522/00, Judgment of 3 April 2012 [GC], paras. 30-32.

32 R. Lawson, Out of Control: State Responsibility and Human Rights – Will the ILC's Definition of the "Act of State" Meet the Challenges of the 21st Century?, in M. Castermans-Holleman, F. van Hoof and J. Smith (eds.), The Role of the Nation-State in the 21st Century: Human Rights, International Organizations and Foreign Policy – Essays in Honour of Peter Baehr (1998), 91, 115.

33 M. Milanović, 'Jurisdiction and Responsibility: Trends in the Jurisprudence of the Strasbourg Court' (2016), available at http://papers.ssrn.com/sol3/papers.cfm?abstract_id=2753544, 9-10.

34 See e.g. Krastanov v. Bulgaria, ECtHR Application No. 50222/99, Judgment of 30 September 2004, paras. 53-54, where the Court held that Bulgaria, acting through its police officers in the performance of their duties, had violated the substantive limb of Article 3 of the Convention. In its judgment the Court did not make any such reference, but the outcome in terms of attribution is fully in line with Article 4 and Article 7 ARSIWA.

35 Article 31(3)(c) Vienna Convention on the Law of Treaties, 23 May 1969, 1155 UNTS 331.

36 Banković and Others v. Belgium and 16 Other High Contracting Parties, ECtHR Application No. 52207/99, Decision of 12 December 2011 [GC], para. 57 (references omitted).

far as possible in harmony with other principles of international law of which it forms part.

Notwithstanding the interpretive value of the principle of systemic integration, however, the Court must be mindful of the fact that the Convention is not an ordinary multilateral treaty. The Court has repeatedly held that in its interpretation it must "have regard to the special character of the Convention as a treaty for the collective enforcement of human rights and fundamental freedoms",[37] and that the Convention is "a constitutional instrument of European public order (*ordre public*)".[38] These considerations point towards the possibility that the Convention is interpreted and applied as a *lex specialis* in deviation from what would ordinarily follow when interpreting the Convention through systemic integration. It may very well be, for example, that European human rights law as a particular branch of public international law contains rules of attribution which differ from those as laid down in general international law on State responsibility and that this is recognized through the Court's case law. This possibility is clearly contemplated by Article 55 ARSIWA which provides that the rules of ARSIWA (incl. those on attribution) do not apply where and to the extent that special rules of international law provide otherwise. In that sense, the Articles are not only general, they are also residual,[39] being applicable only insofar as they are not deviated from in primary rules of international law. The tension between a harmonious and an autonomous interpretation of the Convention is very much present in the Court's case law.[40] While this tension may be unavoidable, it becomes problematic when the Court does not express which path it follows and this has been another source of confusion with respect to State responsibility in extraterritorial situations and/or those involving non-State actors.

37 Loizidou v. Turkey (Preliminary Objections), ECtHR Application No. 15318/89, Judgment of 21 March 1995, para. 70. See also e.g. Mamatkulov and Askarov v. Turkey, ECtHR Applications Nos. 46827/99 and 46951/99, Judgment of 4 February 2005, para. 100.

38 Loizidou (Preliminary Objections), supra note 37, para. 75. See also e.g. Al-Skeini, supra note 5, para. 141.

39 Introduction to Commentaries, in Crawford, Commentaries, supra note 4, 76, para. 5.

40 See e.g. Avsar v. Turkey, ECtHR Application No. 25657/94, Judgment of 10 July 2001, para. 284, where the Court held that responsibility under the Convention "is based on its own provisions which are to be interpreted and applied on the basis of the objectives of the Convention and in light of the relevant principles of international law" (emphasis added).

For a State to be held responsible under the Convention for the conduct of its officials or agents, an express or implied determination of attribution is not the end of the matter, though. State responsibility requires also that the relevant conduct is contrary to what the substantive provisions of the Convention demand from the State as the addressee of its norms. Especially for conduct undertaken abroad, the preliminary question is whether the Convention applies at all. This is a matter of State jurisdiction in the sense of Article 1 of the Convention.

V. Jurisdiction of the State under Article 1 of the Convention

The Convention constitutes a binding engagement for those States that have ratified it. Yet, it does not necessarily follow that each and every action of the States Parties is subject to the constraints imposed by it. One needs to make a distinction between the binding nature of the Convention as a result of a State ratifying it and the applicability of the Convention to a particular set of circumstances.[41] The Convention provides in Article 1 that the States Parties shall secure to everyone "within their jurisdiction" (in the French text: "relevant de leur jurisdiction") the rights and freedoms defined in Section I.[42] Consequently, the Convention can only be relied on when it is shown that the victim was within the State's jurisdiction. As the Court has held repeatedly: "The exercise of jurisdiction is a necessary condition for a Contracting State to be able to be held responsible for acts and omissions imputable to it which give rise to an allegation of the rights and freedoms set forth in the Convention."[43] Put differently, Article 1 is a

---

41 Cf. Report of the Study Group of the International Law Commission (Finalized by Martti Koskenniemi), Fragmentation of International Law: Difficulties Arising from the Diversification and Expansion of International Law, UN Doc A/CN.4/L.682 (13 April 2006), 30, para. 46, fn. 48, which makes a distinction between the validity of a rule of international law and the applicability thereof. A rule is valid if it is part of the legal order, while to say that a rule is applicable means that it "provides rights, obligations or powers to a legal subject in a particular situation". In the context of the Convention, the former would be a matter of ratification and entry into force and the latter a matter of State jurisdiction under Article 1.

42 With respect to the Optional Protocols to the Convention, Article 1 applies mutatis mutandis.

43 See e.g. Ilaşcu and Others v. Moldova and Russia, ECtHR Application No. 48787/99, Judgment of 8 July 2004 [GC], para. 311.

"threshold criterion",[44] the meaning of which is determinative of the scope and reach of the Convention.[45] If the threshold is met, it triggers the application of the Convention to the particular circumstances of the case. In this sense, European human rights law bears similarities with international humanitarian law given that the latter also knows a threshold of application, i.e. the existence of an international or a non-international armed conflict. While all States Party to the Geneva Convention and its Additional Protocols are bound by its provisions from the moment of ratification and entry into force, the bulk of its provisions become applicable when the threshold has been met.[46]

The concept of State jurisdiction under Article 1 is underpinned by two presumptions. The first holds that everybody within a State's territory falls within its jurisdiction. The second presumption entails that a State's jurisdiction does not extend outside its national territory. However, the principle of territoriality and the lack of extraterritorial application must be qualified to account for the fact that jurisdiction is not "equivalent to or limited to" the territory of the States parties.[47]

A. *The Principle of Territoriality: Scope and Exceptions*

In principle, everyone within a State's own territory (including non-nationals) is presumed to be within a State's jurisdiction in the sense of Article 1.[48] Here the State must secure the whole range of rights and freedoms provided for by the Convention. This encompasses both the negative obligation to abstain from violating rights as well as the positive obligation to

44 Al-Jedda v. the United Kingdom, ECtHR Application No. 27021/08, Judgment of 7 July 2011 [GC], para. 74.

45 Banković, supra note 36, para 65.

46 On the relationship between State responsibility law and the classification of armed conflicts, see further R. Jorritsma, Where General International Law Meets International Humanitarian Law: Attribution of Conduct and the Classification of Armed Conflicts, 23 Journal of Conflict & Security Law (2018), 405.

47 Cyprus v. Turkey (I/II), ECtHR Applications Nos. 6780/74 and 6950/75, Decision of 26 May 1975.

48 Ilaşcu, supra note 43, para. 312. According to Article 56(1) of the Convention, a declaration by the State is required to extend the territorial reach of the Convention to any of the non-metropolitan territories for whose international relations it is responsible. An additional declaration by the State is required to recognize the Court's jurisdiction to receive individual applications, see Article 56(4) ECHR.

prevent private actors from infringing upon the enjoyment of human rights of other individuals.

The presumption that the Convention applies in full throughout the whole of a State's territory is difficult to rebut. In the *Assanidze* case the Court examined whether Georgia could be held responsible for the acts of its local authorities.[49] The case concerned the applicant's continued detention by the authorities of the Ajarian Autonomous Republic – a political-administrative region considered in domestic and international law as belonging to Georgia – following a conviction by Ajarian courts despite having received a pardon (for one offence) by the Georgian president and being acquitted (for another) by the Supreme Court of Georgia. The Court maintained the principle of territoriality and held that the applicant's detention fell within the jurisdiction of Georgia despite the fact that in the autonomous region the State "encounter[ed] difficulties in securing compliance" with the Convention.[50] Thus, mere autonomy of a part of the territory of a State is not sufficient to displace the principle of territoriality or the full application of the Convention.

In principle, the Convention also continues to apply (with individuals continuing to be within its jurisdiction) when a State has lost control or authority over part of its territory to a third State, for example, as a result of belligerent occupation, the presence of military bases of foreign troops, or local insurgents with a secessionist agenda who are controlled by a foreign State. However, in these situations the range of the Convention's substantive obligations is limited in light of the exceptional circumstances that the territorial State finds itself in. Rather than having to ensure the whole of the Convention, the territorial State is merely under a positive obligation to secure the rights guaranteed by the Convention through "diplomatic, economic, judicial or other measures that it is in its power to take and are in accordance with international law".[51] This positive obligation encompasses two limbs, namely, the obligation to take appropriate diplomatic,

49 Assanidze v. Georgia, ECtHR Application No. 71503/01, Judgment of 8 April 2004 [GC]. See also Sargsyan v. Azerbaijan, ECtHR Application No. 40167/06, Judgment of 16 June 2015, paras. 132-151. In this case the Court applied its reasoning from Assanidze to the deserted village of Gulistan which was rendered practically inaccessible by surrounding minefields and the opposing forces of Azerbaijan and the Nagorno-Karabakh Republic. See further section V.C.3.

50 Assanidze, supra note 49, para. 146.

51 Ilaşcu, supra note 43, para. 331. See also Ivanţoc and Others v. Moldova and Russia, ECtHR Application No. 23687/05, Judgment of 15 November 2011, paras. 105-111; Catan and Others v. Moldova and Russia, Nos. 43370/04, 8252/05 and 18454/06, Judgment of 19 October 2012 [GC], paras. 145-148; Mozer v. Moldova

economic and legal measures (1) to re-establish control over its territory (including the obligation to refrain from supporting the State or entity which controls the territory), and (2) to ensure respect for the human rights for those situated in that territory.

Matters become more complicated outside a State's own territory. As warned by former Court President Luzius Wildhaber, "the Convention was never intended to cure all the planet's ills and indeed cannot effectively do so".[52] At the same time, legal considerations sustain the argument that a State cannot be allowed to do abroad what it is prohibited from doing on its own territory. The Convention must therefore be interpreted and applied in a way that balances the legitimate interests of States as well as individuals. Such an interpretation would recognize that States have obligations in respect of situations abroad but only when this would be reasonable in light of the specific facts of a case.

Early decisions on the admissibility of individual complaints were indicative of the potential for the Convention to apply extraterritorially. In *Hess*, for example, it was held that "in principle, from a legal point of view, [there is] no reason why acts of the British authorities in Berlin should not entail the liability of the United Kingdom under the Convention".[53] Although the application was declared inadmissible, this statement of principle demonstrates that while the scope of a State's jurisdiction is primarily territorial it is not exclusively so,[54] albeit that extraterritorial application remains, even today, an exceptional matter.[55] Looking at the Court's case law in retrospect it is possible to discern that the extraterritorial application of the Convention has crystalized along the lines of two models: the personal

---

and Russia, No. 11138/10, Judgment of 23 February 2016 [GC], paras. 151-155. These cases dealt with events occurring within Transnistria, a Moldavian unrecognized region with secessionist aspirations, controlled or at least substantially supported by Russia. See further section V.C.2.

52 Speech given by President Luzius Wildhaber on occasion of the opening of the judicial year of the Court, Strasbourg, 31 January 2002, quoted in R. Lawson, Life After Banković: On the Extraterritorial Application of the European Convention on Human Rights, in Coomans and Kamminga, supra note 3, 83, 116.

53 See e.g. Hess v. the United Kingdom, ECtHR Application No. 6231/73, Decision of 28 May 1975 [Cion.].

54 See also Legal Consequences of the Construction of a Wall in the Occupied Palestinian Territory, Advisory Opinion, ICJ Reports 2004, 136, 179, para. 109: "[W]hile the jurisdiction of States is primarily territorial, it may sometimes be exercised outside the national territory".

55 Al-Skeini, supra note 5, para. 132.

model and the spatial model.[56] To be applied, both models do not require that the conduct abroad takes place in the territory of another State Party to the Convention.[57]

B. *State Jurisdiction under the Personal Model*

Under the personal model, extraterritorial jurisdiction is established on the basis of the legal or factual relationship between the State and the individual who is alleged to be the victim. The relevant test is whether an individual is under a State's "authority and control through its agents operating ... in [another] State".[58] The Court's case law offers a number of scenarios in which such authority or control exists even though it must be admitted that the precise outer limits of this category remain uncertain, in particular when such authority or control is exercised from a distance.

When a State exercises *de jure* authority outside of its national territory, based on a treaty or other source of international law, the personal model is applicable in relation to persons affected by such authority. Such is the case for diplomatic and consular agents in a host State. When a State exercises diplomatic functions in relation to individuals acting through its agents (e.g. by granting them passports, providing consular assistance in carrying out a court order of the sending State, bringing about their expulsion from the host State, or handing them over to the latter's authorities), these individuals are considered to be within the sending State's extraterritorial jurisdiction. One of the earliest manifestations of the personal model on this ground can be found in a 1965 decision by the Commission when a German national complained that German diplomatic and consular staff in Morocco had requested the local authorities to expel him from the

---

56 See also W.A. Schabas, The European Convention on Human Rights: A Commentary (2015), 101-104; L. Caflisch, Attribution, Responsibility and Jurisdiction in International Human Rights Law, 10 Anuario Colombiano de Derecho Internacional (2017), 161, 164; Council of Europe, Guide on Article 1 of the European Convention on Human Rights (updated 30 April 2018), para. 16, available at www.echr.coe.int (Case-law – Case law guides).

57 Al-Skeini, supra note 5, para. 142. This is a departure from Banković, supra note 36, para. 80, in which the Court suggested that the Convention applies in an "essentially regional context" and that extraterritorial application was in any case limited to the legal space (espace juridique) that comprises the sum of the territory of the States Parties.

58 This formulation was used for the first time in Issa and Others v. Turkey, ECtHR Application No. 31821/96, Judgment of 16 November 2004, para. 71.

country. Deciding on the admissibility of the complaint, the Commission held that "in certain respects, nationals of a Contracting State are within its 'jurisdiction' even when domiciled or resident abroad" and that such is the case "in particular [when] the diplomatic and consular representatives of their country of origin perform certain duties with regard to them".[59] Other recognized exercises of sovereign authority based on international law are judges sitting outside a State's territory but applying their own national laws,[60] or the operation of State schools abroad.[61]

Next to the exercise by a State of sovereign, *or de jure*, authority, the personal model also covers situations of *de facto* control, or physical power. A common denominator here is that the victim's freedom of movement was controlled, restricted or negated due to the actions of State agents therefore bringing the individual and his/her subsequent treatment (such as the infliction of harm,[62] or the transfer to a third State[63]) within the State's jurisdiction. One example is the deprivation of liberty due to arrest or detention in the context of law enforcement operations. Thus, when France apprehended and took into custody a suspect of terrorism in Sudan, the Commission had little difficulty to find that, from the time of being handed over to its agents, the applicant was within French jurisdiction.[64] With

59 X v. Federal Republic of Germany, ECtHR Application No. 1611/62, Decision of 25 September 1965 [Cion]. While there are exceptions – e.g. restrictions on the political activities of aliens (Article 16 ECHR) or the prohibition of expulsion of nationals (Article 3 Optional Protocol 4) – the enjoyment of the rights and freedoms of the Convention generally does not depend on the nationality of the victim. Consequently, the Commission was right to drop the reference to "nationals" in subsequent cases involving the (extraterritorial) application of the ECHR. For other cases involving diplomatic and consular agents, see X. v. the United Kingdom, ECtHR Application No. 7547/76, Decision of 15 December 1977 [Cion]; M. v. Denmark, ECtHR Application No. 17392/90, Decision of 14 October 1992 [Cion].

60 Cf. Drozd and Janousek v. France and Spain, ECtHR Application No. 12747/87, Judgment of 26 June 1992.

61 Gentilhomme, Schazff-Benhadji and Zerouki v. France, ECtHR Applications Nos. 48205/99, 48207/99 and 48209/99, Judgment of 14 May 2002.

62 Issa, supra note 58. The Court ultimately did not find sufficient evidence for the involvement of Turkish soldiers. However, had such involvement been established as a matter of fact, the victims would have been within Turkish jurisdiction as a result of the soldier's control and authority over them. This interpretation is confirmed in Al-Skeini, supra note 5, para. 136.

63 Al-Saadoon and Mufdhi v. the United Kingdom, ECtHR Application No. 61498/08, Decision of 30 June 2009.

64 Sánchez Ramirez v. France, ECtHR Application No. 28780/95, Decision of 24 June 1996 [Cion].

respect to the apprehension of Abdullah Öcalan by Turkish security forces in Kenya, the same conclusion was reached by the Court.[65] Another form of liberty deprivation is internment or detention in times of international[66] or non-international armed conflict.[67] A third form of deprivation of liberty giving rise to the extraterritorial application of the Convention occurs when a State's maritime forces board and assume control over an intercepted vessel[68] or when the vessel's personnel is transferred to the intercepting ship.[69]

When it comes to the exercise of physical power without prior arrest or detention, however, the picture becomes less clear. In its case law, the Court appears to take the distance between the victim and the State agent using force as an important criterion. The Court held in *Banković* that the victims of an aerial bombardment were not within the jurisdiction of the States involved.[70] The bombardment was carried out from a minimum altitude of 15 000 feet by States participating in Operation Allied Force during the Kosovo war. Subsequent cases appear to have gradually departed from the narrow interpretation of State jurisdiction in *Banković*. In *Isaak*, for instance, the Court accepted the extraterritorial application of the Convention to a person who was beaten to death by Turkish agents in the neutral United Nations (UN) buffer zone separating Greek-Cyprus from Turkish-Cyprus.[71] In *Jaloud* and *Pisari*, the Court applied the personal model to individuals who were taking fire when approaching or passing through vehicle checkpoints.[72] And in *Pad*, the Court appeared to entertain the possibility that the killing of individuals through helicopter gunfire on foreign ter-

---

65 Öcalan v. Turkey, ECtHR Application No. 46221/99, Judgment of 12 May 2005 [GC].

66 Al-Saadoon and Mufdhi, supra note 63 (concerning detention which started during the occupation of Iraq); Hassan v. the United Kingdom, ECtHR Application No. 29750/09, Judgment of 16 September 2014 [GC] (concerning detention which took place in Iraq during active hostilities in the invasion stage).

67 Al-Jedda v. the United Kingdom, ECtHR Application No. 27021/08, Judgment of 7 July 2011 [GC].

68 Medvedyev and Others v. France, ECtHR Application No. 3394/03, Judgment of 29 March 2010 [GC].

69 Jamaa and Others v. Italy, ECtHR Application No. 27765/09, Judgment of 23 February 2012 [GC].

70 Banković, supra note 36, para. 82.

71 Isaak v. Turkey, ECtHR Application No. 44587/98, Judgment of 24 June 2008.

72 Jaloud v. The Netherlands, ECtHR Application No. 47708/08, Judgment of 20 November 2014 [GC]; Pisari v. Moldova and Russia, ECtHR Application No. 42139/12, Judgment of 21 April 2015. See also Al-Skeini, supra note 5, in which all six victims were considered as being within the jurisdiction of the United

ritory brought the victims within the respondent State's jurisdiction.[73] In this case, Turkey admitted that the fire discharged from its helicopters had caused victims but denied that this took place in Iranian territory. Accordingly, the Court did not find it necessary to determine the exact location of the attack. That said, the Court's assessment of case law on extraterritorial application strongly suggests that the outcome of the case would be the same had it actually been proven that the acts took place on Iranian soil.[74]

One particular variation to extraterritorial application concerns cross-border situations in which a State acts on its own territory but produces (or has the potential to produce) effects abroad. In the *Soering* case, the Court held that a State Party would violate the Convention if it deports an individual to any other State where the individual would run a substantial risk of torture or inhuman or degrading treatment.[75] A second cross-border case is *Andreou*, in which the applicant, while standing in Greek-Cypriot territory, was shot by Turkish agents in Turkish-Cypriot territory. The Court held that even though the applicant sustained her injuries in territory over which Turkey exercised no control, "the opening of fire on the crowd [took place] from *close range* [and] was the *direct and immediate cause* of those injuries", such that the applicant was within Turkish jurisdiction.[76]

These two cases are not concerned with extraterritorial application in the traditional sense.[77] After all, the decision to deport or open fire on someone is taken within a State's own territory. Nevertheless, it remains true that the State exercises control over the individual by having a decisive effect on his/her enjoyment of human rights; the individual has no free will in the matter, similar to the cases of interception, arrest and detention as mentioned above. Yet these cases cause one to wonder how the Court would decide on cross-border situations in which there is a comparable causal link between the use of force and the injuries sustained but with a

---

Kingdom under the personal model, even though four of them had died in the course of security operations without a prior arrest or detention.

73 Pad and Others v. Turkey, ECtHR Application No. 60167/00, Decision of 28 June 2007.

74 If the location of the attack had been a decisive factual element in the case, one would have expected the Court to look closer into this. After all, the Court must decide, if necessary on its own motion, whether it has in fact jurisdiction, and whether the case is admissible ratione personae and ratione loci.

75 Soering v. the United Kingdom, ECtHR Application No. 14038/88, Judgment of 7 July 1989.

76 Andreou v. Turkey, ECtHR Application No. 45653/99, Decision of 3 June 2008 (emphasis added).

77 Banković, supra note 36, paras. 67-68.

less close range (e.g. through cross-border sniper fire, artillery fire or even ballistic missiles).[78] It is furthermore questionable that a distinction is made between force being used in a cross-border context and air-to-surface force that is carried out wholly abroad. Future cases will hopefully clarify to what extent the *Banković* decision still reflects today's law and the role proximity and causality play in the establishment of extraterritorial State jurisdiction. As the High Court of England and Wales reasoned, when the lesser use of force of apprehending someone suffices for jurisdiction under Article 1, "it makes no sense to hold that the greater use of force involved in killing someone does not have that effect".[79]

In any event, as confirmed in *Al-Skeini*, the application of the personal model to extraterritorial conduct qualifies the extent of substantive obligations imposed on the State. Even though the victim abroad may be within the reach of the Convention for the purpose of Article 1, it is not necessary for the State to secure the whole catalogue of rights and individual freedoms; the range of rights and freedoms is proportionate to the level of control. It is, for example, appropriate to expect the State to refrain from violating the right to life or the prohibition of torture whereas certain positive obligations, such as to ensure the right to education or the freedom of assembly, are less likely to be applicable to persons finding themselves in such situations. Hence, contrary to the Court's all-or-nothing approach in *Banković*, the Convention rights can be "divided and tailored" with the effect that only those rights and freedoms that are relevant to the situation of an individual come into play.[80]

---

78 78 Cf. Al-Skeini, supra note 5, Concurring Opinion of Judge Bonello, para. 14: "I resist any helpful schizophrenia by which a nervous sniper is within the jurisdiction, his act of shooting is within the jurisdiction, but then the victims of that nervous sniper happily choke in blood outside it."
See in the same vein Assanidze, supra note 49, Concurring Opinion of Judge Loucaides, arguing that jurisdiction means "the possibility of imposing the will of the State on any person". See also Caflisch, supra note 56, 194, noting that a State sending troops abroad exercises jurisdiction whenever its troops "are in control of [a] specific event or situation" (emphasis in original).

79 Al-Saadoon and Others v. Secretary of State for Defence, [2015] EWHC 715 (Admin.), 17 March 2015, para. 107 (per Justice Leggatt).

80 Al-Skeini, supra note 5, para. 137. Cf. Banković, supra note 36, para 75.

C. State Jurisdiction under the Territorial Model

Under the territorial, or spatial, model, the State's exercise of control is relevant as well, but here control exists in relation to an inanimate object, territory, as opposed to a human being. It is established case law that a State's jurisdiction extends when, as a consequence of military action, it exercises control over *territory beyond its national borders*. For this particular type of extraterritorial application of the ECHR, it is irrelevant whether the military action leading to territorial control is lawful or not, or whether the State claims title to that territory.[81]

A paradigmatic form of extraterritorial control of territory is belligerent occupation. According to Article 42 of the 1907 Hague Regulations, territory is considered occupied "when it is actually placed under the authority of the hostile army [and] extends only to the territory where such authority has been established and can be exercised".[82] There is wide agreement that occupation requires the fulfilment of three specific conditions: (1) presence of foreign troops who exercise effective control over the territory, (2) substitution of their authority for that of the territorial State, and (3) lack of valid consent by the territorial State.[83]

The classical example of occupation is where a State's armed forces exercise territorial control so as to constitute an occupying power.[84] Less straightforward, however, are situations that are not "classical" occupations

81 See also Legal Consequences for States of the Continued Presence of South Africa in Namibia (South West Africa) notwithstanding Security Council Resolution 276 (1970), Advisory Opinion, ICJ Reports 1971, 16, 54, para. 118: "Physical control of a territory, and not sovereignty or legitimacy of title, is the basis of State liability for acts affecting other States." See also L.A. Raible, Title to Territory and Jurisdiction in International Human Rights Law: Three Models for a Fraught Relationship, 31 LJIL (2018), 315.

82 Article 42 Convention (IV) respecting the Laws and Customs of War on Land and its annex: Regulations concerning the Laws and Customs of War on Land, 18 October 1907, 36 Stat. 227 (1907). This provision represents customary international law, see e.g. Wall Advisory Opinion, supra note 54, 167, para. 78, and 172, para. 89; Sargsyan, supra note 49, paras. 94 and 144.

83 See e.g. Armed Activities, supra note 27, 230, para. 173; T. Ferraro, Determining the Beginning and End of an Occupation Under International Humanitarian Law, 94 International Review of the Red Cross (2012) 133, 143. As a matter of law, it cannot be ruled out that the Convention applies extraterritorially to forms of territorial control other than occupation, see Jaloud, supra note 72, para 141-142.

84 Cases such as Al Saadoon and Mufdhi, Al-Skeini, and Hassan show that if a person is wounded or killed by a State in the course of security operations or detention, the Court is more likely to apply the personal model rather than assessing

in the sense of continued presence of a State's own armed forces. A State's armed forces may initially be present on and control the territory but subsequently withdraw after transferring its authority and control to a (pre-existing or newly put in place) local administration. Alternatively, a State may, without ever having had its own "boots on the ground", control or otherwise support a non-State actor which in turn can be said to exercise territorial control on the State's behalf. These situations have proven to pose difficulties — in particular because the question of occupation (or other forms of territorial control) and consequently the extraterritorial application of the Convention is often intrinsically tied to the question of attribution. Some of these situations were the subject of proceedings before the Court, notably in cases involving Northern Cyprus (with respect to the extraterritorial jurisdiction and responsibility of Turkey), Transnistria (with respect to that of Russia), and Nagorno-Karabakh and the Lachin district (with respect to that of Armenia).

1. *Northern Cyprus*

In *Loizidou v. Turkey*, the Court introduced the territorial model for the first time. The applicant in the case, Ms Loizidou, was owner of a number of plots of land located in Northern Cyprus. Following the Turkish invasion and subsequent occupation in 1974, she fled to the southern part of the island. She claimed that she was prevented from returning to enjoy her property, allegedly in violation of Article 8 of the Convention (right to respect for family and private life) and Article 1 of the First Optional Protocol (protection of property). In the Preliminary Objections phase the Court considered the argument by Turkey that the matters complained of did not fall within the latter's jurisdiction in the sense of Article 1 of the Convention. According to Turkey, its forces were present in Northern Cyprus to act on behalf of the Turkish Republic of Northern Cyprus (TRNC), and consequently the exercise of public authority must be seen as that of TRNC and not as imputable to Turkey. The Court did not follow Turkey's argument that the applicant was not in its jurisdiction. Interpreting Article 1 of the Convention, the Court held that:

> [T]he concept of "jurisdiction" [under Article 1 of the Convention] is not restricted to the national territory of the High Contracting Parties.

---

whether the victim falls within that State's jurisdiction under the spatial model, e.g. as a result of the State being an occupying power.

> [...] [T]he responsibility of a Contracting Party may also arise when as a consequence of military action – whether lawful or unlawful – it exercises effective control of an area outside its national territory. The obligation to secure, in such an area, the rights and freedoms set out in the Convention derives from the fact of such control whether it be exercised directly, through its armed forces, or through a subordinate local administration.[85]

Given that Turkey had acknowledged that the applicant's loss of access to her property was caused by its forces during the occupation of Northern Cyprus and the establishment therein of the TRNC, the Court held that "such acts are capable" of falling within Turkey's jurisdiction within the meaning of Article 1.[86] Accordingly, it rejected Turkey's objection *ratione loci*, while explicitly reserving for the merits the specific question whether the matters complained of could be attributed to Turkey and give rise to State responsibility under the Convention.

In its judgment on the merits the Court recalled its earlier findings that, "in conformity with the relevant principles of international law governing State responsibility", effective control of an area is constitutive of State jurisdiction.[87] Focusing on whether Turkey could be held responsible under the Convention for the acts of the TRNC, the Court added:

> It is not necessary to determine whether [...] Turkey actually exercised detailed control over the policies and actions of the authorities of the "TRNC". It is obvious from the large number of troops [...] in Northern Cyprus that her army exercises effective overall control over that part of the island. Such control [...] entails her responsibility for the policies and actions of the "TRNC". [...] Her obligation to secure to the applicant the rights and freedoms set out in the Convention therefore extends to the northern part of Cyprus.[88]

The Court concluded its consideration of this issue by holding that the applicant's loss of access to her property fell within Turkish jurisdiction and was "thus imputable to Turkey".[89]

---

85 Loizidou (Preliminary Objections), supra note 37, para. 62.

86 Ibid., para. 64.

87 Loizidou v. Turkey (Merits), ECtHR Application No. 15318/89, Judgment of 18 December 1996, para. 52.

88 Ibid., para. 56 (references omitted). Here the Court speaks of "effective overall control", instead of "effective control" over territory, as it did earlier in the preliminary objections phase.

89 Ibid., para. 57.

These two judgments in the *Loizidou* case are exemplary for the confusing way in which the Court treats the concepts of attribution and (State) jurisdiction as well as the relationship between them. To some extent this uncertainty flows from the Court's approach of seeking to divorce questions of procedure (admissibility and jurisdiction) from substance (the merits of the case). When the Court assesses the question of extraterritorial application such an inquiry often demands an in-depth legal appreciation of both the specific factual circumstances of the case and the various actors involved. Given that it is difficult to see the question of jurisdiction and admissibility as conceptually and analytically distinct from the merits, a better approach would have been to join these objections to the merits and decide on both in a single judgment.[90] Instead, in the preliminary objections phase the Court applies the law of State responsibility *in order to* determine, at a procedural level, the existence of jurisdiction, while in the merits phase, at the substantive level, it appears as if the responsibility of Turkey for the acts of the TRNC *follows from* the existence of jurisdiction. The circularity of this reasoning is exacerbated by the use of imprecise language, for instance, that "responsibility ... may arise", without explaining whether this refers to an obligation under the primary rules of the Convention, jurisdiction in the sense of Article 1, or State responsibility proper under the secondary rules of ARSIWA in the sense of having committed an internationally wrongful act.[91] Related to this, it is rather unclear whether the Court is holding Turkey directly responsible for the acts of the TRNC as a non-State actor or instead for its failure to exercise due diligence in

90 See e.g. Loizidou (Preliminary Objections), supra note 37, Joint Dissenting Opinion of Judges Gölcüklü and Pettiti, arguing that the Court could not rule on Article 1 jurisdiction without examining the de jure and de facto situation in northern Cyprus as to the merits. See also Pad, supra note 73, para. 50, reflecting the applicants' argument that the burden of proving, at the admissibility stage, the involvement of Turkey's agents within the territory of Iran would be "tantamount to having to prove the merits of the case as a precondition to establishing jurisdiction". In the majority of subsequent cases on extraterritorial application, objections ratione loci and/or ratione personae are now joined with the consideration of the merits.

91 The diverging use and meaning of the word "responsibility" is not unique to the European human rights system. Consider, among many examples, the doctrine of Responsibility to Protect, as articulated in the 2005 World Summit Outcome (GA Res. 60/1 of 16 September 2005, paras. 138-139), which employs the word responsibility in the meaning of obligation in the sense of a primary rule of international law. See also Responsibilities and Obligations of States Sponsoring Persons and Entities with respect to Activities in the Area, Advisory Opinion, ITLOS Seabed Disputes Chamber, 1 February 2011, ITLOS Reports 2011, 10, 30-31, paras. 64-71.

preventing the infringement of human rights by the TRNC (i.e. indirect responsibility). Thus, while the *Loizidou* judgments for the first time make clear that a State can be held responsible for breaches of the Convention if in the course of military action it comes to control foreign territory by acting through its forces or a subordinate local administration, the *Loizidou* judgments still fall short of clearly explaining how concepts such as attribution, jurisdiction and responsibility relate to each other.

In *Cyprus v. Turkey (IV)*, the Court had an opportunity to clarify its earlier judgments in Loizidou.[92] Citing with approval the broad statement of principle from the merits phase of *Loizidou*, the Court added that having "effective overall control over northern Cyprus", Turkey's "responsibility cannot be confined to the acts of its own soldiers or officials in northern Cyprus but must also be engaged by virtue of the acts of the local administration which survives by virtue of Turkish military and other support".[93] On this basis, the Court found that the matters complained of fell within Turkish jurisdiction and "therefore entail[ed] its responsibility under the Convention.[94] The Court added that a State's responsibility may *also* be engaged when its authorities "[acquiesce or connive] … in the acts of private individuals which violate the Convention rights of other individuals within its jurisdiction".[95]

Given that the Court presents indirect responsibility as an alternative ground for State responsibility, its earlier mention of State responsibility for acts of the local administration which survives by virtue of Turkish support (i.e. TRNC) must be understood to be one of direct responsibility, namely, attribution of the acts of the TRNC to Turkey based on the existence of the latter's jurisdiction and its provision of support. Yet, this raises a number of questions. For example, what is the decisive factor that underpins this direct attribution? Is it the existence of Turkish extraterritorial jurisdiction as such? Or, rather, is it the status of the TRNC as a local administration, or as surviving by virtue of crucial Turkish support (i.e. TRNC as *de jure* or *de facto* State organ under Article 4 ARSIWA, or perhaps as an entity under the control of Turkey as per Article 8 ARSIWA)? And, more fundamentally, did attribution follow from jurisdiction, or was it rather that jurisdiction followed from attribution? By failing to explain in unequivocal terms the interaction between the concepts of attribution, juris-

---

92 Cyprus v. Turkey (IV), ECtHR Application No. 25781/94, Judgment of 10 May 2001.

93 Ibid., para. 77.

94 Ibid.

95 Ibid., para 81.

diction and responsibility the northern Cyprus cases have laid a shaky foundation for the territorial model. Unfortunately, these precarious precedents were used in later cases that similarly involved military action, territorial control, and/or occupation.

2. *Transnistria*

Contrary to the factual circumstances underlying the North Cyprus judgments referred to above, the cases dealing with Transnistria concern a situation in which the troops of one State (USSR, now Russia) remain present on the territory of another (Moldova), following the latter's independence from the former. In June 1990, Moldova proclaimed its sovereignty and independence from the USSR. Following this, a separatist regime declared the independence of the unrecognized "Moldovan Republic of Transnistria" (MRT) – a region in the east of Moldova, bordering Ukraine. In November 1990, hostilities broke out between Moldovan forces and MRT separatists culminating in an armed conflict that lasted until July 1992 when a ceasefire agreement was signed. Both before and after the ceasefire agreement Russia's 14th Army remained present in MRT despite the Moldova's repeated requests to withdraw the troops and military equipment. The 14th Army provided the separatists with arms and equipment and participated in the planning of military operations. Russia also sustained the separatist regime through various forms of political and economic support. Instead of Moldova, it was Russia and MRT forces that exercised effective control over MRT.

The complex situation of Moldova has given rise to a number of judgments. In each of these cases the applicants claimed, *inter alia*, that Russia was responsible for violations of the ECHR on account of its *de facto* control of Transnistria and the support given to the separatist regime established there. The applicants from the first case, *Ilaşcu*, were arrested in Tiraspol (the administrative capital of MRT) in June 1992 by a number of persons, some of whom were wearing the uniforms of the 14th Army while others wore camouflage gear without insignia. They were detained, in turn, in MRT police headquarters and in the 14th Army garrison headquarters until they were brought to stand trial before the "Supreme Court of the MRT", which sentenced them to the death penalty (for the first applicant) or substantial terms of imprisonment (for the other three applicants). Applicants complained that their detention, conviction, and subsequent treatment violated a number of provisions of the Convention, most notably Article 6 (right to a fair trial by a competent court) and Article 5 (right to liberty and security). On the question of extraterritorial application, the Court found that:

> [T]he "MRT", set up in 1991–92 with the support of the Russian Federation, vested with organs of power and its own administration, remains *under the effective authority, or at the very least under the decisive influence*, of the Russian Federation, and in any event [...] it *survives by virtue of the military, economic, financial and political support given to it* by the Russian Federation.[96]

Consequently, the Court held that there is a "continuous and uninterrupted link of responsibility" on the part of Russia,[97] with the result that the applicants fell within the latter's extraterritorial jurisdiction. Without much elaboration, the Court confirmed this finding of extraterritorial jurisdiction by Russia over the MRT in a later judgment involving the continued detention of two of the applicants from the *Ilaşcu* case, despite the Court's ruling in that case that the respondent States should ensure their release.[98]

Another case dealing with Russia's responsibility for events taking place in MRT is *Catan*. In this case, applicants complained, *inter alia*, that Article 2 of the First Optional Protocol (right to education) had been violated when authorities of the MRT forced their school to be closed down, due to the education being offered using the Latin alphabet rather than the Cyrillic script that was required by the MRT. Russia argued that it did not exercise extraterritorial jurisdiction given that the territory in question was controlled by a *de facto* government which was not its "organ or instrument". However, according to the Court, even after the period concerning *Ilaşcu*, the MRT was able to continue in existence only because of Russia's support. In these circumstances, the Court held the "high level of dependency on Russia's support provides a strong indication that Russia exercised effective control and decisive influence over the 'MRT' administration during the period of the school's crisis", with the result that the applicants fell within the jurisdiction of Russia.[99] This finding with regard to Russia's jurisdiction was confirmed in *Mozer*, a later case involving the applicant's arrest and detention as ordered by MRT courts.[100]

96 Ilaşcu, supra note 43, para. 392 (emphasis added).
97 Ibid., para. 394.
98 Ivanţoc, supra note 43, paras. 116-120.
99 Catan, supra note 43, paras. 122-123.
100 Mozer, supra note 43, paras. 101-111.

A significant distinction between *Ilaşcu* and *Ivanţoc* on the one hand, and *Catan* and *Mozer* on the other, is that in the latter cases there was no indication of any direct participation by Russian agents in the measures taken against the applicants. With respect to Russia's responsibility for the alleged acts, the Court sidestepped this by recalling its earlier case law, most notably *Loizidou (Preliminary Objections)*, holding that for Russia to be internationally responsible it was not necessary that it exercise "detailed control over the policies and actions of the subordinate local administration", i.e. of the MRT.[101]

3. *Nagorno-Karabakh and Surrounding Districts*

Nagorno-Karabakh is a region situated within Azerbaijan, consisting for the most part of ethnic Armenians who wish to be unified with Armenia. On 2 September 1991, a few days after Azerbaijan declared itself independent from Soviet Union, the region of Nagorno-Karabakh announced the establishment of the secessionist Nagorno-Karabakh Republic (NKR). To date, the self-proclaimed independence of NKR is not recognized by the international community. In early 1992, Azerbaijan and Armenia were admitted to the UN. Around the same time, the conflict escalated into a full-scale war causing a large number of Azeris – the ethnic minority in NKR – to flee from the area that by then had come under control of ethnic Armenian forces. This included not just NKR but also a number of surrounding territories, including the district of Lachin which lies in between NKR and the Armenian border.

The leading case arising out of this situation is *Chiragov*. In this case, applicants were among this group of internally displaced persons. Before the Court they complained that due to the occupation of the area by Armenia and/or Armenian-backed NKR forces, they were unable to return to their homes and property in Lachin, allegedly in breach of, *inter alia*, Article 1 of the First Optional Protocol. The Armenian government argued that the matter fell outside of the Court's competence *ratione loci*. Rejecting Armenia's argument, the Court followed its line of jurisprudence as set out in the Northern Cyprus and Transnistria cases. As a matter of fact, the Court established that Armenian had been significantly involved in the conflict, most notably through its military presence, the provision of military equipment and expertise, as well as various other forms of support given to

101 Catan, supra note 43, paras. 149-150.

NKR. As a result, the Court held Armenia has "a significant and decisive influence of the 'NKR'", and that the NKR and its administration "survives by virtue of the military, political, financial and other support given to it by Armenia which, consequently, exercises effective control" over the territories in question.[102] Accordingly, the Court held that NKR and the surrounding territories fell under the jurisdiction of Armenia.[103]

VI. *The Function of Attribution Rules in Determining State Responsibility under the Convention*

This final Section will demonstrate that the methodological pathway to address State responsibility for violations of the ECHR (including situations involving non-State actors and extraterritorial conduct) follows from the structure of ARSIWA itself. In the context of the Convention, it follows that a State will have committed an internationally wrongful act resulting in its responsibility when certain conduct is attributable to it, and if such conduct constitutes a violation of applicable provisions of the Convention. The two conditions of attribution and breach are cumulative; both need to be satisfied. More importantly, the presence of one condition does not suffice, nor does it entail that the other condition is met *ipso facto*. As a matter of law, the fact that conduct is attributable does not always mean that this conduct generates State jurisdiction. And conversely, the existence of State jurisdiction does not mean that all conceivable conduct taking place subject to that jurisdiction is that of the State.

In cases involving non-State actors in an extraterritorial setting the Court either conflates (or, at the very least, is unable to clearly demarcate) questions of attribution, jurisdiction, and State responsibility.[104] One of the main uncertainties is to what extent attribution rules are relevant (or

102 Chiragov and Others v. Armenia, ECtHR Application No. 13216/05, Judgment of 16 June 2005 [GC], para. 186.

103 In Zalyan and Others v. Armenia, ECtHR Application Nos. 36894/04 and 3521/07, Judgment of 17 March 2016, para. 212-215, the Court explicitly endorsed its finding of Armenian extraterritorial jurisdiction. This case concerned allegations of torture and ill-treatment by Armenian officials of three individuals who were drafted in the Armenian army and assigned to serve in NKR. While it does not add anything to the reasoning as set out in Chiragov, the case is nonetheless noteworthy given that this is one of the few cases in which extraterritorial application based on the territorial model is applied towards an applicant vis-à-vis his own State.

104 See e.g. Milanović, supra note 3, 41-51; Gondek, supra note 3, 160-168.

even decisive) as to the existence of personal or territorial State jurisdiction in the sense of Article 1. As early as 1965, in *X v. Federal Republic of Germany*, the Commission already held that the extraterritorial application of the Convention was the result of an assessment of two parameters: the question of the author of the act (here: consular and diplomatic agents), and the question of the material nature of the act that is claimed to be a violation of the provisions of the Convention (here: performing official duties). In light of this, it is worth returning to some of the cases falling in the personal model in which it was questionable whether the conduct complained of was attributable to the respondent State(s), to see how this affected the determination of extraterritorial application. These cases are most notably *Drozd and Janousek*, *Behrami and Saramati*, *Al-Jedda*, and *Jaloud*.

In *Drozd and Janousek*, the applicants had been convicted to a prison sentence by an Andorran court composed of Spanish and French judges.[105] The applicants claimed *inter alia* that certain judicial irregularities during their trial did not conform to the requirements set by Article 6 of the Convention. After recalling its earlier case law on the extraterritorial application of the Convention, the Court held that "the question to be decided here is whether the acts complained of [...] can be attributed to France of Spain or both".[106] The Court answered this question in the negative because the French and Spanish judges had not acted as national agents but rather were put at the disposal of Andorra, to the effect that their acts were attributable to Andorra and not France and/or Spain.[107] Thus, in order to assess whether the applicants were within the French or Spanish jurisdiction, the Court first turned to the issue of attribution; since the acts of the judges were not attributable to Spain or France (*ratione personae*), there was no extraterritorial jurisdiction from the point of view of those two States. *A contrario*, if a State brings an individual before its own judges, applying its own national law but sitting outside its territory (as happened for example with the Lockerbie/Pan Am Flight 103 trial, held in the Netherlands), such conduct would be attributable to the State and the persons affected by this would be within its jurisdiction.[108]

Al-Jedda concerned the internment of an Iraqi civilian in an Iraqi detention facility run by the United Kingdom, which was alleged to be in breach

105 Drozd and Janousek, supra note 60.
106 Ibid., para. 91.
107 See Article 6 ARSIWA.
108 This interpretation is confirmed in Al-Skeini, supra note 5, para 135.

of Article 5 (1) of the Convention.[109] Here too, the applicability of the Convention under Article 1 hinged on an assessment of attribution. The United Kingdom argued that the internment was attributable to the UN and that the applicant *therefore* was not within that State's jurisdiction. The Court did not follow the first part of this argument. On the basis of the facts of the case, as well as the text of Security Council Resolutions 1483, 1511 and 1546, the Court found that the Security Council had neither effective control nor ultimate authority and control over the acts of the troops of the Multinational Force (in which the United Kingdom participated). The result was that the applicant's detention was not attributable to the UN but to the respondent State and that *consequently* his detention fell within the latter's jurisdiction for the purpose of Article 1 of the Convention. The Court distinguished the situation at hand from its earlier decision in *Behrami and Saramati* and the mandate provided by Security Council Resolution 1244.[110] In that case, the Court concluded that the conduct complained of (i.e. the failure by UNMIK – the UN Interim Administration Mission in Kosovo – to properly supervise de-mining as for Behrami, and detention by KFOR – Kosovo Force – as for Saramati) was exclusively attributable to the UN having ultimate authority and control, given that UNMIK was a subsidiary organ of the UN and that KFOR was exercising powers lawfully delegated under Chapter VII of the UN Charter. As a result of this exclusive attribution, the relevant conduct was not attributable to the States that contributed troops and the application was declared inadmissible *ratione personae* (obviating the need to entertain the parties' remaining *Banković*-inspired Article 1 arguments pertaining to the admissibility *ratione loci*).

Finally, in *Jaloud* the applicant complained that the Netherlands had violated the procedural limb of Article 2 of the Convention by not conducting an effective and independent investigation with respect to the use of deadly force against an individual who drove through a vehicle checkpoint.[111] The Netherlands disputed that the events complained of fell within its jurisdiction. The vehicle checkpoint in question was located in the province of Al-Muthanna, Iraq. While the province as a whole and the Dutch contingent deployed there were under the operational command of an officer of the United Kingdom, the Netherlands was the only country to

109 Al-Jedda, supra note 44.

110 Behrami and Behrami v. France and Saramati v. France, Germany and Norway, ECtHR Applications Nos. 71412/01 and 78166/01, Decision of 2 May 2007 [GC].

111 Jaloud, supra note 72.

provide security in the relevant area and it retained full command over its contingent. In light of this, and referring to Article 6 ARSIWA and paragraph 406 of the *Bosnian Genocide* case dealing with Article 8 ARSIWA, the Court found that the Dutch troops were neither placed at the disposal nor under the exclusive direction or control of any other State. As a result, the Court concluded that the death of the applicant's son took place within the jurisdiction of the Netherlands, having asserted authority and control over him.

Problematically, these early precedents, and the reasoning set forth in them, have been used in cases involving State control over territory without sufficiently grasping some essential differences between State control over person who claim to be victims and State control over territory. In situations where an individual abroad is held to be under the authority or control of agents of the State such as diplomatic and consular staff, members of the armed forces, the police, judges, etc, the material act that gives rise to the existence of extraterritorial jurisdiction (e.g. issuing passports, detention and ill-treatment, or the use of force at close range) is often the *very same conduct* (by the *very same person*) that constitutes the violation. Accordingly, a finding of attribution of the relevant conduct to the State concerned would also suffice to hold that this conduct took place in the exercise of that State's extraterritorial jurisdiction. Conversely, if in these cases a State could successfully claim that the material act was not attributable to it (*ratione personae*), it would by implication also be successful in demonstrating the lack of extraterritorial jurisdiction (*ratione loci*).[112]

In *Jaloud*, the Court argued that the test for establishing jurisdiction under Article 1 "has never been equated with the test for establishing a State's responsibility for an internationally wrongful act",[113] yet this is precisely what appeared to occur in that judgment (and the other three cases mentioned above). The applicants' arguments that they were within the jurisdiction of the respondent States was in effect approached by the Court as being in essence a question of attribution. In his concurring opinion, Judge Spielmann argued that attribution was irrelevant (a "non-issue") to decide the case at hand given that the main question was one of jurisdic-

112 This may explain why respondent States asserting that the applicant was not in their extraterritorial jurisdiction often do this by denying that the extraterritorial conduct is attributable to the State, i.e. by way of an objection ratione personae: see CoE Admissibility Guide, supra note 11, paras. 190 and 214 and cases cited there.

113 Jaloud, supra note 72, para. 154.

tion under Article 1.[114] This critique may go too far. As a matter of law and logic, their conceptually distinct nature does not imply that there is no relationship whatsoever between jurisdiction and attribution. While both questions are subject to different rules of law and different relationships, it does not necessarily follow that it is "ambiguous" or "incomprehensible" to examine attribution before turning to jurisdiction. After all, it is simply inconceivable that a certain act, such as detention, brings an individual within the jurisdiction of a State without that act being considered an "act of the State" in the first place. It is rather the Court's reluctance to engage in a closer examination of both concepts that has made its case law on this subject incomprehensible.[115] On the other hand, Judge Spielmann is of course correct to assert that questions of jurisdiction are not the *same* as attribution. Indeed, rephrasing the question of jurisdiction as one of attribution (as the Court appeared to do in *Drozd and Janousek*, *Behrami and Saramati*, *Al-Jedda*, and *Jaloud*) could leave the erroneous impression that attribution of the conduct complained of is in any case sufficient for extraterritorial jurisdiction, which is certainly not the case. Not *all* attributable conduct gives rise to State jurisdiction as illustrated very well by cases where the applicability of the personal model hinges on the exercise of physical power rather than the exercise of sovereign authority (e.g. *Banković*[116]). After all, the question of attribution refers to the author of the act and not so much the material nature of the conduct. That said, the more the Court is willing to accept additional categories of material conduct that constitutes jurisdiction under the personal model, the smaller the gap that remains between conduct which is attributable and conduct which is constitutive of jurisdiction. Moreover, in cases of extraterritorial exercise of *de jure* governmental authority by State organs or entities empowered to exercise governmental authority (covered by Articles 4 and 5 ARSIWA), the questions of attribution and jurisdiction essentially come together.

In the spatial model of jurisdiction, things seem to be exactly the other way around. Here, an overarching problem in the Court's case law is the

---

114 Ibid., Concurring Opinion of Judge Spielmann joined by Judge Raimondi.

115 See also ibid., Concurring Opinion of Judge Motoc, para. 8, arguing that "while the present judgment makes progress as regards the applicability of general international law, questions concerning the relationship between general international law and the human rights provided for in Article 1 have still to be clarified".

116 In Banković, supra note 36, the governments disputed the extraterritoriality of the Convention based on the nature of the material acts (i.e. high altitude bombardment), without – except for the French government – claiming that the bombardments were not attributable to the States involved.

inability to distinguish clearly between attribution of non-State actor conduct, the breach of a positive obligation to act, and effective jurisdictional control over territory. While the personal model suffers from the impression that attribution generates jurisdiction, the spatial model appears to imply that jurisdiction generates responsibility. This is difficult to understand, or at the least insufficiently explained by the Court, given that control over territory is something different from control over a perpetrator. As the International Court of Justice held in its first contentious case, territorial control exercised by a State does not make it responsible for any unlawful act occurring on such territory (and thus subject to its jurisdiction); such control "neither involves *prima facie* responsibility nor shifts the burden of proof".[117] But looking at some of the formulations used in the case law setting out the spatial model, it appears as if extraterritorial State jurisdiction implies responsibility for all that happens by the hands of the non-State actor (i.e. the administration of the TRNC, the MRT, or the NKR), even in the absence of the third State exercising detailed control over all their individual actions.

This apparent approach is problematic for at least two reasons. First, it is very difficult to discern any underlying justification for holding a State *responsible* for the actions of local entities when the Court speaks of "effective control or decisive influence" over the TRNC, the MRT, or the NKR as an *area*, instead of assessing the level of control or influence over the non-State actors as persons or entities as required by the standard set forth in Articles 4 (*re* de facto organs) and 8 ARSIWA. A second, related, difficulty is the blurring of the line between attribution of conduct and the failure to exercise due diligence. Cases concerning Northern Cyprus, Transnistria and Nagorno-Karabakh often involve property claims protected under Article 1 of the First Optional Protocol. On this particular provision, the Court has held that even though "the boundaries between the State's positive and negative duties under Article 1 of Protocol No. 1 do not lend themselves to precise definition [the] applicable principles are nonetheless similar".[118] Accordingly, in that case the Court focused on whether the State's conduct could be justified in view of the principles of lawfulness, legitimate aim and fair balance, regardless of whether that conduct could be characterized as an interference (i.e. an attributable act), or a failure to

---

117 Corfu Channel Case (Albania v. the United Kingdom), Judgment (Merits), 9 April 1949, ICJ Reports 1949, 4, 18.

118 Ališić and Others v. Bosnia and Herzegovina, Croatia, Serbia, Slovenia and "The Former Yugoslav Republic of Macedonia", ECtHR Application No. 60642/08, Judgment of 16 July 2014 [GC], paras. 101-102.

act (i.e. an omission). The particular nature of property claims is another factor that makes extraterritorial application cases involving the spatial model difficult to understand. An examination of situations giving rise to the spatial model should take into account that the attribution of conduct (i.e. territorial control) that is said to generate jurisdiction is something different from the attribution of conduct (e.g. the use violence, improper judicial proceedings, etc) that is alleged to constitute the violation.

A final consideration relates to the lack of recognition or consideration of attribution rules. The Court displays a tendency of silently applying the principles underpinning ARSIWA but without expressly mentioning them, or, to misapply (e.g. through lowering the standard of attribution) or reject them without offering any justification. Given the wide acceptance of ARSIWA as general international law, and the inherent tension between the Court's practice of systemic integration and treating the Convention as a constitutional instrument of European public order, it is regrettable that the Court shows such a reluctance to expressly apply, or reject without motivation, ARSIWA's attribution rules in establishing State responsibility (and the preliminary questions whether conduct is attributable to a State for the purpose of establishing the applicability of the Convention and the existence of a breach *strictu sensu*). This is even more so because some of the language used by the Court – e.g. "effective overall control", or "effective control and decisive influence" – is remarkably close to the test of attribution as laid down in Article 4 (re de facto State organs) and Article 8. The cumulative effect of these issues is uncertainty and unpredictability, obscuring the legal foundation of the Court's reasoning. It also has the unfortunate side-effect of diminishing the Court's potential to clarify ARSIWA, to contribute to the crystallization into customary law of those ARSIWA rules which may not yet be deemed to have such status, or, rather, to demonstrate to what extent the Convention system provides for *lex specialis* in deviation from general international law.

VII. Conclusion

The conceptual difference between the applicability of the Convention, and the responsibility for an act that occurs *where* and *to whom* the Convention is applicable, means that a finding of whether a State has committed a breach of the Convention actually involves a number of dimensions. The first is one of attribution. Attribution rules serve to tie conduct to an actor with international legal personality, in this case a State Party. But the fact that conduct is attributable says nothing about whether such conduct was lawful or not. This still depends on whether there is a breach of any applicable law. As far as the Convention is concerned, and unlike "ordinary" treaties concluded between States,[119] this latter question actually comprises two sub-questions: the existence of State jurisdiction so as to make the treaty applicable in the first place,[120] and the existence of a breach itself.[121]

The question of whether extraterritorial conduct by States or non-State actors leads to the existence of extraterritorial jurisdiction and the existence of a breach *strictu sensu* cannot be answered before one resolves the question of whether the relevant conduct is an "act of the State" in the first place. This is the domain of attribution rules. On the other hand, while it is true that the *lack* of attribution of conduct to a State precludes the existence of that State's jurisdiction abroad, it does not necessarily follow that the situation falls under Article 1, and thus under the scope of the Convention, if the relevant conduct *is* attributable. Furthermore, the fact that conduct abroad generates State jurisdiction says nothing *per se* about the attributability of acts taking place within its extraterritorial jurisdiction. By examining whether conduct constitutes State jurisdiction other than through ARSIWA's attribution rules (as happens in the territorial model), the Court merely invites the question as to the methodological underpinning of holding a State responsible for the actions of local entities abroad.

It would be interesting to see how the Court decides future cases on State responsibility in an extraterritorial setting. The Court will most certainly address these questions in a number of cases lodged in the context of the Russo-Georgian War (August 2008)[122] and the Russo-Ukrainian War

---

119 As the Commission held in Cyprus v. Turkey (III), ECtHR Application No. 8007/77, Decision of 10 July 1978, para. 11: "These special obligations of a High Contracting Party are obligations towards persons within its jurisdiction, not to other High Contracting Parties.".

120 Article 13 ARSIWA and Article 1 ECHR.

121 Article 12 ARSIWA and Articles 2-18 ECHR.

122 See e.g. Georgia v. Russia (II), Application No. 38263/08, which concerns allegations of indiscriminate and disproportionate attacks by Russian forces and/or by the separatist forces under their control. On 13 December 2011, the Court joined to the merits of the case the Russian objection ratione loci that it did not exercise jurisdiction in South Ossetia, Abkhazia and the neighboring regions. Witness hearings were held in June 2016 and a hearing on the merits was held in May 2018.

(2014 up to present).[123] It is to be hoped that these cases put the legal appreciation of extraterritorial application on a more sound footing, keeping in mind the interaction between the Convention and general international law while not losing sight of the special nature of the Convention and the possibility of it providing for *lege speciales* rules on attribution and State responsibility.

123 See e.g. Ukraine v. Russia, ECtHR Application No. 20958/14 (on Russia's role in Crimea from March-September 2014); Ukraine v. Russia (IV), No. 42410/14 (Russia's role in Crimea after September 2014); Ukraine v. Russia (V), No. 8019/16 (Russia's role in Eastern Ukraine from March-September 2014); Ukraine v. Russia (VI), No. 70856/16 (Russia's role in Eastern Ukraine after September 2014). In May 2018 the Chamber dealing with the applications decided to relinquish jurisdiction over the cases in favour of the Grand Chamber.

The Lack of Effective Remedies at the European Court of Human Rights after Opinion 2/13

*Dalia Palombo**

I. Introduction

This article investigates whether, after Opinion 2/13,[1] victims have effective means of redress at the European Court of Human Rights (ECtHR) when the European Union (EU) violates their fundamental rights. In Opinion 2/13, the Court of Justice of the European Union (CJEU) dismissed the *Draft revised agreement on the accession of the European Union to the Convention for the Protection of Human Rights and Fundamental Freedoms* (Draft Agreement),[2] which was the product of more than four years of negotiations between the European Commission (EC) and the Council of Europe. A number of human rights and EU scholars have already analysed the detrimental consequences that Opinion 2/13 may have on the institutional relationship between the EU and the Council of Europe.[3] What receives less attention is that the Draft Agreement, if effective, would have entitled victims of human rights abuses to file complaints against the EU at the ECtHR. This article analyses what avenues Opinion 2/13 left for perspective

---

* LSE Fellow at the London School of Economics and Political Science, Department of Law. I would like to thank Ms. Edith Wagner for presenting with me a critical assessment of Opinion 2/13 at the Max Planck Institute Luxembourg for Procedural Law. The content of this article is based in part on the research made for our joint presentation. However, please note that the views of the author are her own.

1 Opinion of the Court of 18 December 2014, Opinion 2/13, CJEU, ECLI:EU:C:2014:2454.

2 'Fifth Negotiation Meeting between the CDDH Ad Hoc Negotiation Group and the European Commission on the Accession of the European Union to the European Convention on Human Rights' (Council of Europe 2013).

3 See B. De Witte and Š. Imamovic, Opinion 2/13 on Accession to the ECHR: Defending the EU Legal Order against a Foreign Human Rights Court, 40 European Law Review (2015), 683; P. Eeckhout, Opinion 2/13 on EU Accession to the ECHR and Judicial Dialogue: Autonomy or Autarky, 38 Fordham International Law Journal (2015), 955; A. Lazowski and R. A. Wessel, When Caveats Turn into Locks: Opinion 2/13 on Accession of the European Union to the ECHR, 16 German Law Journal (2015), 179.

victims of human rights abuses to file a complaint when the EU violates the European Convention on Human Rights (ECHR). One possibility could be to sue the EU Member States at the ECtHR. This complaint would be based on the fact that the EU is an international organisation (IO) and therefore its Member States could bear responsibility for the human rights violations committed by the organisation. This article investigates the real-life possibilities for human rights victims to file such a complaint. First, it examines the relationship between the EU and the parties to the ECHR after Opinion 2/13. Second, it outlines the general framework as to the responsibility of Member States for the conduct of IOs. Third, it analyses the ECtHR jurisprudence on State responsibility for unlawful EU conduct. The article argues that the current human rights responsibility framework inevitably fails to provide victims with effective remedies against both the EU and its Member States.

II. The European Union and the European Convention on Human Rights

Although EU law[4] provides the basis for fruitful judicial cooperation between the CJEU and the ECtHR,[5] the reality is that the relationship between the two courts has so far been rather conflictual.[6] The EU and the Council of Europe are two distinct international institutions that bind a number of different countries to meet various obligations. They have, for a long time, coexisted without conflicts because they each have different competences: the EU has historically dealt only with economic matters, while the ECtHR focuses on human rights. However, with time, the EU has increasingly regulated also the area of human rights through the case law of EU courts and, more recently, the Charter of Fundamental Rights of

4 Treaty of Lisbon amending the Treaty on European Union and the Treaty establishing the European Community 2007 (OJ C 306/01).

5 S. Douglas-Scott, The European Union and Human Rights after the Treaty of Lisbon, 11 Human Rights Law Review (2011), 645.

6 Lazowski and Wessel, supra note 3; Eeckhout, supra note 3; De Witte and Imamovic, supra note 3; D. Sarmiento, Who's Afraid of the Charter? The Court of Justice, National Courts and the New Framework of Fundamental Rights Protection in Europe, 50 Common Market Law Review (2013), 1267.

the European Union (EU Charter).[7] This results in a potential ECtHR/CJEU conflict of jurisdictions on fundamental rights.[8]

To avoid this potential conflict, and to determine the role that such diverse institutions would have in detailing the human rights obligations of those States that are simultaneously members of the Council of Europe and the EU, Article 6 of the Treaty of Lisbon states:

> 1. The Union recognises the rights, freedoms and principles set out in the Charter of Fundamental Rights of the European Union of 7 December 2000, as adapted at Strasbourg, on 12 December 2007, which shall have the same legal value as the Treaties. The provisions of the Charter shall not extend in any way the competences of the Union as defined in the Treaties. The rights, freedoms and principles in the Charter shall be interpreted in accordance with the general provisions in Title VII of the Charter governing its interpretation and application and with due regard to the explanations referred to in the Charter, that set out the sources of those provisions.
> 2. The Union shall accede to the European Convention for the Protection of Human Rights and Fundamental Freedoms. Such accession shall not affect the Union's competences as defined in the Treaties.
> 3. Fundamental rights, as guaranteed by the European Convention for the Protection of Human Rights and Fundamental Freedoms and as they result from the constitutional traditions common to the Member States, shall constitute general principles of the Union's law.[9]

Article 6 of the Lisbon Treaty attempted to harmonise the ECHR and EU Charter in the following ways.

First, the content of the EU Charter includes a number of provisions that are identical to the ECHR.[10]

---

7 See e.g. Judgment of 17 December 1970, Internationale Handelsgesellschaft mbH v. Einfuhr Und Vorratsstelle für Getreide und Futtermittel, C-11/70, ECLI:EU:C:1970:114; Judgment of 14 May 1974, J. Nold Kohlen-und Baustoffgroßhandlung v. EC Commission, C-4/73, ECLI:EU:C:1974:51.

8 Sarmiento, supra note 6; Douglas-Scott, supra note 5.

9 Treaty of Lisbon amending the Treaty on European Union and the Treaty establishing the European Community supra note 4, Article 6.

10 Douglas-Scott, supra note 5; D. Anderson and C. C. Murphy, The Charter of Fundamental Rights, in A. Biondi, P. Eeckhout and S. Ripley (Eds.), EU Law After Lisbon (2012).

As it pertains to these provisions, Article 52(3) of the EU Charter specifies that:

> In so far as this Charter contains rights which correspond to rights guaranteed by the Convention for the Protection of Human Rights and Fundamental Freedoms, the meaning and scope of those rights shall be the same as those laid down by the said Convention. This provision shall not prevent Union law providing more extensive protection.[11]

Accordingly, the meaning, scope, and interpretation of the provisions included in the text of both the EU Charter and the ECHR are the same. The standards required by the ECHR, as interpreted by the ECtHR, represent a minimum platform. The Treaty of Lisbon requires EU courts to interpret the EU Charter in compliance with the ECHR, but at the same time, it allows them to strengthen the human rights protection within the EU system. Therefore, EU courts can interpret the EU Charter as establishing higher human rights protection than the ECHR but cannot interpret the EU Charter in a way which would lower the standard of protection set out in the ECHR.[12] By including into the EU Charter certain provisions which are identical to the ECHR, the EU Charter is *de facto* incorporating part of the ECHR into EU law. To a certain extent, this is the codification of a practice that EU courts had already adopted as the CJEU had increasingly applied a number of ECHR's provisions in its case law.[13] The first paragraph of Article 6 establishes that the EU Charter, including those provisions reproducing parts of the ECHR, is primary EU law. Primary laws establish the EU institutional apparatus and include the treaties of the EU.[14] In the EU constitutional construction, this means that the EU Charter has neither a higher nor a lower ranking than any other EU treaty. However, the EU Charter does not enlarge EU competences beyond the power already established by the other EU treaties. Therefore, the EU Charter has somehow a more limited scope than a regular treaty because it does not

---

11 Charter of Fundamental Rights of the European Union 2000 (OJ C 364/1), Article 52(3).

12 Douglas-Scott, supra note 5; Anderson and Murphy, supra note 10; Sarmiento, supra note 6.

13 See e.g. supra note 7.

14 P.P. Craig and G. De Búrca, EU Law: Text, Cases, and Materials,5th ed. (2011), 105–123; 'Sources of European Union Law' (EUR-Lex) http://eur-lex.europa.eu/legal-content/EN/TXT/HTML/?uri=URISERV:l14534&from=BG (last visited 6 December 2018).

enlarge the EU competences to human rights. This apparent contrast between, on the one hand, the EU endorsing the EU Charter and, on the other hand, the EU limiting the scope of such EU Charter has been resolved in the following way. The EU Charter enshrines human rights as it pertains to the application of EU law. Therefore, while EU institutions must always respect the EU Charter, the Member States must comply with it only when they implement or apply EU law. Conversely, the EU Charter does not bind the Member States when they apply or implement their domestic legislation.[15]

Second, Paragraph 2 of Article 6 of the Treaty of Lisbon sets out an obligation for the EU to become a party to the ECHR. One of the goals of this provision was to ensure unity and harmony between EU law and the ECHR. Once the EU is a party to the ECHR, it is subject to the judicial review by the ECtHR and, therefore, would have to ensure that its interpretation of human rights is consistent with the ECHR.[16] Despite this harmony envisaged by the founders of the Treaty of Lisbon, the relationship between the ECHR and the EU has not been a happy marriage so far.[17] The requirement for the EU to become a party to the ECHR did not provide for a realistic approach as to how this should actually happen. Multiple practical questions arose in connection with this accession, including, for example, in which capacity the EU could join the ECHR, given that it is not a State and it has limited competence to determine its political and legislative agenda. To address these questions, the European Commission (EC) and the Council of Europe had initiated long lasting negotiations resulting in the adoption of the Draft Agreement.[18] The Draft Agreement to be entered between the Members States of the EU and the Council of Europe was supposed to detail the special role that the EU would assume as a party to the ECHR.[19] The EC and the Council of Europe agreed on the text of such a Draft Agreement. However, one of the conditions to its adoption included that the CJEU would assess whether the Draft Agreement was

15 Douglas-Scott, supra note 5; Anderson and Murphy, supra note 10; Sarmiento, supra note 6.
16 Douglas-Scott. supra note 5.
17 Lazowski and Wessel, supra note 3; Eeckhout, supra note 3; De Witte and Imamovic, supra note 3; Sarmiento, supra note 6.
18 'Fifth Negotiation Meeting between the CDDH Ad Hoc Negotiation Group and the European Commission on the Accession of the European Union to the European Convention on Human Rights', supra note 2.
19 Lazowski and Wessel, supra note 3; De Witte and Imamovic, supra note 3.

compatible with EU law.[20] The CJEU released its non-binding opinion in December 2014 and held the Draft Agreement to be incompatible with EU law.[21] The CJEU opinion was so dismissive that it left no lee-way to adopt the Draft Agreement. As of today, it is not clear if, when, and on what terms the EU will become a party to the ECHR.[22]

Third, Paragraph 3 of Article 6 of the Treaty of Lisbon incorporates the ECHR as general principles of EU law, which are non-written sources used by EU courts to complement the interpretation of primary and secondary EU law.[23] The CJEU has increasingly affirmed these principles in its jurisprudence and elevated their status to sources of EU law.[24] The preamble of the EU Charter echoes the Treaty of Lisbon:

> This Charter reaffirms, with due regard for the powers and tasks of the Community and the Union and the principle of subsidiarity, the rights as they result, in particular, from the constitutional traditions and international obligations common to the Member States, the Treaty on European Union, the Community Treaties, the European Convention for the Protection of Human Rights and Fundamental Freedoms, the Social Charters adopted by the Community and by the Council of Europe and the case-law of the Court of Justice of the European Communities and of the European Court of Human Rights.[25]

These provisions clarify that the EU institutions and the Member States have to interpret the EU Charter in compliance with the ECHR and the ECtHR jurisprudence. It is important to note the history behind such provisions. When the Member States established the EU, they did not intend to set up a human rights system, but rather a trade and economic union. When EU trade and economic norms raised human rights concerns, however, the constitutional courts of several Member States started to establish a constitutional law doctrine that essentially argued for a duality of the EU and the Member State constitutional systems.[26] According to this doctrine,

---

20 'Fifth Negotiation Meeting between the CDDH Ad Hoc Negotiation Group and the European Commission on the Accession of the European Union to the European Convention on Human Rights', supra note 2.

21 Opinion 2/13, supra note 1.

22 Lazowski and Wessel, supra note 3,13; Eeckhout, supra note 3; De Witte and Imamovic, supra note 3.

23 'Sources of European Union Law', supra note 14.

24 Craig and De Búrca, supra note 14, 111–113.

25 Charter of Fundamental Rights of the European Union, Preamble, supra note 11.

26 See e.g. BVerfGE 37, 271 2 BvL 52/71 Solange I-Beschluß (1974); see also BVerfGE 73, 339 2 BvR 197/83 Solange II-decision (1986).

EU law prevails over national law so long as it does not violate the fundamental rights enshrined in the Member States constitutions.[27] The CJEU responded to these encroachments into its territory by including, as general EU law principles, the fundamental rights as established in the constitutional traditions common to the Member States.[28] Over time, the CJEU further incorporated a number of ECHR's provisions into general principles of EU law, because the ECHR sets out the human rights principles common to the EU Member States, all of them also being members of the Council of Europe.[29] As a result, the Treaty of Maastricht[30] and all subsequent EU treaties, including the Treaty of Lisbon,[31] have formally recognised fundamental rights, as established by the ECHR and the constitutional traditions common to the Member States, as general principles of EU law.

Thus, although EU law sets out a human rights system parallel to the existing ECHR, its founders envisaged a harmonious relationship between these two different regimes. They attempted to avoid possible conflicts between the EU and the Council of Europe by including in the EU Charter a number of provisions that are identical to the ECHR; by introducing the ECHR as part of general principles of EU law; and by setting out an obligation for the EU to become a party to the ECHR. However, following Opinion 2/13, it is clear that the EU will not accede to the ECHR in the near future. This results in a legal vacuum as to what remedies victims have against the EU and/or the Member States when the EU violates human rights.

---

27 S. Platon, The "Equivalent Protection Test": From European Union to United Nations, from Solange II to Solange I, 10 European Constitutional Law Review (EuConst) (2014), 226; P. De Hert and F. Korenica, The Doctrine of Equivalent Protection: Its Life and Legitimacy before and after the European Union's Accession to the European Convention on Human Rights, 13 German American Law Journal (2012), 874; L. Pasquet, The Jurisdictional Immunities of International Organizations and the Right to a Court in Tension: Between Conflicting Legal Rationalities and Network Coordination (2015), 190–196.

28 See e.g. supra note 7.

29 B. De Witte, The Past and Future Role of the European Court of Justice in the Protection of Human Rights, in P. Alston (ed.), The EU and Human Rights (1999); Craig and De Búrca, supra note 14, 111–113; Douglas-Scott, supra note 5; Platon, supra note 27; De Hert and Korenica, supra note 27.

30 Treaty on European Union (Maastricht), OJ C 191, 29 July 1992.

31 Treaty of Lisbon amending the Treaty on European Union and the Treaty establishing the European Community, supra note 4.

III. The General Framework

It is beyond the purpose of this article to conduct a comprehensive analysis as to the responsibility of Member States for the violations committed by IOs. However, to frame the debate concerning the ECtHR jurisprudence on the responsibility of Member States for the human rights violations perpetrated by the EU, it is necessary to set up the general framework as it pertains to: (A) Article 61(1) of the Draft Articles on the Responsibility of International Organisations (DARIO); and (B) the human rights obligations arising under the ECHR.

A. The Responsibility of Member States for the Conduct of International Organisations

The debate concerning the responsibility of IOs is topical[32] and, therefore, the International Law Commission has recently published the DARIO.[33] Although the DARIO are non-binding principles, they are a persuasive source as to the responsibility that IOs should bear toward the international community.[34] While the DARIO focuses primarily on the responsibility of IOs, they include Article 61(1) concerning the obligations of States that are members of an IO:

> A State member of an international organization incurs international responsibility if, by taking advantage of the fact that the organization has competence in relation to the subject-matter of one of the State's international obligations, it circumvents that obligation by causing the

32 See e.g. A.Nollkaemper and I. Plakokefalos, Principles of Shared Responsibility in International Law: An Appraisal of the State of the Art (2014); J. M. C. Martín, The Responsibility of Members Due to Wrongful Acts of International Organizations, 12 Chinese Journal of International Law (2013), 679; A. Orakhelashvili, The Responsibility of Member-States Due to Wrongful Acts of International Organizations: A Response to Cortes Martin, 13 Chinese Journal of International Law (2014), 621.

33 International Law Commission, 'Draft Articles on the Responsibility of International Organizations' (2011) II Yearbook of the International Law Commission; M. Möldner, Responsibility of International Organizations–Introducing the ILC's DARIO, 16 Max Planck Yearbook of United Nations Law Online (2012), 281.

34 Möldner, supra note 33; J. d'Aspremont, Abuse of the Legal Personality of International Organizations and the Responsibility of Member States, 4 International Organizations Law Review (2007), 91.

> organization to commit an act that, if committed by the State, would have constituted a breach of the obligation.[35]

According to the DARIO, Member States are not responsible for the conduct of an IO by mere fact of being a member of the IO. However, a Member State may bear responsibility for the violations committed by the IO if the following three conditions are cumulatively met. First, the IO commits an act that if committed by a State would violate international law. Second, according to the IO's internal rules, the IO has competence over the act triggering the violation. Third, there should be a link between the wrongful conduct of the IO and the Member State.[36]

Article 61(1) provides an avenue for international courts to find Member States responsible for their active participation in IOs that are violating human rights. The rationale is that Member States should not take part in IOs to violate laws that they could not otherwise breach in their capacity of States. Essentially, if I apply Article 61(1) to the EU and Member State's obligations under the ECHR, States could not circumvent their obligations by arguing that it is for the EU to regulate EU law in accordance with the ECHR. A number of scholars have analysed and criticised Article 61(1) of the DARIO.[37] Some commentators have pointed out that while a first version of the DARIO seemed to suggest that Member States would be responsible for their participation in IOs, the current version significantly limits the scope of the provision and has established a higher burden of proof to hold Member States responsible for the conduct of IOs.[38]

Therefore, although not binding, Article 61(1) sets up the basis to hold Member States responsible for the unlawful conduct of IOs. The provision restates the jurisprudence of international tribunals and establishes a high burden of proof to hold Member States responsible for the conduct of IOs.

---

35 International Law Commission, supra note 33, Article 61(1).

36 Ibid., Article 61, commentary; E. Paasivirta, Responsibility of a Member State of an International Organization: Where Will It End?; Comments on Article 60 of the ILC Draft on the Responsibility of International Organizations, 7 International Organizations Law Review (2010), 49, 58–60.

37 See e.g. different views Paasivirta, supra note 36; d'Aspremont, supra note 34; C. Ryngaert, The European Court of Human Rights' Approach to the Responsibility of Member States in Connection with Acts of International Organizations, 60 International & Comparative Law Quarterly (2011), 997.

38 Paasivirta, supra note 36.

B. Human Rights Negative and Positive Obligations[39]

In order to analyse the case law of the ECtHR concerning the responsibility of Member States for human rights violations committed by the EU, it is necessary to briefly explain the distinction between negative and positive human rights obligations.

Negative obligations entail a duty of non-interference. In other words: to comply with its negative obligations, a State has to refrain from acting in violation of human rights law. Conversely, in order to breach a negative obligation, the State has to act. For example, freedom from torture or slavery corresponds to the State's obligation to refrain from torturing or enslaving people. The State may breach such obligation through the action of torturing or enslaving people.[40]

Positive obligations entail a duty to intervene. To comply with their positive obligations, countries have to act in accordance with human rights law. Failure to act is the key element of a breach of a positive obligation; the State violates its obligations by failing to take appropriate measures to address the needs of the individuals. A State may violate its positive obligation in multiple forms. For example, the right to education corresponds to the State's obligation to build schools, pay teachers and ensure that each individual living in a given territory receives an education. The State may breach this duty by not securing schools, not paying professors, or not paying for books.[41]

The procedures applicable to assess whether a State violates a certain right are different in the positive and negative obligation frameworks. In the negative obligation framework, the issue is whether the State acts in vi-

39 Please note that part of this section is based on Chapter 3 of the author's Ph.D. thesis 'Business and human rights: the obligations of the European Home State', Maastricht University (2017).

40 See generally, C. Madelaine, La technique des obligations positives en droit de la convention européenne des droits de l'homme (2014); A.R. Mowbray, The Development of Positive Obligations under the European Convention on Human Rights by the European Court of Human Rights (2004); F. Sudre, Les "Obligations Positives" dans la Jurisprudence Europeenne des Droits de l'homme, 23 Revue trimestrelle des droits de l'homme (1995), 363; D. Xenos, The Positive Obligations of the State under the European Convention of Human Rights (2012); P. R. Mazzeschi, 'Responsabilité de l'état pour violation des obligations positives relatives aux droits de l'homme', 333 Collected Courses of the Hague Academy of International Law, 175 (2008).

41 ibid.

olation of the right; whereas in the positive obligation framework, the issue is whether the State does enough to realise an aimed result.[42]

Every human right implies both negative and positive obligations for States.[43] For example, the State breaches the human right to a healthy environment if it either actively pollutes the environment or allows a third party to pollute the environment. In the first example, the State breaches a negative obligation by polluting the environment and, accordingly, interfering with the relevant right of the people. In the second example, the State is in breach of a positive obligation because it does not effectively prevent third parties from polluting the environment. Each State has both a negative obligation not to pollute the environment and a positive obligation to prevent third parties from polluting the environment. Therefore, in the example of environmental rights and related pollution, in order to comply with its obligations under international law, a State should refrain from polluting the environment itself and at the same time actively engage to prevent third parties from polluting the environment.

It is useful to recall how the DARIO take into consideration the notion of negative and positive obligations that entail responsibility for the IO actions and failures to act. According to Article 4:

> There is an internationally wrongful act of an international organization when conduct consisting of an action or omission:
> (a) is attributable to that organization under international law; and
> (b) constitutes a breach of an international obligation of that organization.[44]

The DARIO principles acknowledge that the responsibility of an IO could arise from both acts and omissions. The joint application of Article 4 and 61(1) makes it clear that a Member State may be liable for the actions or omissions of an IO. Specifically, a question will arise as to whether the Member State, the IO, or both are responsible for an action or a failure to act of the IO. In cases of negative obligations, it could be rather straight forward to understand who is violating human rights. It is the actor committing the wrongful act, i.e. either the EU or the Member State depending, for instance, on whether it is EU or Member State law which violates international law. Conversely, in cases of positive obligations, it is not that

42 ibid.

43 See generally, M. S. Carmona, The Nature of the Obligations under the International Covenant on Economic, Social, and Cultural Rights (2003); S. Fredman, Human Rights Transformed (2008).

44 International Law Commission, supra note 33, Article 4.

easy to understand who is violating human rights, because their violation arises from a failure to act. Therefore, both the Member State and the EU could allegedly fail to regulate a particular situation or to prevent damage. The issue in these cases is to determine who exactly was supposed to act but failed to do so. As this article analyses below, the answer to this question is a matter of EU, rather than human rights, law because it is EU law that defines when the Member States, the EU, or both have the competence to regulate a certain issue.[45]

Therefore, the concept of negative and positive human rights obligations, and the related actions and failures to act by the State and/or the IO, are fundamental in framing the responsibility of Member States for the unlawful conduct of IOs.

IV. The Responsibility of Member States for EU Conduct

The ECtHR analysed in detail the responsibility of the Member States for the human rights violations committed by IOs. As it pertains to the EU, a number of scholars and ECtHR judges have consistently stressed that only through the accession to the ECHR could the EU system guarantee effective protection to human rights victims.[46] Against this background, this article argues that victims of human rights violations have no effective remedies against the EU.

The ECtHR jurisprudence on the responsibility of Member States for the human rights violations perpetrated by the EU seems to be an inconsistent patchwork. However, this section attempts to explain this often-puzzling jurisprudence by investigating it through the paradigms of actions and failures to act. In order to conduct such analysis, it is necessary to distinguish between two conducts: that of the State and that of the IO. This article considers three possible scenarios combining the conduct of the

45 S. Besson, The Human Rights Competence in the EU – The State of the Question after Lisbon, in Kofler G., Poiares Maduro M. and Pistone, P. (ed.), Human Rights and Taxation in Europe and in the World (2011); T Lock, End of an Epic? The Draft Agreement on the EU's Accession to the ECHR, 31 Yearbook of European Law (2012), 162.

46 Bosphorus Hava Yollari Turizm Ve Ticaret Anonim Şirketi v. Ireland, ECtHR Application No. 45036/98, Judgment of 30 June 2005, joint concurring opinion of judges Rozakis, Tulkens, Traja, Botoucharova, Zagrebelsky and Garlicki; concurring opinion of judge Ress. See also a number of scholars that consider the EU accession as a necessary step to ensure an equivalent protection De Hert and Korenica, supra note 27; Paasivirta, supra note 36, 57–58.

State and the IO: double actions, the combination of an action and failure to act, and double failures to act. *Double actions* are those cases when both the Member State and the IO act; *combined action and failure to act* are those cases when the IO acts and the Member State fails to act; *double failures to act* are those cases when both the Member State and the IO fail to act. The ECtHR jurisprudence concerning the responsibility of Member States for the conduct of IOs, such as the EU, in connection with these three scenarios resulting in human rights violations could be summarised as follows.

In cases of *double actions* when both the IO and a Member State act, the applicable test is the presumption of equivalent human rights protection. Under this test, the IO's judicial system is presumed to provide a human rights level of protection that is equivalent to the one provided by the ECHR. However, the applicant may rebut this presumption by proving that the IO's judicial system is manifestly deficient.[47]

In cases of *combined action and failure to act*, when the IO commits an allegedly wrongful act but the Member State does nothing to prevent or stop such action, the ECtHR lacks jurisdiction *ratione personae* because it is the IO that commits the unlawful act, rather than the Member State.[48] This interpretation focuses only on the IO's conduct and does not take into account the responsibility of the Member State for its failure to prevent an unlawful act.[49]

In cases of *double failures to act* of both the IO and the State, the ECtHR distinguishes between procedural and substantive failures. In cases of procedural failures to act, which could be considered to constitute a structural lacuna of the IO's judicial system, the ECtHR has jurisdiction over the case, and therefore the Member State may be regarded as responsible for the failures of the IO's dispute settlement system. The reason for this approach is as follows: once Member States transfer part of their judicial authority to an IO and empower it with decisions that affect individuals, they

---

47 De Hert and Korenica, supra note 27; Bosphorus Hava Yollari Turizm Ve Ticaret Anonim Şirketi v. Ireland, supra note 46; Avotins v. Latvia, ECtHR Application No.17502/07, Judgment of 23 May 2016.

48 Connolly v. 15 Member States of the European Union, ECtHR Application No.73274/01, Judgment of 9 December 2008; Boivin v. 34 Member States of the Council of Europe, ECtHR Application No.73250/01, Judgment of 9 September 2008; Saramanti v. France, Germany and Norway ECtHR Application No.78166/01, Judgment of 2 May 2007; Behrami and Behrami v. France, ECtHR Application No.71412/01, Judgment of 2 May 2007; Ryngaert, supra note 37.

49 Stichting Mothers of Srebrenica and others v. the Netherlands, ECtHR Application No.65542/12, Judgment of 11 June 2013.

must ensure that the IO provides human rights protection equivalent to that given by the ECHR. However, a similar logic does not apply to the IO's substantive failures that cannot be interpreted in terms of a structural lacuna. Accordingly, if, for example, an IO fails to protect civilians from an armed attack, the ECtHR will interpret such failure as a decision internal to the IO and, therefore, outside of its jurisdiction.[50]

A. *Double Actions*

In *double actions* cases, the joint action of the State and the EU violates an applicant's right. Typically, in these cases, the Member State implemented an EU act, and therefore the issue is whether the Member State is responsible for the implementation of such act.

Given that the issue of implementation is key to these cases, it is necessary to appreciate the differences as to the application of secondary EU law, which includes regulations, directives, decisions, and recommendations.[51] According to Article 288 of the Treaty on the Functioning of the European Union:

> [... A] regulation shall have general application. It shall be binding in its entirety and directly applicable in all Member States. A directive shall be binding, as to the result to be achieved, upon each Member State to which it is addressed, but shall leave to the national authorities the choice of form and methods.[52]

The CJEU has developed the doctrine of direct effect which establishes EU law as having direct applicability vertically, i.e. an individual could enforce EU law against the Member States; and horizontally, i.e. an individual could enforce EU law against non-state actors.[53] The CJEU has detailed the doctrine of direct effect and applied it to different sources of EU law. First,

---

50 Ryngaert, supra note 37; Gasparini v. Italy and Belgium, ECtHR Application No.10750/03, Judgment of 12 May 2009; Cooperatieve Producentenorganisatie van De Nederlandse Kokkelvisserij UA v. Netherlands, ECtHR Application No.13645/05, Judgment of 20 January 2009; Perez v. Germany, ECtHR Application No.15521/08 Judgment of 6 January 2015; Stichting Mothers of Srebrenica and others v. the Netherlands, supra note 49; d'Aspremont, supra note 34.

51 Craig and De Búrca, supra note 14, 105-123 and 184-223; 'Sources of European Union Law,' supra note 14.

52 Consolidated versions of the Treaty on European Union and the Treaty on the Functioning of the European Union – 2012 (OJ C326), Article 288.

53 Craig and De Búrca, supra note 14, 105-123 and 184-223.

it set out that primary EU law is directly applicable both vertically and horizontally. Second, by interpreting Article 288, it established the different effects that EU secondary law could have. While regulations are, in principle, directly applicable both vertically and horizontally, the legal effect of directives is more nuanced because they require implementation by the Member States. It is beyond the purpose of this article to summarise the CJEU jurisprudence concerning the legal effect of directives; however, it would suffice to recall that when directives are sufficiently detailed, and Member States fail to implement them, such directives may also have vertical direct effect.[54]

This section analyses three cases that map out the evolution of the ECtHR jurisprudence as it pertains to the liability of Members States for actions taken in compliance with the obligations arising from a binding decision of an IO. The first case is *Bosphorus*,[55] the leading ECtHR case concerning the relationship between the EU and its Member States. The second case is *Michaud*,[56] which further specifies the requirements set out in *Bosphorus* regarding the responsibility of Member States for implementing EU law. The third case is *Avotins*,[57] which confirmed to a significant extent the *Bosphorus* decision. As analysed by Cedric Ryngaert, in all of these cases the ECtHR entitles human rights victims with the possibility to file a complaint against the Member State, but at the same time it establishes a high burden of proof for the applicant to rebut the presumption that the IO provides a human rights protection equivalent to that guaranteed by the ECHR. The applicant has, in fact, to prove that the IO is manifestly deficient in providing effective adjudicative mechanisms.[58]

---

54 Ibid.,184–223; G. Betlem and A. Nollkaemper, Giving Effect to Public International Law and European Community Law before Domestic Courts: A Comparative Analysis of the Practice of Consistent Interpretation, 14 European Journal of International Law (2003), 569.

55 Bosphorus Hava Yollari Turizm Ve Ticaret Anonim Şirketi v. Ireland, supra note 46.

56 Michaud v. France, ECtHR Application No.12323/11, Judgment of 6 March 2013.

57 Case of Avotins v. Latvia, supra note 47.

58 Ryngaert, supra note 37; Paasivirta, supra note 36; De Hert and Korenica, supra note 27.

1. *Bosphorus*

In *Bosphorus*, the applicant was a Turkish airline company that leased two aircraft from Yugoslavian Airline, the national airline of the Former Republic of Yugoslavia. Under the United Nations (UN) Security Council (SC) Resolution 820 sanctioning regime, the EC enacted Regulation 144/1993 prohibiting trade with the Former Republic of Yugoslavia. In connection with the implementation of this regulation, Ireland impounded one of the applicant's aircraft, which stationed in its territory. The applicant challenged this act before the Irish courts, which referred the matter to the CJEU for a preliminary ruling. The CJEU confirmed Regulation 144/1993 applied to the aircraft and, therefore, the impoundment by the Irish complied with EU law. The Member State had no discretion to implement the EU Regulation and therefore the ECtHR had effectively to decide whether Ireland was responsible for EU's actions.[59] The ECtHR delivered its judgment in three main parts.

First, the ECtHR set out that it is the State's choice to delegate the power to enact laws to IOs, rather than to preserve such power for itself. Ireland voluntarily chose to regulate its UN sanctioning regime through EU law instead of national law. Such a choice could not provide an excuse for Ireland to avoid the ECtHR scrutiny over the relevant EU acts. Therefore, the ECtHR had jurisdiction over the case and, in principle, the Member States could be responsible for giving direct effect to an EU Regulation violating the ECHR. Conversely, given that the EU is not a party to the ECHR, the ECtHR had no jurisdiction to evaluate whether or not the EU itself had violated human rights.[60]

Second, the ECtHR established the presumption of equivalent human rights protection test. According to this test, a State is presumed to comply with the ECHR while implementing an EU act, as long as the EU's judicial system of review provides for a human rights protection which is equivalent to the one given by the ECtHR.[61] In its judgment, the ECtHR recognised that EU law does not entitle individuals to a right of access to the CJEU comparable to the individual complaint procedure provided by the ECHR. However, it still held that the EU's judicial system provides overall equivalent human rights protection to that of the ECtHR, because domes-

59 Bosphorus Hava Yollari Turizm Ve Ticaret Anonim Şirketi v. Ireland, supra note 46, paras.11–101.

60 Ibid.,151–154; De Hert and Korenica, supra note 27.

61 De Hert and Korenica, supra note 27.

tic courts entitle individuals affected by EU law with effective remedies.[62] It is important to recall that the EU's judicial system includes both EU treaties based tribunals and domestic courts. Both courts must implement EU law. However, given the limited possibilities for individuals to directly file complaints in EU treaties based tribunals,[63] it is often for domestic courts to apply EU law to specific cases.[64] This issue was particularly sensitive as seven judges wrote concurring opinions underlining the differences between the individual right to access court provided by the ECtHR and the much lower level of protection accorded by EU law.[65] Although all of the judges agreed on the outcome of the case, as the presumption of equivalent human rights protection is rebuttable and therefore EU law is not immune from the ECtHR judicial review, it is important to note that the ECtHR was concerned with the limited scope of the right of individuals to access courts in the EU's judicial system. Specifically, the concurring opinions called for the EU to become a party to the ECHR as the necessary step to ensure an effective human rights protection within the EU's judicial system.[66]

Third, an applicant may rebut the presumption of equivalent human rights protection by demonstrating that the protection provided by EU law is manifestly deficient.[67] So far, the ECtHR has never found a Member State responsible because an IO provided a manifestly deficient protection to human rights victims.[68] The only case where the ECtHR recognised that

---

62 Bosphorus Hava Yollari Turizm Ve Ticaret Anonim Şirketi v. Ireland, supra note 46, paras. 155–167.

63 K. Gutman, The Evolution of the Action for Damages against the European Union and Its Place in the System of Judicial Protection, 48 Common Market Law Review (2011), 695.

64 Craig and De Búrca, supra note 14, 184–223; Betlem and Nollkaemper, supra note 54.

65 Bosphorus Hava Yollari Turizm Ve Ticaret Anonim Şirketi v. Ireland, supra note 46, joint concurring opinion of judges Rozakis, Tulkens, Traja, Botoucharova, Zagrebelsky and Garlicki; concurring opinion of judge Ress.

66 Ibid. See also a number of scholars that consider the EU accession as a necessary step to ensure an equivalent protection; De Hert and Korenica, supra note 27; Paasivirta, supra note 36.

67 Ryngaert, supra note 37, 1000–1003; De Hert and Korenica, supra note 27; Bosphorus Hava Yollari Turizm Ve Ticaret Anonim Şirketi v. Ireland, supra note 46, paras. 155–156.

68 De Hert and Korenica, supra note 27, 886–889; C. Ryngaert, The European Court of Human Rights' Approach to the Responsibility of Member States in Connection with Acts of International Organizations, 60 International & Comparative Law Quarterly (2011), 997, 1000–1003.

the applicant rebutted the presumption was *Al-Dulimi and Montana Management Inc*. In this case, the ECtHR held the UN sanctions regime manifestly deficient in terms of human rights protection.[69] Although scholars have celebrated the decision as ground-breaking,[70] the ECtHR Grand Chamber reversed it. The ECtHR Grand Chamber held that the UN sanctions regime was not manifestly deficient and it was for the Member State, Switzerland, to interpret it in compliance with the ECHR. However, given that Switzerland applied the sanctions regime in a way that was detrimental to the applicant, it violated the ECHR.[71] Therefore, it is still unclear what the exact meaning of *manifestly deficient* is and what the conditions are to rebut the presumption of equivalent human rights protection.[72]

2. *Michaud*

In *Michaud*, France implemented the EU anti-money laundering directives in a way that required French lawyers to report suspicious money laundering transactions to the French authorities. The applicant argued that the obligation to report violated the client-attorney privilege covered by Article 8 of the ECHR. One of the issues that the applicant raised was whether the rule in *Bosphorus* applied not only to directly applicable EU law, such as regulations, but also to directives, which, as a general rule, have no direct effect and must be implemented by the Member States so as to create rights and obligations for individuals.[73]

The ECtHR distinguished *Michaud* from *Bosphorus* because in *Michaud* the State responsibility would depend not on its participation in the EU, and, therefore, on whether or not EU law provided an equivalent human rights protection to the applicant, but instead on the conduct that the State itself adopted to implement the EU directive in its domestic system. Furthermore, in *Michaud* French courts did not seek a preliminary ruling at the CJEU and, therefore, the applicant did not have the possibility to fully enjoy the EU's judicial system, but had access limited to domestic courts.

---

69 Al-Dulimi and Montana Management Inc v. Switzerland, ECHR Application No.5809/08, Judgment of 26 November 2013.

70 Platon, supra note 27; Pasquet, supra note 27, 190–196.

71 Al-Dulimi and Montana Management Inc v. Switzerland, ECHR Application No.5809/08, Judgment of 21 June 2016.

72 De Hert and Korenica, supra note 27; Platon, supra note 27.

73 Michaud v. France, supra note 56; Bosphorus Hava Yollari Turizm Ve Ticaret Anonim Şirketi v. Ireland, supra note 46.

The ECtHR assessed the specific case by taking into account the sole responsibility of the Member State as the directives were general enough to be interpreted in different ways, and, therefore, France could have implemented such directives in compliance with the ECHR.[74]

Michaud is not a unique case. The ECtHR has consistently held that when a Member State has the discretion to implement an international obligation, it should interpret it in compliance with the ECHR. For instance, in the context of the UNSC resolutions, the ECtHR established a presumption that the UN and the SC do not require States to violate human rights. Therefore, it is possible for States to interpret any obligation arising out of a SC Resolution in a way that complies with the ECHR. On this basis, the ECtHR held in cases such as *Al-Jedda*,[75] or *Al-Dulimi and Montana Management Inc.*[76] that the Member State violated the ECHR by wrongly interpreting a SC Resolution. Note that this was possible because, differently from *Bosphorus* where an EU regulation implemented the SC Resolution, in *Al-Jedda* and *Michaud*, the IO allowed the Member State certain discretion as to the practical implementation of the international obligation. Interestingly, as it pertains to *Al-Dulimi and Montana Management Inc.*, the Chamber and the Grand Chamber of the ECtHR disagreed as to whether the UNSC left the Member State with some discretion in implementing and interpreting the SC Resolution.[77] As mentioned above, while the Chamber decided that the UNSC resolution was manifestly deficient, the Grand Chamber held that the UNSC left the Member State with certain discretion to interpret the Resolution in compliance with the ECHR. Therefore, it was the Member State, and not the UN, to blame for implementing the Resolution in a manifestly deficient way.[78]

3. *Avotins*

In *Avotins*, the applicant was an individual from Latvia who borrowed from a company incorporated in Cyprus. The company won a case in

74 Michaud v. France, supra note 56, paras. 112–116.

75 Al-Jedda v. The United Kingdom, ECtHR Application No.27021/08, Judgment of 7 July 2011.

76 Al-Dulimi and Montana Management Inc. v. Switzerland, supra note 71.

77 Ibid., Al-Dulimi and Montanta Management Inc. v. Switzerland, supra note 69.

78 Platon, supra note 27; Al-Dulimi and Montanta Management Inc. v. Switzerland, supra note 69; Al-Dulimi and Montana Management Inc. v. Switzerland, supra note 71.

Cypriot courts against the applicant and sought to enforce the Cypriot judgment in Latvia. Under the EU Brussels I Regulation, the Latvian Supreme Court enforced the Cypriot judgment. It held that domestic courts had no authority to review foreign judgments under the Brussels I Regulation, but should have simply enforced them. The applicant alleged that by doing so, Latvia violated Article 6 of the ECHR as the Cypriot court decided the judgment *in absentia*.[79] There are two interesting aspects of *Avotins*. First, it is a case that reassessed the *Bosphorus* test after the CJEU Opinion 2/13. Second, *Avotins* is, on the one hand, similar to *Bosphorus*, as it concerned an EU regulation directly applicable in the Member States, but, on the other hand, similar to *Michaud*, as Latvian courts had not requested a CJEU preliminary ruling and, therefore, the applicant did not have the possibility to enjoy the full protection of the EU human rights judicial system.

As to the first aspect, the ECtHR confirmed the presumption that the EU judicial system offers a human rights protection equivalent to the one that individuals enjoy under the ECHR. However, the ECtHR clarified that the applicants could rebut such presumption in the context of the mutual recognition of foreign judgments because the EU Member States are not supposed to blindly enforce foreign judgments without first assessing whether they comply with the ECHR. In essence, the ECtHR held the Brussels I Regulation could violate the ECHR if applied blindly without first assessing whether or not a foreign judgment violates human rights. In the ECtHR's words:

> [The ECtHR m]ust verify that the principle of mutual recognition is not applied automatically and mechanically [... t]o the detriment of fundamental rights [... W]here the courts of a State which is both a Contracting Party to the Convention and Member State of the European Union are called upon to apply a mutual recognition mechanism established by EU law, they must give full effect to that mechanism where the protection of Convention rights cannot be considered manifestly deficient. However, if a serious and substantiated complaint is raised before them to the effect that the protection of a Convention right has been manifestly deficient and that this situation cannot be remedied by European Union law, they cannot refrain from examining the complaint on the sole ground that they are applying EU law.[80]

79 Case of Avotins v. Latvia, supra note 47, paras. 14–68.
80 Ibid., 116.

According to *Avotins*, domestic courts must conduct a human rights check of any foreign decision notwithstanding the fact that this check may violate EU law. Although *Avotins* has not modified the *Bosphorus* test, it has clarified what a manifestly deficient protection is. The protection provided by EU law is manifestly deficient if it requires domestic courts to blindly apply a foreign judgment without first assessing whether that judgment effectively complies with the ECHR. However, in *Avotins*, the Cypriot judgment respected human rights and, therefore, Latvia enforced it in compliance with both EU law and the ECHR.[81]

As to the second aspect, the ECtHR clarified that in order to ensure a level of human rights protection equivalent to the one provided by the ECHR, domestic courts do not necessarily need to seek for a preliminary ruling by the CJEU. The status of domestic courts as part of both the national and EU judicial systems allow them to apply EU law, including EU human rights law.[82]

Essentially, in *Avotins* the ECtHR confirmed the *Bosphorus* presumption that the EU system provides individuals with a human rights protection equivalent to the one enjoyed under the ECHR.

Therefore, an applicant may successfully file a complaint against a Member State implementing an EU secondary rule under the following alternative conditions. The applicant could overcome the presumption of equivalent protection by proving that the EU's judicial system is manifestly deficient because it does not provide effective remedies comparable to the one required by the ECHR. This is an extremely high burden of proof on the victim given that so far nobody has been able to rebut the presumption of equivalent human rights protection. Alternatively, the applicant could argue the Member State violates the ECHR because of the way it implements the EU secondary rule. The latter is a better strategy as the applicant alleviates the ECtHR from the burden to evaluate whether the EU is responsible for a human rights violation, and therefore, it is more likely to be successful in holding the Member State accountable.

B. *Combined Action and Failure to Act*

The second scenario may be classified as *combined action and failure to act* because the IO acts while the State fails to act. The Member State fails to

81 Ibid., 117–127.
82 Ibid., 117–127.

prevent the IO from violating the ECHR. In these cases, the responsibility of the Member State arises from its failure to prevent or stop the IO from committing an unlawful act.

The ECtHR consistently held that deciding on the responsibility of the State for its membership in an IO would entail assessing the liability of the IO itself. In these cases what is at stake is, in the first place, the responsibility of the IO and, therefore, the ECtHR lacks jurisdiction *ratione personae* over the IO. Essentially, in order to assert jurisdiction, the ECtHR requires a Member State's action.[83]

In *Behrami* and *Saramati*, two cases decided at the same time, a number of applicants from Kosovo alleged that France, Germany, and Norway were responsible for, first, failing to prevent the explosion of a bomb, which killed Mr Behrami and, second, for detaining Mr Saramanti. In these cases, the UNSC Resolution 1244 authorised NATO military intervention in the Former Republic of Yugoslavia.[84] Therefore, they were not the countries themselves that allegedly violated the ECHR, but NATO, an IO, empowered by a UNSC Resolution. The ECtHR held:

> Since operations established by the UNSC Resolutions under Chapter VII of the UN Charter are fundamental to the mission of the UN to secure international peace and security and since they rely for their effectiveness on support from member states, the Convention cannot be interpreted in a manner which would subject the acts and omissions of Contracting Parties which are covered by UNSC Resolutions and occur prior to or in the course of such missions, to the scrutiny of the Court. To do so would be to interfere with the fulfilment of the UN's key mission in this field including, as argued by certain parties, with the effective conduct of its operations. It would also be tantamount to imposing conditions on the implementation of a UNSC Resolution which were not provided for in the text of the Resolution itself. This reasoning equally applies to voluntary acts of the respondent States such as the vote of a permanent member of the UNSC in favour of the relevant Chapter VII Resolution and the contribution of troops to the security mission: such acts may not have amounted to obligations flowing from membership of the UN but they remained crucial to the

83 Ryngaert, supra note 37.

84 Behrami and Behrami v. France, supra note 48, paras. 2–7; Saramanti v. France, Germany and Norway, supra note 48, paras. 2–17.

effective fulfilment by the UNSC of its Chapter VII mandate and, consequently, by the UN of its imperative peace and security aim.[85]

The ECtHR adopted the same approach in *Connolly*[86] and *Boivin*,[87] two cases concerning the proceedings for employment and disciplinary sanctions of two IOs: the EU and the European Organisation for Safety and Navigation. The applicants brought their cases against a number of States that were parties to these IOs. The ECtHR held in both cases that it did not have jurisdiction *ratione personae* over the conduct of either the IO or the Member States of such organisation.[88] Therefore, when an EU act, which does not require any form of implementation by the Member States, such as an EU primary rule, violates human rights, the victims have no remedy at the ECtHR. The ECtHR has no jurisdiction over the Member State which fails to prevent the EU from violating human rights because asserting jurisdiction over the Member State would entail indirectly asserting jurisdiction also over the EU. As a result, the applicants cannot file a complaint against either the EU, as it is not a party to the ECHR, or the Member State, and they are left with no means of redress.

Cedric Ryngaert justifies the ECtHR's approach on the basis of Article 61(1) of the DARIO principles. According to him, if the ECtHR asserted jurisdiction over cases such as *Connolly* and *Boivin*, it would open the door to holding a State accountable for the simple fact of being a member of an IO and this would be inconsistent with Article 61(1).[89] I do not find Ryngaert's interpretation persuasive, because, while it is true that Member States should not be held accountable for the mere fact of being a party to an IO, the ECtHR could potentially assess their responsibility for their failure to act within an IO. While the ECtHR has consistently held that both the actions and omissions of Member States are to be considered as conduct for the purpose of determining their responsibility under the ECHR,[90] the ECtHR jurisprudence concerning the accountability of Member States for the conducts of IOs seems to ignore the Member States' fail-

---

85 Behrami and Behrami v. France, supra note 48, para. 149; Saramanti v. France, Germany and Norway, supra note 48, para. 149.

86 Connolly v. 15 Member States of the European Union, supra note 48.

87 Boivin v. 34 Member States of the Council of Europe, supra note 48.

88 Ibid.; Connolly v. 15 Member States of the European Union, supra note 48.

89 Ryngaert, supra note 37, 1011–1015.

90 See Fredman, supra note 43; Xenos, supra note 40; Mazzeschi, supra note 40; Sepúlveda Carmona, supra note 43; see e.g. Report of the Human Rights Committee General Assembly Thirty-Sixth Session Supplement No. 40 (A/36/40), 1981.

ures to act. The ECtHR requires a Member State's action to assert jurisdiction over a case, while a Member State's failure to prevent or influence the conduct of IOs is not a basis for establishing jurisdiction *ratione personae*. This is inconsistent with the ECtHR jurisprudence on positive obligations and with the responsibility of States for their failures to act.

C. Double Failures to Act

The third scenario may be labelled as *double failures to act* because both the State and the IO fail to act. From a human rights perspective, the issue is whether or not the failure to act violates the ECHR. From an EU perspective, the issue is whether it is within the competences of the Member State, the EU, or both, to act. Although the issue of competences was topical in Opinion 2/13,[91] the jurisprudence of the ECtHR has not focused on these *double failures to act* situations so far. However, what results from an analysis of the ECtHR case law and Opinion 2/13 is a deadlock situation: the ECtHR lacks competence to decide these *double failures to act* cases.

There are a few ECtHR cases which refer to *double failures to act*. For instance, in *Bosphorus*, although the case concerned a regulation implemented by the Member State and therefore a *double actions* type of situation, the ECtHR established that the EU's judicial system is presumed to entitle victims to a human rights protection equivalent to the one provided by the ECHR.[92] In *Avotins*, the ECtHR stated that the applicant might rebut the presumption of equivalent human rights protection and the Member State has an obligation to check whether or not the EU's judicial system is manifestly deficient. Such an evaluation entails an assessment of the failures of the EU's judicial system.[93] This aspect of the *Bosphorus* decision becomes more visible when taking into consideration the cases of *Gasparini*,[94] *Kokkelvisserij*[95] and *Perez*.[96] In these cases, the ECtHR assessed whether a Mem-

91 Opinion 2/13, supra note 1, 13; Lazowski and Wessel, supra note 3; Eeckhout, supra note 3; De Witte and Imamovic, supra note 3.

92 Bosphorus Hava Yollari Turizm Ve Ticaret Anonim Şirketi v. Ireland, supra note 46.

93 Avotins v. Latvia, supra note 47.

94 Gasparini v. Italy and Belgium, supra note 50.

95 Cooperatieve Producentenorganisatie van De Nederlandse Kokkelvisserij U.A. v. Netherlands, supra note 50.

96 Perez v. Germany, supra note 50.

ber State was responsible for what Cedric Ryngaert describes as a *structural lacuna*, or in other words, a failure of the IO's judicial system.[97]

In *Kokkelvisserij*, the applicant alleged that the EU's judicial system had violated his procedural rights as he was not entitled to rebut the Advocate General's Opinion before the decision of the CJEU. The complaint alleged a failure of the EU's internal judicial system. The ECtHR distinguished this case from *Boivin* and *Connolly* on two grounds. First, while in *Boivin* and *Connolly*, the applicants complained about a decision made by the IO; in *Kokkelvisserij*, the applicant complained about the procedural guarantees provided by the IO's judicial system.[98] According to *Bosphorus*, Member States must ensure that the judicial system of an IO provides human rights protection equivalent to the one provided by the ECHR.[99] Therefore, when the procedural guarantees provided by the dispute settlement mechanism of an IO are at stake, the ECtHR has jurisdiction over the case as the Member State must guarantee human rights protection that is equivalent to the one provided by the ECHR.[100] Second, in *Kokkelvisserij*, domestic courts triggered the EU's judicial proceedings through a request for a preliminary ruling.[101] Therefore, in contrast to the cases *Boivin* and *Connolly*, domestic courts were themselves involved in the EU's judicial proceedings. This is certainly the case given that Member State courts are part of the EU's judicial system and Member States are involved in any domestic proceeding raising an EU question, whether or not a domestic judge requests for a CJEU preliminary ruling.[102]

The ECtHR confirmed this approach in *Gasparini*,[103] where the applicant alleged a structural lacuna in the NATO's dispute settlement mechanism. In contrast to the EU, the NATO's dispute settlement mechanism does not include the possibility for domestic courts to request a preliminary ruling and, therefore, domestic courts were not involved in the pro-

---

97 Ryngaert, supra note 37, 1003–1006.

98 Cooperatieve Producentenorganisatie van De Nederlandse Kokkelvisserij U.A. v. Netherlands, supra note 50; Boivin v. 34 Member States of the Council of Europe, supra note 48; Connolly v. 15 Member States of the European Union, supra note 48.

99 Bosphorus Hava Yollari Turizm Ve Ticaret Anonim Şirketi v. Ireland, supra note 46.

100 Ryngaert, supra note 37, 1003–1006.

101 Cooperatieve Producentenorganisatie van De Nederlandse Kokkelvisserij U.A. v. Netherlands, supra note 50.

102 Ryngaert, supra note 37, 1003–1006.

103 Gasparini v. Italy and Belgium, supra note 50.

ceedings internal to the IO.[104] Despite the lack of involvement of the national courts, the ECtHR asserted jurisdiction over the case as

> [... t]he Court, in reality had to ascertain whether the respondent States, at the time they joined NATO and transferred to it some of their sovereign powers, had been in a position, in good faith, to determine the NATO's internal dispute resolution mechanism did not flagrantly breach the provisions of the Convention.[105]

The *Perez*[106] case is similar to *Gasparini.* Like in *Gasparini,* the applicant, who was a UN employee, alleged a structural failure in the UN's internal dismissal proceedings, and like in *Gasparini*, Member States had not been involved in the proceedings. The ECtHR restated the same principles developed in *Gasparini*: Member States are responsible for ensuring that the IO provides the applicant human rights protection equivalent to the one given by the ECHR's system. Therefore, the ECtHR has jurisdiction over cases concerning a structural failure of the IO's internal system. In both *Perez* and *Gasparini*, the ECtHR asserted jurisdiction but then dismissed the cases as the NATO and the UN's internal proceedings were not manifestly deficient.[107] In essence, the ECtHR applied the presumption of equivalent human rights protection established in *Bosphorus* and decided that the applicants were not able to rebut the presumption in the circumstances of the specific cases considered by the ECtHR.[108] The ECtHR established that, while the Member States are not responsible for the decisions made by the organs of IOs as detailed in *Boivin* and *Connolly*, they may be responsible for structural failures of the IO's internal proceedings. According to Cedric Ryngaert's analysis:

> [In *Gasparini*... t]he Court did not [...] attempt to, identify an action by a State. It distinguished *Gasparini* from *Boivin* and *Connolly*. [... I]n *Gasparini* the applicant alleged a structural lacuna in the IO's internal dispute-settlement mechanism. This structural lacuna the Court would be entitled to review, in other words Member States are responsible for the structural lacunae of IO's internal procedures.[109]

---

104 Ibid.

105 Ibid., Information Note on the Court's case-law No. 119.

106 Perez v. Germany, supra note 50.

107 Ibid., Gasparini v. Italy and Belgium, supra note 50.

108 Bosphorus Hava Yollari Turizm Ve Ticaret Anonim Şirketi v. Ireland, supra note 46.

109 Ryngaert, supra note 37, 1005.

It is important to emphasise the procedural nature of such structural lacuna. The ECtHR has jurisdiction over structural lacuna only, but it does not have jurisdiction over any other case concerning the failure to act of an IO. For instance, if an IO fails to protect individuals from human rights violations committed in a territory it controls, the ECtHR lacks jurisdiction.[110] This was the case in *Stichting Mothers of Srebrenica* when the ECtHR had to assess whether Dutch military forces, which were controlling the territory of Srebrenica under a UN mission, were responsible for failing to prevent the massacre of more than 7000 people by the Bosnian Serb Army. The ECtHR declared the application inadmissible as it lacked jurisdiction *ratione personae* over the UN and the Dutch military acting in the capacity of UN forces.[111] Therefore, the ECtHR applied its jurisprudence established in *Behrami*, *Saramati*, *Connolly* and *Boivin*, concerning the conduct of IOs: the ECtHR has no jurisdiction over the conduct of any IO and, therefore, dismisses all cases relating to such conduct, including both actions and failures to act.

The practical application of the ECtHR jurisprudence to these *double failures to act* cases are particularly complicated. Let's assume, for instance, that both the EU and the Member State fail to regulate the activities of polluting industries that are affecting the lives of a number of applicants and let's apply the ECtHR jurisprudence to such a case. In *Stichting Mothers of Srebrenica,* it was clear that the UN failed to act as it was in control of a territory that UN forces were supposed to secure from any attack. Conversely, in the example above about environmental pollution, neither the EU nor the Member State regulates the activities of the polluting industry. The Member State could, therefore, be responsible because it does not enact a regulation alternative to the one that the EU fails to provide. These circumstances could facilitate the applicants' complaint at the ECtHR. It is one thing to hold a Member State responsible for not controlling the decisions of an IO, but it is quite another to hold a Member State responsible for not providing an alternative remedy to the one that the IO could provide. In this example of environmental pollution, the Member State and the EU jointly fail to act, while in *Stichting Mothers of Srebrenica* it was the IO that failed to secure a territory under its control. When both the EU and the Member State fail to act, the problem arises in assessing which entity should act. Logically, the answer would depend on which entity is supposed, but instead failed, to act. Therefore, the question would be whether

110 d'Aspremont, supra note 34; Ryngaert, supra note 37.

111 Stichting Mothers of Srebrenica and others v. the Netherlands, supra note 49.

the EU, the Member State, or both, are competent to regulate the polluting activities. This issue opens a Pandora's Box, given that, by determining whether the Member State or the EU are competent to act, the ECtHR would effectively interpret EU law.

The problem of the division of competences between the EU and the Member States was at stake in Opinion 2/13.[112] The Council of Europe and the EC have unsuccessfully attempted to address the issue of competence in the Draft Agreement[113] by proposing a co-respondent mechanism to file a complaint simultaneously against the EU and the Member States. According to the Draft Agreement, the human rights victim would file a complaint against the EU, when the ECHR violation arises from an EU primary norm, and, conversely, against the Member State when the ECHR violation arises from an EU secondary norm. In both cases, the ECHR could invite the other entity, being the Member State in cases of a breach arising from a primary norm, and the EU in cases of a violation arising from a secondary norm, to join the case as a co-respondent. The EU or the Member State could also take the initiative to propose themselves as co-respondent to the case.[114] In Opinion 2/13, the CJEU found this mechanism problematic because the ECtHR would have the power to assess whether the respondent and co-respondent are jointly or separately liable. As a result, the ECtHR would effectively interpret EU law and decide who is competent to act. According to Opinion 2/13, this would entitle the ECtHR to unlawfully assess the division of competences between the EU and the Member States.[115] It is important to note that the co-respondent mechanism, as proposed in the Draft Agreement, does not clarify which party should be the defendant when the EU and/or the Member State fail(s) to act through either domestic or EU law. The Draft Agreement focuses only on actions based on primary or secondary EU norms.[116] Therefore, neither the Draft Agreement, nor Opinion 2/13, clarified how the ECtHR should assess whether or not a Member State was supposed to act but failed to do so. However, it is evident from Opinion 2/13 that the ECtHR lacks authority to determine the division of competences between the Member States and

112 Opinion 2/13, supra note 1.

113 'Fifth Negotiation Meeting between the CDDH Ad Hoc Negotiation Group and the European Commission on the Accession of the European Union to the European Convention on Human Rights', supra note 2.

114 Ibid.; Lock, supra note 45.

115 Opinion 2/13, supra note 1.

116 Lock, supra note 45; Besson, supra note 45.

the EU as this issue pertains to EU law and therefore the solution proposed in the Draft Agreement does not comply with EU law.

As of today, it is unclear how the ECtHR is supposed to assess situations of failures to act. If the EU were the competent authority to act, the ECtHR would likely dismiss the case on jurisdictional grounds as it would lack jurisdiction *ratione personae* on the EU. If instead, the Member State was the competent authority to act, then the case would be a regular one directed against a Member State without any involvement of the EU. If the EU and the Member State were both competent, then the ECtHR would have jurisdiction on the Member State only. However, whatever analytical approach the ECtHR might take (either considering the Member State, the EU, or both competent), it would, in fact, interpret EU law. As clarified by Opinion 2/13, the ECtHR would violate EU law if it was to interpret it by assessing the division of competences between the EU and the Member State. Thus, following the logic of Opinion 2/13, the ECtHR has no option other than declaring itself incompetent to assess *double failures to act* cases.

V. Conclusion

The ECtHR constructed its jurisprudence looking forward to the EU accession to the ECHR.[117] This logic is evident in *Bosphorus*, where a number of judges have explicitly stated that the EU will fully protect fundamental rights only through accession to the ECHR. However, unless the EU becomes a party to the ECHR, the ECtHR jurisprudence resembles a patchwork frame carefully designed for picturing accession by the EU, which is not likely to happen in the foreseeable future. The immediate result of this jurisprudence is that victims have no effective remedies when they suffered violations of their rights due to wrongful conduct of the EU.[118] This happens for the following main reasons.

First, the ECtHR established a jurisdictional bar applicable to cases concerning a State's failure to act within an IO. The ECtHR requires an action of the Member State to assert jurisdiction over a case. By doing so, the ECtHR effectively disregards its jurisprudence on positive obligations according to which a State may violate human rights by failing to act.[119] The EC-

117 Bosphorus Hava Yollari Turizm Ve Ticaret Anonim Şirketi v. Ireland, supra note 46.

118 De Hert and Korenica, supra note 27.

119 Fredman, supra note 43; Xenos, supra note 40; Madelaine, supra note 40.

tHR does not assert jurisdiction over the Member State which fails to prevent the IO from violating human rights. The only note worthy exception to this principle is the recent jurisprudence on structural lacuna, which considers the Member State responsibility for the creation of an inefficient dispute settlement mechanism internal to the IO. Such a jurisprudential trend is, however, for the moment, limited to a few cases that, in the end, were all dismissed on various grounds.[120]

Second, the ECtHR established a strong presumption in favour of IOs when States violate human rights in order to fulfil another international obligation. The presumption of equivalent human rights protection established in *Bosphorus* creates a high burden of proof for an applicant who shall demonstrate that the human rights protection provided by the IO is manifestly deficient.[121] To date there is no case where the ECtHR has assessed the human rights protection provided by an IO as manifestly deficient. It may be argued that after Opinion 2/13 the ECtHR has used a more assertive tone in *Avotins* as it effectively held that it would be possible to rebut the presumption when EU law requires the Member State to blindly recognise a foreign judgment. However, it is difficult to predict whether this line of analysis will have any practical effect for human rights victims, as in the end, the ECtHR dismissed the case.[122]

Consequently, the only option for human rights victims is to argue that the Member State violates alone human rights by not correctly implementing or interpreting its international legal obligations. In blaming the Member State, the applicant liberates the ECtHR from the heavy burden of indirectly assessing the responsibility of the EU. The case becomes an ordinary complaint against the Member State and, therefore, the ECtHR is not subject to any additional restriction to adjudicate it. However, this strategy may only work for those cases when the IO allows the Member State certain discretion as to the implementation of an international obligation. The issue would be whether the State interprets an international obligation, arising from its membership in an IO, in compliance with the ECHR.

120 Ryngaert, supra note 37.

121 De Hert and Korenica, supra note 27.

122 Avotins v. Latvia, supra note 47.

FSC
www.fsc.org
MIX
Papier | Fördert gute Waldnutzung
FSC® C083411

Kolibri 360 GmbH
Ferdinand-Jühlke-Straße 7
99095 Erfurt, Deutschland
produktsicherheit@kolibri360.de